百年寻路

近代中国的民族复兴与课程改革

周勇 著

华东师范大学出版社
·上海·

图书在版编目(CIP)数据

百年寻路:近代中国的民族复兴与课程改革/周勇著.
—上海:华东师范大学出版社,2024
ISBN 978-7-5760-4652-6

Ⅰ.①百… Ⅱ.①周… Ⅲ.①课程改革-研究-中国
Ⅳ.①G423.07

中国国家版本馆CIP数据核字(2024)第045449号

百年寻路:近代中国的民族复兴与课程改革

著　　者　周勇
策划编辑　彭呈军
责任编辑　朱小钗
责任校对　刘伟敏
装帧设计　卢晓红

出版发行　华东师范大学出版社
社　　址　上海市中山北路3663号　邮编200062
网　　址　www.ecnupress.com.cn
电　　话　021-60821666　行政传真 021-62572105
客服电话　021-62865537　门市(邮购)电话 021-62869887
地　　址　上海市中山北路3663号华东师范大学校内先锋路口
网　　店　http://hdsdcbs.tmall.com

印 刷 者　上海锦佳印刷有限公司
开　　本　787毫米×1092毫米　1/16
印　　张　28.5
字　　数　503千字
版　　次　2024年4月第1版
印　　次　2024年4月第1次
书　　号　ISBN 978-7-5760-4652-6
定　　价　98.00元

出版人　王焰

(如发现本版图书有印订质量问题,请寄回本社客服中心调换或电话021-62865537联系)

教育部人文社会科学重点研究基地项目资助(16JJD880021)最终成果

目 录

导论   1
  一、课程改革的力量结构与民族复兴视角   2
  二、课程社会学与中国课程改革史研究   8
  三、近代中国课程改革及其思想传统   15

第一章   改革前夕的中国及旧有课程体系   21
  一、19世纪上半叶中国政治经济形势   22
  二、远离现实的课程体系：科举及考据学   27
  三、直面内外危机局势的经世实学转向   37

第二章   寻求富强的洋务新课程及其发展机制   51
  一、洋务重臣的登台及其改革领域   52
  二、同文馆、江南制造局与福州船政局   61
  三、留学欧美、兴办新学堂及悲剧结局   81

第三章   国体重建为本的新学课程提倡与生产   101
  一、政治与文化救亡：激进的变法及立孔教   102
  二、为创建民族国家培养爱国新民与革命志士   116
  三、雪耻自强：新政时期的学堂及科举课程改革   144

第四章 教育中心场域的新课程运动及其结局   175
    一、从发展国民新五育到复归帝制纲常伦理   176
    二、新一轮课程改革启动及其主流进路演变   199

第五章 边缘地带的科学与乡村课程改革探索   235
    一、让中国拥有一流科学研究与教育中心   236
    二、深入乡村探索农民需要什么样的新教育   255

第六章 马克思主义与通往新中国的课程改革之路   278
    一、努力开拓马克思主义工人革命教育   279
    二、中国共产党诞生及最初的革命教育课程行动   287
    三、革命根据地的军事政治及文化教育课程发展   299
    四、到延安去为创建新中国培养社会主义新人   319

结语   365
    一、民族复兴与中国课程改革的近代思想传统   366
    二、近代思想传统与当代中国课程改革理论建构   383

参考文献   403

导 论

从历史社会学及文化研究角度看,任何时期的课程改革均由极其复杂的力量构成,诸多作用力量交织在一起终会积累成一定的历史文化传统,其基本内涵可分解为外在的经验事实表象与经验事实内部的思想方式,即今天仍可能在课程改革中发挥影响的"思想传统"。克利巴德、坦纳、阿普尔等课程史及课程社会学者就曾透过19世纪末以来的美国课程改革经验事实,揭示其中先后起过内在支撑作用的系列思想传统,如学术至上主义、儿童中心主义、社会进步主义、科学结构主义等。考察近代中国课程改革史,同样可以理出诸多曾起内在支撑作用、今天仍有影响的思想传统。只因国内课程研究一度断裂,20世纪90年代才正式开始重建,所以尽管也有不少课程学者正在发展课程史研究,但至今尚未专门分析近代中国课程改革蕴含何种思想传统。本书从民族复兴入手对近代中国课程改革的历史经验展开考察,尝试提炼中国课程改革的"近代思想传统",正是为弥补这一学术缺失。从民族复兴入手考察中国历史经验,提炼思想传统,还可突破美国课程改革史研究的视野局限,因为克利巴德、坦纳、阿普尔等学者多在揭示特定时段的思想传统,未去探讨整个近代美国课程改革史有无什么贯穿始终的共有思想传统或理想诉求。

民族复兴正是近代中国系列重要课程改革运动的共有政治理想,所以很适合从民族复兴出发考察系列课程改革运动蕴含的丰富思想传统,辨析其对民族复兴的历史意义。近代中国之所以会形成贯穿始终的民族复兴诉求,最初缘于西方经济军事入侵引发的历史剧变,传统中国和整个民族必须在剧变中寻求新生。马克思1853年也曾深刻指出"英国的大炮破坏了中国皇帝的威权,迫使天朝帝国与地上的世界接触。与外界完全隔绝曾是保存旧中国的首要条件,而当这种隔绝状态在英国的努力之下被暴力所打破的时候,接踵而来的必然是解体的过程"(马克思,1961:111)。但正所谓"周虽旧邦,其命维新",清廷解体并不意味着民族将会灭亡,而是民族新生的开始。清廷腐败没落,体制内外却不乏努力寻求民族新生的有识之士。魏源1853年时便在高邮"首创团练,亲为巡防"(王家俭,1967:144),继续践行其"师夷长技以制夷"的改革计划(魏源,1998:1)。1904年,更有中国民族革命先驱孙中山曾向世界宣布"满清统治自19世纪初叶即开始衰微,现在则正迅速地走向死亡",所以"必须以一个新的、开明的、进步的政府来代替旧政府"。孙先生不仅曾为民族复兴提出史无前例的现代国体重建计划,还希望国际社会相信"一旦我们革新中国的伟大目标得以完成,不但在我们的美丽的国家将会出现新纪元的曙光,整个人类也将得以共享更为光明的前景。普遍和平必将随中国的新生接踵而至,一个从来也梦想不到的宏伟场所,将要向文明世界的社会经济活动而敞开"(孙中山,1981:254—255)。

为了使近代中国能在内忧外患中获得新生,重新确立荣耀使命与地位,以魏源、孙中山等为代表的几代有识之士曾在思想及行动上付出多重努力,其中一类便是本书将要考察的课程改革。不难看到,对于几代前辈先知的思想与行动,及其在中国政治、经济、文化、教育等社会各领域所产生的变革影响,自蒋廷黻、费正清等开拓中国近代史研究以来,国内外学术界已做了大量考察。不过,就课程改革来说,学界至今也没怎么重视。尽管近代中国诸多重要的民族复兴努力均曾涉及变革课程,却很少会去专门考察课程改革。就此而言,本书其实还可以从课程改革角度丰富近代中国历史研究。当然,本书更根本的意图仍是考察近代中国为寻求民族复兴发起的系列重要课程改革运动,藉此在课程及教育理论界尝试开拓"近代中国课程改革史"研究,揭示昔日数代寻求民族复兴的开拓先锋在课程改革方面有过什么样的思考与行动,进而以历史经验为基础,提炼中国课程改革的"近代思想传统",为今日课程学者继续从民族复兴入手建构"中国课程改革理论",提供有益的本土历史经验及思想传统参考。

一、课程改革的力量结构与民族复兴视角

广义地看,课程改革在中国其实有着悠久的历史,至少可以上溯到春秋时孔子对上古贵族"礼乐"课程体系进行重建,为平民"士子"阶层设计一套"仁道"为本的"新礼乐"课程。但由于今天的课程体系乃是直接脱胎于近代,所以本书先集中考察近代课程改革,到最后提炼中国课程改革的近代思想传统,探讨如何优化中国课程改革的理论建构时,再根据需要引入孔子以来的古代课程改革经验。就今天及近代的课程改革

而言,很容易看到有不少学者倾向从社会学角度展开探讨,以求能够在学校教育领域落实"平等""民主"等现代政治社会理想(Apple,1986;Brint,2013)。但在课程理论研究史上,此类探讨显然属于边缘支流,课程理论研究的主流动向乃是依靠管理学、教育学、心理学或统计学的"专业"分析工具,对学校教育尤其是中小学课堂教学展开诊断与重建,其宗旨是将学校教育运行机制,提升至主流课程理论建构的"专业"水平。时至今日,课程理论界的课程改革研究仍然存在上述边缘与主流的路径分野。理论上很难判断哪条路径更能导出正确的课程改革,只能说,社会学的政治社会关怀及专业化的理论旨趣均是课程学者涉足课程改革时可能产生的正常诉求。然而课程改革还会缘于或渗入其他意志,许多影响力甚至大过边缘课程学者的政治社会理想或主流课程学者的专业化旨趣,课程改革的力量结构也随之变得复杂难解。

这些别样且巨大的意志与力量,有的已被反复揭示,如美英等国右翼政治经济势力推崇的"新自由主义"或"市场自由主义",执意将提高国际教育质量竞争排名,以及为新一轮经济竞争与"资本"增长提供合格人力,列为课程改革第一需要,然后采取市场化的优胜劣汰策略,在学校发起课程改革,使整个学校体系的课程与教学达到质量标准(McLaren等,2005)。不过已有研究揭示的都是针对当代西方课程改革,不涉及近代中国课程改革。倘若置身近代中国课程改革的宏大历史场域及动态进程,亦能发现其中存在诸多别样且巨大的意志及力量。在近代中国早期阶段,今日主流或边缘的课程理论尚未诞生,二者共同关注的对象即中小学教育体系也是迟至20世纪初才正式开始在全国范围内搭建,但现象级的课程改革运动早已形成,其发起与实施机制还是总理衙门、江南制造总局等当时中国最重要的外交及军事工业机构,奕䜣、李鸿章等则是它们的领导人。这些朝中权臣、封疆大吏的课程改革构想谈不上"专业",也无法援引现代政治社会理论作为先导,但正如本书将要揭示的那样,他们不仅有自己的意志与诉求,而且将它注入了近代中国早期最重要的课程改革运动中。

以上还仅是从近代中国课程改革的顶层入手寻找超乎当代课程理论想象的巨大力量,如果从广阔的横向维度展开考察,还会看到更多别样且巨大的力量曾对近代中国课程改革产生种种影响。且看19世纪70年代中期的情形,此时离总理衙门创办同文馆推出外语课程,拉开近代中国课程改革序幕,已过去了十余年。奕䜣、李鸿章等课程改革推动者深信,外语及诸多"洋务"新学乃是当时中国必须大力发展的新课程。然而民间普通教师及学子却没有类似想法,在他们心中,最重要的课程仍是科举必考的四书、八股文和试帖诗等,所谓"八股文章试帖诗,宗朱颂圣有成规"(陈寅恪,2001;

78)。与之相联系,社会上最畅销的教科书也非外语或洋务新学,而是教导如何写八股文、作试帖诗的教辅书,如汪承宗编的《启悟集》、纪晓岚编的《我法集》等。尤其"道光初年便已通行的《启悟集》,至清末科举改制之前,一直是各地塾师、应考士子间十分流行的读物"。至于目的,不外是为"博得一第之荣"(曹南屏,2013)。

连古文经学大师俞樾训练孙子作文时,也曾留意坊间流行的《启悟集》《能与集》等教辅书。只不过,曾高中进士名列探花的俞樾觉得《启悟集》尚不够好,"不可尽读",所以自己另外作了几十篇八股范文,供孙儿学习,名之曰《曲园课孙草》(俞樾,1894)。此书一出,也被书局拿去刊印。这也可以反映出虽然课程改革早已启动,但民间意志及课程惯习实在坚固,只认科举功课,纵使朝中权臣、封疆大吏亲自出马推广新课程,也无法突破各地学子、书商及作文辅导高手围绕科举考试建构起来的民间课程体制,其中隐藏诸多更为别样且巨大的力量,包括科举制、八股文、试帖诗、教辅、世俗功名利禄追求。对改革者来说,这些均为阻碍变革的"陈规陋习"。但对普通学子而言,陈规陋习却是通往成功的捷径乃至秘诀所在。像韩国钧,少年时之所以无法考上秀才,就因八股文这一块"不知如何着笔"。之后他弄到了教辅书,一下子明白了八股游戏规则,第二年便考中秀才,三年后又顺利博得举人头衔(韩国钧,1966)。

韩国钧考中秀才是在1876年。其时,19岁的他或许无法知晓,这年除夕及初一,在中国教育及政治高层,时任直隶总督兼北洋大臣的李鸿章正忙于会见日本驻华公使森有礼。后者受日本政府旨意,前来打探李鸿章对日本入侵朝鲜有何反应,以便为进一步扩张作情报准备。李鸿章明白森有礼的用意,所以会谈时不忘寻机规劝后者及日本政府能调整帝国主义东亚战略。当森有礼说起"贵国与日本国同在亚细亚洲,可惜被西国压住了",李鸿章随即回应道:"我们东方诸国,中国最大,日本次之,其余各小国均须同心和气,挽回局面,方敌得欧罗巴住。"(周程,2017)今日来看,李鸿章如此规劝无疑是奢望。但这里更值得留意的乃是李鸿章对于国际竞争格局的认识,以及在此认识基础上形成的战略构想,从而可以进一步了解李鸿章曾将什么样的意志及诉求注入近代中国课程改革。李鸿章的课程改革努力就是为了使当时中国能"敌得欧罗巴住"。

只可惜1876年,教育界及社会上多数人的想法都是在科举、教辅书及个人成功之内打转,难以形成新的视野、认识与追求。不过,此前提到的韩国钧后来倒是有过堪称脱胎换骨的变化。时为1902年,他由永城县知事转任河北矿务局总办及交涉局会办。在抵抗英国不义贸易扩张的过程中,韩国钧得以切身体会李鸿章心目中的国际竞争局势,并以实际行动加入了当时新兴的农业新课程运动,创办"河北蚕桑实业中学堂",发展"蚕桑"教育。不仅如此,韩国钧还"对中国海军舰只情况和新学的领衔人物进行了大量研究,著有《中国军师船表》《中国新学学人姓名表》"(方毓宁,2011)。至此,昔日这位只知写好八股文、考中秀才举人的普通少年学子,也变得像李鸿章那样,能够站在与西方国家展开军事经济竞争的战略高度思考问题,乃至曾为增强国家经济实力发起课程改革。也正因有类似韩国钧的新经验、新认识与新追求不断流入,19世纪60年代在诸多"陈规陋习"中艰难开启的近代中国课程改革才得以延续与壮大。

不妨继续将时间定格在1876年,并将视野从国内社会拓宽至世界。这一年,在遥远的北美,同样有意和欧洲竞争的美国恰好迎来建国100周年。为庆祝这一历史时刻,费城决定举办"百年国际博览会"(即费城世博会),以"最大程度地向外国彰显美国实力"。本地支持者还特别提醒国人,"大多数美国人都不怎么了解欧洲艺术、制造业及技术进展,举办国际博览会可以为这些人,尤其是正在上学的孩子们,提供拓宽视野的绝佳良机。"(Pizor,1970)纽约《科技美国》周刊也主动声援,强调庆祝建国一百周年的上佳方式正是"邀请全世界的人来看看我们,带上他们所能生产的最好的产品,和我们友好地展开竞赛"(Anonym,1876:319)。其实23年前,受伦敦率先举办世博会影响,纽约曾举办第二届世博会。当时美国展示了交通、通讯、自然资源开采、农业等领域的"伟大发明",但因组织、宣传方面存在疏漏,最终不仅未能充分展示美国工业实力,还导致财政亏损(Post,1983)。

二十多年后费城出手时,地方政界及工商界做了更充分的动员与准备,甚至联邦政府都积极参与,提供政治及贷款资助。"1876年5月10日,雨天突然放晴"(McCabe,1877:271),格兰特总统特意站在700吨重的蒸汽机面前,以开幕致辞的方式,向35个参展国郑重宣布(拉尔夫·布朗,1973:280):

> 100年以前,我国刚刚成立,而且只有部分地区有人居住。我们的需要使得我们不得不把自己的力量和时间主要用于砍伐森林,征服草原,建造住房、工厂、船舶、码头、仓库、道路、运河和机器。这些都是不能拖延的极其必需的首要工作,虽然我们承担了这方面的巨大工作,可是我们在法律、医药、神学、科学、文学、哲学和美术各方面的工作也足以同古老而先进的国家相颉颃,这些方面的工作就将在本展览会中展出。在我们为自己的成就而骄傲的同时,我们也为自己没有多做一些而感到遗憾。然而我们的成就很大,足以使我们的人民能够安然无愧地承认无论在哪里看到的成绩。

将"建造住房、工厂、船舶、码头、仓库、道路、运河和机器"等,界定为国家的"首要工作",同时强调不忘在"法律、医药、神学、科学、文学、哲学和美术各方面",和欧洲"古老而先进的国家"展开竞争,格兰特如此概括美国建国一百年来的发展方向及崛起路径,显然是在简化、美化美国经济增长历程。不过他的一番炫耀讲话倒也能点出,除了未曾提到也不好拿到台面上说的军事竞争及资本增长追求,工业及现代文理科学术文化正是19世纪世界历史进程中最基本和持续最久的竞争项目。而恰恰就是格兰特所列那些足以向世界展示的工业及现代学术文化成就,使美国能在19世纪末超越英国,被视为世界工业及全球现代历史转型的中心及主导力量。

值得一提的是,博览会原本属于"国家最高机密,多严禁他国观摩,以免先进的实业技术遭到窃取,直到英国'世界工厂'的地位稳固后,始有欢迎各国参加的1851年万国博览会",是为首届世博会。纽约、费城接连举办世博会,同样意在昭告天下,美国夺走了英国的"世界工厂"地位。现在要追问的是,1876年,中国拿什么去参加费城世博会。费城曾向中国发出邀请,主管外交的总理衙门也的确决定参加,然其实际回应仅是动员民间挑选"土产奇珍"拿去参展(赵祐志,2010),而且总理衙门连自己的执行机制都没有,只能把参展事宜交给海关总税务司英国人赫德统筹。最终在赫德主持下,宁波海关税务司秘书李圭成为仅有的一位中国人,代表中国工商界出席了费城世博会。李圭之后写成《环游地球新录》,其中提到,当时"中国赴会之物,计七百二十箱",而最耀眼的参展物品的确就是总理衙门所说的各类"土产奇珍",包括"丝、茶、六谷、绸货、雕花器、景泰器"(李圭,1985:183)。

如李圭所记,丝、茶等"在各国中推为第一"。但他很清楚,费城世博会的竞赛项目终究不是传统手工艺,而是美英等西方诸国创造的现代机器工业,所以真正让李圭既惊讶又羡慕的乃是美国展出的各类机器发明。尤其格兰特总统致辞时,其身边那台700吨重的柯立斯蒸汽机,当时号称"全世界最伟大的机器",更是令李圭恨不能立即飞回去,告诉当时主政者及国人"机器正当讲求"。虽然李圭的"机器"见闻与理解十分笼统,更不可能像当代史学家那样透过"蒸汽机"分析西方18世纪以来的工业经济转型,但李圭曾尽力详细记载其所见所闻,归国后还特意上书南北洋大臣提出诸多改革建议,其中也涉及课程改革,意在敦促高层采取措施,发展军事、工业、科技等国家富强必不可少的各类新课程,包括"广延西国教习,教以水陆兵学,演习行阵及命中致远技术,建筑炮台之法,……更致力矿物以富国,设铁路、电报、邮政",等等(李圭,1985:173)。

李圭所记所想赢得了北洋大臣李鸿章的高度重视,后者不仅亲自为《环游地球新录》作序,肯定其包括课程改革在内的各项"富强"构想,还出资印了3 000册。李圭之行及李鸿章的破格反应表明,1876年美国费城世博会及其当中蕴含的机械科技与工业竞争,也曾直接影响近代中国课程改革。从世界范围及19世纪全球历史进程来看,和帝国主义、殖民主义等一样,伦敦、纽约、费城等地世博会所蕴含的工业及机械科技竞争意志亦堪称是近代中国课程改革必须应对的巨大外部力量。面对诸如此类的巨大外部力量,李鸿章等也拿出过课程改革应对措施。像在费城世博会上,中国就曾展出留美幼童学习成果,而且留美幼童全都亲到现场观摩世博会。近代中国之所以能有此类新教育成就展示,也得益于李鸿章为国家富强急需的新课程而特别采取的留学措施。然而就在留美幼童观摩学习新知的同时,国内高层守旧派却在酝酿取消"留洋总局",撤回留美幼童。5年后,结局果然如此,只有詹天佑等两位幼童幸运完成大学学业。

从取缔幼童留美制中又可看出一种强大的可以直接左右近代中国课程改革的意志与力量,它便是来自国内的极端保守主义及派系争斗。李圭曾试图遏止它,可连李鸿章都无从驾驭。不过,两人合作发行3 000册《环游地球新录》的改革及新知传播努力并未白费。康有为就因读过它,得以了解世界大势,进而成为新一代改革志士。比康有为晚生10年的蔡元培亦曾于1894年仔细阅读过《环游地球新录》(蔡元培,2010:24)。李鸿章之后的诸多课程改革即是由他们陆续发起推动,而且他们又形成了新的意志。力量结构本就极为复杂的近代中国课程改革随之变得更加难以把握,乃至有点像韩国钧当初面对八股文,一时"不知如何着笔"。或者即使对各种力量逐一展开考察,结果也难免会把近代中国课程改革及其内涵"碎片化",进而看不清19世纪60年代以来,力量结构复杂、变动不居的中国课程改革场域及进程到底是由什么样的宗旨统领起来。

近代史研究的诸多领域均会遭遇类似的困窘与迷惘。为此,近代史诸领域学者还曾聚在一起讨论,如何对待"碎片化","保持总体化的眼光"(行龙,2012),以及"怎样从断裂的片段看到整体的形态和意义"(罗志田,2012)。就中国近代课程改革来说,自然也希望能理解其总体"意义",只是到目前为止,也未看到这方面的专著。但见近代各方对于课程改革的理解及诉求不尽一致的纷繁历史景观,只有从寻找最大公约数入手来把握近代中国课程改革的总体"意义"。"民族复兴"视角即是按此策略才得以提出,等于是在假设民族复兴是近代中国课程改革最普遍的意志力量,贯穿于近代中国课程改革的各个阶段,故可以围绕民族复兴梳理近代中国课程改革的历史经验和在里面起支撑作用的思想传统。当然,本书无意假定民族复兴是近代中国课程改革的唯一动力,各阶段课程改革场域中的一切人与事都是为了追求民族复兴,而是会夹杂个人权力及名利诉求。不过就众多课程改革发起者及推动者而言,民族复兴,让国家及整个民族获得新生,仍是显而易见的普遍动机,是所思所行的共同"意义"所在,近代中国系列重要课程改革运动共享的思想主题随之得以明确,从而便可以在梳理近代中国课程改革历史经验的基础上,围绕民族复兴这一共享思想主题,提炼近代中国课程改革曾形成哪些具体的思想传统。

二、课程社会学与中国课程改革史研究

理论上讲,研究近代中国课程改革时,大可尝试采纳当代主流课程理论的专业分析路径及工具。比如"课程与教学论"或"教师专业发展"的指标体系,从课程目标设定,到课堂教学过程,再到最后的教学评价环节,系列指标皆可用来检视近代中国课程改革发起者的课程理论专业化水平及演变。只是如此考察近代中国课程改革,终究是拿当代课程理论家的"专业"理论来裁定历史。况且如此考察还意味着难免会将近代中国课程改革的中心主题及意义界定为追求教育运行"专业化"。然而无论李鸿章的课程改革努力,还是之后康有为、蔡元培等陆续发起的新一轮课程改革,其宗旨皆不在于提高教育体系运行的专业化水平,而是为了在军事、经济或政治、文化等层面实现国家重建与民族复兴。为化解这一理论及历史的紧张关系,只能将近代中国课程改革研究归属到相对边缘的课程社会学领域。如此,就需交代课程社会学已有积累能为研究近代中国课程改革提供什么学术基础,近代中国课程改革研究又能给予课程社会学何种学术回报。

一般认为,课程社会学兴起于20世纪六七十年代。如钟启泉所见,课程社会学诞生之初,意在弥补当时教育社会学的视野及议题缺失——忽视"学校教育内部过程",所以课程社会学又被称为"新教育社会学"。至于课程社会学最初的典范著作,则是1971年英国教育社会学家麦克·扬(M. F. D. Young)主编的《知识与控制》(钟启泉,1994)。第二次世界大战以来,为缓解社会分化与矛盾,英国政府曾启动新一轮教育改革,让社会中下层享受教育平等。然而多年以后,社会中下层的教育成就并未显著提高,原因则如布尔迪厄、伯恩斯坦等著名社会学家所注意的那样,尽管教育体制大门向中下层敞开,但学校里传授的课程、知识及考核标准仍是由社会中上层设定,导致即使教育机会均等了,也未能带来教育过程及结果的平等。麦克·扬将布尔迪厄、伯恩斯

坦等人的"教育过程"社会学分析搜集起来,冠之以"新教育社会学"的名义,其主体内容其实正是课程社会学。至于最基本的理论观点,则认为"课程是一种社会的建构","换句话说,所有的课程都反映了某些社会群体的利益",如某一学术群体的"认知的兴趣",以及"企业家"和"官僚"的"意识形态"(麦克·扬,2002)。

麦克·扬发展课程社会学时,美国教育理论界也有一些学者投身于课程社会学,其中表现最抢眼的当属批判教育理论家阿普尔(Michael W. Apple)。不同于麦克·扬虽有意考察课程背后的社会利益结构,但政治社会立场模糊,阿普尔自1979年推出首部专著《意识形态与课程》起,便显示出强烈的"民主"及"左翼"政治社会倾向,热衷于从"大多数人的利益"及弱势群体出发,考察美国教育领域的权力支配关系与冲突,揭示"谁的知识能得到官方认可"以及"谁有权决定教学如何评价"等问题(Apple,2004)。到1993年完成《官方知识》,阿普尔仍坚持其鲜明的民主及左翼立场。不仅如此,相比当初略显碎片化的课程批判,在《官方知识》中,阿普尔还贡献了一套颇为成熟宏大的课程社会学理论框架,可以用它来考察"白宫"及"右翼"势力在美国20世纪80年代课程改革场域中崛起,以及"右翼"势力掌握课程、教学、评价的决定权之后,给美国社会"劣势群体"乃至世界"众多国家成千上万人造成的悲剧后果"(Apple,1993:14)。

到21世纪,阿普尔所揭示的美国右翼政治经济势力及其推崇的"新自由主义"课程改革方案更是席卷世界各国。阿普尔贡献的课程社会学框架也因此能在第三世界国家的教育理论界获得认可,像在巴基斯坦,就有学者曾尝试阿普尔式的课程社会学批判(Ali,2002)。尽管如阿普尔本人所见,其课程社会学批判在美国教育理论界并非主流,"主流甚至唯一任务乃是关注教学效率"(Apple,2004:vii)。不会在意他提出的谁在主宰课程,谁受益或谁受损之类的"课程政治学"议题。不过,就阿普尔而言,本书更关注的是,他很重视历史考察,其课程社会学一定意义上也是一种课程改革史研究。或者说,阿普尔还为研究美国20世纪80年代以来的课程改革史贡献了一套分析框架,藉此便可追踪美国右翼势力如何在利益关系复杂的课程改革场域中推行"新自由主义",怎样将世界课程改革扭向美国右翼势力设计的"市场化"进路,以便使美国右翼势力在日渐成型的世界教育市场也能占据霸主地位,抵制力量在哪里,谁就可以将世界教育引上比"新自由主义"更为合理的发展轨道。

上述理论概括略有引申,意在表明阿普尔的课程改革史研究有益于认识20世纪80年代以来,"新自由主义"在世界课程改革进程中的作用及影响。阿普尔自己在《官方知识》中呈现的课程改革史研究仅是提了一下美国右翼势力曾给世界许多国家造成伤害,并未进一步展开,其实际的考察重心乃是美国国内课程改革史,意在从政治社会学角度,针对当代美国课程改革中的"支配群体"即右翼政治经济势力,揭示它"如何对待劣势群体的关切,以维系自己的主宰地位"(Apple,1993:10)。当代美国课程改革的权力结构演变也确如阿普尔所描述的那样,右翼势力不断崛起直至一家独大。那近代美国课程改革是何种情形呢?有意思的是,就在阿普尔提倡课程改革史研究的同时,美国另一位课程学者克利巴德(H. M. Kliebard)也在开拓课程改革史,且时段恰好落于近代美国课程改革之后。不仅如此,克利巴德还采取了社会学分析视角,他和阿普尔一样,亦是把美国课程改革看成"各利益群体"(various interest groups)不断展开"斗争"的场域(Kliebard,1986),由此考察谁在主宰课程改革。

1986年,克利巴德推出专著《美国课程斗争:1893—1958》,从中可以看出,近代美国课程改革场域曾出现诸多利益群体,先后登场且影响甚大的包括:哈佛大学校长艾略特为首的文理学术精英群体、德国留学回来的赫尔巴特派即推崇儿童中心的教育理论家群体、杜威所代表的新一代本土"进步主义"教育理论家群体、地方工商界精英等。这些势力均试图在课程方面左右当时日益普及的中小学教育,且观念各不相同,文理学术精英强调课程的知识及学术质量必须符合"常春藤"大学的招生要求,赫尔巴特派看重儿童的兴趣与快乐,杜威一系致力于在知识与社会生活及民主理想之间建立关联,工商界精英则主张将学术文化课改成"项目教学"为主的职业课。诸如此类课程观念、利益诉求各不相同的群体围绕课程展开了数十年的争斗。在这场漫长的斗争中,"每一派都能获得成功,但没有谁会彻底缴械,或取得一统天下的胜利"。言外之意,早期美国课程改革是各地方群体各显神通的领域,课程发展因此呈现多元态势,可以满足社会各类需要。但到1958年,场域格局开始变化,这一年,原本不干涉中小学课程改革的联邦政府开始"大举进驻"(massive entry),此前的"政治平衡随之被打破"(Kliebard,1986:xiii),近代美国课程改革由此画上句号。

和阿普尔一样,克利巴德也没有站在联邦政府立场上考虑课程改革。联邦政府1958年突然大举进驻课程改革,缘于1957年苏联率先成功发射卫星。最高当局认为苏联之所以能在太空科技军备领域把美国抛在后面,系因苏联中小学重视数学、物理学等科学教育,而美国中小学却热衷于向学生传授"跳舞""开车"之类的"真实的生活",所以要想增强美国科技军事实力,就必须改革课程,让更多的美国下一代有机会成为科学家候选人(周勇,2007)。联邦政府认为这是国家最高课程需要。但克利巴德、阿普尔却认为,美国最重要的政治及教育使命不是和苏联争霸,不是为了超越苏联，把公立学校改造成只有少数学生才能成为科学家的学术机构，而是改善国内社会各领域日益分化和不平等的恶劣趋势。由于师资跟不上，联邦政府增强科学实力的课程改革计划最终以失败收尾。之后联邦政府便退出了课程改革，直到20世纪80年代，为了和日本展开新一轮科技经济竞争，联邦政府才卷土重来，通过法案、经费支持、绩效问责及市场竞争机制，改革外语、数学、科学等关键课程，试图使美国基础教育质量及每位学生的学业成绩达到"世界一流"。

然而正如克利巴德所示，联邦政府当初突然进驻破坏了原本民主多元的美国课程发展态势，阿普尔同样认为，此番联邦政府重新介入也会将美国及世界课程改革引向歧路，最终是要整个美国社会乃至世界所有国家服务于白宫及右翼政治经济势力的国际竞争及资本增长需要。从克利巴德、阿普尔的学术实践来看，课程社会学及课程改革史研究好像总是在与美国联邦政府作斗争。更有甚者，阿普尔还"曾被软禁并禁止与某些人谈话"。一些教师也因发表过《意识形态与课程》的书评，遭当局解雇。阿普尔的学术朋友，另一位课程社会学家吉鲁（H. Giroux）在波士顿大学期间，同样被右翼校方当局逼走（Apple，1990；周勇，2005）。此类冲突事件可以进一步证明，美国课程改革的确像阿普尔、克利巴德等揭示的那样，是个充满斗争的场域。只有启用政治社会学的考察视野，才可认识课程改革的复杂力量结构。不仅如此，阿普尔等人还能提醒人们，昔日曾对近代中国课程改革发挥影响的西方巨大力量仍然以不同形式活跃在当代世界各国的课程改革场域中，所以对其必须予以注意。

就现有学术积累而言，课程社会学领域还有一些值得关注的理论架构，其中最引人注目的莫过于引入福柯的知识权力理论与话语分析技术，领衔者依旧是美英等国课程及教育社会学家，包括波普科维茨（Thomas Popkewitz）、波尔（Stephen J. Ball）等。当然，引入福柯的知识权力理论及话语分析技术似乎并没有使课程社会学及课程改革史研究形成崭新范式或主题，而是在细化阿普尔、克利巴德等人相对宏大的历史与政治经济学视野，从而可以考察课程改革场域中诸多微观的权力机制。比如波尔分析英国1988年的《教育改革法》，指出其中有一套依靠"企业管理"知识建构出来的"教学效率"话语，政府以它来规训教师教学，使教师无法像过去那样拥有教学自主权，只能按英国右翼势力设计的标准流程走（Ball，1990）。波普科维茨也做过诸多类似话语分析，揭示不同时期课程政策话语权力如何在教师身上塑造"合理"或"标准"的教学（Popkewitz，1997；Popkewitz等，2001）。

波尔等人之外值得留意的便是麦克拉伦（Peter McLaren），其课程社会学及课程改革史视野可谓最为广阔,善于将美国近三十年课程改革置于当代政治经济的"全球化"历史进程中加以考察,而且他曾长期支持、参与拉丁美洲的反美解放斗争,还和委内瑞拉前总统查韦斯有过"6 次左右的会面"。在此期间,他"看到了太多的普通人民的挣扎"(麦克拉伦,于伟,2015),因此他既不满足于只简单地依据民主理论或美国社会内部某一群体遭受的不公与苦难,对联邦政府课程改革发起批判,也看不上以"专业"课程理论话语来修订联邦政府课程政策。在他看来,必须重新回到被遗忘的"马克思政治经济学",才可以看清、应对美国在整个世界的霸权统治及其制造的苦难现实。同样,也只有启用"马克思政治经济学",方能发现 20 世纪 80 年代以来在世界教育领域横行的新型"资本主义"和"帝国主义",美国联邦政府、英国政府、世界银行、OECD(经济合作与发展组织)以及 PISA(国际学生评估项目)考试等都是其权力运行及教育扩张机制,所以麦克拉伦认为,当前真正有意义的课程改革乃是在世界范围内发展"革命教育"(Pedagogy of Revolution),启蒙动员世界上的所有"被压迫者",对抗"全球资本主义""新帝国主义"的政治压迫与经济掠夺,在全球建立"社会主义社会"(McLaren 等,2005;McLaren,2011)。

麦克拉伦、波尔、波普科维茨、克利巴德、阿普尔以及麦克·扬等,这些课程社会学及课程改革史研究的代表人物及其理论今天皆已被国内教育理论界陆续引入。中国教育理论界的引入努力最早是由陈伯璋、欧用生等中国台湾地区学者于 20 世纪 80 年代发起(吴永军,1994),中国大陆则是在 20 世纪 90 年代初开始介绍麦克·扬等人的课程社会学。即使相对不大受关注的克利巴德,其社会学视野的美国早期课程改革史研究也在 2010 年被青年课程学者加以引介梳理(何珊云,2010)。言外之意,时至今日,国内教育理论界在课程社会学及课程改革史研究领域已积累起相当丰富的理论资源,就看国内课程及教育理论界如何发挥它们,构建本土课程社会学及课程改革史研究。由此将涉及四代学者的学术努力。第一代以课程学者钟启泉为领衔者;第二代则是以吴康宁、吴永军、吴刚等为代表,多来自教育社会学领域;至于第三、四代,即是指 21 世纪初成长起来的诸多青年学者及近十年冒出的新生代学者。

前两代学者的探索并无明显的时间先后顺序,大体均是在 20 世纪 90 年代初开始提倡课程社会学,且具体行动也十分相似,都是在介绍西方课程社会学的基本情况(吴永军,1992;钟启泉,1994)。到 90 年代中后期,有的提倡者因兴趣转向在国内基础教育领域发起新一轮课程改革,淡化了当初的课程社会学关注,但第二代主力犹在继续探索进路,其目标也颇为宏大,乃至提出要把课程社会学当作"学科"来"建设",超越当时所了解的西方课程社会学,即针对"西方课程社会学尚未形成完整的、系统的理论体系,大多是专题性研究","进一步建立并完善课程社会学的理论体系"(吴永军,1992)。此言不虚,吴康宁、吴永军等皆在努力构建相对成熟的课程社会学体系,两本课程社会学专著随之得以诞生(吴永军,1999;吴康宁,2004)。从中可以看出,理论体系相对完整、能作为一门学科的本土课程社会学乃是对"课程文本""课程编制""课程实施"三大块内容展开社会学研究,其中每一块都有具体的社会学问题,如编制方面可以研究"课程的外部社会控制过程",即"种种社会力量"如何控制课程,怎样平衡可能引发的"冲突"(吴康宁等,1997)。

任重道远,时至今日,第二代学者定下的学科建设目标仍未实现,仍需在学科体制搭建及影响方面继续努力。不过,其所勾勒的庞大课程社会学体系却可以衍生出大量专题。即使学科体制及影响欠缺,课程社会学还无法成为学科,也不会妨碍本土课程社会学进一步获得学术发展,因为第三代即 21 世纪以来成长起来的青年学者中,有不少人从 20 世纪 90 年代中后期勾勒的课程社会学体系及其三大领域中提出了感兴趣的新专题。像刘云杉就曾在"课程实施"这一块,借助其社会学理论基础和对市场化社会转型的持续观察,发现了"课堂教学的麦当劳化"(刘云杉,2001)。在"课程文本"这一块,她同样有新主题,如对"教科书中的童话"展开社会学解读(刘云杉,2000)。再如,黄忠敬从"女性主义"社会性别理论入手,提请注意课程及教科书中隐含诸多"对女性的忽视、误解、刻板化和歪曲"(黄忠敬,2003)。诸如此类的专题探索都可丰富深化90 年代勾勒的本土课程社会学,使之可以从现实的课程及教学实践中揭示更多或大或小的具体力量作用关系与问题。

尤为值得一提的,高水红还曾尝试在 90 年代本土课程社会学内容体系的基础上,将"课程文本""课程编制""课程实施"一并收于"课程改革"这一崭新的概念范畴中,这样一来,本土课程社会学的考察对象便可直接指向 2001 年以来在全国基础教育领域推行的课程改革,使本土课程社会学摆脱最初设计的理论体系束缚,形成新的研究路向,甚至可能发展出社会学视角的当代中国课程改革史研究。不仅如此,高水红还曾反思"国家控制""阶层再生产"等本土课程在社会学领域流行概念工具的解释局限,并试图从"课程改革"的具体"行动者"入手,寻找新的诸多流行概念工具无以涵盖的作用力量,如揭示课程改革行动者的"策略""个性"及"利益寻求"。如此就不难理解,虽然高水红很熟悉"国家控制""阶层再生产"等国内外课程社会学者屡试不爽的流行理论,但她更想先立足于行动者,追问"是否存在一些不能以'国家控制''阶级再生产'来概括的力量与方式,随着行动者涉入了课程改革的价值确立与实践过程中",以及"改革行动者们在改革过程中究竟如何使自己的表达与实践得以可能"(高水红,2007)。

第四代,即近十年冒出的新生代学者中,有不少均曾将注意力放在前辈学者未尽的一件事情上,即继续梳理西方课程社会学(李洪修等,2010;闫引堂,2011),但更值得留意的还是这一路课程社会学的努力,这路努力和高水红一样,也尝试把2001年本国基础教育领域兴起的课程改革列为研究对象。这一路新生代学者同样熟悉国内外课程社会学领域的经典理论,且想在理论及议题方面取得突破。他们中,有的还有长期深入课程改革现场的田野考察作为基础,所以的确可以为亟待发展的本土课程改革社会学研究带来一些尚未被发现的新议题。如柯政在熟悉相关政治社会学理论之余,还曾在南方某地区蹲点,并依靠"新制度主义"理论,对2001年以来"雄心勃勃的新课程改革"为什么"会在实践中被层层消解"给出了新的理论解释,当初设计新课程改革方案时,基础教育一线场域中诸多没有被注意的"足够强大"的地方制度力量随之亦得以揭示(柯政,2011)。近些年来,柯政又从"农村学生的学业成功机会"入手研究"新课程改革"(柯政,2016),同样有助于本土课程改革社会学开拓新路,彰显本土课程改革社会学的"阶层"视角及平民关怀。

可以说,经过几代人的探索,尽管本土课程社会学萌芽稍晚,但30年下来也取得了相当可观的学术成果。稍显不足的是,本土课程社会学已开始研究中国课程改革,但时间段基本都是近十几年。在本土课程社会学领域,目前只看到程天君曾专门考察中国1949年以来学校仪式教育及其演变,不过其本意并非发展中国课程改革史研究,而是建构"学校政治社会学"(程天君,2008)。还有一些新生代课程学者虽曾自觉开展"新中国课程改革史"研究,却缺乏清晰的社会学或政治学视角(郑东辉,2005;彭泽平,2014)。此外吴刚曾以"社会控制"作为分析工具,考察古代中国科举课程及知识体制,但其旨趣乃是从教育制度层面解释著名的"李约瑟难题"(吴刚,2002),而非研究古代中国课程改革史。至于近代中国课程改革,则尚未被本土课程社会学纳入视野,急需努力开垦。况且国内外课程社会学及课程改革史研究已为考察近代中国课程改革提供了十分丰富的理论工具:国家控制、阶层、民主、资本主义、帝国主义、行动者、策略、个性、利益寻求、制度,均能用于揭示近代中国课程改革中或大或小的史相及力量结构。当然,更值得尝试的还是启用新视角,本书选择从"民族复兴"入手考察近代中国课程改革,即是一次理论视角革新尝试,它将探索近代中国为寻求民族复兴曾有过哪些重要的课程改革努力,从中可提炼出什么样的思想传统,它们对于今日课程学者建构中国课程改革理论有何参照意义。

三、近代中国课程改革及其思想传统

既然本书是从"民族复兴"的角度考察近代中国课程改革的历史经验,提炼其中的思想传统,便需先对民族复兴做些理论说明,以弄清从它入手考察历史,具体可以带来什么样的分析视野。在本书中,有时会根据历史本身的实况,将民族复兴称为国家重建、国家新生、民族解放、民族新生。学术界则常常把民族复兴与"国家复兴"等同起来。2008年以来,受国际金融危机及中国"经济崛起"影响,学术界兴起民族复兴讨论热,多围绕经济、政治等领域的"中国模式"或"中国道路"展开。从相关代表文献来看,很难见到有谁曾专门界定民族复兴具体内涵,探讨民族复兴或国家复兴时,近乎认为其基本内涵不言自明,所以通篇下来也未做特别解释,只在方法上强调"深刻理解中国模式"及中国经济崛起,必须"把其置于中国文明复兴的大背景下"(郑永年,2016),或认为"中国特色的民族复兴模式是在中国改革的实践中形成的,确切地说是在中国改革开放探索民族复兴之路的实践过程中形成的"(任剑涛,2017)。

即使想做界定,也仅是提"说起国家复兴,大家往往想到的是政治、经济、文化、军事等方面的兴盛和崛起",进而从所属学科出发略作补充,强调"其实,国家的复兴还需要更深层面上的考量,譬如政治学话语的建设"(任剑涛,2017)。可以说,关于民族复兴或国家复兴的内涵究竟是什么,目前多是从宽泛意义上来理解,把民族复兴理解成是由政治、经济、文化等领域的系列改革实践促成,目标是让中国政治、经济、文化等在世界范围内实现兴盛和崛起。从本书考察的历史事实来看,民族复兴最后还涉及能让中国大多数人及整个民族从国内外势力制造的苦难命运结构中解放出来,实现政治、经济、文化、教育乃至道德新生。所以更难以事先下定义,只能从广义角度考察近代中国的民族复兴探索,努力追随近代中国民族复兴本身步伐及演进过程,如从经济、军事、政治、文化等方面寻求国家富强与独立,到逐渐发现必须要让中国社会大多数人和整个中华民族实现全方位的解放与新生。再如不同时期与不同改革先锋那里,民族复兴着力点有何不同与变化。此外,对于同一问题,不同历史时期的认识也会有差异,如民族自觉,有的缺乏自觉的民族意识,有的则十分自觉,且能看到国外势力在华搞民族政治分裂,进而非常重视民族团结教育。

所以在本书中,不需要先去界定出一个完美的民族复兴定义。当代学术界讨论民族复兴或国家复兴时,彼此也大都知道是指什么。但如果以今天的集体认识去理解历史,则可能会抓不到历史本身的认识。以国家为例,梁漱溟曾指出,传统士人往往是从"朝廷或皇室"角度理解国家,把国家理解为"朝廷或皇室"(梁漱溟,1987:166)。此外便是从"天下""社稷"等传统道德及农业文化角度理解国家,很难看到今人的国家意识,如自觉意识到中国历史上早就是多元一体的民族国家。这更可以说明,考察历史前,不必事先界定何谓民族复兴。对本书而言,真正重要的乃是努力呈现近代中国几代改革家们各自有过什么关乎民族复兴的思考及行动。此外需补充的是,正如今人往往是在近四十年历史进程中理解民族复兴,理解结果如何取决于对当代历史进程有何认识,近代改革家则是在他们所处的历史进程中展开民族复兴思考与行动。其起点是广为人知的鸦片战争,终点则尚存争议,有的认为止于1919年,有的如费正清则指出"1842年至1942年这个世纪,是中国人民的近代史时期"(彭靖,2018)。从本书所涉民族复兴史实来看,还得放到1949年才取得阶段成功,时长一百多年。在此期间中国遭遇了史无前例的大变局,最初表现是"列强环伺",其军事实力远非过去惯用的剿抚手法可以应对。之后又有更复杂的仅靠增强军事实力驾驭不了的局势演变。几代改革先锋就在其中依据各自对于近代中国大变局的认识,在各自认为重要的领域探索民族复兴与课程改革。

其次需说明的便是本书考察对象即近代中国课程改革。如果单从理论角度作交代,又会出现和之前界定民族复兴时相似的情况,很难事先对课程改革及中国课程改革给出界定。课程理论界曾为新中国到底有过多少次课程改革产生争论,有的认为是八次,有的认为"真正意义的课程改革只有五次"(谢翌等,2013)。之所以会这样,就是因为对课程改革的理解不尽一致:有的是课程理论的专业理解,有的是从政策出发,有的则喜欢词源学分析,角度看法不一。和民族复兴一样,对于课程改革及近代中国课程改革,本书也不会先给出一个"真正意义"的界定,然后拿它来梳理历史。对本书而言,应该做的乃是尽力先立足历史本身,勾勒近代中国课程改革重要经验事实。尤需注意的是,课程理论界的课程改革界定与探讨都是针对中小学,所指皆为当代中小学课程改革。近代中国的中小学堂体系到20世纪初才正式开始在全国范围内搭建。但在这之前,在同文馆、总理衙门、江南制造总局、福州船政局等洋务新机构里,奕䜣、曾国藩、李鸿章、左宗棠等就已发起课程改革,为近代中国带来了诸多传统课程体系不曾有过的新知识及新人才。如此一来,对于这一时期的课程改革,就只能从历史实际出发,将课程改革的核心内涵或表现界定为有无新课程生产与传播,以及有无新的课程发展机制,意在为民族复兴提供知识及人才支持的新课程机制。学校仅是课程发展机制之一,还有其他机制可以生产传播新课程。

当代课程及教育学者或许难以接受,课程改革竟不是发生在中小学里,或不需要借助学校,可历史本身往往超出今天常见的课程改革认识。何止是李鸿章时期,即使学堂体系建立以来,也仍可以看到诸多不是在中小学发生的课程变革。像梁启超、章太炎等人在流亡期间虽无合法资格在国内创办学堂,但他们依旧能做成一番崭新的教育事业。学会、报纸、杂志等,都是他们常用的新课程发展机制;他们建构的"新政治""新史学""新小说"等国民教育及革命教育新课程即是通过这些机制得以在全国范围内广泛传播,无数学子、教师及公众因此能学到新知。在政治文化变革影响方面,这些不是发生在学校里的课程改革努力甚至大过学校里的课程改革。尤其最终使中国获得新生的马克思主义革命及课程改革,最初也是靠杂志生产马克思主义新课程,传播学校课程体系没有的新思想。吕思勉回顾甲午以来的中国社会变迁时就曾说:"三十年来撼动社会之力,必推杂志为最巨。"(吕思勉,1997)胡适也曾于1923年指出"二十五年来,只有三个杂志可以代表三个时代",除《新青年》外,便是梁启超、章太炎等创办的《时务报》《新民丛报》(胡适,1979:217)。说到底,个人理论界定能力总是有限,很容易遮蔽或忽视其他许多有意义的课程改革,要想更全面地把握近代中国课程改革,看到更多元的新课程发展路径及思想传统,还是宜先尽力了解历史本身的丰富经验事实与内涵。

由此来看,在对课程改革的理解方面,本书的历史考察或许还可以起到国内外不少课程学者经常念叨的"概念重建"效果(Pinar,1999;汪霞,2005;王文智,2014),从而突破习惯在中小学内部展开的课程改革思考,使课程理论研究聚焦学校课程改革及教学方式变革之余,还能看到诸多在非学校空间发生且对近代中国民族复兴有重要影响的新课程及新知识生产传播活动,1861年以来正式启动的近代中国课程改革总体上便由学校和非学校空间发生的课程改革实践构成。当然,从更广阔的历史视野重新理解课程改革还不是本书核心目标所在,本书核心目标乃是考察近代中国几代改革先锋及其响应者如何在史无前例的大变局中,依据他们各自对于大变局的认识,探索民族复兴进路,以及怎样建构传播在他们看来民族复兴必不可少的新课程,进而为本土课程社会学乃至整个课程理论界开拓"近代中国课程改革史"研究,贡献一条以民族复兴为切入点的理论进路,揭示近代中国课程改革的历史经验及思想传统,为当代课程学者继续从民族复兴入手建构中国课程改革理论提供有益参照。

为实现上述核心目标,本书将首先分析近代中国课程改革的改革对象,勾勒前近代时期的科举课程体制及其课程结构。魏源以来,几代改革先锋都认为必须改革科举主宰的传统课程体制,却总也动不了它。直到1905年,最高当局才决定取消科举。先勾勒传统科举课程体制,有利于理解为何在很长一段时期里,改革先锋们都是在科举课程体制的强大笼罩中设法开拓额外的传播空间与机制,发展各自所认为的民族复兴必需的新课程。其次便是本书的基本研究内容,即近代中国课程改革的重要历史经验,包括几代先锋如何依据各自时局认识,发起课程改革寻求民族复兴:先是奕䜣、曾国藩、李鸿章、左宗棠等朝中权臣,封疆大吏怎样逐层深入地认识内外危机,为消除民族危机陆续引入了哪些新学课程,建成什么样的新课程发展机制;然后是张之洞、康有为、梁启超、孙中山、蔡元培、章太炎等朝野几路人马在李鸿章等人之后掀起的复杂课程改革竞争局面;接着是民国初年,蔡元培、范源廉等主持课程改革以来,留学文理科精英、国内新一代学子、马克思主义者等新一辈改革先锋登上历史舞台,发起诸多新的课程改革运动;再下来便是梳理揭示近代中国民族复兴及课程改革怎样在马克思主义引领下找到最终的正确道路。

几大块基本内容涉及诸多大小不一的课程改革场域,提到的那些人物在各自场域中大都居于中心及主流位置。为了尽可能对他们展开多方观察,本书还将留意当时反对者、边缘人物及社会上的一般议论。如甲午以来四处努力但什么改革场域也挤不进去的王国维,他对张之洞制定的课程改革方案就有自己的思考与评论。再如,胡适、蒋梦麟、陶行知、舒新城等1917年以来逐渐成为教育界的新思想及新文化课程改革主流开拓先锋后,鲁迅、吴宓以及钱穆等人的边缘观察和基层中小学教师的反应也需加以关注。此外还有原属主流但后来自愿到边缘地带开拓新路的人,如陶行知,其反思与调整同样值得考察。借助场域边缘观察及想法,可以从更多维度深入探讨系列主流课程改革努力对于近代中国民族复兴而言到底有何历史意义。再有就是范源廉、夏元瑮、叶企孙等长期被忽视的人物,如何在中心或边缘地带竭力为国发展实业、深化科学课程改革,同样无法遗漏。尽可能多地涉及重要课程改革运动,将会从量上增加本书历史考察内容,但在理论方面而言难度并不大。理论难度相对较高的乃是本书最后一点研究内容,即如何从众多先锋人物的课程改革思考及行动中提炼中国课程改革的近代思想传统,分析它可以为当代课程学者从民族复兴入手建构中国课程改革理论提供什么有益参考,解答这一难点正是本书考察近代中国课程改革的最后宗旨所在,将在结语部分通过归纳系列重要课程改革的内在思想结构,尝试给出解答。

交代完本书的研究目标及内容,自然还得在研究方法上做些说明。很明显,要实现目标及相关内容考察,需要采纳一些方法,其中最基本的便是查阅各类历史文献,以求可以理清几代改革者对于大变局的认识,揭示他们依据各自认识在国家复兴及课程改革方面付出的思考与行动。应该看到,由于几代课程改革先锋均不会从专业的课程理论出发建构改革,而是立足于各自对于鸦片战争以来国家内外时局的认识,勾勒各自的课程改革行动,所以查阅史料时,既不能仅围绕课程展开,又不能仅关注他们说了什么,而需留意外交史、军事史、经济史及政治史,如此才可能身临其境地考察改革先锋的时局认识及行动。相关历史资料及研究文献十分丰富,只要花时间揣摩各类"碎片"线索,总能将改革先锋们的时局认识及课程改革努力梳理清楚。且正如中国近代史学界青年才俊瞿骏所言,"中国近代史相较之前的中国史,碎片恰恰留得特别的多"(瞿骏,2017),故史料方面不会陷入缺失困境。当然,倘若硬要去揭示细节,也会遇到史料不足的情况。如李鸿章在发展现代政治学课程、改革清廷官僚政治体制方面有何具体考虑。再如张之洞效忠清廷之余,是否同情默许学生在自己创办的军事学堂里从事反清革命。这些细节问题若能找到铁证,将可以更深入地理解李鸿章、张之洞的民族复兴构想及其课程改革行动。但因很难找到可靠一手史料,即使想去深入考证,也无法如愿,只能一面无奈舍弃,一面等待方家指教。

新课程实施方面,如李鸿章创办电报学堂,也会因为史料难寻,难以深入揭示教师的课程教授与学生的课程学习情况及效果。对此细节问题,本书除立足放长时段,整体分析每一阶段课程改革的历史意义,也会尽力查找教师、学生回忆记录及相关报道与评论,所以一定程度上还是可以生动呈现各阶段重要课程改革的总体实施情况。同时,本书宗旨是从民族复兴入手考察课程改革历史经验,藉此提炼近代思想传统,有利于达成此宗旨的历史文献非常丰富,就看如何围绕民族复兴与课程改革解读文献。由此便涉及研究方法上的另一个问题,即使用哪些更具体的二级概念及理论分析工具展开解读。本来本书无需涉及这一问题,只要依据相关史料,从前辈课程改革行动中提炼近代中国课程改革的历史经验及思想传统便可,但因事先已将本书历史研究定位于课程社会学领域,所以必须对该领域做出理论回应。何况课程社会学领域的诸多概念及理论确实适合用来考察近代中国课程改革。像"阶层"概念,便有利于分析、反思近代诸多改革先锋的政治社会视野及课程改革有何不足。不过,本书不会因为此类概念有用,便以它来苛责诸多没有阶层意识的改革先锋,而主要是提醒留意历史演变到什么时候以及到谁那里,开始重视从阶层或普通民众出发思考民族复兴与课程革新。

其他可用的概念或理论亦会采取类似方式加以处理,但无论启用什么概念或理论,都会从历史本身加以考虑,更不会让它超越民族复兴这一核心概念在本书中的统摄地位。在分析过程中,除了避免以今天的理论工具简单解读前人外,还需当心在前人那里,也容易出现随意"以今度古",使今天认识历史时面临更多概念迷障。像梁启超,便习惯以他那个时代流行的西方概念来评论李鸿章一代,认为他们只知改革"器物",没有从"制度""文化"层面入手展开改革(梁启超,1985)。此说有利于梁启超向外界凸显自己的改革方案看上去更"先进",且至今仍被许多学者视为定论,进而简单评价李鸿章的改革。但实际上,作为晚清最了解内外局势的高层代表,李鸿章的头脑并非就像梁启超所想那样简单,其包括课程改革在内的系列改革行动并非仅是围绕"器物"打转,相反从其应对民族危机的改革行动本身看,显然涉及外交、军事、经济、教育乃至政治等领域的"制度"及"文化"议题。所以尽管本书会采用各种容易看到的概念或理论工具,但具体运用时还是得先了解且尊重史实本身,尽量"回到时人立场探讨具体言行并展现其动态进程"(罗志田,2008)。把近代中国系列重要课程改革弄清之后,本书才会留意后人相关见解,尤其结语部分,更会根据需要引入今人相关的总体理论认识,从而可以从更广域的视角分析改革先锋的时局认识及其行动与思想。

研究方法最后要说的便是历史经验叙事。近些年来,受"新文化史"影响,中国近代史尤其本书与之密切相关的近代中国思想史、学术文化史等领域出现了诸多新动向,其中之一正如近代思想文化史学者王东杰所言,乃是在论述方法上强调"讲故事",使"传统的'讲道理'或者'讲知识'的思想史",变得"更加鲜活,有血有肉,富于动态"(王东杰,2016)。本书也将在了解相关历史事实的基础上,以"讲故事"的方式揭示所知相关历史事实,先将几代改革先锋为寻求民族复兴付出的课程改革努力,按其自身时间发展顺序叙述清楚,生动呈现近代中国课程改革的丰富历史经验及演变,然后从中提炼中国课程改革的"近代思想传统"。不难看到,早在21世纪初,教育理论界就有丁钢、王枬、刘良华等学者在提倡"叙事研究"(丁钢,2003;王枬,2006;刘良华,2007),但在课程社会学领域乃至整个课程理论界,学术写作方法至今仍偏向以"讲道理"为主,较少看到生动描述决策者、专家、教师、学生等各类课程改革相关人物的行动踪迹与体验,这方面的缺失也会促使本书采取叙事史表达方式。当然,本书之所以选择人物活动叙事,最主要还是因为相对其他方法来说,人物活动叙事更能多方呈现力量结构复杂的近代中国课程改革及时间上的动态演变,从而达成研究目标的同时,还能"让更多个体的人出现在史学论文和著作之中"(罗志田,2009)。

第一章　改革前夕的中国及旧有课程体系

改革前的中国曾长期屹立于世界东方,这是现代政治地理学基本常识。如按中国自身传统观点,中国还曾是"天下"中心,在政治、文化、教育等最被传统中国看重的几大方面均位居领先水平。近代早期了解中国的西方人中,尽管有黑格尔从自家历史哲学标准出发,认为传统中国"无从发生任何变化",没有"真正的历史"(黑格尔,2001:117),但也有诸多西方人曾对传统中国辉煌政治、文化及教育发展成就抱以羡慕,有的还从科举任贤选能中吸取平等思想来变革欧洲世袭贵族体制。不被传统中国重视、往往仅看作税收来源的经济领域,其巨大体量及富饶景观亦能令西方人感到惊讶。17世纪,一位葡萄牙人看过江南繁荣商业景象后,就曾感慨中国"如此富有,人民勤劳,谋生的手段和方法很多","不放弃任何能给他们带来好处的东西"(曾德昭,1998:8)。18世纪,尤其是"康雍乾三朝",经济更繁荣到"超过历代有为的王朝"(吴承明,2001:238)。美国汉学家魏斐德也曾指出:"清朝的盛世景象让18世纪到访中国的外国人为之目眩神迷。"英国爵士马噶尔尼曾率团向乾隆进献机械钟、地球仪等"最好的礼物",但当他参观完乾隆"极尽奢华"的热河行宫,立刻觉得他那些礼物"真是微不足道,黯然失色"(魏斐德,2017:102)。

即使康熙、雍正、乾隆等最高统治者不知道国家也应积极推动经济发展,且还曾颁布"禁海令"(徐明德,1995),也没能削弱民间对于财富的渴望及中国社会的巨大经济增长能力。光是权臣和珅,其贪污财富数额便大到匪夷所思,"仅动产就达八千多万两银子,甚至超过了当时国库库银"(魏斐德,2017:104)。如此需要整个社会具备多大的经济活力与产出,才可支撑。经济上,中国与西方出现"大分流"(The Great Divergence),系从19世纪开始。进入19世纪,中国巨大经济潜能仍受制于缺乏政策激励的传统经济体制,英国为首的西方国家则早已依靠新能源、新技术、资本流动等完成工业经济转型,且有国家政治及先进军事力量做后盾,"可以依靠武力开拓市场,其他时候还能实施垄断"(Pomeranz,2000:285)。就因这套由资本、新能源、机械科技及国家政治军事暴力组成的且贪婪没有限度的工业经济生产及世界市场扩张体制,导致中国与西方国家在经济实力上出现显著差异,中国随之丧失此前"在生产及出口方面的世界经济领先地位"(Frank,1998:111)。这一世界经济军事格局剧变正是19世纪中国面临的最大挑战。近代中国民族复兴及课程改革最初均由此巨大挑战引起,关键就是国人对此有何察觉,以及怎样认识19世纪上半叶的中国内外形势,革新旧有课程体系。

一、19世纪上半叶中国政治经济形势

鸦片战争爆发前的19世纪上半叶,清廷最高统治者是嘉庆帝和道光帝。相比西方国家早已开始显著经济转型与崛起,且与国家政治、军事变革结合在一起形成强大的世界市场扩张体制,19世纪上半叶的中国在政治上虽然仍保持大一统的格局与能力,但依旧没有利用国家政治优势,为巨大经济增长潜能提供政治军事支持,同时官僚体系在加剧腐败,不仅导致国家巨大经济增长潜能无法发挥,反而将国家政治经济一并推入危机日益加剧的末世局面。即使嘉庆曾努力认识危局,也曾采取措施挽救危机,仍无法遏制没落走势。对嘉庆以来的政治经济危机形势略作考察,将为认识当时中国旧有课程体系究竟有何意义提供必不可少的现实语境,进而便可以考察19世纪以来的中国要想摆脱民族危机,实现国家新生,需要及时针对旧有课程体系采取什么样的改革措施。

1. 国库耗尽与各级吏治腐败

嘉庆帝正式登基是在1796年,但国家大权仍在太上皇乾隆与和珅手里。1799年,乾隆驾崩,嘉庆得以亲政,和珅随之立即被诛杀。民间疯传"和珅跌倒,嘉庆吃饱",说嘉庆从和珅家抄得资产"凡值八百兆有奇"(徐柯,1984:1569),即八亿两。谣传自是夸张,但即使只有史界所说的"八千多万两银子",也能让嘉庆做成不少事。无奈乾隆留给他的实在是一堆烂摊子。乾隆登基以来,曾有意在内政方面励精图治,但他好大喜功,试图做成史无前例的"十全皇帝",且常常以战争手段达成目的,征战随之不断。如乾隆五年正月"湖南遂宁苗作乱,命冯光裕等剿之";五月,又"谕冯光裕及湖广提督杜恺捕城布、遂宁瑶匪"(赵尔巽等,1976:363—364);乾隆十八年,再度"诏发满洲兵三千及云、贵、四川兵二万余大举征缅";乾隆二十年,"两路出师"直指准噶尔,等等(魏

源,2004:260,147),都表明战争近似未曾停止。

曹操有言:"欲战必先算其费"(曹操,1974:146),老子更曾提示,"师之所处,荆棘生焉,大军之后,必有凶年"(王弼,2008:2008),这些都在提醒必须充分考虑战争成本及其可能引发的严重政治社会后果。乾隆连年征战,需要耗费多少银两?以乾隆十二年、三十六年,两次兵发西南征缴金川土司为例,便分别用去白银775万、6 370万两。此外,还有"十九年用兵西陲,至二十五年,共军需银两千三百一十万。三十一年用兵缅甸,至三十四年,共军需银九百一十万",等等(赵翼,1982:35),均是大笔开销。还有诸多小战,亦需军费。加上每年还要赈灾、疏河等,再富裕的"盛世",也要逐渐陷入财政危机。乾隆四十七年,即1782年,又下令招募了6万新军,军费随之进一步飙升。"战争支出加上赈济饥荒的费用共计2亿两白银","一度丰盈的国库"因此"耗尽"(魏斐德,2017:102)。

可以说,等到嘉庆帝亲政,昔日"盛世"便已化作幻影,即使从和珅那抄得八千万两,也远不能填补国家财政严重亏空。比国库空虚更严重的问题是,如之前老子所提醒的那样,战争不仅没有妥善解决历史积累的社会矛盾,反而会加剧扩大社会矛盾,导致国家政治危机升级。由此又将引出另一大问题,为什么要发动那么多战争,以及为什么老是会发生洪涝旱灾。这当中固然有无奈的客观因素,但许多时候也是人为所致。所谓人为,正是指官僚体系中的腐败,突出表现包括故意不尽力,以便不断获取可从中渔利的军费及赈灾拨款。1790年,已入晚年的乾隆对各级官吏腐败曾有察觉,但整治措施仅是交罚款,此即所谓"议罪银"制。内阁学士尹壮图上奏,此制若实施,只会加剧贪腐,应该以记过、罢免等更严厉的手段来惩治腐败,不然各地财政亏空、民不聊生等问题将更为严重。结果,乾隆大怒,尹壮图随之"遭斥被迫回籍归养"(卢经,2002)。

19世纪初期中国内部危机形势即是由上述政治乱象引发。事实上,嘉庆1796年登基时,便遭遇更严重的政治危机。这一年,爆发了著名的白莲教起义。三年后嘉庆亲政,起义仍在蔓延。乾隆时因不堪暴力统治,对当局心生不满与反抗意志的"西南少数民族""汉族知识分子",以及因官僚腐败"四处流落、无以聊生"的"下层劳动人民"纷纷加入(杨先国等,1991:4),使湖北爆发的白莲教起义迅速扩大到川、楚、豫、陕、甘五省。应该看到,无论老问题,还是亲政以来危机加剧的新局势,嘉庆帝皆有相当认识,且亲政之前就试图整顿政治,只是苦于没有实权。亲政后,嘉庆立即诛杀和珅,同时下令"中外陈奏直达朕前,不许副封关会军机处"(赵尔巽等,1976:574)。这更可以表明,嘉庆想直接掌握各方情况,然后实施改革整顿,解决由来已久或新近出现的种种"时弊"。

也因此,嘉庆非常重视发现实际问题,还曾下诏广开言路,鼓励"内外诸臣"像洪亮吉那样大胆揭露问题。其词可谓真诚,意在希望各级官吏能"知朕非拒谏饰非之主,实为可与言之君。诸臣遇可与言之君而不与言,负朕求治苦心"(赵尔巽等,1976:11314)。

广开言路产生了效果,诸多时弊得以提上议程。太子太傅王杰便频繁上奏直言:"各省亏空之弊,起于乾隆四十年以后,州县营求馈送,以国帑为夤缘,上司受其挟制,弥补无期。大吏知尚廉节,州县仍形拮据,由於苦乐不均,贤否不分,宜求整饬之法。"十多年前,尹壮图也曾提出地方吏治腐败引发地方财政亏空,惹得乾隆不悦。此次王杰重提,嘉庆的反应则是"嘉纳之",还赐谏言者"高祖御用玉鸠杖、御制诗二章,以宠其行"(赵尔巽等,1976:11088)。可见,嘉庆的确想挽救乾隆晚年以来的内政危机。至于基本思路或纲领,则可用嘉庆老师朱珪的一句奏言教导予以概括。嘉庆刚登基时,便立即将此前被和珅打压的朱珪调回京城。朱珪"途中上书",恳请嘉庆按这一思路整顿朝纲:"君心正而四维张,朝廷清而九牧肃。"(赵尔巽等,1976:11092)嘉庆就按朱珪的意思,一面身先士卒,带头厉行节俭,勤勉于政,一面从重整朝廷政治体制入手展开改革,包括尹壮图在内的正直之士随之被委以重任。

与之相联系的便是整顿地方吏治。在这一点上,嘉庆同样堪称仁心一片,能从百姓疾苦出发考虑白莲教起义问题,希望各地官吏能按儒家教导造福于民,并因此痛恨官吏腐败,故亲政后,嘉庆所做的第一件事就是诛杀和珅,将和珅视为各级各地官吏贪污的根源。赈灾、治河、漕运等国计民生领域,嘉庆也有诸多改良努力。只是其所做的一切皆缘于传统儒家政治教条,导致在经济发展这一块未有突破,仍谨守农业为本、义利之辨等传统"政治经济学"知识,把商业视为末端之事。当时,民间已出现新兴产业,如采矿,但嘉庆不仅不知道发挥国家大一统政治优势,组织力量发展,反而担心允许民间采矿容易加剧政治社会动乱,丰富自然资源及民间巨大生产力均因受此类传统政治学观念抑制,难以发挥作用,清廷财政及整个国家的经济发展随之亦难得到改善。但就当时民间起义势头不断的严峻形势而言,嘉庆害怕允许民间开矿、垦荒会加剧社会紊乱,也可以理解。白莲教起义因清廷拉拢、内部分裂等原因,到1805年算是被基本镇压了。但其他地方的起义苗头仍在,嘉庆无法不对各类聚众心存顾虑。只是嘉庆在小心防止民间力量聚集的同时,也将诸多经济新生及增长可能消解了。

外交方面,嘉庆亦采取类似的防卫战略思路,将在藩国越南、本国澳门一带蠢蠢欲动的英法等国"外夷"势力视为镇压对象,要广东地方严防死守,以免"外夷"势力蔓延进入国内。嘉庆的一切内外禁隔措施似乎都是为了能腾出手解决其核心关注问题,即整顿全国吏治、恢复传统农业社会安康。嘉庆可谓努力,但无论其多么努力,也很难让由来已久的吏治腐败及社会动乱出现好转。仅以南河一处河道治理为例,所耗银两就高达"四千余万"。嘉庆派员去查,发现"出入尚属相符",但"河工"质量却不达标,"工程未尽坚固"(赵尔巽等,1976:599)。这当中的问题正是作假以中饱私囊。政出于私,将嘉庆的"求治苦心"晾在一边的各地官吏可谓屡见不鲜,19世纪初期中国政治经济状况因此难有改观。嘉庆十八年即1813年9月,华北又爆发天理教起义。其蔓延之迅速,超乎想象,起义当月之内,便发生"数十人突入紫禁城"行刺(赵尔巽等,1976:603)。这伙人虽被皇子率队"尽捕斩之",但嘉庆深受刺激,第二天便下了一道"罪己诏",其最放心不下的国家大事及其无奈与悲苦,随之得以一一告白于天下。其词曰(赵尔巽等,1976:603—604):

> 朕绍承大统,不敢瑕逸,不敢为虐民之事。自川、楚教匪平后,方期与吾民共享承平之福,乃昨九月十五日,大内突有非常之事。汉、唐、宋、明之所未有,朕实恧焉。然变起一朝,祸积有素。当今大患,惟在因循怠玩。虽经再三诰诫,舌敝笔秃,终不足以动诸臣之听,朕惟返躬修省耳。诸臣原为忠良,即尽心力,匡朕之咎,正民之志,切勿依前尸位,益增朕失。通谕知之。

诏词显示,在嘉庆心目中,各地"教匪"起事,使之无法"与民共享承平之福",各地之所以动乱,乃是因为官员"因循怠玩",这些便是最大的政治危机。对此,自然不能以今人的认识来责怪嘉庆不具备全球视野,看不到西方经济军事力量正在朝东方及中国日益蔓延扩张,只知道从传统儒家政治教条出发关注内部政治腐败与社会紊乱。况且其真诚与仁厚之心也足以感人,甚至手下诸臣不听其教诲,嘉庆也能以德报怨,希望他们能尽心辅佐。嘉庆的一番感人自责与教导也的确起到了些许振奋人心的效果,松筠、曹振镛等又一批新人成为内阁大学士。嘉庆本人也依旧勤勉于其念兹在兹的传统政事。包括1819年正月,朝野上下为其举行"六旬万寿庆典",嘉庆也不忘向前来贺寿的孔子七十三代孙孔庆镕反复叮嘱,一定要做好地方社会的道德及礼仪教化工作:"好生教地方,与我严拿邪教,你回去好生读书。林庙树木吩咐该管官巡查,不可教人盗伐一枝一叶,你好生保护。祭祀都要虔诚行礼。"(孔繁银等,1984)

2. "不是东边倒塌,就是西边脱落"

六旬万寿的第二年(1820年),嘉庆去世。和乾隆一样,嘉庆晚年也喜欢写诗,感慨良多,其影响最大者是"我大清以前何等强盛,今乃致有此事"。其言可谓真切,后世史家也把嘉庆时期,尤其是天理教起义以来,视为清王朝历史的转折点:"自是之后,清廷纲纪之弛废,巨僚之冗劣,人心之不附,兵力之已衰,悉暴无遗。"(李尚英,1988)道光年间至鸦片战争前期,嘉庆时期的政治经济危机犹在延续,尤其是吏治腐败引发的政治危机更呈加重趋势。嘉庆在位时,便一直痛心于"亲民之吏不能奉宣朝廷德意,多方婪索,竭其脂膏"。"最令道光帝气恼忧思"的同样是"大小官僚的因循敷衍,模棱取巧。他们或对上级主管部院,甚至上谕催办事件任意玩泄,视为具文,气得九五之尊的道光帝大骂'实属玩泄之极'"。"这种腐败不堪的吏治官风严重地腐蚀着清王朝的官僚队伍,极大地削弱了其国家机器的对内对外职能"(王开玺,1995)。和嘉庆亲政以来的表现一样,道光自1821年登基起,也曾采取诸多措施来澄清吏治,如改组军机处、严厉查处腐败,但均不能扭转"吏治日坏"。道光本人亦曾感叹,整个大清官僚体系犹如"年深月久"的"大房子","不是东边倒塌,就是西边脱落"(张集馨,1981:89)。

国家经济生产及财政状况更是不容乐观。道光三年,发生"全国范围内的大水灾,340余州县先后被淹,172州县成灾",损失"高达2400余万两白银,超过常年财政收入的50%以上"。是为晚清历史上著名的"癸未大水",其影响绝不只是导致账面上的两千万两白银损失,而是会让本就衰败已久的以农为本的国家变得更加虚弱,或如冯桂芬所言使国家"元气顿耗"(倪玉平等,2014),短期内很难让国家传统命根即农业生产恢复正常。为增强国家经济生机,提高财政收入,道光在经济发展上有所突破,曾采取改革盐税、允许开矿等经济体制改革措施,其中盐税改革由魏源等负责设计实施。这些措施一出台,曾大大激活经济生产,改善诸多地方民生。然而时间一久便会因吏治腐败变味,以至引发新的社会冲突。像盐政改为"票盐制"后,盐业因民间力量也能参与,曾呈现"一派繁荣",但没多久票盐便"蒙上了腐败的阴影",导致"出现了新的票商的垄断"。盐业被腐败官员及大盐商勾结垄断后,众多小盐商只得重回"武力"贩盐旧路,仅道光十五年,"枭贩劫夺之巨案"便"有百起之多"(何萃,1994)。

虽说道光时期的吏治腐败、社会动乱尚不足以让清廷彻底丧失财政来源,但国家的经济生产及增长能力却没有得到任何好转。不仅如此,至道光时期,如人体血液一般重要、整个国家经济运行与流通必不可少的白银也开始加剧流失。中国自1436年起,"改行以银为主的币值",银本位"主币体系一直沿用到1935年的法币改革"(郭卫东,2011),中国由此产生巨大的白银需求。英国那边,则十分需要中国茶叶、丝绸及诸多奢侈品,于是英国用从美洲掠夺来的白银购买中国茶叶、丝绸,以满足国内需求,白银随之不断汇集到中国。中国则不需要英国其他商品,所以对英贸易方面长期保持巨额顺差。到18世纪,白银储备及传统农业手工业贸易更让中国居于世界经济中心位置。但18世纪中期,情况开始发生变化。1757年,英国占领印度后,英商开始以走私鸦片来撬动此前英国其他商品均无以打开的中国市场。英商在印度"发展出完善的鸦片销售及制造的垄断系统",从此"鸦片大宗输往中国,抵消了购茶的花费后还绰绰有余"(戴维·考特莱特,2005:30)。

进入19世纪20年代,中国对外贸易出现逆差,白银由流入变为流出。至道光时期,"鸦片走私日益猖獗,白银外流的数量也随之增加"。平均每年"在一千万两以上",多时至"三千万两"(李伯祥,1980)。道光时期的剧烈外贸反转让英国在掠夺美洲、印度后又获得更多巨额资本,从而可以进一步提升其工业化水平及军事实力,增强其世界市场扩张能力。中国传统经济及腐败不堪的政治军事体制则因鸦片毒品侵蚀,变得更加无力应对日益迫在眉睫的外部经济军事竞争,近代中国因此遭遇巨大挑战及民族危机(仲伟民,2016)。面对意想不到的恶劣外部环境及其给中国带来的史无前例的政治经济苦难,最先登场的改革先锋便是林则徐、陶澍、魏源等有识之士,他们均不可能像当代史家那样,花上数年时间埋头考察中外经济演变趋势以及变化背后的复杂政治军事势力结构,但他们曾依据自身的时局认识,为抵抗西方经济军事入侵付出过种种努力,如坚决查禁英商走私鸦片,即使实力不济,也要和英国海军拼死一战,等等。当然,此刻还未到考察林则徐等人如何采取系列措施挽救危局,而应先看看嘉道时期中国有何课程体系,分析它有什么知识生产及人才培养功能,能与国家日益严峻的内外政治经济形势形成何种关联。

二、远离现实的课程体系:科举及考据学

相比诸多可以直接影响国家兴衰的政治经济演变情况,当时有什么课程体系,如何改革等问题,似乎微不足道。嘉庆、道光及其手下诸臣均非常熟悉"建国君民,教学为先"等传统教育政治学原理,同时他们对人才匮乏也有切身体会,然而他们并未因此将课程改革提升为国家战略。对嘉庆及道光而言,只要科举能照常运行,不出乱子就足矣,无须像剿匪、吏治、漕运、盐政、河工、外交等国家政治大事,时时需要投入大量精力与财力应对危机。科举一块,"每年科场经费大致在30万两左右",加上学校经费,包括最高学府国子监、八旗子弟学校,以及地方府学、县学等,"每年支出至少为100万

两"。和军费、河工、赈灾等动辄上千万乃至数千万两相比,这些财政投入几乎不值一提。科举及教育投入甚至不如每年拨给驿站系统的近200万两(倪玉平,2011)。从财政投入差异甚大中亦可看出,课程改革不是嘉庆道光时期的执政重点,从而导致19世纪上半叶的中国大体仍是以旧有课程体系来维系知识生产与人才培养。

1. 以程朱理学作为国家最高课程

总体上看,嘉道时期没有改革旧有课程体制。但深入当时科举课程体制内部,还是可以找到一些机制变化,影响最大的乃是推行"捐纳制",即论价出售功名。此前虽也有启动捐纳,但"断断续续不连贯,直到嘉庆五年(1800年)才成为一项重要制度"。到咸丰元年即1851年,太平天国起义爆发,清廷"为了寻找新的财富以供军需",更是进一步规定"各县只要报效军饷,即可允许增加'正途'绅士的名额"(张仲礼,1991:152)。将捐纳定为常制,亦是为弥补国家财政不足以应付军事、河工等巨额开销。此类科举制度微调可缓解财政危机,却谈不上能给中国19世纪初期的课程体系带来实质改变,使其在知识生产、人才培养方面产生有利于民族复兴的积极功能。何况嘉庆以来的捐纳制度在缓解财政危机之余,也会加剧官僚体系腐败,引发地方及国家政治社会秩序紊乱。因此太平天国起义结束之后,清廷即决定紧缩捐纳名额。但此时清廷已失去对地方的控制,紧缩之举又是棋慢一招。

另一项值得注意的科举改革亦是由嘉庆推出,旨在把宗学及满族宗室子弟参加科举定为常制。宗学设于顺治十八年,课程以满族传统优势项目"骑射"为主。康熙乾隆年间,曾让宗室直接参加会试,以提高宗室子弟的文化水平与政治能力,但此类激励时有时无。到嘉庆四年,才得以固定。嘉庆强令宗室子弟参加科举,且必须从乡试考起,意在提升宗室子弟的传统文化水平与政治能力。换句话说,和捐纳一样,此类改革也没有从根本上改变科举的课程体系及其知识生产与人才培养功能,不过是取消宗室子弟体制优待,让他们也来学习科举必考课程。至于科举课程具体门类及内容,可从两个层面展开分析,包括国家政策设计的科举课程和民间实际流行的科举课程。先看政策设计,"清代科举考试,多承明制,……以生员、举人、进士为主要考试,谓之正途"(商衍鎏,2004:2)。生员、举人、进士必读必考的那些书籍即是科举课程。在这方面,清代的确没有突破明代的政策设计,仍旧是把儒家经史文学典籍,尤其是程朱理学,列为国家最高课程。清初顺治七年曾下诏(赵尔巽等,1976:3114):

> 帝王敷治,文教为先。臣子致君,经术为本。自明末扰乱,日寻干戈,学问之

道,阙焉未讲。今天下渐定,朕将兴文教,崇经术,以开太平。尔部传谕直省学臣,训督士子,凡理学、道德、经济、典故诸书,务研求淹贯。

两年后,顺治还曾视察最高学府,安排孔子后裔到京城观礼,意在昭告天下,教师及士子所教所学必须以四书五经为重。史载:"顺治九年,世祖首视学。先期行取衍圣公、五经博士率孔氏暨先贤各氏族裔赴京观礼。帝释奠毕,诣彝伦堂御讲幄。祭酒讲四书,司业讲经,宣制勉太学诸生。"(赵尔巽等,1976:3114)至康熙时期,李光地、熊赐履、王懋竑等朝中理学传人均曾反复劝说引导康熙,要后者相信程朱理学可使天下安定。在理学传人引导下,康熙意识到将程朱理学立为国家学术教育"道统",可以让清廷获得"治统"地位,因为按当时学术教育及政治精英一般理解,"治统"系"道统"的现实体现,只要掌握"道统",便能赢得"治统",从而进一步解决清初顺治以来的政治文化难题,即巩固统一意识形态,强化广大士子对于清朝的政治及文化认同。

如此也就不难理解康熙五十一年时,清廷为何"下令把朱熹在孔庙祭祀的位置从诸儒群贤提升到十哲之次"(赵刚,2015),以及程朱理学为何能崛起成为国家最高课程。对于康熙刻意挺立程朱理学,后人如梁启超认为不过是在"利用"汉族读书人。李光地、熊赐履等促成此事的朝中理学传人则是"乡愿""假道学先生",意在"靠程朱做阔官"(梁启超,2004:118)。李光地、熊赐履或许确如梁启超所言,是沽名钓誉之徒,并不真想践行理学教导,但梁氏也忽视了清初以来紧张的民族政治文化局势,未能正视挺立程朱理学,有利于化解紧张,巩固中国作为多民族融合及政治文化统一的国家。总之,康熙时,程朱理学便被确立为科举体系的最高课程,其他科举课程都不能违背其大义,以确保各地学子学完各门课程考中进士后,能深刻领会、践行朱子及孔孟的政治伦理教义。

然而以程朱理学作为最高课程,终究只是政策架构,民间实际流行什么课程仍取决于科举最后考什么,所以有的学子不曾读过任何像样的程朱理学著作,只要掌握科举应试技巧,照样可能考上秀才举人;而有的学子虽然满腹经纶,却连举人也考不上。乾隆时的吴江名士郭麐便曾悲叹:"年年下第归,岁岁饮墨汁。麻衣非无泪,泪尽不知湿。"(姚蓉,2012)蒲松龄更曾十次乡考举人,均告落败,前后耗去四十多年。此外,漫长三级科考过程中,还难免遭遇那类不成文且更违背程朱教义的功课,如一些地方秀才考试中的找推荐人、送礼等。此等功课若未做通,程朱理学课程学得再好,依然可能考不上。康熙年间,松江学子叶梦珠就曾说,"童生取府,在吾生之初,已无公道。凡欲府取者,必求缙绅荐引。闻之前辈,每名价值百金,应试童生,文义虽通,苟非荐剡,府必不录。"(叶梦珠,1981:35)此类因地方教育腐败及监管机制缺失横生出来的不成文功课,显然也会对地方政治社会秩序乃至国家兴衰造成影响,但因它以不成文的方式在暗处发生,所以很难多加考察,只能从体制规定出发,看看民间实际流行什么样的科举课程,以及为什么不学程朱理学也能考上。

2. "八股文"与"试帖诗"

体制规定的科举必考课程就是导论曾提到的那两门,即"八股文"和"试帖诗",它们均是民间实际流行的科举课程。八股文始于明代成化年间,清承明制,府考(秀才)、乡试(举人)和会试(进士)都是以考八股文为主。直到清末科举取消,一直如此。像鲁迅,少年时也是学八股文。到胡适才不同,胡适比鲁迅晚生12年,少年时在安徽绩溪老家读完四书五经,还没开笔做文,就到上海投考梅溪学堂了(邓云乡,1996),无缘体会清代学子的八股文功课。至于八股文功课的发生场所,最常见的就是遍布全国的民间私塾。像归有光、郑板桥等,早年都是通过在私塾里学做八股文,才得以实现政治上升,且均做过私塾先生,教蒙童写八股文。

私塾之外,还有书院,后者受科举影响,同样需将八股文作为首要课程。包括诸多以学术研究为重的著名书院,亦无法回避八股文教学(程嫩生等,2015)。书院之外,仍有别的八股文教学机制,但这里已不必再做考察,只需强调八股文考题多出自四书五经,所以八股文实际只涉及一门课程,即经学。而且许多情况下,只读四书便可以应付。曹雪芹就曾借贾政之口发出一通揭露与反讽,"那怕再念三十本《诗经》,也都是掩耳偷铃,哄人而已。你去请学里太爷的安,就说我说了:什么《诗经》古文,一概不用虚应故事,只是先把《四书》一气讲明背熟,是最要紧的"(曹雪芹,2008:131)。何况即使五经都学,也常会因为广大塾师、学子的目的就是为了考中秀才、举人,所以达不到政策期望或程朱理学意义的经学教育效果,经学教育反而会被八股文异化为一套形式化的文字游戏,即为了求得考试通过,把八股文的遣词造句规则及技巧当作教学重点,四书五经有何微言大义,以及能否准确理解朱熹的权威解释,均不重要。

考官阅卷时,同样难以透过八股文,了解学子真实的学术及道德水平,只能依据八股文表面结构及文气来裁断优劣。且看康熙时丁丑科会试一位考官对一份八股文做出的评语,"观其落笔,命意不屑纤尘,春山秀濯,晴霞郁蒸,似此文境"。再看康熙时戊戌科会试诸位考官对一份八股文做出的评语:"气象光昌,词意磅礴。"(顾廷龙,1992:57,60)能入会试,表明八股结构方面没有问题,所以就看文气是否上佳。所谓八股文的遣词造句规则及技巧,大体便是由结构布局、文气渲染等构成。当然,要想了解掌握这些规则及技巧也不容易。尤其是众多塾师系落地秀才,且又处于闭塞之地,更是很难让学子弄清好的八股文是什么样子,只得四处寻找范文。由此便催生了八股文教辅书的流行,本已被八股文扭曲的科举经学课程再度异化,流变为将教学重心置于模仿市面上流行教辅书中的八股范文。

导论中提到的道光初年出来的那本《启悟集》便是"最为著名"的八股文教辅书。乾嘉时期李锡瓒编的《能与集》亦是广为流传的"小试利器"(曹南屏,2013)。诸如此类的八股文教辅书和八股文教学一起组成了民间实际流行的科举课程。此外,与它们一并流行民间的科举课程便是试帖诗。清初顺治二年,给事中龚鼎孳曾提议减少科举首场考试八股文篇数,以便在第二场增考写诗,但该提议被顺治否决,清初仍维持明代旧制:"首场试时文七篇,二场论、表各一篇,判五条,三场策五道。"(赵尔巽等,1976:3148)一百多年后,即乾隆二十二年(1757年),旧制才发生重大变革,"罢论、表、判,增五言八韵律诗",试帖诗从此成为科举必修课程。到乾隆四十七年,更是"移置律诗于首场试艺后"(赵尔巽等,1976:3151),使得试帖诗的地位进一步提升至几乎和八股文一样重要。消失了数百年的诗文取士制便是在这些措施的推动下得以迎来重生。

律诗之所以能复活,有多重原因,如三场考试内容太繁杂,阅卷工作量太大,且内容多有重复,容易导致考官只看书法好坏,不问文章质量。改考律诗,可减轻考官负担,也能考查考生饱读经史文学后的才学与志向。此令一出,各地学子只好埋头律诗学习与写作。但因几百年没考过,许多学子一时都不知道何谓五言八韵律诗,地方出版机构随之把握机会,邀请律诗名家编著试帖诗教辅书。乾隆下令考试帖诗的第二年,市面上便推出14种教辅读本,内容多为唐代五言八韵律诗,如"张尹辑《唐人试帖诗钞》四卷,刊本;周京等辑《唐律酌雅》七卷,恭寿堂刊本;毛张健辑《试体唐诗》四卷",等等(蒋寅,2014)。著名八股文教辅书《能与集》编纂者李锡瓒也曾假名"蘅塘退士",编写试帖诗范本,其作品便是那部妇孺皆知、至今仍流行的《唐诗三百首》。也有人说,《唐诗三百首》编者不是李锡瓒,而是孙洙(曹南屏,2013)。但无论是谁,都不能否认自乾隆二十二年起,各地学子都是靠《唐诗三百首》一类的教辅书应付科举考试,学习模拟唐诗和八股文一起构成了民间实际流行的科举课程。

时间演变到嘉庆、道光年间,民间实际流行的科举课程仍是八股文和试帖诗,于是可以看到,一面是急需正视的危机日益加剧的内外现实,一面却是各地学子为求取科举功名沉迷于八股文和试帖诗。本小节标题所谓"远离现实的课程体系"即指二者之间的巨大分裂状况。该课程体系最初曾有助于中国在18世纪时逐渐成为政治文化统一的国家,无论康熙时将程朱理学定为国家最高课程,还是乾隆时特别抬高唐诗在科举课程中的地位,均能让国家达成统一的文化认同。问题就在于进入19世纪以来,清朝国家政治除了需维系统一的文化认同之外,更得拯救日益严重的内外经济政治危机,清朝科举课程体系正是在这一点上暴露了其知识生产及人才培养方面的功能缺失。被八股文、试帖诗包围的各地学子何以可能看清嘉庆以来的内外危机现实?对此问题,嘉道时期的改革先锋曾有诸多分析。如魏源便认为,整个科举制度自诞生以来就只能培养"专以无益之画饼,无用之雕虫,不识兵农礼乐工虞士师为何事"的"科举兔册之人"(魏源,1976:37)。嘉道时期的八股文、试帖诗等科举课程,同样是"屠龙技竞",与危机日益加剧的"漕盐河兵"四大国计民生领域毫无半点干系,只是在诱使士子"考枢密""列谏官"而已(魏源,1976:675—676)。

一般学子从八股文及试帖诗中所看到的不过是各级科举功名。佼佼者在追求科举功名之余,或许还能通过博览经史文学领会程朱理学或孔孟圣道,将来也能自觉捍卫清廷依靠程朱理学建立起来的国家文化认同。但即使如此,佼佼者也需要其他课程机制来弥补其在现实危机方面的认识不足。像曾国藩,便是道光时各地学子中脱颖而出的佼佼者:27岁就高中进士,入翰林,堪称科举功课训练最好的学子。但即使是曾国藩,也是在"入翰林"后,才"开始认识到科举时文之外还有一个学问的世界"(余英时,2006:5)。况且科举课程之外的学问世界,尤其哪种学问有利于应对国家危机现实,把握起来也不容易。到30岁时,曾国藩犹在为自己拿不出可切实"报国"的学问感到内疚,所谓"不学如故,岂不可叹!余今年已三十,资禀顽钝,此后岂复能有所成? 但求勤俭有恒,无纵逸欲,……可以无愧词臣,尚能以文章报国"(曾国藩,1994a:42—43)。后来,曾国藩的确建构起了一种旨在"报国"的传统学问。但这些皆是后话,此刻仅需关注,即使佼佼如曾国藩,也未能依靠科举课程获得可以认识现实危机的学问。

3. 科举课程之外的考据学及演变

将视线转向科举课程之外,可以发现19世纪的中国并非没有学问。相反,无论宫廷,还是民间,均能找到与八股文、试帖诗截然不同的课程。以宫廷为例,其中最值得考察的新课程当属康熙时一度兴盛的数学、天文学等近代科学。此类课程由西方传教士带入宫廷,康熙对它们很有兴趣,曾专门建立"蒙养斋""算学馆"等课程机制,向皇子、八旗子弟传授数学、天文学。只可惜康熙没有向外普及数学、天文学,而是"试图把历算知识占为己有"。不仅如此,他还"把科学当作控制汉官和臣民的工具",尽管他

"成功地通过数学提高了满人的自信",从而可以"鄙视汉人的历算才能",但数学、天文学等中国近代科学课程的成长也被康熙狭隘的民族文化竞争思想耽误了,而且"蒙养斋""算学馆"发展到雍正时,便"未能继续存在"(韩琦,2003:444)。

民间也有不少学者在科举体制之外提倡发展数学、天文学,其中之一是顾炎武的学生潘耒。但潘耒的理解"代表了当时学者们的普遍看法",即把数学、天文学当作"恢复原始经典及文献的基本工具",以求最终能"回归真正儒学"(詹嘉玲,2003:397)。作为顾炎武的学生,潘耒也像其业师那样,认为原始儒家经学被宋明理学、心学等改造之后,早已迷失本来面相。在顾炎武看来,理学、心学等不过是程朱等人的私人语录及意见,其难度甚至还不如八股作文,所谓"不取之五经而但资之语录,校诸帖括之文而尤易也"(顾炎武,1983:58)。因为难度低,故而可以随意发挥,要想获得真正可靠的经学知识,还是得回到汉唐时期严谨客观的经学路径及功夫,花数十年时间,逐一弄清各经的每一点内容。顾炎武甚至认为,须从每一个字的字形音义入手,方能读懂经典所载地理、名物、制度、政事等重要济世内容,进而也才能从经典中获得可靠的"正人心""拨乱世"的知识。潘耒看重数学、天文学,即因他觉得引入它们,有利于准确理解经学典籍中的历法,历法以及地理、名物、制度等才是真正可以经世的经学知识。

倘若接受顾炎武一系的主张,便可生产出更严谨、更可靠的经学知识,但后来即康熙时期,被历史选中的却是顾炎武一系并不看好的程朱理学。不过顾炎武一系的努力也能在体制外产生不可忽略的影响,由此便可引出18世纪学术界兴起的考据学运动,其发展高峰是在乾隆嘉庆年间,重要推动者包括戴震、惠栋、钱大昕、王鸣盛、王念孙、江藩等,大多"生活在长江下游物产富庶、人文荟萃的江苏、浙江和安徽三省"(艾尔曼,1995:6)。尽管戴震、惠栋、钱大昕等人治学重心不尽一致,但他们都不认可程朱理学,而是像顾炎武那样主张理学之前的汉唐经学才是儒学正统。18世纪著名诗人袁枚就曾指出:"近今之士,竞争汉儒之学,排击宋儒,几乎南北皆是矣。"(袁枚,1982:49)所言虽显笼统,但也能反映考据学的反理学立场及其声势与影响。那这场颇具声势的民间学术运动究竟能将学子引向何种不同于程朱理学及民间流行科举课程的求知路径呢?

对此问题,袁枚同样有所观察,他发现受考据学推崇汉代学术的风气影响,不少学子刚学会写字,便急于研读许慎《说文解字》。倘若学作文,也是热衷于模仿郑玄、孔颖达等汉代经学家,学写学问文章,以至不知道欧阳修、苏轼等唐宋古文大家是谁。所谓"近今风气,有不可解者:士人略知写字,便究心于《说文》《凡将》,……略知作文,便致力于康成、颖达,而不识欧、苏、韩、柳为何人"(袁枚,1982:39)。袁枚的意思是,作文课程则应以唐宋古文名家的散文为典范。这些虽是诗人的一己之愿,但其一番观察与疑惑也能说明,乾嘉时期民间的求知活动除被八股文、试帖诗等科举课程主宰外,还流行学做文字及经义考证之类的考据学课程。且此类民间流行课程的水平绝非仅止于袁枚所见的鹦鹉学舌,徒作许慎、郑玄式的学者状,其造诣最高者,乃是像戴震等人那样数十年如一日考证《孟子》《尚书》等经典,将被理学话语曲解遮盖的古典道德及制度揭示出来,并试图以之重整世道人心。

钱穆曾将考据学最显著的成就概括为"穷经考礼"(钱穆,2006:267),也能显示考据学的知识生产水平及特征。总之,它的出现,让改革前夕的中国士子被八股文、试帖诗包围之余,还得背负以文字及语义考证为主的新经学课程。当然,这只是从课程类型展开分辨,如果将考据学置于改革前夕的历史语境中,则会发现它具有更多非学术的牵扯力量。毋宁说民间考据学的兴起进一步暴露、加剧了长期潜在的政治文化危机:清廷好不容易摸索出以程朱理学、科举制为抓手的政治文化统一路径,但它没能有效整合顾炎武以来的地方经学生产,本就紊乱的课程体系(一面是程朱理学,一面是八股文、试帖诗)随之多出一重显著的国家与地方分裂,导致国家政治文化冲突隐患增生。恰在此时,清廷自身的调控机制似乎也失灵了:为捍卫程朱理学的意识形态及课程权威地位,清廷曾采取高压手段,仍无以遏制考据学在各地蔓延及其引发的意识形态冲击。所以问题还不仅表现为考据学也是一门远离现实的民间流行课程,而更涉及包括程朱理学、八股文、试帖诗等在内的整个课程体系,都无法为19世纪初期国家走出经济政治危机提供适切的知识及人才支持,反而会加剧政治文化分裂。

历史犹在继续,新人也将登台,就看他们能与19世纪初期中国的危机现实及课程体系发生什么样的关联。此时,惠栋、戴震等考据学开山大师均已去世。钱大昕这样的中坚大将也在19世纪初离去了。然而考据后辈亦在成长,像惠栋一脉便冒出江藩、阮元等杰出再传弟子。1811年,江藩推出专著《国朝汉学师承记》,不仅以"汉学"名义将考据学列为"清学之核心地位",而且试图反击"戴震一系",进而"为惠栋及其汉学争立汉学之正宗"(於梅舫,2016)。1820年,身居两广总督高位的阮元也在广东创办学海堂书院,继续发展考据学。不过,学术界的考据反对力量也很显著。像龚自珍便率先站出来,指出江藩提出的汉学无法涵盖清代学术,不能成立(龚自珍,1975:346—347)。方东树更是直言,考据号称揭示经学本来面目,极力排斥宋明诸儒的个人发挥,到头来其实也是"言人言殊,……互相驳斥,不知谁为真知定见"(方东树,1978:165)。

江藩、阮元、龚自珍、方东树等在道光时期的众多士子中,均堪称学术功底及能力最优秀的一群人。此外还有倭仁、曾国藩等新晋进士、翰林,以及此前提到的林则徐、陶澍、魏源等,学术基础同样堪称当时一流。19世纪初期中国课程体系能有什么变化,众多士子及官员能学到何种新知,很大程度上就取决于这些人的学术努力。倘若这些人只是将精力用于继续推动考据(汉学),直至取代理学的学术正统地位,长期与现实危机不相关联的课程体系便不会有实质意义的新生。但正如龚自珍所指出的那样,考据即使曾一度风行全国,也并不能涵盖一切,在它之外,尚有别样的学术耕耘及知识生产活动正在兴起。如果说江藩、惠栋等是旧书斋中的职业学者,主要靠考证经学典籍从事知识生产,即所谓"穿穴故纸堆中"(王鸣盛,2005:3),另一些人除了埋头书斋,还有不一样的知识生产空间与方式。其中最值得一提的便是倭仁、曾国藩等新晋进士、翰林,道光二十年(1840年),二人在程朱理学名家唐鉴影响下,一起选择皈依江藩所排斥的程朱理学。此前一年,曾国藩还在为自己除擅长考试外,没有掌握任何"学问"感到懊丧。一年后,曾国藩便遇到唐鉴,并在唐鉴引导下,以"写日课"这一最基本的理学修身功夫,来严格训练自己。曾国藩记得很清楚,道光二十一年7月,唐鉴曾对他说:"河南倭艮峰(仁)前辈用功最笃实。每日自朝至寝,一言一动,坐作饮食,皆有札记。或心有私欲不克,外有不及检者,皆记出。"(曾国藩,1994a:92)曾氏由此和倭仁携手练起程朱理学的修身课程。日后又和倭仁一起成为国家层面程朱理学的新一代推广者,被考据学压制的程朱理学也因他们的努力得以重振。虽然就现实意义而言,其理学重振努力不过是为士子官员提供了一门修身课程,但它终究也能为当时的腐败政治注入一股道德力量,同时可以巩固清朝依靠程朱理学建立起来、但长期受考据学冲击及被科举异化的国家文化认同和意识形态权威。

需进一步指出的是,尽管曾国藩选择皈依程朱理学,且热衷以行动彰显程朱理学的道德修身价值,但他并没有像倭仁那样固守程朱理学,他在弘扬程朱理学之余,还保持着相当开阔的学问视野。倭仁也很关注嘉庆道光时期的危机现实,然而他是从程朱理学视角出发展开分析,认为危机之所以出现,系因道德风气及人心出了问题,这是典型的程朱理学思路。曾国藩固然高度认可程朱理学,视野却十分开放,所以能推出一套内容多元的课程方案,其中不仅有考据、词章等倭仁排斥的学问,更涉及传统经史学者很少留意的知识领域,曾国藩将该领域称为"经济"或"经世"之学。曾氏还曾以"孔门四科"课程即"德行""文学""言语""政事"作为分析框架,勉励地方士子超越宋学、汉学及科举试帖诗等当时流行但狭隘的学问,其言如下(曾国藩,1994b:442):

> 为学之术有四:曰义理、曰考据、曰辞章、曰经济。义理者,在孔门为德行之科,今世目为宋学者也;考据者,在孔门为文学之科,今世目为汉学者也;辞章者,在孔门为言语之科,从古艺文及今世制义诗赋皆是也;经济者,在孔门为政事之科,前代典礼、政书,及当世掌故皆是也。

此番教导等于是在引导地方士子冷静看待当时各执一方、相互排斥的纷乱课程格局,从而尽可能多地掌握诸种救世必需的"为学之术"。在曾国藩心里,义理即程朱理学确为最优先的课程,但曾氏同时还希望地方士子能明白,义理修身仅是学问开端,学问的终点乃是"经世",所谓"其事始于修身,终于济世"(曾国藩,1994b:443)。也正因为将"济世"列为终极目标,所以他在涵盖诸科之余,特别增加"经济"或"经世"之学,从而既不同于倭仁固守义理,又不像江藩等人那样热衷于只把考据或汉学列为学术正宗,而是形成了一套双重课程,即程朱理学义理修身和经世新经学。曾国藩之所以能架起双元课程体系,除因学术视野开阔外,更因其政治空间及境遇不同于倭仁及江藩诸人:后者不是长期以"帝师"身份位居朝廷政治教育最高层,便是栖息于旧书斋故纸堆中,曾国藩自1851年太平天国起义爆发以来一直在地方处理各类现实危机,深知危机现实需要何种新学术,其特别想发展的经世新学到底包含哪些内容,随之也在拯救地方危机现实的实践中日益变得清晰完善。

概而言之,从内容来看,曾国藩的经世课程涉及他熟悉的直接影响国家治乱的"天下之大事",包括官制、财政、盐政、漕运、军事、水利等。稍许回顾一下嘉庆以来中国日益恶化的政治经济局势,即可明白,官制、财政、盐政、漕运等的确都是士子官员必须加以"考究"的"天下之大事"。曾国藩提倡研究这些"天下之大事",固然无法再造长期远离危机现实的科举课程体系及民间流行课程,但却可以开辟新的课程及知识生产路径,使士子能够走出考据学、八股文及试帖诗等流行课程的束缚,发展挽救国家内部政治经济危机必需的新知识。更为难得的是,对于外患即英国入侵给中国带来的军事经济危机,曾国藩同样十分关注,并曾依据自己的认识切实采取了改革措施,其中包括启动诸多与课程改革相关的具体行动,如成立书局,组织华蘅方、徐寿、徐建寅等学习研制蒸汽机及轮船,委托容闳统筹幼童留美,等等。这些改革行动均曾让近代中国生成诸多新的课程发展及人才培养机制。

甚至可以说,如果要想弄清近代中国课程改革最初在地方层面是如何正式启动的,其中蕴含什么样的思考与行动,就得考察曾国藩在应对国家内外危机实践中展开的系列课程改革努力。曾国藩堪称近代中国课程改革的推动先锋,李鸿章、左宗棠、容闳等中国近代课程改革第一代核心领袖及骨干皆是其手下。曾氏以及李鸿章等人的课程改革努力将在本书第二章中加以考察,此时仍需强调一下,曾国藩之所以能成为近代中国课程改革及新课程发展最初的推动者,系其个人活动空间自1851年太平天国起义以来发生了重大变化,即不再滞留于朝廷政治教育最高层,而是转到地方一线,直接负责应对道光晚期以来进一步恶化的国家危机局势。如果曾氏一直位居朝廷政治教育最高层,则只需像倭仁那样捍卫程朱理学,并以程朱理学来净化官场士林的道德人心,这也是当时体制内文教领袖的本职工作。同样,倘若曾氏是主流考据学者,亦无须劳心勉励地方士子走出旧书斋寻求可以经世的新课程。由此可见,所处空间及职责对于近代中国课程变革的显著影响。

要不是因为有曾国藩式的封疆大吏自觉跳到科举功课、考据学及程朱理学之外,从其丰富的政治经济军事危机应对实践及认识出发,将直接决定国家命运的系列"大事"列为求知对象,长期远离现实的清代中国课程体系或许就不会在19世纪60年代迎来划时代意义的变革,新生出诸多意在寻求国家新生的课程发展及人才培养机制。当然,曾国藩之所以能在19世纪60年代之前为近代中国课程改革定下最初的前进轨道,除得益于曾氏1851年起被派往地方处理现实危机外,还因为在他之前,已有一些先驱也从内外现实危机出发,探索知识生产及人才培养新路。由此便需考察19世纪初期兴起的经世实学转向,曾国藩、李鸿章等封疆大吏开启的近代中国课程改革正是从这一学术转向中演变而来,甚至之后由康有为、梁启超等新一代边缘士子发起的近代中国新一轮课程改革,亦是以这一转向留下的经世知识遗产作为基础。由此可见经世实学转向之于近代中国课程改革的重要意义,曾影响两代课程改革先锋的思想与行动。

三、直面内外危机局势的经世实学转向

19世纪的经世实学转向可追溯到大学士庄存与当初提倡的"今文经学"。其时,朝廷大权及国家命脉尽被和珅集团掌握,庄存与作为和珅的反对派,只能回到家乡常州另寻进路。为"间接表达他对当时政治的批判,以及他对和珅及其同伙的不满",庄存与开始发展"非正统的《春秋公羊传》研究"(艾尔曼,1998:13)。西汉时,胡母生、董仲舒等携手使《春秋公羊传》成为官方权威课程,其基本内容乃是解释孔子的《春秋》。

西汉末年,王莽、刘歆等力挺另一本《春秋》教科书,即古文经《春秋左氏传》。但在唐宋以来流行的"十三经"中,《春秋公羊传》一直有一席之地。乾隆时,亦曾专门"刻十三经经文于石,立之太学"(蒋伯潜,1983:8)。言外之意,到清代,研读《春秋公羊传》仍是官方认可的经学课程之一。然而信奉程朱义理的朝廷理学权威,以及推崇许慎、郑玄的地方考据学家,均不看重《春秋公羊传》。只有像庄存与那样,试图批判腐败政治现实,才会对其感兴趣。尽管庄存与发展《春秋公羊传》研究,也无法拯救当时中国的政治经济危机,却让诸多后辈改革派士子精英在其影响下,开启了直接推动近代中国课程改革兴起的经世实学转向。

1. 寻求可以变革危机现实的新经学

庄存与发展《春秋公羊传》研究,表彰董仲舒的今文经学,可以提醒后辈士子注意不一样的传统课程。尤其厌恶考据学缺乏现实政治关怀、有志改造危机现实的后辈士子精英,更是容易为庄存与刻画的董仲舒的宏大政治改革思想所感动。后辈士子精英中,最值得注意的便是庄存与外孙刘逢禄。在庄存与的教导下,刘逢禄坚信董仲舒的春秋大一统教义可以拯救乱世。刘逢禄推崇董仲舒《春秋》政治学,今日看来难免显得迂阔不着边际,不过相比于考据学逐字逐句解释经典,刘逢禄的政治关切以及董仲舒的鲜活政治改革家形象更能吸引那些血气方刚、立志革新的青年士子。此外,刘逢禄还有足够吸引青年士子的耀眼政治文化资本:祖父系文渊阁大学士、军机大臣刘纶;其本人也于嘉庆十九年即1814年,考中进士,入选翰林,之后又任礼部主事。这些政治文化资本均有利于刘逢禄在青年士子中扩大影响。龚自珍、魏源等以国家兴亡为己任的新一代士子俊秀纷纷拜入其门下,为曾国藩、李鸿章、左宗棠等近代中国课程改革的开拓先锋提供思想及知识基础的正是刘逢禄门下的这些俊秀。

刘逢禄生于1776年,龚自珍、魏源分别比他小16岁、18岁。前文提到,龚自珍早年曾试图纠正江藩拔高考据学。其时龚自珍23岁,恰逢乡试落地,使得他更觉得"纵使文章惊海内",倘若无助于拯救危机现实,亦不过是"纸上苍生而已"(郭延礼,1987:35)。无奈龚氏当时找不到适宜的求学机制,只能拜到有心变革危机政治现实的刘逢禄门下。拜刘逢禄为师,意味着可以学到能激发现实变革意志的今文春秋学,然而龚自珍并未因此只学会像刘逢禄那样,以《春秋公羊传》里的大一统教条来整顿危机政治现实。龚氏更在意的是从危机现实出发探求新学术,提出为学"不必泥乎经史",真正重要的乃是"通乎当世之务"(汤志钧,2007)。这可以说是龚自珍发展新经学课程的基本思路,可惜龚氏即使38岁时得中进士,之后也无权力及平台来施展其"救裨当世"的经学革新抱负。直到鸦片战争爆发,龚自珍一直都只能不停呐喊改革,乃至曾寄望"天公"消除当时腐败透顶的科举课程,建立以"实学"为本的崭新课程体制,以扭转其25岁时就已揭露的暗淡"衰世"景象:"左无才相,右无才史,阃无才将,庠序无才士,陇无才民,廛无才工",从而培养各类从政治、军事、教育、农业、商业等各方面切实拯救"衰世"的"人才",并使他们能发挥才学,免于"则百不才督之、缚之,以至于戮之"(龚自珍,1975:6)。

因为位卑言轻,龚自珍直到1841年去世,也无法唤醒清廷主动发起走出危机所必需的学术、课程及政治体制改革。但当时除龚自珍外,还有不少有识士子也在推动直面内外危机现实的经世实学,其中最值得注意的正是魏源。1826年,32岁的魏源在江苏布政使贺长龄的支持下,编成《皇朝经世文编》,可谓经世实学转向兴起以来最具代表意义的成果。魏源最初究竟有何课程变革计划,也随《皇朝经世文编》推出,得以告白于天下。从序言来看,魏源的"目的就是要通过此书改变乾嘉以来'学者群趋于考据一途'的纯学术研究的学风,让经学为解决日趋激化的政治社会实际问题服务"(魏源,2004:1)。言外之意,《皇朝经世文编》所代表的经世实学得以成形时,尚谈不上是真正意义的新学课程,因为它依旧属于"经学"范畴,不过是为了重构经学,至多只能算作"新经学"课程。然而也不能因此低估《皇朝经世文编》在晚清课程变革史上的重要意义。

进而言之,《皇朝经世文编》的课程革新意义集中表现为以下两点:首先,它将亟待发展的"新经学"或经世实学课程分为八类,"学术""治体""吏政""户政""礼政""兵政""刑政""工政",其中以"户政""兵政""工政"篇幅居多(魏源,2004:1—5)。相比于高谈义理的宋明理学或碎片化的经学考据,这套"新经学"课程显然是在尽最大努力应对19世纪以来中国的内外危机局势,像"工政",便需学习"土木""河防""运河""河工""水利""海塘"等知识(魏源,2004:5),它们皆直接关乎国计民生安危。其次,《皇朝经世文编》的出现,还彻底改变了长期以来的经学课程内容,具体来说就是不再要求士子埋头学习宋明理学或汉代古文考据经学,而是鼓励士子将视野转向顾炎武以来的众多经世实学文章,有利于解除程朱理学、古文考据经学等对于课程变革的强大禁锢作用,同时让年轻一代士子迅速了解清代各路学者及官员在经世方面到底有何学术成就,进而有可能明白如何继往开来,从危机现实入手创造更多经世新知识。

更为难得的是,与龚自珍总是缺少政治参与机会不同,魏源尽管曾和龚自珍一起遭遇会试不第,但他并不缺乏政治参与机会。不仅如此,魏源还经常担任封疆大吏的核心幕僚,从而可以深入国家政治经济危机现场,依据一手危机事实及丰富的危机治理实践经验从事新知生产。正当魏源接受贺长龄之聘编纂《皇朝经世文编》之际,陶澍调任江苏巡抚,后又升为两江总督。陶澍认为魏源系难得的经世干才,任江苏巡抚时便招魏源入幕,委托其处理两淮盐政危机。魏源随之先在"淮北试行票盐",改组盐政机构,"裁浮费",以减少财政支出,同时"减盐价,以轻商本"。可见,魏源颇善于理清矛盾,改良政府垄断的腐败盐业。尤其是尽力体谅民间商人负担与收益,让利于民,更有利于刺激经济增长,增加政府财政税收,淮北盐政由此转上官民双赢的良性轨道。"于是官盐减价于私贩,枭化为良,引销课裕,每年溢额数十万,籍补南课之不足。"(魏源,1976:849)只可惜,如之前提到的那样,魏源建立的新体制后来又被腐败行政人员及大盐商勾结窃为寻租工具,导致民间再度回到暴力贩盐。可见地方官僚体系太缺乏像魏源这样的经世干才。

漕运、海运、水利等亦是直接影响当时国家兴衰治乱的大事。在这些大事上,陶澍同样重视借力于魏源。"凡海运、水利诸大政,咸与筹议。"(黄丽镛,1985:67)魏源也能根据对于危机现实的深入认识,采取适宜改革办法。如他之所以能创造性地提出以"海运"代替"漕运",便得益于非常了解国家每年投入甚巨的"漕运"早已异化为各地官吏欺上诳下、中饱私囊的腐败体系,而非造福国计民生的国之重器,即魏源所谓"河运有剥浅费、过闸费、过淮费、屯官费、催儧费、仓胥费,故上既出百余万漕项以治其公,下复出百余万帮费以治其私"。魏源甚至认为,乾隆时,就应启动海运替代漕运。其时,"国家承平日久,海不扬波,航东吴至辽海者,昼夜往返如内地"(魏源,1976:415—416)。魏源甚至能务实提议调动民间力量参与海运,建立"以商运代官运"的海运新体制,并曾"先后至上海招集商艘,宣上德意,许免税,许优价,许奖励,海商翕然,子来恐后"(魏源,1976:415)。正因看到倘若激励到位,民间力量便会积极参与分担国事,魏源确信"海运之事,其所利者有三:国计也,民生也,海商也"。哪些人的利益将受损,魏源同样清楚,包括"海关税侩""天津仓胥""屯弁运丁"等,这些人会找各种理由反对改革。从发起海运改革,到处理改革中的阻力,需要什么样的新学术基础?非得像魏源本人那样,"命筹海运以来,宵旦讨论,寝食筹度,征之属吏,质之滨洋人士,诹之海客畸民,众难解驳,愈推愈审",才可能"万举万全,更无疑义,敢以贡之大人执事"(魏源,1976:418)。

魏源可谓比龚自珍还要了解当时国家现实危机的复杂内涵,也更善于尽可能多地调动民间力量参与应对国家危机。相比于《皇朝经世文编》,其在盐政、漕运、海运等领域的所作所为显然更能诠释何谓切实有利于拯救现实危机的经世实学。如此便不难理解,为何魏源固然乐于广泛吸收典籍中的经世知识,但仍反复强调"知"来自"行",来自"勤访问",来自"亲历诸身"(魏华政,1994)。不然,顾炎武等前辈的经世文章读得再多,也还是做不出真正可以经世的新学术与新文章。当然,魏源之所以能在盐政、漕运、海运等领域创造杰出的经世实学成绩,说到底还是与幸运得到陶澍的器重有关。陶澍恰好又是一位难得的"见义勇为、胸无城府""用人能尽其长"的封疆大吏。道光时期,东南一带作为国家粮仓及财政来源,全赖陶澍带领一干幕僚苦心经营,方得以在险象环生中大体保持稳定。连为之立传的史家也担心,一旦陶澍式的封疆大吏"徂谢"而去,便"无以纾朝廷南顾之忧"(赵尔巽等,1976:11608)。

道光以来,对深陷危机的清廷及国家而言,有陶澍主持东南大局,努力兴利除弊,实属万幸。对魏源来说,能获得陶澍器重亦是一桩佳缘,从而得以依靠对于现实盐政、漕运、海运以及政治经济体制与各方利益关系的深刻认识,开创系列可以直接改善国计民生的经世新学术,进而在推动经世实学课程革新及发展方面,作出理学权威、考据名家不可能取得的贡献。魏源能有这些个人的经学课程革新造化,皆得益于曾常年和陶澍携手治理危机现实。然而世事总有人散缘尽之时。道光十九年即1839年,年届六旬的陶澍正准备要在淮南推广让利于民的盐政改革,便病逝于两江总督任上。其时,魏源已替陶澍写好"便国"且"便民"的淮南盐政改革文章(魏源,1976:431),但尚未来得及呈送,陶澍便撒手人寰。想到仍在危机现实中艰难挣扎求生的国家及"斯民"顿失不可多得的依靠,魏源不禁悲叹:"漕蠹边防,日棘一日,朝廷拊髀之思,无可复慰。乌乎!匪公之功,维斯民之恫。"(魏源,1976:347)

赞助魏源编纂《皇朝经世文编》的贺长龄也在一年前就去世了。好在东南一带,仍有人可以引领魏源继续推进经世实学探索。此人正是中国近代史上声名比陶澍更为卓著的封疆大吏林则徐。林则徐生于1785年,比陶澍小6岁。陶澍1825年调任江苏巡抚,林则徐时任江苏按察使。陶澍升任两江总督后,林则徐先后升为江苏布政使、巡抚。魏源随之也深得林则徐赏识,经常出入后者府邸,围绕系列大事商谈利国利民之策。就是这一层密切交往关系,以及魏源对于林则徐的厚重钦佩之情,使得魏源在陶澍离世后,随林则徐一起推进经世实学探索。1837年,道光帝多次召见林则徐,林氏旋即由江苏巡抚升任湖广总督。魏源虽留在江苏,但仍和林则徐保持互动。林氏到任后,曾有王鎏献上《钞币刍议》,堪称率先在科举课程体系中开辟"货币经济学"研究,目的是解决清廷财政危机,其核心观点是建议取消银本位币制,改为"无限制地发行不兑现的纸钞"。林则徐没有认可王鎏的币制改革理论,魏源同样反对(来新夏,1997:260—261)。两人因此未能和王鎏携手发展"货币经济学"课程。不过,魏源一直和林则徐共进退,使得他得以和林则徐一起首次面对中国近代史上史无前例的大挑战——由英国走私鸦片引发的跨国经济军事冲突,就看他和林则徐在应对挑战过程中,能给后面的曾国藩一代在大变局中开启近代中国民族复兴与课程改革留下什么遗产。

2. 发展地理学应对英国经济军事入侵

前文就曾提到,19世纪20年代起,英国加大鸦片走私,导致中国出现巨大贸易逆差,最多时,每年向英国流失白银达三千万两。1835年,英国非法对华输入的鸦片总数由21 885箱猛增至30 202箱。到林则徐升任湖广总督的1837年,走私鸦片又增至34 373箱,销出28 307箱(马士,1963:239)。按理,两广总督及其属下早就应设法遏制规模日益庞大的英国鸦片走私贸易,然而正如1837年11月英国海军上校、驻广州商务总监督义律向英国外务大臣汇报情况时所揭露的那样,"广东省当局的高级官员们完全知道在欧洲式的客船中所进行的巨大的鸦片走私",但他们"不是从利益便是从政策出发","对这一事态不立即加以阻止"(义律,1993a:231)。义律还预言,事态继续发展下去,将使"所有高阶层和低阶层的人士统统贪污腐化,而且沿海充斥着中外坏人"(义律,1993b:236)。

鸦片何止仅是恶化广东及沿海地区的人情,内陆各地其实亦有相似趋势。1838年,道光帝接到举报,连京畿附近的天津也已是"烟毒泛滥、烟贩猖獗",而直隶总督琦善"对这些现象竟然放任不管","他和烟贩之间蛛丝马迹的暧昧关系,也就不言而喻了"(来新夏,1997:271)。可见,即使没有盐政、漕运、水利、农民起义等其他危机,仅仅鸦片走私或许就足以将清廷及国家置于死地。林则徐所辖湖广地区即湖南湖北,也有鸦片泛滥迹象。林氏不仅在湖广地区查缴鸦片,而且屡屡上书道光帝,必须在全国范围启动严禁政策,"若犹泄泄视之,是使数十年后,中原几无可以御敌之兵,且无可以充饷之银"。林则徐非常清楚鸦片泛滥可能造成的政治经济危害,至于何以禁烟,林氏亦有思路,他认为应从严惩吸食者下手,因为吸食者中,"盖以衙门中吸食最多,如幕友、官亲、长随、书办、差役,嗜鸦片者十之八九,皆力能包庇贩卖之人"(林则徐,2002:78—79),不从他们下手,便无法禁绝鸦片泛滥。

将国内基层官吏吸食者定为鸦片泛滥的源头,眼界尚有局限。不过,没多久林则徐便意识到真正的源头祸害乃是英国对华走私鸦片。与此同时,道光也将希望寄托在了林则徐身上,再度数次召见林则徐,最终于1838年底任命林氏为"钦差大臣关防",

前往广东,"所有该省水师,兼归节制"。龚自珍也写信敦请林则徐一定用好"武力",以"绝其缘",同时提醒林氏千万不要被"粤省僚吏""幕客""商估""绅士"等地方各路人马的"黠滑游说"动摇心志,"宜杀一儆百"(龚自珍,1975:169—170)。林则徐南下途中才回复龚自珍,从中可以看出,林氏已然下定决心,他不怕什么危险。真正令林则徐担心的乃是穆彰阿、琦善等朝中权臣搬弄是非,铲除英国鸦片走私贸易体系的行动随时可能半途而废。

林则徐南下后,道光又下特诏,令邓廷桢等严阵以待,配合禁烟。邓氏时任两广总督,最初他曾一度拥护"弛禁",对道光帝"怀着犹疑、观望的态度"(吴义雄,2008)。但接到圣令后,邓氏便立即会同广东巡抚怡良严打国内烟贩,同时命海关查实驱逐英国烟贩,全力配合林则徐。至于广东水师提督关天培,则更是迅速与林则徐携手迎敌。早在1826年,关天培就曾为林则徐发展海运漕粮效力,负责保护航船。1832年,英国为实施侵华计划,派军舰到我国东南沿海刺探军情,又是关天培与林则徐、陶澍联手将英舰驱逐出境(李才垚,1985)。两年后,英军改道强入珠江口,越过虎门,直逼黄埔。"道光帝得奏甚怒",即"调关天培为广东水师提督,加强虎门防务"(茅海建,1990),从而再次得以和林则徐一起在广州应对英国非法入侵,从源头上铲除由英国走私强加给中国的庞大鸦片贸易体系。

林则徐未到广州时,有不义烟贩曾四处散布谣言,说什么"名为圣主除秕政,实行聚敛肥私门"(宾汉,1954:14)。英国大烟贩查顿则悄悄潜回英国,其所创公司怡和洋行专门从事对华走私,如林则徐所言,此人"与汉奸积惯串通,鸦片之到处流行,实以该夷人为祸首"(林则徐,2002:129)。查顿还创办《广州纪事报》,和其他英商报纸合谋制造"海军力量征服中国"的舆论,怂恿英国政府发动"对华战争"(吴义雄,2008)。查顿之所以潜回英国,正是为了促成侵华战争。其他英国烟贩也在活动,连作战时间、路线及战后如何谈判以攫取最大政治经济利益等,都有计划。可见,林则徐展开禁烟行动前,英国鸦片商就在游说政府按他们的意思发起战争,甚至后来"南京条约的内容,实际上也就是以查顿为首的鸦片贩子的建议的实现"(姚薇元,1963)。铺陈这些远在英国发生的史事,意在表明,除广州"十三行"行商——即英国烟贩在华中介——编织起来的贸易机制需及时纠正外,林则徐、关天培等更了解英国烟贩在英国本土发起的战争动员活动,驾驭英国政府被英国烟贩及义律一伙拖入非法鸦片贸易之后带来的复杂军事外交关系及政治经济意图。

粗略勾勒完林则徐所遇难局,再来看当时最权威的程朱理学课程、弥漫朝野的考据经学以及八股文、试帖诗等流行科举课程,便会发现当林则徐急需有效知识援助时,这些课程均无法提供,一切均要靠林则徐自行探索。同样,当时及后辈士子在应对西方经济军事入侵所引发的复杂变局方面能学到什么适宜的新课程,亦得看林则徐一系有何探索努力。离京两月后,林则徐于1839年正月二十五日,"抵广州就钦差大臣任"。第二天,林氏便召集邓廷桢、关天培等发布公告,要求"慎密关防,不准扰累"。第三天,又"具折报告到粤日期和鸦片贩子查顿畏罪逃跑、趸船异动等情况"(来新夏,1997:278)。到2月初,林则徐又发布多道告示,劝诫士农工商学等各界人士不得吸食鸦片,同时令十三行行商转告英商及各国烟贩缴出所有鸦片。从行商传达给各国烟贩的谕函中可以看出,林则徐的立场非常坚决:"若鸦片一日未绝,本大臣一日不回,誓与此事相始终,断无中断之理。"(林则徐,1963:59)

谕函也曾上呈,得到道光帝认可,林则徐因此可以更为果敢地致力于铲除英商为首的鸦片贸易体系。谕函发布不久,美国、荷兰烟商均表示遵守,承诺以后永不贩鸦片。义律及英国烟贩则在背后密谋,推诿拖延,企图把事情闹大,将林则徐从捍卫民族尊严及国家利益出发,遏制他们的私人政治经济野心的行为,升级为中英两国政府的政治冲突,"让中国人……陷入他们自己直接对英王负责的圈套中"(格林堡,1961:186)。林则徐是否知道义律一伙为私人政治经济野心连本国政府也绑架、以求将矛盾升级的阴谋,这里无从判断。但有一点可确定,无论林则徐知道与否,都不会动摇他从保卫中国国计民生出发,打击义律一伙的不义行径。1839年6月(四月廿二),禁烟初告胜利,收缴鸦片2万多箱,义律及英国烟贩离开广州。之后便是林则徐率众在虎门当众"销化烟土"(林则徐,1984:341—342)。

两万多箱鸦片,到6月25日才全部销毁。短短4个月,林则徐便能对庞大非法鸦片贸易体系的源头发起清剿,首次向世界彰显无论遭遇何种不义西方政治经济势力,中国都会坚决抵抗到底。但义律一伙也不肯放弃鸦片走私的巨大利润,为扩大事端,激怒中英政府,他们仍在"叠次抗违法度",且拒不交出"酗酒滋事,犯杀人之罪"的英国水手。1839年底,林则徐得道光许可,下令终止一切"英商贸易","并逐其船只,不准碇泊天朝洋面"(林则徐,1985:86—87)。事态日益朝义律及英国烟贩预谋的方向发展。不过林则徐也不怕可能到来的战争,初莅广州时他便敦促邓廷桢、关天培等加强海防。虎门销烟后,林则徐更将海防列为首要关切。关天培同样深知"海防尤为贵重","于夷情洋务极力讲求",且"在粤五年有余,并未携带家眷,其母亲年愈九十,亦不敢顾及乌私"(林则徐,1988:289),可谓早已决定全力抗击外敌,为国尽忠。1840年初,英国女王发布侵华战争令(丁名楠等,1958)。当年6月,英国军舰侵入广州海面。关天培再度迎来三年届满,照例可以进京觐见晋升走人,但关天培仍自愿留下,与林则徐联手抗敌。

海防是从源头铲除非法鸦片贸易体系必须做好的大事。正是为加强海防,林则徐还有过另一大与课程改革直接相关的努力。它将显示,除盐政、海运等外,林则徐、魏源还曾为之后的曾国藩等近代中国课程改革先锋,留下一份崭新的经世实学课程遗产。这份新课程遗产便是地理学,尤其是世界地理学。南下途中,林则徐便在留心考察地理。魏源则在修正传统地理学,认为既要"考之经",又要"求之近"(魏源,1976:234)。禁烟以来,他们又开始关注英国及世界地理,从而将传统中国地理学推向崭新发展阶段。一般认为"清代对域外地理的大规模研究,是从鸦片战争以后开始的"。在此之前,万斯同、张廷玉等主持修纂《明史》,其中有《外国传》,亦可算世界地理学,但所涉"91个国家和地区"多为中国藩国及与中国保持朝贡贸易关系的南洋诸国,西方仅有曾派传教士来华的意大利,而且关于这些国家的知识多半由郑和下西洋时所得或由传教士带入,由此也导致中国长期"对世界知之甚少",乃至对于利玛窦所说世界有五大洲这一今日看来极简单的常识,《外国传》编者也觉得"其说荒渺莫考"(赵荣等,1998:62—65)。清代最渊博的学者在世界地理方面也所知甚少,如此怎能驾驭西方强敌。仅此一点,便可说明林则徐、魏源等自觉探索世界地理,对于改变中国陈旧知识课程体系乃至民族复兴的重要意义。

禁烟以来,林则徐便开始发展世界地理学。魏源自鸦片战争爆发以来,也在想方设法研究英国地理。时为1840年秋,魏源应友人之邀来到宁波军营,见一英国俘虏安突德,"亲询安突德,了解英国情况,后又旁采其他材料,写成《英吉利小记》"(黄丽镛,1985:113)。相比魏源条件有限,很难开展世界地理研究,林则徐作为钦差大臣,则可以调动多方人力及资源发展世界地理研究。初到广州发布禁食鸦片令之后,林氏便着手建立了解西方必需的译书机制。其时,清廷"很不愿意中国百姓跟外间世界发生密切接触","译书"属"大逆不道"之事,"需要很大勇气",林则徐将所译"材料汇编成辑,附在奏章中送给皇帝去看,这见识和胆量着实是罕见"。林则徐很清楚,无论抵抗英国非法鸦片走私及军事入侵,还是与各国发展"正经贸易",均急需深入了解英国及各国情况。在资料选择上,同样可看出林则徐的不凡见识。他甚至注意到当时英国新出的反鸦片著作,尽管他"不可能理解"此书作者意在向"天朝推销棉布","但他至少知道,英国国内也有人反对鸦片贸易,这个矛盾可以利用"。再如摘译《各国律例》,亦属见识不凡,可启发国人从"民族国家"角度认识世界格局(陈原,1998:289,293)。

译书方面,最值得一提的还属推出世界地理译著《四洲志》。1830 年,英国伦敦成立皇家地理学会(Royal Geography Society)。首届年会上,主席巴罗(John Barrow)声称"地理乃最重要的知识",并强调"该分支科学所能带来的利益(Interest)已获得广泛认可",尤其是"对英国这样在海外拥有无数外国领地的海洋国家来说,地理更是增进国家福利首屈一指的知识"(Barrow, 1831)。皇家地理学会的确很强势,可不断为英国殖民扩张提供适切知识、人才乃至经济政治支持,同时更是英国地理课程及教育发展的重要推动机制(Wise, 1986)。1836 年,皇家地理学会会员穆雷(John Murray)推出《地理大百科全书》(*Encyclopedia of Geography*),堪称当时最先进的世界地理著作。林则徐不曾研究穆雷一书背后的强大学会体制支撑及其帝国主义诉求,但他能从众多地理书籍中,挑出这本译成《四洲志》,本身就已不易,从中可见他的确用心,要把当时最新的世界地理教科书带入中国,尽管他无法让近代中国形成英国那样的能为国家参与世界经济政治竞争,提供有力知识及人才支持的地理学研究及课程体系。

穆雷及英国皇家地理学会的知识行动表明,对 19 世纪初期的中国来说,实在有太多知识及课程体制改革需要及时启动,但当时仅有林则徐等少数几个人能意识到这一点,大多数人都被程朱理学、考据学及科举课程束缚了。尤为可惜的是,正当林则徐全力开拓世界地理研究、坚决抵抗英国非法军事入侵时,道光帝却突然改变此前立场,于 1840 年农历九月将林则徐革职。接替林则徐出任钦差大臣的乃是直隶总督琦善,战局随之由誓死抵抗,迅速朝妥协退让转去,进而引来割地赔款。与此同时,1839 年底转任闽浙总督的邓廷桢也被革职。之后厦门海战也一败涂地。若非英国"要的是舟山,而非厦门",厦门亦可能被"长期占领"(茅海建,2005:346)。1841 年,"邓廷祯已六十七岁高龄,奉旨遣戍伊犁,次子尔颐随侍出关,江宁布衣严良鳌吟仙亦慷慨从行"(邓瑞,1998)。1842 年,林则徐也被发配伊犁。著名的"苟利国家生死以,岂因祸福避趋之"(林则徐,1996:94),便写于充军伊犁途中。早已为林则徐寻好住处的邓廷桢则在伊犁翘首以盼。两位民族英雄携手抗英时就已结下过命交情,此番又一起在伊犁受难更是惺惺相惜,所以时时交心唱和。中秋那晚,邓廷桢的吟唱尤其感人:"今年绝域看冰轮,往事追思一怆神。天半悲风波万里,杯中明月影三人。"(林则徐等,1997:193)

三人即是指林则徐、邓廷桢、关天培。三年前的中秋,他们曾同登沙角炮台,共商抗英大计。当夜,亦有对月唱和。但三年后,其中一位民族英雄早已战死虎门。其时,林则徐被罢,"琦善代之,一主抚意,至粤,先撤沿海防御,仅留水师制兵三分之一,募勇尽散,而英人要索其奢,久无定议,战衅复起"。1840年底,"虎门危急",关天培请援,"琦善仅遣兵两百"。坚持到1841年正月,"守台兵仅剩数百,遣将恸哭请益师,无应者。天培度众寡不敌,乃决以死守,出私财犒将士,率游击麦廷章昼夜督战",直至"身被数十创","殒绝于地,廷章亦同死"(赵尔巽等,1976:11528)。关天培战死虎门可谓鸦片战争最壮烈的一幕,邓廷桢中秋之所以悲怆怀念"杯中明月影三人"的旧日情景,既是为祭奠关天培誓死抗敌,也是在痛惜琦善一系不争气,致使英雄含恨战死疆场。读到邓廷桢中秋感怀诗,林则徐和诗时同样悲怆不已,"三载羲娥下阪轮,炎州回首剧伤神。招魂一恸登临地,投老相看坎壈人"。想到不可能再续三人携手抗英的激情岁月,林则徐唯有祈求东海仙姑,保佑东南海疆不被强敌侵犯:"麻姑若道东溟事,莫使重扬海上尘"(林则徐等,1997:186)。

祈求只能表达遗憾与无奈,实际历史进程仍取决于局中各方意志及实力较量。就在林则徐前往伊犁途中,不了解战局又缺乏持久战思想的道光已准备和英方进行谈判。英方其实并没有足够实力可以和中国长期作战下去,但道光只想尽快化解冲突,以便将精力转向治理国内各地日益紊乱的局势。英方随之轻易获得赔款、割让香港、开放五处通商口岸等预定好处。割让香港缘于琦善"擅自答应","超越了当时道光帝可以允许的让步范围",之后琦善被"锁拿进京"。英方也将义律撤职,理由是"他违背了英国政府指示,在交涉过程中为英国取得利益,未达到巴麦尊在战前拟定的条约草案中对中国要求的最低限度",义律随之无法继续追逐其"个人意志和权欲"(吴义雄,2007)。还是一心改善国计民生的林则徐坦荡安定,即便蒙冤流放远地,也不忘带上书籍资料,继续"纵许三年马生角,也须千卷束牛腰"的集政治学术于一体的坦荡人生(林则徐,1996:123)。

发配伊犁以来,林则徐时常不忘考察西北及新疆地理。林则徐当初在广州翻译西方资料时,就发现沙俄企图蚕食中国西北,研究西北及新疆地理使他对此更为确信。林氏曾对李元度说,"终为中国患者,其俄罗斯乎! 吾老矣,君等当见之"。可惜"时俄人未交中国者数十年,闻者惑焉"(李元度,1991:733)。1849年林则徐路过长沙时,还曾专门约谈后辈俊秀左宗棠,"一见诧为绝世奇才"(来新夏,1997:683)。22年后,沙俄果然强占伊犁,率军收复新疆的正是左宗棠。左宗棠能在西北成就抗敌安国大业,离不开林则徐当初一番赏识与教导(秦翰才,1984)。林则徐不是道光时期西北边疆地理学研究的开创者,但其努力不仅可以革新考据学派旨在读懂《汉书·地理志》《西域传》等历史典籍的传统边疆史地研究,而且能从战略视野上拓展优化祁韵士、徐松等人开创的经世边疆地理学。祁韵士等同样意在"使新疆长治久安",但主要是在探讨如何推动新疆内部"经济发展""充分尊重少数民族传统习俗"等议题(周新国等,2010)。林则徐的经世边疆地理学重视内部经济政治议题之余,还十分留意虎视眈眈的国外强敌及其可能引发的复杂关系,以左宗棠为代表的新一代国家栋梁也因此能从更广阔的视野考察应对西北军事政治危机。

发现"绝世奇才"左宗棠,对边患日重的国家和即将离世的林则徐本人来说,均可谓意义重大。就课程改革史而言,亦是如此:林则徐虽无法让自己建构的经世地理学成为科举体制必考课程,但林氏可以在科举体制之外另行物色像左宗棠这样的可堪重托的后辈俊秀,使其经世地理学能在下一代士子中传播,为国家积累边疆危机拯救力量。这种中国近代史上经常出现的由个人信任及情义关系连接而成的新课程发展机制,在林则徐的另一大地理学努力中曾同样发挥关键作用。此一努力即是当初禁烟时就已展开的世界地理研究。在世界地理学这一块,林氏所物色、所信任的后辈俊秀正是魏源。1841年7月,林则徐途经镇江,曾特意和魏源相见,两人彻夜长谈,其中最重要的事便是"把关于《四洲志》的全部资料交给魏源,希望魏源编纂《海国图志》"(来新夏,1997:499)。得益于厚重私人情谊,林则徐的世界地理学努力未因突遭流放而夭折。魏源不负重托,于1843年1月完成《海国图志》五十卷本编纂工作。五年后,魏源又据新见资料,将《海国图志》"增补成六十卷","咸丰二年(1852年)增补成一百卷"(吴泽等,1963)。

以今日眼光观之,《海国图志》存在许多世界地理知识错误,但不能因此否认它在近代中国课程变革及民族复兴史上的重要意义,它可以提醒后世改革先锋:要想应对英国经济军事入侵引发的巨大民族危机,必须发展普及世界地理这门新课程,其内容涉及西方各国的地理、历史、政治、经济、军事、科技等实况。不仅如此,《海国图志》还对林则徐在努力了解西方之后形成的"制夷"战略做了概括,其内容除"师夷长技以制夷"外,还包括在"自守"基础上"以夷款夷""以夷攻夷"。"以夷攻夷"包括"调夷之仇国以攻夷,师夷长技以制夷"。"以夷款夷"之策亦为两道,即"听互市各国以款夷,持鸦片初约以通市"(魏源,1998:1)。郭嵩焘读过《海国图志》,亦认为"要其大旨在考览形势,通知洋情,以为应敌制胜之资",强调除"师夷人长技以制夷"外,核心战略还有"互市议款"(郭嵩焘,1984:94—95)。言外之意,魏源和林则徐主张增强自身实力、利用列强之间的矛盾抵抗西方无理入侵之余,也认同与西方谈判、发展正常贸易关系。但"互市议款"类的"制夷"战略同样要以世界地理知识为基础,所以必须发展世界地理学。

可惜从全局来看,由于魏源人微言轻,缺少体制影响渠道,无论制夷战略,还是具体的世界地理知识,在当时均未能引起多大反响与重视。《海国图志》源于鸦片战争,按理应该能受到广州各界重视。然而《海国图志》都推出五年了,驻广州的《中国丛报》(*Chinese Repository*)记者也"从未在广州的各家书店听说过有这么一部书"(佚名,1986:434)。这位西方记者还说,《海国图志》或许曾在"北京及各省的政府高级官员中广泛发行,目的在于使他们在同外国人打交道时,能做到心中有数"(佚名,1986:436)。但即使他们读过,也大都不会认同魏源及林则徐在深入研究基础上拟定的制夷战略,而是如郭嵩焘所见"无不笑且骇者"(郭嵩焘,1984:95)。有的更认为林则徐、魏源主张向西方学习不合中国历史文化传统,所谓"反求胜夷之道于夷,古今无是理也",真正高明的制夷良策仍是"服之而已矣,何必胜"(梁廷枏,1959:172)。相比于国内朝野冷落对待,被鸦片战争震惊的邻国日本上下倒是极为重视《海国图志》。"甚至连有的私塾也将其用作教材"(吴小玮,2009)。"从1851—1854年仅仅三年之间,日本出版的《海国图志》各种选本就达20余种之多。""可以说,《海国图志》影响了日本幕末的一代知识分子,尤其是给予那些要求抵御外敌革新内政的维新志士以启迪,从而推动了日本的开国与维新。"(王晓秋,1990)

当然,在中国,林则徐、魏源辛苦生产的世界地理知识与"制夷"战略也并非徒遭冷落,或未能激起任何欣赏及变革力量。道光末期,中国到底还是有一批觉醒求变的政治学术精英。曾协助林则徐发展水利研究的冯桂芬即是值得提及的解人之一,他曾精心研读《海国图志》,并加以优化,如给魏源所绘各国地图增加"经纬度","推动国人加深对于外部世界的了解"。冯桂芬还注意到,魏源晚年曾努力为当时人心涣散、茫然不知所从的中国重新确立使命展开探索,曾以"富国强兵""自强"等来界定总体改革目标,这一总体改革目标也被冯桂芬继承了下来(李少军,2000)。如此就不难理解为何冯氏会在魏源、林则徐的基础上,更深入地比较中国与西方,寻求改革具体进路,如全面对比中西经济、军事、政治体制及教育学术体系,揭示当时中国存在诸多急需改革的"不足",以及提议发展"西学"课程机制,尽快在"广东、上海设立一翻译公所,选近郡十五岁以下颖悟文童,倍其廪饩,住院肄业"(冯桂芬等,1994:83)。此外,魏源、林则徐关注的河工、水利、吏治等内政领域,冯桂芬在学术研究及改革方面同样有传承与深化努力。诸如此类的传承与深化,均可继续推动魏、林未竟的"制夷"与"自强"事业。

还有更值得提及的人,他便是左宗棠。当时解人中,最为推崇魏源的或许就是左氏。其对《海国图志》,虽没有像冯桂芬那样从学术上加以优化,但他却将《海国图志》

中的战略构想变成了改革实践——即同治年间左宗棠在闽浙总督任上发起的系列改革，包括发展新课程开启近代中国课程改革。左宗棠之外，还有一位封疆大吏必须提及，他正是此前考察旧课程体制时便已出场的曾国藩，而且曾国藩还是左宗棠的引路人。曾国藩虽不像左宗棠那样推崇魏源，或许也不曾读过《海国图志》，但他的诸多课程改革行动大体也是在继续推动魏源和林则徐开创的军事政治及经世实学改革事业。曾氏1860年奏请咸丰帝考虑"将来师夷智以造船制炮，尤可期永远之利"（曾国藩，1987：1269），更与魏源"师夷长技以制夷"近乎同出一辙。总之，曾国藩、左宗棠等封疆大吏领衔发起的近代中国课程改革，与林则徐、魏源的学术革新努力存在紧密关联。魏源在世时，最寄予厚望的似乎也正是封疆大吏，所谓"欲制外夷者，必先悉夷情始；欲悉夷情者，必先立译馆翻夷书始；欲造就边才者，必先用留心边事之督抚始"（魏源，1998：26）。曾国藩、左宗棠皆是"留心边事"的封疆大吏，他们的改革行动更能说明，尽管《海国图志》没能在朝野上下引发多大反响，但魏源和林则徐的努力也并未白费，曾国藩、左宗棠、冯桂芬等应对外部危机的新一代政治学术精英大体都是在魏源"师夷长技"的"制夷"战略构想之内开拓课程改革进路。

名单还可以列下去，如李鸿章、沈葆桢，这些政治精英亦是近代中国课程改革开启之际的主要推动者。甚至可以说，19世纪60年代近代中国课程改革最初的发起者及参与者，无论其是否了解魏源、林则徐为应对道光时期的内外危机而展开的经世实学探索，都和后者有着相似的改革意志与思路，或都像后者那样勇于突破传统的学术文化束缚，根据各自对于西方的认识，致力于发展解决民族危机必不可少的新课程。只是在19世纪60年代中国的政治学术精英及全国100多万"生员、监生"士子中（张仲礼，1991：122），改革先锋终究属于少数，大多数政治学术精英及一般士子都因各种考虑，只知固守程朱理学、科举课程等传统学术。甚至曾国藩作为近代中国课程改革的领衔人物，其心中最高课程也是程朱理学，但曾国藩毕竟同时还主张学术改革开放，所以会大力支持李鸿章、左宗棠等发展拯救民族危机急需的新课程。对李鸿章、左宗棠等而言，真正麻烦的是死守经学"圣道"的朝中权臣及最高统治者。他们也因此只能在重重阻力中开启近代中国课程改革，以期可以应对解决他们看到的民族危机。

第二章 寻求富强的洋务新课程及其发展机制

前一章论述已表明,剧烈历史演变本身早已提出了急迫的课程改革要求。然而清廷作为国家命运主导者却没有依据时势改革科举课程体制,只看到陶澍、林则徐、魏源等曾在科举课程体制中努力发展经世实学、世界地理学等有利于国家摆脱危机的新课程。然而一切革新努力终究没有赢得道光帝认可。1875 年,左宗棠为《海国图志》作序时,曾将魏源改革设想落空的原因归结为人心蒙昧,徒好不切实际的高谈阔论,以致二十多年下来,内忧外患的国家危机局势始终没有实质改观(左宗棠,1987a)。由此又会想起,19 世纪中期以来,坂本龙马、福泽谕吉等下级武士正在日本奋力发起政治、经济及课程改革:如传播"开国""强国"等现代民族国家新思想,发展"海上贸易和运输",借助贸易将长洲、萨摩两大番合成"对抗幕府统治的主阵营与核心力量"(张体勇,2012:83);福泽谕吉"把一群少年招到学塾里来","叫他们读外文书","希望不管怎样也要把日本闭关自守的局面打开","使日本能富国强兵"(福泽谕吉,1980:204);吉田松阴也在"吸收被排斥于藩学校'明伦馆'之外的'下士'、'足轻'等下级武士及农民、商人入学",培养出"高杉晋作、木户孝允、山县有朋、伊藤博文等一大批倒幕维新运动的领导人"(严铿钰,1987)。

正是诸如此类由下级武士发起的政治、经济及课程革新努力,使被腐败幕府统治三百多年的日本于 1868 年建成既能激发全国活力、又能统一全国意志的"天皇"政治新体制,之后的持续改革不仅使日本得以摆脱受西方列强支配的危机局势,而且能像西方列强那样,在东亚乃至世界扩张其经济军事势力。值得一提的是,1862 年,23 岁的高杉晋作曾到过上海,"考察中国的情形,探讨其衰弱的原因",其结论是中国"如此衰弱之原因,乃在彼不知防外夷于海外之道。证据为,彼不造能闯过万里波涛之军舰,不造能防敌于数十里外之大炮等。彼国志士所译之海国图志等亦绝版,徒然提倡僻见

(固陋之说),因循苟且,空度岁月,不采取对策断然改变太平之心,……故由此而至于衰微"(信夫清三郎,1982:312)。高杉晋作所论未免太过自负,只在上海考察两个月,便认为当时中国上下都在幻想太平,虚度光阴,无人知道应努力发展海军。同时,年轻气盛的他也看不到像他那样的斗志及想法最终会将日本引上军国主义、帝国主义的毁灭之路,但他及其老师吉田松阴推崇《海国图志》,却让人替魏源与清廷再次感到惋惜。不过中国终究有人会继续魏源未竟的改革努力,且领衔者正是洋务重臣,近代中国为寻求民族复兴的课程改革即因这些人的努力得以正式兴起。

一、洋务重臣的登台及其改革领域

从社会学角度看,19世纪中叶以来,中国其实也开始出现了解西方的新兴社会变革力量,如汤廷枢、徐润、郑观应、冯桂芬等沿海"洋行"知识精英(后来均被李鸿章调去发展洋务)。但从魏源的视野来看,被寄予厚望的乃是封疆大吏。今人可据此批评中国传统社会轻视商人,近代中国早期地方经济精英自身在政治上也缺乏进取心,习惯依附上层政治精英及西方势力,但历史本身的演变不会因为后见之明重来一次:19世纪中叶以来,先后发起改革、寻求民族复兴的主力正是魏源寄予厚望的封疆大吏,他们便是曾国藩、李鸿章、左宗棠等。这些封疆大吏要想启动包括课程改革在内的系列改革,还得获得清廷许可与支持,所以清廷作为最高决策层也得出现改革先锋,他们正是奕䜣、文祥等。本章将这些中央及地方改革主力一并称为"洋务重臣"。正是他们自19世纪60年代起,为应对空前民族危机,寻求国家富强,在清廷体制内通过上下联动,曾掀起时间长达30余年的课程改革运动,系列国家富强急需的洋务新课程随之得以兴起,且有专门的洋务新课程发展机制,从而为近代中国在史无前例的"大变局"中寻求民族复兴,提供了传统科举课程体系无法给予的新型知识与人才支持。

1. 清廷层面被迫设立总理衙门

考察洋务重臣登台前,须再提一下,论及洋务重臣及其改革努力,常见评论大都来源于梁启超。1922年,梁启超曾从"进化论"角度,梳理鸦片战争以降的中国变革,认为"近五十年来,中国渐渐知道自己的不足了"。所谓渐渐又分为三个阶段,"第一期,先是从器物上感觉不足",代表正是"曾国藩、李鸿章一般人"。要到"第二期",即"康有为、梁启超一般人"登台,才"从制度上感觉不足"。"第三期",即"从文化根本上感觉不足",则是1917年以后才发生(梁启超,1985:7—8)。梁氏之论影响甚大,时至今日,依然容易以"器物、制度、文化"这一简单的线性进化框架,来分析曾国藩、李鸿章等洋务重臣的改革领域及重心。如说"洋务运动归根结底仅在军事和经济的某些方面采用西方的科学技术,毫不触及政治制度和经济结构本身"(井上清等,1985),或说"从洋务运动一直到甲午战争,只是一种片面的发展,没有整体性的变革。……中国在那时经过两次鸦片战争打击终于开始学习西方,但是中国知识精英、政治精英从骨子里并不认同中国文明整体性落后于西方。……在洋务新政这个时间段,中国人在很急切的心态下只学西方的坚船利炮"(马勇,2017)。

诸如此类的概论均认为洋务重臣只知道器物、船坚炮利,连军事经济体制都未涉及,更不知道改革政治制度及思想文化,有的还由此逻辑出发,责怪洋务精英文化方面过于自信或保守。然而从历史本身来看,洋务重臣显然并非如类似见解所言,肤浅到只知在器物领域,围绕枪炮制造构思改革。以李鸿章为例,1862年升任江苏巡抚初登历史舞台,看起来是只知道从枪炮器物入手谋划改革。但随着李鸿章对西方了解日益深入,便不再局限于器物。职位上升卷入更多政治外交事务后,李鸿章更不会只在器物领域展开改革。1870年起,他便知道从世界历史进程及国际形势出发,探索"中兴"之路,曾明确提出总体"变法"战略。到1877年,李鸿章甚至还开始考虑政治法律变革,并叮嘱即将出任英法公使的曾纪泽,除"留心西方的军事、工商之外,亦需关注其政治法律"(王凡,1984)。

再看奕䜣,器物理论同样不适合。其最初是从文化即"语言文字"入手展开改革,之后拓展至器物、制度、思想等领域,这也可以证明线性三段论无法切实揭示洋务重臣的多元变革努力及演变。奕䜣及李鸿章均曾探讨如何改革诸多重要国计民生领域的传统体制,以调动更多政治社会力量参与国家富强改革。只不过因清廷上下认识不统一,诸多制度、文化变革难以展开而已。当然,洋务派也有天真不切实际之处,像王韬竟认为"西方列强凌辱中国是为了促进世界大同"(朱维铮,2008:57),便过于美化了西方的扩张意图。李鸿章同样曾有误判,如"以为各国不可信,而俄人可信",导致"受俄人愚,入其彀中"(孙宝瑄,2015:336—337)。但此类失误也能从另一侧面证明,洋务派的改革绝非止于打造器物,而是在调整国家的系列内政外交关系。总之,研究洋务派重臣及其改革努力,不能从梁启超以来流行的线性进化论出发,预先将其定性为围绕器物打转,而应从历史本身出发,先把一些基本问题弄清楚,包括洋务重臣如何登上改革舞台,登台前后怎样依据自身危机时局认识确立改革领域。

由此便需考察鸦片战争结束以来的局势演化及危机升级。《南京条约》签订后,清廷并未获得期望的太平。相反,除需应对原有内政外交问题,清廷又突遭两大猛烈冲击。先是1850年末,洪秀全、杨秀清等在广西发动农民起义,一路势如破竹,没多久便北上夺取了武汉三镇;到1853年,又挥师东下占领南京建立"太平天国"政权。内部冲击尚不止太平天国起义,1852年,安徽近万名没有活路的农民也发动了捻军起义,之后迅速蔓延至河南、山东等地。至于外部冲击,又是首先来自英国。为进一步打开中国市场,扩大在华权益,英国于1854年提出修约,被拒绝后于1856年再次动用武力,挑起"第二次鸦片战争"。法国随即加入进来,组成英法联军。俄国、美国虽未直接加入,但"采取与英、法友好合作的态度,使侵华联合阵线由两国增为四国"(夏笠,2007:264)。面对内部冲击,初掌政权的咸丰帝尚能想出有效镇压办法,包括改革腐败军事体系,鼓励在京官员返家办理"团练",发展地方新军,曾国藩、李鸿章等即由此脱颖而出。但对清廷而言,真正棘手的难题还不是内部平乱,而是如何应对英法等西方列强以军事入侵、贸易、寻求建立外交关系等方式,扩大在华市场与权益。

面对蔓延升级的西方列强入侵,清廷常规应对手段只有"广州外贸体系"。该体系缘于道光帝起初主张力剿,后被英国船炮打怕,转向被动防御,企图"将西人外交推挡到京城之外进行,且距离愈远愈好"(郭卫东,2014),广州由此成为最佳选择。《南京条约》签订后,道光将负责签约的耆英派往广州就任两广总督,处理条约规定的广州、厦门、福州、宁波、上海五大口岸通商事宜。两广总督府随之等于清廷外交部长,外交仅是地方事务。清廷则继续沉浸在"天朝上国"、"华夷"两分的"朝贡世界"中,连与西人见面都觉得有损尊严。1851年继位的咸丰帝便拒与英国来往,"英吉利船至江苏海口递公文,却之"(赵尔巽等,1976:712)。到1856年,两广总督叶名琛上奏"英、美、法各国公使以定约十二年,请赴京重修条约",咸丰亦仅授意叶氏"酌允变通,阻止来京"(赵尔巽等,1976:739)。叶名琛手下则投其所好提供假消息,使叶氏更觉得英法既无想法也无实力再度发起战争。到英法军舰侵入广州,叶名琛仍认为英法此举只是"故作恐吓之势以逼和",乃至"各官请添兵勇,坚拒不许"。几天后英法占领广州,叶名琛也被"英人挟至印度孟加拉"。咸丰得知消息,"斥名琛刚愎自用、办理乖谬,褫其职"(华廷杰,1978:179)。两广总督继任者系黄宗汉,乃一"承平文俗吏","退驻惠州,既不激励兵练,筹克会城,又不与英使会议立约退师之事",导致"英使额尔金久不得我要领,乃纠法、美二国,驶兵船北上"(薛福成,1978:597)。

其间,外交奏折及上谕也被英人查获,各种"制夷"手法及文化傲慢悉数暴露于英人。英国为首的联军不愿再与地方"外交部"纠缠,其北上战略目标正是直接与清朝中央政府即清廷建立外交关系,以扩大在华权益,包括派使节常驻京城,增辟更多通商口岸,允许外国人自由进入内地从事贸易,修订海关税则及制定内地税章,赔偿军费及民事损失。俄国还背着英法美,企图以划定东北、西北边界的名义,攫取中国大片领土,并诈说此事已得三国支持(R.K.I.奎斯特德,1979)。英法联军北上途经上海时,便将其侵略要求照会清廷。咸丰帝的判断和叶名琛差不多,也认为"四国来沪投递照会,显系虚声恫吓,欲以肆其无餍之求"(夏笠,2007:309),进而命人告知四国退回广州,找新任两广总督黄宗汉办理。但英使额尔金来上海前便已调好舰队,俄使菩提雅廷也不停怂恿北上,且抢在英法美之前,于1858年4月率先到达天津大沽。一周后,英法也抵达天津海口。大敌当前,咸丰仍坚信,诸国"志在获利,而所欲无餍","兵船停泊,无非虚声恫吓之意"(军机处,1978a:320)。

咸丰认为四国兴师动众不过为了获取更多利益,既是通商,回到广州找黄宗汉商议便是。四国则执意要与清廷建立外交关系。5月20日,英法联军开始炮轰大沽口,清军不得不还击。起初清军尚略占上风,击中数艘敌舰,但两个小时后,大沽口炮台便全部失守。直隶总督谭廷襄则临阵脱逃。咸丰见战不过,守不成,只好重新起用长期与英国谈判的耆英,陪大学士桂良、礼部尚书花沙纳前去求和。之后,英使额尔金不但不与耆英等见面,还动不动就以进军北京加以威胁,态度极为傲慢。额尔金只派助手李泰国、威妥玛与耆英等会谈。耆英仍想依靠讲感情、恭维退让等老办法来驾驭两位英国青年,大谈自己同李泰国父亲李太郭交谊甚厚。但当耆英说到声泪俱下时,李泰国突然从口袋中掏出一份公文。这份公文正是英军攻陷广州查获的耆英1844年上奏的"驭夷"秘折,其中"语多浅薄夷人"(桂良等,1978:403—404)。耆英之前的动情诉说瞬间化为乌有,只剩愕然与尴尬。

桂良只好奏请咸丰召回耆英,以免他在无法继续谈判。可怜耆英回京后即被咸丰赐"自尽"。额尔金仍不肯轻易放过,最终以"手枪正对准咽喉"的暴力方式,强迫桂良签订《天津条约》(俄理范,1978:172)。接下来是批准换约,咸丰无法忍受签约屈辱,更不能接受"夷人"公使进驻京城。试图扭转局势的咸丰竟想出免除一切关税这一匪夷所思的策略,天真以为此举可让各国"知中国待以宽大之恩",然后回到"五口通商"的旧体系。但蛮横的额尔金只想以武力达成外交及侵略扩张目的,率领十余艘军舰再度北上,企图由大沽口驶入白河,逼迫清廷换约,由此引发第二次大沽口侵略战争。此事影响甚大,马克思也有注意与评论,认为"既然条约并没有赋予英国人和法国人以派遣舰队驶入白河的权利,那么非常明显,破坏条约的不是中国人而是英国人。而且英国人预先就决定要在规定的条约批准日期以前向中国寻衅了"(马克思,1972:46)。额尔金及英法联军可谓野蛮无比,也低估了清军复仇与洗刷耻辱的决心,结果遭遇惨败。这是第二次鸦片战争爆发以来,清军首次取得大胜。

不甘心的额尔金决定组织更大规模的军队,英国首相、外交大臣也支持"增派海陆军攻打北京,赶走皇帝,将英国公使送进去"(Costin, 1968:296)。1860年春,两万英法联军再度逼近中国,比上次多了十几倍。这一次,清军完全处于劣势。率队抗敌的亲王僧格林沁则被上次的胜利冲昏了头脑,不听郭嵩焘建议,唐儿沽一战,便失去了此前建立在无知基础上的自信,转而选择撤兵。无人可用的咸丰也荒唐到下诏,令僧格林沁"不必亲自死守(大沽)炮台",说什么"天下根本,不在海口,而在京师,……万不可寄身命于炮台,切要!切要!以国家依赖之身,与夷丑拼命,太不值矣"(军机处,1978b:469)。僧格林沁此后的确不再拼命,放弃大沽口后,又将天津拱手让出。时为8月24日,英法联军继续由通州向北京发起进攻。到9月21日八里桥一战,清军再无抵抗之力。最终清廷不仅批准《天津条约》,还被迫接受增加条款,签订了《北京条约》,从此,英法等国当初只在沿海活动的政治经济及宗教势力得以自由渗入中国内地。

而咸丰则在八里桥战败后,便带领肃顺、载垣等八位亲信仓皇逃往热河,将留京议和重任扔给其同父异母之弟恭亲王奕䜣。曾被罢去军机大臣的奕䜣由此取代耆英、僧格林沁,成为处理中外关系的第一负责人。奕䜣也曾是主战派,受命之际,犹想利用巴夏礼等人质逼迫英法先撤军再谈判,以求体面议和。但他发现京城清军"一闻炮声,立即惊溃,战守两者皆不足恃"(齐思和等,1978:469),所以只好顺从英法先放人质,整个签约过程中也是"悉从英、法人所请"(赵尔巽等,1976:9105)。之后,奕䜣又多次敦请咸丰回京,以证明自己并无篡位之心,同时让自己绕过肃顺等人,直接和咸丰沟通如何理顺外交。但咸丰害怕一回京便要屈尊接受西方公使亲递国书,与之同居京城,所以迟迟不愿回京。加上肃顺等为确保自己的体制受宠地位,独揽大权,也极力阻挠奕䜣接近日益病重的咸丰,奕䜣不得不独自代表清廷继续站在中外关系的最前沿。之后清廷内部发生的系列剧烈震荡,更使奕䜣近乎成为近代中国内政外交的最高决策者。

先是1861年7月,咸丰自觉大限将至,在驾崩前将5岁长子载淳立为皇太子,同时命肃顺、载垣等"尽心辅弼,赞襄一切政务",史称"顾命八大臣",其中并无在京城替咸丰收拾烂摊子的奕䜣。如此肃顺、载垣等一旦回京,奕䜣便可能失去权力。然而四个月后,载淳生母慈禧站了出来,联合太后慈安、奕䜣等发动政变,将肃顺、载垣等革职查办,并任命奕䜣为议政王,文祥、桂良等为军机大臣。其时,慈禧26岁,奕䜣29岁,皆急需掌握大权以实现各自抱负。清廷上下改革派官员皆支持政变,铲除肃顺集团。曾国藩得知政变消息,便感叹"皇太后之英断,为古今帝王所仅见"(曾国藩,1994a:685)。英国那边也乐于见到愿意以外交手段解决问题的奕䜣、文祥等新人出场,取代肃顺、载垣等极端排外派。新任驻华公使卜鲁斯就曾致函外交大臣罗素,告知此前中英冲突不断系因"肃顺及其奸党"从中作梗,但政变爆发后,"最可能和外国人维持友好关系的那些政治家掌权了"。卜鲁斯继而向罗素建议"坚持下列政策之正确,就是我们应以温和协调的态度获致恭亲王及其同僚的信任"(严中平,1952)。早有准备的奕䜣作为清廷改革派领袖,则在天津议和时便奏请成立总理各国事务衙门。1862年3月,不愿正视"夷人"外交的清廷最高决策者终于批准设立总理衙门,虽是被迫无奈,但总算让清廷从此可以在全国范围内统筹发起改革,包括近代中国课程改革亦因此能真正得以兴起,不再仅是少数有识之士的个人行动。

2. 封疆大吏加入上下联手发起改革

奕䜣登台的同时,便是曾国藩、李鸿章、左宗棠等地方改革派崛起成为封疆大吏,从而与奕䜣上下联手发起改革。这一路人马之所以能登上改革舞台,缘于1853年曾国藩决定回到老家,协助湖南巡抚办理地方团练,镇压日益蔓延的太平军起义。曾国藩招募儒生及朴实农民充作官兵,并采取征收厘金筹集经费,使官兵军饷远高于早已腐败的清朝绿营,以及严明军纪等措施,迅速组建起湘军。到1854年10月,湘军便收复武昌。咸丰得知消息,立赏曾国藩二品顶戴,兼湖北巡抚。但一贯犹豫不决的他担心湘军会迅速壮大,又将成命收回。清廷最高统治集团不信任汉族官员由此可见一斑。反倒是曾国藩只想替清廷效力。两个月后湘军兵围九江,咸丰催促曾国藩尽快拿下九江。结果,急于冒进的湘军在鄱阳湖大败于石达开,曾国荃、胡林翼率军赶来支援,湘军才绝处逢生。不久,太平军内部爆发激烈权力斗争,更让曾国藩获得喘息机会。1860年,曾国藩被任命为两江总督。第二年,慈禧、奕䜣更令曾国藩总管苏、赣、皖、浙四省军务。左宗棠及李鸿章皆在曾国藩举荐下,先后升任浙江巡抚、江苏巡抚。到1863年,左宗棠又升任闽浙总督。李鸿章也在1865年升任两江总督。至此,除后辈张之洞尚在翰林院等待机遇外,地方四大洋务重臣中的前三位皆已在19世纪60年代初期悉数登场。

几位洋务重臣中,改革持续时间最长、影响最大的乃是李鸿章。李鸿章1859年赢得曾国藩赏识,成为曾府幕僚。1862年初,李鸿章依曾国藩所托,开始独立组建淮军。

几个月后,李鸿章率军开赴上海,镇压太平军李秀成部。正是在上海,李鸿章不仅得以近距离观察西方,而且升为江苏巡抚、五口通商大臣,因此可以在上海发起改革。同时,其网罗的幕僚丁日昌、冯桂芬等,也是当时一批最熟悉洋务的人才。待到1870年接替曾国藩,出任直隶总督,兼北洋大臣,李鸿章便逐渐成为清廷外交及洋务改革领袖,甚至被西方誉为"帝国第一官员及政治家"(Foster,1913:xiv)。70岁以来至1901年去世,因体制不顺及自身年老体衰,心有余力不足的李鸿章其实已无法承担众多改革重任,但只要一爆发重大军事外交危机,清廷还是要靠他来收拾残局。赵尔巽就曾说李鸿章"独主国事数十年,内政外交,常以一身当其冲,国家倚为重轻,名满全球,中外震仰,近世所未有也"(赵尔巽等,1976:12022)。梁启超1901年为李鸿章写传时,也曾强调李氏"确是中国近四十年第一流的关键人物",连"外国评论者都说李鸿章是中国第一人"(梁启超,2015:7—8)。

赵尔巽、梁启超等皆是宏观评估李鸿章在近代中国变革史上的突出地位及作用。就课程改革这一微观领域而言,李鸿章同样是诸多机制创新的先锋及核心领袖,乃至堪称近代中国课程改革早期阶段(1861—1895年)的第一人。当然,李鸿章之所以能扩大其所发起的课程改革等系列改革事业,仍离不开清廷的认可与支持。清廷之所以会支持地方改革,又得益于北京政变和奕䜣登台掌权,所以要想分析清廷及地方洋务重臣具体有何改革诉求,还是得从清廷面临的危机局势及奕䜣的改革努力入手展开考察。1860年英法联军侵入北京、咸丰逃往热河时,英国公使卜鲁斯都注意到,仅仅太平军及捻军起义等内变,就已让清廷成为"山穷水尽的王朝","接上就是大混乱"(严中平,1952)。但奕䜣、文祥等人登场,又让清廷获得一线生机。奏请设立总理衙门时,奕䜣便提出分设南北口岸大臣、增设海关制定税则、翻译外国报纸等六大"通筹夷务"措施。此为奕䜣最初的改革努力,此后清廷军事、教育等领域的系列洋务改革,亦都源自奕䜣在外交领域发起的重建努力。

奕䜣的意思是与西方修好,从而与西方联手对付南方太平军起义及北方捻军起义。在地方层面,尤其是太平军起义最为集中活跃的江浙地区,"官绅商民均以抚夷剿贼为当务之急"(何桂清,1983:14)。曾国藩作为两江总督,同样支持先争取与西方列强定好和约,然后"借俄兵助剿发逆"(曾国藩,1987:1271)。所以清廷上下随之可以形成一股改革合力,且改革视野绝非仅是器物更新,而是能依据自己的时局认识,尝试改革道光以来无以应对国家内外危机的诸多旧体制:除奕䜣重建外交、海关财政税收体制外,曾国藩、李鸿章等也在地方通过办理团练,改革国家腐败军事体制。地方改革派还曾重构海上漕运之类关乎国家政治军事命脉的经济体制。如1861年曾国藩改革"南漕",令江苏巡抚薛焕引入"招商"机制,"无论华商、夷商,一体贩运,按照税则完纳税饷"(曾国藩,1987:1271)。诸如此类的体制改革必然还涉及思想、观念等文化层面。对比1860年前后的重要文献,也能发现"历史上公认的、颇富轻贬色彩的'夷'字逐渐受到排挤,并被'洋'、'西'、'外'所取代"(方维规,2013),这也能证明洋务改革其实还涉及思想文化革新。

现在需要分析的是,洋务重臣所涉领域众多的系列改革计划与民族复兴有何关联?对此问题,蒋廷黻以来的近代史学者常依据洋务重臣自身的话语,强调他们是在为国家"谋求自强"(蒋廷黻,2016:55)。另一种代表观点则认为,洋务重臣的改革主题可概括为"重建中国的社会、文化及经济基础",且洋务重臣的改革努力曾取得成功,实现了预期的"中兴"目标:"一个似乎已崩溃了的王朝和文明在19世纪60年代通过非凡人物的不寻常努力而得以复兴,以至于又延续了60年"(芮玛丽,2002:2—3)。此外还有观点,强调"从1850年开始,追寻富强以捍卫主权一直是中国政治的重要目标之一。政权一直在为实现这一远大政治目标思索具体方法。在此期间,中国面对不怀好意的对手,努力追求财富、官僚体制的完善和枪炮的力量",传统中国即因此得以发展成西方列强无法征服的现代"军事—财政国家",没有像其他许多国家那样处在"欧洲人统治之下"(斯蒂芬·哈尔西,2018:25,5)。"军事—财政国家"分析框架显然比"自强""中兴"等之前的那些看法更为具体。不过,以"军事—财政国家"界定整个"现代中国"的国家重建成就,也会遮蔽之后兴起的民族主义、政党革命主导的其他现代国体变革实践。

毋宁说"军事—财政国家"只适合概括近代中国早期阶段即洋务运动时期的国家重建目标,因为洋务重臣在外交军事经济等领域发起系列体制改革,确实是为了挽救几近灭亡的大清王朝,使之转型成为有实力消除内政外交危机的富强国家。当然,"军事—财政国家"也会让人觉得在国家重建这一点上,洋务重臣预先就有一套从头到尾固定不变的顶层理论设计,从而很容易忽视洋务派重臣的国家富强诉求在具体内涵上曾随时间及时局认识发生变化,有一个逐渐丰富的过程。后文的洋务课程改革运动史考察及叙事将弥补这一点忽视与不足,此刻需强调的是,洋务重臣的国家富强诉求及其外交、军事与经济等改革行动,在民族复兴方面虽未形成自觉认识,但其国家富强努力客观上也是在设法为民族复兴寻求必需的外交关系及军事经济实力。此外需厘清的是,国家富强需要大量新知识与新人才作为支撑,当时中国所缺乏的正是能使国家富强起来的新知识与新人才,所以洋务重臣必然会发起课程改革,尽管他们没有专门提出课程改革计划,而是将其涵盖在外交、军事、经济等国家富强改革之内。

林则徐就曾为缺乏"制夷"新知识与新人才感到痛苦。第二次鸦片战争以来,清廷各级官吏依旧"昧于外情"(赵尔巽等,1976:11769),"或专为身谋,玩视大局,憕然置之不理,使彼激而生变,纷纭者数年,局势乃弥棘矣"(薛福成,1978:601)。还有的便因无知且自大,导致添乱误国,僧格林沁作为统帅便认为"洋军不利陆战",不了解"英军携带了当时最先进的阿姆斯特朗炮,法国亦带了新式的拿破仑炮","这些火炮易于行进,便于野战"(茅海健,1986)。可以说,到1860年,知识及人才匮乏状况也未发生改变。为此,地方有识之士曾提议"开设特科"。如时任湖广总督官文所见:"军兴以来,论者多患科举之弊,请变通之法,于是有开特科、举人才诸议。"此议如能被清廷采纳,便可以启动科举课程改革,并以"特科"名义发展洋务新课程。可惜所有奏折均被礼部否定,"开特科、举人才"随之搁浅(关晓红,2007)。但此类提议本身却表明,富强运动必然涉及课程改革,且课程内容同样不限于器物知识。

受冯桂芬、丁日昌等影响,李鸿章升任江苏巡抚以来也十分重视改革科举课程体系,曾于1864年提请总理衙门注意(李鸿章,1966:2491):

> 中国士大夫沉浸于章句小楷之积习,武夫悍卒,又多粗蠢而不加细心,以致用非所学,学非所用。无事则嗤外国之利器为奇技淫巧,以为不必学。有事则惊外国之利器为变怪神奇,以为不能学。不知洋人视火器为身心性命之学者已数百年。

以"身心性命之学"指称"洋人火器",且认为"洋人视火器为身心性命之学者已数百年",表明改革之初的李鸿章尚不了解近代西方的学术文化。不过其意思是为了借此说服只知"身心性命之学"的朝廷士大夫与武夫应投身钻研"火器"制造,办法之一便是在科举体系中"专设一科取士,终身悬以为富贵功名之鹄,则业可成,艺可精,而才亦可集"(李鸿章,1966:2494)。1874年,李鸿章再度上奏改革以八股文为主的科举课程体系,提出"科目即不能骤变,时文即不能遽废,而小楷试帖,太蹈虚饰,甚非作养人才之道。似应于考试功令稍加变通,另开洋务进取一格,以资造就"(李鸿章,2008a:166)。李鸿章显然已突破十年前的"火器"关切,取而代之的是"洋务"视野,试图将他看重的系列"洋务"新课程全部嵌入科举体制。第二年,李鸿章、沈葆桢等又进一步"请开洋学及请设特科"(朱寿朋,1958:57),以便让"洋学"成为科举必考的新课程,从而为国家富强提供必不可少的洋务知识与人才。

开洋学、设特科的奏议提出后即招来反对。大理寺少卿王家璧上奏说"李鸿章以我朝取士,惟以章句弓马所学非所用,无以御敌,遂议变科目以洋学",李氏这样做,是在曲解科举科目及传统经史教育的本意乃是为"明大义,以敦君臣父子之伦也。人若不明大义,虽机警多智,可以富国强兵,或恐不利社稷"。由此,王家璧又进一步质问李鸿章:"苟舍德而尚专才,从古乱臣贼子,何一非当世能臣哉?今欲弃经史章句之学,而尽趋向洋学,试问电学、算学、化学、技艺学,果足以御敌乎。"(王家璧,2000:129)其实,李鸿章无意用洋学取代传统经史之学,但王家璧却以为李鸿章要破旧立新。不仅如此,王家璧还把问题上升到当时的国家意识形态层面,更没有讨论空间。即使有总理衙门出来为李鸿章说情,"原与科目并行不悖,并非以洋学变科目"(朱寿朋,1958:57),也无法平息保守反对派攻击。李鸿章无法改变科举课程体制,但他和奕䜣可以在科举体制之外,在自己能够做主的体制空间里发展洋务或洋学新课程,从而建成诸多旨在为他们的国家富强诉求提供知识与人才支持的新课程机制。当然,即使不去动科举课程体制,反对派也不会轻易放过李鸿章等人,包括课程改革在内的系列改革随之仍难免遭遇诸多撕扯,乃至失败。

二、同文馆、江南制造局与福州船政局

外交是奕䜣所定的第一大改革领域,近代中国清廷层面发起的课程改革随之是以发展外语及外交所需的洋务类新课程开启序幕。相比20年前,林则徐翻译西方世界地理学时,被认为是"大逆不道"之事,需要极大个人勇气,清廷层面能主动发展外语新课程,同时尽可能多地在外语教育中引入洋务新课程,看起来也算是一大显著进步。但总体上这点进步仍属边缘支流,实际清廷层面则如此前描述的那样,到19世纪60年代仍充满过于自负的文化教育自信和极端文化教育排斥势力。教育对象即士子群体中,主流观念亦是如此。至于一般社会舆论,同样不利于发展外语及洋务类新课程。且洋务重臣事先也无法耐心研究朝野可能遇到的反对势力,甚至即使预料到了,洋务重臣也不会跳到清廷体制及主流士子群体之外,像同期的伊藤博文、吉田松阴那样,去动员新兴社会力量壮大自己的富强与课程改革事业。就历史本身而言,所见就是洋务重臣在所属体制及不利境遇中按自身认识摸索课程改革进路。

1. 以专门的外语教育机构引入洋务新课程

奏请成立总理衙门、重建外交体系时，奕䜣就曾提议开办专门的"外国文字语言"教学机构。虽然在奕䜣之前，曾有郭嵩焘于1859年提出必须创办外语学校，但郭氏言后并没有下文（周振鹤，1992）。外语教育真正启动还是得由奕䜣来完成。奕䜣打听到"广东、上海商人，有专习英法米三国文字语言之人"，于是他希望咸丰诏令广东、上海督抚从中"挑选诚实可靠者"，各派两位"携带各国书籍来京，并于八旗中挑选天资聪慧，年在十三四以下者，各四五人，俾资学习"（齐思和等，1978：345）。只许"八旗"子弟学习外语，可见奕䜣的民族意识也很狭隘，未能想到整合更多新生力量。当然，这里更值得注意的是，外语被列为第一大洋务新课程。之所以会这样，除奕䜣觉得如果不培养外语人才便无法与外国交涉，也因《天津条约》明确规定清廷必须尽快发展外语教育。如《中英天津条约》第五十款："嗣后英国文书俱用英字书写，暂时仍以汉文配送，俟中国选派学生学习英文，英语熟习即不再中外条约，都用英文，仅在三年以内，可以附用汉文。自今以后，遇有文词辩论之处，总以英文作正义。"（黄月波，1935：8—9）弱国没有外交决定权，奕䜣只能设法尽快选派学生，建立专门的外语教育机制。

八旗子弟倒是很快便选好，一共10名（董守义，1989：230）。麻烦的是师资难找，只能"向外国延访，后得英国魏妥玛（Wade Thomas）的介绍，请英人包尔腾（Burdon）充任教师"。包氏"能通汉文，第一年的薪金，定为银三百两，第二年则增到一千两。同时，另外请人教习汉文，头一个教师是徐树林，每月仅银八两"（吴宣易，1933：2）。张罗到1862年7月，同文馆终于正式成立。第二年，法文、俄文馆也相继落成。与此同时，外交时局看起来也好转。奕䜣、文祥于是想扩充同文馆的课程设置与人才培养功能，将数学、天文、物理、化学等基础洋务学科课程一一纳入。奕䜣甚至想让科举正途出身的士人及地方五品以下官员来学它们。奕䜣和曾国藩、李鸿章、左宗棠等商讨其扩充构想，后者均表示支持。1867年，奕䜣奏请"开设天文、算学馆"，并希望慈禧能明白他以及曾国藩、李鸿章等人的强国苦心："臣等反复思维，洋人敢入中国肆行无忌者，缘其处心积虑在数十年以前，凡中国语言文字，形势虚实，一言一动，无不周知，而彼族之举动，我则一无所知，徒以道义空谈，纷争不已"，全然不顾"长久之策"乃是像洋人那样"设法求知"（奕䜣，1992：10—11）。

慈禧太后能否理解成为同文馆课程改革顺利与否的关键所在。学界过去以为慈禧态度冷淡，乃至试图借压制同文馆改革来"打击政敌奕䜣"（刘广京，1982），但21世纪以来又有学者认为慈禧支持洋务派（董凌锋，2006）。慈禧后人也出来说，慈禧"不缺乏改革进取之心",而且能"巧妙地施展其政治手段"(叶赫那拉·根正等,2008:58)。或许只能认为慈禧不会轻易偏袒哪一方,让一方独大,其更关心的不是开设新课程与否,而是确保自己冒死拼来的地位与权力不受威胁。1861 年"垂帘听政"之初,慈禧对于奕訢确实可谓言听计从,但后来看到奕訢自以为大权在握,日益不把她放在眼里,便另外培植势力。她看中了以倭仁为代表的程朱理学派,第二年即把倭仁提拔为内阁大学士,兼同治帝师。1864 年,慈禧又任命另一位理学家李鸿藻为领班军机大臣,兼同治帝师。这些人事安排皆为间接遏制奕訢。据当时英国记者所记,除培植新势力,慈禧还曾直接"告诫恭王,须明国体,不可僭越"。但奕訢仍未收敛,1865 年,慈禧得太监举报奕訢"奏对时忽不自检而起立",随即传旨"恭王侵朝廷大权,滥举妄动,罢议政王之位,开去军机大臣及其他宫廷要职,总理衙门之差亦撤去"(濮兰德等,2010:40)。

一个月后,慈禧听到朝廷对罢黜奕訢有不少微言,又顺水推舟下诏令奕訢继续掌管总理衙门。可见对慈禧而言,头等大事乃是奕訢及朝廷任何人都不能威胁其地位与权力。而奕訢事后也不再像以往那样嚣张,就像他非常想在同文馆下附设新机构,以发展造船、火器等强国急需的新课程,但他并未呼之以洋学,而是打着"算学天文学"的名义。如此迂回,固然由于奕訢从赫德、丁韪良等英国顾问那了解到算学乃制造科技的基础,也因为中国除程朱理学外,恰好还有悠久的天文算学传统,打着天文算学的名义,便不难获得认可或不至引发太多纷争。慈禧那边,则不表态,而是将奏折及曾国藩等人的附议一并发给倭仁。倭仁看后立即上奏说,此前同文馆"延聘夷人"充任教师,已"上失国体,下失人心",现在又要让正途士子即"诵习诗书者而奉夷为师,其志行已可概见,无论所学必不能精,又安望其存心正大,尽力报国乎?恐不为夷人用者鲜矣"(倭仁,1992:12)。慈禧又将倭仁所奏转给奕訢。奕訢不肯放弃同文馆课程扩充计划,再度上奏希望倭仁及太后能直面大沽口海战失败以来的危机现实,并故意敦请倭仁出山,由他聘请国内师资教授外语。之后,倭仁无言以对。这就是 1867 年同文馆课程改革引发的激烈争论。或许确实害怕不改革的话,大沽口海战以来的国事会再度重演,慈禧最终同意奕訢实施同文馆扩充计划。

天文算学馆可以办了,但争议风波却从朝廷向各地蔓延。"大家以为,学了洋文,便是降了外国"(齐如山,1998:28)。各地士子则纷纷拒绝招考,以致"一省中并无一二人愿投者,或一省中仅有一二人,一有其人,逐为同乡、同列所不齿"(于凌辰,2000:39)。期望从正途士人挑选生源的奕訢更发现,京城官员联手动员各自家乡士子抵制招生,结果进士翰林一个也没来报考。两个月下来共有 98 人报考。考试时又有"未到者二十六名",奕䜣只好从剩下72人中选了30名(奕䜣等,2000:39)。没有想象中的"得天下英才而教育之",天文算学馆能产生什么教学效果?如当时新聘为英文教习的额伯连(M. J. O. Brien)所见,刚开始时"他和另一位法文教习没法教,因为根本没有学生来学"。到1867年底,才"有21名学生学英语,其中高级班8名","均为年轻人,而初级班的13名学生大都是上了年纪的人(Old Man)",即"30—50岁之间,只有两位在30岁以下"。天文算学馆学生"待遇丰厚,每月有十两白银的膏火,还有宿舍和仆役","毕业之后也能迅速获得升迁,前途一片光明"。虽然待遇优厚,但那些"声誉好的人都不愿来",冲着优惠待遇来的人则被同辈骂为"叛徒"。总之,"大都是孔子所说的不可雕的朽木,根本不可能教好"(Brien, 1870:63)。

第二年,即1868年7月举行年考,第一批30名学生仅有10位合格,只好将他们编入旧馆,天文算学馆近乎名存实亡。10位学生中,"五名学生继续学英语,五名学生学法语",而且"五名学生中有三名经常缺课,不久也被开除了"(毕乃德,1993:94—95)。额伯连记得,剩下两名学生被安排去学数学后,便停止了英语学习,他们觉得"同时学数学和英语负担太重了"。当时,数学教习是李善兰,"不会说外语,只说自己家乡话",更使"学生将之前所学英语扔到一边去了"。额伯连甚至觉得,李氏"不懂应用科学,也不知道如何将数学融入应用科学",所以"学生同样没法学好力学、天文或其他任何与数学相关的学科"(Brien, 1870:63)。额伯连或许不是很了解李善兰,以李氏数学、力学造诣,其实足以胜任数学及应用科学启蒙之职。到1882年去世,李善兰一直在同文馆教数学,所教学生总计一百多人,有不少毕业后"或官外省,或使重洋"(李迪,1982),均为近代中国外交、工业、军事发展的得力人才。李善兰的得意门生,1879年毕业考位列算学第一名的席淦,则接过乃师的数学教鞭。齐如山当时就读馆中,对同文馆批判甚多,却推崇席淦,曾言授课"最认真的,就是汉文算学,教习为席汉伯,乃李善兰得意的门生,教法也很好"(齐如山,1998:41)。但这些都是后事,最初那几年,天文算学及整个同文馆办学情况的确堪称惨淡,到1869年,连"总理衙门的大臣们也对同文馆失去兴趣"(毕乃德,1993:95)。

生源糟糕,学生大都无心学习数学、天文及物理,在此情况下,只有先依靠教习提高课程教学质量,以及管理层苦心经营,等待有一天可以开花结果。李善兰之外,还有一位教习也很重要,他便是徐继畬。和魏源一样,徐继畬也是第一次鸦片战争时便开始以世界地理学的名义,研究中国在世界上的地位以及西方列强为何可以后来居上。从1848年刊行的《瀛寰志略》来看,徐氏的西方知识比魏源还要精确深刻。他甚至能看到清廷缺乏"能有效地把人民和政府联系在一起的代议制",认为相比船炮,它才是"欧美强大的本源"(德雷克,1990:5)。徐氏因此尤其推崇华盛顿,赞其"既已提三尺剑,开疆万里,不僭位号,不传子孙,而创为推举之法,几于天下为公"(徐继畬,2007:301)。徐继畬的内政外交经验也很丰富,并因其知识及外交能力于1846年被闽浙总督刘韵珂举荐升任福建巡抚,有权在地方改善中西关系,刊行《瀛寰志略》可谓其最重要的初始变革行动。但极端排外的咸丰并不认可徐继畬的西方知识与外交实践,清廷上下也批判他"张外夷之气焰,损中国之威灵"(潘振平,1988)。

徐继畬将华盛顿誉为"寰宇第一流人物",更被朝野认为是"一意为泰西声势者,轻重失伦,尤伤国体"(李慈铭,1963:481)。第二年,徐继畬即被撤去福建巡抚,接着又于1853年底退回家乡山西。徐氏在外为官二十余年,两袖清风,"归来一贫如洗"(任复兴,1993:475),只得在平遥书院教书维生。12年后即1865年,清廷才再次想起徐继畬,调其任总理衙门大臣。其时徐继畬已年逾七旬,且抱病在身,但仍想为国家富强尽一份力。奕䜣还奏请徐继畬兼任同文馆总管大臣,试图以徐氏的资历与威望来激励全国士子及官僚积极投身国家富强急需的洋务洋学。和奕䜣等一样,徐继畬也主张扩充课程,即在外语基础上增设基础及应用科学,而且他的到来,还让同文馆多了世界地理这一门新课程。1866年,总理衙门更是特地重刻《瀛寰志略》,作为同文馆教科书(曾燕等,2012)。然而十多年过去了,即使有大沽口以来更危险的军事外交惨败,朝廷及全国士子仍沉睡于天朝大国、华夷两分的古老幻想中,无法理解"地球"和世界由五大洲各国构成,更不会像徐继畬那样清醒看到中国正遭遇西方列强崛起向世界扩张,以及南洋岛国、印度等地皆已沦为西方列强殖民地,以致同文馆增设自强及应对西方扩张必不可少的新课程,都会成为众矢之的。

徐继畬看到"清议多主排外,主张者又徒持虚骄,而无实济",再度感到心灰意冷,苦苦支撑三年后,遂于1869年"以老病乞致仕"(方闻,1982:378)。徐继畬告老还乡走了,谁来统领同文馆课程改革?就在同文馆难以维系之际,总理衙门委托海关总司赫德给正在美国休假的丁韪良写信,叫其迅速来北京就任同文馆总教习,同文馆因此迎来新生。丁韪良其实早在1862年就已进入总理衙门视野,当时总理衙门正在处理中法教案冲突,意识到迫切需要了解西方的国际关系准则,文祥于是向美国公使蒲安臣求助,后者推荐了美国著名国际法学家惠顿(Henry Wheaton)的权威著作,即1836年出版并"被欧洲各国政府采纳"的《国际法原理》(*Elements of International Law*)(王维俭,1985)。不久,蒲安臣得知丁韪良正在翻译惠顿的国际法著作,便将丁韪良推荐给总理衙门。赫德也来信鼓励丁韪良坚持下去,"并保证这本书会被总理衙门接受"。进展确如赫德所料,1863年11月,在蒲安臣带领下,丁韪良携译稿来到总理衙门,文祥等大臣看过后"非常高兴",说"派遣驻外公使时,此书可供吾等参考"(丁韪良,2004:159)。奕䜣更是派四位总理衙门章京协助丁韪良修订译稿,并答应由总理衙门负责出版。

英国公使普鲁斯也支持丁韪良为中国引入最权威的国际法,认为此举"可以让中国人看看西方也有'道理'可讲,他们也是按照道理行事的,武力并非他们的唯一法则"。法国临时代办克士可吉士则强烈反对,对蒲安臣咆哮"这个家伙是谁?竟然想让中国人对我们欧洲的国际法了如指掌,杀了他!掐死他,他会给我们招来麻烦的"(丁韪良,2004:159)。与之相比,丁韪良则堪称当时为数不多愿意为中国进步提供援助的西方开明人士。1868年10月,丁韪良在东方学会上发表"中国复兴"(The Renaissance in China)演讲,告诉西方主流社会不该妖魔化中国,认为中国"野蛮透顶""缺乏创造力""死守传统观念",相反中国在各个方面都不缺乏变革与进步精神。鸦片战争以来诸多领域的"新政"便可证明这一点。丁韪良还提醒西方中国改革的目的是善意合理的,是为"保持国内的和平,并维持在世界面前的自尊"(黄秋硕,2017)。1870年,丁韪良又呼吁美国研究中国科举制度,从中学习如何"建立高效的大规模考试机制","使最优秀的人能脱颖而出成为国家公务员"(Martin, 1870)。

尽管丁韪良的最终目的或许是为了让中国信仰上帝,但他的外交原则及友好对待中国也可以为奕䜣及总理衙门的外交事业提供宝贵支持。1864年,普鲁士、葡萄牙、比利时、丹麦等国纷纷追随英法美俄,加入对华外交及贸易竞争。且当时普鲁士与丹麦正在欧洲开战,普鲁士新任驻华公使李斯福抵达大沽口海域时看见三艘丹麦商船,便私自将其全部扣留,等于将两国冲突搬到了中国家门口。丁韪良的《万国公法》恰好立即派上用场,使总理衙门首次知道,原来按当时国际法规定,大沽口海域属中国领海,"枪炮之所不及"的海域才属于中国无权治理的"公共之地",如果不去出面处理,今后各国必以为大沽口海域是公海。近代中国终于学会以领海、主权等概念来处理外交冲突,所以照会德国公使在大沽口海域"扣留别国之船,乃系显夺中国之权,于中国大有关系",必须先依法处理好扣船纠纷,才可进京展开外交会谈。普鲁士公使竟以为"清政府不谙西方国际法",狡辩说扣船"符合欧洲战争法",中国无权干涉。总理衙门再以国际法为准发出"理直气壮"的照会,且还学会了以西方此前惯用来对付中国的所谓"全权代表",不承认李斯福有"全权"资格,结果李斯福理屈词穷,不仅赔付丹麦商队

"一千五百块",而且"灰溜溜地离华返德",寻求"全权"资格,直到第二年年底才返回中国,"被总理衙门接受为公使"(Martin,1890)。

总理衙门及近代中国像是在黑暗中摸索,突然明白了国际法知识比一般意义的外国语言文字还要重要。丁韪良在总理衙门大臣及中外关系中的地位也随之迅速上升。1865年,丁韪良还被总理衙门聘为英文教习。1867年,总理衙门又改聘丁氏为"公法及富国策教习"。他将自己准备接受新职一事报告上级美国长老会,后者责怪丁韪良不该"出于钱财之爱而做世俗化的工作"。丁韪良则认为新职更能"影响中国",加上他觉得新职薪水可以"供两个大儿子上大学和两个小儿子回美国接受教育",所以和长老会关系日趋紧张(王文兵,2008:103)。1868年夏,丁氏决定返美休假一年再做选择。一面是苦行僧式的街头传教,一面是参与总理衙门的改革事业。丁氏选择了后者。1869年,赫德发来信函,丁氏即于当年9月回到中国,并于11月26日正式就任同文馆总教习。几天后,丁氏又"向长老会总部递交辞呈",希望后者能明白答应"最高级的清朝官员"的请求,向他们传播西方"实学",比传播"天道"福音更能实现"上帝的赐福"(王文兵,2008:103—104)。丁韪良来了,"他的任命拯救了同文馆"(Right,1950:329)。此后直到1894年,丁韪良一直在同文馆担任总教习,前后长达25年。

就职典礼那天,奕䜣、文祥、宝鋆等总理衙门各位大臣及美国驻华代办卫三畏均来站台祝贺。丁韪良用汉语发表演说,大学士宝鋆"很受感动",还赋诗一首送与丁氏。赫德虽没到场,仅发来贺信,预祝"前途光明",但他早已向丁氏许诺每年从海关税收中调配充足经费。"此后二十五年中,他始终如一地履行了这个协议"(丁韪良,2004:198)。可以说,再也找不到比丁韪良更能赢得中外决策者信任与支持的人来优化同文馆的运作机制与质量。以课程为例,丁韪良曾为同文馆带来德文、国际公法、解剖学、生理学、化学、物学等改善清廷外交、提升国家军事经济实力必须的新课程。师资方面,丁氏也是努力物色最优秀的人。像解剖及生理教习贞德博士(Dr. Dudgen)便是当时"北京最著名的开业医生"(丁韪良,2004:216)。至于另一大老难题即招生,同样渐有改观。此前,因不被科举正途士子认可,同文馆在招生方面常常多是靠上海、广东输送若干学生维持局面。1873年,同文馆学子贵荣考中"副榜"进士,或许是生源开始发生改善的关键节点。尤其在1883年,汪凤藻"连捷进士翰林院编修"(京师同文馆,1961:91),更使同文馆由此"颇受士大夫们的重视,就连一些贵胄子弟都急切地想入馆学习"(丁韪良,2004:211)。到1885年,当初无人问津的同文馆终于可以有底气面向"十五岁以上、二十五岁以下"的正途士子,推出门槛颇高的招生新制度,规定满汉士子

"文理业已通顺者"才可报考(中国史学会,1961:65)。

正是在1885年,总理衙门觉得同文馆开始进入收获时节,"实属卓有成效",证据是"各学生等因而日起有功,或随带出去充作翻译,或升迁外省及调赴沿海各处差委"(中国史学会,1961:64)。同文馆确实培养了不少内政外交急需的外语及各方面人才,然而科举体制不变的情况下,同文馆也很难取得更高发展,丁韪良"曾再三向内阁大臣建议,力陈科举采用科学的必要"(丁韪良,1983:183),但他的科举增设"科学"科建议终未能变成皇帝上谕,同文馆也因科举不提供激励,无法再进一步,成为真正水平一流的洋务新课程教育机构。1896年,御史陈其璋就曾上奏批评"讲求西学"的同文馆"有名无实","所学者只算术、天文及各国语言文字。在外只称小学堂,不得称为大学堂",所以必须按照西方大学堂,"另立章程,于天文、算学、语言文字之外,择西学中之最要者,添设门类"(陈其璋,1983:590)。然而陈其璋没有注意到科举不向西学敞开,无论同文馆怎样增设西学课程,恐怕都无法升格为"大学堂"。同时,他指责同文馆"所学者只算术、天文及各国语言文字",也未看到自丁韪良主持以来,同文馆一直在努力增设国际法、自然科学及政治经济学等国家富强急需的新学课程。

科举不接纳的情况下,同文馆所能做的或许也就是依据国家急需努力增设新课程,为清廷改善外交、增强军事科技及政治实力,提供国际法、基础科学、国富策、矿产乃至医学等众多新知识,培养内政外交新人才。同文馆能从几近夭折,变成为国家富强提供知识与人才支持的一大新课程机制,显然离不开总教习丁韪良25年的课程扩展努力。丁韪良甚至觉得,只有京师一所同文馆远不能满足整个国家的庞大需要,所以曾建议推广同文馆模式,在中国"各省设立教授科学的学校"(丁韪良,1983:183)。同文馆创立者奕䜣亦有相似意思,当初筹办同文馆时,奕䜣便希望沿海各口岸皆能创建外语学校,而各口岸响应最积极的正是上海的李鸿章一系。1861年,冯桂芬向李鸿章提议在上海、广州"推广同文馆之法","募近郡十五岁以下之聪颖诚实文童,聘西人如法教习"(冯桂芬等,1994:111)。此议得到了李鸿章的认可,李氏遂于1863年3月奏请设外语馆。三个月后,广东巡抚晏瑞书亦上奏,就设立同文馆表示"上海援案办理,洵属及时要务,粤东自应仿照一律举行"(晏瑞书,1983:219)。近代中国课程改革早期阶段因急需引入外语新课程而引发的另一路重要进展,即同文馆的地方化,随之得以拉开序幕。

2. 地方同时兴起洋务新课程发展运动

地方将如何推广同文馆呢,复制同文馆的课程便可吗?在这个问题上,奕䜣的期望是尽力根据各地的紧急需要开设课程。他看过晏瑞书的办学计划后,发现其中仅开设英语课,立即回函提醒晏氏,就全国范围来说,"以英、法、俄交涉事务为多,学习外国语言文字,亦以英、法、俄为要",故此京师同文馆分英法俄三馆,而"广东省与外国交涉事件,英、法多而俄较少,是学习英、法文字,实为粤省急务"。奕䜣还细心考虑晏瑞书仅聘请一位英文教习,是否因为该教习"兼精法、俄两国文字,可期一手教导",但"此层折内未据声明,应令该将军等查明声复"(奕䜣等,1983:224)。可见,奕䜣很希望晏瑞书能认真依据地方现实急需,办好广州同文馆。有意思的是,李鸿章奏办"外国语言文字学馆"时,也未提及开设法语课(李鸿章,1992)。法国1848年进入上海攫取领地,虽比英国晚5年,但到1861年上海法租界面积便扩张至1124亩(杨元华,2006:15)。难道李鸿章及奕䜣均不了解法国在沪扩张情形,只知道法国在广东动作频繁?不过,到1869年上海同文馆改名为广方言馆,法文课便已增设(魏允恭,1969:173)。也许只能说无论中央还是地方,一开始都无法弄清日益复杂的外交情形,而只能随各自职责所在,逐渐丰富外交认识及课程计划。

事实上,就依据地方急务开设新课程而言,晏、李二人当初的表现均算得上用心,有时行动比奕䜣还快。奕䜣登台时负责与四国谈判,只想尽快发展三门外语,到1867年才引入天文算学等国家富强急需的新课程。而晏、李二人筹办同文馆时便开设了算学课程,比奕䜣更早意识到算学是国家富强必需的新课程。晏、李二人中,李鸿章又高于前者,晏氏或许只是参考李氏的课程方案。后续的发展更可证明李鸿章远比晏氏重要,所以这里还是以李鸿章为中心对地方洋务新课程展开考察。李鸿章之所以比奕䜣更早认为必须开设算学课程,缘于他1862年登台前后的职责及需求和奕䜣不一样。1861年,李秀成率太平军由浙江北上直逼上海。上海士绅代表钱鼎铭曾前往安庆向曾国藩求援,"力陈东南百姓贴危状,且言上海中外互市要地,百货骈集,榷税所入足饷数万人,若弃之资贼,则东南无转机矣"。心思都在攻打南京上的曾国藩一开始并不打算派兵,钱鼎铭"开阵形便,恳挚欷歔,继以痛哭",曾国藩"亦为泣下,乃许济师"(王双庆,2017)。一直渴望成就大业的李鸿章随即自告奋勇,曾国藩于是派李鸿章率领新组建的以张树声、刘铭传等为骨干的淮军赶赴上海。

当时陆路均被太平军封锁,钱鼎铭又"筹银十八万两雇洋轮七艘",帮助李鸿章将"淮军(约八千人)"由水陆运到上海。此次经历将李鸿章推向了地方军事外交前沿,不过,李鸿章登台后,因职责需求不同于奕䜣,并没有像奕䜣当初那样只从外语入手展开改革。李鸿章虽然也认为准确听懂外语,不被西方人或不可靠的"通事"翻译蒙骗,十分重要(李鸿章,1992:173),然而对初到上海肩负军事重任的李鸿章而言,还有比学习外语更重要的改革难题需要破解,即如何获取西方军事"利器"。由此李氏真正希望的乃是建成一座军工厂,在里面培养能够自主生产船炮枪支弹药的军工人才,而不是只能向西方购买枪炮。正是这点想法,使近代中国在有了同文馆之余,又得以形成另一大有利于国家富强的新课程发展机制,它便是江南制造局,诸多旨在为国家富强提供知识及人才支持的新课程皆是在它的平台上得以问世。李鸿章之所以能开辟出与奕䜣不同的改革进路,除军事重任在身,必须增强军事实力,还得益于业师曾国藩开拓在先。1852 年曾国藩投身发展地方武装时,便"开始第一次订购外国军火","湘军使用这些武器常常取得胜利,曾国藩因此认识了西式武器的优越。正是这种认识,促使曾国藩在 1856—1860 年间开始摸索尝试军工生产"(T. L. 康念德,1992:23)。

1861 年,曾国藩聘请徐寿、华蘅方,在安庆创办"子弹局""枪炮局"等军工厂,试图自主制造轮船、枪炮、火药、炸弹(郑国良,1994)。1863 年,曾国藩又将中国首位留美博士容闳招入麾下。容闳建议另建"母厂","此厂当有制造机器之机器,以立一切制造厂之基础"。虽然容闳说不清"母厂"究竟是什么,曾国藩听了也一头雾水,但后者仍"筹银共六万八千两",派容闳前往美国购买制器之器(容闳,1981:75—77)。李鸿章这边,也在丁日昌协助下创办枪炮局,并向总理衙门建议选派宗室子弟前往西方学习枪炮制造,但在当时此类建议无法变成改革行动。1864 年,李鸿章又奏请科举增设一科,藉此吸引正途士子学习西方军工技术。奏疏一出,也立即引来保守派"大加反对",即使总理衙门出面支持,也无法从户部那里为李鸿章争取"数十万两"启动经费,只能让李鸿章"自行筹划核计"(赵春晨,2007:27)。当然,能得到奕䜣及总理衙门口头支持,已属难得,藉此李鸿章总还可以继续实施旨在使中国"自强"的军工类新课程发展计划,而迫在眉睫的任务正是先把军工厂办起来,让官兵及士子不出国门也可学习制器,培养本土"制器之人"。

相比当初奕䜣创办京师同文馆,几年下来几近夭折,李鸿章在上海试办炮局,效果则堪称立竿见影。两个月后,丁日昌便随淮军攻打无锡太平军,"亲手放炮轰城"(邓亦兵,1988:130)。第二年即 1865 年,容闳也带着"制器之器"回国了。抵沪时,容闳曾感叹"予离中国年余,大陆已一度沧桑。曾文正已与其弟国荃,克复南京,肃清太平天国之乱矣"(容闳,1981:84)。太平军平定后,曾国藩又被调往徐州镇压捻军。李鸿章则代替曾国藩升任两江总督,淮军日渐壮大,调兵相对容易,难点在于筹款一事。除需供应曾国藩军饷,李鸿章还得自筹经费办厂。另外,同文馆运营费也要八千两,仅外教一项,就需支付年薪三千两(江海关道,1992:177—178)。李鸿章东拼西凑,军工类新课程发展因此未被经费紧张耽误。1865年,丁日昌买下位于上海虹口的美国一家军工厂,加上容闳带回的"制器之器",李鸿章终于可以奏请成立"江南制造总局",其课程改革构想经过多年摸索也有了明显进步。具体来说,虽然李鸿章的课程改革重心仍是优化军事体制及增强军事实力,但他注意到江南制造局办成后,定会引发经济增长及经济体制变革,即所谓"臣料数十年后,中国富农大贾必有仿造洋机器制作以求自利者,官法无从为之区处",所以必须考虑如何应对即将到来的经济增长,怎样规划官民经济界限。虽然对于这些问题,李鸿章的解答依然有限,只能想到"铜钱、火器之类,仍照向例设禁"(李鸿章,2008b:202),未能涉及一般商业及民用机器制造如何向富农大贾开放,以及江南制造局可能带动多少新兴产业。

当时,中外民间均有许多人在开拓与军工相关的新兴产业。国外最著名的例子莫过于后来成为世界钢铁大王的卡耐基,而且就在李鸿章创办军工厂的1865年,卡耐基开始转型创办钢铁厂,钢铁正是军工以及正在蓬勃发展的铁路、桥梁建设必需的一大新兴基础产业(Wall,1989:227-265)。至于国内,上海、广东及天津等地均有商人创办"机器厂"(王承仁等,1990)。上海英美贸易洋行1860年起也纷纷利用在华特权及技术优势介入、垄断长江航运。李鸿章到1872年才开始正视"各口岸轮船生意已被洋商占尽",进而提议鼓励"华商自立公司",与官方携手发展国家军事及经济建设必需的轮船、铁、煤等产业,其课程改革亦随之拓宽至经济领域,发展"实业"类洋务新课程和创办实业学堂。不过1865年时,李鸿章的摸索尚未涉及经济领域,或从经济变革入手构思课程改革,其重心仍在增强军事实力上,他要做的是通过江南制造局培养能够制造轮船枪炮的本土军工人才。到1868年8月,第一艘兵舰便造成,曾国藩为之取名"恬吉","该轮长达60米,载重600吨,装有大炮8门,航速可达8节"。1869年4月,第二艘螺旋桨驱动的"操江"号也下水,是为"中国第一艘螺旋桨船,其航运性能又有了进一步提高"(辛元欧,2009:300)。

造船接连成功之际,上海同文馆也被迁入制造局,改名为广方言馆。两年前,上海同文馆曾为招不到满意学生的京师同文馆输送6位优秀毕业生,也算是履行了当初使命,迁入制造局之后,更有利于在接受一般西学训练之余,凸显江南制造局的军工人才培养特色。与此同时,将同文馆纳入,也可以弥补江南制造局的课程缺失:原来江南制造局主要靠机器样品研究及制造实践培养本土军工人才,并入同文馆,便可增加军事科技基础知识、一般西学知识以及本国传统经史课程。除广方言馆外,江南制造局还于 1868 年专门成立翻译馆,这不仅可以为获取军事科技基础知识及一般西学知识提供保障,还能使翻译成为一门独立的选修课。1870 年,广方言馆公布了"课程十条",其中除传统经史及曾国藩情有独钟的"读书行事日记"外,更包括以下军事科技基础知识及一般西学知识(冯焌光等,1992:182):

> 学生分为上下班。初进馆者先在下班,学习外国公理公法,如算学、代数学、对数学、几何学、天文、地理、绘图等事,皆用初学浅书教习。若作翻译者,另学外国语言文字等书。……至年底考试可取者,察其性情相近,并意气所向,再进上班,专习一艺。上班分七门:一、辨察地产,分炼各金,以备制造之材料;二、选用各金材料,或铸或打,以成机器;三、制造或木或铁各种;四、拟定各器机图样或司机行事;五、行海理法;六、水陆攻战;七、外国语言文字,风俗国政。

课程设置显然既有京师同文馆的外语、算学、天文学、地理、物理等一般西学,又有江南制造局本身的军工特色,可见同文馆在上海的地方化确实是从曾国藩、李鸿章的实际需要出发。遗憾的是,因缺乏学生学习史料,这里无法弄清每门课程的具体实施情况及效果。如果从宏观层面来看则会发现,和京师同文馆一样,广方言馆、翻译馆乃至整个江南制造局的人才培养同样一直无法突破当时的体制瓶颈。以对口的体制出路为例,李鸿章、盛宣怀等要到 1872 年才开始试办能给驾驶人才提供用武之地的轮船招商局(胡滨等,1982)。至于更大发展平台即海军衙门与北洋舰队,更是迟至 1885 年才开始组建(姜鸣,2002)。对口体制出路不明,学生最终难逃转向科举寻求体制上升,系列西学课程随之难免形同虚设。1881 年,江南制造局总办就曾向两江总督刘坤一报告,光绪三年即 1877 年以来,虽有不少得力中外教习,"西学深甚,导引得法",但"老班"在读学生因无出路,"敷衍岁月,多攻制艺,不复用心西学,故中学尚有可观,西学几同墙面,此何异内地书院,殊失设立方言馆之本意",所以"老班"学生 1879 年毕业时,只好"择其安详者,改派翻译文案等事,其余一概撤退"(制造局总办,1989:142)。

总办不忍看到广方言馆沦为八股、科举为主的一般"书院"。但毕业没有对口出路,他也没有办法,只能挑选坐得住的毕业生,分配到翻译馆做翻译,不然无法给新生腾出学位。刘坤一收到汇报,当即责令主办方"勿任散去",必须将学生扭到国家富强急需的西学上来,"或习外国语言文字,或习算学,或习武学及铁船,择其出众得力者,遵照前札据报本部堂存记查考",否则"不惟虚縻可惜,且恐为洋人所用"(刘坤一,

1989:142)。然而一介总办何以能扭转学风,刘坤一亲自出马,亦只能将西学毕业生选送给京师同文馆、总理衙门。后者又无法一直全部吸纳,如1889年,总理衙门便不需"习算学者",只要一两位"翻译俄文、德文熟精者"(总理衙门,1989:149)。如此,要进入国家体制,还是只能走科举。当然,刘坤一及制造局总办均立足办学本意,期望毕业生不仅个个学好西学课程,而且能立即借助体制渠道成为支撑国家军事外交的栋梁之材,所以容易觉得失望。如果将眼界从国家体制移向地方,同时长远一点看,则会发现江南制造局的西学课程实施及人才培养效果其实并非乏善可陈,相反许多毕业生都能在地方军事经济改革中找到位置,并依靠从地方开始向上努力,最终"克跻通显,膺受中外要职",他们对近代中国政治外交变革的影响甚至延伸到了民国时期(吴宗濂,1992:209)。

由此视角出发,还能看到更值得注意的办学效果,它便是翻译馆师生译介的诸多西学书籍。江南制造局1867年专设翻译馆,系徐寿、华蘅方二人所为(傅兰雅,1880)。同文馆"八年课程表"中,四年级起设有翻译公文、练习译书等翻译课程,旨在训练外交实务,学习西学知识,广方言馆并入后,同文馆便无需开设翻译课程,因为有专门的翻译馆为学生提供翻译训练。从后续发展来看,或许可以说,当时最好的翻译课程及训练就在江南制造局翻译馆。京师同文馆直到1898年归入京师大学堂,不过出版20几种西书(毕乃德,1993:120)。而江南制造局翻译馆至1880年,便出版西书98种,"已译成未刊"者也有45种(傅兰雅,1880:11—12)。1896年,梁启超发表《西学书目表》,市面上可以买到的"352种西书中,江南制造局译刊的有152种,约占百分之三十四,广学会译刊的有24种,同文馆译刊的仅15种"(邹振环,1986)。江南制造局翻译馆之所以能在西学翻译方面拔得头筹,与徐寿、华蘅方用心主持,曾国藩、李鸿章给予优厚待遇有关,进而可以请到一批高水平的中外翻译教师。

中国教师除徐、华,还有后来调任支援京师同文馆的李善兰。徐、华分别译出化学、数学、船政类29种、13种(元青等,2016)。西方教师则有傅兰雅、林乐知、伟烈亚力、金楷理等,其中贡献最大的乃是傅兰雅。傅兰雅1861年来到中国,精通汉语,曾在京师同文馆、上海教会学校等处教书,还曾编辑教会报纸,处于漂泊状态。直到1868年徐寿递来一纸翻译聘书,已入而立之年的傅兰雅才感受到"从未有过的欢乐",他"觉得自己安定了,可以静下心来做一件事",即"为中国政府翻译科学书籍",这件事"很荣耀,也很有用",而且"年薪800磅,足以过上优越生活"。傅兰雅"很清楚自己对于科学也缺乏了解,他决定自学"。"中国同事"如徐建寅,也"像兄弟一样对待他,经常一起吃晚饭"。傅兰雅甚至认为,"和他在华认识的欧洲人相比,中国人更加善良正直,他们不会轻易交及或承诺什么,一旦承诺,便绝不会食言"(Wright,1996)。

傅兰雅非常庆幸能有机会为中国政府效力,工作异常投入。甚至妻子产后染病,孩子夭折,也不肯请假中断翻译。到 1880 年,他曾感叹:"余居华夏已二十年,心所悦者,惟冀中国能广兴格致。"(傅兰雅,1880:10)他将传播科学造福中国视为"上帝之意",所以能"忍耐自甘"。中国同事栾学谦也说"傅君常以传授格致为己任,自信责由天委,苟不尊道而行,是违天也"(王扬宗,2000:50)。到 1896 年离开中国,傅兰雅在江南制造局工作了 28 年,共译书 125 种,此外还有"已译未刊的 38 种",及"续译的 14 种,毕生译了 177 种"(邹振环,1986),堪称"19 世纪后半叶在中国介绍西方科学技术最有贡献的一位外国人"(王扬宗,1996)。且傅兰雅译书之余,还曾从 1875 年开始,和徐寿一起创办格致书院,主编科普杂志《格致汇编》。其编辑行状如王韬所言:"夜阑秉烛之余,不辞劳卒,汲汲以成此编,用心亦良苦矣。"(王韬,1890:2)一个苏格兰人如此勤奋刻苦,三十年如一日致力于为中国进步普及科学知识,的确只有将传播科学造福中国视为"天职"才可以做到。而其所译西书及科普杂志也确实曾对中国改革产生推动作用,康有为、梁启超、蔡元培等后辈均曾从傅氏译著与杂志,获得形成变革志向必不可少的新知(王扬宗,1996)。

徐寿也有和傅兰雅相似的天职观。创办格致书院时,就数"徐寿与英国的傅兰雅最为勤劳热心,贡献也最大"(王治浩等,1984)。其他中国翻译教习,则少有徐寿式的志业。尤其是正途士人更不大会以翻译为业,而是将科举荣耀视为唯一正途。由此更可见,唯有将翻译传播科学视为天职,方能执着不辞辛劳从事之。正是此类具体个人的天职观,在广方言馆、翻译馆等各处支撑着江南制造局为寻求国家自强发展军工制造、科技类新课程付出的艰苦努力。不过此刻已不必再围绕江南制造局展开考察,而大可以将视野转向福建沿海,在那将会看到近代中国早期阶段另一大为追求国家富强建构起来的新课程机制,其创始人同样具有非凡的使命感与责任感,他便是另一位封疆大吏左宗棠。左宗棠生于 1812 年,仅比曾国藩小 1 岁,比李鸿章大 11 岁。曾国藩 1853 年开始组建湘军,左宗棠在湖南巡抚骆秉章手下任首席幕僚。左氏渴望成就诸葛亮式的忠君报国军事政治伟业,曾与曾国藩因组建湘军发生矛盾。左氏看不上曾氏的军事才能,曾氏也不想让他成为湘军领袖。但二人冲突之余,均能搁置私人恩怨,从平乱大局出发,相互支持策应。

曾国藩 1854 年北上武昌攻打太平军时,左氏"在湘幕为之筹拨饷银,募练勇丁,竭尽全力"(王澧华,1996)。1860年,清廷命曾国藩出任两江总督,同时破格授进士尚未及第的左宗棠"太常寺卿,襄办江南军务",左氏"乃率楚军八千人东援浙"(赵尔巽等,1976:12024)。当时,曾国藩打算将左氏调往四川督办军务,但左宗棠只想前往浙江攻打太平军。另一位湘系领袖胡林翼与左氏系世交,胡氏也劝曾氏,说左宗棠"谋人忠,用情挚而专一,其性情偏激处,如朝有争臣,室有烈妇,平时当小拂意,临危难乃知其可靠。……且吴祸大于蜀,不难执理"(胡林翼,1936:69)。胡氏到底是知己,了解左宗棠的性情与大气。而曾国藩也很清楚浙江战事更为吃紧,只得听从胡氏意见。1861年,50岁的左宗棠出任浙江巡抚(罗正钧,1983:82)。太平军李秀成部早在1860年2月便已攻下广德,当年底又占领杭州城,"浙江巡抚王有龄自杀","城里积蓄的谷米都吃光了,……饥饿的人们吃尽了狗肉、马肉以及一切家畜之后,便吃草根树皮。……最后,街上甚至有卖人肉"(夏福礼,1954:6)。就曾国藩而言,幸亏其同意左宗棠巡抚浙江,不然其何以能安心攻打南京。但见左宗棠由江西挺入浙江,到1864年2月,便攻下杭州。7月,又"克湖州,尽定浙地"(赵尔巽等,1976:12026)。之后太平军几路残余由江西转入福建,左宗棠随之升任闽浙总督。

因涉局稍晚,左宗棠未曾参与也无须参与创立同文馆。不过,左宗棠并非没有时间改革思考。未登台前,左氏曾被林则徐寄予厚望。巡抚浙江以来,左氏亦曾发表改革意见。清廷责令其雇佣英法军队镇压太平军,左氏就曾上奏不赞成继开放五大通商口岸后,又启动"借师助剿"以及聘请洋人教中国官兵。他说:"沿海各郡自五口既开之后,士民嗜利忘义,习尚日非。又自海上用兵以来,至今未睹战胜之利,于是妄自菲薄,争附洋人。"沿海士子百姓竞相逐利媚外,还只是社会风气问题,倘若再允许西方势力介入中国军事,投机分子、地痞流氓难免就会混入其中,挟洋自重,破坏地方政治秩序,甚至壮大西方势力,导致局面更无法收拾。如其所谓"其黠者,且以通洋语、悉洋情猝致富贵,趋利如鹜,举国若狂。自洋将教练华兵之后,桀骜者多投入其中,挟洋人之势,横行乡井,官司莫敢诘治。……且多弃伍籍而投洋将充勇丁,以图厚饷,此常胜一军所以增至四千五百人也。若不稍加裁禁,予以限制,则客日强而主日弱,费中土至艰之饷,而贻海疆积弱之忧"(左宗棠,1986a:844—845)。

然而当英法官军连连助其攻下城池,左宗棠的看法又有了改变。习惯将西人视为蛮夷的他发现原来西人也讲究信义。尤其是1863年初进攻绍兴,"法国官兵中枪阵亡",更加深了他的新认识,以致当他得知,"粤勇与洋兵构隙颇深",还专门奏请"著该省督抚密饬诸将与洋兵共事,总需守礼示信,勿许计较功攘利,致启竞争之端,且为外国人所窃笑也"(左宗棠,1986b:960—961)。从试图防止扩大与西人接触,到携手合作,以礼相待,左宗棠的态度转变可谓剧烈。对此,也许只能这样理解,和曾、李一样,左宗棠当初也因西方知识不足,无法提前拿出妥善的改革应对方案,只能在内政外交实践与人事交往中加深了解摸索进路。就是在内外了解日益增多的1863年,左宗棠开始和手下史致谔酝酿"自强之策",以求可以改变"海上士大夫"的糟糕知识状况:"多不知兵,故宜妄自菲薄,所思议者,无非得过且过之计。"(史致谔,1983:236)其为寻求国家富强的新课程机制建构努力由此得以拉开序幕。

教育对象方面,左宗棠和曾、李并无区别,也是首选直接关系国运的"士大夫"。但不同于曾、李将重心放在"制器之器"上,却并不清楚"制器之器"究竟是什么,以致办了许多军工厂后,最终仍要耗资办江南制造局,左宗棠从一开始就相对清楚自己所要发展的军事新知识是什么,这一军事新知识即是"造船",而非听起来抓到了根本、实际笼统不知所指的"制器之器"。1864年,左宗棠便仿造出一艘"小轮船","试之西湖,驶行不速"。他向曾协助其攻打太平军的法国参将德克碑、宁波海关税务司日意格请教,两位法国人说"大致不差,惟轮机须从西洋购觅"。左氏还请日意格"代为监造,以西法传之中土"(左宗棠,1986c:2852—2853)。后左氏忙于镇压福建、广东太平军余部,造船之事未能及时跟进。1866年4月,左宗棠广东凯旋抵达福州,随即和日意格等商量造船。6月,左氏便向总理衙门上奏改革计划。对于这份著名奏折,有学者认为它表明"左宗棠觉察到了世界许多国家争先恐后的军备竞赛情况","诚为难得"(孙占元,2011:84)。此论可谓准确。不过左宗棠创办船政,除因觉察到英、法、美、俄等国正进行军备竞赛外,还缘于其他重要发现,从中可见左氏的时局认识又比前几年更为深入。

奏折开头说完"拟购买机器,募雇洋匠,设局试造轮船",即提请总理衙门注意(左宗棠,1986c:2843—2844):

> 窃维东南大利,在水不在陆。自广东、福建而浙江……以迄东北,大海环其三面,……无事之时,以之筹转漕,则千里犹在户庭,以之筹懋迁,则百货萃诸厘肆,匪独鱼盐蒲蛤足以业贫民,舵艄、水手足以安游众。有事之时,以之筹调发,则百粤之旅可集三韩,以之筹转输,则七省之储可通一水,……况我国家建都于燕京,津沽实为要镇。自海上用兵以来,泰西各国,火轮兵船直达天津,藩篱竟成虚设,……自洋船准载北货,行销各口,北地货价腾贵。江浙大商以海船为业者,往北置货,价本愈增,比及回南,费重行迟,不能减价以敌洋商。日久销耗愈甚,不惟

亏折货本,浸至歇其旧业。滨海之区,四民中商居什之六七,坐此阛阓萧条,税厘减色,富商变为窭人,游手驱为人役。目前,江浙海运即有无船之虑,而漕政益难措手,是非设局急造轮船不为功。

无疑,左宗棠设局造船绝非仅为重建海防及水师,他还看到了沿海航运这一由西方人在中国海域发展起来的新兴产业之于改善国计民生的重要意义。中国由南到北三面环海,发展航运有利于解决国家漕运腐败老难题,促进沿海各省贸易,众多贩卖鱼盐的"贫民"随之也有新生意可做,还可为"游众"提供舵手、水手等就业机会。何况西方人早已利用航运从北方贩货到南方销售,造成北方货物价格上涨,没有西方船舶的本国江浙商人生意成本飙升,无法与西方竞争,以致破产停业,地方厘税财政随之骤减,失业率亦跟着骤增。相比李鸿章先忙于制造枪炮,后来又转向造船,到 6 年后才正视航运业的战略意义,左宗棠改革之初虽只盯着造船,却能顺着造船深入看到,沿海几大口岸被迫向西方开放通商后所给中国带来的产业变化,以及这种变化引发的国内经济社会危机。而且左宗棠不光只看到冲击与危机,也看到了新的经济增长与经济转型机遇。

是否可以认为,在近代中国课程改革的启动阶段,对于中国口岸开放以来的经济社会局势变化,以及由此变化需要发展什么样的新课程与新知识,左宗棠的认识在洋务派重臣中堪称最深刻。当然,再深刻的认识与改革构想都需清廷批准,而仅仅"募雇洋匠"这四个字就会被骂为"以夷变夏"。甚至李鸿章也"主张买船和租船","对造船不以为然"(沈传经,1983)。而且这一次左宗棠还遭到了新的干涉力量。奏折递上后,英国公使魏妥玛以及新任海关总税务司赫德均出来反对,要清廷出资雇购西方船只即可。奕䜣随之动摇,密折问左宗棠造船到底能不能办。左宗棠看到赫德、魏妥玛插足中国改革,十分愤怒,回复直言二者系因"发贼既平,彼无所挟,恐启中国轻视",加上"结款已满,彼无所图,欲藉购雇轮船器械因缘为利"。左宗棠还指出,"西方各国,外虽和好,内实险竟",赫德等英人"知各国以新法售我,思先发以笼其利"(罗正钧,1983)。总之,不外乎想巩固在华龙头地位,捞取最多利益,所以不难驾驭。为让奕䜣放心,左氏还强调英国不会再次挑起战争,大可以将赫德等顶回去。奕䜣听后,批准了左宗棠的计划。

英国驻福州领事闻讯也来干涉,但未掀起风浪(沈传经,1987:48)。然而 1866 年 9 月,左宗棠突然接到清廷诏令,要其出任陕甘总督,因为西北爆发内乱。当时,左宗棠刚刚在福州马尾山下为开办船政局选好地,正与日意格、德克碑商量购器、经费、聘用合同等船厂开办事宜,现在却要立即办理各种交接。他只好奏请准他四十天后再赴西北平乱。之后四十天内,左氏"发折三十余件,片四十余件,心力为萃"(左宗棠,1987b:117)。如此卖力,却仍有一最关键的问题悬而未决,即请谁接办福州船政局。左氏"再三思维",认为唯有正丁忧在家的江西巡抚沈葆桢可托重任。商之于福建军政要人桂英等,"亦以为然",于是左氏"三次造庐商请"。然而因觉得无法摆平上下内外复杂关系,"沈葆桢始终逊谢不遑"。左宗棠十分理解沈氏顾虑,所以又"仰恳皇上","伏乞皇太后","温谕沈葆桢免以大义",特命其为"总理船政,由部颁发关防,凡事涉船政,准其专奏请旨,以防牵制"(左宗棠,1986d:2862—2863)。同时左氏还奏请令福建各级军政官员均要听从调遣,在经费、人事及各项事宜上给予支持。其为办成船政局可谓倾尽全力。

皇太后慈禧彼时尚可理喻,知道左宗棠负重太多,不好挫伤其一片忠心。在内外紧张关系中随时可能"胎死腹中"的福州船政局总算有惊无险地诞生于世了。近代中国课程改革启动阶段的第三大新课程机制亦随之从1866年秋开始得以日渐成型,它将为近代中国实现自主造船带来科举课程体制无法提供的诸多新知识与新人才。这种教育功能也正是左宗棠的本意,设计时,他就强调,造船还不是福州船政局的首要目的,首要目的乃是教育。甚至其人已到西北了,仍特地上奏总理衙门,提醒不要把船政局办成仅是造船:"夫习造轮船,非为造轮船也,……非徒一二人能制造驾驶也,欲广其传,使中国才艺日进,制造、驾驶辗转授受,传习无穷也。"无疑,左氏更看重的乃是通过船政局,使本国广大士子学到"制造""驾驶"轮船必需的各类西学新课程,所以他提出船政局除设船厂,还"必开艺局,选少年颖悟子弟习其语言、文字、诵其书,通其算学,而后西法可行于中国"。左氏还预料到,"艺局初开,人之愿读者少",因此"非优给月禀不能严课程"(左宗棠,1961a:28)。

接班者沈葆桢继承了左宗棠以教育为本的办局宗旨,也上奏清廷强调"船厂根本在于学堂"(沈葆桢,1961a:51)。因有上谕及关防,沈葆桢接手以来,地方官员不敢在船政上怠慢,其唯一吃不准的乃是左宗棠信任的两位法国人是否听其布置。李鸿章1862年初涉改革时,就曾感叹"最难者夷务",为此还向曾国藩请教"事夷之术"(李鸿章,2008c:75)。沈葆桢接手船政时,同样觉得难以驾驭西人,认为"洋人性善疑,非其素所信服之人,动生猜忌",其上奏办局有何困难时列了七点,第一点便是"日意格、德克碑久隶左宗棠麾下,……固宜为之尽力。臣与二将无一面之识,其难一也"(沈葆桢,

1961a:49—50)。彼时,日意格等已签订聘任合同。但合同能否执行还是要看个人品性。自鸦片战争以来,西方一直在仗势逾越合约界限。如《南京条约》规定,英法可在口岸租地建屋,但须征得中国地方同意,"不能强租"。事实呢？英法一直在强迫中国允许其扩租,建成不受中国行政及法律约束的"租界"(杨元华,2006:13)。故沈葆桢的担心并非多虑。事实进展却让沈氏颇感意外,也许因为高薪,抑或日意格确实想尽心效力中国,总之,沈氏发现日意格等"所派教员咸能认真讲授",学生那边"英敏勤慎者亦多,其顽梗钝拙者去之"。船政局学堂因此能"有蒸蒸日上之势"(沈葆桢,1961a:51)。

船政局学堂以培养轮船制造及驾驶人才为办学目标,课程除开设英语、法语、算学、天文等当时的一般西学课程外,自然以轮船制造及驾驶类课程为主,用左宗棠的话说,包括"能依书绘图,深明制造之法,并通船主之学,堪任驾驶"。此外便是在船厂"习造轮机","轮船一局实专为习造轮机而设"(左宗棠,1992a:286)。各类课程要在五年之内学完。与之相对应,日意格、德克碑所签合同也以五年为期,二人分任正、副监督,负责买器建厂,聘请外籍教员及管理人员监控教学质量。五年合同到期时,除需造出16艘船,还得"保令外国员匠教导中国员匠,按照现成图式造船法度,一律精熟,均各自能制造轮船",前堂法文班学生要"俾通算法,均能按图自造",后堂英文班学生"俾通一切船主之学,能自监造、驾驶,方为教有成效"。轮船制造以及中国员匠、学生两路教学任务,可谓艰巨。但待遇也超高,左宗棠不惜重金,将日意格月薪定为"银一千两",比江南制造局傅兰雅高出近10倍。而且五年内若完成制造与教学任务,还会另外奖励日意格、德克碑"各两万四千两,嘉奖外国员匠银共六万两"(左宗棠,1961b:37—39)。

学生待遇方面,也比广方言馆优厚,学业要求随之也更严格,除端午、中秋、春节等放假,"外国礼拜日,亦不给假",且每三个月考一次,"一等者,赏洋银十元","三次连考三等者斥出"(左宗棠,1992b:288)。课程管理制度严格,加上学生常因家事缺席,导致淘汰率非常高。如法文造船班,开始时学生总数为109人,"到1873年学习完毕时只有三十九人"(毕乃德,1993:166—167)。几年下来,船厂中国员匠、学堂前后两堂学生能通过考验的学生加在一起究竟有多少？1872年的统计是"一百四十余名",其中"学得五六分者,屡请英法教师考校,列上等者约七八十名"(左宗棠,1961c:111)。这些员匠、学生最终有何学习结果,有没有实现日意格聘用合同中规定的教学目标？五年合同系从1869年2月日意格等法国购材归来、船厂建成算起,到1874年2月,船厂须造出16艘轮船,船厂学堂学生也要培养成本土轮船制造及驾驶人才。而进展看起来也颇为顺利,1873年初,沈葆桢奏报清廷,去年11月以来,"第十号之振威"及"第十一号济安"皆顺利"下水",第十二号也在两月前"安上龙骨"(沈葆桢,1961b:134)。

进展颇为顺利背后,其实是过程相当艰难。正式开办没多久,德克碑就因不甘心地位原本比其低的日意格取代他担任正监督,联合福州副领事、船厂监工等法国人暗中破坏。福州副领事甚至想把日意格及中国工匠提至领事馆审讯,被沈葆桢驳回。德克碑又于1870年对左宗棠说无法与日意格共事,申请调离。左宗棠调查后发现德克碑不像日意格那样用心于造船及教育,便将其留在身边协助镇压西北内乱,人事内斗方得以平息(陈松溪,2003:345—346)。但就在进入最关键的第三年时,又发生内阁学士宋晋突然奏请叫停福州、江南两处船政,理由是"糜费太重",仅"闽省连年造船,闻经费已拨用至四五百万",造出来了,也"断不能如各国轮船之便利",况且中西"早经议和,不必为此猜嫌之举"(宋晋,1961:105)。曾国藩、左宗棠、沈葆桢、李鸿章等纷纷起身据理力争,奕䜣及总理衙门也认为"不可惑于浮言浅尝而止"(奕䜣,1961a:126)。才使轮船制造及教育事业能按五年计划继续下去。1873年11月,离五年期限还剩三月之际,沈葆桢将最后的毕业大考情况上奏清廷,成绩如下(沈葆桢,1961c:141—142):

> 本年六月起,该监督日意格逐厂考核,挑出中国工匠艺徒之精熟技艺、通晓图说者为正头匠,次者为副头匠,洋师付与全图即不复入厂,一任中国匠头督率中国匠徒放手自造,并令前学堂之学生、绘事院之画童分厂监之。数月以来,验其工程,皆能一一吻合,此教导制造之成效也。后学堂学生既学天文、地舆、算法,就船教练,俾试风涛,出洋两次而后,教习挑两名学生自行驾驶,当飓风猝起,巨浪如山之时,徐觇其胆识,现保堪胜驾驶者已十余人。管轮学生凡新造之轮船机器皆经手合拢,分派各船管车者已十四名,此教导驾驶之成效也。

沈葆桢认为,五年未到,当初设定的两大目标便大致实现(仅造船数离最初定的16艘少1艘),继而他表扬起"监督日意格始终是事,经营调度,极费苦心,力任其难,厥功最伟",故需按合同奖励日意格"银两万四千两百"。为避免激发矛盾,沈氏没有忘记1870年转赴西北投奔左宗棠的德克碑,称其"经使之时,度地计功,购料雇匠,驱驰襄事,亦未便没其微劳",所以也应给予一定数额奖励。总之,沈葆桢认为五年下来交出了满意答卷。他尤其感谢日意格,奏折末尾,还另外奏请赐其"一等男爵加一等宝星"(沈葆桢,1961c:143)。奕䜣也认可办学成绩。不仅如此,他还支持沈葆桢提议未来应从船政局中"选学生之天资颖异学有根底者,分赴法、英两国,深究其造船、驾驶之方"(奕䜣,1961b:143)。此外值得一提的是,1874年2月,北京同文馆总教习丁韪良得知福州船政局五年计划到期,也在其刊物上表扬道:"建设不过五年,船已造有如许之多,而肄业之人,亦著有成效,可谓敏捷矣"(丁韪良,1957:404)。

夏东元更曾把福州船政局与江南制造局放在一起比较,认为"江南制造局的人才培养方面赶不上马尾船政局"(夏东元,1992:114)。此一判断能否成立,这里无法判断。但从课程变革及新课程发展角度看,二者成就可谓各有千秋:福州船政局重在贡献"轮船制造"及"驾驶"类新课程,翻译训练、科学知识传播则不如江南制造局。当然,孰优孰劣也无须计较,真正重要的是,福州船政局、江南制造局与京师同文馆一起组成了洋务派重臣最初建成的三大新课程机制,它们均为近代中国寻求富强提供了科举课程体系无法给予的新知识与新人才。只是为搭建这些机制,确实耗费太多。仅船政局五年计划结束时便支出530多万两,比300万预算多出230万。新课程质量同样有疑问,像船政局在日意格的教导下是让中国学生学会了造船,但日意格所知有限,造出来的不过是比旧帆船先进的木壳船,英国则从1860年起便在引领铁甲舰竞争。中国连配套的钢铁产业都没有。到西方采购,西方也不会把最先进的产品与技术让给中国(沈传经,1987:147—149)。然而左宗棠、沈葆桢何以能提前看到并解决这些问题。在轮船制造及教育方面,他们均是外行,呕心沥血,倾尽全力,仍没法弄清西方造船知识及技术前沿进展。他们只能继续摸索、优化改革进路,同时等待其他配套产业兴起跟进。

三、留学欧美、兴办新学堂及悲剧结局

汇报完船政局五年办学成绩,沈葆桢没有继续担任总理船务大臣。1875年,他被清廷调任两江总督,丁日昌出任船务大臣。和左宗棠一样,沈葆桢即将卸任之际也是夜以继日为船政局筹措经费,设计未来规划,尽可能为丁日昌主局作好铺垫。沈氏新一轮计划中,除建议"间造商船"营利以解决经费短缺外,还提出了一项全新的改革行动:挑选法文班英文班学生分赴法国学习制造,赴英国学习驾驶(沈葆桢,1961d:140)。一个多月后,沈氏便从学生中选出魏瀚、刘步蟾等五人。总理衙门将沈氏计划发予南北洋大臣讨论。北洋大臣李鸿章不仅支持沈葆桢提议,还奏请扩大名额,"选派制造学生十四名,艺徒学生四名","选派驾驶学生十二名",由一中一外两位监督带领,分赴法

国、英国学习轮船制造与驾驶(李鸿章,1982:381)。1877年3月,中国第一批十几名海军留学生抵达欧洲,开始为期三年的留学时光。这批学生中,除了沈葆桢最初挑选的魏翰、刘步蟾等人外,还有萨镇冰、林泰佑、林庆升等。华监督系道员李凤苞,洋监督则是几年前卸职的法国人日意格(舒新城,2011:13—14),留学欧洲作为另一大洋务新课程发展机制至此得以形成。

1. 留学作为另一大洋务新课程发展机制

留学欧洲是洋务派重臣启动改革以来摸索十年之后制定的又一项新制度,由此国内为数不多的洋务士子可以到英法德等国现场学习洋务新课程。不过,留学这一块,第一次行动还不是派遣船政局学生赴欧洲留学,而是规模更大、学时更长的幼童留美实验。只是论述创办学堂、发展洋务新课程时,无法兼顾,但现在可以专门考察,进而也能探讨留学作为另一大洋务新课程发展机制的基本运作情况。至于幼童留美的起源,则需追溯到1868年。其时,《天津条约》十年修约期将到,西方早已派遣公使常驻北京,清廷则因"中外礼仪纠葛"一直没按约派遣外交使团。同文馆师生也"都不堪此重任"。无计可施的奕䜣只好向正好卸任的美国驻华大使蒲安臣求援,请其代以"钦差大臣"之名,率领首批中国外交使团出访欧美,以免西方各国又要借题发挥(王晓秋,2007)。清廷首次出访外交收获之一便是签订中美续增条约,即《蒲安臣条约》,其第七条规定"中国人欲入美国大小官学学习各等文艺,须照相待最优国之人民一体优待",反之亦然(佚名,1992:853)。然而同治帝当时年仅12岁,慈禧忙于遏制奕䜣权力增长,均不会想到利用难得的平等条款,积极展开中美教育交流。

1870年升任直隶总督兼北洋大臣的李鸿章则必须考虑如何按约改善内政外交,所以急需得力西学人才。李氏随之准备启动留学计划,并查阅过《蒲安臣条约》第七条。其时,美国新任驻华公使也很重视按约推动两国教育交流,进京路过天津时,曾专门拜访李鸿章,表示愿意为留学提供支持。李氏承诺只要照会一到,即"转至本国,妥为照办"。曾国藩那边,容闳、丁日昌也在积极向曾氏提议启动留学。1871年8月,李鸿章拟好幼童留美章程,便联合曾国藩奏请"拟选聪颖幼童,送赴泰西各国书院,学习军政、船政、步算、制造诸学……然后可以渐图自强"(高时良,1992:867)。他们计划连续四年"选送幼童,每年以三十名为率,四年计一百二十名,驻洋肄业。十五年后,每年回华三十名,由驻洋委员胪列所长,听后派用"(高时良,1992:869)。1872年2月,曾、李又奏请任命陈兰彬为正委员,容闳为副委员,驻扎美国,负责办理一切事宜,同时就招生、经费等难题给出解决方案。二人将此项改革称为"中华创始之举,抑亦古来未有之事"(高时良,1992:871)。但就在留学即将启动之际,曾国藩因"彻夜不能成寐""眩晕、目疾、肝风"等旧症复发,导致中风,"忽呼足麻,扶掖至厅室,端坐而薨"。南京"士民"得知消息后,"巷哭野祭,如丧慈母"(黎庶昌,1986:119)。

中午还在陪曾氏下棋的薛福成也"默忧时局,不自知涕之流落也"(董丛林,2017:1292)。李鸿章、容闳等悲伤之余,仍在继续推进曾氏未竟的留学大业。奕訢那边,则照旧给予支持。当年5月,奕訢看过系列奏折后,回复"所议甚是",只增加一条即赴美后,需"恭设至圣先师神位,驻洋委员帅同在事各员以及诸学生一律行礼。其余各条,应如所议办理"(奕訢,1961c:160—161)。自此就需尽快解决经费、招生两大难题。经费尚可从海关税中提取,真正麻烦的是能否招满资质聪明且有一定中西文化基础的幼童。官僚士大夫仍沉浸于天朝上国,不会送子弟出国留学。李鸿章决定在上海设局招生。然而即使在上海这一最开放的地区,也无法招到30位。容闳只得南下到老家广东香山物色生源,最后还"亲赴香港","遴选少年聪颖而于中西文略有根底者数人,以足其数"(容闳,1992:883)。结果,首批30名幼童中,有24名来自广东,香山多达13名,其余江苏3名,福建、山东、安徽各1名(徐寿,1961:104—106)。那时广东、江苏等地已开放二十多年,但有条件接受教育的社会中上层仍不理解留学有何意义。只有少数家庭认为留学比科举正途更易出人头地,愿意将子弟送去美国。此类得风气之先的家庭虽然不多,但还是能满足李鸿章四年120名的招生需求。

到十几二十年后,看到西方留学归来皆有不错发展,社会上尤其江南一带才广泛重视起留学。1903年,曾朴就在《孽海花》中说:"从今看来,那科名鼎甲是靠不住的,总要学些西学,识些洋务,派入总理衙门当个差,才能够有出息哩。"(曾朴,1991:11)然而1872年8月11日,当詹天佑、蔡绍基、黄开甲等首批30名幼童由上海前往美国留学时,何以能知道未来他们将会有受人敬重的"出息"。一切都还在未知之中,甚至能否适应美国生活,都难以预料。关于这一点,亦曾留学美国的潘光旦体会甚深,他说:"留学期内最不易对付的,不在功课,不在得学位,却在日常生活里种种琐碎的顺应功夫。顺应得法,已煞费苦心,不得法者,则有病的,有死的,更有成狂易的。……近年来留学生患癫狂者之多,其原因未必在遗传之不佳,而在环境之剧变。"(潘光旦,1926)

潘光旦所见多为已近成人的留学生,各方面都已定型,是很难学好西方语言文化,融入当地生活。曾国藩、李鸿章等不像潘光旦那样精通遗传学、心理学,他们当初未曾留意异国适应问题,其所考虑的仅是幼童15年后回国,恰好"年力方强,正可及时报效"(曾国藩,1961:154)。但他们允许容闳招生时尽量挑年幼聪颖儿童——最小的9

岁,大点的不也就 15 岁,可谓极为明智。年龄越小,确实越容易适应异国环境。如幼童之一温秉忠所忆:"幼童平均不及 15 岁,对新生活适应很快",他们"进入学校后,打棒球、玩足球,有时不惜用拳头与挑战者较量。很快,这些呼吸自由独立空气的幼童完全'美化'了",他们甚至"迅速接受了美国的观念及理想(American Idea & Ideals)"(温秉忠,1986:79)。幼童抵美后之所以能迅速适应,也得益于容闳精心组织,以及美方人士提供照顾。幼童赴美前,容闳便已先行抵达康涅狄格州春田市(Springfield),向其母校耶鲁大学校长波特、康涅狄格州教育局局长求援,为幼童争取最佳求学生活条件。"康州当局决定,将幼童三五一组,分到康涅狄格河谷的美国人家中。消息传出,愿意接受中国幼童的美国家庭踊跃报名。首批幼童到达时,已有 122 个家庭表达了意愿。""对幸运地获得批准的 Host Family",康州教育局局长诺索布还"专门写了一封信",细心"要求家长们掌握孩子的作息时间,孩子们还很幼小,在慈爱的同时还要严格,要注意道德培养,注意中文的温习。他还特别提到了幼童的健康,……尤其在出汗时要特别谨慎,以免发生意外"(珠海容闳与留美幼童研究会,2008:25)。

如首批幼童之一李恩福所言,选出来的都是"新英格兰地区最好的家庭"(Lee, 1887:34),等于从一开始便已进入美国最先进的文化教育体系,其顶端即哈佛及耶鲁。首批幼童一年多时间便学会一口流利英语,得以就读于孟松中学、哈特福德中学,均是新英格兰地区的著名中学,而且幼童总能迅速成为班上最优秀的学生。如黄开甲进入"美国历史上第二古老的中学"哈特福德中学之后,"各门功课都是优等",仅仅三年便升入耶鲁大学(黄浩瀚,2014)。1875 年考入山房高中(Hillhouse High School)的詹天佑亦在第二年便升为全班第二名,1878 年高中毕业时成绩更是位列全校第一名(茅家琦等,1987:14)。1874 年、1875 年,第三批及最后一批幼童顺利抵达美国。负责护送幼童的祁兆熙记得,幼童仍是先安排在"外国先生"家里学英语,且同样受到友好对待,"其亲爱之情,旁观者亦鉴貌得之"(祁兆熙,1985:235)。1874 年,李鸿章还拨款四万三千美金,在哈特福德"建造华丽楼房一座,可容七十五人住宿,餐厅课室俱备"。自此留学事务局开始常驻哈特福德。第二年,清廷又任命陈兰彬、容闳为正副驻美公使,中美也随之终于正式建交(高宗鲁,1986:3—4)。

1876 年,美国迎来建国一百周年,特意在费城举办世博会。如本书导论所述,幼童曾全体出席大会,观摩世界前沿科技与工业文明成就。其时,中国工商界唯一代表李圭曾意外遇见幼童,首次接触便觉得"幼童聪敏好学,互相亲爱,见人礼数言谈彬彬然。有进馆方年余者,西语亦精熟"(李圭,1985:105)。康州教育局则把幼童所写作文带到博览会上,"作为康州的教育成果向世人展示"(胡劲草,2008:43)。那次大会,幼童还受到了美国总统格兰特的接见。1878年起,幼童开始纷纷升入大学。然而就在幼童纷纷升入大学之际,等待他们的竟是被提前遣返归国的悲剧结局。1875年,陈兰彬回国述职,后又被任命为驻美公使,继任留学正监督的乃是区谔良。区氏上任以来,便爆发谭耀勋、唐绍仪等9名幼童因剪辫、"信奉基督教",被"下令押送回国"事件(梁碧莹,2011:90)。1879年初,区氏"因行为不检,被奏调返华"。区氏回国后,继任者系容增祥,一个月后,容氏便丁忧回籍,所以矛盾并未升级。

容增祥去职后,清廷又调翰林编修吴嘉善任留学正监督。吴嘉善获此任命,有说是"容闳推荐而后又通过李鸿章向陈兰彬提议的"(李文杰,2013)。容闳本人则说,吴氏由陈兰彬"特荐",原因是"盖舍吴之外,固无人能受陈黑幕之指挥也"。容闳还特别强调,陈兰彬曾"极力破坏予之教育计划",吴氏的到来同样使"留学事务所乃无宁岁矣"。具体表现则如容闳所谓"处处吹毛求疵,……又不明以告予,惟日通消息于北京,造为种种谣言:谓予若何不尽职,若何纵容学生"(容闳,1981:103)。可以说,人事矛盾产生之日起,幼童留美便难逃被全部撤回的悲剧命运。李鸿章曾为之焦虑不已,也劝诫过陈兰彬、容闳等摒弃个人私见。容闳倒是想至少完成15年留学大计,但陈兰彬"最关心的问题并不是留美事业的前景,而是他本人的清白"。当得知"国内舆论对留美事业不利",陈兰彬即"向李鸿章微露全撤的意思,但他不明说",像是想借李鸿章之口,实现全身而退。到吴嘉善出任监督,与容闳及学生矛盾日益加剧,李鸿章又叮嘱陈兰彬多和容闳沟通。陈氏仍是小肚鸡肠,等吴嘉善真提出全撤,他便"极力撇清全撤建议由他所提出"。他"害怕担此名声,使容闳与他直接冲突,从而让吴嘉善坐收渔利"(李文杰,2013)。

吴嘉善确实如陈兰彬所愿,被容闳在自传中定为"留学界之大敌",但他自己也被容闳视为"怯懦鄙夫,生平胆小如鼠,即极细微之事,亦不敢担负丝毫责任"(容闳,1981:101—104)。更令陈氏失算的是,总理衙门1881年决定将幼童全部撤回时,也将其大名列上,给人感觉就是他的一段总体评价给提前终止幼童留美提供了基本依据——所谓"外洋风俗,流弊多端,各学生腹少儒书,德性未坚,尚未究彼技能,实易沾其恶习。即使竭力整顿,亦觉防范难周,亟应将该局裁撤"。而总理衙门做出决定之前,李鸿章仍试图加以挽救,他希望至少让已考入大学的学生能留下完成学业,所以主张"半撤半留"。耶鲁大学校长、与李鸿章私交不错的美国前总统格兰特也来函支持李鸿章。然而清廷主意已定,无法更改:"与其逐渐撤还,莫若概行停止,较为直截。相应饬下南北洋大臣,趁各局用人之际,将出洋学生一律调回"(奕䜣等,1961d:166)。

最后时刻,李鸿章还曾将希望寄托在容闳身上。尽管几任监督都合不来,早已使经验老到的李氏"担心容闳缺乏官场历练,一朝决裂而不可收拾",亦即不知通融谋事,但李氏仍去信请容闳"坚持保留若干,并以副使身份出面表示愿意代管"。可惜"容闳被封锁消息,没有及时表态"(李时岳等,1988)。1881年秋,除先期遣送回国及少数病死他乡,剩余94名留美幼童分三批回到中国。他们中只有詹天佑、欧阳庚完成耶鲁大学学业。抵达上海前,黄开甲"曾幻想有热烈的欢迎等着我们,也有熟悉的人潮",船靠岸时才发现,"人群围绕,但却不见一个亲友。没有微笑来迎接我们这失望的一群"(黄开甲,1986:10)。《申报》报道了留美幼童返国,但看法和吴嘉善相似,并鄙视了他们的卑微家庭出身。所谓"国家不惜经费之浩繁,遣诸学徒出洋,孰料出洋之后不知自好,中国第一次出洋并无故家世族、巨商大贾之子,其应募而来者类所椎鲁之子,流品疏杂,此等人何足以言与西学,何足以与言兵法水师之事"。只有李鸿章"对这些回来的孩子","抓得很死,看得很重,所以这些孩子接近70%到了北洋,也说明了李鸿章这些年的辛苦没有白费"(胡劲草,2008:67,73)。

同一时期,1877年派往英、法学习轮船制造及驾驶的30位福州船政局学生也陆续学成回来了。该留学项目亦由李鸿章促成,且不同于幼童留美逐渐被内部人事纷争打断,由华监督李凤苞、洋监督日意格、随员马建忠、文案陈季同、翻译罗丰禄组成的留欧管理团队则未发生导致提前撤回的内讧,学生顺利完成为期三年的制造、驾驶留学学业,他们甚至还超额完成任务,"开采、烹炼、熔铸"等当时国家经济建设急需的"矿业"类新课程也学了,所以三年下来,除收获魏瀚、陈兆翱、郑清廉等"制造"人才,以及林泰曾、方伯谦、萨镇冰等"驾驶"人才,还涌现出罗臻禄、林庆升等"开采、熔炼"人才,而且成绩皆是"颇为优异"。李鸿章十分欣慰,为此还与南洋大臣刘坤一、船政大臣黎兆棠一起奏请给予管理团队特别奖励,以表彰"监督等周历考察,调护维持,实心实力,使诸生学业进益已多;而随员等兼习各学,迭经考试取中,奔走照料,亦著勤劳"(李鸿章,2008d:287—288)。

李凤苞等的确值得奖赏,他们带队赴欧培养出来的学生大都成为近代中国海军及矿业发展的第一批骨干。留美幼童虽然半途撤回,不过他们当中许多人日后亦都成为近代中国军事、外交、经济、科技及教育进步的推动力量。詹天佑、唐绍仪、欧阳庚及梁敦彦等首批幼童自然不必多说,已有诸多揭示(徐启恒等,1957;经盛鸿等,2002;茆诗珍,2009)。最后一批幼童亦不乏国家栋梁之材。像梁诚归国时仅17岁,到38岁即

1902年,也成长为驻美公使。他曾从1905年起,奔走游说美国国务卿及议员,为促成美国率先退还部分庚子赔款,资助中国学生留美接受高等教育作出了重要贡献。1916年,在美求学的吴宓从档案得知此事,亦曾感慨:"留美学生中,……谁知梁诚公使之智术与伟功哉。"(吴宓,1995:152)当然,就本书所关心的议题而言,留学欧美所能带来的知识及人才依然很有限,远不能满足洋务重臣1870年以来的国家富强建设需要,他们仍需建构更多的新课程机制。而从1870年起,他们也的确做了许多新课程机制建构努力,归纳起来便是从增强国家军事经济实力出发,在南北各地兴办专门的新学堂。近代中国课程改革也随新学堂兴起迎来新一轮发展。

2. 后期新学堂运动与洋务新课程发展

新学堂运动的后期进展始于1870年,这一年,李鸿章升任直隶总督兼北洋大臣,成为最重要的封疆大吏及洋务改革领袖。彼时,捻军起义已平定,中法"天津教案"冲突也在李氏上任前,被曾国藩化解。然而国家内外局势并未因此有显著好转,反有恶化之势。李鸿章必须承担的改革重任随之也日益增多。1870年临近除夕之际,李鸿章曾向朋友叙述其上任半年来想做诸事。列在首位的是"津海防务"。此可谓长久以来的最大国防弱点,李氏打算将自己的"亲兵炮队添置大沽海口",并在运河北面"筑新城,添建炮台,以水为险"。但想到"工费须两百万金",李氏亦只能感叹"深虞无可筹措耳"。李氏其次关注的便是沈葆桢在福州办理船政的进展,"所造轮船,装粮御侮,果否可靠"。说来说去,都与海防有关,最后李氏将自己上任以来的改革思路总结为:"海防以练军、制器为急,又以筹饷为先。"直隶政治上是京畿重地,经济上却属"窘乡",所以是得筹钱(李鸿章,2008e:159)。总之,李鸿章升任直隶总督兼北洋大臣以来,开始转向重点从巩固海防入手展开改革,但其首先要解决的是财政问题。

财政本就不足以支撑改革,直隶偏又突遭旱情。自1870年入冬开始,到1871年6月才降大雨,结果又引发洪涝,七月下旬更是恶变为七十年不遇之洪灾,"永定河上游漫决八口,并将卢沟桥下石堤冲塌","津郡四围数百里一片汪洋"。光修复河堤就"须二十余万",何况还要赈济"天、河、顺三府被灾"百姓(李鸿章,2008f:276)。清廷能提供的财政支援仅是允许李鸿章截留江浙奉天等省上缴的漕米十万担。李鸿章只好通过个人关系网络另想办法。直隶布政使钱鼎铭系十年前出资雇船、将淮军运到上海的旧交,他协助李鸿章从地丁银、军饷及预备来年上缴的京饷中提取了四十一万两。曾国藩也从淮盐中调拨了二十万两。南方湘系、淮系官员,以及曾任直隶总督很能理解李氏难处的两广总督瑞麟等,也纷纷或自己捐款,或动员属下、商民捐款,加在一起也有三十多万两。此外还有东南士绅、巨贾个人捐助,如胡雪岩捐办棉衣一万五千件,同时捐银一万两给灾民购买耕牛与种粮(王鼎杰,2013)。由此可见曾、李苦心经营的湘淮体系在地方政界及社会的影响力与动员能力。过去十年来,当清廷日益无能时,正是曾、李湘淮体系在调动人力与资源,应对诸多突发军事经济危机,从而使当时中国从南到北尚能保持最基本的国计民生。但是权力再大,如果不能及时将南方物资运到直隶,仍是白忙一场,得不到赈济的灾民依旧会铤而走险。

雨下到九月犹未停歇,六月抢种的秋稻也被淹死。火烧眉毛的李鸿章决定采用海上船运,故向盛宣怀去信打探:"内地民船外洋商船脚费,共需若干,比较河运能否节省。"(李鸿章,2008c:295)而这里之所以叙述1871年5月以来天津四围雨势及李鸿章的应对行动,乃是为说明李鸿章升任伊始所遭遇的最大且最紧迫的现实危机与挑战还不是巩固天津海防,也不是与西方诸国就修约展开斡旋,而是如何尽快筹集、调运物资,解决七十年不遇之洪灾所引发的巨大赈灾难题。数月以来,李氏与师友提及最多的便是雨势及洪灾。当然,海防、外交等问题都在职责之内,视其轻重缓急而已。由此更能看出,相比后来诸多边缘士人登台仅靠一时见闻或读了几本西书,便急于发起政治及课程改革,李鸿章作为担责封疆大吏,便不能仅靠见闻或书本建构问题,将它加于中国。他只能从中国内外危机现实及实际问题出发探寻改革之路,即李氏1871年初所谓"循题布置,逐渐整顿"(李鸿章,2008h:182)。

即如李鸿章决定采取海运,便是从当时突遭的巨大洪灾及赈济需要出发,同时改造长期以来运行缓慢、早已腐败的内河漕运。而且李氏决定发展海运,绝非只为解决一时的经济社会危机。他更想通过发展海运,能形成一种有利于增强国家经济实力的长效机制,扭转国家因海运缺失所导致的在西方面前的商业竞争劣势。1872年,得知福州船政局陆续造出不少船只,李鸿章即联合沈葆桢奏请总理衙门,希望在计划中的16艘船全都造成之前,先行讨论成立轮船招商局,以改变西方轮船公司垄断中国航运生意的不利局面,"使我内江外海之利不致为洋人占尽"(李鸿章,2008c:258)。也正是从提议国家进驻航运领域,成立轮船招商局开始,以李鸿章为代表的洋务重臣形成了更为广阔的改革视野及更为全面的国家富强诉求:重视巩固国家海防军事实力之余,还看到了西方经济势力在华贸易扩张乃至垄断趋势,并试图从航运入手扭转中西商业竞争的不利局面,优化本国经济运作体系及实力。

如此一来,又得尽快建构相应新课程机制,为国家发展航运事业提供必需的知识与人才支持。1871年以来,李鸿章还注意到"洋人欲在东省挑河开矿",称此事"关系甚巨"(李鸿章,2008h:181)。这意味着李氏将来还需发展矿务类新课程。事实上,李鸿章升任伊始,还曾有过一项课程改革行动,即接手崇厚1866年创办的天津机器局,优化其设施及师资,培养火药枪炮人才。不过此举仅是延续十年前的军工制造旧业,而非另创新业发展新课程。李氏入主直隶之初拟定的改革新计划就两项,一是巩固海防,筑新城,增炮台,另一便是由赈灾引出筹建航运,打破西方在华航运垄断。前项改革因"帑项无措,后顾无人而中止",此事曾令李鸿章"夙夜疚心",但他也因此更想把航运做强做大。李鸿章深知此事如果办不好,将会给国家带来什么。1872年底,李氏曾对时任两江总督兼南洋大臣的淮系亲信张树声说:"兹欲倡办华商轮船,为目前海运尚小,为中国数千百年国体、商情、财源、兵势开拓地步,我辈若不破群议而为之,并世而生、后我而起者岂复有此识力。"(李鸿章,2008j:481)

航运涉及国家安全,若任由西方公司垄断,便更难提升本已衰弱的国家经济军事实力,所以阻力再大,也要发展航运。李鸿章甚至觉得,莫说当世,后世也不会有人像他那样明白航运之于国家富强的战略意义。1873年底,李氏又兴奋地对亲家刘仲良说:"招商轮船,实为开办洋务四十年来最得手文字。"(李鸿章,2008k:615)李氏之所以兴奋,正因过去一年,航运筹办进展十分顺利。清廷准许其在航运中心上海成立轮船招商局,并"分拨江浙漕粮二十万石,由招商局船舶运津"(张树声,1961:7),作为起家业务。所需人才也到齐,不仅有盛宣怀、朱其昂等能干管理人才,还挖到了唐廷枢、徐润等精通航运业务及资本运作的洋行买办。李鸿章因此可以建立"官督商办"的新型股份公司。其体制创新意义可谓显著,连一向怕惹是非不愿涉足革新的陈兰彬也曾于1876年上奏,将李鸿章此举誉为"中国官商联络之始"(陈兰彬,1961:9)。其时,直隶、两江、闽浙、两广尽在淮系洋务重臣掌握之中,李鸿章可谓如日中天。陈氏或有讨好之嫌,但所言也属事实。轮船招商局的确改变了传统官商关系(商人仅是管治及税收对象、无权参与国家发展),进而可以将商人及民间资本整合进国家富强事业。

官商联手之后,效果立竿见影。看到上海轮船招商局成立,美国旗昌洋行、英国太古洋行决定停止相互竞争,制定统一的发运次数及价格,利润平分,企图打压轮船招商局,巩固它们在中国航运领域的垄断地位(陈潮,2007)。但依靠漕运垫底,李鸿章及朝廷给予低息贷款,以及唐廷枢、徐润等人竭力吸收民间资本、开拓市场,三年下来,便让英美洋行吐出"一千三百万两"(陈兰彬,1961:10)。我涨彼消,1874年上半年,英国太古洋行利润仅有8500两,"股东们愁容满面"。长期垄断中国航运的旗昌洋行亦是利润下滑,1874年底,其面值100两的股票也由最高时的188两跌至88两。旗昌只得酝酿退出中国，重回美国国内市场。1877年，轮船招商局便将旗昌吃下（陈潮，2007：93—98）。不过5年，轮船招商局与西方资本展开作战，竟取得了在军事领域无法取得的胜利。李鸿章及张树声、沈葆桢等两任两江总督齐心提供支持自然至关重要，但盛宣怀、唐廷枢、徐润等人的细心经营更是不可或缺。由此也可看出，李鸿章等洋务重臣要与西方展开经济较量，除需航运业本身的管理及业务知识，还需精通当时日益重要的金融及股票知识，这又给洋务重臣的课程改革提出了新挑战。

轮船招商局渐渐取胜之时，李鸿章还曾派唐廷枢前往唐山勘探矿产，结果发现煤炭储量十分丰富，引来李鸿章1878年决定创办开平矿务局，开始涉足新能源。李氏深知发展煤炭产业对于国家军事经济竞争的战略意义，1881年，开平矿务局建成可以投产之际，李氏便曾上奏清廷，希望上下能明白其所作所为，可使"中国兵商轮船及机器制造各局用煤不致远购于外洋，一旦有事，庶不为敌人所把持，亦可免利源之外泄。富强之基，此为嚆矢"（李鸿章，2008d：340）。同一年，李鸿章还想在承德开采铜矿，以解决国内"子弹药帽制造所需铜料购自外洋，转运艰而价值贵"的老难题（李鸿章，2008d：342）。因此急需矿产勘探、开采、生产等李鸿章所谓"矿学"新知识，而且矿务建制也是官督商办，同样还需要市场开拓以及金融、股票等资本募集运作类新知识。另外，要想在矿业运输及销售环节和西方较量，还得建设铁路，发展钢铁冶炼业，进而又得掌握系列相关新知识。

迫在眉睫的还有电报通信。1874年3月，日本厚颜无耻地照会总理衙门，声称将以武力解决琉球人在台湾被杀事件，清廷对此却置若罔闻。英国、法国外交官及海关总税务司赫德纷纷来问进展，总理衙门才函告南北洋大臣、闽浙总督调查情况。4月底，闽浙总督李鹤年奏报"日本已发兵侵台"。但之后清廷又花了一个月，才急调沈葆桢前往台湾应敌。西方媒体早在2月便曾报道日军将进犯台湾，可见清廷通信之落后（林庆元等，1992：94—95）。沈葆桢到任后，采取了诸多军事应对措施，其中之一便是奏请发展电报。时为1875年初，光绪新立，年仅4岁，最高统治者仍是慈禧。慈禧收到"设电线通消息"之请后，立即"着沈葆桢迅速办理"（奕䜣，1961d：325）。李鸿章支持设电线。1881年，李氏更曾提请清廷注意"各国以至上海莫不设立电报"，中国仍依赖传统驿站体系，"虽日行六百里加紧，亦已迟速悬殊"。由此，李氏打算在南北铺设三千里电报，并"设立电报学堂，雇佣洋人教习中国学生"（李鸿章，1961：335）。

日本侵犯台湾在课程变革方面所引发的震荡，远不只是迫使洋务重臣想到必须发展电报学这一门新课程。事实上，就是在日本入侵台湾这一年，李鸿章开始通盘考虑课程变革,并提出了一套从危机现实出发,全面对接洋务事业的新课程发展与人才培养计划。李鸿章将鸦片战争以来的危机现实称之为"数千年来未有之变局",具体表现是"各国通商传教来往自如,麇集京师及各省腹地,阳托和好之名,阴怀吞噬之计,一国生事,诸国构煽";"轮船电报之速,瞬息千里;军器机事之精,工力百倍;炮弹所到,无坚不摧;又为数千年来未有之强敌"。列举西方经济、宗教及军事势力侵入中国腹地的危机现实之后,李氏又以悲愤口吻,批判朝野"薄海冠带之伦莫不发愤慷慨,争言驱逐",却均属"局外之訾议","不悉局中之艰难",以致所提"自强"之策,皆"茫然靡所依据"。此外便是"逞意气于孤注之掷","视国事如儿戏"。批评完,李鸿章认为"欲整顿海防",必须正视其所列重重变局事实及中西实力差距,并在此基础上展开"变法",其中"尤以人才为亟要,使天下有识之士无不明于洋务"(李鸿章,2008a:159—160)。

如此就需建构适宜机制,尽可能使更多"有识之士"有途径接触各类洋务新课程,或李鸿章所谓"洋学"。李鸿章很清楚,"现在京师既设同文馆,江苏亦选幼童出洋学习,似已辟西学门径",但这些机制远不能满足洋务的人才需要,同时科举课程体系又动不了,连沈葆桢"请设算学科"都无法通过,所以只有"拟请嗣后凡有海防省份,均宜设立洋学局",开设"格致、算学、舆图、火轮、机器、兵法、炮法、化学、电气学"等洋务事业急需的新课程(李鸿章,2008a:166)。总之,从1874年起,洋务重臣从国家危机现实及富强需要出发,勾勒出了更为系统的意在全面对接洋务事业的课程改革思路,尤其是在科举体制之外创建"洋学局"的洋务新课程体系,涵盖洋务事业所需的各类洋务新课程,更是李鸿章率先提出的洋务运动后期最重要的课程改革计划。之后李鸿章提出的矿务、电报等,只是从课程门类上进一步充实这一体系,也说明随着洋务事业拓展至国家富强必须的新兴基础产业领域,所需发展的新课程也越来越多。到19世纪70年代末,航运、矿业、铁路、冶铁、电报乃至金融等众多事关国家能否富强的新兴基础产业皆已摆在面前,李鸿章为首的洋务重臣随之需要建构更多新课程机制,以便为国家富强必须的新兴基础产业一一提供相匹配的专业知识及人才支持。

洋务重臣的课程改革由此又要遭遇系列意想不到的困难,因为每一类洋务新课程都将涉及复杂紧张的内外关系。以铁路为例,沪上英商1863年便在申请修造上海至苏州的铁路,被时任江苏巡抚的李鸿章拒绝(肯德,1958:4)。1874年,英商以欺瞒手段建成上海至吴淞口铁路。事后,地方政府前往交涉。最终"清廷拨款将铁路赎回,苾年将其拆毁,此为中国有真正铁路而自动将其拆毁之一段戏剧性故事"(凌鸿勋,1971:2)。其实早在1865年,总理衙门曾就西方在华修铁路、架电线等事组织过大讨论。曾国藩、左宗棠均不同意,并建议不妨以"民情不便""事多窒碍"退之(左宗棠,1977:23)。沈葆桢的观点略有不同,他觉得"铜线、铁路,如其有成,亦中国将来之利也",但他也认为铁路电线会激怒民情,所以除非西方"能别创一法,于民间田庐坟墓毫无侵损,绘图贴说,咸使闻知,百姓退无后言,朝廷便当曲许,否则断难准行"(沈葆桢,1977:23—24)。李鸿章也认为倘若答应西方,必然会引发许多矛盾,如"凿我山川,害我田庐,碍我风水,占我商民生计,百姓必群起抗争拆毁,官不能治其罪,亦不能责令赔偿,致激民变"。李氏的底线是:"与其任其洋人在内地开设铁路电线,又不若中国自行仿办,权自我操。"(李鸿章,1977:24—25)

大讨论过程中,洋务重臣尚未提及朝廷内的反对势力,但提到的那些,如西方急欲获得铁路电报建设授权,扩张在华经济政治权力,中国亿万商民因田庐坟墓、风水生计等诸多利益受损必会起身反抗,以及冲突时各地官府难以约束享有"治外法权"的西方势力,便足以证明洋务重臣是在紧张复杂的中外关系中实施后期课程改革。为此,构思课程改革时,还得处理棘手的内外关系,所以实际只能在自身权力、资金储备及经验范围内做出取舍。以李鸿章为例,尽管他很想在各沿海口岸创办"洋学局"及系列新学堂,发展军工、航运、矿务、电报等洋务新课程,但他在天津实际能做的却是从巩固海防入手发展水师学堂。连在上海创办航运学堂,或在天津创办矿务学堂,都因地远或缺乏经验无从下手。即使李鸿章自认可以在天津创成水师学堂,也是到1880年才觉得万事俱备,只欠东风。所谓东风正是当年夏天,福建巡抚兼船政大臣吴赞诚告假来津医病,让李鸿章有了可托之人。

吴赞诚乃李鸿章嫡系之一,与李氏还有姻亲关系,且曾先后主持天津机器局和福州船政局,才干如李氏所言"洞悉机宜,条理精详",可谓水师学堂总办不二人选。所以吴氏痊愈后,李鸿章立即奏请"吴赞诚在津督同局员筹办水师学堂"(李鸿章,2008d:138)。1880年秋,吴氏"于天津机器局河东一带勘定学堂地基,遴派局员绘图估料,克日兴工。一面酌定规条,招考学生入堂肄业"。然而忙到冬天,吴氏便因"旧疾增剧,不能转动",请李鸿章"代奏开去差事,另派能员接办"。还好,李氏又请到福州船政提调吴仲翔,其人"任事勤能,谙熟制造及驾驶学堂适宜"(李鸿章,2008d:342)。学堂筹办因此未被耽误。1881年,天津水师学堂正式开学。同一时期,两广总督张树声也从福州挖来两位船政教习,筹办水师学堂(陈景磬,1984:101)。两年后,两江总督左宗棠也奏请成立水师学堂,"于闽厂学堂中挑选学生十人,并招水手一百名","定以三年为限","教以西学,练习帆缆一切事宜,并使游历各海口,衽席风涛,辨识海道"(左宗棠,

1982:393)。1886年,新设海军衙门总理大臣醇亲王奕𫍽不想"海军军权操于汉人之手",也奏请"于京都设立水师学堂,专门培育满族海军人才","以备将来代替汉人掌握海军实力"(陈景磬,1984:104)。

后期学堂洋务新课程发展即由水师学堂兴办正式拉开序幕,海军类课程随之通过水师学堂这一新机制得以在南北发展起来。其中水平最高的仍是天津水师学堂,其课程结构分"驾驶"与"管轮"两大类,旨在培养指挥及轮机军官,课程门类包括代数、几何、力学、格物学、机器学、英国语言文字、气候学、驾驶学、天文学、仪器用法、测天等。此外还有中国传统经史、练船等课程(吴仲翔等,1961:251—252)。学生年龄则在十三岁以上十七岁以下。而实际招生时也遇到困难,天津周围及外省寄籍"世家子弟"报考并不踊跃,以致一年下来,也未完成60名招生指标。李鸿章"细揣情由",认为原因在于"赡银稍薄,未足招徕",进而将原定"学生月给赡银一两改为月给四两,俾一经入选,八口有资"。"庶从寒酸之家,咸知感奋"(张焘,1884:9—10)。可见世家子弟反应不热,倒是为寒门子弟解决全家生计、寻求社会上升提供了难得机遇,像寒门子弟张伯苓长到15岁时(1891年),便通过报考天津水师学堂驾驶班,得以"减轻家庭负担",并找到了不可多得的"报国"上升之路(孙彦民,1971:5)。

师资方面,既有聘请西方教习,如教授英语、算学的麦克利什以及教授轮机的英国海军工程师(左舜生,1983:329),也有留学归国的船政局学生,最著名的当属英国皇家海军学院毕业的严复。1880年8月,李鸿章便将严复从福州调至天津,参与筹办水师学堂。开学后,严复任驾驶班"洋文正教习",兼教英语、数学,干到1893年晋升为总办,在天津水师学堂一共"执教二十多年,贡献巨大"(姜鸣,2008)。这里所谓贡献巨大,更多体现为长年辛苦维系机制正常运行。至于严复的英语及数学教学效果,则需另外考察。目前容易找到的材料是,1881年留美幼童梁诚回国后,曾被安置在天津水师学堂继续求学。梁诚认为,严复"像其他中国教习一样不知如何施教。他上课每次念一小段,使人一听见他就感到恶心。数学应该是他的本行,但我们常发现他做几何及代数时也造成不必要的问题"(梁诚,1986:64)。梁诚回国前,曾在麻省名校菲利普斯中学接受西学。严复讲数学时若真是照本宣科,且解题也会出错,是无法让梁诚满意的。

但首批学生中,像梁诚那样基础好的,毕竟是少数,多数皆属从未接触过外语、数学等西学课程,即李鸿章所谓"学生入堂之初,非惟于西语、西学咸所未闻,即中国文字亦仅粗通"(李鸿章,2008e:649)。以严复的水平,担负英语、数学等西学启蒙总归绰绰有余,就看其是否有心。问题恰在于他无意将钻研教学、提高质量视为志业,其真正萦绕在心的乃是从科举正途入手寻求进入中枢,成就一番得君行道的经世大业。回国以来,严复便因没有耀眼科举功名,遭旧友同僚讥讽,甚至诗文也被讥笑为"学无师承","经史"根底"空疏"。与此同时,新朋友中也不乏举业辉煌、春风得意者。如1885年结识的郑孝胥,22岁时(1882年)便成为"八闽解元",还"娶了福州船政督办吴赞诚的女儿"。严复早过而立之年,连起码的举人头衔也没有。受旧友新朋影响,严复觉得"自己不受重用,难以进入统治阶层的核心",就是因"缺乏科举功名"。于是从1885年起,严复开始投考乡试。到1893年,严复仍要赶回福建参加乡试,结果四次考试均未得中。之后,严复逐渐转向从翻译入手开辟新路,并因1898年出版《天演论》在新教育界暴得大名。

严复的志向终究不在教学,如此也不难理解为何他会将自己的二十多年"北洋当差"生涯形容为"味同嚼蜡"(严复,1986a:731)。不过,严复也好,梁诚也好,其个人失意均不足以界定整个水师学堂的教学质量。学堂办学成绩如何,还需看学生考试表现,以及管理层尤其是李鸿章有何总体意见。1884年,首批驾驶班学生迎来三年毕业大考,吴仲翔、罗丰禄将考试成绩报告李鸿章,30名学生均获良好评价。李鸿章收到报告后还奏请给予学生及包括严复在内的全体教职员工奖励,理由正是"开堂以来,甫及三年,而驾驶头班学生武光鉴等三十名,均已毕业,堪上练船",可谓"著有成效"(李鸿章,2008e:649)。1887年,驾驶班第二届毕业大考,题目"由严复选自皇家海军学院","难度相当高","但考试结果,多数人成绩达到标准之上"。问题在于这些都是内部报告,外界旁观者如英国驻津助理领事霍伍德就曾质疑水师学堂毕业成绩并非如报告说得那般好,因为有的即将上船实习的学生连"船的风压差"都"给不出令人满意的答案","三年间的教育花费被浪费掉了"(姜鸣,2008)。

可能连李鸿章也无从弄清,吴仲翔等是否夸大成绩。但李氏很清楚,问题依然严峻,无论水师学堂实际有何办学及人才培养成绩,都属远水解不了近渴。1884年,水师学堂首批学生迎来毕业大考时,中法在越对峙便在日益紧张。李鸿章收到广州海关税务司德璀林寄来的密函,密函来自法国水师总兵福禄诺。福禄诺声称法国拟调军舰入华,"若早讲解,可请本国退兵"。李鸿章认为,消息如果属实,中法军事冲突便会从越南蔓延到中国本土,所以当即建议总理衙门,应设法和法国谈判。清廷随即回复,责李鸿章迅速"通盘筹划,酌定办法"(李鸿章,2008e:416—418)。5月,李鸿章与福禄诺签订《李福协定》,达成中国驻越军队调回边界、法国不向中国索赔等协议。消息传来,朝廷一片哗然,清流派弹劾纷至。翰林院编修梁鼎芬更曾指控李鸿章有六大该杀罪状,如隐忍求和、结党营私、私吞国家经费等。慈禧见状,认为正好可以借机打压心腹大患,免去奕䜣一切职务。醇亲王奕譞随之登台,入主军机处及总理衙门(宝成关,1980)。

朝廷内斗到连兑现《李福协定》都无暇顾及,法国那边则在要求驻越清军撤回边界。而清军又没接到朝廷旨意,矛盾再次爆发。7月,法国发出通牒,要求立即执行协定,并增加赔款。8月,法国舰队开到福州沿海。慈禧惊慌之余,急调清流派主力、翰林学士张佩纶赶赴马尾协助抗敌。张佩纶一贯高调主战,且"必以亲临前敌为第一义"(张佩纶,1967:526)。但在现场,他既不知如何依据《国际法》将法国军舰请出福州,也不知怎样布阵应敌,致使马江一战,福建水师全军覆没,七百余名将士阵亡,包括许寿山等十几位福州船政学堂毕业生,及薛有福等4位留美幼童。事后,张佩纶倒也不失清流本色,上奏坦言"臣本书生,未知兵要。惟目睹闽事危及,事先既不敢取巧避战,事后更不敢诿咎卸责"(张佩纶,1967:662)。其实,当初轮不到张佩纶出现在福州,是慈禧打压奕䜣之余,还想瓦解批判火力失控的清流集团,所以才被慈禧派往福建。最终还是李鸿章拉了张佩纶一把,只是被流放。

张佩纶失败后,淮系干将刘铭传临危受命,接连在台湾基隆、沪尾击败法军。越南那边,刘永福同样取得大捷。法方随之提出停战,清廷也想尽早结束,于是双方重新回到谈判桌上。但清廷并未叫李鸿章出场,而是先委托赫德居间调和。1885年1月,赫德指派中国海关驻伦敦办事处负责人金登干代表中国赴巴黎与法国谈判。4月,协议达成,中方承认《李福协定》,法方不再另别要求。5月,回到中国正式签约,李鸿章仍被醇亲王奕譞新组建的总理衙门排除在外。最后签字时,才让李鸿章出面背锅,承担弃藩属国不顾、开放中越边境通商等丧权辱国罪名(雷颐,1987),是为《中法新约》。谈判期间,法国还想垄断在华铁路修造权,但英国不会让法国独吞利益,法国无以得逞。谈判桌上,国家基础建设及经济发展被西方任意宰割,清廷却在忙于争夺内部中枢权力,国家何以能实现自强与复兴。

内部权力争斗一度也将李鸿章挤到边缘,但李氏在国内及外交关系中的地位与势力仍摆在那,慈禧及醇亲王奕譞等均无法不倚重他。与此同时,年逾六旬的李鸿章也无退隐意思,他还想继续推进其未竟的海防建设,以应对可能卷土重来的法国,以及1884年10月以来又在叫嚣要侵略中国的日本。就在北洋水师学堂首届学生毕业的第二年,李鸿章又奏请总理衙门注意"头班学生甫上练船,尚难克期成器"。即使成器,也不足以应对全国海防。李氏期望沿海各省均能建立水师学堂,统一办学章程、考核标准与官职薪水待遇。李氏甚至提出"西方各国钞票皆通行无弊",大可"拟由户部用洋纸仿洋法精印钞票,岁以百万试行分交防海各省,明颁谕旨,严令出入如一",藉此解决国家水师学堂体系建设经费短缺问题。此外,李鸿章还认为必须改革现有南北洋大臣并列且"各省另有疆臣,迁调不常,意见或异"的外交、海军及洋务教育管理体制,以致南北洋大臣都"无统辖划一之权",应"添设海部"或"海防衙门",否则"各省意见不一","恐永无振兴之日"(李鸿章,2008f:125—127)。

系列意见表明,李鸿章不仅想扩大水师学堂建设及课程改革事业,而且试图为扩大改革,建立全国统筹的管理体制。而清廷也确实于1885年新设了海军衙门。奕譞提出的"东北练军"计划,及其为满足慈禧休憩设计的"修建三海、圆明园"计划,均被列为重点项目,但李鸿章、刘铭传等的北洋水师建设乃至"修建铁路"计划同样也被纳入其中(陈先松,2018)。当然,还得看奕譞作为海军衙门大臣,是否支持李鸿章。好在奕譞固然担心李鸿章等人势力日益强大,但他同样能从"方今时局为自古所未有"的国家危机现实出发,主张"群策群力,内外一心",致力于改革,并因此也看不惯"议者动云祖宗时所无,独不思方今天下之势,岂昔闻以来所有哉?……局中曾创一事,则群相阻挠,制一械则群讥靡费,但阻本国以新法备敌,而不能遏敌以新法图我"(奕譞,1961:231—232)。李鸿章等随之能与奕譞形成改革合力,从而可以继续建设北洋水师,同时扩张水师学堂,使更多士子接受海防课程训练。

海军衙门成立以来,北洋水师迎来飞速发展。"定远""镇远"等铁甲舰,"致远""靖远""济远"等鱼雷艇、巡洋舰等陆续从英国德国购进。到1888年,总计购进各式舰艇14艘(包遵彭,1970:600—601)。当年5月,李鸿章命周馥、丁日昌草拟章程,组建北洋海军。10月,北洋海军正式成立。筹划了十余年的水师建设终于大功告成。尤为值得注意的是,《北洋海军章程》"首次封禁了从行伍向军官晋升的道路",从此"无论战官艺官,都需从水师学堂毕业,受过专业训练",且海军各级军官待遇远高于旧式绿营,如"绿营副将的各项年收入为1 177.4两,海军副将为3 240两",绿营参将为"743.3两,海军参将为2 640两"(姜鸣,2002:268—274)。这就为水师学堂及海军课程发展提供了待遇优越的体制编制保障。学堂建设海军及课程发展由此进入全盛时期。除天津扩建水师学堂、完善课程体系外,广州、威海、南京、旅顺等沿海要地亦纷纷建成水师学堂。陆军、电报乃至医学等新课程也在新兴海军体系中赢得一席之地,形成各自的学堂发展机制,如天津武备学堂、天津水雷电报学堂、北洋医学堂等。建成这一巨大新课程体系,堪称洋务重臣19世纪70年代以来在课程改革方面所取得的最高成就。

尴尬的是,虽然这一巨型新课程体系可以为国家军事建设提供海防、陆战、电报及医学等众多专业知识与人才,经济待遇也远比传统书院优厚,却因无法与科举贯通,导致在其中任教求学的师生依然被上下轻视,以致1890年升为北洋水师学堂总办的严复都不得不忙于求取举人功名。李鸿章对此也无可奈何,只得早做应对。1887年,李氏便奏请由他从省籍在外的"水师、武备学堂学生及教习人员"中,"遴选文理清通者",允许他们"于乡试之年",在直隶参加科考,以免"程途远隔","废时旷课"(李鸿章,2008g:149—150)。像严复第二、第三次乡试举人,便都是在直隶。见竞争激烈总考不上,才不惜于1893年千里迢迢赶回福建试运气。而无意科举的"军官们"更关注的则是丁日昌就任提督之后,副将、参将、游击等"顶戴的下一步分配"。对此,李鸿章亦只能设法满足,并趁光绪即将大婚之际,使所挑人选皆顺利从慈禧那获得"顶戴"。喜讯传来,"82位海军军官,一齐向京师方向下跪,叩谢皇恩浩荡,遥祝龙凤呈祥"(姜鸣,2002:276)。

一边是像严复那样,到了1893年仍在追求举人头衔;一边则是众多骨干为博得顶戴殚精竭虑,皆没有达到李鸿章或奕譞所期望的那样,齐心协力,将改革及国家富强视为头等大事。遥想1875年,李鸿章曾对日本谈判代表大久保说:"国古而旧弊凝结,改革非易。"虽然难,但李氏仍暂搁航运及其他学堂计划,决心全力发展海军及水师学堂。李氏之所以有此改革转向,系因看到"与日本竞争是当务之急"(信夫清三郎,1988:453—454)。十多年过后,李鸿章终于艰难建成海军,水师学堂也在各地兴起,但里面的人心依然被"旧弊凝结"。李鸿章只能尽力满足人心,未看到他有其他办法,能使人心超越功名、顶戴,统一到"与日本竞争"上。耐人寻味的是,日本到1893年时,也因内阁、议会、选举等各项新制均得以推行,陷入了新一轮的政治分裂及人心迷茫。如其外相当年12月所言:"国内的形势一天比一天困难,而政府又说不出有什么足以振奋人心的事业正在不计成败地进行着,所以必须挽回现在被骚扰的人心。"(升味准之辅,1997:278)

伊藤博文内阁即由此走向以"不计成败"的对外扩张,来重新凝聚人心,消除改革引发的政治分裂。中国则因此必然遭遇比日本侵入朝鲜更为严峻的军事挑战。而李鸿章及奕譞即使清楚这一点,也无法扭转、统一上下人心,使"与日本竞争"取代功名、顶戴,成为全民族共同首选追求,他们所能做的乃是尽可能多做一点体制机制改革,以求可以增强国家军事经济实力。如李鸿章,其在扩展天津水师学堂的过程中,就在北洋海军人才培养体系中增设了医学、电报等新课程,并专门成立了学堂。而且正如前文所述,电报领域李鸿章早在1880年就曾奏请在南北沿海省份设电报线,同时创办

"电报学堂"。到1882年,电报学堂"有学生三十二名"(李鸿章,2008e:86)。此或为中国学生最早接触电报课程,只是具体运作难以弄清。此外,李鸿章还有一些想办却因经费不足、时局变化等因素未能建成的新课程机制,如航运、矿业学堂。不过即使这些计划能得以实施,恐怕也无法达到水师学堂及海军课程的发展水平,毕竟组建海军对抗外敌尤其是日本,乃是李鸿章的第一关切。

同僚洋务重臣中,亦未能有更显著的新课程机制建构成就。曾国藩早在1872年便已离世,其课程改革行动终止于创办江南制造局及派遣留美幼童。左宗棠则在海军衙门成立的1885年撒手人寰,临终前留下遗言,为自己收复新疆后重返东南,未能击败来犯法军,表遗生恨事:"张我国威,遗恨平生,不能瞑目"(杨东梁,1985:315)。左氏曾因军事外交观点不同,长期与李鸿章发生争吵。但平定西北后,他便与李氏一起站到了海防前沿。由此,李鸿章的海军人才培养努力也是在延续左宗棠未竟大业。遗憾的是,到1895年,李氏的一切国家富强行动亦没能让中国在那场绝不能输的海战中取得胜利。其新课程机制建构努力,随之竟以海军衙门被裁撤、北洋海军覆灭等悲剧结局收尾。此后,李鸿章再也没有通过兴办新学堂发展洋务新课程机制。但1901年去世以前,他仍有不少与课程改革相关的个人努力,乃至曾提出系列课程改革新计划。

时为1896年初,有感于俄国带头干涉还辽,清廷以为可以联俄抗日(谢俊美,1998:130),于是决定派李鸿章以文华殿大学士即宰相之名,出席尼古拉二世加冕典礼。李鸿章3月出发,9月回国,先后到访俄、德、法、英、美等西方强国,其系列课程改革新构想即形成于出访期间:如与俾斯麦会谈时,提议请德国教习训练中国陆军;会见英国工商界巨头时,声称"必竭力以劝中国",使"在欧所学得之课程",如"商业""铁路""火车"等"大响"于中国,同时将"电学""电报"等"格致之学推诸中国"(蔡尔康等,1986:121—124)。西方媒体也对李鸿章回国后发起改革充满信心,觉得李氏将会"改变学规",扭转"自御史以至秀才,多不能知新学"的科举课程体系及教育落后状况。但更熟悉清廷情况的西方观察家则认为中国难有改革,无论什么改革,"兴高采烈者,不过主持此议之数人","诵读诗书之儒士,类皆深恶痛绝,斥为'以夷变夏',而于他国之良法美意,非闭目而无所见,即掩耳而不欲闻"(蔡尔康等,1986:190,180)。

所言大体不错,李鸿章回国后,即被系于虚职,再无实权像过去那样,直接发起新一轮改革。在课程改革方面,更是即使偶有开拓,也近乎白忙一场。如1898年夏,山东黄河再度决口,李鸿章被慈禧惩罚性地派往山东勘察、改造河工。75岁高龄的李鸿章亲自带领"天津武备学堂学生上下测量,沿路遇员弁乡民勤加询访,酌拟大治办法"

(李鸿章,2008h:111)。比利时工程师卢法尔也被李氏邀请参与其中,并听取了卢法尔的建议,决定采取"科学方法,首先策划全河情形,研究沙从何处而生,水由何处而减,探寻根治办法"。历经四个月的黄河实地考察,李鸿章最后拿出了治本、治标的两套办法。但其一番努力并未能引起清廷及慈禧重视,也没看到李鸿章特别奏请,将其"新河工学"列为武备学堂或其他学堂课程,仅见其曾函告天津、河南、保定等地旧属,黄河"全河受病已深","当折衷众说,据实上闻"(李鸿章,2008i:208)。

课程改革方面,晚年李鸿章还有一件事颇为上心,它便是改革科举及书院课程体制。李鸿章登台时便想改科举,书院则以前考虑不多。但此事李氏仅曾私下向友人透露,即所谓"缀春秋两试,裁并天下之书院,悉改为学堂,分门分年以课其功,学成即授以官"。李鸿章自知此事绝无可能,说完便自嘲所言"不过托之空言耳"(李鸿章,2008i:110)。1877年就开始考虑的改革清廷政治体制,发展政治法律类新课程,更是即使能够提出来,也等于白提。由此可见李鸿章晚年之多重无奈及悲凉心境,进而也不难理解李氏淡出变革中心舞台之后,看到后辈投身教育及政治改革为何会给予支持。尤其是对康有为、梁启超等试图发动变法但并非其嫡系的新一代士子,李鸿章也曾加以包容、勉励与保护,藉此保留变革种子及国家新生希望。至于李鸿章本人,也没有因为无法发起改革,彻底退出,放弃承担臣子责任,他也因此和光绪帝一起被慈禧呼来唤去,处理甲午战败以来关乎清廷存亡的内政外交急务。

甲午海战失败时,李鸿章即被安排赴日求和。两年前,伊藤博文内阁开始将国内政治分裂引向野蛮对外扩张。海战胜利,又使野蛮对外扩张演变为恶毒贪婪的帝国主义。和李鸿章谈判前,大藏相竟"要求清政府赔偿10亿两"。"自由党的胃口更大",除经济勒索外,还"须使割让吉林、盛京、黑龙江三省及台湾"(周源,1993:88—89)。临行前,李鸿章曾拜访西方诸国公使,期望列强干涉日本,结果四处碰壁。慈禧则称病不出,传谕一切由光绪做主。光绪也不想背负割地罪名。与此同时,增援湘军不知为何,也挡不住日本进攻辽南。光绪只好授予李鸿章"商让土地之权"。李氏同样不愿前往,背负骂名,但圣命难违,遂于1895年3月19日抵达日本马关。随后,李氏想尽办法与伊藤博文讨价还价,后者不为所动。不久日本极右分子恨李鸿章在,使日军未能占领北京便提前谈判,竟公开刺杀李鸿章。子弹仅击中李氏左脸颊骨,未及丧命。各国纷纷谴责日本太无人道,贪婪的日本政府也担心李鸿章借故中断谈判,进而引来各国干涉,才在抢得辽东、台湾及澎湖之余,答应将军费赔款减至两亿两(周源,1993:103—106)。

签字之前,李鸿章仍想再减五千万。被拒绝后,李氏又提出"五千万不能,让两千万可乎?"还拿出日本报纸,上面明言,甲午海战日本"兵费只用八千万"。伊藤博文得势不饶人,说"此新闻所说,全是与国家作对,不可听"。末尾,李鸿章犹恳言:"但望减去若干也好。"伊藤仍不理(马建忠,1946:248)。如李氏事先所料,回国后他即被朝野骂为卖国。而无论对李氏来说,还是就当时国家而言,都是悲剧尚刚开始。4年后,因慈禧集团无法驾驭甲午海战后日趋紧张的内外关系,又爆发了一场更大规模的西方军事侵略及土地财富掠夺。李鸿章再度被放在谈判桌上,要其签订更加丧权辱国的《辛丑条约》。1901年9月7日,78岁的李鸿章签字归来,悲愤难平,致使病体恶化,大口吐血。10月11日,李鸿章"奉谕暂属外务部大臣"。次日,李氏即奏请派"胡燏棻为关内外铁路督办大臣,收回津榆铁路"。半月后李氏"咯血病危"。11月7日,"午刻,鸿章卒"。"死前一小时,俄国驻京代表鲍斯尼夫尚来恫吓,'逼其画押','焦虑无计'的李鸿章即因此'病势转危,卒致与世长辞'"(雷禄庆,1977:660—662)。至此,第一代洋务重臣的包括课程改革在内的系列旨在寻求国家富强的改革努力彻底画上句号。

至于洋务改革为何会以始料不及的战败收尾,有许多解释:如李鸿章年老心衰,血性不够,总是求和;慈禧缺乏统一军事指挥及调度能力;北洋海军内部分裂严重,"军官多闽人",提督丁日昌属淮系,"孤寄群于闽人之中,遂为闽党所制,威令不行",乃至"封冻"期"海军岁例巡南洋,率淫赌于香港上海"(姚锡光,2010:88),李鸿章作为最高统帅也不知如何教育,才可消除封建地缘派系分裂,把北洋海军建成护国保民的现代军队。或许只能说,最根本的败因仍是清廷上下长期不正视世界,不主动改革,应对史无前例的大变局与民族危机。仅有少数洋务重臣为增强国家军事经济实力在诸多相关领域发起改革,并在科举体制之外另创新机制发展国家富强急需的洋务新课程。此外值得一提的便是李鸿章本人的分析,从其分析中可看出,李鸿章是在清廷体系内展开洋务改革,动不了清廷腐朽体系本身,如此三十多年下来,不过是在"一间破屋"里"勉强涂饰",一场甲午海战便将腐朽清廷体系彻底曝光于世,也令李鸿章直叹"一生事业,扫地无余"(吴永,1985:107)。不过,从课程改革史角度看,李鸿章以及奕䜣、左宗棠、曾国藩等洋务派的一番涂饰也未白费,他们毕竟曾为后世开拓旨在寻求国家富强的洋务新课程发展进路,也曾培养容闳、曾纪泽、詹天佑、萨镇冰、严复、张伯苓等众多洋务精英人才,1911年清廷解体后,他们仍在外交、铁路、海军等领域效力于国家富强与民族复兴。与此同时,中国寻求民族复兴的课程改革努力也不会因李鸿章退场而终止,洋务继承人、张之洞领衔的后起洋务重臣及新一代士子均会登台发起新一轮民族复兴与课程改革运动。

第三章　国体重建为本的新学课程提倡与生产

甲午海战前,洋务新课程发展渐入高潮之际,新一代改革先锋便开始崭露头角。自甲午海战失败、李鸿章一代淡出历史舞台以来,朝野又涌现出更多的新一代改革先锋。各路新生势力纷纷出场,自然会给近代中国的民族复兴与课程改革带来新气象,乃至可能弥补李鸿章一代的改革遗憾。对于自身改革有何遗憾,李鸿章其实也有清晰认识,认为在外交、军事、经济领域展开改革,尚不足以使国家富强,还需改革早已腐败无效的旧有政治及教育体制,藉此引入新生力量。然而李鸿章终因顾及儒家传统君臣伦理及私人情义,政治领域至死也未正式提出革新,科举方面曾多次奏请改革,亦因阻力太大无法如愿。慈禧作为最高决策者,其实大可更信任李鸿章、左宗棠等洋务重臣,进而与之携手主动发起政治改革,发挥中国传统政治大一统优势,动员凝聚更多有效的国家新生力量,然而她更关心的却是如何维护自身权力与地位,为此还会故意维持一定的分裂与争斗,以方便自己灵活驾驭各方,导致中国政治大一统优势未能发挥,不仅没有为国家凝聚更多新生力量,反而使国家政治耗于腐败与内讧。

文化领域的改革有何遗憾,李鸿章一代历经摸索后亦能看出。但此刻更关注的是,即将登台的新一代改革先锋同样不难察觉李鸿章一代的洋务改革有何遗憾与不足。事实发展也是如此,新一代改革先锋普遍更重视的恰恰是在李鸿章一代用力不够的政治、教育及文化领域发起改革,从而使国体变革取代增强军事经济实力,成为改革及民族复兴新主题。不过,因各路新生势力背景及时局认识不一,无法形成统一立场,有的坚持在体制内进行政治及教育改革,有的则主张推翻清廷另组国体。有的更草率认为中国传统政治文化体制一无是处,只有引入西方政治文化体制,才能使国家及民族获得新生。而在选择哪种西方模式方面,答案也不统一,以致不仅看不到本国传统政治文化优势,还彻底丧失政治文化自信,进而陷入另一种极端——相比保守派的盲目自信。保持旧有盲目自信,且要以自己再造的传统儒学来征服西方宗教,统一世界文化。近代中国即将兴起的新一轮课程改革运动也因各路新生势力在国体变革上构想不一致,必然要在政治文化意志纷争中进行下去,乃至形成激烈竞争与对抗格局,导致一面在提倡、生产各类新学课程,一面却在无形中加剧政治文化分裂。

一、政治与文化救亡:激进的变法及立孔教

洋务后继者系新生势力之一,其杰出代表是曾国藩之子曾纪泽。1878年,曾纪泽奉旨出任英法公使。曾氏不仅按李鸿章所嘱,留意研究西方政治法律制度,还曾"在纠纷最多的当时的国际场面上,曾经建树了不可磨灭的赫赫功绩"(杨鸿烈,1943)。1887年曾纪泽卸任公使后,更曾在伦敦《亚洲季刊》发表被众多西方媒体转载的名文《中国先睡后醒论》,向世界声明:"我们很清楚,中国曾处于昏睡状态,但现在,我们开始觉醒了。这将会带来什么样的结果? 3亿人民意识到自己的力量,会不会对中西维持友好关系造成威胁? 记住自己的失败,看清自己新近发现的力量,是否会让中国变成侵略势力? 不,中国人从来不是一个侵略种族。历史早已表明,中国人总是热爱和平,将来亦会如此。"中国正在"建设强大高效的海军",但不是为"复仇",而是"保卫中国海疆"。曾氏希望西方能理解"中国未来外交政策的基本路线乃是拓展改善与条约列强(the Treaty Powers)的关系","以更符合中国作为亚洲大国应有的地位"(Tseng,1887)。

出使前,曾纪泽曾对慈禧说"办洋务难处在外国人不讲理,中国人不明事势。……须徐图自强,乃能为济"。由曾纪泽的国内外问题认知,再来看《中国先睡后醒论》,或许可以认为,曾氏卸任后,如能主持洋务课程改革,将能开拓新进路,其中的新课程发展议题不仅涉及国际理解教育,使外国人"讲理",更包括本国大众启蒙教育,使三亿本国人"觉醒","明事势",达成"徐图自强"共识。外国人中确有"不讲理"者,像英国公使魏妥玛,便"极狡猾,抑且性情暴躁",连"外国人也说他性情不好"(曾纪泽,1983:334)。对此类"不讲理"的外国人,国家若能自强,终可以驾驭。真正困难的乃是如何使三亿本国人觉醒,达成自强共识。回国后,曾纪泽被安排在总理衙门、户部等处任职。然而孙毓汶作为总理衙门新近掌权大臣,却以讨好慈禧、抑制政敌为首务。户部尚书翁同龢则认为曾氏"几无中学气息","俨然西人"(张立真,1997:141)。直到1889年被总理衙门支去管理同文馆,曾纪泽方得以略施身手。当时,同文馆"学徒日久生懈",恰好急需改革。曾氏也自信只要"钻研不息,肄业生自有英才"(曾纪泽,2008:103—104)。

无奈第二年曾纪泽即因疲劳过度，染上伤寒，刚过知天命之年，便突然离世。道甚不同的翁同龢见状，也不禁感叹："嗟嗟，此人通敏，亦尝宣劳，而止于此，可伤也。"（翁同龢，1997：2354）从课程改革史角度看，曾纪泽过早离世同样"可伤"。曾氏作为嫡传后继者，以其外交经验及知识基础，本可拓展深化洋务重臣开启的国家富强及课程改革事业，却因清廷人心离散和自身天命有限，未及展开便提前夭折。到甲午战败，清廷将罪责归于北洋海军，下令裁撤海军衙门及水师学堂，中央层面由创办京师同文馆开启的旨在寻求富强的洋务课程改革随即陷入终结。不过甲午战败后，李鸿章、左宗棠培养的后辈俊秀仍可在地方延续洋务课程改革。盛宣怀1895年便在天津创办中西学堂。第二年，盛氏又筹建上海南洋公学，且奏请清廷"令各省先设省学堂一所，教以天算、舆地、格致、制造、汽机、矿冶诸学，而以法律、政治、商税为要"（盛毓度，1996：49）。盛氏所列科目不仅延续了洋务新课程架构，还将新课程发展重心转到李鸿章曾有考虑、却未能展开的政治体制改革上，即所谓"以法律、政治、商税为要"。

福州船政学堂首批学生、"康济"舰副将萨镇冰1895年被遣回故里后，也主动接受福州士绅之聘，在私塾中"教习各子弟西学"。当年底，萨镇冰又被两江总督张之洞调去，任"吴淞炮台总台官"，负责培养"自强军"（萨本仁，1994：65）。到1898年光绪决定重建海军，萨氏更被时任总理衙门章京郑孝胥誉为"操守第一，勤能忠贞亦罕其匹"，并被郑氏举荐为海军总兵。1905年萨氏升任总理南北洋海军（陈贞寿，1981），一度搁浅的海军建设及海军课程发展，也随萨氏上升逐渐得以恢复些生机。尤为传奇的是，1945年，中国终于将日本打败时，萨镇冰依然健在。87岁的萨氏还曾赋诗庆祝："满地干戈今已定，人心欣慰万方同。……饿虎于今终敛吻，睡狮从此可称雄。"（萨镇冰，1945）三年后，九十高龄的萨氏"仍说话声音洪大，走路健步如飞"，故还能在老家"担任本乡中心小学英文课"。记者得知情况，曾赞"萨氏为留英学习海军最早的留学生，英文程度极好，今在家乡教一些毛头小伙子的小学生，真是割鸡用牛刀"（佚名，1948）。

严复作为北洋水师学堂总教习，亦从1895年开始探索课程发展新路，从事政治社会思想类新学的翻译与传播。1895年可谓近代中国课程改革的转折点，但历史影响大的还不是洋务后辈的课程改革延续拓展行动，而是广东、湖南、四川等地体制外的新一代士子及新生政治文化力量纷纷试图登台，依靠各自文化基础与时局认识，在政治、文化领域另辟课程改革。如廖平重构今文经学，以之救国平天下；康有为、梁启超动员应试举子集体上书，推动清廷发起政治及教育体制变革；孙中山"设农学会"（贺岳僧，1929：12），培养革命志士。正是这些新生政治文化力量，以各自的教育、政治体制变革及新学探索行动,改写了洋务重臣开启的近代中国课程改革,使课程改革由此前聚焦于增强国家军事经济实力,转向以政治变革与国体重建为本。近代中国的民族复兴及课程改革随之进入新阶段。接下来便来考察诸路新生政治力量如何重建国体,围绕国体重建提倡、生产了哪些新学课程。由此将看到许多与李鸿章一代截然不同的文化政治新想象与诉求在主导1895年以来的民族复兴与课程改革,其中首先引起巨大反响的便是康有为的激进文化政治想象与诉求。

1. "帝师梦"与夸张的"亡国"想象

考察康有为前,还需再对国体一词做些说明。严耕望曾指出,国体一词原"仅指国家基于体制之尊严(体统或体面)。同样地,政体仅指政府之尊严",但到"清末",国体、政体开始"用来指政治结构或制度"(严耕望,2005:4)。这一理论辨析也能从一个侧面提醒注意,政治制度意义的国体重建从清末开始成为热点问题。不过,本章立足史实确立国体重建这一主题之余,并不会将国体内涵仅仅界定为"政治结构或制度",而是会从1895年以来的系列制度变革实践出发,增加文化教育视角,进而放宽国体内涵,认为国体至少包括政治体制、文化教育及课程体制,它们均曾被康有为、梁启超等认为是最基础的国体结构。甚至在李鸿章等更早一代改革者那,文化教育及课程体制便被视为国家富强之本,只是他们想去改革科举教育及其科目体系,总难以实现。总之,从政治、文化教育及课程都包括在内的国体视角出发,更有利于尽可能全面地勾勒1895年以来的国体重建及课程改革走势。即如康有为,便需兼顾政治与文化教育,才可以分析他曾为近代中国课程改革带来了哪些激进改革想象。

北洋海军成立那年,即1888年,31岁的康有为赴京参加顺天府乡试,在此期间康氏曾"发愤上书万言,极言时危,请及时变法"(康有为,1992:15)。是为康氏首次上书谋求国体改革,且一上来便要求慈禧和光绪帝"下诏罪己"。只是对于如何改革,康氏又无多少具体方案,仅笼统说"臣所欲言者三,曰变成法、通下情、慎左右而已"(康有为,1981:57),均是传统经学教条,看不到能超越李鸿章一代的时局认识及改革领域布局,更不像曾纪泽能从世界体系中的民族国家出发,优化中国外交、军事与教育改革。但康有为作为在野之人,却有常人难以企及的勇气与激情,只是其首次上书未能赢得圣听,反惹来礼部侍郎许应骙、吏部侍郎孙诒经、大学士徐桐等人的敌视,导致第二年加开"恩科乡试",康有为再次落地。是年,主考及考官正是徐桐、许应骙、孙诒经,他们皆认为康有为系"狂生,不可中"(张勇,2005)。徐桐是"假道学的腐败官僚典型"(朱维铮,1996:189),不会提拔锋芒太露、对其没半点好处的康有为。不过,康氏被视为"狂生"也不算冤枉。康有为17岁时读到《瀛寰志略》,便夸张自诩"知万国之故,地球之理"(康有为,1992:6)。及长,康氏更以"帝师""圣人"自居于世。近代中国课程改革即因康有为式的狂人执意登台寻求变法,必然涌入激进政治文化革新理想。

京城乡试失败回到广州后,康有为仍坚持"帝师梦",自信"只要他得大用,则由他指授,皇帝'挟独尊之权',运用开塞之术,必定导致帝国出现这样的美妙图景:'民富矣,而后风俗可厚!内治修矣,而后外交可恃!此欧洲大国之所畏也。三年而规模成,十年而本末举,二十年而为政于地球,三十年而道化成!于以雪祖宗之耻,恢华夏之声教,存圣伦于将泯,维王教于渐坠。威乎威乎!千载一时也'"(朱维铮,1996:188)。这幅美妙图景表明,康有为作为新生力量之一,其"帝师"之梦固然概念陈旧,不切实际变局,但亦可理解为是在寻求民族新生,且其目标更为宏大高远,除实现国家富强,消除"欧洲大国"威胁外,还要使整个"地球"都按"华夏之声教"及"王教"展开运行。后者正是康有为改革在政治文化上的一大奇异之处,要以传统儒教征服西方政治文化。但当时康有为连举人都不是,只好继续从他痛恨的科举考试寻求体制上升,追逐"帝师"变法梦。

36岁时,康有为终于获得举人头衔。两年后,康氏进京参加会试。其时,恰逢《马关条约》签订。消息传来,全国哗然,拒绝合约、继续开战、改革政治等舆论四起。康有为趁势令弟子梁启超鼓动广东举人上书,不久演变成"十八省举人于松筠庵会议,与名者千二百余人"。见"士气可用",康氏"以一昼两夜草万言书,请拒和、迁都、变法三者"(康有为,1992:26)。但今人认为这些说法都是康有为事后的一面之词,意在"将自己描写成公车上书的领袖"(房德邻,2007),其中存在刻意加工,其"忠实弟子"徐勤也说康有为并未领导"公车上书"(陈明远,2010)。这里无法判断实际情形究竟如何,只能从课程改革的角度分析康有为第二次上书的具体内容,其中有一点很值得留意:康氏的见识比上次稍稍务实,对李鸿章一代的富强改革有一定了解。不仅如此,他在探讨课程改革时,还将一般"小民"列为教育对象,进而提出了一套洋务重臣没有涉及的课程改革构想,即发展由四大类"养民"课程构成的"开民智"教育。四类"养民"课程包括"务农""劝工""惠商""恤穷"。康有为试图让光绪明白,"天下民多而士少,小民不学,则农工商贾无才";"泰西之所富强,不在炮械军器",而在于学校发达,教育普及,"开民之智益广"(康有为,1981:126—130)。

天下民多士少,在教育对象上堪称一大新突破。遗憾的是,康有为提完"开民智"新课程构想,并未去建构发展及实施机制,其心思仍在争取圣听及登台主持变法上。

这次上书依旧没能赢得圣听,不过康有为此番进京收获了体制上升必不可少的进士功名,并被授予工部主事。1895年6月,康有为再度上书,且成功递到光绪帝手中,"上览而善之,命录存备省览"(赵尔巽等,1976:12830)。之后,为壮大政治变革力量,康氏还积极组织"强学会"。翁同龢、孙家鼐、张之洞、刘坤一等清廷重臣、封疆大吏均曾予以精神及物质支持。之后至1898年,康有为又连续四次上书,并另外成立"保国会",可谓竭尽全力造势,以促成光绪帝启动国体改革。由此便需分析,康有为过去十年为何如此执着于上书登台谋求变法,他究竟如何构思国体重建? 前文曾提到康有为意在得君行道,成就"帝师梦"。然而值得关注的还不仅仅是康有为的"帝师梦"政治理想,还包括他对1895年以来的国家危机形势有何分析与判断,后者更事关康有为能有什么样的国体重建构想。李鸿章、左宗棠等当初也有舍我其谁的狂者姿态,但他们均未肆意提出不顾实情的激进变革构想,原因除在位必须问责,不能说大话,也缘于他们都有相对冷静的局势分析。

进而言之,如果不考察康有为的局势分析与判断,便很难理解他登台后,为何不仅筹划教育体制改革时不顾实情,还急于对清朝政治体制实施大刀阔斧的变革,来展开其国体重建计划。那康氏到底如何判断国家危机形势呢? 由此将看到康有为登台前后,并没有机会像李鸿章那样,在内政外交危机应对实践中不断深化自己的时局认识。和当时许多在野士子一样,康有为更多的也是受甲午海战暂时失败的强烈刺激,形成了前所未有的"亡国灭种"意识,进而会以夸张的"亡国"想象来分析时局,鸦片战争以来,也有不少军事经济外交惨败,但改革主持者还不至于形成"亡国灭种"之感,而是称之为"三千年未有之大变局",并冷静分析大变局,然后致力于发起富强改革运动,应对大变局引发的国家军事经济政治危机。

先是"帝师"政治教化梦,接着又形成夸张的"亡国"想象,自然会大大改变李鸿章一代冷静务实的时局分析视野与认识。在夸张"亡国"想象作用下,都不需要冷静务实的时局分析,只求能迅速启动国体改革。而所谓亡国其实不过是个人夸张想象,时局本身如何,仍需冷静研究。不仅如此,如马勇所提示,除了康有为,其他维新志士也有类似的夸张"亡国"想象乃至"恐慌"。在"想象中的亡国"驱使下,康有为等甚至很容易建构出与时局实情不符的"假问题",进而"造成激进的氛围,导致一系列的冲突,把历史一而再地改写"。在马勇看来,1895年以来的激进变法走势均可概括为"知识分子的恐慌想象改变了历史"(萧轶,2019)。就改写历史而言,还有一大关键之处,即康有为的夸张"亡国"想象及由此形成的救亡变法宣传,打动了年轻血气方刚的光绪帝,后者将康有为的上书发给总理衙门讨论。至此,康有为就差召见。在总理衙门大臣张荫桓举荐以及"帝师"兼军机大臣翁同龢同意下(马忠文,2012),1898年初,康有为终获破格召见,得以"当面向皇帝提出学习日本以变法维新的建议"(孔祥吉等,2004:63),激进改革由此不可避免。

2. 教育与政治改革促成的新学课程景观

光绪帝将康有为的变法建议下发给总理衙门讨论时,康有为便成为清廷各方瞩目的中心人物。李鸿章、翁同龢、荣禄等"中堂"级新旧权臣均主动前来打探虚实,"待以宾礼,问变法之宜"。康有为则无所顾忌,直抒己见。李鸿章提醒他不可骤然"裁撤六部",康氏竟答:"弱亡中国,皆此物也,诚宜尽撤,即一时不能尽撤,亦当斟酌改定,新政乃可推行。"康有为的立场十分坚决,必须革除"六部"旧体制,改之以"制度局"为中枢,以法律、度支、学校、农、商、工、矿务等"十二局"为分支的"新政"决策及执行体系。不仅如此,得知将被召见时,康有为还曾"昼夜缮写日本政变记、俄彼得政变记二书,忙甚"(康有为,1992:37),以便为光绪帝构建新政体提供典范参考。1898年6月,27岁的光绪帝征得慈禧同意后,颁诏启动变法。谭嗣同、杨锐、林旭、刘光弟等康有为所谓"小臣"随之进入军机处"参与新政"。康有为则授任"总理衙门章京上行走",且"特许专折言事"(赵尔巽等,1976:12831)。

总理衙门章京仅是总理衙门大臣下面的司级办事人员,没有资格觐见皇帝,反对派可以借此把柄,阻止康有为争取圣听,但"特许专折言事"却让康有为能够随时将其激进变法构想告于光绪帝。光绪下诏变法是从科举入手,康有为随之连递奏折,涉及"罢四书文,改试策论,立京师大学堂、译书局,兴农学,奖新书新器,改各省书院为学校"(赵尔巽等,1976:12831)。康有为的确敢做,一上来便废除八股文,不考虑此举在全国会导致何种政治社会动荡。不过,在异己势力林立的清廷,康有为诸条教育及课程新政并未立即引发致命反弹,反让退出改革舞台、但影响仍在的李鸿章感到高兴。康有为瞬间就把李氏"欲为数十年而不能"的科举课程改革计划变成了国策,尤其是科举增设"经济特科"。李鸿章常对人说"康有为吾不如也",乃至被误以为是"康党"(孙宝瑄,1957:539—540)。李氏还写信督促正在安徽老家赋闲的儿子李经方,告之书院改学校"系地方要政,责备本在官绅,吾家众望所归,汝正赋闲,当作此有益之事"(李鸿章,2008k:193),由此更可见李鸿章背后曾支持康有为变法。

当然,李鸿章的支持更多是对事,而非对人。阅历丰富如李氏,深知康氏为人及能力几何,因此对光绪依靠康有为从学堂、科举入手发起国体改革,能有何成效,并不抱

期望。如其私下对儿子所言(李鸿章,2008i:188):

> 学堂之事,上意甚为注重,闻每日与廷枢讨论者多学堂、工商等事,惜瘦驽庸懦辈不足赞襄。致康有为辈,窃东西洋皮毛,言听计从。近来诏书,皆personal党条陈,借以敷衍耳目,究之无一事能实做者。燮臣管学,徇清流众论,以中学为主,恐将来不能窥西学堂奥。各省大小学堂,令督抚奏派绅士管理,恐邓中丞又要缠扰。何以应之。最苦无钱,到处难办。庐郡学堂,伯父年老,未必肯办,若有廉正人经理,我家酌捐,义无可辞。荣相莅直后,一意裁剪,饷源枯竭,亦非得已。

由李鸿章的通透观察及无奈可以看出,年轻的光绪帝天天讨论新法,确实想尽快成就兴国伟业,但在具体怎么改革上,光绪帝实际仰仗的却是康有为等几位读过些许西方及日本译著的激进书生。他们作为初来乍到的新生政治势力,根本无法应对朝廷内部的新旧意识形态冲突及派系权力争斗。如李鸿章所说的"燮臣",即吏部尚书、大学士孙家鼐,变法以来被任命为管学大臣,随时会以"清流众论"即清廷主流意识形态,来反对发展西学新课程。此外,康有为等也没有考虑李鸿章列举的教育新政在各地实施后可能遇到的诸多实际难题,如地方势力万一阻挠改革,得力执行者从哪来,巨额经费怎样筹措。连新任直隶总督荣禄都因国家财政枯竭,不得不削减军费。诸如此类从朝廷到地方的复杂政治与教育现实,康有为一系维新志士均没有深察,仅是在衙署里发挥激进想象,从形式上模仿日本及西方教育政治体制,仓促草拟并下发变法诏令。

当然,李鸿章内心怎么想也影响不到康有为。只要慈禧不突然加以制止,康有为及光绪便可继续变法实验。教育体制改革进展最初看起来颇为顺利,康有为开始筹划变革清廷六部政治体制,基本措施如"许士民上书言事,论变法。裁詹事府、通政司,大理、光禄、太仆、鸿胪诸寺"等(赵尔巽等,1976:12831),亦都是超现实、极容易引发矛盾的激进做法。仅开"制度局"一公布,便"朝论哗然,谓此局一开,百官皆坐废矣"(胡思敬,1957:363)。更有人认为,康有为意在"隐夺政权","于是人人怨恨而大祸作矣"(刘体智,1988:163)。正是系列激进政体改革措施颁布后,开始引发日益升级的政治冲突,导致变法被清廷反对势力及慈禧扑灭。

学界对于康有为变法失败已有许多研究,这里仅提政体变革导火索,即动员全国士民议政。此令颁发后,礼部主事王照曾有上书。王照先恭维说变法一启动,就给国家带来新气象,连"西人"都称赞"贵国皇上如此英明"。接着,王照便指出"两月以来"

也暴露出问题,最令其揪心的是"皇上振迈,志在风行。而诸臣迁就弥缝,阴怙旧习"(王照,1969:25—26)。正是为了统一上下人心,改变"下以伪应",王照决定越级上书,请光绪帝采取教育行动。如"请设教部,以重宗教",学习"西人之奉耶教","一切有用之学皆以其教为本","以西人敬教之法,敬我孔子之教"(王照,1969:33—34)。由此想起李鸿章、左宗棠等也曾苦恼于人心懒怠,故而常常靠利益及情义激励加以解决。王照奏请建立中国"宗教",以此改造人心,虽无法确定是否来自康有为授意,但也是一种新策略。言外之意,"设教部",建立基督教式的"孔子之教"若真被采纳,便可能促成一道新的课程改革景观。但王照之上还有吏部侍郎和尚书,他们均可从自身立场与体制利益出发,发力阻止王照节外生枝。

王照请礼部尚书怀塔布、侍郎许应骙代递。怀塔布、许应骙"守旧迂谬",皆"不肯代递"。不肯罢休的王照直言将"往督察院递之",并准备弹劾二人"阻扰新政"(汤志钧,1961:147),双方因此大闹到光绪帝那里。光绪本来就对各地督抚藐视他,不把变法诏令当回事感到愤怒,听到怀塔布等阻扰新政,光绪更意气用事,竟不向慈禧请示,便将礼部"部长、副部长六个人,全部罢免",乃至不顾怀塔布"老婆是陪西太后打牌的",可随时去向慈禧投诉。怀塔布被罢免后,"立即到天津跟荣禄商量,告了光绪皇帝一状。怀塔布的老婆则同时找到西太后告状",说什么"皇帝要'尽除满人',老佛爷啊,您可得做主啊!"原本同意变法的慈禧随即"感到不把光绪帝的权力拿过来,局面不可收拾"(杨天石等,2018)。之后,监察御史杨崇伊暗中发难,乱言"康党系孙文羽翼",急请慈禧"即日训政,不动声色"(杨崇伊,1959:480),变法由此突遭厄运。到袁世凯从杨崇伊处得知慈禧将捕杀康党,为避免牵连断送前程,立刻将谭嗣同与之密谋杀除慈禧的政变计划,向荣禄和盘托出,变法更异化为捕杀之祸弥漫的残酷权力斗争。

变法随之只进行到第103天,便被慈禧取消。一切回到变法前,清廷层面仅保留续办京师大学堂。康有为一系从此无法在清廷体制内开展国体重建及课程改革。李鸿章一系在清廷体制内发起的改革运动可持续进行三十余年,康有为一系的改革在清廷体制里却只能存活百天。经验缺乏、势力不够、个性太狂等均是原因,但最根本的还是缺乏冷静务实的时局认识及判断,仅从个人的夸张"亡国"想象出发,也不顾体制实情,将容易引发激烈体制冲突的教育及政治制度变革理想硬立为国家头等大事,致使改革朝激进方向演变。康有为又极其固执,纵使朝中各派纷纷疏离反对,仍坚信其国体重建方案系唯一正确选择。到1918年,康有为还在抱怨举国上下不听其言,必将导致"国亡"。如云"国将亡也","国之人皆昏,皆狂颠","窃欲吾同胞留意于吾言,而不拒绝之,则中国不亡,吾四万万同胞不亡,吾亦将附以不亡也。若不听吾言,则吾一人独知之,独言之,亦同归于尽而已,何济乎"(康有为,1987:4)。

与此同时,慈禧作为最高决策者也没能以冷静务实的战略形势判断,调控优化夸张"亡国"想象及宣传促成的激进变革,只知维持自家权力地位,采取制止与残杀手段,致使后辈士子不得不以更猛烈的革命方式寻求国体重建。仅仅谭嗣同那句"今中国未闻有因变法而流血者,此国之所以不昌。有之,请自嗣同始",便曾让众多后辈士子追随其后,并将谭嗣同视为"与敌人作殊死的斗争"的"中国精神"的先驱代表(欧阳予倩,1948:6)。革清廷之命即在这种国魂认同激励下,由最初仅是少数人提倡的思想观念,不断演化成推动历史巨变的政治动力。甚至梁启超、欧榘甲等康有为嫡系弟子自1899年起,都曾一度"妄倡十八省分立之说","拾欧美唾余,高谈革命、自由、共和、联邦一切之论",被康有为斥为"皆盲人骑瞎马,夜半临深池,奇谬大愚,发愤以亡中国而已"(康有为,2007a:349)。此类后续激变表明,慈禧下令斩杀谭嗣同等维新志士时,其实就已将清廷由改革主体变成了革命对象。当然这都是后话。此刻更需探讨的还不是慈禧未能调控激进变法惹来何种对清廷不利的政治后果,而是康有为一系围绕其国体重建构想与激进变法,提倡生产了何种新学课程,继洋务重臣之后,在近代中国课程改革史上促成了什么样的新学课程景观。

从康有为一系为革新国体提出的变法措施来看,其中虽然屡屡重复洋务重臣开拓的"水师""铁路""矿务"等军事实业类新课程,但其重心是从国体重建即教育与政治体制改革入手,发展洋务重臣尚未涉及或即使想去发展也未能提出的新学课程,同时建构体制级别更高、辐射更广的新课程发展机制。新课程发展机制建构方面,有改书院为学校、创办京师大学堂、组织政治学会等。新学课程提倡及生产方面,首先值得一提的乃是与政体改革相关的政法类新学。登台以来,梁启超常批评李鸿章一代只知从"船坚炮利"入手实施改革,"无人知有政者"(中国史学会,1957:18)。实际情形显然并非如此简单,梁氏的武断批评其实是为渲染自家变革方案更胜一筹,不会想到大变局时代最直接决定国运的恰恰是"器物",中国又没有可以和西方"船坚炮利"抗衡的国之重器。何况为扩大洋务事业,李鸿章一代其实也想过改革政治,私下也在发展政法类新学。但梁启超、康有为则因能和光绪一起发动政治改革,得以将政法类新学提升为清廷优先发展的新课程。近代中国随之开始兴起政法类新学课程发展运动。

其次值得一提的便是"教育"类新学课程,具体包括日本教育学、教育行政学、师范教育学,以及同样是从日本那里获得的德国赫尔巴特教育学。这些"教育学"课程之所以能够兴起,也缘于康有为一系主持变法时,将教育改革列为国体重建首要工程,且特别重视以日本教育作参照。教育改革诏令颁布后,各地均要解决如何办理学堂教育,教育学随之与政法一起成为各地渴求的新学课程。除政法、教育两大新学课程外,"农学"类新课程也在教育及政治改革推动下迎来更大发展。前文提到,康有为1895年上书时,就曾提议发展面向"小民"的"务农"课程,但康氏并未展开行动。付诸实践的乃是听者之一罗振玉,罗氏自1896年起,便开始创办"学农会"和《农学报》(章楷,1985)。另一位变法志士张謇也在1897年奏请"兴农会"。二人堪称近代农学课程发展的开拓先锋。康有为1898年勾勒变法时,也曾特别提到"农学",光绪帝更曾诏令"各省府州县皆立农务学堂,广开农会,刊农报"(中国史学会,1957:57)。自此农学由地方新学课程升为国家优先鼓励的学堂新课程,随之有张之洞1900年邀请罗振玉创办"农务学堂"及"农务局",为发展农学课程搭建专门学堂机制及体制支撑。

再有便是和农学相似、关乎国计民生的工商、铁路、矿务等实业类新学课程。实业类新学因看起来不涉及政体,似乎还是最受慈禧欢迎的新课程。故变法被取消后,实业类新课程仍能受到清廷重视,曾下诏督促"地方官认真举办"(陈学恂,1986:473)。但工商、铁路等实业课程发展在李鸿章那就已开启,真正由康有为这一代推动兴起的新学课程仍是政法、教育。进而言之,如果从近代课程改革史角度归纳康有为一系的突破,或许可以这样说,康有为登台以来,使得近代中国继迎来洋务新课程蓬勃兴起之后,又出现了由政法、教育这两大新学日益流行构成的课程发展新景观。只是如此一来,也改变了近代中国课程改革重心,使之由此前聚焦于增强国家军事经济实力,转向以国体变革尤其是政体改革为本。此外必须提及的是,如果进一步考察康有为变法失败后的个人行动,还将发现政法、教育还不是其最想生产的新学课程,其个人真正持续投入最久的新学课程生产行动乃是针对当时体制地位最高的经学课程进行激进改造,藉此创立"孔教",并使之成为"国教"。

立"孔教"为"国教",可谓康有为最看重的国体变革诉求,也是其个人最大的新学课程发展计划。梁启超1899年为康有为作传时,也曾强调其师"效力于国民者,以宗教事业为最伟,其所得谤于天下者,亦以宗教事业为最多"。梁启超甚至将康有为誉为"孔教之马丁·路德"(梁启超,1929:10)。这些评论均表明,康有为个人最中意的乃是创立孔教。进而言之,若问康有为本人在近代中国课程改革史上到底有何新学课程生产贡献,答案便是革新经学和创立孔教。发动变法前,康有为就在为创立孔教作努力。布衣从教时期,康氏即开始考察"全球诸教诸学",试图论证孔子的"大同之道"乃是"人类公理",藉此"确立孔子之学在全球诸教中的优势地位"(张翔,2012:835)。1891年起至1898年间,康氏又推出《新学伪经考》《春秋董氏学》《孔子改制考》等著作,颠覆各种经学旧说,将孔子塑造为"托古改制"的改革家,即虚构上古历史,借此表达自家变法计划,且孔子的变法要义就在董仲舒《春秋公羊传》里,后出的古文经学纯属刘歆伪造,根本不值得学习。至此,康有为依靠重新加工孔子与今文经学,初步生产出一套意在立孔教的新经学课程。

新今文经学课程及孔教初步形成之后,康有为甚为满意。但廖平却指责康有为"二考"抄袭他的《今古学考》和《知圣篇》,且手法污劣:一面写信将《知圣篇》"斥为好名骛外,轻变前说,急当焚毁",一面背着廖平,将《知圣篇》中的激进观点据为己有,加工成《新学伪经考》(廖平,1989:447)。梁启超也曾公开说"康先生之治《公羊》治今文也,其渊源颇出自井研(即廖平),不可诬也"(梁启超,2001:128)。但康有为不认为存在抄袭,相比廖平的指控,其更在意的乃是当时古文经学权威俞樾有何反应,尤其是其是否同意刘歆伪造古文经。1896年,康有为忙完上书和组织上海强学会,曾特携《新学伪经考》,前往杭州拜访俞樾。俞樾未置可否,只事后对弟子章太炎说:"尔自言私淑刘子骏(即刘歆),是子专与刘氏为敌,正如冰炭矣。"(姚奠中等,2001:42)后来,遵循本门师法推崇刘歆的章太炎的确向"冰炭"不容的康有为发起了系列反击,如说孔子不是托古改制的改革家,而是记录上古史的历史家,并将被康氏否定的刘歆抬至和孔子并列,认为"孔子死,名实足以伉者,汉之刘歆"(章太炎,1984:135)。等于彻底颠覆了康有为新经学,但无论章太炎怎么反击,也不管廖平如何指责剽窃,皆不能平息康有为依靠其新经学,寻求体制变法及立孔教。

乃至变法失败,康有为仍未放弃创立孔教。1901年和1902年,康有为连续撰写《春秋笔削大义微言考》《大同说》,调整当初的新经学课程内容及春秋教义,如将早期过于显得静止的历史观,即全球将大一统于孔子大同,改为更能凸显动态的"三世说",强调历史进步有其阶段规定,不能跨越进入大同,藉此遏制包括其弟子在内的后辈士子试图通过革命,径直建立共和(张翔,2014)。1904年,康有为"遍游各国"后,又推出"物质文明论",教导国人一般"文明国"容易沦为"野蛮"的"物质之文明国",更高级的"文明国"乃是以孔子"礼义"为基础的"人道之文明国"。故而"以物质论文明",西方国家"诚胜中国",但"若以道德论文明","则谓中国胜欧美人可也"(康有为,2007b:66—67)。此番物质、道德两分的"文明国"教导表明,康有为在课程改革史上比"五四"一代更早开始西方文化反思及中西文化比较,意在论证孔教才是中国及世界历史终极归宿。总之,无论变法前,还是变法失败后被挤出体制,康有为始终在为创立孔教奔波忙碌。当中康氏转去争取圣听,发动变法,亦是在寻机将孔教立为国教。

只是所遇新旧势力大都无法理解、信奉康有为创立的孔教,康氏新经学及孔教也因此无法取代程朱理学、考据学、古文经学等清代诸种权威经学及后来崛起的其他新学,成为国家最高课程。所遇新旧势力不仅不接受,反而排斥乃至诋毁康有为生产的新经学及孔教。《新学伪经考》发布后,即有御史上奏,称此书"荒谬绝伦,诚圣贤之蟊贼、古今之巨蠹"(苏舆,2002:25)。变法时期刊行的《孔子改制考》更是惹来群起攻击。康氏著作本身确实容易引来非议。如《新学伪经考》认为,汉学、宋学、考据学等东汉以来至当时的各路经学皆是缘木求鱼,因为所研究的都是西汉末年刘歆伪造的经典。面对刘歆篡改伪造经典,康有为还抱怨"两千年之学者,遂为所惑,虽魁儒辈出,无一人细心读书,祛其伪妄"(康有为,1931:3)。康氏这些奇异新经学观点等于要把整个经学课程知识体系全部推倒,如此革命,确实无法令当时清廷要人接受。当初曾提携康有为的翁同龢后来看过《孔子改制考》后,竟认为康有为"此人居心叵测"(翁同龢,1998)。和康有为一起规划学堂的工部尚书孙家鼐也上奏,假如认可《孔子改制考》,"以此为教",将使"人人存改制之心,人人谓素王可作。是学堂之设,本以教育人才,而转以蛊惑民志,是导天下于乱也"(孙家鼐,2001:46)。

两江总督张之洞、湖南巡抚陈宝箴则认为《孔子改制考》是在鼓吹民权、平等,将引发体制动荡。如二人所谓"民权之说一倡,愚民必喜,乱民必作,纪纲不行,大乱四起"(张之洞,1998:9175),"逞其横议,几若不知有君臣父子之大防"(陈宝箴,2003:780)。在众多权臣干预下,光绪帝尽管曾急于阅读康有为的《日本政变考》,但还是选择接受孙家鼐建议,令荣禄将冯桂芬37年前(1861年)撰写但乏人问津的《校邠庐抗议》紧急加印一千本发给朝廷各部官员,就该书所提的政治及教育改革议题展开讨论(江中孝,2009)。最后光绪帝决定保持"中学"即经学的体制尊位,以冯桂芬"中体西用"作为科举及学堂课程改革的指导思想。康有为欲借孔子之口,改革经学及政治体制随之落空。其系列孔教体制化建议,如"尊孔圣为国教""设立教部""行省皆设教会""行孔子祀年以崇国教""所有淫祀……皆立行罢废,皆改以充孔庙"(康有为,1981:283),亦未被清廷采纳。

用于试水的《孔子改制考》和《新学伪经考》一起被列为禁书,反让"二考"威名远扬。康有为本人亦是越挫越勇,体制内变法立孔教渠道被封死后,康氏又回到以著书撰文的方式,试图以孔教扭转体制外日益高涨的革命声势。1912年,革命暂告成功,将康有为试图借助的皇权及清廷体制推翻,传统经学体制尊位亦被取消,康氏依然不愿收手,而是指示弟子陈焕章成立"孔教会",继续以孔教"挽救人心,维持国运,大昌孔子之教,聿昭中国之光"(陈焕章,1913)。康有为还曾上书新成立的教育部,批评废除经学、没收文庙学田,要求教育部"收回成命",改立孔教为"国教"(康有为,1981:867)。这次上书教育部的新经学课程及孔教体制化努力再次以失败收尾。再之后便是康有为转投张勋,以"文圣人"自诩,为立孔教不惜闹出被时人视为"话剧"的"复辟的勾当"(陈邦贤,1997:34—35)。孔子也跟着被连累,被否定,为以后兴起激烈的"打倒孔家店"和反传统文化运动埋下一大起因。

叙述完康有为奔波一生为立孔教,该追问一下:康氏缘何一直会有离清廷体制实情及体制外革命主流趋势相去甚远、新旧势力都无法接受的立孔教诉求,其不顾新旧势力反对,执着于生产、推广其新经学课程,创立孔教,究竟是在应对国体重建中的什么重要问题,为何屡屡受挫,也不愿尝试生产、传播其他新学课程。由此将看到,尽管康有为生产新经学、立孔教不被当时新旧势力接受,但康氏系列激进经学改革言行也绝非像当时批评者所说的那样,纯系"荒谬绝伦"的胡言乱语,或仅是为夺取大权,做"教主"。客观地看,康有为还是发现了当时国体重建无以回避,且被变革主流忽视的重要现实问题,这一重要现实问题所涉及的不是军事、经济或政治层面的国体更新,而是文化层面的国体重建或国家文化认同再造。具体而言就是,在遭遇史无前例的西方文化强势入侵的文化大变局中,如何安顿当时等级国家政治社会体制赖以维系的本国传统经学文化,怎样在文化变局中革新经学,使之能在西方文化强势渗入中国社会各领域的背景下,继续发挥政治道德与社会秩序教化功能。

在以李鸿章为代表的洋务重臣那,曾陆续从军事、经济及政治层面深入认识大变局,进而形成系列以国家富强为本的外交军事经济体制改革及洋务新课程建构行动,其课程改革行动不曾涉及如何应对西方文化侵入引发的中国传统文化危机,仅要求改变与洋务不相适应的旧有思想。到康有为所代表的维新一代,则开始触及被忽视的文化冲击,担心经学内容及体制架构无法抗衡西方基督教在华强势蔓延,乃至强调应对文化危机是国体重建最根本的问题。这一点堪称康有为这一代的一大特别之处。像之前提到的王照,亦曾奏请设"教部",创立基督教式的孔教体制。本章导语部分提及的维新志士廖平,也在四川重构经学,试图以其生产的蕴含"革命"思想的新经学,"把孔子推为世界教主"(傅正,2018:7),来抵御西方文化。此外,还有章太炎、刘师培、邓实等人组成的清末"国粹派",同样"看到了民族危机与文化危机的一致性,相信文化危机是更本质、更深刻的民族危机"(郑师渠,1997:1)。

清末"国粹派"将"文化危机"视为"更本质的民族危机",康有为亦有类似的文化至上的国家重建理论,他曾经把文化誉为"国魂",认为"国无论大小久暂,苟舍乎此,国不能立,以弱以凶,以夭以折。人失其魂,非狂即死,国失其魂,非狂即亡"(康有为,1981:890)。"国魂"论可谓当时重视本国文化命脉及其政治社会功能的国体变革者的普遍话语,只是在本国文化理解及选择上存在不一致。康有为只想让清廷及国人依靠他生产的新今文经学及孔教来抗衡西方文化。章太炎则与之相对,"不是要人遵信孔教",同时也不认为本国文化仅局限于经学,故另以"国粹"及"国学",来表达其心目中的本国文化,本国文化随之由经学向整个中国"历史"敞开,且在章太炎看来,本国历史文化至少可分为三类:"一是语言文字,二是典章制度,三是人物事迹。"(章太炎,2004:7)当然,康章尽管在本国文化理解及选择上存在冲突,但都是在应对西方文化冲击引发的国家文化危机及国家文化重建问题。这一问题绝非凭空想象,自1644年往中国派遣传教士起,一直有西方人试图从文化乃至从最重要的政治意识形态、道德价值观层面"改变中国"(乔纳森·斯潘塞,1990),由此冲击引发的文化变局及本国文化危机随之亦是近代中国的基本事实。这样一来,康有为、章太炎等比"五四"一代更早正视文化问题的改革志士如何界定文化变局与危机。与之相对应,盘活什么本国文化对抗西方文化冲击,便成了关键所在。

就康有为而言,其具体关注的文化变局与危机正是西方基督教在中国各地迅速传播,引发传统经学在政治社会生活中的秩序维持功能日益衰退,同时康有为又认为本国没有可以和基督教抗衡的宗教体系。为应对这一文化危机状况,康有为其实还曾尝试启用本土佛教,如在万木草堂教导弟子从本土佛教中挖掘"平等"思想,彰显本国文化不比西方基督教差。不过,在应对西方基督教冲击引发的文化危机方面,康有为着力最多的课程改革行动仍是生产新经学和立孔教。当然,和从领土、军事及政治等层面分析国家危机一样,康有为判断文化变局及危机时,也带有强烈感情色彩及夸大的文化亡国焦虑,动辄便哀叹"国魂死矣"(康有为,1981:797),以至总难冷静下来,潜心深入研究本国文化及基督教等西方文化,容易形成极端排外及原教旨主义文化倾向。更有学者指出,康有为最初关注西方基督教,萌发本土宗教建制念头,其实是因为轻信了传教士为扩大基督教在华影响"故意散播"的一套"教强国强"理论,说西方富强系因有基督教,而这套理论已被当代西方史家证明,系"19世纪末传教士最无效的说教",康有为不了解基督教及西方富强真相,误将应对之策定为建立体制化国教,结果导致

"彻底失败"(李华伟,2018)。

感情激烈,西学功底又有限,对于本国文化及孔子的理解也十分武断固执,不顾历史实情,这些都是康有为的老问题。梁启超也曾评价康有为"万事纯任主观,自信力极强,而持之极毅。其对于客观的事实,或竟蔑视"(梁启超,1921:128—129)。1902年起,梁启超更是公开指出:"孔子立教之根柢,全与西方教主不同,……以吾中国历史人物论之,若张道陵,可谓之宗教家,……孔子则不可谓之宗教家。"(梁启超,1902),希望其师改弦易辙,但康有为不听。如此只顾激进发挥,不去深入研究中西文化,怎能更好把握文化变局及危机,课程应对措施随之亦无法让传统文化获得新生,反而可能戕害传统文化。依靠已成革命对象的清廷体制强立国教,更是逆流而动,也使所立之教及其依赖的体制更加不得人心。然而也不能因为立孔教失败及教训颇多,否认康有为所关注的西方基督教冲击及其引发的本国传统文化危机,乃是民族复兴及课程改革无法回避的重要问题。正因中西文化竞争问题客观存在,后辈改革者中仍会有人正视它,甚至可能再度以康有为的思想方式设问,思考何以避免"吾国数千年之政治教化风俗之美,竭吾圣哲无量之心肝精英,而皆丧弃之,所谓学步于邯郸者,未得其国能,先失其故步也"(康有为,1981:890)。

二、为创建民族国家培养爱国新民与革命志士

新起势力中,除执着于生产新经学、立孔教的康有为及其忠实弟子(如陈焕章)外,还有许多人物及派系。他们也在围绕国体重建展开课程改革行动,且促成了不一样的新学课程发展景观,对近代中国政治社会文化演变也产生了或大或小的作用。其中新学课程提倡、生产及历史变革影响最大的正是后来摆脱康有为思想控制、另辟改革新路的梁启超,以及孙中山、蔡元培、章太炎等革命领袖与革命教育先锋。这两路国体革新力量不仅提倡、生产出了诸多李鸿章一代不曾发展的新学课程,而且依靠自觉的民族主义政治改革或革命理想,改变了康有为变法以来的国体变革方案,由对清廷体制实施再造,转向创建现代民族国家。近代中国的民族复兴及课程改革也随之形成"民族主义"或"国家主义"新进路,并在自觉的民族国家主义政治理想推动下,开始真正发生质变,进入崭新历史阶段。以下即先考察梁启超如何跳出康有为的改革步伐,走向创建民族国家,以及为创建民族国家,提倡生产了哪些新学课程。

1. 什么样的新学课程可以培养爱国新民

1873年2月,梁启超生于广东新会县茶坑乡。"茶坑处于崖门西江出口处,大部分是冲积平原""土地肥沃"。"故全乡历代均以农为业,一向无人外出谋生。"然而谁能想到,梁启超后来不仅外出了,而且外出后的一番闯荡与奋斗,还让其故乡茶坑卷入清末民初的大历史进程,上演意想不到的悲喜剧变。先是1898年秋,"戊戌政变后,启超逃亡日本","大队清兵开入茶坑查抄梁家,梁氏及临近十余里的男人闻风避走。清兵入村后,即大肆劫掠,抓捕大批妇女"。接着便是17年后即1915年,贵为护国讨袁英雄的梁启超"返乡为他父亲祝寿,由新会一个姓赵的统领大队兵马护送,一时茶坑非常热闹。附近河边停泊官绅船只密不见水面,梁家宾客盈门,贺仪堆积如山。达官贵人均有所馈赠,段祺瑞亲题'圭峰比秀'四字匾额为赠,逊帝溥仪亦赐了亲书的'福'字,独袁世凯无任何表示,且派刺客行刺"(佳木,1964:126—129)。

茶坑村民或许不知,原本读书甚好、成绩一贯优秀的梁启超外出闯荡后,为何会沦为清廷通缉、人人唯恐避之不及的"逆党",之后又突然"衣锦还乡",变成全国政要及地方达官贵人竞相瞩目的护国讨袁英雄。梁启超本人亦无法预料,其外出后的闯荡与奋斗竟能掀起影响巨大的历史变革浪潮,其长期与世隔绝的故乡亦跟着在一些特殊时刻,成为全国及地方新旧势力聚集之地。一切均源于1887年,梁启超以优异成绩考入广东最高学府学海堂,必须离开家乡前往广州。学海堂系1820年由著名学者、时任两广总督阮元创办。此前,"广东有六七所名书院,越秀书院排第一"。学海堂1824年正式开学后,便"迅速成为广东最著名的书院"(Grimm, 1977:489-490)。在阮元大力扶植下,学海堂不仅在学术上位居"清代经学的最前线"(艾尔曼,2006),而且"和越秀书院一起成为广东高级官僚的智囊(brain trusts),书院山长也与地方政要及富商联系紧密"(Wakeman, 1966:182)。由此来看,梁启超只要保持其一贯优秀的学业成绩,即可获得比其他学子更为优越的科举及政治上升,很难会有后来的国体重建及新学课程提倡与生产。

最初情形也是如此,学海堂课程以经学考据为主,梁启超投入其中,"不知天地间除训诂辞章之外,更有所谓学也"(梁启超,1989:16)。其学业成绩依然优秀,两年后,梁启超参加乡试,恰遇内阁学士李端棻南下主考。李氏不仅"赏梁启超才",将其选为举人,还"以从妹妻之"(赵尔巽等,1976:12739)。梁启超由此拥有一道京城政治关系。但当时仅17岁,对于时事、自己将来干什么,皆无明确认识。第二年,因同学陈千秋鼓动,梁启超前去拜访迁居至广州的布衣尚书奇人康有为。正是这次拜访改变了梁氏本来的人生轨迹。此前,梁氏还为"少年科第","且于时流所推崇之训诂辞章学,颇有所知","沾沾自喜"。见过康有为后,听其"以大海潮音,作狮子吼",顿觉"冷水浇背,当头一棒","竟夕不能寐"。第二天,梁启超再去"请为学方针"。康氏"乃教以陆王心学,而并及史学、西学之梗概"。之后,梁氏便"决然舍弃就学,自退出学海堂"(梁启超,1989:17),拜入科名比自己低的康有为门下。

其时,康有为的确读了不少学海堂学子不知道的书,尤其是西学。但当时康氏所能读到的西学其实就是李鸿章主持的江南制造局及传教士所译普及读物,从中截取了些许新概念"皮毛",康氏据此便认为可以教人"西学之梗概"。当然,这也是西学未普及时地方课程改革的常见现象:康有为式的"对西学一知半解"的改革者,往往会"被大多数西学知识更为薄弱的人视为西学通人"(江中孝,2009)。天真热情如梁启超,更容易被康有为利用西学概念建构起来的激进新学说教吸引。加上康氏"每语及国事杌陧,民生憔悴,外侮凭陵,辄慷慨欷歔,或至流涕",更令梁启超"憬然于匹夫之责而不敢自放弃",以至"每出则举所闻语以亲戚朋旧"。"流俗骇怪指目之,谥曰康党",梁启超"亦居之不移"(丁文江等,1983:26—27)。

受康有为影响,原本只知书院经学考据课程的梁启超18岁时便将兴新学、革新国事定为人生第一追求。1892年,19岁的梁氏进京参加会试,主考正是李端棻。李氏打算替自家妹夫"通一关节",但被梁启超"却之"(丁文江等,1983:28)。由此亦可看出,梁氏更关心的乃是改革。是年,梁启超结识了湖广总督张之洞幕僚汪康年,便将希望寄托在张之洞身上。梁氏认为,张之洞乃"今世之大贤","其权力又可以常言于朝廷,力争于当路,非我辈纸上空谈之比",于是去信敦促汪康年多多进言,"今日不行,则他日言之,今月不行,则他月又言之",务使张之洞尽快将贯通南北的铁路修建出来。梁启超如此急切于修铁路,是因经过"半载以来"的"读书山中"及"熟思","以为今日时事,非俟铁路大兴之后,则凡百事无可言者。奚以明之?中国人士,寡闻浅见,专以守残数百年,若坐暗室之中,一无知觉。创一新学,则沮扰不遗余力,……此其故皆坐不兴铁路。铁路既兴之后,耳目一新,故见廓清,人人有海若望洋之思,……则不待大声疾呼,自能变异,……而大局可以有为"(汪康年,1986:1828)。

铁路一通,当时国人便能立即除去"故见",接受"新学",自是少年理想之论,哪里了解张之洞1892年有"仇外"教案、"各省州县滥用非刑"、"朝鲜东学党"、浏阳"匪党"、江陵"民斗殴"、"铁厂添购机炉"等一堆内政外交急务需处理,此外还要"筹备慈禧太后六旬庆典"(吴剑杰,2009:330—335)。不过,梁启超的铁路畅想也能证明,他的确很早便已形成兴新学、革新国事的政治及教育改革理想。且梁氏还知道,须有如张之洞一般的权力,才可推动清廷上下发起改革,否则不过是"纸上空谈"。之后,手无寸权的梁启超和康有为十分留意造势,随之才有1895年京城会试期间,积极动员举子上书变法。其时,主考徐桐极欲封杀康有为,曾提醒考官"粤省卷有才气者必为康祖诒,即勿取",结果"遇任公卷,以为康有为,遂弃置"(陈叔通,1957:330),康有为反得中进士。但梁启超也不在意进士落地。从当时给汪康年的书信来看,梁氏心中所想很清楚,"我辈今日无一事可为,只有广联人才,开创风气,此事尚可主"(汪康年,1986:1830)。

广联人才造势的同时,梁启超的课程改革构想也有变化:虽然他仍坚信"非兴学不足以救亡",但行动策略已不再寄望于以修铁路促成新学兴起,而是改为"设立学校,以输送欧、美之学术于国中"。无奈"当时社会嫉新学如仇,一言办学,即视同叛逆",通过办学校引入西学课程一时也无法实现。于是梁启超又转而积极参与组织强学会,改以展览"图书仪器","输入世界之智识于我国民","同时谋求政治改革"(丁文江等,1983:42)。近代中国随之出现首个国人自办的民间学会组织,且强学会成立之初,便赢得清廷诸多高官支持,势头很旺。可没多久,强学会内部便出现矛盾。帮办张孝谦与康有为因为意见不合发生冲突。接着便是外患纷至,大学士徐桐、御史褚成博等皆打算弹劾。康有为选择南下,将梁启超留在京城办事。经此"千幻百诡,哀何可言"的变局,梁启超再度写信给汪康年,直叹"腥膻之地,不可复居也",并决定要么去上海一起办报,要么去湖南办学堂(汪康年,1986:1828)。

抉择之际,汪康年1896年3月的一封书信将梁启超叫到了上海,与汪氏、黄新宪、夏曾佑等筹办《时务报》馆。至此,重视联络人才造势的梁启超除已结识谭嗣同、陈炽等同辈维新志士,又与马相伯、马建忠、严复等当时最熟悉欧洲学术的洋务前辈达成忘年交。尤其是马相伯兄弟,更是梁启超多年仰慕对象。马氏兄弟也很欣赏梁启超不是一般俗子,对之寄予厚望。当时,谭嗣同"冲决罗网"的新经学著作《仁学》已杀青,严复也刚完成日后影响巨大的《天演论》译稿,皆有满腔体制变革诉求需要释放。梁启超亦是如此,其自8月任《时务报》主笔以来,连续发表《论不变法之害》《学校总论》《论师范》《记江西康女士》等变法文章,批评"讲求洋务三十余年,创新政不一而足",疾呼学校、女学、师范等教育事业才是"本原"所在,上下应从改革教育入手寻求"变法"即国体重建。之前办学校、兴新学的政治及课程改革构想,也随之进化为以"变科举"为第一抓手,所谓"变法之本,在育人才;人才之兴,在开学校;学校之立,在变科举;而一切要其大成,在变官制"(梁启超,1989:10)。

系列变法文章引发了巨大反响,《时务报》声名鹊起,一年多下来,即到1897年底,每期平均销量高达11 000份,覆盖全国十八省(朱至刚,2017)。时人有形容说"逮《时务报》出,家喻户晓,人心为之一振"(汪康年,1997:231)。可见,梁启超虽办不成学校,却通过利用当时的新媒体即报刊,建构出了比学校影响更大的新学课程发展机制,并依靠它向全国提倡学校教育学、师范教育学、女子教育学及西方政治法律等新学。只是此类新学提倡不知何时才能促使慈禧及光绪启动科举及政体改革。无权向皇帝进言的梁启超竟想"联合同志,共集义款,以百金为一分,总集三千金,分馈台官,乞为入告"(梁启超,1957:546),可见梁氏希望能尽快革新国事。曾长期在李鸿章手下办理洋务的马氏兄弟见状,"很惋惜梁启超对西方政治文化的认知程度肤浅"(朱维铮,1996:407),认为梁氏"对所谓西学西政的了解,不过限于在华西方传教士所办《万国公报》与广学会诸译著所介绍的那些皮毛"。"他所仰慕的西化模式,实际是黄遵宪所介绍的日本明治维新"。马氏兄弟"因此指责黄遵宪'贼夫人之子'"(朱维铮,1998:10)。

马相伯希望梁启超静下来研究西学,不要急于推动清廷变法。梁启超尊重偶像建议,且曾抽空随马建忠学拉丁文,但终究不愿放弃多年来的变法意志及步伐,进而于1897年初又和章太炎走到一起,为之后在改革与革命之间徘徊埋下了伏笔。康有为、梁启超1895年夏组织强学会时,26岁的章太炎尚在杭州古文经学大师俞樾主持的诂经精舍求学。"在甲午战争失败的刺激下",章氏突然改变求学轨迹,"开始参加政治活动"。强学会上海分会招募会员时,章氏立即"寄会费银十六圆"(汤志钧,1979:26),加入其中。俞樾苦心延续的古文经学命脉也因弟子传人转向政治渐入尾声。到1898年京师大学堂开办,年近八旬的汉学领袖俞樾更曾黯然为诂经精舍提前写下悼亡诗,其中曰"回首前尘总惘然,重重春梦化为烟。难将一掬忧时泪,重洒先师许郑前"(徐雁平,2007:143)。

俞樾曾动用精舍规矩,将学生锁定在许慎、郑玄的汉代经学之内。然而章太炎仍于1897年1月离开了精舍,前往上海《时务报》馆就职。向章氏发出邀请的正是梁启超。二人学术背景及观点反差甚大,但均主张变法,故仍可合作。章太炎对于变法也无研究基础,即使写过一些文章,也是泛论变法造势。唯一值得留意的是和梁启超讨论当时报载孙中山在伦敦蒙难,梁氏说"此人主张革命,陈胜、吴广之流也",章氏则对梁氏的精英口吻不以为然,不仅直言"果主张革命,则不必论其人才之优劣",而且对孙中山革命"心甚壮之"(汤志钧,1979:39—40)。章太炎反应表明,或许其自得知孙中山蒙难起,就已形成革命倾向。当然,最初无处可去的章太炎只能和梁启超合作鼓动变法。而随着交往渐多,双方分歧也日益暴露,进而引发初次合作解体。分歧主要集中在梁启超协助其师康有为立孔教上,章太炎本就看不惯康氏攻击刘歆,抬高董仲舒,见其在上海宣传立孔教,更严厉反对,惹来"康有为门徒竟至'攘臂大哄'",章氏随即"愤而离开《时务报》"(汤志钧,1979:43)。

初次合作仅进行了三个月,便因学术观点水火不容,以及章太炎社内势单力薄戛然而止。当然,如果论及报馆势力结构,则康有为一系亦不算大,因为还有汪康年、黄新宪及背后的张之洞。张之洞本十分支持《时务报》,但当看到梁启超撰文大谈变法,肆意否定之前洋务重臣的改革行动,且不乏尖锐嘲讽,张之洞便觉得势头不对。不便直接出面的张之洞托人提醒梁启超收敛言辞,然而梁启超更在意的是,"《时务报》起,一时风靡海内,数月之间销行至万余份,为中国有报以来所未有,举国趋之"(梁启超,1989:52)。为之"如饮狂泉"的梁启超不但未把张之洞的提醒放在心上,反而继续发表激进言论。之后议论科举改革、呼吁发展新学课程时,梁启超又将批判矛头指向倭仁、端方等清廷"理学名臣",骂他们"误人家国,岂有涯耶"(梁启超,1989:30),张之洞由此更加对梁启超言辞激烈感到不满。

汪康年"看到梁因《时务报》而名誉鹊起,也一度跃跃欲试,开始著文宣传维新变法的主张,其至在某种程度上比梁启超还要激进",乃至"公开宣传当时还比较忌讳的民权思想"(马勇,2006),形势遂愈加紧张。汪康年倒是因张之洞规劝迅速收敛言论,但之后《时务报》又因梁、汪未能就扩大报纸影响达成一致,爆发内部分裂。不愿妥协的梁启超萌生去意,他觉得全国"十八行省中,湖南人气最为可用,惟其守旧之坚,亦过于他省,若能幡然变之,则天下立变矣"(汪康年,1986:1983),因此于1897年11月接受邀请奔赴湖南,担任时务学堂总教习,梁启超早期最重要的学堂新学课程生产实践随之得以出现。至于梁氏执教学堂,将按何种思路生产新学课程,其8个月前给张之洞的上书时就已透露答案。当时张氏在湖北建成两湖书院、武备学堂等新学堂,梁启超上书寄予好评之余,更希望张氏按以下思路设计课程:"西国学校,种类不一,条理极繁,而惟政治学院一门,于中国为最可行,而于今日为最有用。其为学也,以公理、公法为经,以希腊罗马古史为纬,以近政近事为用。"(梁启超,1989:17)

意思很直白,学堂课程方面,梁启超最想发展"政治学"。具体而言就是向西方学校的现代政治课程学习,以公理公法为本,最终实现运用公理公法谋求中国政治改革。这一政治学课程设计思路可谓清晰,然而正如马相伯所担心的那样,无论西方政治学理论,还是西方政治史,梁启超所知都极为有限,因此其实际能生产出什么样的学堂政治学课程,仍是未知数。从到任时务学堂之后的教学情况来看,马相伯的担心没错,除学海堂及康有为给予的儒家经学外,梁启超确实只知道些许西学皮毛,即从当时西学普及译著中获得的"平等""民权"等西方政治概念。梁氏因此和其师康有为一样,实际也只能生产旨在促成激进政治变革的新经学,只是在典籍选择方面比其师更灵活,除康氏推崇的《春秋公羊传》,还善于选择其他典籍,如《孟子》《明夷待访录》《扬州十日记》等,以加按语、令学生作读书札记等方式,从中挖掘"民权"乃至"革命思想",同时鼓励学生回家后,向家人及地方社会传播在当时均属十分激进的政治观念。

蔡锷作为梁启超的高足之一,就记得很清楚,时务学堂的"教学法有两面旗帜,一是陆王学派的修养论,一是借《公羊》《孟子》发挥民权的政治论"。课程及教学如此激进,结果引发"全湘大哗","湖南新旧派大哄",乃至"波动于京师"(丁文江等,1983:83—84)。当初极力邀请梁启超前来任教的诸公开始紧张起来,进而考虑退路。熊希龄便主动向巡抚陈宝箴汇报情况,划清各种应担责任,如所谓"银钱不实,龄之责也,用人不力,龄之责也;若功课,则教习之事,非龄之责也。断无有以西席之教法,反而归咎于东家之理,况龄只有一半东家之责乎"(熊希龄,1957:585)。梁启超本人则于1898年正月,"以病回上海"就医为由(丁文江等,1983:107),离开长沙,其早期最看重的学堂政治学课程生产试验仅进行了两个月,便因引发令地方当局难以收拾的政治震动草草终结。但到1898年3月,康有为恰好争取到了圣听,梁启超又得以和康有为一起正式登台参与发动变法。只是梁氏及康氏登台后均不知道,其激进变法构想也将因无法摆平清廷政治冲突,注定将以失败收尾。

中途,梁启超其实曾有过反省。因《时务报》发文声名鹊起后,梁启超曾写信向多次规劝他的严复坦言:"当《时务报》初出之第一、二次也,心犹矜持,而笔不欲妄下",怎奈"数月以后,誉者渐多",又"渐忘其本来",加上应酬多,"日困于宾客,每为一文,则必匆迫草率,稿尚未脱,已付钞胥。……又常自恕,以为此不过报章信口之谈,并非著述,虽复有失,靡关本原。"梁启超甚至为不听严复忠告,深感"可悔"。然而梁氏笔锋一转,又回到了不忍割舍的变法事业,"以为天下古今之人之失言者多矣,吾言虽过当,亦不过居无量数失言之人之一,故每妄发而不自择也"。在梁氏看来,妄言并不重要,重要的是促成变法,"必此事先办,然后他事可办"(梁启超,1989:107)。归根结底一切都是为了尽快促成清廷革新教育及政治体制,由此又得提一下,梁启超的反思固然解释了自己为何不惜以"过当"言论促成变法,但未注意到在判断国家大势方面,他和康有为一样也会夸大危机,这一点同样是其不顾严复规劝,不停发表激进变法言论的根源所在。

尤其是1897年德国入侵胶州湾以来,梁启超更认为"数年之后,吾十八省为中原血,为俎上肉,宁有一幸"。受此强烈亡国焦虑驱使,梁氏甚至曾向陈宝箴提出"为今日计,必有腹地一二省可以自立,然后中国有一线之生路",藉此鼓动陈宝箴独立,并希望后者给他5年时间从事"自立"改革,不然湖南恐怕也将灭亡,即所谓"若能假以五年,则湖南或可不亡也"(中国史学会,1957:532—535)。时务学堂引发政治震荡的政治学课程生产试验,及后来登台参与发起大刀阔斧的教育与政治体制改革,都源于梁启超想在最短时间里解决其想象的亡国危机。不过,梁氏有一点和其师康有为不一样:康氏不仅激进,而且自信至极,绝不听他人之言;梁氏在具体变法路径上,则能接受其他维新志士意见。如后来吸收严复、章太炎等人的观点,不再支持立孔教。当然,分析完康梁过于强烈的亡国想象与焦虑,再来计较二人谁更固执,已无多大意义,真正值得留意的是,梁启超1896年以来发表的系列变法文章已在各地激起历史变革动力,比其在湖南时务学堂发展政治学更能影响近代中国国体变革走向。

所以慈禧尽管可以下令终止体制变革,捕杀梁启超,但只要梁氏那支笔仍在,即使流亡海外,也仍可发挥其特有的修辞及思想魔力,继续推动国内历史朝梁氏期望的方向演变。只不过变法失败后,梁启超需要考虑,如果不立孔教,该以何种新学课程提倡及生产,继续追求其18岁时便已形成的国体重建理想。顺便提一下,章太炎作为与梁氏相生相克的变革巨子,在"戊戌变法"失败遭到通缉后同样需要摸索进路。由此就需提到近代中国民族革命先驱孙中山。1894年,孙中山曾上书李鸿章,提出国家"富强"四策,其中第一条"人能尽其才"也涉及革新科举制度,建立文、武、农工商等专业且贯通的学堂课程体系,做到"凡学堂课此一业,则国家有此一官,幼而学者即壮之所行,其学而优者则为仕"(孙中山,1981:9—10)。但李鸿章当时正忙于中日战争,并未予以采纳。之后孙中山转向组织革命力量,于1894年11月在海外发起第一个正式的革命团体即兴中会。章太炎参与变法失败流亡日本后,即得益于孙中山早已组织革命团体,才得以找到新路,进而成为革命派新学课程生产干将。

清廷体制内同样有维新志士后来逐渐转向孙中山领导的革命建国之路,有的还和章太炎一样,成为革命派新学课程生产主力。这位清廷体制内的维新志士便是后来出任民国首任教育总长的蔡元培。正是蔡元培、章太炎等革命派骨干,和梁启超一起作为主力,在维新变法失败后引领着清廷体制外的近代中国课程改革主流新路向。变法期间,缺少人手的康有为其实曾动员时在翰林院供职的蔡元培参与变法,但被蔡元培拒绝。蔡氏认为康有为一系"想靠下几道上谕,来从事改革,把这全部腐败的局面扭转过来,是不可能的","他们的态度也未免太轻率,……不足以当大事"(罗家伦,1967：80—81)。且蔡元培觉得康有为改革实际是"欲以少数人弋取政权,排斥顽旧,不能不情见势绌"。蔡元培主张"先培养革新之人才",方能切实扭转当时腐败局面,所以维新变法失败后,蔡元培情愿回家乡绍兴,主持地方上的一所中等学堂,即中西学堂,并因此和自己本有"乙丑同年关系"的梁启超分道前行。直到1918年,中国"对德宣战",两人"在外交后援会演说",蔡元培才"始与梁卓如君相识"(蔡元培,2004：26)。

蔡元培于1898年底到达绍兴,随即开始改革中西学堂课程,保留国文、经书、历史等传统课程及算学、英文、法文之余,增设了日语、理科,涉及地理、物理、化学等"西洋学科"。当时就读于其中的蒋梦麟说"这在中国教育史上还是一种新尝试"(蒋梦麟,2000：47)。传统文科,蔡元培聘请的教员是马用锡,理科这一块,则交由当时基础教育领域的科学课程发展先锋之一杜亚泉负责。"马君教授文辞,提倡民权女权。杜君教授理科,提倡物竞争存之进化论,均不免与旧思想冲突。"为平息冲突,稳定办学,督办(校董)徐树兰拿出"正人心之上谕",要蔡元培"恭书而悬诸礼堂",蔡元培随之"愤而辞职"(蔡元培,1998：659—660)。其实,徐树兰并非一般所谓极端保守派。相反,徐氏作为地方开明士绅,亦在自觉承担社会责任,兴办新学堂,培养国家富强所需新人才。1896年,徐氏便与罗振玉等发起成立中国农学会,还在"上海黄浦之滨置地百亩,采购各国农作物良种,开辟种植试验场"。蔡元培愤而辞职,或许是因一时的"相当冲动"(项义华,2010),但覆水难收,徐蔡终究未能联手在绍兴或上海持续发展新教育事业。

中西学堂的新学课程发展尝试随之只进行了一年,即告中断。之后,蔡元培改任绍兴嵊县书院院长,继续致力于教育救国。蔡元培异常器重的杜亚泉则于1900年秋转赴上海,创办亚泉学馆,同时与1897年成立的商务印书馆合作编辑中国"最早的科学期刊"(高力克,1998：9),即《亚泉杂志》。《亚泉杂志》的创办,在近代中国课程改革史上可谓意义重大,它不仅是本国维新志士最早建构的一大专门面向社会普及科学知识的报刊新机制,而且可以弥补当时新学课程提倡及生产的科学缺失。从杜亚泉的思考来看,杜氏甚至想通过《亚泉杂志》,改变当时重视发展西方政法类新学的主流课程改革进路,扭向以科技实业知识传播为主。如杜氏在创刊序言中所说,"甲午以后,国论一变,讲求政法者渐众",却不知政治进步的基础及动力乃是科技,即杜氏所谓"艺术"。杜亚泉由此对当时日益高涨的政治类新学课程运动,发表了如下一段批评与修正(杜亚泉,1900)：

> 政治之发达,全根于理想。而理想之真际,非艺术不能发见。……航海之术兴,而内治外交之政一变。军械之学兴,而兵政一变。蒸汽电力之机兴,而工商之政一变。铅字石印之法兴,士风日开,而学政亦不得不变。且政治学中所谓进步,皆藉艺术以成之。……德意志之兴,虽其君相之贤,……未始非铜匠之力耳,……。今世界之公言曰:二十世纪者,工艺时代。……,苟使职业兴而社会富,此外皆不足忧。……。吾愿诸君之留意,亚泉学馆辑亚泉杂志,揭载格致算化农商工艺诸科学,其目的盖如此。

20世纪系工业竞争的时代,科技类科学才是国家政治及社会进步之本,这是杜亚泉的基本战略判断。为说服维新诸君调整以政治为主的新学发展重心,改变当时教育及政治隐患,即"今日学生之趋向,欲当于应用实务者,甚少,可为国家忧",杜亚泉还说"使吾国之士皆热心于政治之为,在下则疾声狂呼,赤手无所展布,终老而成一不生产之人物。在朝则冲突竞争,至不可终日。果如是,亦毋宁降格以求潜心实际,熟悉技能"(杜亚泉,1900)。由这段规劝可以看出,要想扭转当时新学课程发展走势,读书人还得自觉转变以在朝为官为理想的传统人生追求。杜亚泉的这一规劝,以及他的工业文明分析与新学课程发展主张,显然有利于反思梁启超《时务报》以来执着于提倡政法类新学及体制改革。就是不知道流亡日本的梁启超是否看过杜氏的《亚泉杂志》。但即使梁启超看过,也不会改变其以政治为重的国体重建及课程改革进路。当然,杜亚泉的思考及选择在当时也并非只是孤例,而是同样可以找到许多同道,其中影响最大的当数发展实业、率先创办博物馆和师范学校的状元张謇。

农工商等职业及相关科技类新课程发展,乃至近代中国的职业教育课程运动,即因杜亚泉、张謇等大力提倡与开拓,才得以于20世纪初渐次兴起。宽泛地讲,杜亚泉、张謇等其实也在努力培养国体变革及国家复兴必不可少的新民,如工匠、技师、小学教师等。然而就总体情况而言,杜亚泉、张謇等人的系列努力仍是支流,主流依旧由梁启超以及蔡元培、章太炎等革命派引领。张謇后来也在身边朋友纷纷加入革命的影响下,选择"转向革命"(章开沅等,2001:479)。至此,章太炎、蔡元培、杜亚泉等在"戊戌变法"失败之后如何另辟课程改革进路,皆已大体交代完毕,可以重新回到梁启超,看他为近代中国课程改革开辟了何种不一样的新路。由此将看到,当蔡元培、杜亚泉在绍兴一所中学携手发展科学新课程时,流亡日本的梁启超则在连夜撰写《戊戌政变记》,并在自己新创办的《清议报》发表,介绍维新变法及戊戌政变过程,藉此希望华人同胞及世界知晓,"皇上虽上制于西后,下雍于大臣,不能有其权,不能行其志,然自四月二十三日以来,三月之间,所行新政,涣汗大号,实有足惊者,虽古之号称哲王英君在位数十年者,其可纪之政绩,尚不能及其一二也"(梁启超,1954:20)。

光绪帝之上的慈禧,则被梁启超描写成"欲专朝权","故虐待皇上无所不至",致使"中国四百兆人中境遇最苦者,莫如我皇上"(梁启超,1954:57)。至于康有为,则被梁氏赞为"维新运动的主要领袖,康梁谭等人构成的维新派是当时唯一的进步力量"。梁启超如此"刻意"叙述变法及政变,是为"争取外援、反击舆论"(戚学民,2001),具体包括纠正"日本政界的主流"认为康梁"变法过于激进所以失败",争取华侨及"英国与日本"的同情和干预,帮助光绪帝、康有为挽救被慈禧扼杀的维新变法(狭间直树,1997)。梁启超本人后来也坦言《戊戌政变记》由"感情作用所支配,不免将真迹放大也"(梁启超,1998:97),结果虽未促成英日干预,但梁氏爱憎分明的叙事至少"打动了对国内情况不甚了解的海外华人,进而热烈支持'保皇'运动"(Kwong,1984:6)。康有为也因获得华人领袖支持,能于1899年,在加拿大维多利亚成立"保皇会",组建"跨国商业公司"(陈忠平,2015),开展勤王、集资经商、立孔教等活动。

得益于梁启超的宣传,以及海外华人希望祖国能改革振兴,保皇会得以迅速在海外广泛开设分会,"不数年间,凡百七十余埠,遍于五洲,会众以数十万计",令康有为不禁喜叹"岂吾所及料哉"(康有为,1981:598)。梁启超作为弟子,亦只能奉命在北美、南洋、澳洲来往奔波,忙于打理保皇会各项事务。不过,梁启超抵达日本以来,除埋头撰写《戊戌政变记》,还十分留意弥补马相伯所说的西学不足的问题,其思想因此又会发生变化。如梁启超自传所言,其到达日本是在"戊戌九月","十月与横滨商界之同志谋设清议报,自此居日本东京者一年,稍能读东文,思想为之一变"(梁启超,1989:18)。这一重要提示虽未讲明思想具体有何变化,但已指出,思想变化源自"稍能读东文",所以得留意梁启超读了何种日文译著。来日本前,梁启超只能在上海买到些许西学教科书。"旅日本数月",发现"昔所未见之籍,纷触于目",梁氏为之"沾沾自喜",乃至欲"大声疾呼,以告同志,……日本自维新三十年来,广求知识于寰宇,其所译所著之书,不下数千种,而尤详以政治学、资生学、智学、群学等,皆开民智、强国基之急务也"(梁启超,1899)。

数千种书中,或许不乏杜亚泉所说的科技类著作。不过梁启超除了政治学,只关注资生学、智学和群学,即经济学、哲学、社会学,它们和政治学一起被梁启超视为"开民智、强国基之急务",表明梁启超在读书兴趣及新学课程发展方面仍以政治类为主。由此也不难理解,当杜亚泉抱怨维新志士及学生热衷于政治,不知政治进步之本乃是科技时,梁启超为何却在遗憾"吾中国之治西学者固微矣,……而政治资生等本原之学,几无一书焉"(梁启超,1899)。维新变法之后的新学课程提倡及生产之所以会出现巨大差异,就是因为对于何谓国体重建的"急务"与"本原之学"认识不一致。梁启超始终是把政治视为"本原之学",就看他见过更多日译西方政治类新著之后,究竟得到了什么样的政治新思想。如罗志田所言,"大约从1899年起,梁启超在论及现实问题时,开始明确偏向民族主义和国家主义一边"(罗志田,2007)。事实正是如此,依靠"读日本书所得之益极多极多"(梁启超,2000:7),旅日第二年即1899年,梁启超开始思考中国在世界上的位置,进而形成民族国家主义政治新理想,其新学课程提倡及生产也因此能迎来更新。

思想转向民族国家主义的最初标志便是梁启超1899年2月发表的《爱国论》。梁氏一上来便提出此前不曾关注的现实问题,即"泰西人"不把中国放在眼里,"视我四万万人,如无一人","故日日议瓜分,逐逐思择肉"。梁启超认为,之所以会这样,就因国人"不知爱国",以至"全国命脉,朝不保夕,而我民犹且以酣以嬉,以歌以舞,以鼾以醉,晏然以为于己无与"。至于四亿同胞为何不知爱国,又是因"数千年来同处于一小天下之中,未尝与平等之国相遇,盖视吾国之外,无他国焉。故吾曰:其不知爱国者,由不自知其为国"(梁启超,1901:9)。此番论述提及"全国命脉"时,仍有夸张亡国焦虑,但其中蕴含的民族国家主义新视野,却使梁启超从此可以围绕新的国体重建目标,来继续为其新学课程发展努力。这一新目标便是对四亿同胞进行国家主义教育,使之"自知其为国",进而"爱国"。维新运动失败后的中国课程改革也因流入这一民族国家主义新思想,得以发生质变,由围绕清廷体制内的教育及政治改革需要打转,进入为创建民族国家培养爱国国民的崭新阶段。

不过,梁启超最初形成民族国家主义思想时,对于英美等民族国家具有何种政体结构,创建民族国家需要什么样的国民,都还没有明确的认识及界定,所以梁启超之后仍得完善其民族国家主义思考。梁氏形成民族国家主义新思想之后,被康有为安排远赴南洋、澳洲,忙于筹款勤王、发展保皇会会员,一时难以完善其民族国家主义思考。加上康有为开民智,仅限于让民众接受农工商教育,政治方面近似"愚民哲学"(朱维铮,1996:185),所以也不会允许梁氏以"民权""自由"等思想来开启民众的政治之智(丁文江等,1983:236—237)。但到1902年正月,已近而立之年的梁启超终于不顾业师阻拦,回到横滨创办了《新民丛报》,继续以自己最擅长的报刊宣传方式,展示其过去一年来的民族国家主义国体重建及国民教育探索结果,即为创建现代民族国家发展由"民德""民智""民力"构成的三大"新民"教育。为此,梁氏就需发展新民学课程,从而和严复一起在清末掀起影响巨大的国民教育课程运动。

严复在梁氏创办《新民丛报》之前,便已通过译介《天演论》《论自由》等英国政治社会学著作,开展国民启蒙教育。严复将国民教育分为"体、德、智"三类,且有相应课程设想,如所谓"民智不蒸,而国亦因之贫弱。欲救此弊,必假物理科学为之","德育主于感情,……故多资美术"等(严复,1994:166,159)。虽然不清楚梁启超的三育教育构想是否源于严复,但梁氏的加入,显然有助于推进国民教育课程发展,扩大其历史变革影响。当然,此刻更需关注的还不是严、梁二人系当时国民教育课程运动或德智体三育流行的主要推手,而是梁启超具体培养什么样的新民,需要哪些新学课程做支撑。从系列宣传教育实践看,梁启超首先期望改革者及全体国民能达成共识,将"新民"教育视为"今日中国第一急务",明白"吾国言新法数十年而效不覩",皆因"于新民之道未有留意"。为凝聚共识,梁启超还特别提醒注意,当时世界正被"民族帝国主义"主宰,"吾中国不幸而适当此盘涡之中心点","非合吾全体民族之能力,必无从抵制也"(梁启超,1902)。

指出此前数十年改革未留意新民之道,的确戳中了洋务重臣的教育缺失之处,即局限于士人群体内选拔培养人才,系精英主义人才教育,没能调动国民参与创建现代民族国家。民族帝国主义概念的提出,同样适合八国联军入侵北京以来的民族危机现实。至于把中国建成什么样的民族国家,以及为此需要培养什么样的国民,梁启超看中的典范则是英国和盎格鲁撒克逊人。之后梁启超便按自己通过阅读日译西书得出的盎格鲁撒克逊人形象,设计了国家思想、进取冒险、权利思想、公德、自治、尚武、合群、毅力等16点民德、民智及民力。由此,梁启超形成了一套新民学课程发展总纲,也堪称梁启超1902年以来最为重要的新学课程提倡及生产贡献。这套新民学课程具体也是由诸多政治、法律及政治史、学术思想史等类新学组成,如民族主义及帝国主义国际政治学、世界人种地理学、英国自由主义政治哲学、西方政治史、宪法为主的西方法律学,以及中国传统政治与学术思想史等。这些新学课程皆被梁氏用来培养民德、民智及民力。

以"国家思想"为例,需学习英法美等国宪法、中国政治及学术思想史、古希腊罗马政治史等新学课程。培养"进取冒险""权利思想"时,需学习哥伦布以来欧美诸强国对外扩张、法国政治哲学、中国思想史等新学知识。值得进一步留意的是,梁启超的新民学课程不乏中国政治史及学术思想史研究,但常常作为反例出现,用于证明中国国民缺乏公德、国家思想、冒险精神、权利思想等新民必须具有的品质及能力;只是在"私德"上,中国传统学术思想有"正本""慎独"等些许可取之处(梁启超,1903)。与此相对,西方政治、思想、法律等在梁氏新民学课程中不仅比重更大,且多以正例出现。可以说,梁氏的新民学课程及教学意在引导国人向其想象的盎格鲁撒克逊人学习,同时检讨自身不足,在此过程中,由于预先设定了西优中劣的评价标准,所以容易导致消极看待本国历史及学术思想,以及过分美化英美德法及日本等西方国家政治与国民素质。尤其在论及历史悠久的传统中国是不是国家时,梁启超更基本上都是选择负面案例,很容易使国民产生错误认识,乃至将传统中国简单界定为"专制"国家。

钱穆便曾指出,"近代中国学者专以抄袭稗贩西方为无上之能事","因为中国没有议会和宪法,中国自然是君主专制,说不上民权。但不知中国自来政治理论,并不以主权为重点";"至于认为中国以往政治,只是君主专制,……也一样是把西洋现成名词硬装进中国,并不是实事求是,真要求了解中国史"(钱穆,2018:66)。钱穆的批评放于梁启超身上,可谓一语中的。梁氏的爱国热情及国家主义皆是民族复兴必需的情感及思想力量,其所看到的国民教育缺失,亦是当时中国客观存在且被忽视的现实大问题。但很遗憾,梁启超旅日以来,依然没法按马相伯所嘱,静下来深入研究西学。且不说康有为及保皇会各种事务就已令梁启超分心,仅仅"开《新民丛报》后,每日属文以五千言为率",便使梁启超无法深入研究西学及中国历史。梁氏所做更多其实是设法让国民接受其旅日以来新吸取的西方政治概念及思想。而当时厌倦了桐城古文、八股时文的年轻学子,恰恰很喜欢梁氏为传播西方政治概念及思想发明的"新文体",即梁氏本人所谓"纵笔所至不检束","然条理清晰,笔锋常带感情,对于读者,别有一番魔力",引发"学者竞效之"(丁文江等,1983:273—274)。自由、自治、民主、专制、立宪等西方政治概念也因"学者竞效之",使各地社会不断生成更大更激烈的政治变革力量。

梁启超本人更曾一度转向破坏、革命。《新民丛报》开办以来,梁启超还一度因转向革命及民主,将美国想象为"世界共和政体之祖国",并因此与康有为发生政治分裂:康氏"认为中国不适宜共和制,皇上甚至清廷可以行改革。梁启超则认为光绪很难保救,也不易有所作为,清廷更不能指望。既然不得不革命破坏,与其争取过渡,不如直达目的"(桑兵,2018)。但到1903年,梁启超真的在美国兜了一圈之后,却发现共和不过是意识形态表象。真实的美国乃是贫富悬殊,高犯罪率;政治方面则是"高才之士,常不肯入政治界","一党中除数十重要人物之外,其余党员皆碌碌之辈"。由专制与自由等概念引发的崇西贬中,随之瞬间化为双重失望:"专制国之求官者,则媚于上;自由国之求官者,则谄于下。专制国则求兹一人,自由国媚兹庶人。谄等耳,媚等耳。"(梁启超,1981:168—169)待到 1920 年访欧归来,梁启超又因看到一战后"各国生计及财政破产"(梁启超,1936:5),连过去对于欧洲的美好想象也破灭了,转而回到本国文化,依靠本国先贤道德政治思想另辟现代文明。

梁启超还对五四以来的"新青年"疾呼:"我们可爱的学子啊,立正,开步走!大洋对岸那边有好几万万人,愁着物质文明破产,哀哀欲绝的喊救命,等着你来超拔他哩。"(梁启超,1936:38)然而新青年学子主流却在向往梁氏十多年前通过《新民丛报》传播的西方概念及思想构筑的西方理想世界中,梁氏再来高喊西方"物质文明破产"反被新一代西化新青年视为落伍代表。不懂事实,仅靠书本取经终究不可靠,曾与梁氏携手引入西学、开启民智的严复同样早早终止了当初的西方政治社会思想传播。1921 年,严复更曾在弥留之际留下三句"语至剀切"的遗言,其中第一句是"中国必不亡。旧法可损益,必不可叛"(严复,1986:1552)。严复昔日也曾有的夸张"亡国"想象终于得以消解,同时希望新一代能从深入研究历史出发耐心探索改革,谨防简单激进的西化改革取向。事实上,得益于读书比梁启超更深,1906 年,严复在复旦公学教授"最为我国士大夫所习闻"的"政治一学"时,就曾特别提醒学生,一定要留意西人"言治不求之于史,是为无根。……十八世纪以前,已有言治不由历史者,希腊时如柏拉图,最后如卢梭。此二人皆诸公所习知,其言治皆本心学,或由自然公理,推引而成",直到 19 世纪孟德斯鸠加以"反正",西方学者方开始"本历史言治"(严复,1986a:1243)。1913 年,严复又曾叮嘱得意弟子熊纯如注意"自卢梭《民约》风行,社会被其影响不少,不惜喋血捐生以从其法,然实无济于治,盖其本源谬也"(严复,1986b:614)。

临终遗言与几番提醒,大意都是为激励后辈学子如果继续改革,切不可被超历史的西方政治思想牵着鼻子走,而应在深入研究西方历史尤其是中国历史的基础上损益"旧法",如此方可找到更扎实稳妥的国体变革之路,避免发生因轻信西人"心学"或"自然公理","不惜喋血捐生以从其法"。严复的反思与调整在晚年梁启超那也能赢得共鸣,后者自 1917 年从财政总长退下来,也想致力于研究中国历史,生产"中国通史""中国文化史""清代学术史"等新国学课程。相比于早年向国民普及西方政治思想,却多是靠二手日译及严复所译西学,研究中国历史文化,藉此生产新国学课程,"中国通史""中国文化史"等新国学课程才是学海堂高材生梁启超更能驾驭的新课程建构试验。

由此也可引出梁启超政治学之外系列同样旨在培养爱国新民的新学课程提倡及生产。先是早在1902年推出《新民丛报》时,梁启超便开始提倡"史界革命"。只不过那时的梁氏是以西方政治概念作为标准建构中国历史文化课程。

发出新史学提倡后,梁启超曾"立志要编写一部全新的《中国史》,把'新史学'主张转化为可以广泛传播的一部通史教材"。怎奈梁氏"大志在政治上,奔走呼号,日不暇席。……直至临终之前,外界环境和他本人的心志,仍不容许他专心史学",只得由当时听之有心的学子,如吕思勉,来接替其新史学课程生产及中国通史教材编写(王家范,2008)。除史学外,梁启超还从其新民政治教育理想出发,针对中国传统读书人十分喜欢的文艺类课程,在诗歌、小说等文艺域也有过"革命"构想及实践。如1899年提倡"诗界革命",革新诗歌评论,从"中国人无尚武精神","吾中国向无军歌"出发,表彰黄新宪创作"军歌"(梁启超,1959:42—43)。梁启超还曾为"学生某君(即沈心工)入东京音乐学校,专研究乐学",感到"喜无量",赞扬另一位留学生即曾志忞在《江苏》杂志上撰文提倡发展音乐课程,视音乐为"文明国宝",推广音乐"教授法",并将沈心工所作《游春》《扬子江》《海战》等"军歌、乐歌"(沈心工,1903),誉为"中国文学复兴之先河"(梁启超,1959:42—43)。梁启超本人也曾为学堂儿童创作《爱国歌》,可谓和黄新宪、沈心工、曾志忞等一起推动了近代中国1902年以来兴起学堂音乐课程即"学堂乐歌"运动。

1902年底,梁启超又另外创办《新小说》杂志,呼吁"小说界革命",又提出了一套新民小说政治教育及课程论,其核心内涵是"借小说家之言,发起国民政治思想,激励其爱国精神"(钟贤培,1996)。梁启超本人也曾试验撰写新民政治小说《新中国未来记》。可见,梁启超改革传统文学课程,特别提高小说的地位,也是在以小说这一国人喜闻乐见的载体,传播政治新思想,培养新民。其新小说课程提倡及生产,因此和其重点实施的系列新民政治学教学一样,也曾因政治思想变化,一度倾向革命,但梁启超最终还是选择回到创建保留君主的民主法治国家。1903年推出《新中国未来记》即是向国人宣传这一政治选择,引来革命健将陈天华也拿出一部白话小说《狮子吼》,批判《新中国未来记》的抵制革命言论,同时向国民传播革命思想。如说"倘若做皇帝的,做官府的,实在于国家不利,做百姓的即要行那国民的权利,把那个皇帝、官府杀了,另建一个好好的政府",即"共和国"(陈天华,1958:113)。陈天华的反驳更能说明,新小说或白话政治小说也是20世纪初兴起的一类新型国民政治教育课程,梁启超及革命派都曾致力于生产新小说类型的国民政治教育课程。

因为是在体制外活动,梁启超及其反对者陈天华均无法将政治小说列为学堂课程,但仅就梁启超而言,其小说教育努力便有不容小觑的历史变革意义:传统课程体制长期是以经学为重,然后是史学、文学(诗),小说乃是被否定的课外书;但在梁启超的新民或国民教育课程体系中,不入流的小说却被抬至文学之首,可谓史无前例。且梁启超呼吁"小说界革命"还曾直接促成李伯元、吴趼人等发起小说政治教育运动,《官场现形记》《二十年目睹之怪现状》等众多揭露清末政治社会腐败、谋求"改良社会"的国民教育新小说随之陆续诞生,且社会政治影响极大。连慈禧也看过《官场现形记》,还要"按名调查"其中腐败人物(李宝嘉,2013:2)。原本看不起小说的清末学子也纷纷跟着重视小说,进而促成更多新小说课程的诞生。像鲁迅登台后,创作白话小说从事"国民性"揭示与改造教育,开设"中国小说史"课程,最初起因都可追溯到其早年留日期间,"读了梁任公的《新小说》,和他所作的《论小说与群治之关系》,所受的一点影响"(周作人,1982:185)。

小说、史学之外,梁启超的另一大新学课程提倡及生产便是教育学。前文已提及,维新变法时,梁启超便曾参与推动日本教育学、师范教育学、普通教育学等教育学兴起,此刻要说的是,自1902年形成民族主义及创建民族国家的新思想,梁启超实际还贡献了国民教育学,最初成果便是在《新民丛报》创刊号"教育"专栏发表的文章,呼吁将学堂教育"宗旨"改为以培养"国民"为本。到《新民丛报》第3期,梁氏又开始在"教育"专栏刊载其所撰写的"国民教育学"专著,名为"中国新教育案",继续探讨如何培养国民。也许觉得费时议论如何培养爱国新民,不如直接生产新民政治学课程,或发展诗歌、小说类的国民政治教育新课程,以之培养国民。总之,交代完主题,梁启超并未继续建构"国民教育学"。八个月后,梁氏才请日本陆军学校留学生蒋百里接上,提倡发展"军国民教育学",以改变"言教育者,动曰德智体",主张"扩充军人教育于学校",以培养"军人精神气质"(蒋百里,1902)。

蒋百里提倡完"军国民教育学",也没有后续理论生产,他同样更愿直接采取实际的教育及政治行动,和马君武、厉绥之等留日浙江同乡,创办《浙江潮》,从事军事革命宣传教育,推动军事革命,被尊为"中国现代兵学开山祖"(吴相湘,1993:43)。此说没有考察同一时期,袁世凯、张之洞等清廷封疆大吏也在大力发展军事教育,但蒋百里称得上是清廷体制外的近代中国军事课程发展先锋。只是他没有写成梁启超交代的教育学教材,本土第一部教育学教材最终由王国维于1905年写成,系王氏教育学讲义(瞿葆奎,2008)。其时,王国维任教于江苏师范学堂,编写教育学乃其本职。王氏早年深受教育救国言论影响,19岁时就想创办师范学校,没法办成后转入《时务报》社。位卑言轻的王国维未能融入社内任何派系,只是无奈乃至痛苦旁观报社内部"学术异同之际意见极深,稍有不合,即成水火"(王国维,2010:10)。多亏罗振玉援手,王国维才得以在东文学社落脚,从此埋头钻研德国哲学及教育学。受此学术背景影响,加上反感严复、康有为等谈论新学,皆是政治目标,王国维认为时人均不懂教育真谛,必须从哲学的"人"论出发,才可以把握教育真谛,他即因此将本土第一部教育学设计成了超现实政治的"成人"教育学。

王国维所著教育学讲义对后世本土教育学课程发展影响堪称巨大,时至今日,教育学的内容体系仍是将王氏所定主题或类似超现实的哲学"人"论主题,视为第一原理,梁启超、蒋百里勾勒的"国民教育学"或"军国民教育学"则被教育学子丢弃在历史里,未能成为教育学的经典范式。然而王国维及其教育学也因当初执意选择超现实的哲学理论进路,注定难以对20世纪中国新一轮国体重建及新学课程发展产生实质影响,乃至时常会被历史变革主流力量挤到边缘位置,真正推动历史变革的反而是梁启超、蒋百里等构想的国民教育学或军国民教育学。只不过,热衷于政治的梁氏、蒋氏皆不愿以专门生产国民教育学或军国民教育学的方式,来推动当时的政治变革,而是更倾向于通过提倡、生产其他具体的国民教育新学课程,来追求各自的国体变革及民族国家建设理想,同时带动相关具体新学课程的兴起与发展。

和蒋百里一起创办《浙江潮》的厉绥之亦是如此。厉绥之也立志教育救国,但厉氏所选的教育救国之路却是发展新医学。厉氏1909年学成回国后,在杭州创办了本国第一家西医院,并在1912年创办中国第一所医学专科学校,即浙江医学专门学校,可谓近代中国医学教育及医学课程体系的缔造者。厉氏还有一套以健康卫生为国民第一素养的国民教育学理论,其国家政治学基本假设及核心观点是,"现代第一流国家之政纲,无不重视国民健康"(厉绥之,1936)。厉绥之的努力亦能表明,相比于专门建构教育学,发明其他新学课程,反而更能推动国家政治、教育变革。也许最理想的情况乃是既建构教育学,厘清国家需要何种新教育,又从事配套的新学课程及知识生产。梁启超、蒋百里、厉绥之皆如此。王国维其实也是一面编写超政治的教育学,一面生产哲学、文学、美学等超政治的新学课程。王国维还曾有过扩大影响努力,如批评张之洞主持学制改革时将"哲学"除名,提出"哲学一学科必与诸学科并立"(王国维,1993:6),却未能产生期望的课程变革效果。到蔡元培登台主持民初课程改革,王国维的教育理想及其哲学、文学与美学课程提议才获得体制认可。梁启超等人系列旨在培养爱国新民的新学课程也没有获得体制认可,但其现实影响却远大过王国维提倡发展超政治的哲学、文学及美学课程。就现实影响而言,体制外的各路新学课程发展努力中,能直接与梁启超一系抗衡的也就只有蔡元培、章太炎等革命教育先锋为培养反清革命志士推出的系列新学课程。

2. 革命教育先锋的新学课程创造行动

政治理想方面,革命教育先锋也是要把清廷统治的传统中国改造成崭新的民族国家,但与梁启超专注于塑造一般意义的爱国新民不同,革命教育先锋的系列新学课程创造行动,从提倡到切实生产,均是为了能直接培养"同志"即携手推翻清廷统治的革命志士,所以会形成不同的新学课程景观。当然,蔡元培、章太炎等革命派课程改革先锋也有个转变过程,像章太炎一开始并未选择革命,到1898年底才决意转向革命,并劝康、梁"脱离清室",追随"高谈革命"的孙中山(汤志钧,1979:73)。其时,蔡元培则在以发展学堂新学课程的方式从事政治改良。但自1901年9月转赴上海南洋公学任特办总教习,情况开始变化。这一时期的蔡元培看起来重视"广泛搜集、阅览国内外书籍报刊,就教育制度及学校课程等问题详加研究",并有"《学堂教科论》出版"(高平叔,1999:222),堪称完成本土首部课程论专著,但这些皆是表象,实际蔡元培自从任教南洋公学起,已开始倾向革命。

黄炎培作为蔡元培南洋公学时期的学生,在纪念其师时,就曾特别强调"最初启示爱国者吾师,其后提挈革命者吾师"(黄炎培,1940)。蔡元培转向革命,也缘于形成"爱国"的民族主义新思想。这一点与梁启超旅日以来的变化可谓殊途同归,但相比梁氏随后在改革与革命之间徘徊,蔡氏自形成民族国家主义起便选择暗中革命,曾在上海为"从事革命运动,奔走数年"(马鑑,1940),直到1907年前往欧洲留学。数年中,蔡元培首先采取的革命行动便是1902年4月,与章太炎、蒋维乔、黄炎培等发起成立中国教育会。该会宣传"以教育中国男女青年,开发其智识,增进其国家观念,以为他日恢复国权之基础为目的"(中国教育会,1902)。下设爱国女学校,对外声称为"教育女子增进其普通知识,激发其权利义务之观念"(高平叔,1999:222),此外还有《苏报》社,最初业务是编辑当时学堂兴起急需的教科书。但这些同样都是表象,以避免清廷侧目,中国教育会实质乃如革命派成员冯自由所言,是"东南各省革命之集团"(冯自由,1981:116)。

蔡元培之后其次有影响的革命教育行动即是和章太炎、吴稚晖等携手,为南洋公学200多名退学生特别创办爱国学社。南洋公学由洋务派后继者盛宣怀创办,但盛氏不直接主校,因此并不知学生退学"缘于五班教习郭某,禁学生阅一切新书及新民丛报等,每痛斥之,学生积不平"。至于退学直接导火索,则为郭某"一日,见几上有墨水瓶",以为学生嘲讽其空无学术,"问何人所置,无应者"。接着,白姓总办开除无辜学生伍某,郭某添油加醋,将不举报者"皆记大过"。"于是五班大愤",引发全校学生纷纷运用自由、国家、奴隶等从《新民丛报》学来的新思想发起反抗,"相谓曰:'学生者,国家所以生存之要素,今教习悍然以奴隶待学生,凡为国民,谁能堪之'。将共往督办处言所以去之故而行,不得见,遂共返收拾行李"。200多名学生即由此集体退学,《新民丛报》声援说:"夫我国学校之专制,实我学生社会之公敌,曾无有起反动之抵抗者",进而鼓励"学生流无限之鲜血争之,将断断造成他日共和之新露国"(贝寿同等,1986:108—109)。

声援认为历史上没有学生抗议运动,同时将中国学校一刀切地定为专制,皆又是梁启超一贯的未加深察之语,但南洋公学200多名学生退学,的确是清廷开办洋务学堂以来从未有过的一件大事,标志学生作为新兴变革力量开始登上历史舞台,且从中不难看出学生推崇《新民丛报》及梁氏言论,并学会了以现代政治思想及语言,来凝聚展示自己作为一大新兴社会群体即梁氏所谓"学生社会"所具有的变革力量。当然,《辛丑条约》签订引发学生对清廷感到绝望,学校当局连墨水瓶之类的小冲突都处理不好,更是一大外因。学生随之更会脱离清廷体制,转向《新民丛报》及梁氏本人也曾一度倾心的革命进步方向。蔡元培作为南洋公学特班教师,也愤怒辞职。蔡氏尚有体制内的翰林出身,但仍为退学学生创办爱国学社,并与章太炎等一同作为教师,将爱国学社办成了史无前例的革命教育中心,"师生高谈革命,放言无忌"(冯自由,1981:118)。与之相对应,南洋公学则"人去室空",赶来应急的盛宣怀顿时"惊呆了,经营多年的南洋公学一夜之间竟如此萧条"(盛懿等,2006:43)。

中国教育会成立以来的系列行动表明,如果从新学课程提倡及生产的角度界定蔡元培及章太炎的课程改革贡献,则二人确实如冯自由所言是在发展史无前例的革命课程,包括在学堂里向学生宣传反清革命,以及通过《苏报》面向社会开展国民革命教育。当然这只是总体概况,倘若考察革命教育由哪些革命通识课程构成,还能发现蔡、章系列更具体的尝试。这些尝试皆能发挥先锋示范作用,有利于推动众多新学课程进入1901年以来正在地方兴起的学堂教育机构。如蔡元培详细研究中西教育制度之后,为爱国学社架构的学制四年的课程体系,即"寻常级"(初级)课程:修身、算学、理科、国文、地理、历史、英文、体操,以及"高等级"课程:算学、化学、国文、心理、社会、国家、经济、政治、法理、日文、英文、体操(蔡元培,1984:166),便可为江南诸多学堂提供参考,尤其是开设国家、社会、经济、政法等课程,更是国家主义的中学课程创新典范。此外还有学生民主自治、师生共同开展社会政治实践等课程新制度,亦是蔡元培首创,这些制度后来也成为各地学堂效仿榜样。

章太炎不像蔡元培曾专门考察中国传统及西方课程体系,课程体系设计及创新能力相对欠缺,但凭借自身学术积累,章氏同样能在诸多具体的学术领域形成影响颇大的革命新学课程提倡及生产尝试,弥补蔡元培在一些具体学科的缺失之处。作为古文经学传人,同时自1900年便形成反清革命的民族国家主义政治新思想,章太炎在革命新学课程生产方面最初的行动乃是修订1899年出版的旧著《訄书》,彻底删除其中的体制改良主张,改为主张推翻清廷(汤志钧,1979:113—117),从而发明了革命的经学史这一革命新经学课程。虽然章氏革命的经学史,即新版《訄书》,无法被蔡元培公开列入爱国学社课程体系,但它却能抗衡康有为的今文经学及孔教,有利于扩大革命思想传播。驳倒康有为也正是章太炎从事革命教育之后自定的重点之一,除修订《訄书》外,章太炎还针对康有为拥护光绪帝的政治宣传,连续发表呼吁推翻清廷的革命论文,并大力表彰为反清革命舍身就义的"烈士"唐才常(章太炎,1985:231)。

修订《訄书》、驳斥康有为之余,章太炎还曾调整前期译介的斯宾塞社会进化理论,并于1902年推出日文《社会学》译著。章氏最初译介斯宾塞是在1898年,当时未能细查斯宾塞19世纪中叶开始研究社会进化,不是为宣传科学将带来社会进步。英国科学及工业水平当时已位居世界第一,无须再费力赞美科学加以推动(今天仍有教育学子认为斯宾塞重在提倡科学知识最有价值),斯宾塞真正关心的是科学时代何以安顿宗教(Spencer,2009:3-24)。对此西方现代社会难题,斯宾塞的回答是,科学时代宗教仍必不可少,不然社会将产生"灾难",但宗教在科学时代已进化为新的"信条""情感",即"关心人类福利"。这一新型宗教应由"杰出政治家来捍卫","不能只交给牧师与教士"(Spencer,1873:395-396)。可见,斯宾塞的进化社会学意在揭示,在科技工业时代,杰出政治家及公共福利政治比传统宗教及上帝信仰更能有效维持社会道德秩序,这一政治观点有利于消解英国社会因传统宗教受科学冲击引发的焦虑与冲突,使英国社会转向以政治改良为重,斯宾塞也因此闻名于世。

不了解近代英国文化社会演变的章太炎最初译介斯宾塞时,仅留意宗教与科学相克,宗教属"不可知"范畴,进而认为谋求社会进步时无须关注宗教。然而到1902年译介日文《社会学》,章氏又摒弃了当初"误读"斯宾塞形成的排斥宗教观点,转而将宗教视为进化的根本动力(彭春凌,2019)。章氏前后两次片面解读斯宾塞,其实皆是为反对康有为立孔教。第一次从斯宾塞那汲取宗教不科学,来否定康有为的宗教计划。第二次则未能理解斯宾塞主张以公共福利政治取代传统宗教。但章太炎改为重视宗教,仍是为反对康有为立孔教,具体来说就是以本土佛教来对抗康氏孔教。而章氏之所以选择本土佛教,又因觉得佛教中的许多思想及精神能培养决然的革命志士。章太炎的一番宗教周折与变化,竟是为挺立本土佛教,且认为要培养革命志士,必须依靠佛教。章太炎所想绝非孤例,第一个为变法而死的谭嗣同亦曾依靠本土佛教的"慈悲""大无畏""普度众生"等精神,才得以形成抛开一切、视死如归的勇猛"仁学"新思想及政治变革意志,乃至认为"善学佛者,未有不震动奋厉而雄强刚猛者也"(谭嗣同,1981:321)。梁启超同样曾向本土佛教取力,还提醒"晚清思想界有一伏流,曰佛学","所谓新学家者,殆无一不与佛学有关系",谭嗣同的老师杨仁山、谭氏本人及章太炎等皆是代表(梁启超,1921:164—165)。

常被人忽视的中国近代佛学课程运动即在上述诸人引领下得以兴起。当然,梁启超所言是在概括清末佛学兴起的总体情况。就章太炎个人来说,其1902年由否定宗教转向重视宗教后,并未立即展开佛学生产,只是在提倡发展革命佛学,期望以本土佛教培养大无畏的反清革命志士。从1902年章太炎所处思想语境及其政论实践来看,更值得关注的毋宁说是另一个更棘手的议题,即如何界定中华民族国家属性。因为正是在1902年,梁启超率先以"中华"界定中国"四百兆人"的民族国家认同,并从文化史角度指出"中国种族不一,而其学术思想之源泉,则皆自黄帝子孙"(梁启超,2001:9)。相比之下,反清革命志士所爱及所建之国究竟是什么样的民族国家,章太炎以及蔡元培都还没有形成清楚认识,仅笼统认为所爱及所建之国绝非既有的清廷体制,而是崭新的民族国家。不过,到第二年,章太炎便也开始像梁启超那样,从本国历史入手建构中国的民族国家属性,且同样将中国民族国家属性概括为"中华",进而才有之后和孙中山一起将革命目标定为建立"中华民国"(章太炎,1985:252)。

革命志士所爱及所建之国究竟是什么样的国家这一关键问题随之暂得解答,同时也可引出章太炎另一大新学课程发展努力,即中华民族史与通史。章氏和梁启超一样,也重视通过发明新的本国史教育来创建民族国家。怎奈章、梁的中华民族史知识均很有限,尤其是章太炎更有极端倾向,无法解释多元一体的中华民族在漫长自然发展中,具体由多少大小民族逐渐融合而成,只能留待新一代改革者加以深入研究与解决。此刻仅提一点,中华民族史、中国通史均是民族复兴必须大力发展的新学课程。

顾颉刚抗战时犹在提醒国人,"帝国主义"会留意中国四万万同胞的民族学漏洞或错误民族史认识,以及由此造成的"我们各族间的情意太隔膜",进而"用欺诈手段来作分化运动",挑拨中华民族内部矛盾,乃至"酝酿组织某某国"(顾颉刚,1937a)。顾颉刚的提醒更可以证明,发展中华民族史、中国通史等新学课程,对于中华民族复兴而言有多重要,进而也会庆幸章、梁在西方"民族帝国主义"在华横行之际,及时提倡民族国家主义,一致将国体重建目标定为创建四万万同胞共有的中华民族国家。只遗憾双方未能始终携手行动,章太炎以及蔡元培与孙中山均认为,必须先将清廷体制推翻,才能建立崭新的中华民族国家。

1903年起,为更快促成革命,章太炎不满足于只是采取前文所考察的系列革命教育及革命新学课程建构行动。是年5月27日,章氏不愿再以假名从事革命教育,直署真名在《苏报》上为邹容《革命军》作序,公开向清廷宣布"革命"(章太炎,1940)。另一位评论员虽仍是匿名,但所署之名却是"爱读革命军者",且将《革命军》誉为"今日国民教育之第一教科书"(爱读革命军者,1940),等于彻底否定清廷才公布不久的学堂课程体系方案。此外陈天华的革命小说《猛回头》,亦从这一期《苏报》开始刊载。中国教育会的革命课程生产及革命教育宣传随之高涨,引来慈禧下令查办,章太炎、邹容被捕入狱,是为震惊中外的"苏报案"。相比章太炎、邹容过于勇猛,蔡元培则善于从大局考虑革命。蔡氏之前看过《革命军》,曾撰文告诫放弃极端仇满的错误认识,因为满族"血液"早已同汉人"混杂",其"风习"也"为北方稗士莠民所同化","乌有所谓'满洲人'者哉"。革命对象不是满人,而是清廷体制,包括"世袭爵位,而又以少数人专行政官之半数"、"驻防各省"、"不治实业,而坐食多数人之所生产"(蔡元培,1984:171—172)。蔡元培所论甚为公允,但邹容、章太炎不听,执意以惊人事件激起更大革命浪潮。

震惊中外的"苏报案"爆发时,蔡元培正在青岛学德语。闻讯后蔡氏即回上海,前往监狱探望章太炎与邹容。当时,上海各进步团体还在为另一位志士沈荩筹备公祭大会。沈荩因揭露清廷签订《中俄密约》,被"竹鞭捶至四小时之久,血肉横飞,残酷万状,最后以绳勒其颈,始气绝"。蔡元培得知消息十分愤怒,在会上"痛斥清廷的政治暴乱,蔑视人权,听者无不动容"(高平叔,1999:273)。原本温和的蔡元培由此主张对清廷还以暴力革命,进而开启更猛烈的革命课程生产及教学活动。1904年,因"苏报案"一度散架的中国教育会完成重组,在原有学校及社会教育基础上,增设军事教育部和实业教育部。会长蔡元培随即开始从军事革命出发,重建爱国女校。蔡氏"觉得革命只有两途,一是暴动,二是暗杀",于是重点发展两类革命课程,即"竭力助成军事训练,算是下暴动的种子;又以暗杀于女子更为相宜,于爱国女学,预备下暗杀的种子",具体课程则有"理化""试造炸药""法国革命史"等。学生学完,"年长而根底较深的学生如周怒涛等,亦介绍入同盟会,参加秘密小组"(蔡元培,1938)。

重建爱国女校以来,中国教育会已"不能如上半年之公开鼓吹革命,然内地之运动革命者,皆以教育会及爱国女学校为秘密接洽之机关"(蒋维乔,1936)。蔡元培还加入了杨笃生、苏凤初、黄兴等留日学生组织的"军国民教育会暗杀团"(孟岷,1981),刘师培、章士钊、陈独秀等亦加入其中,俞子夷等"懂化学"的爱国女校教员也被吸收进来,为研制炸弹作准备。1904 年秋,苏凤初受命来爱国女校教授研制炸弹。教学极其庄重,师生立于中华民族祖先神位前,按传统结盟仪式宣誓。具体则如蔡元培所记,"设黄帝位,写誓言若干纸,如人数,各签名每纸上,宰一鸡,洒血于纸,跪而宣誓,并和鸡血于酒而饮之。其誓言,则每人各藏一纸。乃教授制炸药法,若干日而毕"。炸弹最终虽未研制成功,但第二年清廷派员出洋考察宪政时出现惊人一幕,"中国第一个炸弹,发于考察宪政五大臣车上"。蔡元培知道"发者为吴君",且"弹必出自杨君手"(蔡元培,2004:50—51)。吴君即吴樾,系蔡氏物色的新人,杨君则为暗杀团发起人杨笃生。可见炸药虽未研制出来,但在物色培养反清革命志士方面,蔡元培的新学课程努力仍堪称成功。

物色培养革命志士正是蔡元培擅长所在,其诚恳、忠厚与威望亦能吸引内地志士。1904 年 11 月,暗杀团和江浙其他革命团体合并为光复会,蔡元培被举为会长。1905 年秋,同盟会上海分会成立,蔡元培又被举为会长,皆说明蔡氏深得内地革命志士拥戴。会内地位、影响力能与之并列的或许只有章太炎。二人后来更都成为革命派元老人物。当然,此刻需要关注的仍是蔡元培努力物色培养反清革命志士。陶成章、徐锡麟、秋瑾、柳亚子等便是蔡元培任光复会会长前后物色培养起来的革命志士。筹建同盟会上海分会以来,蔡元培同样物色培养了一批革命志士,如黄炎培、沈定一、邓挥宇等。几十年后,黄炎培仍记得很清楚,1905 年 7 月,蔡元培将其招到"家里,时在深夜,蔡师很诚恳而庄严地指出国家大局前途和我的报国趋向,说:'只有集合同志,组织起来,共同奋斗,现在爱国志士集中于中国革命同盟会,……你愿不愿加入?'我说:'刀下余生,只求于国有益,一切惟师命'"(黄炎培,1982:49—50)。20 世纪初期的中国,即因有蔡元培及类似坚贞的民族国家主义革命教学努力,才得以不断涌现反清革命志士,前赴后继地为创建中华民族国家奋斗不息。

徐锡麟、秋瑾、黄炎培等反清革命志士陆续成长起来后,蔡元培自 1901 年离开绍兴转赴上海以来,再度迎来个人进路及重心调整。他想回到被数年革命教育努力中断的西学深造,即学习德语和德国哲学。1906年9月,在京友人来函告知蔡元培,清廷将派翰林前往日本或欧洲留学。蔡氏得知消息,即前往北京。之后虽有不少曲折,但在新任驻德大臣孙宝琦、商务印书馆馆长张元济等的支持与赞助下,刚入不惑之年的蔡元培最终于1907年7月顺利抵达柏林,从此开启心仪已久的留德求学生涯,直到1911年底才回国出任民国首任教育总长。其出国前的教育经验及留德所获新学随之将影响中国新一轮教育体制及课程改革。蔡元培得知留学消息之前,即1906年7月3日,邹容墓前纪念塔建成。蔡氏曾带领蒋维乔、严练如等中国教育会骨干及三十余学生前往致敬,并主持揭幕,继而演讲。听众中有陈其美,又名陈英士。"陈英士闻而感慨,回里变卖不动产,从事实际革命工作。后来成就伟大事业,发端乃始于此。"典礼结束后,蔡元培还特别开会,委托刘子贻负责募款存入银行,以利息"作以后各年整修墓地的费用"(高平叔,1999:315)。其待人诚恳,情深义重如此。

再往前追溯几天,则是章太炎出狱之日,其时,已有"孙中山派人赴沪迎接"(汤志钧,1979:209),蔡元培同样带领蒋维乔等"在巡捕房门前守候",安排章氏"当晚登上日本邮轮"(高平叔,1999:315)。蔡、章二人从此天各一方,蔡氏不再直接在一线领导革命及革命教育,革命派的革命教育以及新学课程生产能有什么进展,随之主要看章太炎去东京后的行动。章氏抵达东京后,出任同盟会机关报《民报》主笔,负责扩大革命宣传教育及影响。《民报》创刊于1905年11月,比梁启超《新民丛报》晚了近四年,但仅过半年,即出到第四期,《民报》在中国"内地各埠",便"已销至万份"(民报社,1906)。至于实际影响,则如黄兴所言:"《民报》输入国内以来,各界人士与吾党表同情者日众,革命机关,各省俱见端倪。"(刘揆一,2008:146)章太炎接任主笔是从1906年9月第7期起,之后虽不清楚销量变化情况,但影响势必仍在扩大,不然年底何以举行隆重周年庆祝大会,且能引来"观者万人",令章太炎直叹"是时东京人才最盛"(汤志钧,1979:208—209)。

影响一大,自然又会引发清廷查禁。1906年10月,清廷便开始"出台一系列查禁《民报》的政令和措施","乃至向日方交涉审议《民报》内容并禁运,试图在源头及流通渠道上遏止《民报》在国内的流传"。但系列严禁措施仅是"使《民报》难以通过正常销售来维持运营,却不能完全截断《民报》在国内流传的渠道,也无法遏制《民报》等革命书刊在国内传播革命思想的势头"(安东强,2017)。章太炎也因显赫革命影响,逐渐成为仅次于孙中山、黄兴的"革命元勋"。而从革命教育及新学课程生产这一微观角度看,主笔《民报》也让章太炎和梁启超一起,为当时学生群体提供了堪称最受欢迎的报刊政治课程。其次必须提的革命教育及新学课程生产方式便是政治演说。自康有为、孙中山依靠政治演说赢得海外华人支持起,政治演说便成为常见的政治教育形式,梁启超、蔡元培也都善于政治演说。章太炎同样重视通过政治演说展开革命教育,抵达东京后,章氏便在留学生欢迎会上做演讲,不仅向学生灌输其激烈革命主张及过往行动,还将其入狱以来的革命教育思考及新学课程生产计划公诸于世。

说完"平生的历史",章太炎即开始谈"一切政治法律战术"等常规革命课程,但章氏只用一句"这都是诸君已经研究的,不必提起",便将它们搁置一边。之后,章太炎以当时演讲常用的江湖豪爽语气说,"依兄弟看,第一要在感情,任凭你有百千亿的拿破仑、华盛顿,总是人各一心,不能团结"。章氏即由此出发,提出今后他将致力于"两件事":"第一是用宗教发起信心,增进国民的道德。第二是用国粹激动种性,增进爱国的热肠。"(章太炎,2004)进而言之,章太炎想把佛学、国学作为其后续新学课程生产的两大重心。先来看佛学,前文提到章太炎几年前曾涉及佛学,但只是提倡。真正决定发展佛学,始自入狱以佛学磨炼意志。出狱主持《民报》后,章太炎连续发表《无神论》《建立宗教论》等文章,确实是在兑现其对留学生演讲时公布的承诺,同时也可看出,章氏虽和康有为一样重视应对西方基督教在华蔓延引发的文化危机,但章氏却是以佛学"无神论",来揭露西方基督教上帝"幻象",并以本土佛学代替它,且其目的既非建立佛学宗教体制,也不仅是为应对西方基督教蔓延,而是以本土佛学的思想、精神力量,来优化反清革命志士"感情"及一般国民"道德"。

以本土佛学优化反清革命志士的"感情",涉及消除功名利禄诉求、贪生怕死等俗念,此类革命佛学课程开发及教学虽有不少主观武断之处,但对有一定文化基础的革命志士而言,尚不难领会其中苦心与用意。真正困难的乃是以佛学优化一般国民道德。1907年,章太炎以佛学"无我"说,在报刊上对一般国民进行道德教育时,就遇到来自"内地同志"的质疑,即"佛书梵语暗昧难解,不甚适于众生"。章太炎回应时,提出对于难解之词,"可以通俗语相代",但他跟着又说"苟取便宜,失其本义,所不为也"(章太炎,1907)。可见,发展佛学国民道德教育时,章太炎所能想到的办法仅是尽力通俗。顺便提一下,梁启超的办法也是尽量通俗。进而言之,章太炎、梁启超等均曾正视国民教育或教育普及必然遭遇的难题,即如何改革长期与民众言语隔离的传统学术及教学语言,使之通俗化。李鸿章一代因不曾涉足国民教育,无须考虑这一难题,五四一代则通过发起白话文运动来克服这一难题造成的国民教育困境。而从历史角度看,显然不应忽视章太炎、梁启超这一代的过渡贡献。可以说,章、梁在五四一代之前就已意识到,发展国民教育,必须改革古文,且曾设法加以解决。即使行文不如梁启超流畅易懂的章太炎,自1907年回应"内地同志"质疑,也开始自觉尝试教育语言通俗化,让更多反清革命志士及国民通过其报刊佛学课程,养成创建民族国家必需的情感及道德。

当然,章太炎行文即便有所改革,其实仍未通俗到可以让一般国民通过其佛学讲解获得道德提升。不过,章氏所关注的宗教、情感或道德优化,却是创建民族国家绕不过的国民教育课程发展难题。对此问题,梁启超还曾借鉴日本"武士道",表彰中国历史上的武士道及代表人物,使国民"养成以国家利益为重,敢于舍生忘死的气概"(吉田薰,2008)。日后还将看到,蔡元培作为首任教育总长,也将直面这一国民道德教育难题,并以哲学、艺术等"美育"新课程来加以应对。只不过,此刻还需考察章太炎旅日以来生产了什么样的新国学课程,这也是章氏作为革命派教育领袖,在民国成立前的最后一大新学课程发展尝试。由此将看到自担任《民报》主笔,章太炎便和宋教仁商办"国学讲习会",最初的课程方案包括开设"预科讲文法、作文和历史,本科讲历史、学制、度学、宋明理学、内典学"等。宋教仁还特别问起"中国宗教亦讲否",章氏说"于文学史中略讲一二"(宋教仁,1981:654)。

可见,章太炎的确想把国学作为宗教并列的一大类课程。其具体所设科目颇多,师资由此成为关键。章太炎想请宋教仁主讲理学,宋氏直言其"于宋元理学尚未入门,派别亦不清楚,至于区分学别,折衷古今,则更不能矣"。"作文一科",同样"无人担任,且此科无善法可教,作文之善否,不可以言喻,又无一定之法则也"(宋教仁,1981:654)。这些讨论不过是日常交流,却涉及章太炎国学课程生产及后世国学教育诸多棘手的细节问题,它们甚至比确定国学课程的教育宗旨还要难。为说明这一点,不妨先看章太炎如何确立宗旨。章氏意思很清楚,既然是为创建民族国家培养革命志士及国民,就须知晓本民族历史文化,否则民族国家无以成立,仅从这一点出发便可确定宗旨。此类文化民族主义忧思即如《国学讲习会序》所言(国学讲习会发起人,1906):

  国学者,国家所以成立之源泉也。吾闻处竞争之世,徒恃国学固不足以立国矣,而吾未闻国学不兴而国能自立者也。吾闻有国亡而国学不亡者矣,吾未闻国学先亡而国仍立者也。故今日国学之无人兴起,即将影响于国家之灭亡。是不亦视前世为尤岌岌乎。

国学乃国家成立之源泉,国学亡国家也亡。章太炎的观点很容易让人想起,李鸿章、左宗棠等未曾有过此类文化民族主义国学忧思,他们实战摸索下来,偏向认为世界竞争及国家兴衰的命门乃是军事与经济,即使涉及教育文化及政治体制改革,也是以增强国家军事经济为中心。然而章太炎所想也合情合理,仅靠国学虽不足以立国,但在除去军事经济扩张,还有文化帝国主义蔓延的现实世界中,国学不兴或灭亡了,国家也会丧失本民族原有历史文化认同。且章太炎的文化民族主义忧思提出后也曾赢得许多同辈及后辈改革者支持,文化民族主义也因此成为20世纪中国历史变革的基本思想动力。政治、文化、教育及课程改革等领域,各时期都有人像章太炎那样认为没有国学会使民族国家发生文化意义的亡国。总之,国学教育宗旨不难确定。然而从本国历史文化视野出发,将国学内涵大大放宽后,开设哪些国学课程,谁可以讲授它们,讲什么等具体细节问题,却很容易将人难倒。章太炎最初便没想清应该如何架构国学课程体系,也无法在身边同盟会高层中请到适宜师资。

胡适后来以"整理国故"为名,发起新一轮"科学"的新国学课程运动,也遇到类似细节问题。但胡适尚可通过已有十几年积累的学堂体系物色所需人才。章太炎则没有学堂体制支撑,即使将国学简分为"三项","语言文字""典章制度"和"人物事记"(章太炎,1906),也仍然难觅师资。最终章太炎只能独自生产其心仪的国学课程,向自愿求学者开讲。章氏心仪的国学正是两门"中国独有之学":"中国之小学及历史"。自愿前来听讲的人,从1907年开讲到1911年回国,"先后百数十年人",其中"中国留学生,师范班、法政班居多数。日本人亦有来听者,不多也"(张庸,1912)。相比之前爱国学社的火热与壮烈,章氏国学教学似无多少风光。不过,听讲的学生中,有黄侃、马裕藻、钱玄同、朱希祖、许寿裳、周树人等,日后皆成文化教育界有影响的人物。民国以来的"大学讲坛"便因这批人登台发生权势转移,即"桐城派"让位于"章太炎学派"(桑兵,1999)。当然这是后话,就梁启超、章太炎等人的系列新学课程提倡及生产而言,对清末国体变革走向影响大的仍是《时务报》《新民丛报》《民报》等报刊激进政治言论构成的新学课程,立宪、民权、革命等政治新思想随之在朝野及各地蔓延,饱受内忧外患冲击的清廷因此还要应对立宪派、革命派等新生政治势力,由此就需考察清廷曾拿出什么样的国体重建及课程改革措施,其措施能否整合化解新生政治势力,开拓民族复兴新路。

三、雪耻自强：新政时期的学堂及科举课程改革

慈禧1898年9月下令废除变法起，清廷层面的国体重建与课程改革努力便终止了。之后，清廷最大的变动乃是围绕慈禧个人担忧而展开。慈禧十分害怕光绪帝及其支持者卷土重来，夺去其在清廷权力结构中的最高地位。为巩固权力，慈禧选择将策动政变有功的端郡王载漪推上政治中枢。"载漪强烈仇外，排斥汉人"，"属极端顽固"。其在学识方面，则是"少不读书"，"愚而不学"。但慈禧觉得这样的人"较易于控制"，载漪因此得以"接管京师军务和总理衙门，集军事外交大权于一身"（郭卫东，1989）。大学士徐桐、军机大臣刚毅、礼部尚书启秀、户部尚书崇绮等见状，纷纷靠拢，清廷随之出现由载漪领衔、以效忠慈禧为首务的一大新势力集团。甚至资格高一辈的庆亲王奕劻也加入进来，以借势打击另一位权臣，即大学士兼直隶总督荣禄。慈禧便是靠载漪为首的顽固派来巩固其最高地位与权力，世纪转折之际的清廷因此被派系权力纷争主宰，近代中国中央决策层也随之看不到有谁在构思旨在使国家走出内政外交危机的课程改革。直到遭遇新一轮更危险的西方军事侵略，慈禧及清廷才重启被中断的政治及课程改革。

1. 再度陷入危机与重启被中断的变法

载漪一系上台时，77岁的李鸿章仍保留大学士之衔，却无任何实职，只能闲居于贤良寺，看着载漪、荣禄等将国家拖入更难收拾的乱局。在载漪等人的推动下，慈禧先是试图废除日益成熟有主见的光绪，另立年幼新帝。遭到西方列强干涉不成之后，载漪一系便想借慈禧之手发起报复。1899年，同载漪一样"识字不多"的刚毅又将"梁启超所撰清议报进于孝亲后。后大怒，愤外国之庇康梁，必欲报此仇"。在刚毅的唆使下，慈禧不仅恨外国，还"益恨德宗"，打算"立端王载漪之子溥儁为大阿哥，将于庚子正月行废立"（罗惇曧，1946:35）。但清廷体制外却有许多人敢于公开反对慈禧废黜光绪帝，上海电报局总办经元善得知消息后，便动员章太炎、经亨颐等1231位"寓沪绅商士民"，"合词电禀"："皇上二十五年励精图治，深入人心"，"求王爷、中堂大人公忠体国"，"勿存退位之思"（经元善，1988:261）。然而载漪一系及慈禧不会把经元善等人的诉求放在眼里，收到抗议电传后，慈禧即刻下令抓捕经元善，致使后者远走澳门避难。载漪一系还想把反对废帝的两江总督刘坤一调至京城，以架空其实力。这些均可证明载漪一系作为戊戌政变之后崛起的清廷新势力，心中所想不是如何改革以重振国体，而是

铲除异己。康有为携假衣带诏在海外发展"保皇会",狂热鼓吹慈禧还政,光绪复位,也会刺激慈禧。1900年1月24日,慈禧果然颁布诏令,立载漪之子溥儁为"大阿哥",措辞虽委婉,未明言立新君,但也等于将权力争斗公开化了。

是为清廷层面爆发的著名的"己亥建储"事件。地方层面同样变故迭出,其中历史影响最大的乃是由山东民间拳术组织领导的义和团运动。对于这场"中国下层民众"发起的"空前的反帝国主义的运动"(王独清,1946:1),当事人之一、时任山东巡抚的袁世凯认为,拳民起事,"推究本源,实由地方州县各官,平时为传教洋士挟制,不能按照约章持平办案","而教民转得藉官吏之势,肆其欺凌,良民上诉亦难申理。积怨成仇,……良民忧极思逞,乃起而与教士教民为难,官正苦于无如教何也,亦思藉民以快复仇",进而酿成"无益于民,徒病于国"的大事件(袁世凯,1959:56)。袁世凯此番分析,是想告诉清廷,拳民起事,固然与地方政府治理失灵、不到位有关,但更主要的原因乃是西方教士及地方教民胡作非为。西方教士胡作非为的背后,则是"德人窥伺山东,蓄志已久,分布教士,散处各邑,名为传教,实勘形势,而构衅之由,亦即阴伏于此"。可见,在袁世凯看来,德国军事势力入侵才是本质所在。无奈清廷军事实力不如人,袁世凯只能建议采取"防范之策",不给德国军方及政府"以可借之口",以求"渐就相安"(袁世凯,1987:31—32)。

但事态发展却超乎袁世凯预想。到1900年1月,义和团运动便蔓延至难以控制。见事态极难控制,袁世凯随之不再像当初旁观那样,将义和团运动理解为良民无法忍受教士、教民欺凌,故而起身反抗,而是改视之为"潜谋不轨"的"拳匪",需"酌派队伍,迅速查办,毋稍稽延为要"(袁世凯,1964:73)。但义和团也有办法突破查办,到1900年5月,义和团便在慈禧眼皮底下和西方势力最集中的京津一带展开活动,"天津和北京周围的地区,到处是一片混乱"(窦纳乐,1980:17)。义和团运动中是有"盲目排外"(周育民,2000),但也不能仅以"拳匪"视之,因为其中所涉关系及各方意志十分复杂,其中最根本的仍是袁世凯所揭示的西方宗教、经济及军事势力入侵,以及由此而产生的众多良民实在无法忍受欺凌,不得不起身反抗,并曾竖起"保国灭洋"旗号,从而使运动具有后世所见的"反帝""爱国"政治诉求。也说明自1841年"三元里抗英"以来,中国底层社会一直会有"义士""义民"站出来保家卫国。对于这股在西方帝国主义面前宁死不屈的民间义气及民族主义力量,清廷、西方列强及众多普通百姓均曾有程度不一的耳闻目睹。甚至到了20世纪60年代,"京津一带的老年人"仍清楚记得,在昔日这块"向帝国主义侵略集团进行血战的地区,无数的男女义和团团民为了保家卫国,不避洋枪洋炮,奋勇杀敌"(刘崇丰等,1960:1)。

如果从社会学角度看,还可进一步发现,义和团运动中宁死不屈的义气及民族主义力量主要来自"穷团",成员多为饱受西方教士及教民欺凌蹂躏的良民和平民,人数众多,所以义和团很容易"一唱百和,妇孺皆起"。与"穷团"相对的正是"富团",其意志及表现截然不同于"穷团"。如当时歌谣所言:"义和团,不一般;有穷团,有富团;穷团穷人立,富团富人立;穷人富人不一心,团和团来不一般;穷团穿布衣,富团穿绸缎;穷团吃小米粥,富团吃大米饭;穷团砍洋人,富团哪里敢;穷团为百姓,富团为自己。"(刘崇丰等,1960:93)这些唱词都在表明义和团内部存在阶层、宗旨差异。内讧随之频出,像"红灯照"就曾针对另一支和团即"坎团"发帖,称"坎团多行不义,天兵十万,业已尽数收回,惟留一万余人,以观后效"(佚名,1985:26)。此外,还有许多神话宣传,其本意是为凝聚更多力量反抗西方侵略。

将视线转到义和团所对抗的西方势力,也会看到极其复杂的关系及意志。如英国观察家普特南所见,当"义和团快要进北京时",欧洲在华使馆除法国方面担心"未来之危险"外,其他"对于拳民皆轻蔑视之,不觉其重要"。尤其是"英国使馆人中虽已知其杀害内地教士,……但英国人乃不值钱者,其国中本有人满之患"。英国使馆竟然将在内地、山东被害同胞教士视为"不值钱者",且认为杀掉还有利于缓解马尔萨斯1798年《人口论》所揭示的英国社会人口急速增长带来的恐怖危险。更令普特南感到不可思议的是伦敦英国政府的反应(普特南·威尔,2000:4):

> 英国政府闻其教士在中国有交涉之事,或被伤害,不独不理而且怒之,故在中国横死者日多,于是拳民遂由山东渐蔓延于直隶首都之地。欧洲各国,其半以英政府为首,极言其不关重要,或以漠视之故,隐匿其事。

对比一下袁世凯巡抚山东以来,一面残酷镇压拳民,一面极力优待西方教士,显然远比欧洲政客看重西方教士。袁世凯已能将西方势力分为教士和军队,倘若袁世凯知道英国等欧洲国家政府对宗教、文化不感兴趣,同时也清楚为什么英国政府对同胞教士如此冷酷无情,会作何感想,会不会趁势向清廷奏请将教堂摧毁,驱逐教士,以顺民心。然而袁世凯哪能知道英国及欧洲政客为何不仅不把同胞教士被杀当回事,反认为同胞教士乃多余添乱之人。不要说袁世凯,连普特南也只是陈述所见事实,不知背后究竟。还是一位日本史家出场,对英国及"欧洲各政府底用意"做过相对具体的揭示,原来各

国"是为了宁牺牲京津间被围之少数同胞,而藉此以逞其国家的野心"(王独清,1946:1)

英国和其他欧洲政客的"野心"是什么呢?笼统说即帝国主义的外交、政治及军事势力扩张,最后实现经济领土掠夺。但具体到各国又有差异,且会根据对中国和其他西方列强实力了解调整战略目标。如德国陆军元帅、八国联军司令瓦德西所言,英国在山东有利益,但不干涉德国试图占领威海卫,企图藉此作为"交换条件",使德国同意"扬子江流域,全让英国自由行动"。然而德国"在扬子江流域"也有"重大商业",且其"商业之繁盛,业已远超英国之上",所以德国并不买账。法国则想从西南边境"扩张其势力,但在该处又将与英国相互冲突。日本方面意在占领厦门,但其余列强,又复不愿坐视日本为此。美国方面似乎希望大家皆不要占领中国"(瓦德西,2000:77)。这就是1900年清廷遭遇的任人宰割的危机外交局势,也是20世纪影响近代课程改革的最大变局。体制内许多精英学子及志士即是在此变局刺激下,纷纷发起旨在革命救国的国民新课程运动。除之前考察的蔡元培、章太炎外,海外留学生也在积极行动,如杨度创作广为传唱的《湖南少年歌》,以精忠报国、马革裹尸之中国"武夫"决心,高呼"若道中华国果亡,除非湖南人尽死",激励湘省少年"诸君尽作国民兵""旗下卒","先救湖南后全国,破釜沉舟期一战"(杨度,1933)。

1907年,杨度又提醒国人注意"今日各强国所挟以披靡世界者,有二物焉,一曰经济之势力,二曰军事之势力",进而提出了"金铁主义"即"经济的军国主义"民族复兴与课程改革战略,要将中国建成强大的"经济国、军事国,合为经济战争国"(杨度,1907)。杨度的经济军国主义教育努力是从大国军事经济竞争的大变局出发,且积极引入西方政治社会学说,从而革新了革命派先锋章太炎以文字学、经史、佛学等国学为基础的民族主义革命新学课程生产,也使得清廷除需平息义和团外,还要应对不认可其政权的军国主义革命派。但这里之所以特别以杨度为例,其实还不仅意在考察民族主义革命课程发展新动向,而更是为了揭示就20世纪大国经济军事竞争日益激烈的世界大变局来说,中国并非提不出应对战略。杨度便把握到了西方经济及军事帝国主义崛起,并在此基础上开拓出"经济的军国主义"民族复兴与课程改革进路。

当时,无论中国还是欧洲,最大的战略格局变化均是德国崛起。虽然如普特南所言欧洲仍有一半国家追随英国,却挡不住德国经济及军事增长后来居上。看到普法战争将法国打败,且自认实力已超英国,德皇威廉二世在义和团运动爆发前就想"瓜分中国"。但身在中国前线的瓦德西亲见义和团视死如归、前赴后继发起抵抗,深知德国及其他欧洲国家都不可能瓜分中国,所以他向德皇建议"宜以青岛、胶州为满足","只图占领土地,将使我们发生无数困难"(瓦德西,2000:77);相反,"德国若以胶州为根据,实能享用山东利源,而且由此更将获得一个较大活动区域","至于并吞土地一事,与其谓促进,则毋宁谓为阻碍商业"(瓦德西,2000:107)。再有便是如果和谈,多多敲诈赔款。在这一点上,德国也比其他国家狠,"各国公使之意,至多不得超过十五万万马克(约合华币七万万五千万元)",瓦德西"则主张二十万万马克之数,尽可以榨出"(瓦德西,2000:92)。总之,要尽可能多掠夺商业利益,以增强升级本国军事经济实力,同胞教士被害则正可以为榨取更多赔款提供充足借口。

英、法、美等也是如此,更重商业利益。领土方面,野心大的乃是沙俄和日本,且都想占领东北。尤其是日本,经过甲午一战,伊藤博文、福泽谕吉等右翼政客竟全然不把瓦德西看到的中国民情士气放在眼里,狂热宣传"中国必亡""必被瓜分",以动员日本进一步增强国家军事经济实力,并将"侵略中国"、称霸东亚作为基本外交战略(王美平,2013)。从德皇,到瓦德西,再到日本右翼,都可说明杨度"经济的军国主义"战略切中大国竞争的关键所在。只叹杨度的战略构想无法变成国家意志,左右国家意志的是载漪一系及慈禧。瓦德西看到,当时中国"所有上流社会,对于世界情形毫无所知,只是骄傲自大,盲目反对白人。至于官吏人员,则为腐败之气所充塞,毫无精神可言"(瓦德西,2000:107)。此种判断不乏夸张之处,但用在载漪一系及慈禧身上却不失准确。作为国运主导者,载漪一系及慈禧不会像杨度那样观察世界竞争大变局,更谈不上制定适宜战略,设法整合国内各路政治力量发起改革,一方只想如何迅速消灭西方列强这一障碍,将儿子拱上皇位,另一方的关注中心则是怎样在义和团、西方列强及清廷权臣之间维系至高地位与权力。

悲剧再度上演。决策过程很难弄清,有说1900年5月以来,载漪急于做太上皇,痛恨西方使馆干涉,听说义和团"能避火器","遂利用之",便唆使慈禧招安,让义和团攻打西方使馆。义和团随之被"导之入都",大学士徐桐亲自迎接,谓"中国当此自强矣"(赵尔巽等,1976:12750)。还有的则说是慈禧为解其心头大患,召时任甘肃提督的董福祥进京统领义和团。总理衙门大臣袁昶、京师大学堂管学大臣许景澄等曾极力阻止招安。但刚毅涿州考察回来,直言"民心可用",直隶总督裕禄更假传捷报,促使慈禧决心与洋人开战。袁昶、许景澄则遭载漪一系"乘机陷害"(郑逸梅,1941),被慈禧下旨"斩于菜市口"(吉田良太郎等,1973:110)。总之,在关乎国运及国民安危的重大事件上,载漪一系及慈禧就是靠诸如此类"自欺欺人的伎俩",发出了对外宣战诏书。时为

1900年6月21日。结果"宣战诏书颁布的第二天,就传来了大沽口炮台失陷的消息"(孔祥吉,2001:245)。7月,八国联军占领天津,裕禄自杀。

荣禄来报消息,"君臣相对泣"。对泣完,荣禄趁机建议慈禧"降谕将载漪等斩首以谢外人",但"太后仍希望拳民法术可救北京,故仍猛攻使馆"。不久,"通州陷,洋兵将至京",慈禧决定"出京西遁",同行者包括大阿哥溥儁、载漪、奕劻等(陈捷,1930:120)。其间,俄国不仅参与攻打津京,还以保护中东铁路为借口,从7月下旬起,兵分五路,"大举入侵东三省,中国军民虽英勇抵抗,但最终失败,1900年10月16日,俄国占领整个中东铁路并全面控制了东三省的局势"(张丽,2008)。直隶这边,被慈禧选中的董福祥最初表现得很惹眼,奉旨"戕害日员,围攻使馆,各使尤深恨之"。清廷"初以为董虽构衅,而忠勇可嘉"。但不久董便"拥兵自重,未与联军一战",反"沿路抢掠,……京城内外财务,旗汉妇女,满载而行,众所共见"(盛宣怀,1959:904)。清廷将领中,值得钦佩的乃是直隶提督聂士成。天津保卫战,聂士成立下生死状,身中数枪仍率队前驱,直到被"炮猛击,聂军几无一生者,惟见尸身仆于血泊中"(佐原笃介,1950:150)。

八国联军也认为"华兵虽众,要皆不足以为虑;所可畏者,聂军门之部耳"(吉田良太郎等,1973:85)。联军司令瓦德西亦直言"中国所有好战精神,尚未完全丧失,……彼等之败,只是由于武器装备不良之故,其中大部分,甚至于并火器而无之"(瓦德西,2000:107)。可见,数月交战下来,西方列强也并没有把握一定能赢,义和团及清军最致命的一点还不是出现董福祥式的败类军阀,而就是"武器装备不良"。相比西方列强,鸦片战争以来至20世纪初,近代中国最大的缺陷始终都是军事实力不足。由此也能理解曾国藩、李鸿章等封疆大吏为何将增强军事实力列为改革重心,并在各种阻力中想尽办法发展枪炮船舰等军工制造,以及采矿、钢铁、铁路、电报等必不可少的现代重工业与基础设施,建构培养各类专门人才必须的洋务新课程发展机制。朝野对此大都不接受,还嘲笑李鸿章见识浅,舍道逐器,乃至以夷为师。慈禧及身边一干王公重臣也是自私且愚昧,到1900年7月天津失陷时,该集团所想仍是保住自家权力与富贵,还以为"法术"可攻破列强枪炮。所幸慈禧良知尚在,虽然被奉承及谎言围住的慈禧不知道到底发生了什么,但逃亡路上经历的苦难与屈辱还是深深刺激了她,她因此能明白载漪一系其实一直在误她祸国,被错杀的袁昶、许景澄等才是公忠体国的股肱之臣。

西行路上的随从亲信、曾国藩孙女婿吴永记得,慈禧甚至还曾主动揽责,检讨自己的错误,其词其意均令人同情(吴永,1985:89):

> 我总是当家负责的人,现在闹到如此,总是我的错,上对不起祖宗,下对不起人民,满腔心事,更向何处诉说呢?

自我检讨完,慈禧又问身边大臣:"此耻如何雪?"结果"众未有应者"。载漪、奕劻、刚毅等刚出完招安馊主意,致使津京沦陷。此刻皆噤若寒蝉,不敢再指点国事。救驾有功、新近被擢升为陕西巡抚的岑春煊见状,上前直言"欲雪此耻,要在自强,自强之道,首需培植人才。学校者,人才所由出也,故必自广兴教育始"。慈禧回复道"事已至此,非照汝办法,更无善策"。从"广兴教育"入手寻求"雪耻自强"由此成为清廷经历义和团运动及八国联军攻占北京之后的首要政治议题。岑春煊作为变革启动关键人之一,也曾指出"朝廷自经庚子之变,知内忧外患,相迫日急,非仅徒饰耳目,所能支此危局。故于西狩途中,首以雪耻自强为询"(岑春煊,1985:88)。清廷最后十年的国体变革努力即"新政"改革运动,以及由此促成的最后一轮课程改革,均在慈禧试图"雪耻自强"推动下得以拉开序幕。

2. 重启各级各类学堂课程改革及废除科举

1901年初,慈禧正式下旨筹划新政改革,昭告中外"现正议和,一切政事均需切实整顿,以期渐图富强",强调"取外国之长,乃可补中国之短"(慈禧,1996:461)。相比德日两大后起列强的最高决策者俾斯麦、桂太郎19世纪70年代就已形成民族主义及军国主义国家内政外交战略,慈禧到20世纪初仍不知道如何运用其掌握的国家权力,但能提出"雪耻自强"也属不易。只是议和尚未解决,德国提出严惩"祸首",英国则将慈禧列为祸首。刘坤一等东南封疆大吏直言"假使各国不尊敬我皇太后、皇上,薄海臣民必然不服,以后事机实难预料"(张之洞,1998:8192),英国才意识到惩办慈禧恐会引发东南大乱,损害自身商业利益。德国也电告英国"如果把皇太后牵入这件事情以内,人们将冒着废弃中国整个国家组织的危险,这也对欧洲不利"(哈慈菲尔德,1960:130)。美国亦不赞成惩办慈禧,提出"最有效的惩罚措施就是由帝国最高当局自己去罢黜和惩办肇事者"(希尔,1984:24)。载漪、刚毅等随之被李鸿章、刘坤一、瓦德西等议和各方列为肇事者。临近西安时,刚毅"道遘疾,至侯马镇,死",得"以先死免议"(赵尔巽等,1976:12752)。慈禧仍想保载漪,但顶不住列强施压,只能一面公开将载漪"定为斩监侯罪名,惟念属懿亲,特予加恩,发往极边新疆,永远监禁"(光绪,1959:967),一面私底下抱怨"洋人欺我太甚,恨诸臣不能同心攘夷"(郑孝胥,1993:768)。

慈禧及其宠信的载漪、刚毅等实在不知道像俾斯麦那样运用其掌握的国家权力,与"诸臣"协力谋求改革,使国家在日益激烈的大国军事经济竞争中复兴崛起。三位留京大臣亦是如此。"恶西学如仇"的徐桐在联军攻入北京时便畏罪自杀,荣禄、崇绮则逃至保定。荣禄因系慈禧亲信,不久"诏诣西安,既至,崇礼有加"(赵尔巽等,1976:12374)。崇绮无此等宠幸,只得在"莲池书院,自缢死"(赵尔巽等,1976:12776)。有人倒台就有人上台,新政之初清廷另一大变动便是调整中枢,如组建督办新政的政务处,把接替李鸿章任两广总督的鹿传霖调入军机处。"传霖起外吏,知民疾苦,所至廉约率下,尤恶贪吏","其在军机,凡事不苟同,喜扶持善类"(赵尔巽等,1976:12389)。鹿传霖入主军机,可为实施新政提供良好支持,也透露出慈禧即使不愿皇族失去大权,也不得不从封疆大吏中挑选新政主持者。其时,慈禧信任的第一人选仍是李鸿章,但出逃时便已诏令李鸿章北上出任"全权大臣",负责最麻烦的议和,使李鸿章至死也没机会主持其渴望多年的科举及学堂课程改革。其次的人选便是两江总督刘坤一及崛起稍后的湖广总督张之洞。然京城局势不明,两人均不愿离开所辖属地。英国、德国为各自在东南的既得利益,也不想看到东南督抚有变,向清廷施压"江督、楚督万不可动"(国家档案局明清档案馆,1959:782)。

调动得力封疆大吏都要看洋人眼色,更可见清廷连人事权也已被殖民。不过,调不动资历最深的诸位地方大员,也让初出茅庐的巡抚一级晚辈封疆大吏可以获得显著发展空间,其中上升意愿强烈、办事能力也显著的正是岑春煊、袁世凯等。后来正是这些人成为清末新政及最后一轮课程改革的主力干将。但庚子之乱以来,清廷急务甚多,他们也无法登台主持清廷课程改革。岑春煊作为慈禧新宠,本可在陕西巡抚任上广兴教育,建构学堂课程,却被安排去中西冲突重灾区山西任巡抚,负责教士、教民善后。"凡耗去赔偿及埋葬抚恤之费四百万余两,其中耶稣教赔偿五十万两,由李提摩太及各教士主持,捐充山西大学堂经费。"岑春煊认为,"此为中国创办大学之始",所言虽不准确,但岑春煊的一番善后努力让山西成为清末新政及学堂课程改革内陆先锋省份,却是事实。只是不久岑氏便被改"补广东巡抚","而未及成行,四川拳匪余孽及哥老会匪,各处蜂起",岑氏又被派往四川任总督。1903年,"川事方定,而广西匪乱日炽",岑春煊又"奉旨调署两广总督"(岑春煊,1985:88)。

岑春煊的上升踪迹表明,自1900年秋起,清廷固然开始酝酿重新发起新政,但其改革实际早已没有稳定的地方政治社会秩序作为基础,其最得力的新晋封疆大吏即因此常被调去平息各地政治社会动乱。且除国内各地动乱外,清廷还需解决更棘手的外交难题,尤其是收回京津、东北地区的行政、防务及诸多经济主权。这些事清廷已委派李鸿章领衔负责,但到 1901 年 9 月签完《辛丑条约》,将赔款由瓦德西所定的二十万万减至十三万万(即四点五亿两白银),李鸿章便积劳成疾。之后,李鸿章着手从英国手中收回津榆铁路时,遭遇俄国驻京代表上门逼迫画押,导致病情加重,含恨离世。谁来接替李鸿章处理外交,又成为比启动新政及课程改革更为紧急的难题。当时"能副中外之声望,威略绍李鸿章,续其业以治大局者,金谓非袁世凯莫属"(内藤顺太郎,1914:88),此为日本舆论,其意不乏借支持抬高袁世凯,扩大日本在华政治影响,但封疆大吏中,见识、作为乃至手腕能胜过袁世凯的,确实很难找到。袁世凯巡抚山东之初,就能迅速平定局面。接着京城危急时,接到北上勤王庭谕,"以军报不通,藉故延宕",慈禧行至太原,才"迅率所部,赴山西护驾"。到"知两宫所在",更曾"派员解银二十万两,方物数种,至行在扣请圣安"(佐藤铁治郎,2005:73—74)。

当时"北方数省,均受义和团蹂躏,糜烂不堪,唯山东一片净土。清廷得与东南各省通消息者,皆赖山东传递"。议和诏令颁布以来,袁世凯还"派提督姜桂题率兵北上,剿办义和团之余孽,于是,清之朝野上下,又咸谓袁世凯为能臣"。故意推延北上勤王时,京城一度谣传袁世凯为"汉奸,欲据山东而自立",但袁氏仍能"若未闻也"。"袁之左右,皆不明袁之用意"(佐藤铁治郎,2005:73—74)。只有袁世凯自己清楚,贸然北上必是送死。到京城沦陷局势初定、慈禧真正陷入存亡危机时,袁世凯才立即以高调惹眼的行动向慈禧表忠心,不仅使谣言不攻自破,还赢得朝廷一片赞誉。这些都表明李鸿章之后,封疆大吏中,论见识、能力及进退拿捏,唯袁世凯可与刘坤一、张之洞比肩,故能与后者一起以保住清廷半壁江山之名义,留守辖地将各项急务做到足以赢得中外好评。包括兴办学堂及课程改革,袁世凯也是高度重视。除大力发展军事及治安新课程,以培养新军及警察外,其他教育领域袁世凯也有课程改革行动,如与张之洞商量变科举,为山东各地官员设立学馆,在省城筹建大学堂,为省内"七岁至十四岁"之"幼童","别设蒙养学堂",筹建"译书局、藏书楼、博物院"。

袁世凯的系列学堂机制创建及课程改革努力反响甚好,山东也因此比山西更能代表清廷新政时学堂课程建构前沿走向,其体制规模及声誉只有张之洞所辖湖北可与之一较高低。进而言之,慈禧大可调袁世凯主持科举及学堂课程改革。然而选人接替李鸿章,料理未尽外交事宜,终归更为紧急,42 岁的袁世凯由此于 1902 年从巡抚队伍中脱颖而出,升为直隶总督兼北洋大臣。此后,袁世凯一面为收回东北金矿、铁路等利权同俄国周旋,一面在直隶继续大力发展军事、学堂、警察、实业等清廷及自己认为重要的系列新政。为此,袁世凯上任之初,即令直隶省"现任实缺各员,无论内选外补,未赴任者,饬令先赴日本游历三个月,参观行政及司法各官署,并学校实业大概情形,期满回省,然后饬赴新任"(孔祥吉等,2005)。直隶由此开始成为清末系列新政及学堂课程建构模范省份。可以说,巡抚山东及署理直隶以来,袁世凯一直都是清廷地方课程改革的开拓先锋。另一位便是湖广总督张之洞。但袁世凯及张之洞终究都是在地方建构新政所需学堂课程,清廷层面谁将主持"广兴教育"及课程改革,仍未见分晓。

庚子之乱前,慈禧还可随便将职位赏给身边亲信。但庚子之乱起慈禧已无法任性,而需重视西方列强及东南封疆大吏的反应。说得更具体点就是,慈禧必须重塑清廷形象,让西方列强及东南封疆大吏相信,清廷确实已由此前的顽固对抗转向了以大力改革为重。如此一来,慈禧就需从体制内多多物色能改变清廷形象的新人。李鸿章、鹿传霖、岑春煊、袁世凯等资深及新锐封疆大吏都被派去平乱、议和之后,慈禧不得不下诏广开言路,提拔新人,清廷体制内被载漪一系压制难以施展改革想法,以及戊戌政变以来遭受打压的改革派随之得以重新上台。其中从课程改革角度看,最值得注意的便是礼部侍郎、江苏学政瞿鸿禨,以及因举荐康有为险被处死的礼部侍郎张百熙。前者随慈禧西行,升为左都御史,至"西安陪都"后,更受"命直军机,兼充政务处大臣"。瞿鸿禨一到任,便提议改革科举课程体制,"请以策论试士,开经济特科",清廷"悉允行"(赵尔巽等,1976:12381)。至此,清廷层面总算看到一位强有力的课程改革推动者。

担任学政期间,瞿鸿禨便因对组建新军感兴趣,曾奏请"罢武科",可知瞿鸿禨固然饱读传统经史之学,却能根据近代中国军事政治经济危机构思如何改革课程,因此认为首先要改的就是科举所考课程。此番又有军机处及政务处大臣之至高行政权力,按理当可切实推动科举变革,为湖北、直隶等地先行一步的学堂课程建构提供体制激励。然而清廷不久"改总理衙门为外务部,班六部上"(赵尔巽等,1976:12381),命瞿鸿禨为外务部尚书,科举改革计划随之顿失强有力的顶层推动者。可见,清廷到了1901年虽因新政需要,必须酝酿课程改革,但究竟能开启什么样的课程改革新局面,却严重受制于清廷体制不健全、高层人才缺失以及由此引发的变动不居的人事安排。此外更有慈禧的个人意志。张百熙便因慈禧的个人意志作用,导致即使有比瞿鸿禨更为系统的课程改革计划,也难以实现其志愿。事实上,张百熙原本也有机会一同入军机,但慈禧宠臣荣禄已举荐鹿传霖,所以只能再进一人。而慈禧对瞿、张均不了解,无所谓选谁。于是荣禄出主意,让慈禧下旨令二人就如何实施新政,各抒己见。

接到懿旨,张百熙瞬间回到戊戌变法时纵论体制改革的激进与宏阔,"大论旧政如何腐败,新政如何切用,并举欧西各国治乱强弱之故。言之历历,何止万言"。瞿鸿禨则"不逞辞华,但求简要,略陈兴利除弊四端"。慈禧阅毕谓荣禄曰:"张百熙所言,剑拔弩张,连篇累牍,我看去不大明晰;还是瞿鸿禨所说,切中利弊,平易近情,不如用他较妥"(陈夔龙,1985:82)。张、瞿本系同乡、同年,后又同在各地担任学政,却没想到竟因一篇策论,突然出现仕途反差。就策论本身而言,张百熙固然很容易被中西新旧两分、美化西方体制等维新运动时流行的变法思维与修辞套住,不像瞿鸿禨就事论事,但张百熙似乎比瞿鸿禨善于通盘考虑,认为必须先专门成立学部,才可将科举及学堂课程改革等所涉事宜统筹好,所谓"若议京师暨各省广兴学堂,则于详定章程、广筹经费、暨编辑教科新书等事,均非专设专部,不足以事创举而得真才,应请增设学部"(蔡冠洛,1984:623)。不过,相比瞿鸿禨,张百熙也有不足之处,最大一点便是忽视自己是在清廷体制权力结构中进行改革,毫无根基的新人只能谈怎样对既有体制进行修补完善。瞿鸿禨即因深谙此道,得以入主军机。

要是张百熙能与同乡好友瞿鸿禨一起入主军机,尤其是进入为筹划新政增设的政务处,清廷1901年或许就会成立学部,不必拖到1905年。张百熙随之也可能在清廷获得更大的课程改革领导权。但历史没有如果,筹建学堂、变通科举等与课程改革直接相关的各项新政最初均由政务处统筹。而政务处大臣除新人瞿鸿禨外,余多为内廷重臣,即"庆亲王奕劻、大学士李鸿章、崑冈、荣禄、王文韶、户部尚书鹿传霖",外臣中则有封疆大吏"刘坤一、张之洞亦着遥为预参"(光绪,1996:50)。张百熙召对后虽被任为工部尚书,但不在政务处。到1902年初,清廷将张百熙调入"刑部,充管学大臣"(赵尔巽等,1976:12442),接替被杀的许景澄,张百熙才得以参与主持课程改革。但课程改革的决策机构仍是政务处,派张百熙担任管学大臣,也是政务处制定的课程改革措施之一。且张百熙登台前,科举、学堂两大层面有哪些课程改革重任,政务处均已布置完毕。先是科举课程改革,将"开设经济特科",改"以策论试士,禁用八股文",实施则从1902年起,"乡会试头场试中国政治史论","二场试各国政治艺学","四书义""五经义"放在第三场。同时废除童、乡、会三级武举科考(璩鑫圭等,1991:4—5)。

十几天后,为满足整顿兵制、编练新军的军事新政需要,慈禧诏令"各省会建立武备学堂,以期培养将才,练成劲旅",并就北洋、湖北"均已办有规模"的"武备学堂"及"山东所设随营学堂","责成李鸿章、刘坤一、张之洞、袁世凯等,酌量扩充"(璩鑫圭等,1991:5)。表明就学堂层面的课程改革而言,政务处及清廷认为最紧急的乃是建立武备学堂,发展军事类新课程。在此之后,便是清廷动员各地兴办普通学堂,颁布谕旨,"着各省所有书院,于省城皆改设大学堂,各府及直隶州均改设中学堂,各州县均改为小学堂,并多设蒙养学堂。"建构大中小学三级学堂课程体系随之成为新政时另一大课程改革重任。此一重任连同其所涉诸多具体事宜,如"延礼师长,悉定教规,及学生毕业,应如何选举鼓励",清廷也安排"着政务处及咨行各省悉心酌议,会同礼部复核具奏"(璩鑫圭等,1991:6)。由此更可以看出,直到正式启动科举及学堂课程改革,清廷也没有专门成立学部,而是形成了政务处领衔、各省督抚参与的清廷课程改革决策及推动机制。

此外需进一步指出的是,清廷诸项新政中,创办学堂位列第二,仅次于编练新军,也被认为是"当今急务"。为应对各省大中小学堂"同时举办,财力或有不逮",进而"必待各府厅州县中小学堂筹足,转致观望延迟",清廷颁布学堂令两个月后,又责成"政务处将袁世凯所奏山东学堂事宜及试办章程通行各省",还特别将袁世凯的办学及学堂课程改革经验拿出来,视之为先进典型,要各省督抚学政"立即仿照举办",具体包括"拟于省城立学堂一区,分斋督课,先从备斋、正斋入手,俾初学易于速就。渐有师资,再行次第推广。其教规课程参酌中西,而谆谆于明伦理,循礼法,尤得成德达材本末兼资之道"(璩鑫圭等,1991:6—7)。各地督抚对于这些经验有何反应,这里不得而知,但清廷特别表彰袁世凯,却能显示袁世凯在全国学堂课程改革领域也开始崛起,影响日益扩大,而张百熙此时仍然没有获得正式资格进入学堂课程改革一显身手。

清廷课程改革最后一项急务便是命"各省派学生出洋肄业","将一切专门艺学,认真肄业,竭力讲求"(璩鑫圭等,1991:6—7)。不过,清廷新政时最基本的课程改革事宜仍由学堂、科举这两大层面的课程改革任务组成。这些课程改革任务公布之后,清廷才命张百熙出任管学大臣,将"学堂一切事宜,责成经理"。清廷学堂层面的课程改革由此落到张百熙身上,具体包括整顿京师大学堂、设计全国大中小学堂课程。"经理"一词正表明决策权仍属政务处及慈禧,"经理"过程中,张百熙需"随时具奏"(璩鑫圭等,1991:7)。一些学者习惯凸显张百熙在学制改革史上的地位及影响,认为其是主持人。此说即使可以成立,也过于笼统,容易忽视张百熙是在政务处及封疆大吏组成的权力结构中展开学制改革,并不能主持大局。封疆大吏中,最有影响的李鸿章已于1901年去世,影响次之的刘坤一也在1902年去世。之后最有影响的封疆大吏便是袁世凯和张之洞。即使就张百熙涉足的学堂课程改革而言,其场域地位及影响也远不如袁世凯、张之洞。何况还有权力更大的政务处诸位大佬。

政务处大佬原本有两位,即奕劻与李鸿章。到1902年张百熙出任管学大臣时,独剩奕劻。1903年4月,荣禄去世,慈禧命奕劻为军机大臣,奕劻更是权倾一时。奕劻

"当国,不问政事,专事贿货"(魏元旷,1936)。袁世凯能进一步崛起,便因善投奕劻所好。而且"西太后内定庆王奕劻入掌军机尚未发表而奕劻本人也还不知道的时候,直隶总督袁世凯已经得到确信",于是立即派心腹"到京,夤夜给奕劻赠送银两"。待"奕劻既掌枢府,家中大小婚丧喜庆之事都由袁世凯一手包办,奕劻无需自费一文"(吴长翼,1983:196)。袁世凯即由此得以继续扩大权力,直至可以"遥制朝政,其权力之伟,更远过于李鸿章"(张国淦,1981:53—54)。仅袁世凯,便不会让张百熙在学堂这一重要新政领域成为主局者。总之,稍微留意新政以来的清廷政坛,便会发现张百熙夹在复杂权力关系中,若能顺利完成政务处布置的学堂课程体系设计任务,就已不易,因为其在设计各级各类学堂课程方案时,须先把握政务处、军机处、袁世凯等诸方意思,构思措辞稍有不慎,便可能开罪一方。所幸军机处、政务处那,张百熙尚有一同乡同年老友瞿鸿禨,可藉之了解上意,不然恐怕更难胜任。

学堂课程改革本身也和权力关系及上意一样复杂,难以驾驭。张百熙执行学堂课程改革第一大任务即整顿京师大学堂时,便遇到一难拔钉子。清廷将同文馆划入大学堂,如此张百熙便与西方总教习丁韪良狭路相逢。丁氏原本诚恳为清廷效力,为人也很友好,但"长期担任同文馆总教习"后,丁氏竟"养成了蔑视中国同事乃至上司而独断专行的作风"。到"出任大学堂西学总教习",丁氏"一如既往地独揽大权",且"提倡放逐慈禧,瓜分中国"。对此嚣张危险之人,张百熙一上任,便将其"连带其聘请的西文教习"全部辞退。"因合同期未满,解聘颇费周折,经与美国大使交涉良久,终以赔偿十八个月薪水的办法了结"(陈平原,1998)。这里或许也透露出美国政界并不怎么看重教士,或丁韪良终究不是美国政界要人,所以解聘没有引发大的外交冲突。张百熙随之替清廷收回了长期无人留意的京师大学堂办学自主权。当然代价也有,取代丁韪良的是服部宇之吉,后者虽仅负责西学课程与教学,但也会在教育层面助长日本在华影响。

履行第二大任务即设计全国中小学堂课程时,同样荆棘丛生。仅教学时间安排,便不知如何是好。张百熙先是按清廷谕旨,参照袁世凯的山东学堂章程,见其中"早以星期立说","故所拟各学章程以一星期为课程日限"。但拟完后,张百熙因想到慈禧及清廷顽固派痛恨洋人,"恐与礼拜之期相影射",于是再度"改定日限而所定课程均以三十六点钟通习各门"。然而如此一来又造成"功课配合不均"。张百熙只得"再四思维",最终决定"照原定点钟加一倍计算,改定十二日为功课一周之法。……如此则课程时刻既不参差,又与礼拜不相涉,即将来学生升入中学,其功课准则亦不致前后不符"。几经修改,问题总算解决。但政务处是否同意方案,何时会上奏方案,均不在张百熙掌握之内。他只有写信托瞿鸿禨"明早入值时",代为打听上意,"以便遵照"。然而学堂章程印刷时间都要到了,仍不知上意。张百熙又去信问瞿鸿禨:"蒙小学堂所改章程已由枢府面奏否,现在正需刷印,敢岂垂示,俾得遵照办理。"类似的上下难以沟通,极其令人无奈,所以张百熙还曾向瞿鸿禨表示"学堂事务重大,非疏浅之才所能了",恳请瞿鸿禨"大力主之,非奏请不可也"(黄薇,2015)。

才能疏浅自然是无奈之余的谦辞,真正令张百熙不堪重负的是,身为管学大臣,很想大力改革学堂课程,却处处受制于人,没有足够权力改革学堂课程。不过,到1902年8月,张百熙还是顺利完成学堂课程设计重任,得以上交学堂章程,"共六件一并开呈御览"。包括"《京师大学堂章程》并《考选入学章程》暨颁发各省之《高等学堂、中学堂、小学堂章程》"和《蒙学堂章程》一份"。为这六份学堂课程方案,张百熙过去几个月曾"查各国学堂之制",又"查京外所设学堂,已历数年,办有成效者",如"湖北自强学堂、上海南洋公学""京师同文馆、上海广方言馆、浙江求实学堂""天津高等学堂"等,工作量可谓饱满。其特别列举那些学校,则透露张百熙担责以来,已能留意国内学堂现实积累,尊重李鸿章、张之洞等封疆大吏开创的学堂规矩。

设计"高等学堂"课程体系时,定下"功课略仿日本之意"(张百熙,2008:20),则可表明张百熙还颇了解张之洞、袁世凯均主张学习日本,日本在华影响也随之与日俱增。但张百熙最需领会的还不是新老封疆大吏的倾向,而是慈禧上意。课时一周如何界定,张百熙都得小心处理,不能让慈禧及清廷顽固派一看觉得是在迎合洋人礼拜。好在学堂课程改革大方向问题,如发展哪些课程,为何发展,清廷早在张百熙就任管学大臣前就已在诏书中给过明确指示,张百熙设计学堂课程时,只要按清廷指示设计三级学堂课程体系结构便可。所谓清廷指示便是政务处拟定的学堂课程改革基本指导思想,其核心精神乃是"中体西用",具体措辞如下(璩鑫圭等,1991:6):

> 其教法当以"四书""五经"纲常大义为主,以历代史鉴及中外政治、艺学为辅,务使心术纯正,文行交修,博通时务,讲求实学,庶几根基立本,成德达才,用副朕图治作人之至意。

君臣父子等帝制纲常伦理系清廷维系皇权政治体制及社会秩序的定海神针,自然会将其定为最重要或最根本的学堂课程。课程教育目标措辞即"务使心术纯正",虽略显模糊,但其内涵其实十分固定,且不难理解。清廷所谓"纯正心术",就是培养学生

"忠君"。落实起来同样不难。张百熙的具体做法是推出"修身伦理"课,规定"无论京外大小学堂,于修身伦理一门视他学科更为注意,为培植人才之始基"(张百熙,2008:116)。后来各级学堂章程之"功课教法"一章中,也都将"修身""读经"置于第一、第二的显著位置(张百熙,2008:83)。总之,理解清廷教育目标,落实其最看重的纲常伦理主科课程,对张百熙而言很容易。真正需要费心思的乃是开设哪些辅科课程。清廷指导思想中只说"以历代史鉴及中外政治、艺学为辅",措辞十分模糊,表明政务处也不知辅科到底包括哪些课程。不过辅科措辞模糊,也能为张百熙提供广阔的发挥空间,将自己看重的国家富强急需的新学课程多多放入。

张百熙先将"中外政治、艺学"改为"二科,一曰政科,二曰艺科。以经史、政治、法律、通商、理财等事隶属政科,以声、光、电、化、农、工、医、算等事隶属艺科"(张百熙,2008:20),然后把它们合理配入各级学堂。如艺科,寻常小学只排"舆地、算学",中学时增加"博物""物理""化学"。至于高等及大学阶段,则参照"日本高等学堂",将"政艺两科"分为七大专门科,"政科为预备入政治、文学、商务三科者治之,艺科为预备入格致、农业、工艺、医术四科者治之"(张百熙,2008:104)。读完高等学堂预备政科,可任选入大学"政治、文学、商务三科",预备艺科则可入"格致、农业、工艺、医术四科"。政艺之下这七大专科类似今日文理科,堪称张百熙最看重的新学课程,皆被列为各级学堂基础课程。此外,军国民主义者积极提倡的"体操",虽不属于政艺,也被张百熙列为各级学堂基础课程,由此亦可看出张百熙很想多多发展对国家富强有利的新学课程。

再有便是设计师范学堂课程,如"教育学"。在专门学堂这一块,仅见张百熙曾拿出初级和优级师范、医学及实业类学堂课程结构方案。从中亦可看出,紧扣清廷颁布的基本指导思想,一面确保经史文学等传递帝制纲常伦理的旧学课程在各级各类学堂课程体系中居于最高地位,一面利用清廷允许涉足外国"政治艺学",为各地学堂多多发展国家富强急需的新学课程提供制度保障,乃是张百熙设计学堂课程时的基本策略,且其主要精力是在发展新学课程上,故重视参考日本学制,同时吸纳洋务运动以来兴起的系列新学课程。虽然在新学课程提倡及生产方面,张百熙多是在复兴洋务新学课程,但相比于李鸿章,张百熙也有不少显著突破。先就课程门类而言,张百熙重视医学及西方政治类新学课程,便能填补李鸿章的新学课程空白。其次在课程体制建构方面,张百熙突破更大,集中表现为设计三级学堂课程体系,将众多国家富强所需的新学课程乃至一些原被清廷禁止的新学课程植入大中小学堂,成为"钦定"学堂课程。这是李鸿章一系未曾有过的课程改革壮举,清廷层面也因张百熙登台经理学务,终于在

1902年有了一次全面系统的学堂课程改革尝试。

当然,这里最关键的因素仍是清廷开了口子,允许张百熙在学堂体系中发展包括政治类在内的新学课程。只是以清廷的时局认识及政治追求,其所能开放的范围仍很有限。有些新学课程,如梁启超倡导的旨在提振士气民心的小说、音乐类新学课程,以及将国家置于皇帝之上的国民教育学和民族主义史学课程,张百熙即使有心发展,也无法将其纳入学堂。由此可引出张百熙学堂课程方案的不足或遗憾之处。不过,在奕劻、慈禧掌控的清廷体制中,张百熙能让新政及国家富强急需的众多新学课程至少在政策法规层面进入各级学堂,就已很不容易。接下来的问题便是各地督抚中,有谁会把张百熙的学堂课程改革方案当回事。张百熙上交学堂章程时,就认为地方督抚定会"粉饰相因",故奏请慈禧"钦定章程颁布之后,即乞饬各省督抚责成地方官核实兴办"(张百熙,2008:27)。可见,张百熙并不怎么看好各地督抚会主动按章推行。他自己就任管学大臣以来倒一直在奋斗,辛苦设计学堂课程之余,还得努力整顿京师大学堂。然而就在整顿京师大学堂过程中,张百熙终因无以驾驭清廷复杂权力关系,不仅不能正常推进课程改革,而且被反对势力排挤,直至从学堂课程改革场域中黯然退出。

京师大学堂重整之初,最先开办的是仕学馆和师范馆。到1903年初,又开办译学馆,设有英俄德法日五国外语和普通科学课程。教员中,外籍来自日本,中方有总教习吴汝纶,副总教习张鹤龄,经史教员屠寄以及范源廉、章宗祥等日本教习译员,沈兆祉、李希圣、严复、林纾等则负责设计课程及编译西书,皆堪称一时之选。从师资来看,张百熙主持京师大学堂时,也是一面存旧,一面"一意更新"(罗惇曧,1913),发展新学课程。但设计三级学堂课程体系时,无论怎么革新,都是在外人难以看见的书斋里进行。在京师大学堂展开革新则不同,京师大学堂就在清廷各方势力眼皮底下,一举一动都容易引人瞩目。何况学生及教员中也不乏旧派,张百熙能开启什么样的课程改革局面,实属未知。

首任管学大臣孙家鼐筹办京师大学堂时,课程方面强调"中学为体,西学为用","不能以西学凌驾中学"(孙家鼐,2001a:10)。第二任管学大臣许景澄有意发展洋务课程,却被庚子之乱耽误。到张百熙入主京师大学堂,才真正开始大力发展新学课程,"前时上堂功课不过一时",张百熙上台后,增加至"每日须用六小时"。学生没有为此大动干戈,但教员不乏散漫依旧者。"仕学馆提调某,自开馆日到差一次,连日并不见其踪迹,张百熙"甚为不悦","大有更换之意"。另有一位"执事",学生曾想"拟告"。

风潮将起之际,张百熙"大张晓谕于各斋,诸生以管学待人诚信,办事确实,感其一片苦心,遂默尔而息"(佚名,1903)。执事是否为张百熙器重的新派教师,不得而知,但学生能理解张百熙兴学强国苦心,表明在维新变法影响及庚子国难刺激下,京师大学堂学生中不乏觉醒求变者,进而形成新旧两派之分。

新派学生正是张百熙改革课程、整顿学风的基础,张百熙也将学生视为国家希望所在,故其"对于学生,完全本着亲爱精诚的态度"。为了能让学生学到更多强国新学,张百熙还"选派留学生出洋",并"亲自送到火车上。所以后来张先生死了,他的学生去致祭,个个放声大哭,可见张先生感人之深"(显尧,1937)。可以说,张百熙固然不能如愿将大学七科全部办齐,但其革新诚意与能力却可以赢得学生认可,荒废多年的京师大学堂即因此得以迎来新生。无奈京师大学堂之上还有政务处,之外则有地方督抚衙门,其中四处可见权力更大的旧派或反对派,张百熙发展新学课程随时可能遭遇干预。事实上,张百熙将学堂课程计划上报庆亲王政务处时,便已遭遇干预。奕劻领衔的"政务处于学校事全无主见,只是扶墙抹壁"(缪荃孙,1980:571),但政务处善于捍卫纲常伦理,如看到课程中有哲学,以为是在诱使学生议政,便将其废除。但政务处终究无法压制梁启超、章太炎等在体制外发起的政治宣传与教育,像梁启超,"撰新民丛报于日本,激发民气,国内波靡,大学生徒亦发扬蹈厉"(罗惇曧,1913),进而引发袁世凯"入京面圣,告状说'京师大学堂所用人员,多主民权自由说,将来以此教导学生,其势大张,为祸必胜于戊戌'。……张之洞亦参奏大学堂教师激进,学生多系康党,建议对大学堂进行整顿"(张洪萍,2009),清廷层面好不容易形成的学堂课程改革自此陷入政治博弈。

其实,袁世凯、张之洞等和张百熙一样,也是清廷改革派。由此可引出清廷启动新政以来地方层面的学堂课程改革。先看袁世凯,张百熙上台以来,袁世凯则在直隶兴办学堂,发展新学课程。其中广为人知的有创办直隶法政学堂,课程除开设"大清律例""大清会典"外,还有"交涉约章、政治学、宪法、行政法、刑法、民法、商法、国际公法、国际私法"以及"财政学、警察学、监狱学、统计学、中外通商史、日语"等(侯宜杰,2003:103),均为清廷新政急需的新学课程,交严修办理。此外还有袁世凯亲自主持的军事学堂课程改革及新军培养,以进一步巩固自己在清廷军事体制改革中的领先地位,同时扩充自身军事势力。为此,袁世凯曾先后奏请成立"保定巡警学堂、宪兵学堂、北洋陆军武备学堂、北洋军官学堂、北洋陆军讲武学堂以及北洋军医、兽医、经理军械等各类学堂",培养"各级亲信"。为筹集发展军事学堂及培植亲信所需巨额经费,袁世凯还从"邮船部大臣盛宣怀手中夺取了轮船招商局总局,又在天津实行印花税"。军事方面更大的动作当属1903年依靠与庆亲王奕劻结成一系之后,奏请成立"京畿督练新军处,极力推荐庆亲王奕劻为督练新军大臣,自己退居副职会办大臣,以减轻满清亲贵对他的嫉妒"。奕劻不懂也无心发展新军,袁世凯正好可利用副职之位背后主局,将"心腹"全部安插在"督练处的主要位置上",如"徐世昌任总提调,段祺瑞任军令司正使,冯国璋任军学司正使"(青谷等,1963:39—41)。徐世昌、段祺瑞、冯国璋后来均成为北洋军阀骨干及左右全国政局之人,可见袁世凯军事学堂课程改革的巨大历史影响。

另一位封疆大吏张之洞主政湖北时,也在大力兴办中小学堂及师范学堂,新军训练及军事学堂课程改革方面,亦有显著行动。其中最值得一提的便是1898年至1901年,张之洞曾先后三次派亲信黎元洪赴日,考察日本陆军建制、军工制造及军事教育。归后,黎元洪为张之洞制定了新军课程纲要即《湖北练兵十要》。至于黎元洪的训练表现,则如章太炎所言:"治军严仁,不滥费军需一钱,有余,即以逮士卒,故所部军装整振,绝于佗军,平居卧起,皆准军号,不妄先后。夜必宿军中,虽过岁时不移,教士剀至,唯恐不尽其才,尤敬士大夫,一方归心焉。"(章太炎,1946:292)相比之下,袁世凯训练新军时,军纪要求虽然也极严,所谓"绝对服从命令",但其做法却是"一手拿着官和钱,一手拿着刀,服从就有官有钱,不服从就吃刀"(袁静雪,1983:8—9),且其目的"主要是向袁世凯而不是向皇帝效忠",故"每一营房内部都挂有袁的相片"(拉夫尔·尔·鲍威尔,1978:135)。

张之洞作为湖北新军领袖,其心志也不同于北洋领袖袁世凯。后者自1895年被荣禄派往津沽铁路沿线一小站,负责督练清廷首批六镇新军,便已定下靠军事发家的上升之路。与之相比,张之洞则是典型的翰林"儒臣"出身。张之洞也渴望获得上升,为此,除在京城安插"坐探"外,还时时与其姐夫、军机处慈禧宠臣鹿传霖保持联络。其学堂课程改革以及练兵、办厂等新政行动很大程度上也是为了能得到"政府诸公及其他方面的普遍认可"(李细珠,2003:76),故举办新政时,往往"务宏大,不问费多寡"(赵尔巽等,1976:12380)。但张之洞并无袁世凯的军事政治野心,也看不上袁世凯乃至李鸿章以军功起家。作为传统"儒臣"代表,张之洞乃是传统意义的一国良相及良师,所以学堂课程改革方面,虽然支持发展强国必需的洋务新学,但其内心仍以捍卫清廷认可的经史旧学为本。总之,张之洞的上升诉求截然不同于袁世凯。诉求不同,加上中枢席位有限,导致两人表面和谐,其实暗斗不断,进而使清廷课程改革乃至整个新政难以形成合力。

封疆大吏中,还有一位在学堂课程改革方面也有突出表现,他便是岑春煊。前文已提到,岑春煊巡抚山西时曾创办山西大学。此为"山西最早创办的学校"(黄炎培,1930)。另外,岑春煊还曾创办农林学堂。山西随之自1902年起,成为全国农林学堂及农林课程开拓先锋。但这里要强调的乃是岑春煊整顿山西武备学堂。1900年7月,时任巡抚毓贤以办学没有实效为由,将该学堂办学经费两万两挪用于扩招团练。毓贤属极端排外的载漪一系,其所谓扩招团练,其实是趁清廷诏安义和团,收编与官军对抗之起事游勇,且"命制钢刀数百,赐拳童令演习",任其"出入抚署,款若上宾"。之后,又出榜"保教民",以"县中兵力薄"为由,诱使七十余名教士进入省城,将不肯"悔教"者,"斩之,妇孺就死,呼号声不忍闻"(赵尔巽等,1976:12757)。进而言之,毓贤挪用武备学堂经费是为训练假义和团,意在报复其在山东任上便恨之入骨的教士教民,但结果不仅残杀无辜,加剧内外危机,还使作为山西新政之一的武备学堂陷入荒废。

就是因为毓贤任性惹事,岑春煊才被调往山西应急善后,善后结束还得重建被毓贤废弃的武备学堂。事情来得突然,不过也让岑春煊自此涉足新军训练,有机会成为一方新军领袖。拟定"学堂章程"时,岑春煊很清楚直隶、湖北等当时最先进的武备学堂开设哪些军事类新学课程,"算学、图绘、测量、舆地、行阵、营垒、军器、工程"等。岑春煊还从"北洋武备学堂头班学生中",物色"出色之员"充任教官(岑春煊,2013)。这些都表明岑春煊自介入起,便想办好武备学堂,使所培养的"将才"也能达到袁世凯北洋新军"头班"水平。1903年升任两广总督以来,岑春煊推行其他新政之余,依然十分重视培养将才训练新军,陆续创办"广东将弁学堂、军医学堂、陆军中小学堂、警备学堂等。还大量购置新式武器,极力招揽'能员干将',其中,龙济光、陆荣廷、张鸣岐、黎天才、李准等人都是这时崭露头角者"(郭卫东,1988)。普通、师范学堂以及其他新政,岑春煊也有惹眼表现,地位日益崛起。南方封疆大吏中,唯岑春煊"势位与袁世凯比肩,时有南岑北袁之称"(赖彦于,1935:15)。袁世凯则"恶春煊权势与己相埒,与奕劻比而诮之"(胡思敬,2007:102)。

岑春煊、袁世凯、张之洞作为新政启动以来最有实力的封疆大吏,各自有何学堂课程改革表现大体已勾勒完毕。由此再结合张百熙的开拓,便可概括清廷新政初期上下发力形成的课程改革总体格局及重要进展。科举课程方面,张百熙及三位封疆大吏均曾奏请改革,清廷也已决定停止武举,改八股文为策论,增设经济科。至于学堂课程改革,清廷有张百熙在设计三级学堂课程及实业、医学等课程体系,拟定京师大学堂章程,为发展新学课程提供制度支撑,地方则有岑春煊、袁世凯、张之洞等封疆大吏在创办各类学堂,其中也有大力引入各类新学课程。两相比较,在学堂课程改革领域,张百熙的影响不及三位封疆大吏。甚至可以说,全国范围内真正主导学堂课程改革的并非张百熙,而是岑春煊、袁世凯、张之洞等封疆大吏。如此一来便能发现,新政初期近代中国最重要的课程改革事件还不是一般教育史教科书习惯关注的由张百熙经理的三级钦定学堂章程拟定和京师大学堂重建,而是长期被忽视的由封疆大吏通过在各自辖地办学掀起的系列新学课程运动。

尤其是自袁世凯起,封疆大吏竞相创办武备学堂,发展旨在培养新军"将才"的军事类新学课程,更堪称是新政初期最耀眼的新学课程运动,北洋新军、湖北新军、两广新军等左右清末历史变革的地方军阀势力皆由此崛起。和其他新学课程运动一样,军事新学课程运动目标名义上也是实现清廷雪耻自强。然而奕劻、慈禧作为最高决策者,只知维护自家安乐,没有政治见识及持续行动来调控引领军事和其他新学课程运动。袁世凯、张之洞、岑春煊作为各级各类学堂新学课程运动发起者也因心志不同,不仅无法建立统一的改革共识,反形成水火不相容之势。清廷课程改革即因此会迷失政治初心,陷入激烈乃至你死我活的明争暗斗,武备学堂课程改革和其他课程改革本身均容易异化为实际只是为了扩充各自的军事经济政治实力,以致连措施会加剧经济社会危机及政治震荡也不顾。如唐振常所见,"张之洞用财如水,人称为屠财",袁世凯则"杀人不计其数,时称屠民",并"兼为屠财好手"(唐振常,1998:75),如此罔顾财政民生,对清廷能有何良果。当然,最终结果出来前,改革仍会继续,所以更需要关注的乃是清廷1901年酝酿至1903年初逐渐成形的课程改革接下来还能有何变动。

实力强劲的封疆大吏自然可以继续通过学堂发展军事及其他新学课程,培养符合各自期望的将才和新政人才。诸位重要开拓者中,最容易发生变动的显然是夹在当中、但军事经济实力阙如的张百熙。岑春煊"性好劾人,不畏强暴,自监司大员至微员佐贰,有时且劾至百余人,时称屠官"(唐振常,1998:75)。即使如此,也未见其弹劾张百熙。就张百熙而言,最难抗住的干预乃是来自袁世凯与张之洞。前文已提到京师大学堂开学不久,袁世凯、张之洞就曾发起攻击。何况二人周围还不乏见风使舵的投机者;清廷层面新学反对者,更是大有人在。被袁世凯、张之洞扣上暗通康党罪名之后,京师大学堂便遭遇"劾者纷起","谤焰乃集于百熙一身"。最初,慈禧尚能相信张百熙为人"谨厚,无他肠",一意革新、无欲则刚的张百熙也能"苦心支撑,力任群谤"(罗惇曧,1913)。但慈禧终究架不住谗言,不久便转而怀疑张百熙或有"他肠"。袁世凯、荣禄等也在活动,导致1903年正月谕旨传出,命刑部尚书荣庆"会同张尚书管理大学堂事宜"(荣庆,1986:60)。

同月,张之洞也接到渴望已久的谕旨,得以"进京陛见"。一时谣言四起,张之洞将入军机。张氏本人亦非常期待。但袁世凯、奕劻暗中出手,粉碎了张之洞拜相之梦。连其手下干将梁鼎芬都曾因慕主被袁世凯、奕劻等"群小所侮",直叹"心灰冷尽"。梁鼎芬甚至将袁世凯比作汉末董卓,认为其"心事举动皆足亡大清国,再有一年,圣明恐亦不能救"(李细珠,2003:119)。梁氏对于袁世凯所想及清廷命运,可谓看得很透。不过,张之洞此番进京也有不少斩获,其中之一便是慈禧命其参与主持全国学堂课程改革。张百熙也心知肚明,不时向张之洞请教。荣庆上台后,安插"张亨嘉为大学总监督",就已令张百熙"无一事可干"。现在又来一位更有主见的封疆大吏,张百熙更只有"拱手让之"(罗惇曧,1913),致使张百熙实际办理京师大学堂,前后不过一年半。

一年半下来,张百熙真正可以载入史册的新学课程发展成就也就是不顾荣庆反对,"选派诸生留学东西洋",并以管学大臣之身"亲至站送诸生上车"(赵尔巽等,1976:12442),令诸生刻骨铭心。至于其拟定的三级学堂课程方案,则被荣庆和张之洞扔在一边。两位新入局者中,论资历及影响,荣庆均不如张之洞。故张之洞"反客为主,成为制定新学制主持人"(李细珠,2003:121)。张百熙弟子沈兆祉及李希圣等则辞职离去。张百熙虽继续留下,却只是挂名学务大臣,直到1906年11月,清廷为统筹全国铁路,增设邮传部,得以调任邮传部尚书。因铁路权被西方占领,诸事需与外务部交涉,张百熙依然不顺,三个月后便因积劳成疾,病死于任上。临终前,张百熙曾最后一次上奏清廷,说自己"殊遇擢任"各部以来,虽"思殚竭愚",但仍"负罪甚多",其"最疚心者"正是"先后充管学大臣、学务大臣,图兴教育,成效未臻"。但张百熙并没有因为个人教育改革理想未能实现,对国家复兴失去信心,所以末了犹在呼吁清廷,"上下一心,终有转弱为强之望"(张百熙,1907)。舆论界有人为失去张百熙这样的一心为国改革的学务大臣感到痛心,还特意将其遗折昭告全国。

清廷课程改革转入张之洞、荣庆主局同时袁世凯也会继续设法左右的第二阶段。这一阶段的任务没有变,仍是科举及学堂这两大层面的课程改革,新一轮行动随之陆续浮出。先看科举课程改革,这一块最起劲的不是荣庆和张之洞,而是袁世凯。此前清廷废武举、改八股为策论、增设经济科,袁世凯都有参与推动,但这些局部的课程删除修补并不能满足袁世凯,其真正所想乃是将整个科举体制废除。1903年3月,袁世凯拉上张之洞再度奏请"科举一日不废,即学校一日不能大兴","今纵不能骤废,亦当酌量变通,为分科递减之一法","将各项考试取中之额,预计均分,按年递减"(袁世凯,

1991:525—526)。分科递减未获通过。但1904年1月,荣庆、张之洞又让张百熙领衔接着奏请"递减科举,注重学堂,俾经费易筹"。上谕"着自丙午科为始,将乡、会试中额及各省学额,按照所陈,逐年递减"(张百熙等,1991:527)。丙午科开考在1906年,等于两年后实施分科递减,如此至少有十年缓冲期。然而袁世凯不愿等,一面动员两江总督端方、张之洞等联手继续拟奏,一面以"罢科举之说,日恬于太后之前"(野史氏,1916:13),终于促使清廷于1905年9月下令"即停科举",丙午科开始减额,被改为"所有乡会试一律停止,各省岁科考试亦即停止"(朱寿朋,1958:5392)。这是新政时期清廷课程改革第二阶段最大的体制更变。朝野对此反应激烈,尤其是利益受损的各地年老寒门学子。如1903年第三次参加会士仍落榜、49岁山西举人刘大鹏便哀叹"科考一废,吾辈生路已绝,欲图他业以谋生,则又无业可托,将如之何"。刘大鹏还看到废科举后学子纷纷前往省城加入新式团体:"太原府城近立社会从之者众,大半学堂中人。"刘氏不明所以,直感"祸乱自此而生矣"(刘大鹏,1990:147—148)。

高层士子中,则有不一样的抱怨,其中值得提及的乃是翰林学士恽毓鼎。恽毓鼎无须因科举取消像刘大鹏那样顿感无业可托,职业方面其所忧虑的毋宁说是晋升无门,无法获得权力参与新政改革,实现自己的政治文化改革理想。同为翰林的徐世昌则因转投袁世凯,自1902年起一路破格上升,商部左丞、练兵处提调、兵部左侍郎,等等;到1905年,更是擢升为巡警部尚书、军机大臣,其"遭际之隆,升擢之骤,三百年来一人而已"。恽毓鼎不平之余,还曾担心靠袁世凯获得如此不正常的上升,将使"朝权旁落于疆臣"。恽毓鼎所言可谓不凡,早早看出清廷新政会削弱中央权力,导致袁世凯等封疆大吏崛起,不像刘大鹏在千里之外的底层,只能笼统抱怨改革将引发"祸乱"。不过在废科举上,恽毓鼎倒和袁世凯有共同之处,他也赞成废科举,只是作为翰林学士,其改革理想终不同于袁世凯。由此也可以从恽毓鼎的不平及观察中看出,相比袁世凯力推尽快废除科举,清廷层面对于科举及学堂课程改革还有一种分析视野与考虑,具体即如恽毓鼎所言:"科举在今诚可罢,唯各省学堂未能全立,从前奏定章程尤未妥善,必须重加订定,方可培植人才。若即持此课士,恐十年后圣经贤传束之高阁,中国文教息灭,天下无一通品矣。"(恽毓鼎,2004:234—236)

科举可以废,学生也可以都入学堂,但各地学堂体系尚未建立,而且学堂课程方案也有问题,这是恽毓鼎关于清廷新政时期课程改革的基本看法。而他之所以认为学堂课程方案有问题,又是因为担心既有方案一旦实施,将使本国"圣经贤传"绝灭。"圣经贤传"即清廷认可的经学,包括经学典籍及朱熹传解,所谓清廷层面对于课程改革还有一种分析视野与考虑,具体表现正是像恽毓鼎那样,从捍卫经学出发思考课程改革,将捍卫经学作为课程改革根本任务。袁世凯没有恽毓鼎式的视野与考虑,更不会去捍卫传统翰林视之如命的经学,他只想废除科举。至于袁世凯为什么一直揪住科举不放,表面说辞也和其他主废者一样,即科举不废,学校不兴,国家不强。但这些说辞乃当时流行语,袁世凯大说之,是为争取更多朝野支持,其真正所想绝非努力推动全国兴起办学热潮,为清廷增强实力,否则也不会在明知废科举将引发剧烈政治社会震荡的情况下,仍坚持立废科举,连缓冲软着陆都不同意。

　　知情者曾指出,袁世凯之所以想尽办法立废科举,有两点个人原因,一是"少年为八股所困,已深恶之",二是他"既非科甲出身,既入仕途,往往见凌于前辈,而项城自负其经济之才,亦视若辈为废物"(野史氏,1916:13)。这里又看到派系分化及个人恩怨在左右科举课程改革,科举系万千学子唯一希望,也是维系政治社会稳定的基本制度,如此重大的改革竟被袁世凯变成复仇手段,真正为国家富强发起课程改革的张百熙却被挤在外。奕劻、慈禧等最高决策者有何国家政治领导力可言,难怪恽毓鼎看到袁世凯、徐世昌等借新政上台,会觉得清廷异日将有大祸。不过,恽毓鼎在课程改革方面所关心的仅是捍卫经学,且其抱怨"从前奏定章程尤未妥善,必须重加订定",也很笼统,不知具体所指。如果细查荣庆、张之洞主持学务以来的系列行动,即会发现恽毓鼎其实不该抱怨学堂章程"尤未妥善",因为荣庆、张之洞重新设计学堂课程,恰恰是要淡化张百熙的革新取向,以强化经学至尊地位。

　　赵尔巽论及新政时的学务改革,也曾说"百熙一意更新,荣庆时以旧学调剂之"(赵尔巽等,1976:12402)。张之洞1903年6月重拟各级学堂章程以来,重心同样定于其所推崇的旧学。1904年1月,清廷正式下令实施张之洞花费半年多时间重拟的学堂课程方案,其中显示,张之洞保留了张百熙所列诸多新学课程,如中小学算数、外语、格致、物理、化学、图画、体操,但从课时比例安排看,张之洞明显意在捍卫以经学为中心的旧学,而不是像张百熙那样旧学、新学均分并重。如四年制高等小学堂,"每周三十六时,读经讲经十二时","中国文学科八时,算数科三时,体操科三时,而修身历史地理图画格致等各两时";再如五年制初级小学堂,每周三十时,其中"读经讲经"也是高达"十二时"(佚名,1904)。大学堂课程体系建构方面,则将张百熙的七科改为八科,所增之科正是"经学",次序为"经学、政法、文学、医科、格致、农科、工科、商科",八科下面又分若干专业课程门类,经学科多达11门,文学科9门,其他六大科加在一起,也只有23门课程(张之洞等,1991:340)。

修订学堂课程体系的同时,张之洞还想摆脱原有行政牵绊,在京师大学堂之上成立专门的全国学堂课程管理机制。1904年1月,清廷下诏将管学大臣改为"学务大臣",增补孙家鼐为大臣,下设六处,总称"学务处",其中专门处、普通处、实业处分别负责管理三类学堂的课程改革(关晓红,2000:58—59)。学堂课程管理体制改革由此成为热点,后经山西学政宝熙奏请,又升级为酝酿成立"学部"(宝熙,1906)。而张之洞在清廷下旨成立学务处时,便带着"皇太后赏银五千两"(吴剑杰,2009:813),离开京城回归武汉。军机大臣瞿鸿禨曾动员老友张百熙"争之",张百熙告之,他在1903年就已萌生"退志",更不想将来"得而不能胜任","议之者并公而咎之"(徐一士,1985:379)。1905年12月,清廷正式成立学部,尚书是荣庆,为袁世凯办理直隶学务的严修则一跃成为"学部右侍郎"(朱寿朋,1958:5445)。学部成立后,首件大事便是整顿学政主导的地方课程管理体制。此前各省学政均为翰林或礼部京官,不受地方督抚节制,三年任满即回京城,且学政还有"密奏"权,可直接向皇帝奏报"吏治政情"(陈金陵,1990),权力非常大,但也因此不会专心学务。学部与政务处商议后,决定"裁撤学政,各省改设提学使司,提学使一员,秩正三品,视按察使,统辖全省地方学务,归督抚节制"(荣庆等,1906),算是既考虑了激励地方督抚主动兴学,又能使地方课程改革由学部指派的视学专门负责管理。清廷课程改革自此进入由学部统一负责管理推进的最后阶段,开始直面甲午海战以来的政治文化改革引发的人心分裂。

3. 帝制纲常伦理无法统一早已分裂的人心

确保各省都有人专门管理地方学务之余,荣庆便在考虑如何引领全国学堂课程改革的教育方向,藉此统一人心。最初的行动是于1906年奏请"宣示教育宗旨",希望慈禧"明降谕旨,宣示天下,以一风气,而定人心"(荣庆,1906)。荣庆显然注意到了梁启超及革命派正在以新的政治文化发展国民教育,所以其在统一日益分裂的学堂人心时,也形成了"注重普通之学,令全国之民无人不学"的国民教育课程改革理念。清廷新政时期课程改革最后阶段所要解决的关键问题也因此不再是如何设计推行三级学堂课程体系,而是厘清整个学堂课程体系究竟要培养什么样的国民,该以什么样的"教育宗旨"来统一全国学堂人心。得益于严修协助,荣庆制定了"教育宗旨",试图使全国学堂致力于培养具有五大品德的国民,同时抑制学堂内外日益流行的新政治文化。如其所言(荣庆,1906):

> 窃谓中国政教所固有,而亟宜发明以距异说者有二:曰忠君,曰尊孔,中国民

> 质之所最缺,而亟宜箴砭以图振起者有三:曰尚公,曰尚武,曰尚实。

荣庆以为,前两大品德即忠君尊孔,可以对抗日益流行的民族主义"异说"。但荣庆也清楚,仅以忠君、尊孔对抗"异说"仍不够,还需考虑"中国当列强雄视之时,必造就何等之国民,方足为图存之具"。荣庆认为:"中国之大病,曰私,曰弱,曰虚,必因其病之所在而拔其根株,作其新机,则非尚公尚武尚实不可也。"荣庆还向慈禧郑重表示"自臣部各官及京外学堂教员管理员,均当以身作则,行必践言,使学生有所取法,更于小学堂修身课本中时取此意,以为国民教育之始基,就学之初不得以邀奖励,求速化为志,学成之后自不得以博荣宠,谋封殖为心,民德日新,国维自固,此尤臣等日夜寄望者也"(荣庆,1906)。相比之前正人心之类的空话,荣庆为学堂课程体系定下培养五大"民德"教育宗旨,显然更为具体。把握学堂人心现状,亦堪称到位,注意到了一直存在的办学弊病,即总是以利益奖励做诱饵,以至学生毕业后仍只是想"博荣宠,谋封殖"。这些都可表明荣庆虽不如张百熙懂学务,但也想在学堂课程改革方面干成大事。

问题在于,关于如何深化学堂课程改革,荣庆虽能提出应当以五大国民品德教育为中心展开教学,但在更根本的政治问题即国体重构上,荣庆却没能给出可以统一人心的解答。进而言之,荣庆以为学堂课程体系建立之后,应致力于培养国民,然而对于为创建什么样的国家培养国民,荣庆的设想还不如梁启超、章太炎的立宪或革命"异说"更能吸引学生。荣庆制定教育宗旨时,政治层面能想到的乃是以忠君、尊孔等帝制纲常伦理来捍卫君臣父子的清廷皇权等级体制,确保皇族统治地位。更为值得留意的是,荣庆还责令各地学堂以忠君、尊孔等日益无法凝聚人心的纲常伦理,来遏制在学生中影响骤增的政治"异说"。事实上,1903年京师大学堂学生就曾动员全国学堂发起爱国抗俄运动。到1905年,学生"革命"及"爱国民主运动"更是高涨,数年后便蔓延至"21个省份","加入行列的学堂门类不断增多,不仅普通、专门、实业和师范学堂风潮迭起,就连清政府为强化国家而设的军事、法政、巡警等学堂也推波助澜"(桑兵,1995:177—178)。可以说,荣庆执掌学部以来,清廷课程改革的最大难题还不是落实教育宗旨,而是何以遏制荣庆所谓"异说",将全国学生扭向忠君、尊孔。

忠君、尊孔等品德教育无论怎么加强,都不能遏制政治"异说"对于学生日渐显著的影响。荣庆可谓弄巧成拙,实际走势绝非像其设定的那样,各地师生认真落实忠君、尊孔等国民品德教育,而是异化为教育当局以行政权力和其他手段防止学生纷纷倒向民族主义、爱国民主及革命运动。学生之外,清廷内部也有人开始转向梁启超提倡的

"立宪"异说,进而决定改革政治体制,代表便是两广总督岑春煊。1904年,日俄战争爆发不久,岑春煊便奏请派大臣前往欧美考察新政。1905年,岑氏又向慈禧直言必须立宪,才可救亡。第二年9月,慈禧宣布预备立宪。当年11月,岑春煊派心腹郑孝胥在上海组织预备立宪公会,开展政治启蒙教育。预备立宪公会系学部成立以来,清廷内部新生的另一大国民教育机制,其政治诉求不同于荣庆的国民教育。后者是要国民效忠皇族及清廷,前者则教人做"立宪国"之国民。岑春煊发起的国民政治教育是在顺应历史大势,这也不同荣庆逆流而动推出国民五德教育。岑春煊则因开创有功,被各地立宪派视为领袖。奕劻、袁世凯不愿岑春煊在慈禧许可的预备立宪中占据上风。岑春煊也如盛宣怀所言,在慈禧宣布预备立宪后,即决定与瞿鸿禨"团结以攻本初"(盛宣怀,1979:41)。

一贯善于利用新政的袁世凯这次又借题发挥,想出更大的揽权计划。具体来说,袁氏以日本宪制中的"首相组阁制"为借口,将"军机处裁撤","拥护庆亲王做国务总理大臣,自己做副总理大臣。至于各部的大臣,则由首相推荐,成为中央政府。……如此,则一切用人之权,都操在庆王之手,说穿了,就是在世凯之手"(刘厚生,1985:135)。但袁氏揽权计划遭到军机大臣瞿鸿禨狙击,后者以"人民知识之未浚""各省督抚所患人才难得、款项难筹"等为理由(瞿鸿禨,1993:36),说动了慈禧,军机处得以保留。1907年4月,岑春煊进京面见慈禧,直言"近年亲贵弄权,贿赂公行,以致中外效尤,纲纪扫地,皆由庆亲王奕劻贪庸误国,引用非人"。当慈禧说"到东洋学生已有七八千,西洋尚未详悉,想必也有几千"时,岑春煊又强调:"古人以士为四民之首,因士心所尚,民皆从之也。此去不过四年,伊等皆回国,眼见政治腐败如此,彼辈若声言改革,一唱百和,处处与政府为难,斯即人心离散之时。"说到这里,岑春煊"不觉失声痛哭,太后亦哭"。哭罢,慈禧叹曰"我久不闻汝言,政事竟败坏如此",进而责怪全国"臣工"。岑春煊再次将矛头指向奕劻,骂其"贪庸如此,身为元辅,何能更责他人"(岑春煊,2007:29—30)。

慈禧不信奕劻贪腐,要岑春煊拿证据。其时,岑春煊已被慈禧留京,接替张百熙出任邮传部尚书,故可在清廷与瞿鸿禨联手扳倒奕劻,但苦于找不到奕劻贪腐证据。袁世凯那边也在寻找证据,以坐实岑春煊与康有为有交往。当此关键时刻,有一投机者蔡乃煌"失志居天津","入照相馆,觅得春煊及康有为影像各一",蔡氏竟将"点景合成一片,若两人聚首密有所商者,献于世凯。世凯大喜,交奕劻密呈太后,证为交通乱党,春煊之宠遂衰"。蔡氏升为"上海道",岑春煊任邮传部尚书还不到一月,便被打回两广。袁世凯一系继续发力,致使岑氏"未及履任,中途罢归"(胡思敬,2007:102),瞿鸿禨也被罢去军机。是为著名的"丁未政潮",再度证明清廷内部人心离散,即使改革,也要被派系权力争斗异化,常常不过是在为袁世凯、蔡乃煌等大小投机者提供敛财与上升机会,新政随之沦为岑春煊所说的"假改良",而不是为优化"中国政治"的"认真改良"。学堂课程改革亦是如此,尽管专门的地方课程管理体制建立起来了,五德教育宗旨也颁布了,但上下"执行之人"多是敷衍,导致新政启动"已将七载,学校课本尚未审定齐全,其他更不必问"(岑春煊,2007:29)。

人浮于事、不作为的政治后果尚不算太坏,如岑春煊所见,对"中国政治"破坏更大的乃是乱作为,如借"创行新政","今日加税,明日加厘,小民苦于搜刮,怨声载道",同时导致政治"反较从前更加腐败"(岑春煊,2007:30)。但又不能不改革,原本旨在雪耻自强的新政实施之后可谓陷入死局,退不了,进又不能改良中国政治,反而会加重政治社会危机。1904年设立学务处、加大学堂建设推进力度以来,各地便因利益纠纷频频爆发"毁学"事件。如福州当局征用南禅寺办高等小学,"该地劣衿"也"欲借用该寺","率凶徒数十,涌入该堂,将堂内一切器具尽行毁碎,并将校员吴郑殴打重伤"(佚名,1905)。如此乱象一片,何以能实现第二阶段学堂课程改革目标,将师生及国民人心统一到忠君、尊孔上来。

多亏学部尚有侍郎严修,还能做成些革新之事。维新变法时严修任贵州学政期间,就曾奏请科举增设"新科",发展"西学"(严修,1898)。升任学部侍郎以来,严修又将直隶经验带入学部,使得学部固是以忠君、尊孔为主,但在新学课程发展方面也能有所推进。1906年,严修安排翰林出国留学,各省提学使出国考察学务,便能为学堂发展新学课程打下良好基础,翰林出身的蔡元培即因此得以留学德国。1906年8月举行"游学毕业生"考试,规定"考试游学生不拘宗教界限",亦"颇为外人所称"。1907年3月,清廷颁行严修所拟女子学堂章程,责令地方以"启发知识、保守礼教"为基本准则,对"已开办各女学堂"进行"实力纠正"(严修,1990:195—198),从而拉开女子学堂课程改革序幕。然而严修终究也是在动荡的清廷体制中发展新学课程,随时可能遭遇变动。变动很快就来了,1907年9月,为化解"丁未政潮"的中枢人事危机,慈禧下令将袁世凯、张之洞一同调入军机处,安排袁世凯主持外务部,张之洞分管学部,清廷新政时期的课程改革自此进入新阶段,也是最后一个阶段,主局者是张之洞。严修即使有袁世凯做后盾,也无法让另有重心的张之洞趋同于己。

外界传言,慈禧调张之洞入军机,意在抵制袁世凯。慈禧本人不再信任岑春煊后,则像是在寻找可托国事之人。她对张之洞说:"奕劻已老,载沣尚幼,汝系朝廷旧臣,国家政务历练颇深,日后国政,仗汝办理。"(佚名,1907)由此来看,张之洞更在意的或许是慈禧所说的国政,而不是和袁世凯扳腕。且当时张之洞已年届七旬,以中堂之位主持全国学务,也是最后一次机会。1903年,张之洞就拟好大学八科课程体系。学部成立后,也曾讨论设分科大学,却总没有下文。故张之洞分管学部后,又屡催必须尽快建成八科大学体系。看到张之洞干预不断,荣庆想辞职而去,但未被批准。不过荣庆也并没把张之洞的口头催促当回事。普通学堂课程改革方面,张之洞对于既有措施同样感到不满。荣庆已提出实行"强迫教育",张之洞则主张从优化教学入手,推动学堂课程改革。由此便涉及教科书。而教科书方面,亦是漏洞百出。学部于1907年专设编译图书局,监管教科书的编辑、出版及发行。但此项举措显然滞后,根本来不及收拾教科书乱象。岑春煊便注意到,学务管理体制来回折腾数年,教科书仍没审定齐全。何况还有岑春煊不知道的乱象,即国民政治教育最相关的教科书轻易就被清廷严防的"异说"渗透。像夏曾佑的中学历史教科书便在宣传大汉族主义与汉族独立,上古史部分开篇即云,经秦皇、汉武开拓,"汉族遂独立于地球之上,而蔚然称大国"(夏曾佑,1905:1)。此外更有商人把持渔利。如时人所见,"大都书贾谋利,心计极工,树国民之标帜,达营业之目的,盖什之七焉"。这位时人据此建议清廷"宜取已出版之各种教科及参考书统由学部审查,择其善者,列表通行以归一律,嗣后出版,非经学部审定,不能发行"(佚名,1906)。

教科书乱象更可说明,人浮于事、亡羊补牢乃学部司局运作常态,荣庆只重视面上体制建构及宗旨厘定,很少深入学堂课程改革诸多细节问题。张之洞则追求规模大,但因办学经验到底更丰富,所以还能考虑如何健全学堂课程改革系列落实机制。如此便不难理解张之洞分管学部后,为何一面"从湖北速调学务议长吴兆泰来京筹划普及教育课本",一面责令"编书局所纂各种小学教科书","须呈由本堂亲自检阅再行刊布","并明令学部审定科司员:教科书'非我审定不算数'"(关晓红,2000)。张之洞甚至还能留意各省"语言不同,感情自薄",责令学部"议事处速行拟议统一全国语言办法,以便奏请施行"(佚名,1908)。从调人加强教科书编纂及审定,到提议统一学堂教学语言,都堪称是继国民五德教育提出后清廷学堂课程改革的新举措,虽然不知其具体实施情况,但足以证明张之洞分管学部以来,曾竭力查漏补缺,完善大学及普通学堂课程运行,使各地教育统一朝其期望方向发展。

1908年,清廷正式启动预备立宪,学部随之又有一项更为艰巨的国民教育课程改革新任务,即"颁布简易识字课本,创设厅州县简易识字学塾","编纂国民必读课本"。计划实施到第七年,也就是1915年,"人民识字义者,须得百分之一",第八年,"须得五十分之一"(故宫博物院明清档案部,1979:62,66)。扫盲教育课本编写及时间表堪称清晰,只是到1908年时,清廷更是分崩离析。这一年11月,光绪、慈禧相继崩,清廷上下顿时丧失长期被认可的效忠对象。第二年登基的溥仪只有3岁,载沣作为摄政王,亦不过16岁,其在清廷体制内的政治凝聚力,以及对于清廷上下各派势力的驾驭能力,甚至不如慈禧。不过,载沣倒是和光绪当初一样意气风发,也想通过改革实现自强,一上任便将振兴南北洋海军列为"最为紧要"的新政,着海军名将萨镇冰经理。沉寂多年的海军学堂建设因此迎来复苏,首批课程改革任务包括:按"分门专课"原则,重建烟台、黄埔、南京、福州等地原先由"各省自筹自办"的四处"海军官兵教育"机构;"增设枪炮鱼雷练习所""海军大学"(陈宝琛等,1987:280)。

载沣还曾于慈禧驾崩后决定诛杀袁世凯,但奕劻说"杀袁世凯不难,不过北洋军造起反来谁负责",段祺瑞也及时在京城附近假装镇压兵变,"向清廷展示北洋军的实力"(徐海,2010:34—35),一度惊慌失措的袁世凯得以体面辞职返乡,等待时机再度出山。载沣进而让载泽、载涛等"少年亲贵"掌握清廷军政大权,以为从此便可扭转乾坤,哪里知道仅组织责任内阁、铁路收归国有这两件事,"少年亲贵"们办下来就激怒了全国。西方列强也希望清廷灭亡,溥仪的英国老师庄士敦便注意到,1909年起"外国人对于保存清王朝并无特别的兴趣,相反的,当革命到来时,对于中国和平昌盛的新纪元的曙光,他们几乎都是欢迎的"(庄士敦,2009:7)。庄士敦认为西方不再看好清廷之余,未免过度美化西方的对华友好,但载沣一系不仅不具备能使国家实现中兴的局面把控能力,反而将清廷推入更加孤立的内政外交局势也是不争之实。在此背景下,再来看张之洞分管学部以来的学堂课程改革深化努力,便只能视为是在为清廷尽传统儒臣应尽之责。其努力可以从管理、师资、教学等层面完善清廷学堂课程运行机制,但这些机制完善终究和荣庆的体制搭建一样,无法解决那个更根本的课程改革难题,即如何扭转学堂人心日益背离忠君、尊孔,转向立宪与革命。

不少革命骨干乃至领袖人物还是张之洞湖广总督任上所建学堂培养起来的得意门生。比如黄兴,便系张之洞1902年从两湖书院挑选出来"派送东京留学的三十个学生之一"(周锡瑞,1982:57)。1903年,张之洞重整京师大学堂时,即开始怀疑自己的政治对手康有为在争夺学生。之后,张之洞更得以目睹留学生及国内学生转而支持立宪或主张革命。面对革命历史大势,袁世凯选择作壁上观,张之洞作为传统儒臣和清廷学务最高责任人，则无论如何都必须为清廷寻求应对之策。何以扭转学堂学生纷纷转向立宪、革命，堪称张之洞一生办学遭遇的最大难题，也是清廷新政时期课程改革的终极难题。由此将看到张之洞没有从革命大势出发，而是立足于忠君、尊孔等"儒臣"该有的政治文化立场，推出了其最看重的课程改革措施，即加强经学。1907年7月张之洞尚未分管学部，就在湖北创办"存古学堂"，并特意将学堂章程上奏，称"若中国之经史废"，则"人伦亦废，为国家计，则必有乱臣贼子之祸"，希望慈禧能体谅其"保存国粹之苦心"，"通行各省，一律仿照办理，以延正学而固邦基"（张之洞，1907）。

请设存古学堂未获通过，但两个月后，张之洞分管学部，得以直接面向全国推动存古学堂。为此，张之洞还将罗振玉调回学部。罗振玉1906年就已进入学部，之前曾涉猎中外新旧学术，还曾大力提倡农学，但入学部后，其志趣变成保存国粹。因不属荣庆一系，罗振玉被外放任视学。张之洞将其调回，等于在学部安插了一位存古学堂推动者。然而罗振玉却因不顾官场规矩，回部后所做第一件事便是直接反对荣禄、严修等废除国子监、改太学为师范学堂，因此得罪上司。之后，在张之洞的支持下，罗振玉干成了一件大事，却不是推广存古学堂，而是听说宫内将"焚毁库内无用旧档"，敦促张之洞"奏请移归学部整理，明代大库史料，得以保留至今"（王大曼，1940）。1909年3月，学部才拟定预备立宪分年事宜，计划于1910年责令"各行省一律设立存古学堂"（学部，1909）。存古学堂总算有了些眉目，就剩经科大学了。八科中，张之洞最看重的恰恰是办成经科大学。1909年6月，张之洞令各省推送举人入读经科大学。但两个月后，张之洞便因积劳成疾，死于任上。病重期间，摄政王载沣、帝师陈宝琛等均曾前往探望。陈宝琛还曾专门问张之洞"监国之意若何"，张之洞"无他言"，只叹"国运尽矣"（许同莘，1944：223）。离世前，张之洞还曾特别遗言，叮嘱子嗣"我经营经科大学，煞费苦心，此后恐一般新进之徒，玩视国学，将此科裁去。若辈务需勉绍父志，竭力维持，勿令我死不瞑目"（张之洞，1909）。

遗言十分感人，也为清廷新政时期的课程改革画上了句号。清廷最终没能化解革命，其对立宪的吸纳，算是曾主动开启国体重建探索，然而结果不仅未能雪耻自强，反而加快了自身的灭亡进程。当然，此刻需关注的仍是遗言本身，张之洞将"经科"等同于"国学"系固执己见，不认可学生还可以从梁启超、章太炎那学到民族主义新国学，且这种国学有益于本国历史文化摆脱经学压制获得新生，有益于中国适应民族国家林立的世界竞争格局。至于张之洞认为"国运尽矣"，同样只能说明清廷皇权的命脉尽矣，再也不能主导中国国运。将视野移至清廷之外，即能发现维新运动以来的众多改革行动已让中国正在形成新的国运,其中最广为认可的正是孙中山领导的革命与国体变革努力。本书导论就曾提到,早在1904年,孙中山就已对世界宣布,革新中国"必须以一个新的、开明的、进步的政府来代替旧政府",这个新政府将把"广大人民"从"悲惨的生活境遇中解救出来",同时"向文明世界的社会经济活动而敞开"(孙中山,1981:253—255)。正因有孙中山领衔的先锋们努力在清廷之外创建新政府,开拓国体重建新路,近代中国即使遭遇令张之洞绝望的内乱外患,也仍然能形成新的国运和新的民族复兴动力。

同样,也正因有梁启超、蔡元培、章太炎等诸多本章考察过的先锋及其追随者在清廷之外开拓新路,所以近代中国的课程改革仍能在清廷倒台后翻开新的篇章。只是清廷新政以来的内乱外患并不会随清廷倒台立即消失:仅仅袁世凯发展新政及新学堂时积累起来的北洋军阀新势力及其内部分裂与争斗,便能继续左右国运;日俄战争以来日本军事帝国主义扩张则是一大新生外患,所以建立领导民族复兴的新政府也好,发起新一轮课程改革也好,均要在清廷留下的内乱外患中进行。清廷倒台后中国能形成什么样的新政府,迎来何种民族复兴及课程改革新局面,便取决于新登台的改革先锋面对内乱外患是否具备比清廷更胜一筹的政治整合与改造能力。除了内乱外患,许多旧的制度、观念与势力同样不会随清廷倒台立即消失,仍会继续侵蚀改革。好在清廷毕竟也为后续改革者搭建了学堂体制平台,学堂内也有众多觉醒求变的学生。何况还有未被调动起来参与民族复兴的四万万同胞。张百熙曾提醒,清廷课程改革及其他新政之所以会失败,固然系因财政紧张、干才缺乏以及政策本身体用新旧纠葛不清,但最主要的还是政治上朝野未能一心。不过,曾纪泽、孙中山、蔡元培、章太炎、梁启超等各路新生的改革力量均已开始唤醒"国民",这可以说是新生改革力量相比清廷体制内改革者的一大共同突破,问题就在于政治文化分崩离析、清廷无以整合的清末课程改革乱局中,哪路新生力量将取代清廷登上学堂体制平台,登台后能拿出什么样的民族复兴方案及课程改革行动,其方案及行动能唤醒多少"国民"在内乱外患中携手寻求民族复兴。

第四章 教育中心场域的新课程运动及其结局

时间来到1911年,地点则在武昌。此前"革命党人已屡次谋划在这里举行起义",因湖广总督瑞徵"防范很周,不能轻动"。直到"铁路风潮发生以后,四川先已糜烂,瑞徵拨兵西援,武汉便露空虚状态",革命党遂定于10月6日中秋发动起义。然而消息走漏,瑞徵令"军警各界严密查防",起义时间只得推至10月25日。不料10月8日秘密再次泄露,"事已紧急,不能再延,便于八月十九日(十月十日)夜间起事,工程第八营左队先发"(储袆,1936:50—51),目标直取总督署。"东方已渐白,督署仍未下",义军设法将清廷湖北新军首领黎元洪挟来参战,"于是革命军大振,俱以领袖得人,督署遂克"(熊秉坤,1947)。"瑞徵见势不佳,先走楚豫兵舰暂避,于明天弃一切而逃"(储袆,1936:51)。之后便是组织军政府,推黎元洪为都督。接着湖南、江西、云南等省先后独立。上海也因孙中山助手陈其美发动起义实现光复。江苏甚至不用开火,革命党只去劝说巡抚程德全改旗易帜,程氏便同意出任军政府都督。广东则有水师提督李准主动将军权交给胡汉民。四川总督赵尔丰也于11月底让省咨议局局长蒲殿俊组建军政府。

长江以南很快只剩"极端忠于清朝"的江南提督张勋在南京作殊死抵抗。江浙联军"经过十天激战,终于在十二月二日攻克南京"(金冲及,1991:151)。北方则有许多新军不愿南下,理由是"不打我们的同种同胞"。严复见之,曾感叹民族主义"简直就像个法力无边的魔王,霎时间将悉心经营二百七十年的大清王朝推向绝境"(骆惠敏,1986:786)。然而被载沣请回主持局面的袁世凯不会让清廷立即倒台,他派亲信冯国璋率部南下夺回汉阳,强化南北对峙,藉此钳制革命党及清廷。清廷最高决策层知道袁世凯"必叛",却无实力驯服。隆裕太后问载涛"你管陆军,知道我们的兵力怎么样",载涛竟然答曰"奴才没有打过仗,不知道"。"太后默然,良久曰:'你们先下去吧'。"(溥伟,1957:113—114)昏庸如此,真只有下台了事。不过,太后等知道争体面,下台前弄出"禅让"一说。一些学者也跟着强调清廷将"专权转移"给袁世凯,"无视辛亥革命在推翻帝制创建民国过程中的决定性作用"(杨天宏,2014)。但"禅让之说"无法改变历史:自孙中山1894年投身革命,经众多革命志士17年不懈努力,屡败屡战,到辛亥革命爆发,近代中国终于摆脱腐败无能的清廷统治,进入孙中山所说的"革命时代"(孙中山,1982:3)。教育领域也随之发生权力体制重组,形成新的教育中心场域。新人亦将不断登场,并在新的教育中心场域中按各自时局认识及民族复兴构想发展新课程,改写清末新政时期的课程改革乱局。

一、从发展国民新五育到复归帝制纲常伦理

新的教育中心场域诞生,缘于辛亥革命后的国体重建,17省代表齐聚上海商议组建新政府,孙中山当选大总统。1912年元旦,孙中山在南京宣誓就职。《临时约法》则明确规定新国家"由中华人民组织之","人民一律平等"(参议院,1912:1)。是为首次以法律方式,将中国由清朝的等级皇权国体改为平等的全体国民组成的新国体。从课程改革角度看,也等于是首次正式在法律层面将全体国民列为教育对象,同时鼓励全体国民参与建设新国家。虽然《临时约法》没有将总统、内阁、国会等新国家的政体权力关系界定清楚,但对新国家具体有何新使命,孙中山早有考虑。1904年,孙中山向世界宣布革命建国计划,1905年阐释"民族、民权、民生"三大主义,均曾指出新政府将改善国内人民政治经济状况,消除西方列强霸权支配。1912年,孙中山就职总统时,又强调革命意在"图谋民生幸福","使中国见重于国际社会"(孙中山,1982:1—2)。且就职以来,孙中山认为清廷倒台后应重点转向"民生",甚至认为"民生主义是三民主义的归宿"(张海鹏,2018)。这些都可解答新政府有何新国家建设使命,也很适合由之出发,考察革命时代的中国课程改革。

江南各界十分欢迎孙中山主持新政府。孙中山前往南京,途经各地"都受到群众的夹道迎送","到南京时,城内也是张灯结彩,人民填街塞巷,欢声雷动"(尚明轩,2008:157)。然而袁世凯却要夺取总统之位。南方曾"组织北伐队",后又"不愿诉诸武力,生灵涂炭",加上"饷项又不复给",决定息兵。袁世凯那边也面临财政"将告竭",故南北对峙"除和平解决之外,别无他途"(许师慎,1948:14)。为尽快结束帝制、恢复国家安定统一,孙中山答应让位袁世凯,2月12日清帝退位后即请辞总统。袁世凯如愿

成立北京新政府,并开始企图消灭革命势力。1912年8月,袁世凯下令捕杀武昌起义领袖之一张振武。戴天仇等湖北革命党人发起"暴动,为张振武报仇,企图推倒与袁世凯勾结的黎元洪"。1913年3月,宋教仁力主责任内阁,限制总统权力,袁世凯又"收买上海流氓",将其暗杀(朱宗震,2009:183)。

国内政治即因被国家权力争夺所主导,不仅未比革命前好转,反而更加分裂。更为严重的是,消灭南方革命势力需要大笔经费,财政本近枯竭的袁世凯便出卖国家经济主权向西方列强借款,导致铁路、矿业等国家重要经济命脉进一步被西方列强支配,国家更难独立自主发展造福国民。本已决定息兵的孙中山不得不于1913年7月发起"二次革命"。至此,武昌起义及民国建立以来的国内政治形势已大体勾勒完毕。由此再结合孙中山提出的新国家建设理想,便会关注:近代中国课程改革仍是在内乱外患的政治现实中展开,能有何新进展,能开拓什么有利于国家获得新生、摆脱西方支配的课程改革进路。此外还有更根本的难题,什么样的课程改革有助于将近代中国真正建成安定统一、"民生幸福""见重于世界"的新中国。无论谁入主教育中心场域主持课程改革,这些都是摆在面前的大难题,也是荣庆、张之洞等清廷课程改革主局者不曾涉足的新难题。现在这些难题已被革命先驱孙中山提了出来,新的教育中心场域也将形成,就看先后登台的主局者能掀起何种新课程运动。

第一阶段从1912年开始,到1916年结束。最先登台者缘于临时政府成立教育部。不过,临时政府最初仅设五部,即"外交部、内务部、财政部、军务部、交通部"(南京临时政府,1911),没有教育部。1912年元旦孙中山就任总统后,改为八部,"陆军部、海军部、外交部、司法部、财政部、教育部、实业部、交通部"(南京临时政府,1912),教育部由此诞生。其时,临时政府内部新旧派系混杂,争执随之难免。即如大元帅之位,各方代表便在程德全、黎元洪及革命党领袖黄兴之间展开争执,最终以程德全"不敢受","黎元洪为临时副总统",黄兴"任陆军总长"暂时收场(章炳麟,1970:15—17)。教育部总长由谁任,同样有分歧。黄兴欲推荐其母校校长、在长沙"办明德学堂几十年"的胡子靖,但"胡不愿做官,决志回来主持明德学校,遂作罢"(左舜生,1968:173)。孙中山则先是提名章太炎出任教育总长,"遭代表会否定",改提蔡元培,"投票通过,一致同意"。蔡元培担心章太炎觉得故意与之争,不愿出任,经孙中山劝说,方"不得已而允之"(高平叔,1999:396),由此蔡元培便成为民初中国课程改革及新课程运动首位主局者。

1. 在借来的教育部公署里规划课程改革

蔡元培登台了,但当时全国政治并未统一,而是处于南北对峙状态。像外交部便因南北对峙,清廷尚在,一时无法代表中国正常发展和其他国家的关系。其他如实业部虽在国内开展业务,但也受南北军事政治对峙影响甚大。张謇当选实业部总长后,便在日记里说"时局未定,秩序未复,无从言实业也"(张謇,1994:662)。相比之下,在国内发起课程改革似乎容易许多,但此言是针对办一所学校,如张子靖主持明德学校。倘若去领导全国学校的课程改革,其实也是困难重重。事实上,蔡元培作为首任教育总长,最初竟然连教育部办公室都没有。"南京旧官舍,都被占用。蔡君去见孙总统,问教育部办公地点在哪里?总统说'办公房屋,要你自己去找'。蔡君没法,找了两天,也找不着,无意间遇见马君相伯。"马相伯时任江苏都督府内务司长,他说"内务司楼上,有空屋三间,可借于教育部"(蒋维乔,1940)。教育部公署要蔡元培自己去找,由此更可见其作为首任教育总长处境之难,完全是白手起家。

实业部无事可办的张謇尚可一面等时局安定,一面回南通经营自创的大生纱厂,同时继续发展革命前便已开启的地方新教育事业,包括"师范、博物苑、农校"(张謇,1994:667)。和张謇一样,蔡元培也是翰林出身,更是革命党元老,但从1907年到1911年,蔡元培一直在莱比锡学习德国哲学、德国艺术、西方文化史等。在此期间,除受张元济及商务印书馆之邀编教科书,并未在国内直接从事教育改革。武昌起义爆发后,"国命尚在极度危险的时候",蔡元培才"有回国赴难、共同奋斗的决心"(陶英慧,1976:218),并于1911年11月27日抵达上海。尽管蔡元培也想和张子靖一样,就主持一所学校,但他已决定和革命党人共赴国难,所以只有迎难而上,在租来的教育办公室里努力规划中国课程改革。不过,因长年留学在外,对于国内政治及教育实情均缺乏了解,蔡元培一时并不清楚国家需要什么样的教育及课程改革,所以只能通过一直有合作的商务印书馆物色熟悉情况的人,来帮助其规划中国课程改革。当时的商务印书馆中,确有不少人熟悉政治及教育情况,且试图加入进来和蔡元培一起改革全国课程体系,其中表现最惹眼的正是1909年起在商务印书馆任出版部经理兼《教育杂志》主编的陆费逵。

武昌起义爆发时,陆费逵便"预料革命必成功,教科书应有大改革","乃集资两万五千元,与戴克敦、沈知方等在家秘密编写共和教科书,工作常至午夜"。果然"不及三月",便迎来1912年元旦民国宣告成立,陆费逵竟赶上于同一天正式开办中华书局(陆费执,2002:344)。陆费逵当时只有25岁,却能敏锐把握革命及国体走势。2月23日,陆费逵又在《申报》发表宣言,认为"教育不革命,国基终无由巩固;教科书不革命,教育目的终不能达也","非有适宜之教科书,则革命最后之胜利不可得";继而宣称中华书局将按"四大纲"发起教科书革命,"一养成中华共和国国民,二并采人道主义、政治主义、军国民主义,三注重实际主义,四融合国粹欧化"(陆费逵,1912)。年轻的民间书商竟抢在教育总长之前规划教科书革命,所言还能涵盖革命之后所需国民教育和各路改革派的教育观点。不仅如此,陆费逵还曾公开"敬告"教育总长,以争取蔡元培注意与重用。接下来就看其系列努力,能引起蔡元培什么样的反应。

商务印书馆与蔡元培联络频繁,蔡元培或许认识在里面任职的陆费逵,但并无深交。回国抵达上海之初,蔡元培"一时没有住处",是商务印书馆另一位旧友兼助手蒋维乔将其"安排住在爱国女学校"。赴南京任教育总长后,蔡元培最先找的业务助手也是蒋维乔。他说"久在欧洲,于近来国内教育情形,异常隔膜",要蒋维乔"替他帮忙,且对于全部事务,无论大小,悉为计划"。蒋维乔随之向蔡元培建议先采取如下改革思路(蒋维乔,1940):

> 革命方始,军事未定,不是实施教育的时候。目前先要着手的,就是逊清的学堂章程,合乎帝制,不适合共和,各省已办的学校,碰着这新旧交替,将有无所适从的痛苦,应该一面发布通令,对旧制抵触国体的,一概禁止,不抵触国体的,暂准行用。维持目前现状,一面从速草拟新学制,为根本的改革。

听完,蔡元培"极称善",随即将蒋维乔调入部中"任秘书长"(鲁荞,1947)。革命时期教育部最初班底便由蔡、蒋"及会计员共三人"组成。之后便是物色部员,"月支生活费三十元",因经费拮据,"所以只聘用数十人,每日九时上班,午后五时散班,照学校规矩,用摇铃为号,所做工作,就是草拟学制"(蒋维乔,1940)。学制改革基本思路则如蒋维乔所定。不难发现,蒋维乔所想和陆费逵很相似,也是从革命及新国体建设政治需要出发,对清廷学堂体制进行除旧布新,所以蔡元培一看到陆费逵的"敬告",即赶到上海与陆氏商讨学制改革,邀其协助筹划,原本准备办"白话日报""开民智"的蔡元培也因陆费逵建议,决定先构建普通教育新课程体系,"修改前清学部教科书"(陆费逵,1940)。

蒋维乔此前也在商务印书馆编写教科书,且蔡元培本就与商务印书馆交往密切,现在陆费逵也参与进来,这些关系随即让近代中国课程改革生出一大新机制,即商务印书馆和中华书局领衔组成的新教科书编写与发行体系,蔡元培因此能在上任之初便迅速开辟出两大课程改革新局面,一是推出普通教育新学制及新课程标准,二是发起教科书革命。两大出版社则跟着在全国课程改革中占据一席显耀之地,尤其是陆费逵新办的中华书局,更因提前准备得以后来居上。如吴小鸥所言,普通教育新学制及课程标准的设计者正是陆费逵。"敬告"一发表,陆费逵"即受邀代教育部拟定《普通教育暂行办法通令》14条",暂行办法于1912年1月19日由教育部公布后,"其他书局的教科书无法使用,中华书局教科书横空出世且独占鳌头"(吴小鸥,2015)。陆费逵本人则说其预测革命形势、提前私编新教科书,乃至登报"敬告教育总长",可谓"冒昧经营",并不知道"将来如何",没想到"开业之后,各省函电纷驰,门前顾客坐索,供不应求,左支右绌,应付之难,机会之失,殆非语言所能形容",以至"大势所迫,不容以小规模自尽矣,于是改公司,添资本,广设分局,自办印刷"(陆费逵,1931),以便能迅速将书店模式的中华书局,升级为机制更健全、市场覆盖更大的新教科书编写与发行体系。

中华书局崛起,打破文明书局、商务印书馆垄断,以及之后新教育出版机构雨后春笋般在上海兴起,皆是革命时代初期中小学课程改革促成的一大历史新景观,由此学堂课程改革便与上海的新教育出版市场连为一体,蔡元培、蒋维乔等革命时代首批课程改革先锋随之也更能在政治体制动荡之际,通过日益庞大的新教育出版市场,另寻安身之所及经济基础,不像张百熙、张之洞困在腐败无望的清廷体制里只能遵从慈禧旨意,而可以像1896年便跳出来在家乡办纱厂的张謇那样,根据自家专业立场发展新教育推动国家进步。由此可见中华书局崛起、新教育出版市场随学堂课程改革日益扩张意义之大,且其中值得留意的还不仅仅是陆费逵争取参与课程改革开创商业传奇,还包括手无寸铁、又不办实业的蔡元培、蒋维乔等革命党人在得不到体制支持的情况下,能另获经济基础及社会影响,进而可以从其革命国民教育及新国家建设理想出发开展课程改革。陷入与其政治教育理想相悖、无以成事的权力争斗漩涡时,也能辞职走人另寻进路,不必附和屈从于袁世凯。

当然,此刻更值得关注的仍是陆费逵所拟的十四条学堂"暂行办法",它确实对清廷旧学制来了一次革命。如课程管理体制层面,新规包括监督、堂长"一律改称校长",小学校开学日改为"三月初四日","初等小学校可以男女同校",等等;课程宗旨及内容方面的革命色彩更是明显,第一条便规定"各种教科书务合乎共和民国宗旨,清学部颁行之教科书一律禁用",其次是"读经科一律废止"(教育部,1912a)。仅此两大革命原则,便足以让陆费逵提前预备的新教科书一时供不应求。其他值得注意的还有剔除清廷学堂课程的文实区分及功名刺激,强化普通教育的国民通识教育性质,规定"中学校为普通教育不必文实分科",中学及初级师范"均改为四年毕业",毕业后"旧时奖励出身一律废止",就改称"毕业生"。十四条基本原则列完,便是"课程标准"即中小学具体开设哪些科目,其中保留修身、国文、外语、博物、理化、体操等清廷学堂科名,但从"高等小学"起加了一条,鼓励"视地方情形加设唱歌、外国语、农工商之一科目或数科目"(教育部,1912a)。十四条新规出台,使陆费逵以及蒋维乔的学堂课程革命构想变成新课程制度。蔡元培认可二人的课程革命构想,并增加了一门新国民课程即"唱歌"。这一点显然能透露出蔡元培留学归来后,对于国民教育比蒋维乔、陆费逵有更多一层考虑,这层考虑便是美育。

在借来的屋子里规划普通教育课程改革期间,蔡元培还曾约黄炎培、余子夷等学生、旧友讨论大中小学学制改革。其间曾风传南北将开战,"大家怕死,纷纷请假",几天下来,教育部"只剩最初三个人"。蔡元培作为总长,需出席临时政府各种会议,还要为改革普通教育联络各方,部内"公务"便集中到蒋维乔"一人身上"。蒋氏"日夕忙碌,两目红肿,也不得休息"(蒋维乔,1940)。两人内外分担,才使教育部在南北军事对峙的非常时期得以保持正常且不失高效的运转。1912年1月30日,蔡元培又开始启动另一大"急务"即"社会教育"课程改革,电请各省都督"就本省情形,暂定宣讲标准,选辑资料";"通令各州县实行宣讲,或兼备有益之活动,画影画以为辅佐"(教育部,1912b)。蔡元培本人也在尽力抢救旧有重要社会教育基础设施,上任以来最操心的便是保护1907年创办的江南图书馆。彼时,该馆被军阀占领作为军队营地,蔡元培担心仅有的公共图书馆会遭破坏,所以托马相伯请当地文化名流茅子贞入馆主持,因为"茅君之子在宪兵司令部,有约束军人之权"。蔡元培还另外写信,向江南图书馆首任总办即馆长缪荃孙报告情形,表示"将来划定中央与地方政府权限时,如以此馆直隶教育部,则元培等必当加以保护,不负先生当年搜罗之苦心。即目前虽无直接管理之权,然从旁助力,亦不敢不尽心也"。末尾"敬请道安"之前,蔡元培还不忘提及缪氏整理刊印李铭慈日记,为"先生表彰死友嘉惠后学之盛情","感佩"不已(缪荃孙,1980:430)。

缪荃孙生于1844年,比蔡元培年长24岁,也系翰林出身,曾先后掌南菁书院、钟山书院、三江师范学堂,又曾主持京师图书馆、江南图书馆,在清末学术教育界负有盛名。社会影响也颇大,1908年曾被"江苏绅民"推为领衔代表,公请清廷"速开国会"(缪荃孙,1908)。蔡元培系清末革命先驱及民初文化教育革新领袖,却同时以古礼对前辈缪荃孙敬重有加,的确是能在新旧势力盘踞的教育界发挥沟通凝聚作用的难得人选。这当中除责任心强、为人谦逊真诚外,还需通晓当时中西学术,且学贯中西在蔡元培这里绝非一般炫耀招牌,而是实实在在的学术能力:既清楚新国家建设需要何种新学助力,又善于将传统学人依靠扎实功夫及厚重人情积累而成的旧学命脉,与维护腐朽皇权的经学课程工具区别开来,并竭诚将前者延续下去。可以说,蔡元培就任教育总长以来,在资源有限及国家层面的体制支持近乎空白的情况下,常常就只能靠一己之力来化解教育领域可能有的新旧冲突,以便能为革新普通及社会教育课程创造更好的社会基础。蔡元培奔走忙碌,究竟有何意图呢?由此将看到,蔡元培重用陆费逵、蒋维乔之余,其实也在根据情况了解、思考为全国课程改革定下什么样的教育新方针。1912年2月8日蔡元培发表《新教育意见》,其究竟想发展何种新国民教育,尽在其中,革命时代的中国课程改革因此有了第一份纲领文件。

2. 提出美育至上的国民新五育及各方反应

发表《新教育意见》,正是试水要为上任之初展开的学制及课程体系重构定下新的教育方针,将荣庆设计的国民五德教育改为国民新五育。对于陆费逵从政治革命需要出发提出国民四育,蔡元培也不满足。蔡元培认为在满足现实政治需要的基础上,还得重视发展超政治的教育,其国民新五育因此由"隶属于政治"和"超轶政治"的新教育组成。前者是清末以来广为认可的"军国民教育""实利主义教育""公民道德教育",后者则是当时罕闻似乎只有王国维这位无法登台的边缘改革者能够理解的"世界观教育"和"美育"(蔡元培,1912),它们才是蔡元培更想大力发展的国民新教育。概而言之,这就是蔡元培分析各方情况后,为中国课程改革开拓的一大既立足政治需要又超越政治需要的新理路:蔡元培同意在内乱外患中建设新国家,必须发展军国民、实利、公民道德教育,但仅此三育仍不足以解决新国家建设必然面临、国民也将遭遇的教育问题,还需引入超政治的世界观教育和美育。中国课程改革即因蔡元培的新理路,继清廷推出国民五德教育之后,再次出现教育方针或宗旨转变。只是转变能否顺利,首先要看蔡元培能否说清世界观教育和美育究竟是什么。

如果界定不清,便无法给各地课程改革提供明晰的教育指向。然而世界观教育、美育作为新名词,其内涵恰恰又很难界定。不像李鸿章发展铁路、电报等洋务新课程时,虽然也是国人闻所未闻的新词,故反对甚多,但铁路、电报等新词终究可以拿出具体实物展示其内涵及效果,所以国人逐渐能由反对转为接受乃至推崇。到清末新政时,一般学子也能提出"铁路可以强国",并为"庚子那年以来"、"扬子江一带""山西直隶陕甘""两广云贵""山东河南浙江福建"的"路权",被英、法、俄、德等国攫取感到痛苦(云山,1906)。相比铁路一类新词很快就能化成效果甚巨的实物,世界观教育、美育则很难从当时社会找到对应实物摆在国人面前,以彰显其内涵及效果。江苏省立第三师范学校校长顾实便曾指出,蔡元培所提世界观及美育不如"军国民""实利""公民道德"易懂,因后者"皆有其确鉴之事实,惟美术世界观空洞无涯"(顾实,1912)。梁启超当初也说不清自由、民主等新词内涵,以为美国政体可作实物,亲自去看后又对美国政体大失所望。但梁启超终是在体制外自由发起政治及课程改革,即使界定不清,也无体制压力及责任要去取得全国教育界理解。

身为教育总长的蔡元培则必须清楚界定,同时争取能让全国教育界理解,不然便无法将全国课程改革引向世界观教育和美育。然而世界观教育和美育内涵实在难以界定,蔡元培也承认说不清楚,所谓"世界观教育,非可以旦旦而聒之也",只笼统提世界观教育可通过"美感之教育"来达成。于是问题合为一个,即何谓"美感"教育。但这个问题同样很难回答清楚,蔡元培亦只能很笼统地说"美感者,含美丽与尊严而言之,介乎现象世界与实体世界之间,而为津梁"。由此,又引出"美丽""尊严"等当时缺乏美学基础的国人更不知所指为何的系列美学新概念。陷入概念界定困境的蔡元培没有继续解释"美丽""尊严"等所指为何,而是直接说他的美感定义乃是由"康德所创造,而嗣后之哲学家未有反对者"(蔡元培,1912)。将康德搬来,且不顾史实强调没人反对康德,意在增强其美育设想的权威度。但蔡元培忽视了民初国内教育界并没多少人知道康德及其美学,怎可能仅仅因为康德那样说,便会理解认可美感就是"美丽与尊严",进而在课程教学中落实"美丽与尊严"。近代中国课程改革还未出现过像蔡元培这样,制定新教育方针时,不断用内涵更难界定的新概念来解释国人闻所未闻的新教育,以致越想解释清楚,越会引出更多国人难以理解的新名词。

搬出康德后,蔡元培还从中西教育史的角度,对国民新五育及美育做了补充解释,如"周官"之"六德六行,德育也","射御,军国民主义也","而乐为美育","希腊人之教育为体操与美术,即军国民主义与美育也。"到"近世"欧美,有"海尔巴脱氏持美育主义","杜威派,则纯持实利主义者也",蔡先生到底是纯真学人本色,制定教育方针弄成了掉书袋写论文,但且不说所言是否符合史实,仅从这些表述本身看,仍很难让各地教育界明白美育是什么。至于美育试图解决何种新国家建设必然面临、国民也将遭遇的教育问题,蔡元培的解释同样很难赢得民初教育界的理解与认可。今天来看,蔡元培关注的国家及国民教育问题其实不难理解,不过就是和西方比中国社会缺"宗教",或一般国民不懂人生的"幸福"或终极意义乃是追求康德或柏拉图意义的"实体世界",只知追求"现世幸福"。1919年新文化运动日益高涨时,蔡元培在"市街上散步,只见尘土飞扬,横冲直撞的车马,商铺门上贴着无聊的'春联',地摊上出售那恶俗的花纸",又在担忧"在这种环境中讨生活,如何能引起活泼高尚的情感",进而提醒"文化运动不要忘了美育"(蔡元培,1935:16),这一例证更能表明,其实很容易理解蔡元培为何想发展美育,尤其是社会美育。

回顾蔡元培最初开拓革命教育时,也能发现他和章太炎都曾强调精神教育,不然即使革命,不是怕死,就是想投机和升官发财。总之,尽管蔡元培难以从理论上解释清楚,但他发展美育解决什么必然面临的教育问题,甚至他的美育是什么,其实都不难理解。他所注意到的教育问题,对于新国家建设及国民个体来说也都很重要。问题在于民初教育界认为更重要的问题是军事、实业,不像今天康德、美学及美育都已相当普及,容易理解蔡元培。民初教育界还要等蔡元培普及美育,拿出美育实物才能逐渐明白美育是什么。好在蔡元培虽无法用理论语言将美育描述清楚,但民初教育界还有些课程实物可用来创造普及美育,如小学堂"唱歌"及社会教育中的"画影画"。正是这些课程实物,为蔡元培创造普及美育提供了最初载体。之后便要看蔡元培还能创造出多少美育实物。为能创造出更多美育,在《新教育意见》中,蔡元培甚至提出让各科课程都要参与创造普及美育,培养美感。除唱歌、图画外,数理化等"实利主义"课程也要"资美感",使美育在各门"课程内容"中比例"当占其二十五,世界观则当占其五","军国民主义当占百分之十,实利主义当占其四十,德育当占其二十"(蔡元培,1912)。

国民新五育及各科美育比重分配设计完毕,每门课都要按所定比例安排五育。这种做法看起来不同于清廷学部体用二分的课程体系,可使国民从清廷设定的品德、能力分裂中解放出来。不过,新五育也可能会让新国民遭遇新矛盾,即在蔡元培划分的"现实世界"与"实体世界"之间漂泊,乃至因过于向往美学的"永恒""幸福"的实体世界,厌倦或逃离现实世界。五四"新青年"在受过文学、艺术等美学教育后,就经常陷入这种矛盾。当然这是后话,蔡元培制定新教育方针时,所想乃是先把新五育尤其是美育做出来。为此,蔡元培还把鲁迅从绍兴调至教育部,委托其负责改革社会美育课程。顺便提一下,此前,鲁迅正遭遇险境。武昌起义后,军阀王金发到绍兴组建军政府,将鲁迅提为初级师范学校校长。绍兴地方文学团体"越社"办《越铎日报》,也邀鲁迅任"名誉总编辑"。鲁迅很热心,不仅"写创刊词",还为报社从王金发那筹来经费。但文学青年并不领王金发的情,反而在报纸上大骂王金发。地方军阀震怒,扬言要派兵去"砸报馆",甚至"谣言传说王金发要杀死鲁迅"。1912年初,"鲁迅曾到杭州参与浙江教育司社会教育的筹备工作"(吴海勇,2005:18),以求暂避,但杭州仍在地方军阀势力范围之内,险境即由此而生。

鲁迅多亏有好友许寿裳被蔡元培调去协助"草拟各种规章"。许寿裳刚入教育部，便向蔡元培推荐鲁迅。蔡元培也说"我久慕其名，正拟驰函延请"，于是许寿裳"连写两封信给鲁迅，说蔡先生殷勤延揽之意"（许寿裳，1949：40），鲁迅随之来到南京。当年暑假《越铎日报》果然被"王金发卫队捣毁"，"重伤者十七人，系枪刺木棍刺击，血肉狼藉"（佚名，1912a）。鲁迅算是幸运躲过一劫，还得以加入教育部社会教育司，负责按新五育标准改进社会宣传，推广美育。鲁迅到部后，看不惯教育次长景曜月。如许寿裳所见景曜月"只知扩充自己势力，引用私人"，趁蔡元培被孙中山派去北上"迎接袁世凯"，"暗中开了一张大名单，送请大总统府任命，竟把周树人的姓名无端除去，幸而蔡元培就回来了，赶快把这件事撤销"（许寿裳，1949：40—41），鲁迅因此能留下继续推广社会美育。许寿裳不知这当中其实得感谢蒋维乔，因为正是蒋氏拿到景曜月"呼朋引来，骤增七八十员"的大名单后，立即"锁入铁箱，不予发表"，等蔡元培回来再处理，进而想出先撤销南京教育部，等新政府成立再组建（陶英慧，1976：286）。1912年3月，北京新政府成立，蔡元培再度当选教育总长。4月8日，总长以下高层任命也公布出来，范源廉任次长，蒋维乔任参事。4月24日，蔡元培正式就任教育总长，教育部北迁至前清学部旧址。许寿裳、鲁迅得以一起北上继续参与课程改革。

许寿裳原被蔡元培拟为普通教育司司长，后不知被谁改为普通教育司第一科长，鲁迅任社会教育司第一科长（许寿裳，1940）。设置社会教育司，负责面向社会发展文化、科学及美术教育，是蔡元培首创，可见其对改良社会教育及发展社会美育之重视。但蔡元培增设社会教育司的同时，也有一大明显缺失，这一缺失便是军事教育。由此就需提一下军事教育体制演变情况，军事教育及课程改革在清廷改革官制时便已划归陆军部管辖，实际则被袁世凯等封疆大吏夺去。民初军事教育及课程改革同样归军方即袁世凯掌控的"中央参谋部"负责，"中央参谋部"创办了著名的"保定军事大学堂"（参谋部，1912），简称保定军校。民国时掌控各地军事的高级将领大都出自保定军校，到"抗战期间更为明显，假使统计一下各战区司令长官的出身，除一部分日本士官或行伍出身之外，可说十之七八是保定出身"。后起"黄埔系人口虽多，仅属中级干部"，"黄埔出身而做到战区司令长官的实在很少。校长如胡宗南，还只做到副司令"，导致"二战"期间，"英美两国的将领都是后起的"，"而中国的将领，却都是二十年前的老角色，如何能打最新的仗"（小兵，1946）。

国军抗战乏力，乃至溃败连连，是否就是因"保定系"不懂最新军事却长期把持国家军事体制运行，这里无法判断，但不可否认对近代中国国家复兴而言，军事教育的确是最需发展的新教育,且自李鸿章起,军事教育便被列为最重要的课程改革领域。蔡元培创办爱国女校时,也曾竭力发展炸弹制造类军事课程。不过到民初主持全国课程改革时,蔡元培及教育部没有军事教育管辖权,蔡元培自己也不愿再涉足军事,更未想过争取军事学校课程改革领导权。他和教育部管辖、主持的课程改革就是在三大教育领域进行,即普通教育、社会教育及"专门教育"。专门教育近似高等教育,包括"大学校""高等专门学校""外国留学生"等"事项"(孙瑛,1979:16)。对革命党而言,课程改革不再涉足军事教育及军事人才培养,可谓代价惨重,其直接影响便是使孙中山、蔡元培等革命元勋手中也没有军事力量可资调动。北迁后,置身袁世凯北洋系这一最强军阀势力之下,国民新五育课程改革能否继续推进,随之便要看蔡元培实力几何。蔡元培乃革命党元老,然而革命党并无可与袁世凯抗衡的军事基础与实力。政治方面,革命党在推翻清廷后也开始发生分裂。章太炎即因反对定都南京,不赞成蔡元培执掌教育,于1912年3月1日组建"统一党"。课程改革也另有行动,1912年2月28日成立"国学会",发展"文""经""子""史""学术源流""释典"六科新国学(汤志钧,1979:391—392),堪称和蔡元培提倡康德式的美育对着干。

宋教仁则简单以为争取国会多数席位便可战胜袁世凯,故于1912年8月"拉拢由官僚政客组成的四个小党,与同盟会合组为国民党"。虽然宋教仁"仍拥孙中山为理事长",但却因组织草率导致同盟会作为革命党"丧失了革命精神,变成了一个庞杂的政治团体"(尚明轩,1977:13),如此一来,蔡元培北上进入国府后,更难从革命党那获得统一政治支持,仅此一点便透露出蔡元培政治上也缺乏足够实力,来支撑其在袁世凯北洋军阀政府发展国民新五育。其时,孙中山作为革命领袖,亦无法整合各路革命党。不过,孙中山虽军事政治准备不足,但他终于完成初定历史使命即推翻清廷帝制,且之后孙中山也未因新政府组建不顺、革命党内部分裂,放弃"民生主义"新国家建设理想及教育改革努力,而是继续在全国推进实业教育和铁路建设。蔡元培同样没有因势单力薄放弃行动,只是未像孙中山那样从民生主义出发构思教育改革。北迁后,蔡元培所想仍是在三大教育领域推进国民新五育尤其是美育。下一步行动也有不少计划,其中最重要的便是准备暑假召开全国教育大会,使各地课程改革正式按新学制及课程标准进行,同时正式提出美育至上的国民新五育,使全国教育界达成统一的新教育宗旨。张之洞遗留的一大改革难题即全国如何统一"读音",也定好将在1913年展开讨论。这些重要计划都是为了能在普通、社会等教育领域进一步落实美育至上的国民新五育。

许寿裳、鲁迅等之所以被蔡元培看中，就是为了在社会教育领域推动美育。蔡元培还曾拟定由更资深的董鸿祎担任社会教育司长。1903年就读早稻田大学时，董鸿祎便参与发起成立"军国民教育会"，开展宣传教育，以"养成尚武精神，实行爱国主义"（军国民教育会，1903）。回国后，董鸿祎又曾在南京为南洋华侨子弟创办暨南学堂，很适合主管社会教育。但教育部北迁后，蔡元培改让董鸿祎出任"秘书长"，另调夏曾佑担任社会教育司长。夏曾佑1897年就曾和严复一起办《国闻报》宣传变法（全根先，2016），被梁启超誉为"晚清思想界革命的先驱"（梁启超，1924）。之后，夏曾佑又致力于编写蕴含革命思想的历史教科书。蔡元培安排夏曾佑主持社会教育，也堪称知人善用。至于普通教育领域，除有蒋维乔可继续依靠，蔡元培还安排袁希涛担任司长。剩下的专门教育领域，北迁前蔡元培曾拟定由钟观光任司长。钟观光早年曾和蔡元培一起主持中国教育会和爱国女学校，提倡革命教育。蔡元培1907年留德后，钟观光转而致力于发展理化博物之学，成为近代中国大学理科教育开拓先锋。蔡元培邀其主持专门学堂、大学学制及课程改革，亦属知人善用。但到北京后，不知为何，专门教育司长换成了学部旧人林棨。林棨心不在焉，更看重投机，第二年便升为"全国最高终审机关"即"大理院推事"（司法部，1913）。不过，钟观光仍和蒋维乔一起出任"参事"，故仍能在教育部高层参与课程改革。

团队方面最后需特别强调的便是最重要的搭档，即次长范源廉。新教育理想层面，相比蔡元培重视寻求独立超越，范源廉更为务实，认为新国家建设急需的课程改革就是能向国民"示科学之重要，振尚武之精神，阐爱国之真义"（范源廉，1914）。政治层面，范源廉也不属于同盟会及国民党，而是属于清末君宪派演变而成，"党派利益同袁世凯政府联结最为紧密"的"共和党"（高翔宇，2018）。虽然有此教育政治立场差异，但蔡元培仍两次主动登门造访，对范源廉说："现在是国家教育创制的开始，要撇开个人的偏见，党派的立场，给教育立一个统一的智慧的百年大计"，并坦言"请出一位异党的次长，在国民党里边并不是没有反对的意见，但是我为了公忠体国，是不管这种反对意见的"。蔡元培的教育超越立场很坚定，"教育是应当立在政潮外边的"，希望范源廉能和他一起专心把教育办好。蔡元培最后甚至对范源廉提到，"您们党里也有其他看法，劝告您不要自低身份，给异党给老蔡撑腰，可是这不是为了国民党或我个人撑腰，乃是为国家撑腰。我之敢于向您提出这个要求，是相信您会看重国家的利益超过了党派的利益和个人的得失以上的"（高平叔，1999：433）。

范源廉被蔡元培的"真诚和热情"打动，终于接受携手合作。这个决定曾招来身边

"不少更亲近的前辈朋友们责备误会",但范源廉到晚年"回想起来",依然觉得"没有什么后悔的",反留恋其与蔡元培"合作期间,部里的人都是知无不言,言无不尽,讨论很多,却没有久悬不决的事。一经决定,立刻执行,所以期间很短,办的事很多"(高平叔,1999:433)。正因总长、次长都真心为建设新国家努力发展新教育,所以教育部北迁之初能继续采取措施推进课程改革,如令高鲁常筹办观象台,令夏曾佑筹办"通俗教育调查会",任陈宝泉为北京高等师范学校校长,均可为普通及社会教育课程除旧布新注入新动力。甚至专门教育领域的课程发展也有新气象,其中最值得一提的便是1912年5月1日,下令"改定京师大学堂名称为北京大学校,照会严复为文科大学学长",并请"大总统任命该学长署理北京大学校校长",废除经科,"将经科并入文科"(高平叔,1999:441—442)。两周后即5月15日,北京大学迎来开学典礼,"学生到者百余人,教员数十人","英国公使朱尔典、总税务司裴璐琳"也来捧场。蔡元培还发表演说强调"大学为研究高深学问之地"(佚名,1912b)。

蒋维乔、钟观光、董鸿祎、袁希涛、夏曾佑、许寿裳、鲁迅、范源廉等,均可谓蔡元培就任教育总长以来的积极响应者。虽然这些人背景政治立场不一,但得益于蔡元培、范源廉在政治纷争中均坚持"超越党派""能者在职"(蔡元培,2004:88),所以教育部北迁后还能在三大教育领域继续推进课程改革。然而蔡元培终究是在北洋军阀、国府及整个教育界构成的复杂体系中发起课程改革。北洋军阀只重视军事教育,不愿耗费财力涉足蔡元培主持的三大教育领域,乃至可以坐视蔡元培在不威胁其地位的情况下自由改革,但即使仅提教育界,其派系结构之复杂,也非身为教育总长的蔡元培能够统一。即如北京大学开学典礼上,校长严复听完蔡元培的发言,便不同意将改革重心置于"研究高深学问",而是从清末以来学潮不断的实际情况出发,主张"学校规则,宜趋谨严,不得过于姿肆"(佚名,1912b)。地方教育界想法不同者更是数不胜数,随时都可能冒出来,成为蔡元培难以克服的改革阻力。何况教育部所属国府也正处于激烈政治及权力斗争中,如此便不难理解在最重要的课程改革深化任务即统一各地教育宗旨上,蔡元培为何会突然遭遇国民新五育不能齐整推行下去的挫折。

出席北大开学典礼之前两天,即5月13日,蔡元培发出通电,要各省选两位代表,出席将于暑期举行的全国临时教育会议,各地教育宗旨及学制统一进程随之正式拉开序幕。会议章程、议事规则两周内便拟定,到六月中旬,会议议员也基本确定。然而6月19日,蔡元培却突然提出辞职,原因正是国府层面发生震荡,袁世凯为加紧集权,遏制革命党,首任国务总理唐绍仪及农林总长宋教仁、司法总长王宠惠等同盟会阁员请辞抵抗。革命党与北洋军阀矛盾公开化,蔡元培作为革命党元老,且还是唐绍仪加入同盟会的介绍人,不得不和同盟阁员一起请辞。7月2日,蔡元培更是和其他三位"同盟会派阁员"再度亲往总统府递交辞呈。国府内斗日益激烈,个中意图或许连蔡元培也难把握。舆论则说同盟会阁员集体请辞是为逼走挑拨生事的熊希龄,所谓"指熊希龄为挑拨祸首,去熊,乃可就职",但舆论"又有说此系该会中人一种私见。不可尽信"(佚名,1912c)。其间还有高僧黄宗仰曾函告蔡元培,说"光复以来","渔利营私"、"口谈公益,心蓄鬼谋"等"恶劣潮流遍污佛界",期望蔡元培能"思急起而匡救之"(高平叔,1999:464)。这可以说是蔡元培归国以来首次深切体会民初政坛权力争斗及社会道德乱象,也能证明民初新国家建设的确需要发展蔡元培提倡的美育和价值观教育。

被迫卷入政治纷争的蔡元培也因亲见民初腐败政治及社会现实后决意离去,但请辞期间蔡元培仍在尽力推进课程改革,包括最重要的全国临时教育会议也未耽误。7月8日,教育部、直辖学校及各地推选议员均已到京,包括黄炎培、庄俞、余子夷、汤尔和、贾丰臻、萧友梅、严复、何燏时、陈宝泉、张伯苓等53人(佚名,1912d)。7月9日,蔡元培召开欢迎茶话会,各地推选议员纷纷报告教育现状,"不外二种:(一)财政支拙,原有学校未能全开;(二)办学职员大半腐败,致教育事业鲜见成效",皆更令蔡元培感到沮丧。张伯苓、黄炎培、庄俞等改革派则向蔡元培表达"挽留之意"(高平叔,1999:466)。第二天大会开幕,蔡元培讲话,强调"中国政体既然更新,即社会上一般思想亦随之改革。此次教育会议,即是全国教育改革的起点",改革的首要任务便是革去"君主时代"的利己主义思想,大力发展"民国之政府"急需的国民新五育,且"以公民道德为中心","世界观及美育皆所以完成道德,军国民教育及实利主义则必以道德为根本"(佚名,1912e)。

这次蔡元培没有像上次试水那样以康德美学为基础阐述美育,而是将美育往各地代表更容易理解的道德教育上靠,但其意思仍希望各地能重视美育。蔡元培讲完便是选举大会主持人,王劭泉当选"正议长",张伯苓当选"副议长"。结果张伯苓竟"当众辞职,蔡总长付表决,全体不允",张伯苓"遂承认,并演说,毕,摄影而散"(佚名,1912f)。张伯苓当选副议长,意味着其已正式成为全国教育界瞩目的改革新力量,只是他不看好能将各地代表引上国民新五育。事实也是如此,有的地方推选议员之所以来,甚至就是为了反对国民新五育。江苏代表贾丰臻便直言"教育部长之五大主义不能并行,世界观及美育不能为教育方针"(贾丰臻,1912)。不过,蔡元培已不会把反对放在心上,因为开幕当天,蔡元培又向国务总理陆徵祥递交了辞呈,请即日任命新总长,以便

"即日交卸","即到部视事,亦至迟以十四日为截止之期"。可见蔡元培已不想继续在北洋军阀主宰的国府及教育部里发展国民新五育。范源廉理解同时兼任"国务员"的蔡元培之所以请辞,系因国府党派权力纷争辞职,他还召集部员"商议为蔡先生辞职离部开一欢送会"。蔡元培则恳请范源廉"暂时牺牲个人之自由,维持部事,以待后任"(高平叔,1999:468)。

大会代表中,则有汤尔和支持蔡元培发展美育至上的国民新五育,并于7月13日提议先讨论教育方针。第二天,袁世凯批准蔡元培等四位同盟会派总长辞职。7月18日,大会正式讨论新五育议案,结果多数地方代表见蔡元培辞职,均主张删除世界观及美育,"谓世界观属于宗教的、哲学的,不应加入普通教则内"(佚名,1912e)。原定参加大会后又让张伯苓代替的前清学部改革派严修得知取消世界观及美育,直叹"大奇、大奇",并"劝伯苓力争之"(严修,1990:279)。8月9日,首届全国教育大会闭幕,教育部及地方所提议案共"有九十二件之多",只通过23件。教育界上下离心如此,引来一位佚名记者嘲讽说"完全通过者竟有二十三件之多"。其所谓竟多,是参照清廷1910年曾开"中央教育会,议事一月,仅通过十二件"(佚名,1912g)。嘲讽来自一贯反对革命的《时报》,自然不愿看到革命党人的改革大计顺利通过。但张伯苓、黄炎培等赞成派也没放弃,在他们力争及新任教育总长范源廉斡旋下,教育部最终还是于9月2日颁布了新教育宗旨,正式下令各地课程改革都需"注重道德教育,以实利教育、军国民教育辅之,更以美感教育完成其道德"(教育部,1912c)。各地均得实施美育课程,这至少变成了国家教育法则,蔡元培多少可以获得一丝安慰。

各级各类学校新学制及课程标准亦是蔡元培上任以来的改革重点,这方面,蔡元培的设想倒是大都顺利通过。但通过是一回事,实施又是一回事。像《大学令》规定的课程改革,如大学"为研究学理的机关,要偏重文理两科",不设文理科,"不得为大学"等,便"未曾实行"(蔡元培,2004:87)。大学课程改革本应由严复在北京大学带头实施,但严复刚上任,便遭遇"学校的财政拨款无法按时发放下来"。1912年5月15日开学前,严复"不得不以个人名义向中俄银行贷款,然而,当学校一恢复课程时,财政部就宣布冻全体教员的薪金,借以胁迫校长恢复以前的制度"(魏定熙,1998:61)。到蔡元培辞职期间,教育部又有"停办大学校之议",严复更只能上书,从国家及首都不可无大学、"为我国保存新旧诸学"等角度,论证"北京大学校不可停办",还强调日本大学对于"吾国小学、经学及阳明心学、佛教、梵文等,无不加以特别之研究"(严复,2004:117),以增强保留北京大学之说服力。北京大学终于得以保留,严复之后也拟定"结束以前之办法""分科改良"的课程改革计划（严复，2004：119），其所作所为可谓竭尽全力维持北京大学命脉，同时试图革新北京大学课程。

严复自甲午战争以来，曾积极从事变法社会教育，宣传包括《天演论》在内的西方政治社会思想。但严复一直不得位，有舆论影响却无机会登台实践其设想。到1912年5月年近六旬时（1854年生），才得以在最高学府施展其课程改革报复。不料刚登台便因身陷财政危机及政府权力斗争，一腔改革志向还是无法实现。9月，北京大学在严复的竭力维持下，得以继续迎来开学。结果呢？"开课近已一星期，而学生来者仍属寥寥。最奇者，惟格致一科，仅一学生。"（佚名，1912h）严复的分科课程改革计划随之泡汤。10月，严复即请辞去北京大学校长。之后，不知道是不是因为太失望或恨自己从未占据高位，严复竟舍弃此前的政治革新及国民启蒙教育立场，转投康有为孔教会。1915年，又和刘师培、杨度等"六君子"组织"筹安会"，鼓吹帝制，复归忠君尊孔，为袁世凯登基制造民意，成为"显赫一时之洪宪功臣"（霞菲，1930）。

刘师培、杨度等年轻时都是革命志士，晚年竟都转投年轻时的革命对象，也透露出袁世凯北洋军阀影响力实在太大，随时都有人会投靠其中，所以都不用袁世凯亲自出马，自会有人不断为其大作文章。民初地方层面也是如此，普通及社会教育课程改革领域，均不缺少新国民教育的反对力量，代表正是全国教育大会上反对国民新五育的贾丰臻。大会结束了，人也回到上海了，贾丰臻仍在抱怨新教育宗旨虽"注重道德教育"，却"以实利教育、军国民教育辅之，更以美感教育完成其道德"，将使各地注意力转移到实利、军国民及美育上，"置道德教育于不顾"（贾丰臻，1937：63）。在贾丰臻看来，更好的道德教育课程不是美育，而是"国粹"，且其国粹课程不是"嗜古者之所为"，即古书考据，而是理学的明理进路。贾丰臻即由此将蔡元培包括美育在内的国民新五育，替换为国粹国民五育，即"重伦常、复礼教、崇信义、保和平、尚勤俭"（贾丰臻，1937：81）。

贾丰臻后来又和胡适发明的"中国哲学"较劲，认为中国"没有甚么叫做哲学"，"只有理学"，所以他更愿意编写"中国理学史"教科书（贾丰臻，1936），以之取代"中国哲学史"。贾丰臻在全国教育界的势力与影响远不及胡适，不可能取而代之，但其持续发力却表明，民初以来除蔡元培登台主持课程改革，以康德哲学、美学等为基础发展新教育，地方教育界也有一股不同力量在参与课程改革，这股力量便是利用本国传统学术文化开发新国学课程，发展国民道德新教育。尤其是国学异常发达的江南地区，此类地方力量更是十分普遍。像教育部最初所在地南京，国学积累就十分悠久深厚，被誉为"源远流长之南京国学"(张其昀,1935)。国学也因此会在民初地方层面的课程改革中发挥作用,进而和蔡元培主持课程改革时强调借鉴德国哲学、美学构成对垒之势,乃至像贾丰臻那样搁置蔡元培提倡的康德美学及美育,或像章太炎那样另外开发国学新课程,创造国民新教育。

地方上有贾丰臻所代表的反对教育力量,或民初课程改革另有支流或边缘进路,至此不必再作展开,只需指出这种力量固然不赞成教育部设计的国民新五育,也可能会给美育进课堂造成阻碍,但它毕竟也在发展新教育,且使本国诸多传统学术课程在丧失书院、科举及皇权体制依靠的背景下仍然能够延续命脉。事实上,蔡元培的世界观教育或美育在内容上也涉及新国学,只是最初发表《新教育意见》时被概念缠住没说清,后来蔡元培又提出"世界观教育,就是哲学的课程,意在兼采周秦诸子、印度哲学及欧洲哲学以打破两千年来墨守孔学的旧习"(蔡元培,1938)。所以其以哲学、美学之名提倡新教育,其实也能发展新国学课程,使长期作为皇权体制支撑工具的国学能在新国家建设及国民新教育中获得新生。何况对于传承旧国学命脉的地方传统学人,蔡元培也会给予包容和支持,故总能尽力化解新旧冲突。对蔡元培而言,地方上真正的威胁乃是各地参会代表所报告的教育财政捉襟见肘及"办学职员大半腐败",再有便是国家政治走不上正轨,异化为袁世凯北洋军阀、共和党、国民党等派系围绕政体及国府权力展开争斗,致使蔡元培既不能在教育部所辖三大教育领域渐次推进课程改革,又难以使国民新五育尤其是美育在各地课堂生根发芽。

太平世自上而下推动教育体制转型尚不容易,何况民初乱世。也就半年时间,革命时代首轮旨在发展国民新五育的课程改革探索便因蔡元培辞职暂告段落。1912年7月26日,范源廉继任教育总长,并于7月31日出席全国教育大会。会上,范氏没有提出新的教育宗旨,只补充提示各地还需留意培养国民精神及经济自立,即"发挥国民固有精神""提倡个人职业独立"(佚名,1912e)。大会结束后,范源廉针对各地代表所言"学务之腐败,实由于办事者不得其人,因之聘请教员,招集学生,皆以私意用事",开始"整顿学务"(范源廉,1912)。此外,范源廉还呼吁将"义务教育规定于宪法"(范源廉,1913)。这些体制机制优化尝试都是在为推进课程改革创造良好保障。但到1913年1月,范源廉也辞职而去,转赴上海任中华书局编辑,改以个人行动推进课程改革,发展新教育。蔡元培那边,袁世凯曾想招为总统顾问,但被拒绝。8月初,蔡元培抵达上海,也在以个人行动推进课程改革,如8月14日为老友张元济所在的商务印书馆"新字典作序"。第二天,沪上另一家民间教育团体即"中华通俗教育会"也来函邀请,

"以助社会教育进行"(陶英慧,1976:374)。

中华通俗教育研究会会长系武伯纯,堪称蔡元培忠实的追随者,蔡元培一提出社会教育及美育计划,武伯纯便在上海发起成立中华通俗教育会,为落实蔡元培的社会教育课程改革计划,准备"造幻影及发行图画"及"赴日本考察通俗教育办法"。为解决"会款支拙",武伯纯还趁被聘为读音统一会议员,于1913年夏前往北京募款。惜恰逢二次革命爆发,"南北战事骤起",募款"毫无就绪"。武伯纯因此"郁郁不乐,旧疾大作,医治无效,遂于十月二十六日卒于京邸,闻者莫不为通俗教育之前途惜也"(佚名,1913a),是为民初首位为革新社会教育课程献身的义士,不应被历史淹没。事实上,蔡元培也是武伯纯所建通俗教育会赞助人之一,曾为其在教育部内发起捐款。按理蔡元培仍会继续给予支持,但当时他自己也陷入贫困中,已无法继续赞助武伯纯。且蔡元培抵达上海时,便已决定重返德国留学,所需费用也要自己设法去筹,更无法从经济上支持武伯纯。

武伯纯或许不了解蔡元培的经济状况。蒋维乔作为长期追随左右的知情人,到抗战时期才对蔡尚思提起,蔡元培"辞去教育总长以后,生活很苦",其到德国留学所需费用也是靠蒋维乔援手才得以解决。当时蔡元培听说教育部"有一个留学生的缺,便写信给教育部,要求派他出洋充留学生"。蒋维乔收到申请后,认为"先生是前任教育部长,怎样好当作留学生,遂设法代筹点款,把这个留学生的费给先生去游欧,但名义上并不叫做留学生"。蒋维乔进而感叹(蔡尚思,1950:93):

> 以堂堂的民国首任教育总长,结果连一点留学费也没有,这在外国人或本国其他的教育总长,无论如何,是决不致到此地步的。但在先生,却千真万确。因为他做教育总长,为时只有半年;而在南京时既同部员一样的每月仅支三十元的津贴,比之现在最低级科员的薪水还要少;北迁以后,又完全尽义务,还比不上次长以下的有六十元薪水,所以莫怪他的生活很苦。

1913年9月16日,蔡元培乘船离沪,前往莱比锡大学继续求学。临行前几天即9月3日,蔡元培作为校董,曾往中国公学出席开学典礼,提醒民国第一代学子:"光复以前,全国学风以破坏为主,当时鄙人对于此旨,亦颇赞成;现在民国成立,全国学风应以建设为重,故学子须以求高深学问为唯一之怀想。"途经新加坡时,蔡元培"备受商学各界欢迎",又"随即演说,大意谓中华民国成立,宜以除党见、兴教育为两大问题为今日最要之事"(高平叔,1999:484—486)。很明显,蔡元培十分希望民初国家政治能安定统一,进而一心发展新教育,同时新一代学子也能从建设新国家的政治高度出发,努力追求"高深学问",不能再像清末时那样一味破坏。两次演讲又一次生动展示蔡元培有何新国家建设及课程改革理想,其跳出民初权力纷争,舍弃只要向袁世凯低头便可到手的高官厚禄,毅然重返莱比锡做一个普通留学生,则可以为新一代学子提供真实示范,哪怕无法使民初国家政治实现安定统一,个人至少仍可以设法努力求取有益于建设新国家的新学术。

抵达莱比锡大学后,蔡元培除忙于继续修读艺术、美学等课程,也时常与吴稚晖、张元济等保持联系,其政治及教育革命之心犹在,还曾提醒蒋维乔"革命"只是排去清廷"亲贵之权力","清代汉官之流行病,本未曾动,望其一时焕然更新,谈何容易",但"官僚社会中,已挤入新份子,将来竞争之结果,必新胜而旧派"(高平叔,1999:491),所以还是要努力壮大新学术与新教育。教育部同仁也纷纷离去另觅进路。蔡元培、范源廉离去后,1912年8月升为教育次长的董鸿祎也因"理想与事实既极端背驰,志愿与才力又迥不相同"(董鸿祎,1913),于1913年4月辞职。普通教育司长袁希涛则于1913年11月外放任视学,"前往山西陕西勘察国立师范学校设立地点,并视察河南直隶高等师范学校"(汪大燮,1913),所以尚可在地方为改革师范课程效力。许寿裳则接替袁希涛任普通教育司长,夏曾佑继续任社会教育司长,鲁迅则于1912年8月升任佥事,兼社会教育司第一科科长,加上蒋维乔任教育次长,所以蔡元培仍有四位得力干将留守教育部。

对几位留守者尤其是次长蒋维乔来说,就是总长人选屡不如意。范源廉辞职后,袁世凯最初提名让海军总长刘冠雄兼掌教育。刘氏"知难而退",袁世凯便于1913年3月又改派农林总长陈振先兼任教育总长。其时,陈振先有"风流一案,尚在诉讼中",故教育部"人员闻之,颇为诧异,群起反对"(佚名,1913b),蒋维乔等更是皆请辞相抗。5月,陈振先自动离去(陈振先,1913)。国府那边,也是一片乱象。首任国务总理唐绍仪辞职后,从1912年6月起,至1913年7月,陆徵祥、赵秉钧、段祺瑞先后继任或代理国务总理。8月,袁世凯又命财政总长熊希龄出任国务总理,教育总长随之换为汪大燮。动荡政局始终不利于蒋维乔等继续推进国民新五育课程改革。蒋维乔初见汪大燮,便认为"汪满面官僚习气","很藐视他"。汪大燮则"说蒋某上海气派太重"。蒋维乔"于做官,本没有兴趣",至此决定不再留守,"拂袖南归,仍进商务印书馆"(蒋维乔,1940)。由此又可见商务印书馆及中华书局不仅有利于范源廉、蒋维乔等在乱世保持政治教育独立,而且比教育部更能充当稳定的国民新五育课程发展机制。

汪大燮对于许寿裳倒"甚为推重",许氏得以"升任教育部参事"(许世瑛,2003:1082)。1913年,教育部层面最大的课程改革推进行动便是召开蔡元培主政时便定下的读音统一大会,2月15日,会议开始,由国民党元老吴稚晖主持,结果上演各路代表纷争闹剧。北方代表、曾奏请设孔教的前清京官王照提出"凡会员之同省籍者,每省止有一表决权",结果"会员多数反对,王照疑议长有意袒护,南方人出言不逊,致会场大为骚扰,经多人调停乃已"(佚名,1913c)。但以北音还是以南音为准、入声如何处理等问题终究很难达成统一,所以冲突仍将上演。鲁迅就看到王照"为了入声存废问题,曾和吴稚晖先生大战,战得吴先生肚子一凹,棉裤也落了下来"(鲁迅,2000:90)。最后还是鲁迅、许寿裳、朱希祖等提议,以章太炎"1908年所拟的一套标音符号为基础制定字母,获得通过"(鲁迅,2005)。

提议者皆是章太炎学生,无论是否有意联合行动,其集体发声都等于宣告章门弟子从此登上课程改革舞台。不过,这支新力量主要散布于京城学界,留守教育部的就是鲁迅和许寿裳。二人都重视回报蔡元培的知遇之恩,未忘推进课程改革。鲁迅还曾拿出详细的社会美育课程发展计划,仅美育基础设施建设方面,就打算建造"美术馆、美术展览会、剧场、奏乐堂、文艺会"(周树人,1913)。鲁迅本人也很想发展社会美育,得知各地代表在全国教育会议上取消美育时,曾大骂"此种豚犬,可怜可怜"(鲁迅,2005:11)。只是自1913年3月宋教仁被袁世凯派人暗杀以来,京城政治教育局势演变其实就已日益不利于鲁迅在其负责的社会教育领域继续发展美育课程。尤其是6月以来,为消灭民主、共和等对其不利的政体革命舆论,统一全国政治教育演进方向,袁世凯竟然将他自己都不信的传统"纲常""礼俗"搬了出来,下令各地必须恢复"祀孔",还带头"率百官举行祀孔典礼"(佚名,1914),更使鲁迅辛苦拟定的社会美育课程改革计划瞬间沦为废纸,蔡元培为课程改革定下的国民新五育方针至此也将被抹去,另一些受袁世凯欢迎的人将登台改写课程改革。

3. 课程改革重返以帝制纲常伦理为本

相比蔡元培、范源廉等陆续退场,此前因蔡元培登台得不到教育施展机会的康有为则于1913年迎来形势大好,其"孔教会"成立计划一经提出,便获教育部批准,得以合法率领各地"支会分会"从事"孔教"宣传。袁世凯见之,也不顾自己曾是康有为变法死敌,发电对康有为表示"钦仰无似",愿"敬具蒲轮,鹄候明教"。康有为也"叩文"回电曰"尊圣卫道,想公同心,冀公援手,圣教幸甚"(康有为,1913)。孔教由此成为双方共同的工具,目的也相同,均要恢复帝制国体。康有为得袁世凯相助后,更成为社会教育领域一大显贵势力。且康有为也决定将"图画"作为孔教宣传的第一大课程工具(陈焕章,1913),堪称是在和鲁迅提倡建设美术馆、剧场等对着干。不过,康有为并不想拥袁世凯称帝,康氏虽主张"非复辟不能救中国"(康有为,1981:994),但他希望实行君宪帝制,且君主虚位不是留给袁世凯,而是留给末代皇帝溥仪。康有为政治上毋宁说是和张勋一样的清廷死忠。故袁世凯1916年登基称帝后,康有为还曾发电劝"总统老弟"务必从皇帝之位退下来(康有为,1981:933)。

第二年,张勋自徐州率军北上拥戴溥仪称帝恢复大清时,康有为则积极参与其中,为张勋出谋划策。只是最后因张勋"一手遮天",康有为作为"赫赫有名之文圣人",不仅未能借势实现孔教救国及"帝师"之梦,"反居于无权地位",乃至除了"大骂张勋",便"无所事事,亦仅吃饭睡觉而已"(天忏生,1985:254)。1913年以来的国家政治便被袁世凯、康有为、张勋等人的国体复辟闹剧所主宰,严重偏离孙中山最初确立的革命目标及新国家建设轨道。孙中山曾支持李烈钧于1913年7月在江西湖口发起二次革命,北伐袁世凯,但到9月12日,二次革命便失败,孙中山再度流亡海外。11月4日,袁世凯因发现国会有议员是国民党,又下令清除国民党国会议员。所以综合各方情况看,1913年都可谓是历史转折点。这一年,近代中国不仅没能转向安定统一,建设新国家,反而被众多旧势力拽回清廷皇权政治体制。中国课程改革随之也被康有为登台宣传孔教、袁世凯饬令各地恢复祭孔扭向复辟。

到1915年1月,袁世凯觉得"今兵气渐消,邦基初定",开始宣布新"教育要旨",为课程改革定下新方针,责令教育界"必于忠孝节义植其基,于知识技能求其阙,尚武以备军人资格,务实以儆末俗虚浮,失其忠诚,以爱国为前提,苦其心志,以猎官为大戒,厚于责己,耻不若人,严则如将领之部其弁兵,亲则如父母之爱其子弟。此本大总统对于学校之精神教育,尤兢兢于变化气质,而后种种学业乃有所施"(璩鑫圭等,1991:759)。民初以来的课程改革由此进入政体复辟时期,宗旨随之退回以"忠孝节义"等帝制传统纲常伦理教育为本。产生原因则来自袁世凯对于时局的错误判断及其个人政体复辟野心。1915年1月的时局绝非袁世凯所说的那样邦基初定,相反其邦基仍在内乱及西方列强钳制之中,而且就在1月,日本战胜德国后不仅没有从青岛撤军,其内阁总理大隈重信还趁西方列强忙于一战,向袁世凯提出无耻"二十一条",企图强占山东、东北,乃至掌控"中国中央政府"的"政治财政军事等",并要袁世凯"赐以接受,迅速商议解决,并守秘密"(王芸生,1980:73—76)。

所幸遭遇始料不及的危局时,袁世凯还能通过其日本顾问打听到"二十一条"是大隈重信个人擅自决定,日本政界元老及商界领袖并不同意贸然对华采取过激行动。于是袁世凯一面谈判拖延,一面将"二十一条"公诸于世(挈瓶,1915)。之后,英、美、俄等纷纷介入干涉。国内舆论界也能将大隈在日本国内的政治老底揭穿,直言大隈是在利用日本底层民众,以实现其个人政治上升及军事帝国扩张野心,即所谓"二十一条之要求,及增兵威压之举,虽足以鼓舞一般生活困难之贫民,而通达时势之士夫,均知其政策之危险"(灵犀,1915)。国内教育及社会各界更是发起"抵制日货"运动。然而1915年5月9日,袁世凯还是签订了《中日民四条约》。其拖延努力虽然使大隈重信妄图掌控中国政治财政军事的野心未能得逞,山东问题也被搁置到一战结束后再作处理,但这些终究无法改变被袁世凯撂在一边的时局危机,以及袁世凯靠列强外交干涉及贷款求取太平,导致国家政治经济更容易被列强支配的事实。

国力不如人,无以抵抗强敌欺凌。然中国民气也在强敌欺凌刺激下得以瞬间升起,如王芸生所谓"就一般的精神而言,经此巨辱之后,朝野颇饶朝气,发奋图强"。遗憾的是,"未几袁世凯竟帝制自为,戕国民方新之气,重启内乱外侮之机,国事乃不堪问"(王芸生,1980:310)。袁世凯未去凝聚国难当头激发出来的巨大民气,努力消除"内乱外侮",令王芸生几近绝望。上下离心及国事丧失体统的最大原因就在于袁世凯无视民气,无视内乱外侮,一意将复辟称帝列为最大国事。国内教育界及政界则还有许多人怂恿袁世凯称帝,除刘师培、严复、杨度等筹安会六君子,还有梁士诒同袁世凯之子袁克定为恭请袁世凯登基,策划"各省代表"组成"请愿团"(陆诒,1946)。彼时,对课程改革利好的运动也有,最值得提及的便是郭秉文、经亨颐、沈恩孚等地方教育精英发起成立"全国教育会联合会",并于1915年5月召开第一次大会,宣布将"体察国内教育状况,并应世界趋势,讨论全国教育事宜"(全国教育会联合会,1915)。然而蔡元培领导的教育部尚不能改变袁世凯的意志,新生的全国教育会联合会更无体制实力可以遏制袁世凯复辟。

清醒的时人中,如鲁迅者,还得在教育部坐视乃至受辱参与袁世凯为落实其复辟教育宗旨发起的系列课程改革。先是1915年7月,看着袁世凯颁布"国民学校"新学制,恢复"读经"课程(袁世凯,1915)。接着便是8月,社会教育领域也迎来课程改革,鲁迅作为部门中层被迫兼任"小说股主任"(鲁迅,2005:185),遵命改良通俗小说。9月,鲁迅又得参与部内举行的"黎明祭孔,在崇圣寺执事"(鲁迅,2005:187)。可见为培养忠孝节义的国民,袁世凯采取了不少课程改革新措施。然而袁世凯却觉得这些措施仍不足以将全国学校扭向其所定教育要旨,所以还在普通教育领域出台了系列力度更大的课程改革新政。如责令教育部翻印《教育要旨》,分发各省执行,其中仅江苏省便印发了"三千本,请齐巡按使转发各学校通谕遵行"(佚名,1915)。1915年8月,袁世凯又亲自"捐印十万本交教育部颁发",并"令凡高等小学以上各学生每届考试应令摘默"(教育部,1915)。按此课业评价新规,等于每位小学生均要能背诵《教育要旨》,以备考试抽查才可升级毕业。此举更能表明,袁世凯想彻底洗去蔡元培主持课程改革时确立的国民新五育方针。

  传达旨令的教育总长乃张一麐。袁世凯任直隶总督时,张一麐就曾入幕代为草拟新政奏稿,后又在袁世凯身边任总统府秘书、机要局局长,十分了解袁世凯及各方民意。张一麐曾劝袁氏不要复辟,提醒"中国不能再乱了,因为人民苦极了"。但袁氏不听,即使蔡锷已率先起义护国,也要大改政体登基称帝。1915年12月12日,袁世凯正式就任皇帝。"称病告假"的张一麐则留在家中继续撰文"劝袁切不可称帝改制"。第二天,张一麐"拿了这篇文章去见袁,袁读后神色改变,仅顾左右而言他",张氏"即挂冠而去"(陆诒,1946)。至此,除袁世凯本人外,更没有谁能扭转中国课程改革随国体一起复辟,返回帝制时代的以忠孝节义为本。然而也不知袁世凯决心孤注一掷,还是确实被附庸蒙蔽不懂民意,仅仅八十三天,其皇帝梦便破灭了,并于1916年6月6日暴病身亡。各地政府随之又得忙于取消系列以忠孝节义为本的课程改革措施。如1916年9月,江苏省长齐耀琳便根据国务会议关于《教育要旨》的新决定,责令"高等小学以上学生考试摘默办法,应即一律废止"(齐耀琳,1916)。

  齐耀琳乃袁世凯心腹,袁氏复辟引发护国战争,各省纷纷独立,齐耀琳仍拒不参与,故曾处于险境,乃至有"被炸之谣言,因未中要害尚未殒命"(南京快信,1916)。袁世凯病故后,省议会不断有议员弹劾齐耀琳,弹劾到1920年12月,南京锻丝工人为争取原料向议会请愿,爆发"捣毁议会"事件(中国第二历史档案馆,1991:24),才使焦头烂额的齐耀琳彻底决定辞职,返回其北洋系根据地天津。由齐耀琳的个人政治史不仅可以看出袁世凯登基前后的国家政治军事混乱,更能发现地方政治也被省长、省议会及地方势力的利益冲突所主宰。地方政府层面的课程改革即因此时常遭遇人事斗争与经费危机,很难切实推进。教育部层面也因政体复辟、张一麐辞职,一时群龙无首。国家和地方课程改革进行到1916年,看起来均已陷入终结。1917年7月,又有张勋、康有为、梁鼎芬等密谋复辟,让宣统皇帝重新登基。接着便是段祺瑞马厂誓师,与张勋决一死战。置身此等极端乱局中,许多改革者不仅未能推进课程改革,反因受不了复辟逆流冲击陷入颓唐,最令人惋惜的当属民初时曾替蔡元培设计新学制及课程标准的陆费逵。这位新教育先锋到1917年竟选择皈依自己"素不信"的"鬼神之说",与杨宇青一起"创乩坛"。第二年,陆费逵又组织"灵学会",创办"灵学"杂志,发起"灵鬼"迷信教育运动(陆费逵,1918)。遇到"中华书局租户退租,究应如何",也是到玉英真人那"乞明示",求"判词"(玉英真人,1918)。

教育部层面自袁世凯启动复辟起,亦有改革者日渐颓废,热衷于靠打麻将、组团捧戏等度日(佚名,1980)。再有便如社会教育司长夏曾佑借酒消愁,鲁迅便记得,他有一次中午便被夏曾佑叫去家中,"至则饮酒,直至下午未已,因逃归"(鲁迅,2005:62)。不合群的鲁迅则靠搜集整理《嵇康集》、旧小说度日,但与部中一般同事不同,鲁迅并未因为"观国内无一佳象",变得颓废或玩世,而是一直在酝酿以新的力量更佳的社会教育方式,向袁世凯所复之古和其他逆流发起革命。地方层面,同样有改革者仍在继续推进课程改革,如张伯苓不仅努力办好私立南开中学,还曾尝试激励地方师范生坚信"吾人今日之机会,即在造新国,责任亦在造新国",号召他们"从自己做起","从最近处做起"(卞鸿儒,1917)。只不过,鲁迅、张伯苓等人改革志向固然坚定,却无法通过教育部发起课程革命,为中国课程改革开拓新进路。袁世凯退场及张勋复辟失败后,中国课程改革能否从倒退中走出来,以及中国课程改革究竟形成什么样的新进路,还是得看新任国务总理段祺瑞和新任总统黎元洪会选择谁来接替张一麐出任教育总长。

二、新一轮课程改革启动及其主流进路演变

经段祺瑞提名,1916年7月12日,黎元洪正式下令,调范源廉进京接任教育总长(黎元洪,1916),为中国课程改革开辟新进路的重担随之再度压在范源廉身上。其时,范源廉仍然在上海中华书局主持教科书编写,手下编辑有谢无量、李步青、姚汉章等,其本人也直接从事"国文教科书"编写。由此亦可见,尽管中华书局到1917年因发生陆费逵改信鬼神、租户退租等事件遭遇经营危机,但在此之前中华书局仍不失为乱世中一大难得稳定的国民教育课程改革推进机制。当然,这里更需关注的乃是范源廉编写国文教科书时有何教育考虑,因为从中可以看出范源廉再任教育总长后,将把中国课程改革引向何处。如"编辑大意"所示,范源廉编辑国文教科书时,首先考虑的乃是"注重实用,务令儿童能以正确之文字表达其思想,兼以培养其德性,启发其知识,而于国家主义实业思想及地方自治之法、日常应用之事,无不各具端倪"(范源廉等,1915)。

很明显,范源廉仍和当初一样,是一位务实的教育改革家,且尤其重视从振兴国家实业入手发展新教育,现在就看其重返教育部启动新一轮课程改革,将为中国课程改革开拓何种务实新进路。

1. 发展有利于切实改善国计民生的新教育

二次出山后,范源廉所做第一件大事便是于1916年9月,发动农商总长联手邀请"实业界中坚人物"即"全国商会联合会代表"到教育部参加茶话会,商讨改革实业学校课程内容,如"学理、事实往往格不相入,用旧求新,主张不一",优化实业学校教育效果,使"毕业诸生投身实业界者,类能本其所学,刻意经营,用以增长国家之富力"(范源廉,1916a)。1912年的首次全国教育大会上,范源廉作为教育次长便曾鼓励各地重视培养个人职业独立,可见改革实业学校课程一直是其重点关注。1916年10月10日,被复辟耽误的全国教育会联合会第二次大会在京召开,范源廉也于10月13日莅临发表演讲,从中可以看出,除为"增长国家之富力"改革实业学校课程、优化实业教育效果外,范源廉还有更大的课程改革及新教育发展期望,即希望各地教育精英都能从国计民生危机现实及新国家建设要求出发,形成统一的中国课程改革及新教育发展战略。故范源廉一上来便提醒各地教育精英正视国计民生危机现实(范源廉,1917a):

> 立法方面,如国会及各省议会均次第开会,民权不可谓不伸,但何时能收美善的结果尚属疑问。行政方面、司法方面亦复如是。欲求真能发挥共和之精神,实在相差甚远。欲解决此种难题,目前别无善法,只能采用较为稳妥之手段,免去目前之危险,然后积十年二十年教育上之培养,政治方面庶得确当之解决。……至于财政上及经济上,更属显然。记在民元时,国家所付外债为十二三万万元,现在则增至二十二三万万元,三四年间竟加增至十万万元。因外债锐增之结果,致年耗国家岁入三分之一,专以付借款利息,且为济财政之急,恐将来尚非续外债不可。此实为最应注意之事。再从经济上观察之,人民生计又何等困难?凡此种种问题,将用何法解决之耶?根本救济实又在于教育。……又若国际问题在今日更为紧迫,……顾国民能知之程度,不能日有进步,即国家富强之程度,其不能日有进步。……是外交问题之解决,又实有赖于教育矣!他如军队之精炼与军国民教育有直接关系,……类似此种问题非常之多。

讲话之余,范源廉还特别接见了全国教育会联合会主席陈宝泉。听到后者开口便说"近颇注重实业教育及生活问题",范源廉随即给出了自己的具体改革计划,表示将以改革学制为抓手启动课程改革。范源廉认为,当时的学制问题可概括为:"我国各处设立学校虽已不少,而学校之分配甚不适宜,大致趋重于直系学校,即由小学而中学、而大学是也。殊不知国民之生活程度不同,学生之特性各异,即国家之财政无多,则大学之额必且有限,其结果人人具有高远之期望,而达其希望者十不逮一,而高等游民遍于国中矣。"要解决过于注重升学的学制弊病,避免制造"高等游民"的不良社会后果,就须建立一体多元的新学制,一体为"国民学校",即高等小学;之后从高等小学起,便拆开为普通、实业及师范等多元分化的升学机制。具体来说便是"国民学校自宜全国一致,不分阶级。至国民学校毕业后,则或入高等小学,或入乙种实业高等小学;毕业后则或入中学及师范,或入甲种实业中学;毕业后则或入大学预科,或入各种专门学校"(陈宝泉,1916)。

合理的分化比是一比一,即"高等小学校与乙种实业学校应各占半数,中学校与甲种实业学校应各占半数"。范源廉强调如此分流调整学制,不仅可以使"大学预科之学生自能与大学之学额相适合",而且能够推动"各地造成多数独立生活之国民组织,各种有益国家社会之事业,而实业不因之发达,国家社会不因之富庶者,吾不信也"。陈宝泉听完表示"总长之政见,自无异议",但又指出"现实各处所设学校,以高等小学及中学为最多,一旦欲易其一半为实业学校,恐非易致"。对此实施难题,范源廉也有考虑,他说可"取分期递进主义,第一年约改十之一二,以后按年递进,总以各得半数为止。而于递进时期中,分途筹备财政、造就教员(如实业教员养成所之类)、建筑场舍、购置器械,事不必尽举,功不必即成。而此项目的苟全国一致赞同,虽千回百转,终有到达一日"。至此,陈宝泉已明白范源廉有何改革构想,所以不再提问,只说"现时本会每日开会,各会员急欲闻总长之政见,泉当代达此意,以供同志之研究,而望全国之赞同也"(陈宝泉,1916)。

值得一提的是,1916年7月,范源廉由上海北上之际,孙中山恰好曾在上海对"粤省驻沪国会议员""海上诸名流、两院议员"发表演说,呼吁各位"谋国者"重建被"争一人之私位"破坏的国家"政体",使国家政治回归"争国民权利"之"民国"应有轨道,具体而言就是携手践行"四大主旨,一为国民谋吃饭,二为国民谋穿衣,三为国民谋居屋,四为国民谋走路"(佚名,1916)。范源廉北上后有无留意孙中山的此次演说,这里不得而知,但不难发现,他与孙中山有着类似的改革思路,即也是以改善实业民生为主。只不过,相比孙中山从政体重建、铁路建设、地方学校改革等多重进路入手探索民生改善,范源廉作为教育总长只是在教育领域努力采取民生改善措施,包括邀请商业精英参与实业学堂改革,动员各地教育精英从加强实业教育入手改革升学为主的三级学制。范源廉的这些措施所涉领域虽无法和孙中山匹敌,但从国家复兴及课程改革角度看,范源廉对于民生及实业教育的重视至少可以在理论及政策层面将被袁世凯复辟冲断了的中国课程改革重新扭向发展新国家建设急需的新教育。

是否有利于增强实业、改善民生,或更具体地说,能否疏导民初三级学制日益明显的升学主义,避免整个学校体系只是在不断培养什么实业也不会、国家社会又无力安置的"高等游民",随之可以视为范源廉重新主持教育部以来提出的又一大课程改革新难题,其意义堪比蔡元培上任之初提出的如何将美育融入普通及社会教育课程体系,以升华国人过于强烈的功利主义价值或道德诉求。两大教育领袖之所以有差异,原因即在于范源廉更务实,看重解决国家政治及个人生活现实需求,蔡元培更重视考虑哲学或美学意义的终极人生问题。1916年11月1日,教育部召开全国教育行政会议,范源廉又提请各地教育行政代表要关心"农工商实业与夫一般人民之生计","深盼在事实上讨论,不为空谈"(范源廉,2010:94)。是为范源廉二次出山以来的第三次大会讲话,也是期望各地教育行政代表能从改善国计民生出发推进地方教育整顿与课程改革。总之,范源廉上任以来,在充分了解民初国家危机现实的基础上,十分重视从改善国计民生入手构思课程改革的具体难题及现实任务,希望各地实业精英、教育精英及教育行政人员和他一起先把实业民生教育做好。

实业教育之外,便是重视军国民教育。这方面范源廉也提出了系列课程改革任务,使学校教育实现"文武兼备",具体包括"高等小学以上之学校,均施行军事教育";"无论士农工商均需入学,以期军事教育之普及","各学校既施军事教育,而于文事教育亦须并行,总期文武兼备"(范源廉,1916b)。实业及军国民教育在范源廉看来都是国家富强急需的新教育,采取措施加强这两大新教育,像是在调整蔡元培的国民新五育。然而事实上,范源廉三次大会发言时,都没有意思要去改变蔡元培的国民新五育,或淡化蔡元培提倡的美育。就范源廉而言,他只是觉得更为迫切的问题乃是如何从国计民生危机现实及发展有益改善国计民生的新教育入手为课程改革开拓新进路。进而言之,范源廉其实是在补充蔡元培之前提出的以美育为主的国民新五育。由此便不难理解,范源廉为何没有提议重订教育方针,而是想继续推进蔡元培的国民新五育。如其所言:"又教育方针之根本问题,于民国元年已经发表,惟尚未见实行,今日惟有切实实行元年所发表之教育方针"(范源廉,1916c)所以1917年起,各地课程改革仍需切实发展蔡元培提出的美育或道德教育。

社会及师范类专门教育领域,范源廉也有课程改革新举措,其中影响最大的行动乃是缘于为纪念蔡锷将军筹办图书馆。1916年11月8日,蔡锷将军逝世。一个月后,范源廉和梁启超、岑春煊等发起募捐,准备于上海购地二十亩创建"松坡图书馆",借此了却蔡锷生前"常以吾国之久缺此物为大憾大耻",同时"于馆中奉祠铸像",以蔡锷早期之"苦学"及后来的护国革命事迹与精神教育国人(范源廉,2010:101)。范源廉还希望军阀当道、国家军事败坏之际,教育界能上下一心,自觉分担国家军事振兴重任,以求有一天可以洗刷列强侵略造成的国耻。如此便不难理解为何范源廉格外重视师范生增设"演习野战"课程,还于12月28日特别给"北京师范学校"发去嘉奖,表彰该校"野外演习"期间,师生"严守纪律,不惮艰苦,同心协力,操练有素"。范源廉还提请全国师范教育界注意"方今时局艰危,竞争日烈,非崇尚武力不足以固国防,非晓畅戎机无以振士气。现征兵之制尚未实行,所藉以表率后起,作育新民,惟各师范生是赖。愿自今以往,潜心练习,努力进行。俾中华少年皆能遵守纪律,崇尚公勇,以养成军国民模范"(范源廉,1917b)。

科学也是范源廉认为必须大力发展、改善国计民生急需的新教育。科学教育方面,范源廉最大的课程改革措施便是1916年10月出台留学新规,选派"大学教授或助教授两年以上者""专门学校及高等师范学校本科毕业生"赴英、法、德、美、日等国留学(教育部,1916)。至于国内普通及社会教育领域优先发展哪类科学课程,范源廉本人最看重的乃是生物学,所谓"范静生先生,生前于生物学研究最有兴趣"(佚名,1928)。由此就需提及清末以来的两路生物学课程进展:一路从国民教育出发,认为普及生物学可以"磨炼学生之观察力",同时培养"优胜劣汰""任重耐劳""爱国乐群"等"正确思想"及"伦理观念"(佚名,1910);另一路是李石曾留学法国开拓的生物学,包括组建"生物学研究会"及"化学实验室",致力于以"化学"之法证明"豆腐豆浆"等中国农产品"与普通牛乳同功,可以代血肉之品",然后"招集内地商股于巴黎创建豆腐公司"。1910年清廷学部得知消息,还曾奏请北洋大臣"每月筹给四百五十两",以助李石曾实现"在京津沪设立分会"(学部,1910)。清廷农工商部也曾奏请"地方官"为李石曾设立分会提供"保护"(上海道,1911)。分会计划因清廷迅速解体作罢,但振兴本国农工商业急需生物学这一被李石曾证实的课程价值观却得以保留。

生物学具有显著的科学能力训练及国民道德培养价值同样得以保留。对于清末两路生物学课程进展,范源廉都有了解,其再任教育总长以来也曾采取措施彰显生物学的多重教育价值,以使普通、社会及专门教育领域能有更多的人投身普及生物学。如得知"上海科学仪器馆有功教育",特请总统奖给"甄陶万汇匾额"(黎元洪,1917),便是在激励社会教育领域以之为参照兴办地方博物馆,推广国民生物学教育。范源廉心仪生物学,堪比蔡元培推崇美学。有时人评价其"虽位至通显,未尝一日废书卷凤治生物科学,于植物尤有精研,政余之暇,每采集标本,探讨名物,孜孜不倦"。范源廉还想通过生物研究创办自然博物馆,以解决"北平为中国文化之要枢,而无一天产博物院"。这位时人认为范源廉之所以想创办博物馆,意在"昭示国人以自然界之伟大与吾国物产之丰富"(佚名,1929)。所言大体不错,但仅注意到范源廉重视向国民普及生物学教育,忽视范源廉提倡发展生物学及生物学教育其实也是为了解决当时的国计民生问题。如中国植物学先驱胡先骕所见,范源廉之所以想创办"生物调查所",不仅想在中国发展"植物生态学与分布学"等专业生物学,而且"尤以研究中国木材为己任,以求与民生发生关系"。其"数年来念念不忘求在北平设一植物园,亦即此意"(胡先骕,1932)。

胡先骕还指出,农林业作为当时国计民生的重要领域,正因生物学知识匮乏遭遇严重危机。具体而言,"中国治森林学者虽多,认识中国树木者,不过五六人,其他则皆此五六人之学生也",由此导致本国"造林"及"工程"也被西方主宰。最突出的表现便是因为不懂本国植物分布,"不知植物性质与其产地,及其产量之多寡""中央及地方政府年麋巨款而仅知种洋槐与马尾松""中国工程师几于一律不用自国产之木材,而必购洋木"。因为没有人研究,连种植常见的本国观赏花卉,如"中国最美丽而又最普通之藏报春,北平花园中所栽培者,种子且须来自外国"(胡先骕,1932)。胡先骕未必知道英国博物学家早在"19世纪初就开始在广东研究中国自然世界",到19世纪末,"英国博物学家已能在海南、台湾、东北、云南及其之间的辽阔地域展开采集工作,且建立了大量网络及正规论坛用于科学交流"(Fan,2004:155)。但胡先骕至少注意到西方植物学已发达到可以控制中国林业及花卉产业。由此再来看范源廉百忙中执于发展植物研究,其实是在解决其最关注且长期被忽视的课程改革难题,即如何普及提高生物学,使本国教育体系也能独立创造并向国人提供改善国计民生急需的科学知识,从而扭转农林业被西方生物学及其农林产品掌控的不利局面。

希望普及提高生物学之外,范源廉还处理了不少地方课程管理、一线教学等实施层面的课程改革难题,如调整教育厅厅长,令各省检定小学教员,修正审查教科书规程。但这些都是课程体制内部的细节优化,真正值得关注的仍是课程改革顶层设计层面,即范源廉再任教育总长以来,在蔡元培美育至上的国民新五育基础上,又为一度倒退的中国课程改革开拓了新进路,这一新进路便是重点发展改善国计民生急需的系列新教育,即实业教育、军国民教育以及以生物学为代表的科学教育。只是如此一来,范源廉作为教育总长也要承担双份课程改革重任,他自己的和蔡元培提出的都要推进,而他又曾向陈宝泉、沈恩孚等各省教育精英公开承诺自己将竭尽所能发展新教育,辛苦程度可想而知。1917年1月,范源廉又受命兼任内务总长。黎元洪、段祺瑞等国府各派都认可无甚私心的范源廉,但内务部、教育部的双份繁重责任却令一贯务实的范源廉难以招架。苦撑到4月19日,范源廉竟"在内务部办公室突然晕倒呕吐",不得不请求"准将教育总长本职及内务总长兼职一并免去,俾得安心调理"(范源廉,1917c)。到7月17日,黎元洪才准范源廉辞去内务总长。范源廉得以只负责推进教育发展。不过,从后续行动看,范源廉并没有提出新的课程改革任务,主要是在健全课程管理机制,安抚激励人心,这些措施均是为了使教育能在政治动荡及财政危机中保持良好发展局面,其努力程度一如既往,但心境及气象已不如当初连续在三次大会上发表演讲,动员全国商界精英、教育精英从正视国计民生现实危机出发,携手开拓有利于切实改善国计民生的课程改革新路。

累昏在办公室提请辞去教育总长及内务总长时,范源廉其实就已决定卸去全国课程改革推进重任。1917年9月起,黄炎培、李步青、钱家治、沈恩孚等被自己委以重任的地方教育精英纷纷辞去直隶、山西、吉林、湖南等省教育厅厅长另辟新教育进路,范源廉更是想尽快辞职,不在教育部层面吃力引领各地课程改革。1917年11月,范源廉再度请辞,终于获得国府批准。范源廉自再任教育总长以来,四处联络,辛苦筹划,乃至积劳成疾,均是为了能将中国课程改革引向发展有利于切实改善国计民生的新教育,但只进行了一年多,教育部层面的课程改革新进路开拓便中断了,因为12月继任教育总长的傅增湘并没有把范源廉提出的系列新教育计划放在心上。蔡元培的哲学及美学教育,傅增湘同样不感兴趣。傅增湘甚至被革命派评为最差阁员,所谓"全体阁员已经发表,教育总长傅增湘亦在其内。惟傅氏自任教育总长以来,不仅成绩未覩,且在部内之声望,亦不见大佳"。所以"主张更迭该氏之说,极为有力,但傅氏颇希望留任,现正在极力运动,并请托徐世昌从旁斡旋"(佚名,1918)。

徐世昌与傅增湘关系如何,不得而知,但傅氏为何要保住教育总长之位,鲁迅作为下属曾给出一种解答,认为傅增湘所想乃是教育部保管的那批曾"在清朝的内阁里积存了三百多年"的"大内档案",即张之洞1909年奏请移归学部整理的"明代大库史料",多达"八千麻袋"。教育部本决定利用它创办历史博物馆,但社会教育司长夏曾佑作为负责人一直"拖延"不办。轮到傅增湘登台,"八千麻袋"才受到重视。傅氏是一位"藏书和'考古'的名人","以为麻袋里定有好的宋版书",便"派了部员几十人","大举整理",整理好了拿给他看。鲁迅说每每"等到送还的时候,往往比原先要少一点",还感慨"中国公共的东西,实在不容易保存。如果当局者是外行,他便将东西糟完,倘是内行,他便将东西偷完"。可以说,按鲁迅观察,傅增湘设法保住总长之位就因看重古书。鲁迅还提醒除了假公济私,教育部高层所剩便是像次长袁希涛那样"以考察欧美教育驰誉",或像参事蒋维乔"以讲大话出名",似乎皆是为沽名钓誉。而且他们看到麻袋里确有"宋版书""清初的皇榜"等,也"忽然都变成考古学家了",一起将"捡起在桌上"的东西拿进去,"说是去看看"(鲁迅,1928)。

宣传欧美教育,畅谈本国教育改革,都是邀誉求名的手段,心里其实并无教育,且觉得宣传畅谈教育不如趁乱截取古董实惠,这些就是鲁迅所见傅增湘登台以来教育部高层的日常行为。不过鲁迅的评价也未免过于简单,假公济私、沽名钓誉确为当时常见风气,但具体到袁希涛、蒋维乔等教育部高层,其实很难简单界定。像袁希涛确有口碑不好的一面,舆论也说他想做教育总长,为此还曾亲近北洋军阀,然而袁氏作为次长,也有另一种表现。如前往奉天谒见"何尝看得起教育部"的张作霖,商讨地方"学务",面对张作霖嘲笑、侮辱其"提倡女学",说什么"我昨日叫一妓,即女学生也"(铁生,1918),袁希涛也能抗颜,不与之为伍,尽力在野蛮地方军阀面前维持北京教育部尊严。其1918年组团考察欧美教育,也是为了能推动落实迟迟议而不决的"全国义务教育"(傅任敢,1936)。到1921年7月,袁希涛仍在带头"捐助经费",成立江苏"义务教育期成会"(南京快信,1921),且曾与江苏省长商量,将"进行办法四条公布","通令各县知事遵照"(南京快信,1922)。

蒋维乔亦是如此,无法简单定为讲大话博名。毋宁说蒋维乔以及袁希涛尽管想法或有不同,也有变化,但都不忘努力推进蔡元培以来的新教育事业。另一位蔡元培器重的教育部高层即钟观光辞去参事后,也选择转赴北京大学担任"理科教授",并于1918年组织派遣"生物调查员",往全国各地调查"神州天物",以"为本校立生物教育之基础","为国民谋增进产殖之知识","为建立中央博物院时供其出品","预备与各国大学交换品种"(钟观光,1917),其系列考虑及行动可谓十分周到,等于是在率先自觉践行范源廉的生物学普及提高计划。范源廉1917年11月离去前,也曾和伍廷芳、唐绍仪、张謇、蔡元培等政商界及教育界精英发起"中华职业教育社",改以凝聚同仁力量发展实业教育,推进其再任教育总长时提出的实业教育课程改革。所以傅增湘主局以来,教育部层面并非尽是假公济私或沽名钓誉,仍然有人在积极推动中国课程改革。

就是傅增湘作为教育总长,未看到曾主动推进课程改革或发展新教育。20世纪30年代王森然作为知情人曾指出傅增湘乃冯国璋"旧交",得益于"冯先生相助",傅增湘不仅骤升教育总长,而且能在国府派系斗争激烈、人事变换犹如走马的非常时期,成为在位时间算长的阁员,所谓"在职一年半,总统一易,总理三易,而先生连任如故"。要不是后来"不意五四之役起,调停无术,遂不得不远引",傅增湘或许可继续连任。傅氏掌管教育期间,"频年政争,干戈屡动,竭国帑以养兵,行省据地自王,而于教育根本之计,咸漠视无靓"。然而傅氏并未因把持国政的军阀势力不愿涉足教育,自觉为建设新国家厘定教育根本之计。对于傅增湘无意开拓革新进路,王森然认为原因是傅氏"自审材力短拙,无俾于时",故"私计欲和谐新旧,使平衡渐进"(王森然,1941)。傅增湘确有自知之明,所以不去尝试开新,只坐视包容其他人开新,然后耕耘古书,以求可起到补充与平衡的效果。其本人在搜集整理古书方面耕耘到20世纪30年代成绩也堪称斐然,所谓"精校勘版本之学,为中外学术界所共仰,所藏宋元善本不下数万卷,而南北公私有名藏书,先生亦多曾寓目"(藏园居士,1931)。

依据王森然及其他时人的评价,再来看傅增湘,或可认为其虽有假公济私之嫌,但也曾竭力延续宋元古籍校勘版本之学等稀有国学,使之能在近代中国社会教育(尤其是图书馆)领域获得新生。只不过这一国学努力只能代表当时课程改革的非主流进展,范源廉辞职后课程改革的主流进展乃是由傅增湘坐视不管的各类新教育运动构成,且对教育界影响最大的新教育运动既非来自之前提到的袁希涛、蒋维乔、钟观光或范源廉,也非来自长期追随范源廉的黄炎培、李步青等,而是来自民初最有威望的新教育领袖蔡元培及众多之前从未提到的新生改革力量,包括清末民初国内外学校培养起来的第一代精英学子,多出生于19世纪90年代,其中既有本地中学、师范学校或大学预科毕业生,如傅斯年、罗家伦、顾颉刚、舒新城等,更有郭秉文、胡适、任鸿隽、蒋梦麟、陶行知、李建勋、叶企孙、吴有训等欧美留学精英。这些新生力量最初登台的时间正是在范源廉离去的1917年。他们之所以能登台乃至成为教育界中心力量,又与蔡元培1917年留德归来出任北京大学校长有关。中国课程改革的核心引导机制也因此自1917年起由教育部变成蔡元培执掌的北京大学,中国课程改革的主流进路亦随之会兴起新转向。

2. 整顿北京大学与课程改革的新文化运动转向

变化缘于北京大学校长胡仁源因无力引领学生选择辞职。1916年夏,京城教育界一批浙江籍学者,包括北京医学院院长汤尔和,以及北大教授夏元瑮、马叙伦、沈尹默等得知胡仁源打算辞职,都主张蔡元培来掌北大,所以汉学家魏定熙认为是"浙江关系"将蔡元培推至执掌教育部最高学府(Weston,2004:115)。同乡关系作用确实大,但并非决定因素,体制程序上最关键的还是要靠教育总长范源廉向黎元洪推荐,且范氏是湖南人,昔日时务学堂高才生。事实上,范源廉再任教育总长之初,就想请蔡元培回国坐镇北大开拓新局面。1916年9月1日,蔡元培收到范源廉电邀,盼其"早日归国","担任北京大学校长"。11月8日,蔡元培乘船抵达上海。一个月后,蔡元培赴京为上任作准备。国内媒体报道称"蔡子民先生于二十二日抵北京,大风雪中,来此学界泰斗,如晦雾之时,忽睹一明星也"(高平叔,1999:629)。12月26日,黎元洪正式下令任命蔡元培为北京大学校长。蔡元培再度出山执掌北大,可谓众望所归。

孙中山作为革命领袖结束流亡回到国内后,也支持蔡元培进京整顿北大,但孙中山并未要求蔡元培按其想法改革北大。孙中山回国后,将改革重心调整为"唤醒民众旨在建立新的政治民主制度",即创建"国民大会","让全国人民真正成为国家的主人。不仅人人有选举权,且人人有罢免权、创制权和复决权"(刘永明,1990:2)。其时,孙中山对国内局势的判断是:"夫去一满洲之专制,转生出无数强盗之专制,其为毒之烈,较前尤甚。于是而民愈不聊生矣。"(孙文,1926:1)所以孙中山提出建立国民大会,仍是为解决其一直关注的民生问题。1917年4月,孙中山还发函勉励保定军校学生,"努力学问,结交同志,持报救国拯民为天职,至死不变",同时说他自己"近专从事于提倡实业,以为国民谋生计,而暇时则从事于国民教育"(孙中山,1985:38)。可见,孙中山主张优先实业民生教育。只是孙中山没有体制渠道引领全国课程改革,只能写书面向社会开展其实业民生教育,《建国方略》等名作随之陆续问世。对于孙中山的教育设想,蔡元培回国后亦赞成,一大例证便是和范源廉等发起成立中华职业教育社,但对北京大学作为最高学府实施什么样的课程改革,发挥什么样的新教育引领作用,蔡元培却另有设想。

1917年1月9日,蔡元培在北大发表就职演说,对学生提出三点期望。首先是"抱定宗旨",而要"养成正大之宗旨",又必须先明白"大学者,研究高深学问者也",故研究高深学问乃是最起码的求学宗旨。其次,蔡元培希望学生能"砥砺德行"。蔡元培提请学生注意"方今风俗日偷,道德沦丧,北京社会,尤为恶劣,败坏德行之事,触目皆是,非根基深固,鲜有不为流俗所染",北大学子理应成为"以身作则,力矫颓俗"的"卓绝之士",至少能"以正当之娱乐,易不正当之娱乐,庶于道德无亏,而于身体有益"。最后,蔡元培叮嘱学生要"敬爱师友"(蔡元培,1920)。很明显,蔡元培虽然也支持发展孙中山提出的实业教育,但其本人更看重的仍是学术与道德教育。北上前,蔡元培应邀在江苏教育会发表演讲,谈及普通教育课程改革,也是强调重视"施行美育","应当分别自然的美同美术的美,自然的美,比美术的美,更为紧要。无论哪一科,都要有自然的美。如地理不仅注意地图,必定还要插些风景画。历史中也要多列些美术家的事实同制作品。理科注重自然的美,更见很多,并也不难。道德的美育,就可拼在教授各种科学里面"(蔡元培,1917)。

可见蔡元培仍想继续五年前未竟的新教育事业。但蔡元培此番是在北大校长之位上,所以具体任务不同于以往,当务之急便是整顿北大腐败学风。"友人"劝蔡元培别去北大,"说北大太腐败了,进去了,若不能整顿,反于自己的声名有碍",但蔡元培却认为:"既然知道他腐败,更应进去整顿;就是失败,也算尽了心。"(蔡元培,1959:287—288)蔡元培认为北大腐败系由思想腐败造成,"外人每指摘本校之腐败,以为求学于此者,皆有升官发财思想,故毕业预科者,多入法科,入文科者甚少,入理科者更少,盖以法科为干禄之终南捷径也"(蔡元培,1920)。蔡氏所言不错,1913年级的北大预科生顾颉刚也曾批判"学校像个衙门,没有多少学术气氛","有的教师不学无术,一心只想当官";"学生则多是官僚与大地主子弟,带听差、打麻将、吃花酒、捧名角,对读书毫无学问"。此外北大"更有一种坏现象:一些有钱的教师和学生,吃过晚饭后就直奔'八大胡同'。所以妓院中称'两院一堂'是最好的主顾('两院'指参议院、众议院,'一堂'指京师大学堂)。……这样的学校哪能出人才?只能培养出一批贪官污吏!"。顾颉刚还强调"蔡元培先生来长校之前,北大搞得乌烟瘴气,哪里像个什么'最高学府'"(顾颉刚,1995:125)。

法科经济门三年级学生陈其鹿听完蔡元培就职演说,也曾赞曰"蔡先生之言何其亲切而善喻也,何其深透而瞩微也,寥寥数语,而北京学界之病根,已发挥无余"。陈其鹿还撰文支持蔡元培,直言北大学生中,即使是"优秀分子",其表现也不过就是"终日孜孜于残缺不全之讲义,习应试之资料,而忘学问之精英。一旦而有文官之考试,或县知事之考试,则时机斯至,挟策前往,趋之若鹜"(陈其鹿,1917)。总之,陈其鹿也认为蔡元培找到了北大腐败病根。不仅如此,从陈其鹿赞扬新校长演讲"亲切而善喻"来看,蔡元培似乎吸取了出任教育总长发表教育方针时的教训,没有再照搬说不清楚的康德哲学美学概念，而是使用道德沦丧、升官发财、学问、德行等学生一听就懂的本土术语来表达学风分析及改造理想，其整个演讲也像是在发挥本国"明明德、亲民、止于至善"的传统"大学之道"。不过，回归本国教育传统并不意味着复兴四书五经等传统道德课程，相反蔡元培历来主张发展新课程。具体到以何种新课程作为工具来改良北大学风，便是发展现代文理科"高深学问"。1917年12月，蔡元培谈及北大未来课程发展时，再次强调应"于文、理两科特别注意"，尤其是哲学更"为大学中最重要之部分"，以期有一天北大能和其熟悉的"柏林大学相颉颃"（蔡元培，1931：94）。

问题随之进一步转换为如何改革北大文理科课程，藉此整顿北大"升官发财"的腐败思想及学风，使北大成为全国乃至世界一流的学术及道德表率。一贯身先士卒的蔡元培在就任北大校长之前就已完成了一部新学术著作，它便是1916年11月交由商务印书馆出版的《石头记索隐》，其中蕴含的新学术可概括为围绕《红楼梦》所涉历史巨变及人生体验展开史实考证，并从哲学或美学高度感受《红楼梦》的"春恨秋悲之迹"（蔡元培，1926：120），堪称为当时的中国文学课程树立了崭新学术及道德教育典范，即红楼美学研究与教育。后起者未必理解蔡元培的美学解读视角及美育诉求，但《石头记索隐》本身却可证明蔡元培曾努力示范如何发展现代文科学术，并以之升华个人思想与道德。然而个人努力终不足以扭转北大腐败学风，蔡元培执掌北大之初最要紧的乃是物色得力的文理科主持人。其时，理科学长系夏元瑮。夏元瑮1909年起留学柏林大学，虽未取得物理学博士学位，却曾师从当时的顶级物理学家普朗克，1912年回国，夏元瑮即被严复聘为物理教授，"是我国第一个从事理论物理教学工作的人"（王荣德，1988）。蔡元培能得夏元瑮分担主持理科课程改革，可谓一时之选。但文科这一块却无人主持，因为学长夏锡祺在蔡元培掌校前就已辞职而去。

夏锡祺1914年进入北大任文科学长，同年曾应教育部师范教育课程改革之需，为本科师范第三学年必修课"哲学发凡"编撰讲义《师范新哲学》，引导师范生通过哲学"以达修养精神之目的"（夏锡祺，1914：2）。据此，夏锡祺看起来也符合蔡元培的课程改革需要。但他"颇不为学生所欢迎，故文科中常有风潮"。到蔡元培掌校，夏氏"自知其位不保，遂辞去文科学长"（佚名，1917）。谁来接替文科学长，随之成为棘手问题。关键时刻，汤尔和、沈尹默等推荐了陈独秀（沈尹默，2009：137）。蔡元培也知道陈独秀，十五年前还曾一起研制炸弹，认为他可以改变青年风气，故发表完就职演说，便赶去邀请陈氏出任文科学长。然而陈独秀更愿回上海续办《新青年》杂志，并说自己也没有可任北大学长的学历与资历。急需新人营造新风的蔡元培于是提议将《新青年》搬到北大来办,陈独秀终于答应出任文科学长。1917年1月11日,蔡元培向教育部呈报任命。两天后,范源廉便批复同意"派陈独秀为北京大学文科学长"(王学珍等,2000:327)。

随后又有新人陆续得以进入北大文科,其中最值得一提的便是陈独秀推荐的哥伦比亚大学哲学博士胡适。1917年3月,26岁的胡适曾于归国途中特别引用《伊利亚特》中的一句话"如今我们已回来,你们请看分晓吧",强调这句话"可作吾辈留学生之先锋旗也"。是为胡适替19世纪的90后一代留学精英定下的登台宣言,希望他们归国后能像英国宗教改革领袖纽曼曾掀起"牛津运动"那样(胡适,1999:478),在中国发起新文化运动。有意思的是,胡适虽在美留学7年,但并未拿到博士学位,故朱维铮说他是"假博士",或是"没有通过论文答辩的博士候选人"(朱维铮,2011:159)。不过,推荐人陈独秀不计较这些。陈氏甚至想让胡适出任文科学长,"即不愿任学长,校中哲学、文学教授俱乏上选,足下来此亦可担任"(陈独秀,1979:6)。苦无新人的蔡元培也曾"读过胡适《诸子不出于王官论》等考据文字,对胡的学术功力留下了深刻印象。何况胡适此时已因倡导'文学革命'名震海内,成为文坛的一颗耀眼新星"(欧阳哲生,1997)。当然,最关键的还是蔡元培觉得胡适有新思想,能做出可以改造北大旧学风的新学术,尽管蔡元培似乎没有仔细考虑,胡适虽是留美哲学博士,其实做不出柏林大学式的高深哲学。

1917年9月,胡适正式进入北大,一个月后,薪水便升为教授最高一档。胡适本人更曾激动写信告诉母亲,说自己"上月所得薪俸为二百六十元,本月加至二百八十元,此为教授最高级之薪俸"(胡适,1996:111—112)。由此也可见蔡元培对胡适格外破格重用。刘师培、黄节、周作人、杨昌济、刘半农、梁漱溟等,也陆续被蔡元培请来加入文科。其中除梁漱溟系讲师,其余均聘为教授。人一多便容易发生矛盾。尤其是文科教授中实力最强的章太炎学派,更不会坐视陈独秀、胡适初来乍到便直享高位,且还要发起革命,革除他们推崇的旧文学。新旧冲突由此成为蔡元培革新北大时无以回避的一大增生问题。就此而言,很容易想起蔡元培的八字办学方针即"思想自由""兼容并包",但措辞本身乃是表象,蔡元培私底下更支持发展新学。1915年考入北大的许德珩就曾针对"有人说蔡先生的好处是他无所不包",指出蔡先生"并不是无主张的'杂凑'","而是有主张的"(许德珩,1940),即"主要是罗致具有先进思想的新派人物,对那些腐败守旧人物则尽量排除"(许德珩,1979:40)。

清除腐败守旧人物并不容易,尤其是"被解聘的人中有几个是外国人,包括两个非常愤怒的英国人",所以英国公使也曾参与其中试图干预,"这个事件表明,巨大的利益驱动是阻碍蔡和他的改革派同僚进行革新的主要因素"。"面对这些英国人的过分要求,蔡在教育部和英国大使面前极力维护自己的立场。蔡最终赢得了这场争论,并且后来获得了全胜。"(魏定熙,1998:148)蔡元培顶住各方阻力,意在北大实现其以基础文理科建设为本的课程改革理想。为此,蔡元培还曾大力改革此前被少数几个人操纵的评议会,让各科各派两名教授进入评议会,以确保教授在"课程的安排,学生的管理以及学术的评估"等方面"有着相当大的权力"(魏定熙,1998:147)。此外还另设教授会,亦是为新派文理科教授参与决策、避免不利行政干涉提供体制保障。

文理科课程具体怎么改,蔡元培也有新制推出,如革新课程设置,增加经费、图书及仪器,创办"研究所"。新政响应最迅速的当属理科学长夏元瑮。1917年1月18日,夏元瑮便按蔡元培所定新制即"预科改为两年、分(本)科改为四年",公布了理科课程新方案,规定"理科预科"以及"算学门""物理学门""天文学门""化学门""生物学门""地质学门"本科具体开设哪些课程(夏元瑮,1917a)。其中值得一提的是地质学门。1913年5月,北大地质学门仅"有裘杰等两人毕业",之后"地质学门随即停办"(李学通,2005:15)。多亏1913年2月,上海南洋中学的生物学教师丁文江受邀前往北洋政府工商部担任"地质科长",并于当年7月创办"学校性质"的"地质调查所",招收中学毕业生"三十名,分甲乙两科,甲科注重矿物,乙科注重古生物学,三年毕业"(翁文灏,1941)。不然,与国计民生关系甚大的中国地质学教育可能就要归零。到1917年夏元瑮重建北大地质学门,等于让中国有了两大国立地质学教育机制,尽管北大地质学门一时还难以发挥良好的地质学知识生产及人才培养功能。

数学、物理及化学研究所作为蔡元培掌校以来北大最关键的理科课程改革措施,也于1917年11月正式列上议事日程。筹办会上,夏元瑮特意对理科教员说道:"北京大学自成立至今,已二十年。今春蔡先生来校,方有组织研究所之提议","现研究所方在萌芽,如何积极进行,实为大学今日最重要之问题也"(夏元瑮,1917b)。夏元瑮组建研究所不仅是为毕业生提供深造平台,更是为提高理科研究水平,让北大及中国在理科知识生产方面"能独立有所发明,与欧美竞争"。所以夏元瑮希望理科教师能正视北大和全国理科落后现状(夏元瑮,1917b):

> 本校同事多半曾在欧美留学,或归国数年,或近始毕业,然归国后与外国教习同学断绝学问上之关系,则尽人所同。回国做教习数年,日所为者,不过温习学过

之物而已,新知识增加甚少,新理之研究,更可云绝世。吾辈如此,中国学问之前途,尚有希望乎?

夏元瑮是一位不该被忽视(类似范源廉)的课程改革及新教育开拓先锋。正因有夏元瑮主持北大理科课程改革,中国教育界才首次得以从西方物理学前沿进展出发,正视北大及整个中国大学的理科教育落后与危机状况:自1898年创办京师大学堂到1917年,北大及整个中国的数理化等基础理科教育体系只能"温习学过之物",无法独立生产"新知识"与"新理",更无法在基础理科前沿领域和欧美展开竞争。如何摆脱仅是跟在后面学习旧知识,实现独立发明新知识,随之成为北大乃至整个中国理科课程改革头等难题。夏元瑮说自己"对此问题"曾"深思熟虑久矣",认为"根本上之解决,止有一法则,派教员出洋是也"(夏元瑮,1917b)。

胡仁源掌校时,就提过"每科教员中每年轮流派遣数人,分赴欧美各国,对于所担任科目为专门之研究"(萧超然等,1981:36)。夏元瑮继续将派教员留学视为上策,等于再度承认到蔡元培上台时,北大理科现有师资仍没能力独立生产新知。数理化如此,新恢复的地质学门亦是如此。因缺乏师资,地质学门连一般常识教学都做不好。1919年,地质系(到1919年,门均改为系)学生到丁文江的地质调查所找工作,丁文江"亲自给他们一个简单的考试,每人分到十种岩石,要他们辨认,结果没有一个人及格"。丁文江还和胡适一起找蔡元培,"请他老人家看看这张成绩单","要他知道北大的地质系办的怎样糟"。蔡先生见后,向丁文江请教改良办法,丁氏随即提出要蔡元培请即将回国的"李四光(仲揆)先生来北大任地质学教授",并"与地质调查所合聘美国古生物学家葛利普到中国来指导古生物学"。其时,中国仅有一位地质学博士即比利时鲁汶大学毕业的翁文灏,但翁氏需主持地质调查所。李四光仅是伯明翰大学地质学硕士毕业,却已算是最能给北大带来欧洲地质学前沿进展者(马胜云等,1999:36—37)。但北大理科终因缺乏实验条件及可以接近欧美科学前沿的师资,所以即使想办研究所也无法办成,课程改革重心只能定为改善基础知识教学,先把科学名词审定,科学书籍报刊购买编译等工作做好(夏元瑮,1917c)。夏元瑮作为理科学长也堪称尽力,还曾译介爱因斯坦相对论(爱因斯坦,1924),介绍西方最前沿的理论物理学。

要到1925年叶企孙在清华大学创建物理学系,中国理科教育才真正开始追赶西方科学前沿。在此之前,中国理科课程改革最大进展可谓就是夏元瑮正式将中国大学数理化等基础科学教育的落后状况,作为一大问题提了出来,且以当时北大的基础与条件,连研究所都办不出来。落后原因有许多,最根本的就是夏元瑮所说的没人能赶上欧美科学前沿。事实正是如此,以物理学为例,20世纪第一个十年,整个中国只有1位物理学博士,即1907年在波恩大学获得博士学位的李复己,但李复己回国后并"未继续从事物理学研究,而是在汉冶萍公司、汉口工巡处、四川盐务管理局等部门任工程师"(欧七斤,2007)。1910—1920年间,亦只有2人获得物理学博士学位,即胡刚复和颜任光,但两人都毕业于1918年,前者归国后在南京高师效力,后者则暂时留美,所以"这时中国的物理(仍)可以说是一片空白"(吴大猷,2005)。化学领域,蔡元培1917年从北京高师请来丁绪贤担任教授,丁氏仅是1916年伦敦大学毕业的学士。旧人中有京师大学堂师范馆毕业的俞同奎曾于1910年获得利物浦大学化学硕士学位,之后返回母校任化学门主任,讲授"有机化学""物理化学"。1919年门改系后,俞同奎继任化学系主任,其"对教学工作十分认真",但终究做不出一流化学研究,且1920年俞同奎又被调往北京工业专门学校任校长,北大只能让丁绪贤接替其位主持化学(赵匡华,2003:229—231)。

化学方面其实有赵承嘏曾于1914年在日内瓦大学获得博士学位,系中国第一位化学博士。不过,赵承嘏并未回国,而是留在欧洲创业。1920年担任"巴黎老克化学厂人造药总裁"期间,赵承嘏曾从振兴中国"化学工业"出发,针对大学化学课程改革,写信向蔡元培提出建议,认为"吾国开办应用化学,当独具双眼","学堂与工厂当拼为一谈",使"习用化学者,须具有运用应用化学之能力与经验,始能从事于吾国化学工业之发展"(赵承嘏,1920)。但北大没有办法创办化学工厂。1922年,赵承嘏回到家乡江苏为国效力后,被郭秉文请入东南大学做教授,同时被江苏省教育厅委任为"应用化学科指导员"(江苏省教育厅,1922)。1918年,又诞生"中国第一位女化学博士王季茝"。但王季茝拿到学位后选择留美从事教学和研究,直到"1979年在美国去世"(康静等,2012)。数学领域情况也差不多,第一位博士是1917年哈佛毕业的胡明复,北大同样无缘请到。如任鸿隽所见,胡明复回国后,北大"曾再三的邀请过他",但他"是一个闭户自精的学者",只愿留在上海为中国科学社办理《科学》杂志,兼在大同大学教书。胡明复在"上海教书的生活"很辛苦,"不但没有给教书者一个增长学问的机会,恐怕连对于学问的兴趣,也要被教书的苦工销灭净尽"。任鸿隽曾劝胡明复换能"兼做学问的地方教书",但胡先生"责任心特别的重","为了科学社和大同大学,不愿离开上海",直到1927年突然英年早逝,胡明复也"不曾离开上海一步",令任鸿隽等知情者为之"痛惜"不已(任鸿隽,1927)。

巧妇难为无米之炊,理科方面,蔡元培1917年掌校以来总是无缘请到一流博士。文科方面则因只要有新思想,还不难找到新人,所以北大最初也就文科课程改革有起色,能对教育界的课程改革走势产生显著影响。蔡元培本人回顾整顿北大究竟有何成绩时,亦是提"自陈独秀君来任学长,胡适之、刘半农、周豫才、周启明诸君来任教员,而文学革命、思想自由的风气,遂大流行"。理科方面,只是说"内容始渐充实"(蔡元培,1938),连可与文科相比的风气革命或新思想传播成就都理不出来。其实,文科方面的成就也算不上是蔡元培期望的"高深学术"。1924年,柳诒徵就曾批评那些"自居于最高尚最纯洁之地位之学者,其实乃是一种变相之官吏,特殊之政客,无枪炮之武人,无资本之商贾,而绝非真正之学者"(柳诒徵,1924)。柳氏此言正针对胡适领衔的北大文科新派教授而发。不过当时教育界并没几个人能像柳诒徵那样看待学术,更多人尤其是学生就是喜欢胡适一系提倡的新思想及文学革命。北大也因此虽一时无法做出一流文理新学术,却能成为教育界瞩目的"新文化"运动中心,中国课程改革也在此影响作用下跟着转向新文化运动。而所谓新文化正是由各种自由新思想构成,运动则表明新思想在教育界激起的广泛影响。

最初的新思想及新文化典范正是由胡适缔造。作为杜威弟子,胡适初入北大时可以任教哲学或教育学,胡适选择了身在英文系(主任),学科则选择了蔡元培最重的哲学。但之前在北大主讲哲学的乃是旧学功底极厚深受学生钦佩的陈汉章,胡适因此遭遇始料未及的挑战,险些被学生驱逐。陈汉章生于1864年,早年曾与章太炎同在俞樾门下求学,其间"尽取汉唐以来到清的先儒经说、订史之书而毕读之"(王笑龙,1987)。其"在北大授课时,以笔代口,在黑板上写字,洋洋数百言,从不带抄本,俱出自记忆。学生下课查对原书,无一失误,人称活书橱"(盛巽昌等,1997:16)。哲学门学生顾颉刚也曾说,陈汉章是"一个极博洽的学者",其讲中国哲学史,"供给我们无数的材料,使得我们的眼光日益开阔,知道研究一种学问应该参考的书是多至不可计的。他从伏羲讲起,讲了一年,只到得商朝的洪范"。换成胡适讲,学生本就怀疑"一个美国新回来的留学生,如何能到北京大学里来讲中国的东西",再看胡适一上来便将夏商西周砍掉,直接从"周宣王以后"即春秋时讲起,更使"许多学生都不以为然"。顾颉刚也是"听了几堂"后,才"听出一个道理来",于是对同学说"他虽然没有伯弢先生读书多,但在裁断上是足以自立的"。顾颉刚还请宿舍好友、北大学生领袖傅斯年来听课,傅斯年听了"也是满意"(顾颉刚,1926:36)。

多年以后,胡适才知道自己能站稳北大哲学讲台,系因傅斯年(字孟真)"暗地里"

曾给予"保护"。如胡适所忆:"那时候,孟真在校中已经是一个力量。那些学生就请他去听听我的课,看看应不应该赶走。他听了几天后,就告诉同学们说:'这个人虽然书读的不多,但他走的这一条路是对的,你们不能闹'。"(胡颂平,1984:296)除学生不好对付,北大国文及历史门更有黄侃、钱玄同、沈兼士、马裕藻等十位文科教授,其旧学功底均远超胡适。他们都是章太炎的弟子,章太炎学说也因此成为北大文科权威范式。在此文科权势格局下,胡适初来北大也得补课。事实也是如此,第一年胡适十分用功,"下功夫最大的,就是当时风靡北大的太炎学说"。学生毛子水更曾亲见"初到北大时的胡适对章氏丛书研读甚勤,下过功夫,遇到疑惑不解处,还很留意向章氏及门求询,乃至直接向章氏本人请益"(李振声,2001)。

1916年1月,胡适仍在美留学时,曾读到章太炎反对中国采用"万国新语",说后者"声简难别"。胡适读后,曾在日记里得意批评"太炎先生此论,可谓无的放矢矣。万国文字之长处,正在其声简易通"(胡适,1999:249—250)。由此再来看胡适到北大后刻苦攻读章太炎学术,虚心请教,反差可谓大矣。但变化反映的恰恰是胡适的一大特点,即私下与公开场合应该有何言论,分得很清楚。日记里点评人物时,胡适尽可畅所欲言,但其在公开场合则如罗志田所言,"很能发挥他善于对不同的人说不同的话这一特长"(罗志田,1995a:213),虽真假难辨,却可给人留下良好印象。相比之下,文科学长陈独秀则是直来直去,一路冲锋在前,到1920年1月便因路数不同,离开胡适一系,返回上海另辟"社会改造"及"新教育"进路(王光远,1987:78—80)。当然就胡适而言,仅有能争取章门认可的良好表现,尚不足以成事,要想在北大建立中国哲学新典范,发起运动,还须有一套学术新功夫。这套新功夫便是胡适留美时学到的由新观点、新方法构成的新思想,胡适即因此能在一年之内,依靠新思想梳理先秦诸子,写成一部中国哲学新专著,即《中国哲学史大纲》(卷上)。

书写成后,胡适还请到蔡元培为之作序,表彰其著作有四大新思想,包括:"证明的方法"即考证哲学家"生存的时代","扼要的手段"即"截断丛流,从老子孔子讲起","平等的眼光"即不偏袒先秦诸子任何一家,"系统的研究"即"一一显出变迁的痕迹"与"次第演进的脉络"(蔡元培,1919)。其实,新著中的新思想尚不止四点。毋宁说当时学生喜闻乐见的新思想都曾被引入其中。如写老子时,将其界定为"革命家",说"老子理想中的政治是极端的放任无为",讲孔子《易经》时,认为"易经这一部书,古今来多少学者做了几屋子的书,也还讲不明白"(胡适,1921a),等等,便是在表达革命、无政府主义、否定传统学术等新思想。它们都是当时学生乐意听的新思想。新著出版后两个月内便售罄,可见系列新思想的确很受欢迎。再版时,胡适本人也曾感慨"一部哲学的书,在这个时代,居然能于两个月之内再版"。胡适还不忘以致谢的方式将自己归入北大文科掌门教授推崇的权威学脉,声称"过去的学者"中,"最感谢"高邮王氏父子、俞樾、孙诒让。"对于近人",则"最感谢章太炎"(胡适,1919a)。很少理人的章太炎见后,也致函胡适说"很有见解,但诸子学术,本不容易了解,总要看他宗旨所在,才得不错,但看一句两句好处,这都是断章取义的行为,……仍忘十尺竿头再进一步"(章太炎,2003:665)。

　　章太炎一翻便知,胡适尚无功力把握诸子宗旨,而是在以断章取义的方式表达自己的新思想。但章太炎对胡适总还有肯定与鼓励。当然,章太炎即使看不上胡适的学问,也无法遏制渴望新思想的"新青年"学子对胡适著作的推崇。远在武昌做中学教师的恽代英就曾在日记里写下:"不堪蚊扰,起阅《中国哲学史》,颇服适之先生巨眼过人。"(恽代英,1981:555)至于傅斯年、顾颉刚等北大"新青年"学子之所以觉得胡适的路子是对的,则是因为这些精英学生"虽有丰富的旧学知识,却苦于找不到一个系统可以把知识贯穿起来,以表现其现代的意义"(罗志田,1995a:213)。毛子水更曾说,胡适能"用清楚明晰的文词叙述他对于治学方法的心得,使有志做学问的青年各知道用自己的独立思想以从事于研究。……胡先生对于我国学术思想界这件功劳,似乎是前无古人的"(毛子水,1967:55—56)。这些学生均加入胡适门下,尤其是傅斯年,原本是黄侃高足,也转投胡适,并和罗家伦于1919年1月创办《新潮》,与胡适携手将"本国学术"引向"世界文化"与"现代思潮"(傅斯年等,1919)。总之,胡适的哲学课程改革努力很成功,从目的、内容上重构了考据学化的传统中国哲学课程,使其重心由烦琐考据转向传播"新思想",且蔡元培及"新青年"学子都认可胡适的改造。

　　文学是胡适初入北大时的另一大也是更看重的战场,胡适曾在其中引入易卜生主义、个人独立等西方"自由主义"新思想,同时将"秦汉六朝文字"称为"死文字",提倡发展白话新文学,表达"活"的"情感"与"思想"(胡适,1917)。新文化运动即是自胡适提倡白话文及新文学起,开始在全国教育界迅速蔓延,影响比改革陈汉章式的哲学课程,确立中国哲学研究与教学新典范还要大。至于胡适提倡新文学传播了什么样的新思想,则主要是易卜生的个人自由主义。茅盾曾指出,"'五四'运动本质上是一个思想运动","从思想上看,'五四'的建设就是'人的发现'和'个性的解放'。这是'五四'运动所以能震撼全国青年的心灵,激发他们的活力的原因"(茅盾,1938)。将整个"五四"运动概括为人的发现与个性解放,容易简化"五四"运动,忽视"五四"运动除"思想运动"

外,更包括反帝救国的政治运动,但茅盾的概括却很适合用于分析胡适依靠提倡新文学促成的新文化运动,因为后者确实就是传播个性解放为主的个人"自由主义"伦理新思想。

至于今人更熟悉的"民主"与"科学"思想,则从清末起就已开始宣传。胡适发起的新文化运动是新一轮宣传,且胡适更偏重宣传"科学",同时胡适所谓的"科学"也不是真正意义的科学,而是一套其想象的"科学方法"。当然,胡适宣传"科学"系后话,此刻需明确的是胡适在文学领域掀起革命,意在传播"自由主义",即个性解放为主的个人自由主义伦理新思想。同再造哲学一样,胡适的文学改革起初也曾遭遇挫折。1917年,胡适、陈独秀等人依靠在《新青年》上连续发表反孔教、文学革命等言论,进行得十分热烈,但最初并没有取得后来的巨大反响,革命的对象即林纾、刘师培等北大传统文学领袖均未公开理会。北大学生的反应情况也如大一学子张国焘所言,"当时同学中尊重孔子学说,反对白话文的还占多数"(张国焘,1980:40)。1918年1月,陈独秀对《新青年》进行重组,取消外界投稿,改由胡适、周作人、钱玄同、刘半农、王星拱等清一色的北大教授撰稿,使《新青年》由"地方性刊物,真正转变成北大教授为主体的'全国性'刊物"(王奇生,2007),文学革命随之可以借重北大的教育权威而能在教育界"爆得大名"。两个月后,钱玄同、刘半农又引入"炒作"手法,以唱双簧的方式制造"文学革命之反响"(王敬轩等,1918)。钱玄同化名王敬轩,扮演旧派寄来批判文章,"指责《新青年》排斥孔子,废灭纲常,刘半农代表《新青年》逐一批驳"。但见"指责者百般挑衅,批驳者刻薄淋漓,极具戏剧性和观赏效果。胡适将此事告诉好友任鸿隽,任氏担心伪造读者来信将有损《新青年》信用"。但"双簧戏显然取得了一定的'炒作'效果,聚集了受众相当的注意力"(王奇生,2007)。

炒作之余,钱玄同还曾反复动员当时在教育部社会教育司任职的鲁迅加入。长期默默忍耐在"屋里抄古碑"的鲁迅"终于答应他也做文章了"(鲁迅,1923),为《新青年》送去一篇小说《狂人日记》(鲁迅,1918)。一直高喊要创造白话新文学却无人能创造、只能嚷嚷的文学革命运动至此终于有了第一篇白话小说,而且极具反传统伦理的思想革命威力。文学革命在系列努力下开始收获期望的关注,果真引来反对者在报刊上发表攻击文章。到1919年2月,年近七旬的古文领袖林纾也坐不住了,"于上海《新申报》接连以小说形式诋毁《新青年》同人,继而在北京《公言报》以公开信的形式致书蔡元培,攻击《新青年》与北大"。北大的文学革命运动随之在教育界及社会上形成更广泛的影响,"因林、蔡均系学界名流,两人的论辩迅速引发舆论关注。一时间,京沪各大报刊在转载林蔡往还书牍的同时,竞相发表评论。各报且将'林蔡之争'冠以'新旧之争'、'新旧思潮之冲突'、'新旧思潮之决斗'等火药味浓烈的标题。"林纾可谓"始料未及","他对《新青年》的攻击诋毁,招来媒体的广泛报道,无形中为《新青年》作了一次声势浩大的广告宣传"(王奇生,2007)。他反对胡适、钱玄同等将古文判为"死文字",乃至为保护古文竟胡乱说出"若云死文字有碍生学术,则科学不用古文,古文亦无碍科学"(林纾,2002:107),也被媒体频繁报道的激烈新旧思想之争淹没了。

林纾的失算还不仅是无形中替文学革命扩大了影响,更表现为他将蔡元培也拉进来作为批判对象,未从"社会学意义"上掂量,"蔡要胜林其实根本不必论战,因为蔡元培的'社会资格',无论新旧,都非林纾所能比拟。可以说胜负在论争之前就已'确定'了"(罗志田,1995b)。所以其对蔡元培的失算反击与谩骂,反而为胡适等人进一步扩大新思想及文学革命创造更有利的舆论支持,其本人也因大势已去,连在旧文学场域中的正统地位都无法保住。胡适在文学领域发起的新旧思想之争至此堪称大胜。1919 年 5 月,胡适又联合蒋梦麟、陶行知将导师杜威请来为新思想运动助阵。然而就在杜威到沪后的第二天,爆发了真正的以反帝爱国政治运动为主的"五四运动",傅斯年、罗家伦等胡适器重的学生领袖纷纷跳出思想文化领域,投身反帝爱国政治运动。这场政治运动曾给北大带来巨大荣光,使北大由外界诟病的腐败衙门,瞬间变为全国学子瞩目向往的最高学府,但胡适说政治运动给自己的思想文化革新事业带来了"一场不幸的政治干扰"(胡适,1997:56)。不过,到暑假时,傅斯年、罗家伦等便撤回校园,重新转向安心追求新学。几欲辞职的蔡元培也于 7 月发文号召北大及全国学生坚持教育学术报国。9 月 20 日,北大开学,师生三千余人全部到场,欢迎蔡元培重新掌校。蔡先生发表讲话,再次重申两年前为北大文理科课程改革定下的基本方针(佚名,1919):

> 大学肩阐发新学、昌明学术之巨任,为最高尚最纯洁之学府,生等必谨以之待,潜研学业,修养德性,答海内之殷望,树国家之基础。

三个月后,胡适也在《新青年》发表《新思潮的意义》,但其意思却不是像蔡元培那样转向以学术及道德提升为中心,而是试图统一教育界日益高涨但也日益分化的"新思潮"运动,强调"新思潮的精神"乃是对本国传统文化采取"评判的态度",即尼采所说的"重估一切价值","手段是研究问题与输入学理",目标是"再造文明"(胡适,1919b)。

1920年,胡适开始进入"中学国文教学"领域,鼓励中学教师按其所说的"理想的教授方法"去"实验看"(胡适,1920a),从而使引入新思想、创造新文化,从大学文学领域拓展至中学国文教学领域。至此可以指出,胡适除在文学领域引入西方个人"自由主义",还曾广泛宣传"科学"思想。胡适的"科学"思想并非来自具体的自然科学或社会科学,而是其提炼的一套用于解决政治、社会、人生问题等当时所有热点议题的"科学方法",即一般意义的"科学主义"或"实验主义"方法论。以它来研究当时中国现实社会人生问题,也可能创造出科学的社会学一类的新文科学术与新文科课程,然而胡适并没有固定问题领域,其所能做且看重的就是在所跨各领域传播新思想,动员教育界传播新思想。1921年,年近五旬的吴虞曾登门请教国文课程改革即"国文如何讲法",胡适便答曰"总以思想及能引起多数学生研究之兴味为主。吾辈建设虽不足,捣乱总有余"(吴虞,1984:599)。

吴虞也靠"攻击孔教最有力",被胡适誉为"中国思想界的一个清道夫""只手打孔家店的老英雄"(吴虞,1921:2,7)。然而一味攻击、捣乱,文化学术方面没有建设,总归说不过去。指点、表彰吴虞前,胡适本人也已意识到这一点。1920年秋的开学典礼上,胡适就曾发表演讲,为自己被"恭维"成"新文化运动的领袖",感到"惭惶无地",原因正是胡适觉得,"现在哪里有什么文化"。胡适甚至直言:"我们北京大学不是人称为新文化运动的中心吗?"但"四百多个教职员,三千来个学生,共同办一个月刊,两年之久,只出了五本,到陈先生编辑的时候,竟至收不到稿子,逼得自己做了好几篇,才敷衍了过去"。学术创造方面,也是乏善可陈,"大学丛书出了两年,到现在也只出了五大本。后来我们想,著书的人没有,勉强找几个翻译的人,所以我们上半年弄了个世界丛书,不想五个月的经验结束,各处寄来的稿子虽有一百多种,至今却仅有一种真值得出版。像这样学术界大破产的现象,还有什么颜面讲文化运动,所以……现在并没有什么文化,更没有什么新文化"(陈政,1920)。可见,胡适其实很清楚,仅有针对孔教的自由主义或个人主义伦理思想革命,没有新文化与新学术创造,实在不配作为新文化运动领袖或中心。

新文化创造方面,胡适曾于1919年率先尝试推出新诗集,第一首正是著名的《蝴蝶》,即三年前写的白话短诗:"两个黄蝴蝶,双双飞上天。不知为什么,一个忽飞远。剩下那一个,孤单怪可怜;也无心上天,天上太孤单。"(胡适,1920b)和当初出版哲学史一样,新诗集第二年也因迅速售罄再版。其时,北大旧文学教授中,领袖人物刘师培已去世。但健将黄侃仍在北大任教,他将多年来的《文心雕龙》讲义编辑成册,其中不乏针对胡适的新诗发起反击,认为被否定的古典文学更具生命力,乃至预言"变古乱常"的新文学不得长久。如谈古今文学演变时,黄侃便说:"新旧之名无定,新法使人厌观,则亦旧矣;旧法久废,一旦出之尘埃之中,加以拂拭之事,则亦新矣。变古乱常而欲求新,吾未见其果能新也。"(黄侃,1962:103)然而黄侃也有诸多无奈之处,他只能从学术上研究《文心雕龙》,提倡古典文学研究尤其是"文心学",不善于从中"拂拭"创作出古韵犹存的新诗。且讲义整理成册后,一时连出版的地方都找不到。到1927年,才由文化书社从讲义中截取"二十篇"出版,"但流传不广"(中华书局上海编辑所,1962)。可见想在教育及出版界与如日中天的胡适展开竞争有多难。东南大学那边,则有林纾弟子胡先骕撰写万字长文批判胡适《尝试集》,提出"胡君之诗","无论以古今中外何种眼光观之,其新式精神皆无可取"(胡先骕,1921)。然而文章投出去,国内杂志竟"无一敢为刊登"(吴宓,1995:229),弄得只好自己创办《学衡》杂志,才得以在第一、第二期连载登出,同时坐视教育界出现由胡适带起的新诗创造热潮,"因为做长诗不容易,所以大家去做短诗了,社会上充满了无数的青年诗人"(张闻天,1923)。

  成绩对胡适而言可谓喜人。不过白话诗毕竟不是新学术,所以还得努力。而以胡适的功底,只能以其建构的科学方法在传统文史即国故研究领域展开行动。胡适的最后一大文科课程改革计划正是革新国故研究。杜威访华时,胡适便在提倡"科学"的国故研究,为此还把清代考据学定为方法上和"牛顿自然科学"一样的由"假设""实验"构成的"科学",认为"中国旧有的学术,只有清代的汉学可以当的起'科学'的名称"(胡适,1920c),1921年8月,送走杜威的胡适又在东南大学演讲,动员学生"研究国故",正式在教育界发起"科学"的"整理国故"运动。不知道章太炎看到胡适大谈清代考据学是"科学"有何反应?但胡适很清楚将它与"科学"关联起来,有利于在新思想浇不进去的旧派国故研究中发展新国学,原因则如胡适本人所说,当时流行的众多"新名词"中,"有一个名词在国内几乎做到了无上尊严的地位,无论懂与不懂的人,无论守旧和维新的人,都不敢对他表示轻视或戏侮的态度,那个名词就是'科学'"(胡适,1947:70),所以尽管胡适将考据学冠以"科学"之名显得牵强刻意,但却可以使国故研究转向以新思想及"大胆假设"为本,从而把难度极高的国故研究简化为就是寻找史料来论证各种"大胆假设"的现代"科学"。像顾颉刚,便迅速学会按胡适说的"大胆假设、小心求证",来发展"疑古"的新国故研究。顾颉刚还表扬胡适"胆大,敢做敢为",并跟着胆大起来,乃至编历史教科书时提出"三皇五帝"是秦汉虚构的"传说中的人物",引发"轩然大波"(顾潮,1997:77—79)。而"最高兴的莫过于那些以国故为业的学者,尤其胡适文科中的大部分同事。……因为处在那个'科学'地位至上的新文化运动高潮中,以研究国故为业的学者多少都感到一种压力,此时胡适的文章适时出现,也舒缓了他们所承受的外在压力"(陈以爱,2002:51)。"整理国故"自1922年变成"科学"后,随即成为北大最重要的文科学术课程改革项目。北京、上海等地重要大学纷纷跟进将发展国学作为重点,甚至中小学也兴起国学热。

鲁迅便说过,哪怕学的是"动物学",但只要发表过一篇《论中华国民皆有整理国史之义务》",便能成为"有名的学者",被中学请去做历史教员(鲁迅,1925)。虽是嘲讽,却能反映中小学跟风热烈。不仅如此,除引发"整理国故"热及白话短诗创作热外,胡适的努力还曾使各地大中小学文科课程改革转向发展白话散文、小说及现代话剧,进而还能与私立学校的文艺革新形成合力,联手在整个教育界及社会上掀起以新思想批判、改造本国传统文学艺术的新文化运动。因为影响太大,若有人偏离新文化运动立场及进路,还会遭到批评。如欧阳予倩1919年回国之初,在南通伶工学社担任"主任兼戏学教员"(象五,1919)。之后,欧阳予倩随大流革新中国旧剧之余,还会"向上海有名的青衣演员筱喜禄学戏",甚至成了"有很强的票房号召力"的京剧名角。但欧阳予倩的旧剧学习及不凡表演造诣均被"同事"认为是背离了"新文化运动的立场",乃至"堕落"。可见,对戏剧教师与学生而言,主流行动只能是在戏剧领域传播新思想发起"旧剧改造"运动(傅谨,2020)。其他艺术教育领域同样如此,最有影响的便是刘海粟在上海自办美校,即使"一般人都说他不会画,说他的思想很野蛮",也坚持按新思想及新文化运动立场,引入西方"后期印象主义",引领学生"忠实的把对于自然界的情感描写出来,很深刻的把个性表现出来"(傅谨,2020)。

甚至理科教育领域也有北大教授王星拱(伦敦大学化学硕士)因实验条件及自身基础不够,无法发展真正的化学研究与教学,转而加入胡适队伍,跨越"文理分驰",向"文学哲学方面的学生"宣传"实验的精神",同时让"科学工程方面的学生"养成"综合的权能",将各科教学改成训练超学科的或一般意义的"科学方法论"(王星拱,1920:1)。基础更薄弱的中小学理科教育同样流行以各种泛化的活动训练学生养成"科学方法",结果教师及学生均不知道就科学本身而言,究竟应该学什么。叶企孙1925年创办清华大学物理学系时便发现,千挑万选出来的中学生竟连最基本的物理知识及实验能力都未学好,导致叶企孙1926年起"每年仍需开高中物理一班,以补不足"(叶企孙等,1933:1)。理科教育改革及质量问题后面会做专门考察,此刻该总结一下,之前种种考察表明,自1917年蔡元培从文理科入手整顿北京大学以来,中国课程改革既没有沿着范源廉提出的改善国计民生的现实主义方向演进,也未能如蔡元培反复期望的那样以发展文理科"高深学术"及涵养道德为本,而是转向了输入西方新思想,发起旧文化批判与改造运动。尤其是 1920 年 8 月至 1921 年 5 月,范源廉曾第三次出任教育总长,也无法将新文化运动主导的文理科课程改革扭向发展科学、实业、军国民教育等改善现实国计民生急需的新课程,只能坐视新文化运动在教育界蔓延,文理科课程变成新思想的表达及传播工具。

蒋廷黻也曾从社会演变角度指出,留学生归国后,"把万国的学说都带回来了,五花八门,彼此争辩,于是军阀的割据之上又加了思想的分裂"(蒋廷黻,2016:120)。蒋氏以造成"思想分裂"来界定全体留学生的社会变革贡献显然有失公允,但如果看胡适1917 年登台改革北大哲学课程以来给中国课程改革带来了什么,则结果确乎就是引入自由主义、科学主义等西方新思想,以及由此新思想在文理科领域促成的种种新文化运动。胡适又善于在派系林立、竞争激烈的教育界左牵右引,言行举止总能赢得多数人的关注与追随,即使有"学衡派"持续猛烈批判胡适"惟欧西马首是瞻""使人颠倒迷惑"(梅光迪,1922),也难以遏制胡适盛名日益扩大。到 1935 年胡适南下广州演讲,仅是去省立一中参观一下广雅书院旧址,都会"被七八百个少年围着","几乎走不开"(胡适,1935)。不过,这些都是一般的热闹场景而已。到 1935 年时,历史本身也在显示,"九一八事变"以来,胡适的盛名其实就已变成虚名,不仅产生不了历史变革与进步,而且要被历史新潮挤到边缘。第二年,为反抗日本侵略爆发了"一·二九运动"。这一次,轮到清华学子率先"怒吼",呼吁全国学生集体反省过去"轻信了领导着现社会的一些名流、学者",以致"在危机日渐严重的关头,不能为时代负起应负的使命"(清华大学救国会,1936)。这更透露出胡适尽管名声影响大,但已跟不上"九一八事变"以来兴起的历史新潮。当然,胡适曾经引发的主流新文化与新课程运动尚未考察完,因为五四以来除兴起以传播"自由主义""科学主义"等新思想为本的新文化课程运动外,中小学一线也形成了一道主流新课程运动景观,而且胡适同样曾在其中发挥引领作用。

3. 教育学者出场与美国教学法实验运动兴起

另一道一线主流新课程运动景观之所以能形成,最初也缘于留学精英推动。他们和胡适一样,亦多毕业于美国哥伦比亚大学,导师包括杜威、孟禄等。但与胡适所修专业是哲学不同,这批留学精英多就读于哥伦比亚大学师范学院,专业是教育学。其中最先出场的乃是 1917 年前后两三年回国的重要人物,即郭秉文、蒋梦麟、陶行知、李建勋等,此外便是 1919 年回国的布朗大学教育学博士廖世承。对于这批人的努力结果及贡献,周洪宇曾有概括,认为他们归国后和杜威、孟禄等"联袂主导了一场轰轰烈烈的现代教育改革运动",其中与课程改革相关的有三点:一是给中国带来"基本符合当时中国社会实际需要的实用主义教育理论",使之"成为中国教育理论界普遍认同的主导学说,并被大规模付诸实践";二是主导1922年"新学制的审定、颁布与贯彻实施","不仅标志着因杜威、孟禄来华讲学而风靡一时的实用主义教育思潮对中国教育的影响从理论层面转化为制度层面,而且昭示着我国现代学制的确立";三是"推动了中国中小学教育教学改革","即使是不成功的实验,仍能积极促使人们更深入地思考课程、教材与教学法的改革问题"(周洪宇等,2010)。

丁钢也曾指出,留美教育学者确实重要,但他们"从杜威那里所得到的,是一个回避中国现实政治而颇具浪漫主义色彩的改革主张,它本身也如杜威的思想一样,难以切合中国的实际"(丁钢,2012)。今人这些评论均可为认识留美教育学者的课程改革表现提供总体参考,但要更深入地揭示其所作所为,分析其所作所为"基本符合"什么样的"中国社会实际需要",或"难以切合"什么样的"中国的实际",仍需回到留美教育学者所属体制场域,从留美教育学者内部构成及主要人物的具体行动入手展开进一步考察。由此将看到,留美教育学者并非统一的共同体,相反其内部至少可分为三大系:一是郭秉文1914年回国开拓的南京高师及东大系(1921年南高师升格为东南大学),1917年回国的陶行知、1919年回国的廖世承最初均加入其中;二是蒋梦麟1917年回国后与胡适联手组成的北大系;三是陈宝泉掌校的北京高师系,主力为1920年回国的李建勋。三派中势力最强的乃是北大系,不仅有胡适、蔡元培支持,还有江苏教育会、商务印书馆等在南方为之策应。三路人马不乏联络合作,但也会因寻求扩大影响发生激烈竞争。1920年便曾风传北大"某学阀"(蒋梦麟)和江苏教育会"欲吞噬某高师某系"即北京高师教育系,导致陈宝泉辞职抵抗(蒋梦麟,1920)。

其次需注意,1917年以来国内高师毕业生中也有一批人成为教育学者。如1917年湖南高师英语系毕业的舒新城,1920年北京高师国文系毕业的周予同,1924年北京高师英语系毕业的赵廷为等。1917年至1927年学院建制从无到有、规模日渐壮大的教育学界即由本土高师派教育学者和留美教育学者共同构成。教育学者也随教育学体制规模日益壮大成为北洋政府倒台前对中国课程改革影响甚大的一股新兴力量。至于教育学界内部权势结构如何,则是留美教育学者占据至高与主导位置。廖泰初1940年回顾20世纪20年代以来的中国教育学发展时,就曾指出"中国各大学的教育学院,或是教育学系,十之八九由美国留学生把持"(廖泰初,1940:8)。留美教育学者中，又属郭秉文、蒋梦麟领衔的哥大教育学博士影响最大。本土高师派能进入留美教育学者控制的教育学界中心地带，如周予同自1921年起便"在商务印书馆任国文部编辑、教育杂志社主编"（周予同，1981），舒新城1921年也由湖南一师转赴上海主持中国公学中学部，得以跻身"新教育运动"的课程改革前沿。但即使是他们，也无法突破留美教育学者尤其是哥大教育学者的包围及引领，只能在后者开拓的进路上与之竞争。

体制方面还需留意，自范源廉1921年再度辞职，教育部层面又开始像民初时那样，因总长变动频繁陷入新一轮动荡。1922年至1928年，竟有齐耀珊、彭允彝、黄郛、范源廉、张国淦、王九龄、易培基、马君武、任可澄、刘哲10人先后被内讧不断的北洋政府任命为教育总长，其中范源廉仅在任9天，有的甚至只在任一天（刘寿林等，1995：40—41）。可见主政的北洋军阀仍无意规划教育，教育部也难发挥凝聚、引领与推进作用。中国教育及课程改革能有何新进展，便取决于各路人马竞显各自神通。教育学者在整个教育界的权力及影响力虽远不如蔡元培、胡适等学术教育领袖，但仍可通过两大行动即教育研究与教育改革实践来影响中国课程改革，就看教育学者尤其是留学教育学者有何教育研究及改革行动，其行动给教育界带来了什么。在此关键问题上，廖泰初作为见证人曾做过总体盘点，认为从1914年郭秉文回国算起，留美教育学者虽使中国教育研究及改革"自1915年放弃了抄袭模仿日本"，却让中国教育界形成了新的"抄袭搬运的大本营"。"尤其民九后杜威孟禄麦柯尔等的来华演讲，前者主张的民本主义与教育、教育即生活、学校社会化，后二者提倡的测验运动，为其弟子胡适、蒋梦麟等介绍于教育界，所谓全盘主义的美化教育研究，从此奠定了大业。"（廖泰初，1940：8）

被今人忽视的一点至此浮出水面，留美教育学者的确发起了"轰轰烈烈的现代教育改革运动"，其方式却如廖泰初所说乃是"抄袭"杜威等人提出的"现代教育"，结果将课程改革引向美国化，且抄袭运动的始作俑者正是蒋梦麟与胡适。事实是否如此呢？且先从蒋梦麟回国后的作为开始考察。蒋梦麟回国后先是进商务印书馆做编辑，兼江苏教育会理事，同时他还是蔡元培早期学生，所以社会资本甚厚，很快便能"爰集国中五大教育机关"，北京大学、江苏教育会、中华职业教育社等，"组织新教育促进社"，并于1919年2月推出《新教育》月刊，"杂志创办后六个月便销到一万份"（蒋梦麟，2000：114）。"新教育运动"由此在教育界兴起，影响之大，南北高师两路教育学者均难望其项背。这当中既有适时将杜威请来"挟洋自重"（陈文彬，2006），更有胡适提供强力支持。胡适之所以提供支持，原因正在于他觉得蒋梦麟所想与其一致，也认为最要紧的乃是引入西方新思想。事实确如此，蒋梦麟依靠创办《新教育》在教育界发起"思想革命",将教育界扭向"养成健全的个人""创造进化的社会"(蒋梦麟,1919),措辞虽有不同,但并不妨碍能与胡适在北大发起新思想及新文化运动达成珠联璧合。

蒋梦麟谈及"《新教育》的思想原则"时,更曾提醒"读者",正因"《新教育》月刊与北京大学师生间知识上的密切关系",所以他能于1920年"跑进这个(北大)知识革命的大漩涡,担任了教育学教授",1924年北大成立教育系,蒋梦麟又任系主任,"并于校长蔡先生请假时代理校长"(蒋梦麟,2000:114)。蒋梦麟可谓"专业发展"最快的留美教育学者,两三年之内便成为北京高师校长陈宝泉所说的可以将其手中教育系"吞噬"的"某学阀"。到1928年北伐结束后,蒋梦麟更成为蒋介石南京国民政府首任教育部部长。然而如果要问蒋梦麟进入北大以来有何教育研究及改革行动,看上去似乎难出廖泰初所说的"抄袭"二字,即传播搬运杜威新教育思想。其实,蒋梦麟1909年初到美国留学时,因在革命派报纸《大同日报》任主笔,曾得孙中山教诲,还曾为"孙先生的计划"常遭"污蔑"感到不平,认为"与孙先生同时代的人只求近功,不肯研究中国实际问题的症结所在"(蒋梦麟,2000:86,114)。只是没想到十年后蒋梦麟同样未去"研究中国实际"及教育需要,便仓促认为最要紧的是发起思想革命,向教育界传播新思想。蒋梦麟又是在行政及应酬百忙中从事思想革命,如此更无法研究中国实际,只能勉力搬运杜威的新教育思想。

有时忙到无暇顾及传播杜威教育思想,便需胡适代替。胡适也很愿意分担,尤其是看到蒋梦麟"陪杜威先生到杭州去了","忙的很苦",更曾主动将本该由蒋梦麟承担的杜威教育哲学撰写任务揽下来。胡适也忙,在《新教育》发文时曾特别附言"文章一大半是将回北京的前一晚从十点钟到天明六点钟做的,一小半是在津浦火车上做的,最后一节结论是到北京的晚上做的"。而所谓结论不过是抄袭"教育即是生活",且用大号黑体标出。蒋梦麟也附言"适之先生百忙中替我做这篇文章,……他的言论又是透彻的很,真是好大本能,我很感激又很佩服"(胡适,1919c)。辛苦唱和很成功,教育界四处可见"全盘接受杜威的学说",乃至教育研究流变为小学生背书:"一切的教育专家、学者都拿这个作蓝本,只要稍微读过两天教育的人,满口都会说教育即生活。"(廖泰初,1940:10)胡适则高调声称"自从中国与西洋文化接触以来,没有一个外国学者在中国思想界的影响有杜威先生这样大的。……将来几十年中,也未必有别个西洋学者在中国的影响可以比杜威先生还大的"。教育界的反响同样令胡适欣喜,因为"他(杜威)的种子已散布不少了"。胡适甚至大胆假设"十年二十年后",将有"无数杜威式的学校,直接或间接影响全中国的教育"(胡适,1930:13—14)。

接待杜威,陪伴其到各地演讲,可谓蒋梦麟、胡适从思想层面引领教育界课程改革走势的一大成功行动。其间,他们还留心防止北京高师或其他派系抢占风头。之后,哥大师院院长孟禄来华情况亦类似。胡适更曾抱怨北高师"极力垄断孟禄,想借他大出锋头"。孟禄则"怕北大一方因此同他隔绝",还托郭秉文联系如日中天的胡适,刚送走杜威的胡适"看孟罗的面上,不能不去招待"(胡适,2001:487)。当时,正风传北大试图合并北京高师教育系乃至整个北京高师,胡适又阻止北京高师抢夺杜威、孟禄的教育思想传播权,更可见两大教育学重镇之间潜藏激烈竞争。其实,相比北大一系将重心定为传播自由、实验、生活化等"新思想",北京高师完全可以另辟进路,因为其教育研究科主任李建勋的专业乃是教育行政。1917年去哥大师院留学前,李建勋还曾担任直隶省视学,因此北京高师是有可能在中国教育行政研究与改革领域超越北大系的。问题在于留美攻读硕士后,李建勋无法深入田野研究中国教育行政。1923年李建勋再赴哥大攻读博士,则一直在研究"美国民治下之省教育行政",即使曾尝试开拓中国省级教育行政研究,也只能照搬美国省级教育行政体制,"即所谓省集权、民治制、及专业化之教育行政组织也"(李建勋,1926:2),然后呼吁中国也建立类似教育行政体制。

南京高师那边同样另有可能,1917年哥大教育学硕士陶行知回国后,便在南京高师开创"教育调查",即"指导学生寒暑假回家,调查各省、市、县、乡、镇教育现状,分析研究,提出改进办法"(朱泽甫,1985:15)。陈鹤琴1919年拿到哥大教育学硕士后,也被郭秉文请到南京高师教育科任教。因只想回哥大攻读博士,陈鹤琴起初并不热心开拓教育研究,仅是编了许多"欢呼"操,"每逢学校开运动会或游艺会时,领导拉拉队活跃着",没想到换来的是学生"背后恶意的批评","说陈先生只会欢呼,而实际的学问则一点也没有",还为陈鹤琴取了"一个外号,叫做欢呼博士"。陈鹤琴知道后,"非常伤心,第二年便开始作实际的研究工作,埋头苦干,在研究学问之外,一切外事都谢绝了"(叶显祺,1949:46)。陈鹤琴选择的研究领域正是儿童心理,南京高师也因此成为中国儿童心理学研究发源地。1920年,陈鹤琴"幸举一子",于是"就开始实地考察,实地实验",而非仅靠"浏览"美国心理学家"所著之书"(陈鹤琴,1925:1)。只是如此一来便会拉长研究周期。尤其是埋头苦干如陈鹤琴,观察记录其子行为及心理变化,时间竟长达"八百零八天"(陈鹤琴,1925:147),之后才开始撰写研究专著,出版更拖到1925年7月。

还是像蒋梦麟、胡适那样占据高位,联合国内最大出版机制,以最便捷的方式即搬运宣传杜威教育思想,更能迅速在教育界产生影响。像陈鹤琴那样埋头研究,出成果速度甚至比不上同一年来南京高师任教的廖世承,后者到1924年初便出版了《教育心理学大意》《教育心理学》等专著。从其研究基础及方式看,不难发现,廖世承出手比陈鹤琴快,系因并未去"实地考察"中国教师或学生的心理活动,而是靠"参考"美国几本"教师心理学""学习心理学"和"儿童心理学"的教材(廖世承,1924:3),所以也可归于廖泰初所说的翻译抄袭。和陈鹤琴开拓的儿童心理研究一样,陶行知的"教育调查"同样需要耗费很长时间才能出成果,李建勋的中国"省级教育行政研究"更是如此。这些人短期内都无法和蒋梦麟、胡适竞争影响,只能坐视二人在教育学及整个教育界掀起杜威教育思想热,且无法阻止南北高师学子被热潮吸引过去。赵廷为回忆自己为何会放弃外语,改以教学法作为主攻领域,即是因 1919 年在"北京高师英语部一年级做学生"时,听到杜威来校演讲,迷上了杜威,第二天"立刻到琉璃厂买了一本杜威著的民本主义与教育,从此……每日去读教育的书籍,无一日间断,甚至把正课也稍加忽略了"(赵廷为,1948:105)。

陶行知则因同门出身,还得参与宣传杜威教育思想,一时更难埋头发展教育调查。李建勋则于 1921 年 10 月接替陈宝泉出任北京高师校长,其就任以来最大贡献乃是趁教育部开会讨论学制改革,提议将"全国国立高等师范"改为"师范大学",学科课程体系参照"美国哥伦比亚师范大学","除教育科外,宜兼设各科",包括"英文、史地、数理化等部"(李建勋,1922)。提议最终获得通过,北京高师升为北京师范大学,并于 1923 年 9 月迎来开学典礼。李建勋努力完成陈宝泉所托北京高师发展使命后,便辞去校长,于不惑之年(虚岁)赴美攻读博士,和师生一起等赴美考察教育、开学典礼时已在归国途中的范源廉来执掌新成立的北京师范大学。有德高望重的范源廉坐镇,北京高师系或许无需再担心会被北大系吞并。南京高师则早在 1920 年 4 月便开始正式"筹备国立大学",之后又在郭秉文奔波联络下,陆续赢得张謇、蔡元培、聂云台、穆藕初、蒋梦麟等政商、教育界名流支持,于 1921 年 8 月被教育部批准改名为"国立东南大学"(东南大学,1923:1—2),成为北大之后的第二所国立大学,教育科也被保留。所以到北师大成立时,教育学界仍由留美教育学者组织的三大系联袂组成,主流教育研究方式也没有发生变化。

李建勋设计师范大学时,便是以哥大师院作为样本,师范教育课程改革也随之走向美国化。至于和中小学课程改革最相关也是最重要的制度变动即学制改革,亦在留美教育学者主导下,于 1922 年选择了照搬美国"六三三制"。此前留美教育学者就已让教育学领域及整个教育界兴起杜威教育思想热,现在又从学制层面重新设计中小学课程体系,足可见教育学者尤其是留美教育学者确实是中国课程改革领域影响甚大的一股新生力量。同时,这股新生力量也没有按范源廉定下的进路去推动中国课程改革,而是和胡适一样将改革重心定为引入新思想及新方法。且其对中国课程改革的影响还不仅仅是宣传杜威教育思想和照搬美国"六三三制",更厉害的乃是像胡适预料的那样,将国内中小学变成美国教学法实验场所。不过,蒋梦麟、胡适终究多是在高层活动,论及真正去中小学一线实验杜威或其他美国教育家的新思想,反而是位置相对边缘的教育学者更有优势。所谓位置相对边缘的教育学者既有非哥大系留美教育学者,又有本土高师派。前者先锋代表正是布朗大学毕业的廖世承,后者则以舒新城、赵廷为等为代表。教育学者自1917年集体出场以来即因还有这些教育学者在努力,所以绝不仅是从思想、学制等中上层面左右中国课程改革。

他们中,又以舒新城的成就影响最大。甚至有人认为,舒新城出场以来,将蒋梦麟领衔发起的"新教育改革运动推向了发展的最高潮"(崔运武,1994:93)。从课程改革角度看,其实亦可认为舒新城的一番努力堪称将教育学者对于中国课程改革可能有的影响带到了顶峰形态。这一顶峰形态便是让各地中小学纷纷转向实验美国教学法。1920年9月,舒新城开始担任湖南一师教育学教员,正式成为教育学者。受"自由""个性"等流行"自由主义"新思想影响,舒新城决定打破既有年级制与班级制,引入美国教育家提出的"能力分组制及选科制",以落实让学生"自由",发展"个性"。舒新城还特别强调"浙江一师、东南南高附中已在采行这种办法",湖南一师也要"迎头赶上去"。"于是学生自由了,自由到完全自主"。不料学生自由选择时,只根据个人喜好,乃至哪个老师名气大就选谁,即舒新城所谓"以主观的好恶,及虚声的崇拜为选择班级与学科的标准。结果学生方面,许多是躐等躁进,食而不化,白费光阴;在教师方面,则有若干教师的教室拥挤不堪,课外改卷及指导来不及,而有若干教室的学生寥寥可数,甚至寂无一人"。继而又引发"学生的成绩问题、教务行政问题"和"人事上"的问题:"学校对于无人或少数人听讲之教师无办法,即教师亦不自安。"(舒新城,1945:169)

热情及"自由""个性"等新思想驱动的课程及教学改革竟变成引发混乱的瞎折腾。多亏湖南一师校内关系尚好,没激起风潮。之后,舒新城因被张东荪看重,于1921年秋转赴上海吴淞,主持中国公学中学部。到上海后,舒新城仍然把让实现学生"自由"学习视为课程改革头等大事。中国公学内部本就关系紧张,不久,便爆发校长张东荪被逐及诸多教员相继去职的大风潮。舒新城试行"选课制"也是引发风潮的"重要原因之一",其本人"因此被加上了'破坏学制'、'放弃责任'等罪名"(崔运武,1994:37)。但舒新城坚持认为,他的责任就是让学生"自由"学习,发展"个性",所以决心继续改革。

这一次他看中了1922年第6期《教育杂志》首页介绍的美国教育家柏克黑斯特女士1920年发明的"道尔顿实验室计划"(鲍德澂,1922)。舒新城理解下来,认为道尔顿制的核心精神正是让"学生按照自己的能力与同学共同研究,自由学习"(舒新城,1945:224)。其追求"自由"的热情再度燃起,暑假全在筹备。1922年10月,舒新城正式开始从国文及社会常识课入手实验道尔顿制。

国文课教员中,则有沈仲九积极响应。他先将教室按要求改造成图书室、研究室,然后对学生说"你们今天到这里来,有怎样的感想?你们以为这是大菜间,今天教员请酒吗?以为这是会议室,今天开教员学生联合会吗?以为这是会客室,教员会许多学生吗?不是,都不是,这是你们的图书室,是你们的研究室。现在虽然没有把教室的名字取消,但这已经不是教员'教'的地方,是你们自己'学'的地方了。教员仍旧在这里,但他也和你们一样的学,你们学你们的,他们学他们的,所学的虽然不同,还是一样的学"(沈仲九,1922)。这就是国内教育界最早的道尔顿制实验。为扩大影响,1922年11月,舒新城还与老牌权威教育期刊《教育杂志》主编周予同联手推出"道尔顿制研究专号"。之后一期"虽未名专号,但关于道尔顿制的论文仍达三分之二。于是全国轰动,各省教育界来吴淞参观者络绎于途"。之后"试行此制之学校遍及全国"(舒新城,1945:224)。有的学校还跟风打出道尔顿旗号,以博取名声与生源。舒新城就曾看到"南京某私立大学底附属中学","校舍""教具""书籍"等"实无什么东西",然而也弄"出一种刊物",还在"某报副刊"发文,"大鼓大擂地预备行道尔顿制,并且在上海招生",以致舒新城愤怒责问"他们为什么这样大胆?就是他们本不是以教育为职业的人"(舒新城,1925:53—54)。

影响还不止各地纷纷派代表来吴淞参观,东大附中校长廖世承也开始实验道尔顿制。胡适1924年来东大讲"书院制度史",一开口便说:"我为何讲这个题目?因为古时的书院和现今教育界提倡的'道尔顿制'精神大概相同。"(胡适,1924)谈古代书院也要往道尔顿制上靠才能赢得更多重视,可见连胡适也承认道尔顿制影响大。胡适每次演讲总会被各大报刊转载,无形中更能扩大道尔顿制影响。有意思的是,胡适演讲后,舒新城也来到东大"开设道尔顿制暑期学习班,学员来自全国十二个省份"。之后,舒新城又到宜兴、武昌、长沙等地演讲道尔顿制。舒新城或许想不到,其不遗余力宣传推广竟在全国教育界激起巨大反响,使大江南北均出现道尔顿制实验热,连"那些借教育为啖饭之地的官僚政客、军阀流氓",也"纷纷借行道尔顿制为升官的筹码"(王建军,2005;舒新城,1923)。北京师大那边,也有赵廷为和北京国民大学英语系教授曾作忠联手,于1924年趁热加紧翻译柏克黑斯特女士的道尔顿制原著,并呼吁国内"师范大学和师范学院所附设的机关,如附属中学、附属小学","取一种实验的态度,试行道尔顿制"(曾作忠等,1924:3)。

舒新城则因推行道尔顿制声名卓著,跻身当时影响最大的教育学家行列,常被视为"美国留学生""哥伦比亚教育院教育博士"。可见一般时人除了将引入美国新教学模式视为时髦先进之举,还认为哥大师院毕业的教育学博士最能办之。舒新城也因此觉得时人太看重美国的博士文凭,对其有"重大的侮辱"(舒新城,1929:183)。也许是为摆脱时人俗见,抑或因看到道尔顿制大热之后乱象日益丛生,1925年舒新城开始尝试转入新文学、摄影、人生哲学及近代教育史研究等领域寻求发展。而道尔顿制实验进行到1925年时,也陷入了终结危机。这一年,不仅爆发了反帝爱国的"五卅运动",可以让新教育家从实验道尔顿制中惊醒过来,而且廖世承也发表了东大附中的道尔顿制实验报告,宣布现行教育体制中不适合施行道尔顿制,因为如果"经费不充足,教师人数不增加,就无法收到道尔顿制的最大效果。这层困难,并不是人的问题,实在是方法的本身问题"。"行了此制之后,教师非常之忙,较之旧制教学,超过数倍。"报告末尾,廖世承还强调,他曾将"美国哥伦比亚大学附属林肯学校主任卡德威尔博士(Dr. Caldwell)"请到"附中参观","同他讨论道尔顿制问题",结果卡氏说"道尔顿制虽发源于美国,然在美采用的很少。即林肯试验学校,也未试行过"(廖世承,1925:186)。

廖世承、舒新城最初都未去研究道尔顿制的来路及效果便仓促实验,都得靠美国教育家来告诉真相,可见这已不是一般抄袭,而是热情驱使的盲目抄袭,其结果虽然让中国教育界形成一道规模空前的一线主流新课程景观,但也让众多中小学有限的资源及师资被耗于近似瞎折腾的美国教学法实验运动,连1922年新学制所定的正常知识教学与道德培养都受到极大冲击。更不要说还有国难危机,也被搁在一边。然而令人不可思议的是,道尔顿制失败后,美国教学法实验运动并未消失,道尔顿制实验只是其规模及影响上的顶峰形态。在道尔顿制之前,曾流行过"设计教学法",在它之后,仍有新的美国教学法会被引入。截止到1940年,中小学课程改革领域至少曾兴起四大美国教学法实验运动,即廖泰初所概括的"设计教学、道尔顿、温奈加制、社会化教学法四者相继起落"(廖泰初,1940:11)。规模最大的美国教学法实验运动系由舒新城、廖世承领衔的一路教育学者推动而成,但归根结底仍缘于蒋梦麟、胡适最初占据高位,将"新教育"运动及课程改革方向定为引入美国"新思想"与"新教学"。然而美国教学法实验运动能持续长达二十多年,以及胡适、蒋梦麟高位一呼便能影响中国课程改革主流走向，其意义也绝非仅是表层很容易看到的热情、抄袭或跟风炒作可以涵盖一尽，背后肯定还因它确实能满足当时中国社会某些实实在在的需要。

问题就在于满足什么样的中国社会实际需要。对此问题，今人已有两种总体判断，即前文提到的"基本符合中国社会实际需要"和"难以适应中国的实际"。从事实本身看，显然还可以围绕跟风参与方、运动发起方对这些总体判断做更具体的分析。道尔顿制大热时，舒新城曾发现，跟风野鸡学校及众多浑水摸鱼的"官僚政客、军阀流氓"需要借道尔顿制旗号实现各自的市场、生源及名利诉求，这是一种显而易见的国内社会需要，尽管系自私的个人诉求。运动发起者那，其实也潜藏类似个人诉求需要满足。1921年，顾颉刚比较自己与胡适时就曾指出，"肯用功"方面他与胡适"是一样的"，但胡适比他"更多一桩好名心"。顾颉刚认为自己"固然不能说全不好名"，不过他更愿将名声置于"一生事业之后，希望老了得到，死了得到"。胡适的"名心却是随时随地的发展，要让人家晓得的越多越好，所以勉励起来更不得了"（顾潮，1997：66）。太好名也导致胡适很难再像最初在哲学领域那样埋头用功一年，日益倾向以乐观、随意且注重幽默的言论来吸引听众扩大名声，不时还会如另一位学生唐德刚所见到的那样，"乐观到可笑的程度"。唐德刚有此评论，系因为他拿胡适与王国维作比较，意在表明胡适做学问达不到王国维的水平，之所以达不到，正因其师是"一个一辈子赶着'写檄文''发宣言''贴标语'的忙人"（唐德刚，1990：98）。

做学问方面，王国维的确远比胡适更能沉下来。陈寅恪也曾说王国维能"脱心志于俗谛之桎梏"（陈寅恪，1980：218）。但在当时教育界，恰恰是沉潜之人得不到名声，像胡适那样依靠"写檄文""发宣言""贴标语"，传播新思想、新名词，反而更能产生巨大影响。学问上不看好胡适的唐德刚也不得不承认："像胡先生这种人，真叫'一言九鼎'，他的一言一行对年轻人影响太大了。"（唐德刚，1990：132）总之，在教育界传播新思想，发起新文化运动可以满足"好名心"，甚至采取廖泰初诟病的"抄袭"方式或干脆就像唐德刚所说造新词，更能迅速收获大名。且胡适仅是表现突出的代表，教育界许多知识精英其实均有类似诉求。言外之意，大可认为引入新思想，发起新文化运动，乃至将各地中小学引向实验美国教学法，可以满足当时中国社会诸多知识精英的"好名"需求。此外还需注意，科举制取消、体制又不安的乱世，引入新思想、发起新文化运动还是诸多知识精英唯一的社会上升途径。胡适1914年就发现国内学生之所以日益热衷留学，系因他们"以为科举已废，进取仕禄之阶，惟留学为最捷"，以致"不作媒介新旧文明之想"（胡适，1914），为此胡适还曾批判留学热。然而胡适自己1910年报考清华留美考试,其实同样曾认为"现在时势,科举既停,上进之阶惟有出洋留学一途"(胡适,1996:6)。

归国后,胡适大力引入西方新思想,亦非纯粹只为创建"新文明",同样不乏藉之寻求社会上升。好名、寻求上升皆是当时众多精英自然会有的必须满足的个人诉求。然而事实仍有另一面,或者说还有相对更具普遍意义的社会实际需求,必须通过发起新思想及新思想引领的课程改革运动来满足。这一现实需求就缘于顾颉刚1919年在日记里提示的人生遭遇,即胡适、傅斯年及他本人都是在父权横行、礼俗极繁、纠纷甚多的传统士绅家庭中长大,有许多悲苦人生体验。顾颉刚写信向傅斯年倾诉在老家休学遭遇的父权之苦,傅斯年回信说他"在家生活很苦,极望速到北京。又说他生平也是极苦,只是能弃亲故之欢,绝室家之虑,日夜读书作文;如此应对世事,觉得无丝毫苦恼可言"。顾颉刚因此很能理解"我校暑假,足有三月",但傅斯年就是不回去,尽管"家有祖父母、有寡母、有病妇"。同样,顾颉刚也能理解胡适"家有病母",为何也不回老家,"不但不回去,还托人接妻子出来"。顾颉刚甚至在日记里写道"吾敢说胡先生不是母死了,他回去的日子,不知在哪天,或者也要像上海美国的一别十一年"(顾颉刚,2007:65—66)。总之,胡适、傅斯年二人将"读书作文"、发展新思想及新文化运动视为寄托,背后皆有在传统家庭体制中积压的悲苦人生体验需要化解。

傅斯年创办《新潮》时,首篇文章就是呼吁正视"人生问题",消除"物质主义""圣人制定的道德条文"等传统家庭绳索,解放被其禁锢的"没有灵气的人生"(傅斯年等,1919)。顾颉刚也以假名发文痛责家庭制度"数千年来简直没有什么改革",导致家庭本该有的"精神"遭到"重重的剥削,使天真的趣味日渐减少,到了今日,直成个'无情的顽物'"(顾诚吾,1919)。悲苦人生体验同样厚重的鲁迅更曾将整个传统人生体制比作"铁屋",所以最初尽管不愿加入,但也曾声援胡适一系批判旧式礼教,同时默认胡适一系传播的自由主义新思想。自由主义新思想能吸引各地青年学子,也表明各地青年学子多少都有可以共鸣的悲苦人生体验。舒新城屡遭始料不及的混乱与失败,仍坚持让学生"自由"学习、发展"个性",亦因有诸多悲苦人生体验和对旧教育制度的无比痛恨需要化解。此外值得探讨的便是更具普遍革命意义的一面,即不少新青年学子渴望通过新国学、新史学,向总是被帝制利用的传统经学意识形态发起革命。进而言之,五四以来兴起的新文化课程运动、新教学课程运动等主流新课程运动其实并不止于仅是符合当时中国社会的部分现实需要,或满足诸多觉醒新青年学子因悲苦人生体验形成的个人情感、思想、教育诉求,而还是在借助发起新课程运动实施文化政治革命。

顾颉刚的新文化课程及文化政治革命努力,即发明"古史辨"这一新史学课程,依靠它破除帝制的传统意识形态基础,堪称可以代表五四时期的十年新文化课程运动、新教学法实验运动等主流新课程运动的最后结果,也使主流新课程运动在现实社会意义层面突破了仅是满足诸多新青年学子的个人情感、思想与教育诉求,得以触及当时社会兴起的另一种历史新潮,可以和"五卅运动"之后日益高涨的革命洪流达成某种呼应策应。只不过,顾颉刚更愿意在学院书斋中探寻革命之路,未去通过政治途径拓展其开启的新史学课程及文化政治革命事业。胡适作为开拓先锋与领袖,更不认可转向政治领域,由其主导的新文化课程运动最终就是止于以"科学的方法"来"整理国故"。这也使得胡适本人离"五卅运动"之后的历史新潮渐行渐远。尽管其体制地位及声名仍能保持提升,但自1925年再度兴起反帝浪潮,其实就已注定,胡适将被历史新潮推到边缘。到1960年"生日快到了"时,胡适更曾感叹自己"四五十年的工作,好像被无数管制不住的努力打销了,毁灭了"(胡适,1984:3398)。

  由此回到本章开头提出的问题,便可以对此前的历史考察做一下归纳,辛亥革命后新的教育中心场域形成以来,曾有几路人马陆续登台探索课程改革新进路,最终主流走向是被胡适、蒋梦麟、舒新城等定格为输入西方"自由主义""科学主义"等新思想,发展新文化课程与新教学实验。依靠蔡元培支持以及北京大学、商务印书馆等强力影响机制,胡适、蒋梦麟等曾迅速掀起新文化课程运动、新教学实验运动等主流新课程运动。这些运动本身可以满足诸多新青年学子的人生新生诉求,也曾涉足更具普遍社会现实意义的文化政治革命,但到1925年,主流新课程运动其实便失败了,同时导致蔡元培憧憬的高深文理科学术与美育,以及范源廉为切实改善国计民生现实提出的系列新教育计划均未能成为课程改革主流进路。至于孙中山未竟的民生、摆脱西方列强支配等革命事业,同样不在主流新课程运动视野之内。孙中山曾看好胡适通过新文化传播新思想,1921年还提醒胡适白话文运动需避免"有变迁而无进化",但自信满满的胡适却认为孙中山的"这种见解是根本错误的"。日后为"借着对孙中山思想的分析和评论来彰显言论自由",胡适更对努力救国的孙中山多有"批评"。即使他认可孙中山部分思想,也是从自家意思出发,"把孙中山描画成一个主张思想解放的自由主义者",以"借重孙中山来为自己助阵"(周质平,2011)。此又可见,胡适由始至终都认为他领导的新思想及新文化运动才是中国最需要的,所以到晚年仍在惊别的努力将其一生工作打消了。但历史不会因胡适固执己见停止演变,五四以来,在胡适所属教育中心场域内外的边缘地带,还有许多人也在认识中国现实,探索什么样的课程改革有助于实现国家新生,中国课程改革即因还有其他认识仍会形成新的进路探索。

第五章　边缘地带的科学与乡村课程改革探索

　　边缘地带乃是以胡适、蒋梦麟等人的活动场域为参照,胡适、蒋梦麟等人占据教育界的中心场域,且主要是在北京、上海、南京等大都市展开活动,所以边缘地带既是指教育界的非中心场域,更包括北京、上海、南京等大都市之外的广大农村地区。这两大边缘地带,也有许多人在从事课程改革,如常州中学毕业的钱穆,"五四"以来在无锡乡村小学实验"白话文"教学、"课程生活化"(钱穆,1998:108—110),再如陈贵和,从山西一师毕业后,曾"于1926年创立运城菁华中学","大胆聘用进步人士和有识青年任教",并"带头组织话剧、舞蹈、歌咏、器乐等社团",在地方发展美育(陈洪捷,2019:3—4)。还有的甚至曾直接针对主流新文化课程运动的缺失之处,呼吁教育界加以弥补。1922年新文化运动渐入高潮时,京城不知名的私立学校便有人指出,"'新文化运动'这个名词,不过出生了三年",成绩有"讲演及出版物",但"绝少自然科学底讲演";出版方面,"关于自然科学的出版物,几乎绝无仅有";学校里同样是"学理科的人,一定比文法商科的人少得多",尤其是"现在中国学术界正应造成一种研究自然科学底风气,偏偏有大力者好讲国学","那些享大名的人都讲国学,自然一般青年也都讲国学了。"总之"所谓'新文化运动',太把自然科学抛荒了"(K.Y,1922)。类似边缘探索还可找到许多,但所提这些已能显示曾有众多长期被忽视的普通教师在各地探索课程改革。

　　遗憾的是,因史料积累不够以及主题并非地方课程改革,这里无法深入考察各地普通教师有过多少课程改革努力,还是得把视野转向胡适、蒋梦麟主导的教育界中心场域寻找边缘探索。寻找标准也很清楚,就是前文所说的对于中国社会需要什么样的课程改革有无别的认识,有没有按其认识为中国课程改革开拓出不一样的进路。就此而言,很容易注意到,"人生问题"提出以来,曾引发一场以"科学主义"人生观胜利收场的"人生观"大论战。之后陶希圣、周谷城等又掀起一场大论战,主题是如何认识"中国社会史"。20世纪30年代初,论战达成基本共识,各方认为"中国社会史论战是以中国的实际的动的社会为研究的对象",而且"各方都是以唯物的辩证法作为武器"(王礼锡,1932)。新的中国社会认识方法论随之崛起,并曾对30年代以来的中国历史、经济、社会等科课程改革产生影响。论战发起者也都是边缘后起的知识精英,按理应顺着这场大论战展开考察,然而这里要关注的不是对于历史上的中国社会有何认识,且时间上也不能直接跳到30年代以后,所以只暂时提一下,仍将注意力置于胡适周围的其他边缘探索。由此将看到探索者中既有比胡适出道晚的后起留学精英,又有曾位居主流,但反思之后选择退居边缘另辟进路者。而首先要考察的则是后起留学精英叶企孙,他所要解决的恰好是被主流新文化运动忽视的一大中国课程改革老难题。

一、让中国拥有一流科学研究与教育中心

后起留学精英亦是相对胡适而言,他们多在19世纪90年代的后五年出生。如即将考察的叶企孙,生于1898年,比胡适小5岁。提及这一点细节,意在说明不能忽视小5岁,哪怕仅仅晚一年,在当时的体制命运都会有天壤之别,即晚起一步,便可能导致后来登台只能退居边缘。具体而言,叶企孙、胡适等众多留学精英都是从1909年京城清华园新设的"游美肄业馆"出去的,但梅贻琦、金邦正等第一批47位学子从报考到出国,只花了3个月。赵元任、胡适、张彭春等第二批71位学子于1910年8月考入后,更是快至9月,便被集体放洋留学,前后只花了1个月。之后一个月,"游美肄业馆"改名为"清华学堂",学制则改为八年,中等、高等(相当于初中、高中)各四年(苏云峰,2001:16),学子从此再也没有迅速留学的大好机遇。像吴宓(1894年生)只比胡适小1岁,从陕西考入清华学堂是1911年,正好赶上八年新学制。吴宓虽因基础好,入学后被"编入中等四年级",但也迟至1917年8月才得以赴美留学(吴宓,1995:161)。其时,胡适则已回国,且破格荣升北大一级教授,立即得以登上教育界中心场域最高舞台。三年后,吴宓以哈佛文学硕士的资格回国,任凭怎么追赶,乃至在东南大学组建"学衡派",对胡适发起猛烈批判,也无法扭转新文化运动按胡适设计的方向演进。

即使吴宓1925年转到京城在新成立的清华国学院主持行政工作,得以接近学术教育界中心场域,也无力改变早已确定的权势格局。仅仅晚一年,体制命运反差就如此之大。吴宓又执着于在胡适占得先机的文学领域展开较量,到1940年,吴宓仍在课堂上将胡适的文学革命比作法国文学末流即"七星社","自比蒙田"(吴宓,1998a:

149),却始终难以突破胡适的影响。吴宓又未像钱穆那样,自1923年起按不同路数在胡适看重的国故领域默默耕耘,不到十年便由中小学教师登上北大史学课堂,率先开讲教育部新设课程《中国通史》,于胡适一系批判本国历史文化的主流中,独自坚持"必附随一种对其本国已往历史之温情与敬意"(钱穆,1940:1),创造抗战急需、能激发本国历史文化认同及民族自信的史学课程与教学新典范。在胡适一系不曾涉足的领域努力开拓中国社会需要的新学术与新教育,对边缘后进者来说也是上佳之选。像何廉1926年回国后,就曾拒绝胡适一系干将陶孟和的邀请,选择留在1919年才成立的私立南开大学,和张伯苓一起发展经济学研究与教学(何廉,1988:40—41)。南开也因此能填补胡适一系的经济学教育缺失,成为经济学教育重镇。即将考察的叶企孙也是边缘后来者,其所选择的同样是胡适一系无力驾驭但对国家而言极为重要的学术教育领域,且其在边缘一隅埋头耕耘下来,还为解决中国课程改革一大老难题开拓了有效进路。

1. 谁来解决中国科学教育课程改革老难题

老难题正是中国科学教育课程改革。前一章曾提到,自蔡元培为整顿北大腐败学风、改革北大文理科课程以来,主要突破及成就乃是让陈独秀、胡适等新人登台在文科领域通过引入"新思想"发起"新文化"运动。到蒋梦麟面向中小学发起"新教育"运动,亦是以引入杜威的新教育思想及新教学模式为主。运动影响之大,甚至能超越文科,使理科教育也跟着转向将重心定为宣传一般意义的"科学方法"或"科学精神",致使20世纪20年代的中国科学教育课程改革主要表现为设计各种活动让学生养成"科学方法"或"科学精神"。如此,即使专业不是理科,没做过科学研究,也可以从"科学方法"的角度展开科学课程改革。再好一点无非就是加入当时流行的以学生生活为中心的新教育思想。英语系毕业的舒新城着手启动道尔顿制实验期间,就按自己理解的"科学方法",并结合流行的生活化教育思想,针对"学生不愿意学科学",提出了一套"教科书"编写新方案,认为"科学是从常识演绎而成,用常识来说明普通科学,并不是不可能的事。叙述无论什么科学都用日常的实例来作例,讲完了例再归纳起来作科学底定律或原则,学生因为日常事实和他们旧观念相联络的原因,对于科学也容易记忆了"(舒新城,1922)。

科学就这样被当时流行的杜威新教育思想及桑代克心理学观点改造了,变成以设计学生感兴趣的"日常实例"为主,训练学生对日常实例进行"归纳"。难怪任鸿隽、孙学悟1927年讨论科学教育问题时,曾将市面上的科学教科书称为"不三不四的科学本子",认为"咱们国里这些年科学没能下一个根基,那不三不四的科学本子最少当负几分责任"(任鸿隽等,1927)。后来成为著名物理学家的吴大猷则记得,其1921年读中学时,基础科学方面"根本就没有中文的教材",其所入南开中学"数学课程如代数、几何、化学和物理,一切都是英文书"。吴大猷还提醒"南开学生还勉强适应得过去。但是对于全国大多数的学生来讲,在中学里面,你若没有中文教科书,就根本不能教"(吴大猷,2005)。吴大猷未留意南开中学学生能适应英文版或当时所谓原版数理化教科书,系因招生标准高,生源英语基础好。当时著名中学招生时,也乐于标榜本校使用原版教材。此外,吴大猷也忽视了20世纪20年代其实有中文理科教科书,杜亚泉1923年就曾编过中学有机化学课本(杜亚泉等,1924)。只是教材编者大都和杜亚泉一样皆非科学家,编出来的质量也如任鸿隽所言,无法给学生奠定好的科学根基。

像样的教科书都编不出来,可见当时国内中小学科学教育质量之差。当时无数人都能说出国家及社会最需要的就是科学,舒新城、任鸿隽等也不例外。但舒新城哪里知道科学是什么,他只能将科学理解成"常识演绎而成",然后根据杜威、桑代克的教育与心理理论,把科学教学设计成对"日常实例"进行归纳,所以顶多可以起到些许训练"科学方法"或今人所谓"科学思维"的作用。更为艰难的是,舒新城的科学理解及教学设计代表当时中小学教育界广为认可的"教育正确"。甚至连任鸿隽这位科班的科学教育先锋也是从方法角度理解科学。1914年任鸿隽在康奈尔大学化学系读本科时,曾联合同学胡适、胡明复等创立了中国科学社及《科学》杂志。1918年获得哥大化学硕士归国以来,任鸿隽除继续领导中国科学社,还曾在东南大学、北大担任教授。但任鸿隽发展重心终究是在学术行政上,1925年起更开始长期担任总干事,主持专门为分配退还庚款成立的中华文化教育基金董事会(简称中基会)。到1935年,任鸿隽的科学理解及行动仍未突破当初成立科学社时的格局,即"介绍整个的科学思想","以成所谓思想革新之大业"(任鸿隽,1935)。

科班化学出身,也和胡适一样定位"大业",看来当时流行且更易做成的事就是传播"科学思想"或"科学方法"。当然之所以会这样,也是因为当时大学在科学领域很难提供继续做学问的基本条件,所以不得已而为之。而在传播"科学思想"这一块,任鸿隽也的确有成就,他不仅曾于1915年比李约瑟还早提出后人津津乐道的所谓"李约瑟难题",而且最早假设"中国无科学之原因"乃在于"无归纳法",即不懂"实验的""进步的"归纳法(任鸿隽,1915)。任鸿隽的这一说法影响颇大,胡适以"大胆假设、小心求证""实验""归纳"等解释"科学方法",以及舒新城将科学理解成对"日常实例"进行"归纳",都可看出任鸿隽的影响。然而无论怎么讨论"科学方法",终非科学研究本身,更不可能讨论出能与西方一争高下的一流科学成果。就此而言,还是得提一下常被遗忘的北大理科学长夏元瑮,因为正如夏元瑮所指出的,中国科学教育最大的问题并不是不懂归纳、实验或其他什么科学方法,而就是数理化等基础科学做不出世界一流的科学研究成果,连世界科学前沿正在做什么研究都不知道,所以至少得知道世界科学前沿进展。这才是问题所在,夏元瑮即由此出发曾提醒正视北大及整个中国理科教育落后与危机的事实,北大办到1917年,数理化等基础理科教育最多只能拾人牙慧,创造不出可跻身世界科学前沿的"新知识"与"新理"。

夏元瑮的提醒迅速被之后崛起的"科学方法"话语及新思想、新文化运动淹没了,但不能因此忽视夏元瑮曾揭示中国科学教育的最大不足。最大不足不是缺"科学方法",而是数理化等基础自然科学做不出一流研究,其本人更曾为无法拿出一流基础科学研究来提高中国理科教育质量遗憾不已。致使夏元瑮遗憾不已的原因有许多,尤其是没有实验室,但最根本的仍是整个教育界缺乏一流科学家来主持科学教育。1927年,任鸿隽也曾指出,中国科学教育质量之所以总上不去,就因没有"领袖人才"。"领袖人才"应具备什么样的学术领导能力,任鸿隽也列得很清楚:"他不但自己能有特殊的问题,提出研究,并且对于和他相近的学科,也能指出发展的路径。他能利用他的学识经验,在短时间内,把研究事业理出一个头绪,造成一个间架,而让他人慢慢去做底细的工作。"在任鸿隽看来,"这样的一个领袖人才,若能找到,不要说三年五年,就是一年半载,也是很有益的。"但任鸿隽觉得当时中国找不到这样的领袖,只能请外国科学家,只是"不易请到","物理学化学一类的先生"更难请,因为"到中国来,绝对没有自己工作的希望,纯粹是一种牺牲"(任鸿隽等,1927)。其他参与讨论者也说"现在中国没有像外国那样第一流的研究领袖,想来谁都不敢否认"(坦夫,1927)。

讨论期间,任鸿隽作为中基会庚款分配负责人,还曾写信告诉胡适"北京的教育界真弄得不像样了。政府没钱给教育界,固然可恶,教育界本身的腐败,也绝非言语所能形容。……教育界已经死透烂透了,无论有好多的金钱,也不能救活他来"。任鸿隽还"举一个实例,来证明北京教育界的病根,并不完全在'穷'的一个字。某国立大学,学生不过一百零六人,但他去年实际领到的款项却有十万零八千(他的预算大约有三四十万),平均起来,……一个学生用一千块钱,还不能办一个像样学校,但这是北京学校现在的情形"。任鸿隽希望胡适"早点回来,看看有什么办法"(任鸿隽,1979:416)。然而胡适1927年4月由美返沪以来,除入股和"徐志摩等创办新月书店",当选中基会董事,学术上仅见继续整理国故,如"考证红楼梦的新材料""白居易时代的禅宗世系",还在上海"租了极司斐尔路四十九号甲栋房一栋,开始改写白话文学史"(胡颂平,1979:30—31)。其他重要行动便是10月时,特意写信给即将赴美演讲的太虚法师,告诉他"西方民族文化之高,精神生活之注重,道德之进步,远非东方那班吃素念佛、妄想'往生'的佛教徒所能梦见",然后胡适劝太虚法师别"为一般夸大狂的盲人所误,存一个宣传东方文化的使命出去","去宣传不如去做学生"(耿云志,1989:160)。可以说,当任鸿隽苦于教育界无人领导科学教育且极其腐败时,习惯美化西方的胡适学术上所在意的仍是以"科学"的国故研究批判本国传统文化,而不会将整顿教育界腐败或优化科学教育视为己任。

一呼百应的新领袖未能成为任鸿隽渴望的"领袖人才",只能带领教育界把科学做成以科学方法批判再造本国传统文化,确实挺遗憾。何况国学方面,胡适的造诣也不如王国维、陈寅恪、钱穆等人,桑兵就曾因此感叹"学术领袖不以学术成名,毕竟令人感到尴尬"(桑兵,2001:246)。历史不乏尴尬与遗憾,不过就科学教育改革而言,历史也会另外形成任鸿隽注意不到的新生希望。这一新生希望缘于1921年起,中国攻读基础科学的人多了起来。1900年到1920年,中国仅有三名物理学博士,但从1921年到1925年,中国"出国留学念物理的"一下子增至"9个人",之后五年又"有10个人"(吴大猷,2005)。就是这批人给中国科学教育带来了新生希望,其中1923年在哈佛大学获得物理学博士的叶企孙回国后,更是成为了任鸿隽期望的"领袖人才"。进而言之,正是从叶企孙回国后领衔发起新一轮理科课程改革,中国科学教育长期未能解决的质量提升难题及与西方科学相比的巨大落差才开始得以切实解决。和众多留学精英一样,来自上海敬业中学的叶企孙也是通过报考清华学校获得科学深造机会。叶企孙初入清华求学是在1911年9月,当时校名尚为"清华学堂",且到10月便因辛亥革命爆发停办了,叶企孙只得返回上海。1913年,叶企孙重新报考改名后的清华学校,再次从江苏众多报考者中脱颖而出。其时,清华分中等、高等科各四年,叶企孙因成绩优异,得以"插班上中等科四年级,开始了清华求学的岁月"(戴念祖等,2013:3)。

清华期间,叶企孙便显示出非凡科学基础及志向。如1915年1月9日晚间听"演讲地质学",看到"高等科听者寥寥。中等科虽甚多,而不能理解。故趣味索然,不觉倦而酣睡矣",叶企孙便在日记里写下:"我们学生之无科学常识,于此可见。"五天后,叶企孙又在日记里写周围同学"一旦升入高等,则随声附和,任入一科,……毫不计及他日留美,何种学问于己最宜。光阴如矢,转瞬四年,高等又毕业矣。……况至美国学校后,投考学校,一科不取即改他科。其宗旨之无定,更有甚于以上所云者。"叶企孙由此更为许多学子因随意对付功课、草率选择专业"遗误终生",直叹"呜呼,留学生之费,美国退还之庚款也。既退还矣,谓之我国之财亦无不可。祖国以巨万之钱供给留学生,当知何艰难困苦。谋祖国之福,而乃敷衍从事,不亦悲乎"(叶企孙,2013:315—317),所以叶企孙决定提早认真思考将来深造方向,且其思考路径正是从"谋祖国之福"及国计民生现实需要出发。到1915年7月,因目睹上海及邻近各省接连发生"风灾"与"水患",叶企孙的思考有了初步结果(叶企孙,2013:358):

> 沪上酷热之后,继以风灾,房屋船货损伤甚巨。环观邻省,如两广、如湘赣,屡有水患。岂天祸华夏,而使民生日困;抑国政不纲,而致阴阳乖谬。实则二说皆非也。水患频仍,由于森林不讲,疏通乏术。森林不讲,则河岸不固,而水道易迁;疏通乏术,则治水适以增水势。然欲讲求森林、疏通二端,非资科学不为功。

认为国计民生最需科学支撑之后,叶企孙随即联络同学在清华发起成立"科学会",动员清华学子投身"算学、物理、化学、生理、生物学"等八大领域展开科学研究。值得一提的是,叶企孙还十分留意任鸿隽等创办的《科学》杂志,尤其是1916年8月,更曾把当年第7号之前各期陆续列出的中国科学社151名会员主攻什么学科做了一次梳理,发现学科明确的131人(20人无学科)中,习"工程者69人","农林者16人",物理只有2人。当年11月,叶企孙还曾分析清华学校1909—1916年派出的283名留学生各学什么学科,结果专业选择排名前五位的依次是:理财38人、化工31人、文学29人、土木工程28人、法政22人,天文算学只有4人,物理亦只有2人(叶企孙,2013:459—460)。从这些刻意为之的学科梳理中不难看出,中国科学教育质量不高,很大程度上确实是因为很少有人愿意攻读基础理科,进而导致理科课程改革领域常常出现外行泛论"科学方法"。不过外行泛论的新潮并未影响叶企孙。1918年,叶企孙顺利考入芝加哥大学物理学系,且直接从本科三年级读起,之后又于1920年考入哈佛大学物理学系攻读博士。

当时,陈寅恪、吴宓、汤用彤、梅光迪等也在哈佛攻读文学、哲学、梵文、佛学。其中涉猎最广、见识最高的是已在日本、欧洲游学多年的陈寅恪。他曾对吴宓说起其所见留学生总体情况:"凡留学生,皆学工程、实业","希慕富贵、不肯用力学问","不知实业以科学为根本",一旦"境遇学理,略有变迁,则其技不复能用"(吴宓,1998b:101)。陈寅恪所言也能印证叶企孙的分析,即肯钻研基础科学的人太少。当时,胡适在国内依靠"自由主义""科学方法"等新思想,已掀起声势浩大的新文化运动。梅光迪得知消息十分不平,"拟回国对胡适作一全盘之大战"(吴宓,1997b:177)。吴宓同样不愿看到国内学术教育被胡适主导,他们了解纽约的哥大留学生有何表现及学问,与波士顿的哈佛留学生可谓天壤之别,实在不配领导学术教育。吴宓便曾在日记里批判"在纽约读书者,均只挂名校籍,平日上课,亦或到或不到。该处学位既易得,考试又皆敷衍,故无以学问为正事者。其二种职业为何? 一曰竞争职位,结党倾轧,排挤异党之人。而如学生总会、年会之主席、会长等,及《月报》、《季报》之编辑、经理,皆由本党之人充任,不惜出死力以相争,……二曰纵情游乐,无非看戏、吃饭、跳舞、狎妓等"。哥大派则反嘲求学哈佛者"皆为愚蠢无用之人,不如彼辈之活动能事"(吴宓,1998b:101)。

照吴宓的观察看,哥大派回国后能干什么,吴宓本人以及梅光迪回国后为何组织"学衡派",与胡适一系对抗,其实早在留学期间就已显露端倪。但陈寅恪未参与派系纷争,叶企孙更不会将事业定为搬运传播哈佛某位名家的新思想,其心中所想就是努力在物理学前沿领域做出一流研究。叶企孙先是"用 X 射线方法重新测定了普朗克常数 h 值",比西方科学家"1917 年用光电效应方法测得的被当时公认为最准确的 h 值,更为精确,因而被国际物理学界沿用十六年之久"。1923 年,在布里奇曼指导下,叶企孙又改进实验方法,重新研究"液体静压力对于磁体磁导率的影响","将压强从 200 多大气压提高到前人未曾用过的 12 000 大气压,对典型的铁磁性金属铁、镍、钴和两种碳钢的磁导率进行了精确测量,观测到前人不曾观测到的复杂现象","为这一领域的实验研究工作开辟了新的途径,在当时的磁学和高压物理学中都具有创新意义;同时,他又对实验进行了理论分析,其实验结果与理论分析结果能定性符合。……获得当时欧美科学界的好评"(周光召,1995:22)。

叶企孙即靠这一创新研究于 1923 年获得哈佛物理学博士学位。是为中国人最早在高压电磁这一实验及理论物理学前沿领域做出欧美科学界公认的一流成果。假使叶企孙毕业后留在哈佛继续做研究,或许不难像其导师布里奇曼 1946 年那样靠高压电磁物理学贡献获得诺贝尔奖,但叶先生明知回国后可能无法继续研究依然选择回国。原因很简单,就是 8 年前定下的回报祖国,"谋祖国之福"。1924 年,叶企孙应郭秉文之邀,来到南京任教于东南大学物理学系。其时,东大成立虽然仅三年,但在郭秉文的努力下,理科方面可谓人才济济,除 1918 年到校的胡刚复外,还请到竺可桢、赵承嘏、任鸿隽、熊庆来、张子高、秉志等 50 余位欧美归国博士和硕士。1925 年,又有吴有训加盟物理系。北大那边 1920 年请到两位伯明翰大学硕士,即李四光和丁燮林(马胜云等,1999:38),同时还将颜任光请回国主持物理系,但其物理系及理科阵容仍不能和东大匹敌,故曾流传"北大以文史哲著称,东大以科学名世"(梁和钧,1999:124)。此说是一般舆论,不涉及是否真做出了一流科学成果,但也能反映东大物理及理科势头强过北大。何况到 1924 年颜任光便辞职"出京",委托丁燮林代理主任(颜任光,1924),丁燮林虽系物理学硕士,但 1923 年起兴趣便转到了文学创作上。

不过,就在胡刚复、叶企孙等准备在东南大学大显身手时,却突遭直奉大战再起。1924 年 10 月,冯玉祥率部起义,发动政变推翻了曹锟、吴佩孚主宰的北京直系军阀政府,皖系军阀首领段祺瑞趁机北上再掌国权,并下令讨伐直系江苏督军齐燮元,后者抵挡不住于 12 月 11 日通电"下野",将象征军政大权的"印章二颗交省长韩国钧接收"(中外通讯社,1924)。城门失火殃及池鱼,郭秉文也被段祺瑞列为齐燮元一系。时任教育总长马叙伦跟着于 1925 年 1 月 6 日"阁议"时,提请国府免去郭秉文校长之职。郭秉文得知消息,怒复教育部"报载六日阁议,大部提将秉文免职,改由大部聘任,如释重负,感谢莫名,应恳迅聘接替,以便交代,而免学校停顿,学子失学,至盼至祷"(郭秉文,1925)。东南大学全体师生则致函段祺瑞政府,要求郭秉文继续掌校。东大由此爆发"易长风潮",大好学术发展势头瞬间化为乌有,陷入长期混乱,直到 1927 年,蔡元培试办"大学区制",将东南大学改组为第四中山大学,不久又改为中央大学,东大才开始重新恢复元气。在此之前则是教授纷纷离去,包括叶企孙。叶企孙所去之地正是其母校清华。1923 年,清华校长曹云祥和教务长张彭春决定自 1924 年正式开始发展大学教育,为此成立"课程委员会",发起"新课程"改革,试图使清华"成一造就中国领袖人才之实验学校"(佚名,1925)。首批重点行动除受胡适影响创办国学研究院外,还包括准备新设清华大学物理学系(以下简称清华物理系),叶企孙即因此能够自 1925 年秋起被清华聘为物理系教授,进而成为破解中国科学教育质量提升难题的领袖人才。

2. 为国赶超世界科学前沿及培养一流基础科学人才

清华学子得知"校中已请定叶企孙先生为下半年本校物理教授",十分欢迎,还预言叶先生来后,"我校自然科学,当生色不浅也"(佚名,1925)。其时,清华虽然只有一位物理学教授即梅贻琦,但梅先生系清华首批庚款留美学子,1914 年从伍斯特工学院本科毕业后,一直在清华效力,不仅熟悉情况,而且以学术发展为重,由其领衔与叶企孙携手发力,清华物理系当能迅速打开局面。然而清华也有不利因素,虽然清华上级是外交部,可免于教育部干涉,但清华内部派系很复杂:如张彭春领衔的南开系,且张彭春还是清华哥大归国教育学者首领,重要成员还有庄泽宣;校长曹云祥则属于外交系,清华教师内部也分旧派和少壮派。同时清华外部更有南开、北大、东大、直系、奉系等学界及军阀势力均想伺机插手。试办大学前,清华内外势力就在校长人选问题上展开较劲,致使风波频发。试办大学启动课程改革后,更是稍有不慎便容易激起震荡。教务长张彭春(哥大教育学博士)主持课程改革,从加强中西文化通识及职业教育出发推行"普通学科制度",理论上没问题,但"考入清华的学生都希望出国进修,认为张彭春所订普通学科制度,强调一般知识及就业,使原来不足的专门训练更弱,降低出国机会,因此群起反对"(吴洪成,2004:51)。风潮随之爆发,导致张彭春1926年辞职离去。

北伐军顺利挺进华北以来,郭秉文、胡适、梁启超、张作霖等外部多方势力又开始为争夺"改组委员会"席位、董事会成员、校长人选展开较量(苏云峰,2001:83—86)。学生依旧参与其中,国学院全体学生就曾抗议"国学院无选举权","改组委员会六人"中,国学院教授一个也未进入(清华学校研究院同学会,1926)。曹云祥无力左右局势于1927年底提出辞职,南下至上海从事商业及慈善事业。1928年清华学校正式改名清华大学以来,到1930年,又连续发生南京政府新组建的教育部与外交部争夺清华管理权,蒋介石命罗家伦执掌清华,阎锡山派乔万选继任清华校长等冲突事件。好在自张彭春辞职起,清华一直有少壮派领衔的教授会在发挥作用。梅贻琦则被多数重视发展学术的清华教授选为教务长及改组委员,且一直在协调关系,为包括叶企孙在内的少壮派教授提升清华学术研究及教育质量创造条件,加上经费方面清华也有庚款支撑,所以即使体制动荡不断,也还是能逐步实施各项学术教育发展计划。"1926年春,物理系正式成立,梅贻琦推荐叶先生任系主任"(胡升华,1988),清华物理系创办重任便压在了叶企孙身上。1928年11月,梅贻琦被派往美国任清华留学生监督,直到1931年才回国执掌清华。如此清华物理系创办前三年及后三年能有什么样的发展,均取决于叶企孙个人有何努力。

因品学兼优能赢得师生认可,叶企孙其实也要额外承担诸多行政责任。1928年清华大学成立以来,叶企孙便被选为"教授会评议员、奖学金委员会委员、招考委员会委员"。到1930年5月罗家伦辞去校长,叶企孙又被教授会推为"校务委员会主席,主持校务",其间曾化解阎锡山介入引发的激烈军学冲突,"使乔万选任校长未遂"(叶铭汉,2013:677),为顺利过渡到梅贻琦归国担任校长、清华大学全面迎来学术崛起作出了重要贡献。1926年,叶企孙正式开始主持清华物理系,从叶企孙头三年的系列行动看,其目标要把清华物理系办成能赶超世界科学前沿、培养一流基础科学人才的学术教育机构,所以制定了"重质不重量"的办学及课程改革方针,为此甚至严格规定学生人数,"每班专修物理学者,其人数务求限制之,使不超过约十四人"(叶企孙,1934)。至于如何改革课程,开设哪些课程,叶企孙的想法也很清楚,张彭春提出的通识及就业教育是要考虑,但不能言听计从,开设过多文化常识或职业课程以致迷失重心,无法让学生获得高质量的将来深造成为一流基础科学人才必须的物理学知识及实验能力,叶企孙即由此出发于1927年公布了清华物理系本科课程设置方案(叶企孙,1927a):

> 第一年,高级学术、化学、物理学、社会科学一种;第二年,微积、力学、电磁学、光学;第三年,理论物理学大纲、热力学、分子运动论、力学声学热学分子物理学实验、电震动及电波、物理学史、中学物理之教材、选习;第四年,电动学、电子论、相对论、近代物理、近代物理实验、物理仪器制造、物理问题讨论、特别实验问题、理论物理学(自学)、特别理论问题。

高级学术、化学、微积分、社会科学一种便是叶企孙看重的通识文化课。此外,叶企孙还特别留意有的学生毕业后万一不能深造,希望可以去优化中学物理教学,所以开了门"中学物理教材"研究。但从基础及核心课程看,叶先生最期望的显然是先为学生打下扎实的物理学理论及实验基础,然后从三年级开始,将学生引上当时即"近代"实验及理论物理学前沿领域。这套多方考虑、主次鲜明、循序渐进的物理系本科课程体系四年下来总计仅有27门,的确是"重质不重量",且质量要求甚高。只是当时愿意学物理的学生本来就少,少数愿意学物理的,中学物理基础又没打好。然而即使生源不理想,叶企孙也没有降低要求,结果清华物理系头三年(1925—1927年)招生,叶企孙只物色到7位学生,第一届4个,即王淦昌、施士元、周同庆、钟间,第二届2个,第三届只有1个。这7位已是所能招到的最好的物理学苗子,但叶企孙仍得给他们补开高中物理,可见高质量创办清华物理系之艰难。更为艰难的是教师方面,水平世界一流的只有叶企孙本人。叶企孙北上时,曾带来赵忠尧、施汝为、郑衍芬三位助教。但赵、施刚从东大本科毕业,郑衍芬也只是1919年南京高师毕业留校的讲师,均无法主讲任何核心课程。

余青松是另外一位值得留意的教师,因为叶企孙规划清华物理系时,曾将余青松列为教授。1926年,余青松在加州大学获得天文学博士学位,但他1927年回国后,并未到清华任教,而是被老家的厦门大学请去任"天文系主任"(张志明,1995)。1928

年,余青松前往荷兰参加"国际天文学大会",厦大也有人作诗欢送(杨幕天,1928)。1929年,余青松离开了厦大,被蔡元培任命为中央研究院"天文研究所所长",负责在南京紫金山"建筑天文台"。所以头三年,清华物理系其实只有一位教授,导致核心课程都得由叶企孙一人逐年开设。叶先生平时不善言辞,但授课时却能深入浅出。原本学化学的王淦昌即因在叶企孙的普通物理学课堂上听得入迷,并能准确理解回答问题而被叶先生看中,后又在叶先生"循循善诱下",改选了物理学。物理系最初几个学生就是这样被叶企孙吸引过来的,但到第二学期便遭遇日寇入侵引发"大沽口事件",王淦昌和其他清华学子一起"游行到段祺瑞政府门前示威","军警竟向手无寸铁的学生开枪"。王淦昌事后向叶企孙报告情况,叶先生悲愤之余对弟子说"谁叫你们去的?你们明白自己的使命吗?一个国家,一个民族,为什么挨打?……只有科学才能拯救我们的民族。说罢泪如雨下"。深受感染的王淦昌因此决定攻读核物理,并像老师那样将"爱国与科学紧密相关",视作"生命中最最重要的东西"(王淦昌,1995:49)。

王淦昌等7位学生及3位助教便是叶企孙最初三年的培养对象。为吸引更多学生投身物理学,叶企孙不时还会面向全体清华学子开设讲座。任之恭就记得自己1926年前往麻省理工深造前,曾听过叶企孙演讲,"预言'波动力学'(该词当时从未听到过)将是未来理论物理的主要动力"。后来果然有薛定谔因波动力学贡献于1933年获得诺贝尔奖,任之恭也因此"时常感到奇怪,叶企孙怎么能那么早就预见到事态的发展"(任之恭,1992:30)。任之恭不知,叶企孙在哈佛改进实验、研究高压下金属磁导率变化时,就很清楚照其创新发现继续下去将开拓哪些前沿新领域。由此还可引出,叶企孙最看重的课程还不是规划的那些基础及核心课程,而是教师"身教",即教师以自己的前沿领域开拓及研究带领学生攀登世界科学高峰,所以即使教学行政任务繁重,实验室尚在建设,叶企孙也会努力开拓前沿领域。这方面最值得一提的尝试便是叶企孙来清华不久发现大礼堂音质差,存在"听音困难",于是率先在国内开创建筑声波研究。叶企孙知道类似声学问题在美国系由伊利诺伊大学物理学教授沃桑(Watson)于1918年提出,"六年后方将该校大礼堂改善,同时增加吾人对此问题之智识"(叶企孙,1927b)。叶先生仅用一年多时间便在《清华学报》发文,"从理论上解决了大礼堂听音困难之症结,从实践上提出了改正大礼堂音质的好办法","在国际建筑声学史上也可谓是站在该学科前沿上"(戴念祖等,2013:11)。

仅在校内学术刊物将自己的前沿研究示范给学生看,而不是拿到国外权威期刊发表,还能表明叶企孙不计较个人名利得失,其所在意的就是能以一流研究将学生引向世界科学前沿赛道。如此一片公心,更能给学生提供良好"身教"。物理系第七届学子钱伟长后来知道叶企孙读博士时就测定了更精确的普朗克常数值,惊讶之余曾感慨:"叶老师这一贡献,鲜为人知,而叶老师自己则几乎从来没有提起过,这种虚怀若谷的崇高品德,怎能不使人崇敬仰止。"(钱伟长,1995:6)钱伟长的回忆也能说明教师身教力量之大。概而言之,就清华物理系课程改革而言,叶企孙认为最根本的还不是需要开设哪些课程,才可以将学生引上世界科学前沿,而是一定要有水平一流的教师示范在前,让学生跟在后面做研究,学习成为品行一流的科学人才。叶企孙以一己之力支撑到1928年,清华物理系师资情况终于突然有了显著好转。这一年,叶企孙一下物色到两位世界一流的科学博士来物理系担任教授。一位便是从东南大学请来的吴有训,另一位则是刚从美国回国的萨本栋。

　　吴有训1921年前往芝加哥大学攻读博士,导师是著名物理学家康普顿。其时康普顿"刚刚发现光子和电子相互作用的'康普顿效应',并且遇到学术上的一些争论",吴有训据此做了大量的实验研究,"验证了'康普顿效应'的普遍性,驳斥了对'康普顿效应'的各种怀疑",并"发展了X射线散射理论,使'康普顿效应'很快为举世所公认,康普顿因此发现而获得1927年的诺贝尔物理奖"(郭奕玲等,2007:3)。萨本栋则于1927年在伍斯特工学院获得博士学位,是"清一色的全优生",毕业后被伍斯特工学院和著名的西屋电气公司同时聘请,"自此便蜚声于学术界"(许乔蓁,1995:307)。两人到位后立刻为叶企孙分担主讲近代物理、普通物理学等核心课程,学生受益可谓立竿见影。王淦昌到老仍记得近代物理课上,吴有训"年纪很轻,精神焕发,讲课条理性很强,内容很新颖,绝大部分是近代的重要物理实验及结果,以及这些结果的意义,例如密歇根的油滴实验、汤姆孙的抛物线离子谱、汤生的气体放电研究、卢瑟福α粒子散射研究等等。他讲的并不多,而是要求学生自学或个人推导去掌握一些近代物理的理论基础,通过自己实验去体会实验的技巧与精确性,并加强对理论的理解"(王淦昌,1982)。萨本栋负责普通物理学,最初任务是编写首部中文普通物理学教材,更可直接造福于整个中国的理科教育质量提升。

　　1929年,叶企孙又请到周培源。后者1928年3月在加州理工学院获得物理学博士学位后,曾放弃6月份的毕业典礼,前往莱比锡大学随海森堡攻读量子物理学,半年后又转赴瑞士继续从事量子物理学研究,也是一位水平一流、能将学生引上世界科学前沿赛道的科学博士。三位大将加盟,还有叶企孙,清华物理系至此便已成为国内水平最高的物理系,叶企孙的科学课程改革随之进入新阶段,迎来新挑战。这一新挑战还不是叶企孙自1929年兼任新成立的理学院院长,应如何设计理学院学科课程体系,而是怎样让中国也能拥有可以赶超世界科学前沿的科学研究及教育中心。1929年11月,清华大学召开"科学大会",叶企孙作为理科教授领袖,正式在会上将新挑战提了出来,他还以东京帝国大学为例,说其过去"五十年间",在物理、化学等领域"很努力,但要他成为一个研究理化的国际中心,距离还很远"。继而叶企孙又提示,中国科学研究及教育存在五大"缺点":"一、大多数学校没有办好;二、确实在研究科学的专才还太少;三、社会上对于科学的信仰还不大,这是因为没有一种自己发明的重要的科学应用,来兴起民众;四、用本国文字写的科学书太少;五、自己做的仪器太少。"最后,叶企孙还特别针对"有人疑中国民族不适宜于科学研究",呼吁清华理科同仁"共同努力去做科学研究,五十年后再下断语。诸君要知道,没有自然科学的民族,决不能在现代文明中立住"(叶企孙,1929)。

很明显,后三年,叶企孙心中所想已不只是此前描述的优化课程,物色一流教授,藉此提高教学质量,其更期望的是清华理科教授能携手为国家承担更艰巨的课程改革重任,即提高整个中国的科学教育质量,直到中国在物理、化学、数学、地质、生物等自然科学领域也能拥有世界公认的科学研究与教育中心。问题就是中国科学教育有太多需要弥补的地方,仅叶企孙特别关心的五点,清华理科教授也不可能全部承担下来,但叶企孙认为至少可以从改善教科书、制作实验仪器等入手展开行动,且最重要的是先把科学研究做好,努力下去终能改变中国科学研究及教育的落后状况。叶企孙自己说到做到,尤其是吴有训、萨本栋、周培源等世界一流的科学博士陆续到来,以及张子高、熊庆来等一流化学、数学博士也被叶企孙请来后,叶企孙的课程改革重心开始转向努力为所请教授开展科学研究创造优越条件。叶企孙甚至认为,即使就本科阶段而言,教学也是其次的事情,更不会将精力用于制定各种教学制度来规划教师教学。如叶企孙所言,"教学生不过是一部分的事","大学校的灵魂在研究学术",因此"物理系的目的就重在研究方面"(叶企孙,1927a)。叶企孙不把教学视为本科核心,并非轻视培养学生,相反正是为了能让学生成为一流科学人才,叶企孙才把全力支持教授发展一流科学研究作为本科课程及教学改革的根本。

无论本科,还是研究生,最重要的都是先要有能做出一流科学研究的教授。现在,吴有训、萨本栋等能做出一流科学研究的教授来了,所以叶企孙必须跟着把课程改革重心转向设法让他们安居乐业。吴有训来后,叶企孙甚至"把吴的工资定得比他自己的工资还高,以示尊重,一时传为美谈"(卢虞,1995:303—304)。对于萨本栋,叶企孙亦是竭尽所能,"为使萨本栋专心研究并失电路及其数学问题,专心写好《普通物理学》教本等书,叶企孙自己代萨本栋讲课,以减轻萨本栋的教学负担"(戴念祖等,2013:16)。课程及教学运作机制层面的重要行动如创建实验室,成立研究所,同样是为了能让教授可以继续从事他们在国外开拓的前沿研究。叶企孙的付出赢得了新来教授的认可,像吴有训便主动和叶企孙一起创业。和叶企孙一样,吴有训也善于制作仪器,"总是亲手制作仪器,在清华园,学生们常常看见这位国内外知名的教授,身着粗布工服,时而用斧锯加工木材,为 X 光装置制作栏杆,时而用煤气和氧气的火焰拔制石英丝,安装康普顿静电计。为使学生掌握吹玻璃技术,他还亲自讲授玻璃工艺课,训练学生吹制复杂的玻璃仪器"。吴有训"还指示物理系的学生选修一些工学院的课,如制图学、车、钳工工艺、电工学、化学热力学等"(管惟炎,1982)。清华物理系因此能形成一则优良的课程与教学小传统,即革除"君子不器""坐而论道"等传统士子陋习,重视培养学生利用木工、车钳工、化学工艺自制实验仪器开展实验研究。

其时教育界仍流行高喊独立研究、科学方法、大胆假设、小心求证等大道理,以致吴有训曾出来批评"这种高调的课程对具有玄谈传统习尚的中国人,非常适合口味,结果学生对于实验常识,一无训练,惟日谈自由研究不知研究为何事,以科学工作空谈便算了事"(王淦昌,1995:51)。可见,吴有训身穿粗布工服制作仪器,其实也有刻意考虑要去革除崇尚"玄谈"的传统士子课程陋习。当然,此刻应关注的仍是自吴有训、萨本栋加盟起,叶企孙作为系主任将自己的课程改革行动聚焦于竭力创造条件,让吴有训、萨本栋等可以安居乐业从事研究与教学。正是在叶企孙不计个人得失的系列付出带动下,清华物理系教师内部能迅速变成强大且志同道合的科学研究与教育共同体。最有力的证明莫过于 1929 年物理系教授致信校长罗家伦,集体声明:"本校物理系教授,因鉴于发展本系之重要,乃一致议定,自下学年起,概不在外兼课,专力于教授及研究,以后如有别校向学校接洽者,请一概谢绝。"(田彩凤,1995:234)同一年,吴有训更曾在中国科学社成立十五周年大会上,对外宣布(叶铭汉,2013:676):

中国现在的物理实验室可以讲述者惟中央大学、前北京大学、清华大学而已。然此三校则以清华为第一,此非特吹,乃系事实。盖叶先生素来不好宣传,但求实际。以后我们希望在本校得几位大物理学家,同时还希望出无数其他大科学家。

不好宣传,但求实际,仅此一句便足以表明吴有训十分钦佩叶企孙为人,以及叶先生为创建实验室、支持同事开展科学研究付出的努力与成绩,也透露出吴先生仗义执言,看不惯当时许多人不做研究,徒靠唱高调宣传,乃至叶先生埋头按芝加哥大学、哈佛大学物理实验室标准建设清华物理实验室,反容易被淹没。不过,叶企孙不计较这些,叶先生在意的就是同事可以在清华物理系做出一流科学研究,将学生引上物理学前沿领域。而且就在1929年,叶企孙开始迎来喜人收获。这一年,清华物理系不光有一流实验室及研究所建成、教授集体向校长声明拒绝外界打扰研究与教学等大好转变,更有首届四位本科生毕业,他们在叶企孙、吴有训、萨本栋引导下,大都以优异成绩走上当时最前沿且和国防建设紧密相关的物理研究轨道:王淦昌前往柏林大学随迈特纳攻读核物理,施士元到巴黎大学随居里夫人攻读核物理,周同庆"以物理系第1名考取'庚款'公费","进入普林斯顿大学读研究生"(蒋百川,2015)。只有钟间去向不明,或去中学任教物理亦有可能,因为除最希望的"从事于研究"外,叶企孙也支持学生毕业后"从事于中等教育"(叶企孙,1927a)。

助教培养同样有成绩,比如赵忠尧1928年便被送往加州理工学院攻读射线物理学。学生走上国家急需的前沿领域的同时,教师自1929年起也开始在前沿领域取得研究突破,其中"最有成绩者,要推吴有训"。1930年,吴有训完成"一篇关于X线散射的研究论文,寄往英国自然周刊发表",被严济慈誉为"我们中国人在中国做的物理研究,寄往国外杂志刊布的,这还是破题儿第一遭,确是一件值得纪念的事"。1931年,吴有训又在《自然》、美国物理杂志及美国科学院月刊发表4篇论文(严济慈,1935a)。1932年,赵忠尧从加州理工获得物理学博士归来,随即加入清华物理系,带领助教龚祖同继续"进行核物理实验研究",也"于1933年完成了有关电子对的产生与湮灭的实验,……论文发表在Nature"(赵忠尧,1995:31)。学生长大成才更可说明中国人首次在本土连续做出世界一流的科学成果是从叶企孙建成清华物理实验室开始。同一年施士元也从巴黎学成归国,不仅完成最新的核物理成果,还按叶企孙嘱托从居里夫人那买来镭放射源(居里夫人最先发现镭),为清华深化核物理研究提供必不可少的放射源。叶企孙未将施士元抢入清华,而是让其去北大担任物理学教授,可见叶企孙的确是想提高整个中国的科学教育质量。1930年,叶企孙甚至主动"和主持北大理学院的饶毓泰携手并进,彼此尊重。他们切磋商议,让吴有训到北大兼课讲授普通物理",钱三强"正是因为在北大听了吴的课,认识到清华名师的水平,被其所吸引,就转到清华物理系来了"(卢虞,1995:304)。

1934年,则有王淦昌博士从德国学成归来,理论及实验水平在原子物理学前沿领域堪称顶级。1930年,著名物理学家博特"用放射性钋放射的α粒子轰击铍核,发现了很强的贯穿辐射,他们把这种辐射解释为γ辐射"。王淦昌了解后,"总觉得γ辐射能否具有那么强的贯穿能力值得怀疑"。他认为"博特在实验中用的探测器是计数器,如果改用云雾室做探测器,重复博特的实验,会弄清这种贯穿辐射的性质"。于是王淦昌两次向导师迈特纳申请启用云雾室,可惜1922年便开始研究γ辐射的迈特纳竟然没有理会,导致错失良机。1932年,英国另一位科学家查德威克"用不同的探测器——高压电离室、计数器和云雾室独立地进行了这个实验,证实这种辐射是中性粒子流,并且计算了这种粒子的质量,这就是中子的发现。查德威克因此获得了1935年诺贝尔物理学奖"(王淦昌,1992)。王淦昌系叶企孙、吴有训携手精心培养的开山弟子,但两位老师也没有将高足揽入清华物理系,而是推荐王淦昌去支援1932年才改组成立的一所国立大学即山东大学发展物理研究与教学。只是时任校长赵太侔无缘能像在山东开展乡村教育实验的梁漱溟那样,取得本地军阀韩复榘大力支持,又不能应对好后者的介入与干涉,致使山大环境并不好。王淦昌也因对赵太侔"开除抗日游行的学生不满",于1936年应竺可桢之邀转赴浙大物理系任教。王淦昌"在浙大一待就是14年,直到新中国成立"。浙大也因此成为中国物理学研究与教育重镇之一,培养了程开甲、钱人元、吕敏、胡济民、忻贤杰等一批"在新中国的科技领域发挥重要作用"的杰出物理学家(姚立澄,2017)。

饮水思源,浙大的科学教育成就也能从一个侧面说明,得益于叶企孙及清华物理系教授共同努力,1929年起中国至少在物理学领域已开始形成可以赶超世界科学前沿的一流科学研究与教育中心。1935年,严济慈回顾中国1918年留学精英归国以来发起的科学课程改革时,也曾指出,胡刚复、颜任光于"民国七年、九年先后归国,一任南京高等师范教授,一任北京大学教授,斯时两氏力谋物理实验之设置,与物理课程之充实",开启了"我国物理学界之垦荒与布种时期";之后便进入"高等学校改组大学,风盛一时,在此改大声中,进步最大成功最速者,当推清华大学之物理系,吾人于此不能不归功于叶企孙先生"(严济慈,1935b)。表彰完叶企孙的创业贡献,严济慈还特别推介清华物理系本科及研究所的课程设置,称其"筹设周详,应有尽有,恐非法之巴黎、英之剑桥所能媲美"(严济慈,1935b)。立足严济慈的观察与评价,再来回看夏元瑮1913年改革北大理科课程时,从世界科学前沿出发提出的中国科学教育质量提升难题,大可以认为自叶企孙1925年创办清华物理系以来,经过前后六年奋斗,采取重质不重量、创建一流实验室、竭力为吴有训、萨本栋等创造安居乐业的研究与教学条件,夏元碌提出的中国科学教育质量提升难题终于开始得以切实解决,中国也因此能拥有可以赶超世界科学前沿的一流科学研究与教育中心,其中不仅有教师连续做出一流科学研究,而且能让学生跟着纷纷走上世界科学前沿赛道寻求科学突破。

创业开始迎来收获之际,正值"九一八事变"爆发,国难空前加剧。叶企孙赶超世界科学前沿时本就十分重视结合国家战略需要,王淦昌、施士元等学生即因此会选择核物理作为主攻领域。"九一八事变"爆发后,叶企孙更是重视从国家战略亟需出发拓展前沿领域及人才培养,从而开启了清华物理系第三阶段的课程改革,其中最主要的行动便是改革清华封闭的庚款留美制度,自1932年起面向全国学生选拔公费留美生,同时增加军事国防建设亟需的物理新专业。有的新专业一时物色不到合适学生,叶企孙又从助教中挑人顶上,留校做助教的第二届毕业生龚祖同即因此突然被叶企孙委以重托。叶先生对他说:"应用光学在军事上很重要,现在各强国都在研究,而我国还是空白,今年要选派一名学生到国外去学应用光学。"龚祖同听后立即说"是空白我就去填补",并停止了协助赵忠尧在研究所从事核物理研究,"刻苦准备报考应用光学,终于考取了这个名额,于1934年9月去当时世界上水平最高的柏林工业大学攻读应用光学"。到"1937年抗战战争爆发时,他放弃了即将举行的博士论文答辩,谢绝德国高薪挽留,匆忙返回战乱中的祖国,创建我国第一个光学工厂,培养出中国第一代的现代光学技术工人和技术员"(赵忠尧,1995:31),包括夜间作战必需的红外望远镜一类的光学仪器也才可以自主生产。

全国学子选拔的新人中,最值得一提的当属1934年从交大考入的钱学森,所学新专业则是当时国家更急需的飞机制造。为发展这一新专业,叶企孙决定组建航空工程系,并幸运请到王助、王士倬担任导师。二王可谓当时中国仅有的两位飞机制造专家。麻省理工1914年最早开设航空工程专业时,王助便是第一批学生。第二年获得硕士学位后,王助被导师推荐给正在筹建飞机制造公司的威廉·波音(William Boeing),从而于1916年成为"波音公司第一位首席工程师,为公司设计了第一架飞机"(MIT,2020),堪称世界飞机制造先锋。到1934年时,王助正在杭州觅渡桥为国创办飞机制造厂,叶企孙得以请王助做实习导师。另一位导师王士倬则是清华学子,他1925年毕业赴美留学时"本想学农","根本不知道20世纪世界强国都是靠工业与科技称霸",在同学劝说下"决定学机械工程,进麻省理工"。"1926年美国社会形成一股航空热",经同学"顾毓琇鼓励",王士倬才决定改学航空工程,并于1928年获得硕士学位。之后,王士倬一边"进工厂实习",一边留校"对当时的工厂管理进行研究",使自己在实习工厂因"市场不景气、正要裁员"时,还能依靠懂企业管理被王云五看中,于1930年回国"到上海商务印书馆当研究员,月薪每月200元"(王士倬,2007:47—48)。如此叶企孙才有机会将王士倬也请来担任飞机制造导师,为钱学森指引深造路径。

钱学森先是被安排去杭州实习,然后回清华学习,进而于1935年夏前往麻省理工学航空工程。其"成绩不但比美国学生好,而且比同伴的其他外国人都好",就是"当时美国航空工厂不欢迎中国人"。不过此类遭遇反而使钱学森决定转学更重要的"航空工程理论",并于1936年10月远走加州理工,投到"力学大师冯·卡门"门下,学到了怎样"从工程实践提取理论研究对象",以及"如何把理论应用到工程实践中去"(李佩,2011:672),从而可以不断改进飞机制造,直到成为世界一流的原子弹、火箭制造与发射专家,由此也可见叶企孙增设飞机制造专业有多重要。除航空飞机制造外,叶企孙还想发展气象、海洋、地震等地球物理学,为此曾特别教导1929级学生赵九章:"气象是国家非常需要的学科,世界上气象学科发展很快,要有学物理的人去学气象。我们清华要有气象专业,还要有气象系。尤其从国防建设考虑,清华要建立航空工程系,航空离不开气象。"说完,叶企孙还请时任中国气象研究所所长的竺可桢共同指导赵九章,并在考察完欧洲科学前沿进展后,于1935年7月将赵九章送往气象学水平最高的柏林大学,"主修动力气象学、高空气象学和海洋动力学等课程"(吴阶平等,2005:18—20),中国在气象学领域的这些课程空白至此才开始得以填补。

赵九章是清华物理系第五届学子,同级还有王竹溪、傅承义。王竹溪作为叶企孙、吴有训、周培源均看中的高足,毕业后进入剑桥大学攻读流体力学统计分析(中国人民政治协商会议湖北省公安县委员会,2007:27—30);傅承义毕业后先是留校协助赵忠尧研究核物理,到1940年前往加拿大麦吉尔大学深造,师从"近代地球物理学的泰斗古登堡",并以优异成绩成为"我国第一位地球物理学博士"及中国地球物理研究与教育开拓者,从而也能了却叶企孙多年来的一桩心愿(陈洪鹗,1992:17—18)。可以说,叶企孙作为既了解国家科学状况、又熟悉世界科学前沿进展的理科教育领袖,很多时候都比当时蒋介石亲自兼任部长的教育部更早知晓国家实力增强尤其是国防建设需要发展什么基础科学,培养哪些紧缺科学人才,以及到哪里才可以学到水平最高的亟需新科学。好在1932年蒋介石任命朱家骅继任教育部部长以来,朱家骅能及时根据国防建设需要,选择先从举办"化学讨论会"入手启动全国科学教育课程改革(王世杰,1933)。到1933年3月又计划"举行天文数学物理讨论会",邀请90位专家进京规划天文、数学、物理课程改革。虽然到4月,教育部部长换成王世杰,但讨论会仍如期于4

月1日开始。专家名单中,清华人数最多,共8位,其中物理系教授5位。北大三科加一起仅有4位。梅贻琦、叶企孙、吴有训、萨本栋、周培源随之开始正式分担全国大中小学物理、天文、数学等理科课程改革重任。

国内水平最高的物理学家聚集一堂,主持修订中国理科课程标准、课程表及名词,这在近代中国课程改革史上还是第一次。8月,新的物理课程方案出台。大学这一块,参与积极且正式提交方案的有叶企孙、吴有训、萨本栋、饶毓泰、李书华、严济慈等9人,所以大体是按清华模式设计。中学物理改革也很重视与清华物理系的课程传统对接,如批评"我国中学物理教员所用物理仪器,一有损坏,往往束手不能自行修理,查其原因,不外缺乏金木工之训练",所以建议"大学时期给予此种训练";再如"提议高中学生自行物理实验",且"须在两学期以上,每周一次"(国立编译馆,1933),这些都符合清华物理系强调的师生要会自己制作仪器开展实验研究。就是不知道方案出台后中小学具体实施情况,但当时的师资情况而言,估计无法落实到位。1933年,沈滁生为了解中小学科学教育质量,曾对基础教育最发达的江苏省做过调查,结果小学"一千零八十校中,查其能自制标本,并注意自然科学者,为数仅十校","由此可推知一般的小学校,多忽略科学教育"。为数不多重视科学教育的学校在质量上也拿不出手,因为"多数小学教师竟完全凭口解释,自然教学等于国语教学"。沈滁生只能悲叹"在此科学昌明之世纪与科学救国之时期,如此建筑儿童科学基础,前途危险实甚"(沈滁生,1933)。

江苏历年考取清华本科的学生数量在全国高居第一,其科学教育质量尚如此不堪,可见全国中小学科学教育质量之低劣,师范及大学科学师资培养由此责任大矣。叶企孙也曾直言:"师范教育办了几十年,不过成绩非常的坏。出来的学生,连极根本的、极浅近的科学原理,还弄不清楚。因为师范不好,中学亦办不好"(叶企孙,1929),所以叶企孙会支持清华物理系学子毕业后任教中学。叶企孙还曾抽空为全国中学编写物理实验教材(叶企孙等,1930),出版后吴有训也曾推介,赞其"规划之精细"(吴有训,1930)。清华物理教授中,叶、吴最操心中学科学教育质量,但他们的精力总归有限。所幸无论中学科学教育质量多么难以提高,还有叶企孙及其同事在发展一流科学研究与教育,他们奋战到20世纪40年代便为国家培养了日后制造"两弹一星"必须的科学人才,领衔者正是王淦昌。王淦昌记得"浩瀚的戈壁滩上空升起光彩夺目的大蘑菇云的时候",陈毅元帅曾对他说"那个东西响了,我这个外交部长就好当了"。聂荣臻元帅也激动地说"靠人家靠不住,也靠不起","只能把希望寄托在本国科学家身上"。

王淦昌自己则感慨道:"在这个时候我不能不想起我的师长叶企孙教授,只要细看看投身于两弹事业的科技骨干名单,就会看出这些人大都是叶师创建的物理系培养出来的学生,或者是叶师学生的学生。"(王淦昌,1995:54)这些学生还曾"受到过批斗监禁","可是他们在受了冤屈、凌辱之后,不改爱国和忠于科学事业的初衷,忍辱负重依旧全身心投入到事业中去,艰苦拼搏,默默无闻地工作"(卢虞,1995:288)。

名师出高徒,这些为新中国的科技及国防进步作出卓越贡献的科学家均出自叶企孙联合吴有训、萨本栋、周培源等创办的清华物理系,可见叶企孙作为夏元瑮之后的中国理科教育及课程改革领袖,除了曾让中国自1931年起开始拥有可以赶超世界科学前沿的科学研究与教育中心,更曾为新中国培养了众多和"叶师"一样爱国、品行一流的科学人才,使新中国短期内便具备了能与西方大国抗衡的尖端科技实力。今天中国在导弹、航空、卫星等尖端科技领域仍能位居世界前列,也是因为叶企孙的学生及学生的学生在接力传承为国赶超世界科学前沿、为国培养一流人才的优良传统。五四前后的中国究竟需要什么样的新教育与课程改革,亦因这一传统的存在得以形成一种虽然常被忽视但其实是更重要的解答。进而言之,相比广受追逐的胡适一系1917年起在文理科课程领域高调引入"自由主义""科学主义"等新思想符合中国社会部分需要,可以让许多在旧式家庭及教育体制中备感痛苦的新青年学生获得精神、情感、学术及人生新生,叶企孙埋头创办清华物理系以来虽然未曾考虑新青年学生的痛苦人生及需求,但其系列课程改革行动却是在瞄准当时中国更大的现实需求,大至关乎整个国家的科技及国防实力强弱,所以如何理解当时中国需要什么,的确是关键所在。接下来将看到,就在叶企孙创办清华物理系时,还有人也在探索中国亟需的课程改革,且这些人还是来自胡适一系内部。

二、深入乡村探索农民需要什么样的新教育

所谓来自胡适一系内部的探索,是指胡适身边的新文化发起者,如刘半农、顾颉刚等,其实均曾尝试离开中心及主流,到社会边缘地带另辟进路,这一进路便是"到民间去"。甚至胡适本人发展新文化时,亦曾发出类似到民间去的呼吁。进而言之,胡适、顾颉刚等除了在都市掀起新文化运动,还是到民间去的提倡者,所以必须先考察胡适等人为何提出到民间去,具体有过什么到民间去的尝试。尤其是到民间去提出后,胡适等人在视野、行动上有何变化,他们能从民间发现什么样的现实需要,有没有根据发

现创造民间需要的新教育与新课程。围绕这些问题展开考察,将可以看出这群习惯了在北京、上海来回的都市知识精英其实并不能深入民间,其所谓到民间去的呼吁及后续系列课程改革尝试更多仍是在满足自己的新文化需要。就此而言,考察胡适等人到民间去的呼吁与尝试,不仅有利于进一步认识主流新文化与新教育运动的社会局限,而且能提供适宜参照看看都市知识精英究竟能创造出什么样的民间新文化与新教育,又需要克服多少自身诉求及"惯习",才可以真正深入民间另辟当时民间社会需要的新教育与课程改革进路。

1. 都市知识精英的"到民间去"呼吁与尝试

从时间上看,胡适本人的民间视野形成颇早。自 1917 年在文学课程领域推翻汉代以来的古文旧文学,大力发展白话新文学时,胡适其实就开始提倡到民间去。十年后,胡适出版《白话文学史》时,更曾明确提出"一切新文学的来源都在民间",而且将新文学与"平民""小百姓"联系起来,强调"庙堂的文学可以取功名富贵,但达不出小百姓的悲欢哀怨",如"痴男怨女的欢肠热泪,征夫弃妇的生离死别,刀兵苛政的痛苦煎熬"等,甚至"二千年的文学史上,所以能有一点生气,所以能有一点人味,全靠有那无数小百姓和那无数小百姓的代表的平民文学在那里打一点底子"(胡适,1928:16—19)。1923 年,周作人更曾依靠英国人类学及民俗学家安德鲁朗的理论,认为平民就"是指农民占大多数的地区"(董晓萍,2010),平民、民间因此常常指农民。周作人还与刘半农、沈兼士、顾颉刚成立"风俗调查会""歌谣研究会",创办《歌谣周刊》,向全国征集民间歌谣。各地纷纷响应,江苏教育厅长蒋竹庄更曾发函"转饬各省立学校",搜集民间实物,"直接寄交北京大学"(佚名,1923)。负责编辑周刊的常惠、顾颉刚随之十分忙碌,1922 年 12 月到 1923 年 6 月,不过半年多,寄来歌谣的就"有二十二省,两特别区(京兆及热河),共得到三千八百六十九首"(容肇祖,1928)。

各地踊跃投稿让北大文学课程改革突然与中国"民间""平民"或"农民"的"悲欢哀怨"建立起了关联,有利于改变对于平民或农民的文化歧视这一传统士子课程陋习。然而从胡适到周作人,再到顾颉刚,最初都没有从各地寄来的众多平民或农民文学实物中创造出农民需要的新课程或新教育,而是从中发现了自己喜欢的白话语言与鲜活情感,进而让众多新青年学子也通过民间歌谣激发出许多喜欢的新思想,乃至向往的新生活,其中最常见的便是各种对于农村及农民的浪漫美好想象,如 1925 年一位学子写信对鲁迅所说的"现今田园思想充斥了全国青年的头脑中"(白波,1925)。再有就是对于城市文化的简单否定,如顾颉刚提出民间"歌谣中最有趣味的当然是情歌,但这些歌只在乡间发达,城市中的人因为受了礼教的束缚,情爱变成了秘密的东西了"(顾颉刚,1928)。更激进的新思想是从道德上彻底否定城市社会文化,这方面的代表有周作人提出的"上海气"理论,说自己"很喜欢闲话,但不喜欢上海气的闲话,因为那多是过了度的,也就是俗恶的","是买办流氓与妓女的文化"(启明,1927)。对于京城社会文化,同样有许多因浪漫乡村想象产生的彻底道德否定,认为其是腐败人物聚集之地,淳朴善良的人一旦置身其中,必然会被吞没。

发人深省的是,尽管"平民文学"及"歌谣"运动提倡者在自己的思想世界里对于城市已到了极其厌恶的地步,但并没有因此真的走入他们向往的民间或农村,而是留在他们道德、价值上极其厌恶的城市里继续各自的平民文学想象与事业。在这一点上,表现最惹眼的仍是胡适。如著名的梁漱溟研究者艾恺所言,胡适不仅在上海市内租下一栋洋房,即"住在租界里",而且喜欢"旅行欧陆去结交洋人及'洋化'的知识分子,就餐于这个或那个城市豪华的餐厅","过的正是梁漱溟鄙视的贵族生活"(艾恺,1996:146)。习惯此类都市贵族生活,胡适何以能深入民间或农村,何以能创造民间或农民需要的新文学课程?确实只能尽快将白话文学史赶出来,交给其参股的新月书店出版,以免被别人趁白话文学大热抢去市场。相比八面玲珑的胡适,顾颉刚则更专注于学问,包括民间歌谣及平民文学研究,顾颉刚的投入也比胡适多。然而顾颉刚也因困守京城学界,且条件不如胡适优越,连新开辟的自己异常喜欢的民间歌谣研究也难以进行。甚至都有读者写信来问,为什么《歌谣周刊》"只图多多登录,不求实在工夫",顾颉刚坦诚相告,只登录各地民歌,有五点原因,如"搜集的材料还不多,不足为比较的研究",但"最根本的一重阻碍"却是"第五"点,即"我们有志研究歌谣的人都没有空闲的工夫","读书的读书,教书的教书,办公的办公,一天有规定的工作要做","只是硬抽出一点时间来做这件事"即"搜集材料"(舒大桢等,1923)。

顾颉刚的坦诚正揭示了新文化运动发起者虽然知道必须转向民间,才能创造与农民"悲欢哀怨"相符的新文学与新教育,但都市生活惯习却使他们无法真正走入民间。在都市书斋里,能在白话文学史或其他平民文学领域取得研究突破,就已十分不易。1924年,顾颉刚终于在平民文学领域做出一项史无前例的研究,在《歌谣周刊》发表了著名论文《孟姜女故事的转变》,对两千五百年来民间流传的孟姜女故事做了系统梳理,揭示这一经典民间故事如何由春秋时的夫死"哀伤",但"仍能以礼处事,神智不乱",逐渐演变成毫无礼法及理智约束,哭倒长城。已在巴黎留学的刘半农看到论文,"佩服得五体投地",写信大赞顾颉刚"用第一等史学家的眼光与手段来研究这故事",

做出"两千五百年来一篇有价值的文章"(顾潮,1997:85)。言辞十分激动,足见刘半农作为平民文学研究提倡者之一,认为顾颉刚率先为研究平民文学树立了典范。不过,顾颉刚的考虑还不仅仅是为研究民间文学确立系统的"演变"梳理典范,突破仅是搜集没有研究,其梳理孟姜女故事演变更是为了能在学术界发起一场革命,打破传统国故研究,将长期被精英学者排斥的民间文化正式引入学术界。即顾颉刚所言"孟姜女的故事,论其年代已流传了两千五百年,按其地域几乎传遍了中国本部,实在是一个极有力的故事,可惜一般学者只注意于朝章国故而绝不注意于民间的传说,以至失去了许多材料,但……我们还可以在断篇残简中把他的系统搜查出来"(顾颉刚,1924)。

一同提倡平民文学的周作人受西方人类学及民俗学启发,其实也曾打算研究民间流传的童话故事,且早在1913年就想发展童话研究,但当发现"没有得到理想的社会反响,他很快就泄气了,并没有持续投入这项工作,他对童话的界定也游移不定",导致行动"多是提倡式、评点式的",且"不容易同意别人,自己又不从事实际操作,不同文章的观点还前后不大一致"。其在童话研究典范建构方面,离孙毓修1907年率先在教育领域缔造的童话研究范式都还"差得比较远"(施爱东,2020)。1923年以来,周作人又开始提倡研究民间"猥亵歌谣",从中"窥测中国民众的性心理",结果再度"只负责扔炸弹,扔完就完事了,并不负责收拾残局"。顾颉刚也说"周作人很有些想法,但不是一个办事人"(施爱东,2014)。由此虽不好说随意如周作人者,更不可能创造民间需要的新文学教育,但即使是在平民文学研究方面,周作人也未能像顾颉刚那样拿出实实在在的研究典范。民间文学正式成为学术界的研究对象,学术界真正形成民间文学研究运动,随之均是从顾颉刚率先揭示孟姜女故事演变开始。之后的新进展便是顾颉刚1927年南下至中山大学,继续将民间文学引入被精英文化垄断的大学文科研究与课堂教学。虽然因中大校内人事矛盾激烈,不到一年顾颉刚便返回京城,但其间顾颉刚曾带领钟敬文、容肇祖等学生成立"民俗学会",出版民俗周刊及丛书,从而使教育界开始兴起"民俗学"课程运动。

确立民间故事研究典范,推动民俗学课程运动兴起,堪称胡适、周作人、顾颉刚等主流新文化先锋提倡到民间去以来,在课程改革方面取得的最重要的成就。但这些重要成就终究是在都市书斋里打捞历史上的平民文化,藉此实现自身发展平民文化研究的学术理想,而非深入现实中的民间,探索农民需要什么样的新教育。1937年"七七事变"爆发后,顾颉刚终于和陶孟和、王文俊等离开京城,远赴西北探索教育改革。但看完省城学校后,顾颉刚提议"深入农村进行调查"时,"其他人都不赞成"。顾颉刚只好体谅:"这也难怪,住惯现代化都市的人,要他睡土炕,坐骡车,吃削面,进最不洁净的茅厕,当然是处处不合的。所以在一两个之内,到了兰州和西宁两个省城,写了一篇设计报告之后,他们就觉得任务已经完成,乘了飞机走了。"(顾潮,1997:185)来西北前,顾颉刚称自己是"素不接触现实之人"(顾颉刚,2002:168),但这一次,他选择留下深入农村进行调查,发展有利于维护民族国家统一、共同抵抗日本侵略的新教育,依靠中国地理历史及民族演进事实,一面揭露日本帝国主义利用中国国民的民族史知识缺失及错误认识,"用欺诈手段来作分化运动"(顾颉刚,1937a),一面告诉"西北同胞","回汉本是一家"(顾颉刚,1937b)。之后,日本势力试图抓捕,但顾颉刚没有放弃,转赴西南,继续晓谕国人"中华民族是浑然一体"(顾颉刚,1939a),应"共同集合在中华民族一个名之下,团结起来以对抗日本帝国主义的侵略"。

2. 平民教育促进会成立与晓庄师范学校创办

叙述完胡适、周作人、顾颉刚等提倡发展民间与平民文学以来的曲折探索历程及课程改革成就,该把注意力转向胡适身边的另一些人,这些人早在新文化运动迎来高峰时,就已考虑离开都市,乃至不惜辞去大学教授职位,到乡村去探索中国人数最多的农民需要什么样的新教育,且先锋代表正是胡适、蒋梦麟的同门陶行知。作为同门,陶行知也曾参与向教育界宣传杜威的新教育思想。此外,陶行知自1921年担任中华教育促进会执行书记,还曾积极推广美国教育家麦柯尔的智力测验法。尤其是他寄望美国教育家推士(Twiss)来指导中国科学教育改革,更将中小学科学教育引向安排各种生活化的科学活动,因为推士在华宣讲的科学教育核心思想是"学校就是社会,教育就是生活。科学教育所注重的,亦不外于此。没有注意到实际的社会生活与社会价值的科学教育,决不是真正有效率的科学教育。……田野的草木,山间的泉石,都是研究的材料"(推士,1923)。陶行知本就是科学外行,看到推士又搬出杜威教育观点,更难跳出来另辟进路。不过自1923年5月,受熊希龄夫人朱其慧委托,与晏阳初"发起中华平民教育促进会"(朱君允,1923),陶行知开始将重心转向平民教育。7月,陶行知更是辞去东南大学教育系主任之职。8月,中华平民教育促进会正式成立。

平民教育促进会成立,等于是在向教育界宣告,陶行知、晏阳初等将前往一路向上的胡适、蒋梦麟、周作人等不愿涉足的社会边缘地带,真正实现"到民间去"开拓新教育进路。中国课程改革随之也不会局限于主要是在城市里依靠"自由主义""科学主义"等新思想,发明新哲学、新文学、新国学及新教学模式,满足"新青年"学子的各种人生诉求,而可能会深入乡村解答中国社会人数最多的农民需要什么样的新教育。如此便是在应对当时中国另一大被忽视的现实难题,就像叶企孙从赶超世界科学前沿及国防建设需要出发,努力解决中国科学落后及一流科学人才匮乏难题。陶行知的立场很清楚,平教会必须发展国家更需要的新教育。成立大会上,陶行知便代表赞助人熊希龄发言,提醒各地教育厅厅长及平民教育会代表,"我们办教育,竟无补于国家之大局","如何办理教育使他与国家命运息息相关,是我们教育界的根本问题","很欢迎大家把这个问题放在心头"(熊希龄等,1923)。关乎国家命运的教育根本问题是什么,平教会宣言也有具体界定,"中国人有百分之八十不能识字,就是全国四万万人中间有三万万两千万个不识字",其中"一万万是十二岁至二十五岁",他们"大半是靠工作吃饭",却因缺乏教育很难在现代都市经济社会中解决"生计",国家也因此"根基不稳固","工商业不能发达","危机四伏",所以平教会必须正视这一现实国情,从"解决生计,消弭乱机,奠定国本"入手发展新教育,至少应"设法使这一万万人,在极短的时间内,受一点相当的教育"(中华平民教育促进会,1923)。

对象与任务都明确了,不是满足北大或其他少数有学上的"新青年"的思想自由、情感释放、个性发展或其他人生需要,而是上亿平民失学青少年需要接受起码的新文化教育。相比胡适一系的新文化与新教育运动,平民教育促进会有何社会边缘视野与立场,有何进路突破,可谓一目了然。第一大平民教育课程改革计划随之出台,先开发两类新课程,一是"课本",即类似"国语"的"千字"课本,提供基本识字与文化知识教育,二是"影片","依据课本制造",以强化基本文化知识掌握与应用。然而在实施地点方面,平民教育会的考虑仍有明显的惯习局限,决定"先在南京北京试办,然后再逐渐推行各省"(中华平民教育促进会,1923)。可见,平民教育促进会虽有可能走入乡村接近中国人数最多的农民,但最初的课程改革行动仍是在大城市进行。1925年,为了让"乡村平民学校的学生,读完了千字课,能看报",平民教育促进会又有课程改革新行动,即创办旬报,且名之曰《农民》,但这门时事新闻课程的运作方式仍是在北京搜集信息,让乡村平民学校学生"能知道国内国外的新闻"(中华平民教育促进会,1925)。不过到1925年,陶行知、晏阳初等平民教育领袖均在考虑不能继续待在城市里向农民输送新教育,必须真正下到乡村去,否则不知道中国人数最多的农民到底需要什么新教育,更无法让农民参与进来从中获益。

公开批评及分化随之不可避免,且矛头直指胡适、蒋梦麟领衔发起、陶行知也曾积极参与的新教育运动。作为平民教育会董事兼执行书记,陶行知于1925年底,联合汪懋祖、赵迺传等所想也不同于胡适的哥大校友推出《新教育评论》杂志,直言过去"中国施行新教育","大半模仿外国,削足适履,凭着少数人的臆想,仓促决定,是否适合国情,往往置之不问"(赵迺传,1925)。1926年12月,陶行知又在《新教育评论》发文,批评当时"师范教育或是从主观的头脑里空想出来的,或是间接从外国运输进来的,不是从自己的亲切经验里长上来"(陶行知,1926a)。接着,陶行知呼吁发起"师范教育下乡运动",改变"中国的师范学校多半设在城里",即使"乡下招来的师范生,经过几年的城市化,也不愿回乡服务"(陶行知,1926)。批评主流新教育运动、决定下乡开辟平民教育新路期间,陶行知更曾直言:"现在办教育的人,总要在城里热闹,那冷静的乡村没有人过问。但中国以农立国,一百个人当中有八十五个住在乡村里。平民教育是到民间去的运动,也是到乡间去的运动。"(陶行知,1981:24)对于自己曾在城市里参与推动主流新教育运动,陶行知也有检讨,他说"自己本来是一个中国的平民,无奈十几年的学校生活渐渐的把我向外国的贵族的方向转移","好在我的中国性、平民性,是很丰富的","经过一番觉悟,我就像黄河决了堤,向那中国的平民的路上奔流回来了"(陶行知,1981:28)。

到民间去为什么难,为何农民得不到新教育,陶行知均已一一分析完,就是因办教育的人"总要在城里热闹","空想"或"从外国运输"新教育,以及把"师范学校多半设在城里"。系列批评可谓直指胡适一系新教育运动的要害,亦使陶行知下决心离开城市,到乡村为广大农民发展新师范教育。1927年初,陶行知正式开始在南京郊外的晓庄创办乡村师范学校,一场"奇怪的开学典礼"随即于3月15日诞生(白韬,1949:5):

> 劳山脚下一块坟茔地上,放上一张八仙桌儿,几条长凳,这些都是临时从附近村长那里借来的,……村民们三三五五成群的向山麓走来,其中有拖鼻涕的小孩,有梳小发结的老太婆,有拄拐杖的老头,有结实的面庞红勃勃的农村青年男女,他们是来看热闹的,也有的是被邀请来参加的。城里的来宾不多,只有陈鹤琴、江恒源、姚文采等先生。这一簇人拥在山村的狂野里,正在举行着晓庄师范的开学典礼。

典礼现场,还有晓庄师范最初的"十三个学生"(朱泽甫,1985:111)。校长陶行知发表讲话,"今天是我们试验乡村师范开学的日子,我们没有教室,没有礼堂,但我们的学校是世界上最伟大的,……今天到会的农友很多,他们是我们的朋友,以后我们要向他们帮助的地方很多,我们需要和大家做亲密的朋友,向他们好好地学习。你们不要乡下人无知识,一般大学生念过不少自然科学的书,到了便不认识麦子,说韭菜何其多也!嘻嘻,你们看,乡下人不比我们认得的东西多么?"说完,"中国的乡村师范教育运动便在这个偏僻的山村里诞生了"。之后陶行知走到"一家农民家里,就在牛栏旁边放下几张八仙桌儿宴请来宾,吃的是青菜豆腐,但大家心里十分愉快"(白韬,1949:5—6)。

师生生活在乡村,和农民结成"朋友",衣食住行和农民一样,这些在师范教育发展史上都是破天荒的革命行动,也使晓庄师范的课程改革运行方式截然不同于当时流行的照搬哥大师范学院的课程体系,发展远离中国农村及农民需要的都市精英师范教育。但晓庄师范革命意义的突破之所以能形成,原因还不仅仅是师生和农民一起生活,更包括最关键的一点基础,即师生必须是志同道合的"同志",如此能在乡村发起师范教育革命。事实上,陶行知还不只是发起师范教育革命,而是要在整个教育界发起革命。故学校一开始创办,陶行知便鼓励"全体同志"将晓庄建设成"中国教育革命之出发点",乃至"世界教育革命中心"(陶行知,1981:112)。革命精神表现在晓庄师范的课程改革上,正是培养史无前例的新师范生,不仅能在乡村创办中小学校,而且能创造农民切实需要的新教育,而非当时流行的学习美国新教育,毕业后在城市中小学按美国教学模式教基本文化课。所以在晓庄,师生必须开发五大类课程,除十门中小学一般文化课,更包括:1."学校行政",2."教务",3."农业科学""基本手工"及"卫生"等生计卫生类课程,4."村自治""乡村生活调查""农民娱乐"等"改造社会环境"类课程。而且陶行知尤其强调必须"做",如教务类的文牍、会计、庶务、烹饪等,都要亲手去做(陶行知,1926b),在实践中训练创办乡村学校,而不是学一堆教育学书本理论。

晓庄师范其实就是靠师生动手实践逐渐创办起来的,乡村生计卫生、社会环境改造类的新课程也是在实践中探索如何切实改善晓庄的经济、医疗、文化及社会组织,努力创造农民切实需要的新教育。协和医学院毕业后来晓庄协助陶行知发展卫生教育的陈志潜也记得,陶行知"深信没有什么比试图提高农民的生活更重要"(陈志潜,1998:75)。为此,陶行知还从金陵大学聘请农业专家,开发生计卫生及社会环境改造课程。诸多新课程计划随之渐次展开,"在校内的池塘里养鱼","研究鱼类";为"研究园艺与农业","购买了几百亩地,请农业专家邵德馨先生教大家种地"(白韬,1949:27)。到1929年,晓庄发展到有"指导员二十人,师范学生二一〇人,小学生八〇四人,幼稚园生二〇九人",卫生教育也在陈志潜带领下开始实施(陈志潜,1930a:48)。然而正当蒸蒸日上时,外围大环境却不利于晓庄推进课程改革。除时任教育部部长蒋梦麟

"故意挑刺",不认可陶行知涉足"社会改造"外,更因是在南京政府眼皮底下办学,示威游行、声援工人等反帝爱国行动均被认为是破坏政局稳定。1930年4月,蒋介石下令卫戍部"派遣军警,解散晓庄师范学校",还发布告强加罪名,说晓庄师范"违背三民主义,散发反动传单,勾结反动军阀,企图破坏京沪交通"(卫戍部,1930)。晓庄师生向教育部部长蒋梦麟讨说法,"蒋梦麟避而不见"。次长朱经农也是陶行知旧友,竟说"我们以为知行原来是很纯洁的,谁知也是'一丘之貉'"。陶行知写歌反讽道"劳山有牛,好用其角,朱先生说:'是一丘之貉'"(朱泽甫,1985:180)。只是师生抗争无法抵抗军阀强权,陶行知也遭到通缉,于1931年1月被迫流亡日本,晓庄实验也跟着只进行了不到四年便夭折。

3. 定县的课程革命实验与乡村新教育创造

陶行知没有放弃,两个月后便转到上海,在新闻界领袖史量才赞助下,秘密从事儿童及平民科普教育。晓庄师生则转赴各地继续发展乡村平民教育。而在蒋介石势力控制不到的地区,也不断有人在探索农民需要什么样的新教育。如卢作孚1927年在四川军阀刘湘支持下从培养团体生活入手发展乡村新文化教育,梁漱溟1931年应山东军阀韩复榘之邀,前往邹县发展乡村建设与乡村教育,雷沛鸿1933年受桂系军阀首领李宗仁之托,在广西县乡推广国民基础教育,等等。不过,"所有实验区(县)中",仍属平民教育促进会总干事晏阳初领导的河北定县实验持续"时间最长""影响最大,成绩也最突出"(王建朗等,2016a:869)。平民教育促进会深入乡村探索新教育的顶峰形态也正是定县实验。和陶行知一样,晏阳初1926年初到定县时,亦是白手起家。结识米迪刚后,才在米氏家族地盘定县翟城村获得一块实验基地。米迪刚是近代中国乡村教育史上被忽视的重要人物,早在1901年清廷鼓励地方自主改革时,米迪刚便开始发展教育优化乡村治理,1921年还曾当选顺直省副议长(佚名,1921)。米迪刚认为乡村教育及治理的中心任务是"恢复秦汉以前旧有的文化与民族的自信力"(米迪刚,1930),故曾支持梁漱溟以儒家伦理教育为本重建乡村,但他也赞成晏阳初的乡村问题分析和发展现代文化教育。

赢得米迪刚支持后,晏阳初即开始招募同仁。先后竟有不少留美知识精英加入,如1924年加州大学毕业的社会学硕士李景汉、1925年康奈尔大学毕业的农学博士冯锐、1926年归来的哈佛教育学博士瞿菊农以及1931年回国的哈佛卫生学硕士陈志潜。他们和晏阳初一起在"村里租空闲民房住下",也和陶行知在晓庄时的情况一样,成员一律按"当地标准生活过日子","小米和红薯做主粮,菜就是白菜、豆角和萝卜干",避免北京教授们推崇的奢华生活,即所谓"千万不能在定县出现小北平"。虽然陆续有人"因自己或家眷难以忍受而回北平",但"整个定县工程里,常驻员工仍然有五百人,包括八位博士"(朱石生,2017:217)。经费方面,定县实验也能根据课程开发及新教育探索需要保持显著增长,具体如晏阳初所叙,从1926年即"民十五,全年预算25 000元",到"民十六,52 000元;民十七,82 360元;民十八,165 868元;民十九,234 034元"。到1932年,更增至"386 422元"。这当中有"陶行知先生等的赞助",更有熊希龄夫人朱其慧募集捐助,故晏阳初说"熊夫人实是主要灵魂"。晏阳初还将朱其慧尊为"平民教育史上我们的第一个同志"。1931年8月,朱其慧因病去世,"去世的前十天,还十分的不安,说她还不曾为平民教育募得十万元基金"(晏阳初,1992:200—202)。

晏阳初自己也曾为筹措经费,四处奔走,尤其是"在南洋美国国内各地募得大批钱财,作各色各样的实验建设设施"(曹日昌等,1935)。由此亦可见各路捐款者对于晏阳初及其平民教育团队的无比信任,美国社会学家甘博(Sidney D. Gamble)便因信任不仅免费提供指导,还"给平教会捐了一万美元"。女大学生艾伦也看到晏阳初"确实是在无私地帮助人,感动之下,干脆自己来到定县,住土方,穿布衣,工作了整整六年"。其间艾伦得知"教学需要置办广播设备,没有经费",还"动员母亲捐了五千美元"(朱石生,2017:237)。上海平民教育同行来考察,也发现定县实验"干部工作人员多留学与大学毕业生,以其地位与学识尽可谋得一官半职,度其养尊处优之生活,而今则抛弃都市,下乡苦干,……各部工作又甚紧张,此种精神,诚属难能可贵"(陈大白,1935)。可见,定县实验也有陶行知说的乡村教育"同志"信仰及救国救民精神在起内在支撑作用。课程改革方面,除立志扎根乡村,造福农民,安居社会边缘的定县实验同样充满对于当时主流新教育运动的批判与革命精神,故定县课程改革亦可称为课程革命实验,其批判与革命精神则如晏阳初概括(晏阳初,1931:570):

> 同人们到此发生一种感想,以为若是中国的政治家、经济家、教育家、大学教授、大学生们能常常到民间走走,一定要觉得在伦敦、在纽约、在上海、在南京,在一切的大都会所见所闻,及在图书馆中批阅的政治大辞典、经济大辞典、教育大辞典里面的高深知识不足以救国救民。必定要不消极,不悲观,不回避问题之困难,不求个人之舒服,肯虚心降气,忍苦耐劳,深入民间去"留学",然后中国前途才有希望。

主流教育精英从伦敦、纽约、上海等他们向往的一切"大都会"所能获得的见闻及各种政治、经济及教育知识，均不足以救国救民，同时也不能消极悲观或只求个人舒服，必须虚心且肯吃苦深入民间乡村"留学"，才可能创造出农村社会及广大农民需要的新知识与新教育，晏阳初的分析显然也能直指胡适、蒋梦麟、周作人等主流新文化及新教育运动发起者的要害。1927年6月，筹备定县实验期间，晏阳初更曾在《教育杂志》发文，指出"就我国的新文化运动来说，所谓新文化运动，都是少数学者的笔墨运动，和多数平民真是'风马牛不相及'"（晏阳初，1927）。然而晏阳初的提示根本无法扭转早已习惯成自然的主流新教育进路，而且就在同一期杂志上，便可看到北京、上海等地新教育家仍在传播来自纽约的教育思想。如北京新教育界正忙于接待杜威弟子克伯屈博士来参观中小学，到燕京大学、北京大学、北京师范大学演讲（佚名，1927）。上海新教育出版界，则有赵廷为大力宣传美国哥大师院教授托马斯·布里格（Thomas H. Brigge）的专著《课程的问题》，毫无依据地将布里格称作"今美国最著名的中等教育专家"，认为其出版才一年的著作"可以算是一部课程名著"，"研究课程者所不可不读"，并提醒读者他"正把此书译成中文，暑假期内当可完稿"（赵廷为，1927）。

仍需再过五年，遭到教育界学术新领袖傅斯年猛烈炮轰，赵廷为才开始反思美国化的主流新教育进路远离中国现实，并以笔名公开检讨，说"我国研究教育的人们——连我自己在内——都太不争气"。不争气又缘于"四大弱点"，其中"最大的弱点就是一味的学时髦"（轶尘，1933）。其实平民教育兴起之初，也是以时髦话题的方式存在于报刊，还曾引发许多演讲及晏阳初所说的"笔墨运动"，所以问题仍是留守都市的新教育家除了围绕时髦话题发表演讲，抄译论著，还能做什么，要想应对中国社会最大的现实教育问题，探索广大农民需要的新教育，又应该做什么。还是得像陶行知、晏阳初那样，将"民间"作为"留学"之地，才能突破"笔墨"造"运动"，真正为农民创造实实在在的新教育。言归正传，从课程改革角度看，晏阳初批判主流"新文化运动"与"多数平民"几无关联，批判主流精英从纽约、伦敦、上海等大都市获得的诸多"高深"的政治、经济及教育知识不足以"救国救民"，足以表明自从他深入定县以来，也在有意发起课程革命，且可以和陶行知构成南北呼应之势，共同推进中华平民教育促进会的乡村课程改革与新教育探索。

第一阶段从1926年在翟城村找到实验基地开始，最先启动的正是以"千字课本"展开识字扫盲教育。这一点并无特别之处，特别之处在于自一开始，晏阳初便有意识地从社会层面把"传统教育老实不客气地摧毁了"，将"农夫工人艺徒们都高升为

'士'","把少数人手中贵族式的教育,变为平民的大众的教育",晏阳初认为"这是中国教育史上一大革命"(中华平民教育促进会,1936:6),且革命目标不是将"少数人"的"贵族式教育"夺过来送给"农夫工人艺徒",而是"深入民间,根据一般人的生活需要,继续不断的创造新民教育的内容;根据一般人的生活习惯,继续不断的制定新民教育的方法,并根据社会的变迁,民族的进展,继续不断的创制新民教育的方案"(中华平民教育促进会,1934:2)。定县社会调查由此成为必须做好的基础工作,晏阳初对此也有充分考虑,其计划是"在平教运动的立场上","以有系统的科学方法实地调查县内一切社会情况"。然而实验当初"正式及短期工作人员不过二十人左右,十六十七两年,又经过两次内战,各项工作很难进行"(中华平民教育促进会,1934:5),加上"还有地方水灾、瘟疫,以及农村经济之凋敝"(晏阳初,1933:4),所以最初创设平民学校及试办农场的同时,"只附带做了些简单的调查"。虽说是简单的调查,但也广泛涉及"定县的历史,定县的地理,风俗习惯,政府组织,六十二村的交通、人口、教育、娱乐、信仰、兵灾、农业、地亩、生活等概况"(中华平民教育促进会,1934:6)。

主持定县"社会概况"调查的是康奈尔大学农学博士冯锐(冯梯霞)与加州大学社会学硕士李景汉。其中,冯锐系开创者,两年来不仅设计概况调查项目,而且亲自下到各村,到1928年"不幸冯先生因公致疾,须往山间有长时期的静养"。康复后,冯锐"因他方面的要求",于1931年"离开定县工作,从事别处的服务"(李景汉,1933:5),即南下至番禺,主持广东"复兴蔗糖事业"(冯锐,1934:2)。此外,还有二十余位同仁曾积极参与定县社会调查,如诸葛龙"努力搜集考察关于许多教育、历史、地理、财税等项的材料",张文世对"风俗习惯、娱乐、教育、政府和许多其他材料"进行"统计与整理"。再有便是美国社会学家甘博"对于定县社会调查甚为热心","关于调查的计划与方法方面指导很多,对于经济方面曾予以慷慨的援助"(李景汉,1933:5)。在冯锐前期辛苦开创及李景汉后期的主持下,二十几位同仁从1926年起,花了三年,终于在天灾人祸不断中完成了定县社会概况初步调查,使中国乡村教育乃至整个中国教育的课程改革首次建立在科学的县域"社会调查"基础上,不再像陶行知批判的那样,"从主观的头脑里空想出来",或仅是基于流行的美国教育哲学及心理学观点。

李景汉等也跟着成为中国社会调查先锋,为当时新生不久同样以照搬欧美社会理论为主的中国社会科学研究与教学确立了课程典范。都市知识精英通过社会调查,发展以本土社会为研究对象的中国社会科学课程可能遭遇哪些想不到的理论与现实困难,中国经济社会建设普遍面临但长期被忽视的诸多知识缺失,随之也被李景汉等一一揭示出来。1930年,李景汉就曾发文提醒"有专门学识的学士、硕士、博士们",乡村建设之所以常常发生热情而来失望而归的现象,系因"中国的农人如同一只牛,中国的乡村社会好像一头牛车。有专门学识的青年尤其是留外洋新回国的博士,如同一个有高等技术的飞行家。……专门学者尤其是没有经验的,来到乡村从事改造事业,也好比一个飞行家坐在牛车上赶牛",觉得"处处不合他的理想,样样都急需改造",乃至"忍不住打起牛来","结果只有失望叹息悲痛,觉得他的本事热心都白费了",不知"他们的理想过高,也许太差"(李景汉,1930)。1932年,李景汉在当时社会学重镇之一清华大学(社会学系创办于1929年,主任为陈达)演讲时又指出,"社会调查"对国家发展来说非常重要,但"国内具有调查之学识经验者如凤毛麟角",容易忽视当时各地"贪官污吏之苦吾民也久",导致农民一听到调查,便以为"县长"来"刮地皮",如此"调查其生命财产及种种家庭私事"时,就需先赢得农民信任,"不再视为大祸将至"(李景汉,1932)。

定县实验的社会调查工作显然也是在以真正深入民间去的方式,为当时中国的社会科学课程由照搬欧美知识,转向发展本土社会研究探索适宜进路,这一进路便是李景汉所说的"住在农村从事社会调查"。除揭示种种理论及现实困难外,冯锐、李景汉等还为教育界科学认识中国农村贡献了可靠分析工具即"社会调查表"。著名新闻记者徐铸成1930年考察定县期间,就说"这次参观感觉到最有兴趣的,莫过于社会调查表,……费了整整两年的整理,我们一看,便可以知道定县乡村的社会经济生活状况和风俗习惯教育情况。推而至于乡村间的需要和急切应改良的和应提倡的。我觉得李景汉先生以次各位先生,真是功德无量。他们把乡间哀哀无告的乡民疾苦,用数目字整个的表现出来了"(徐铸成,1930)。当然,优化中国社会科学课程及社会治理技术只是定县实验的副产品,定县实验的主体任务乃是为平民教育促进会发起课程革命,为创造农民需要的新教育提供知识基础。概况调查完成后,定县实验迎来真正的全面启动。1929年秋,中华平民教育促进会也"全部由北平移到定县,开始以全县为实验区"(中华平民教育促进会,1934:6),从而进入第二阶段,真正开始创造农民需要的新课程与新教育。同时,调查也未因概况了解后便停止,而是继续进行,为开发新课程创造新教育提供可靠根据。如1933年启动新一轮"六年实验计划"时,仅当年便准备对"田场经营""主要农作物及鸡猪羊""主要手工业""集市与商业""借贷"等展开"十二个"更细致的调查(中华平民教育促进会,1934:8)。

社会调查因此其实也是定县实验基本的新课程之一。其他重要新课程则意在创造依据概况调查提出的四大乡村新教育,以求可以使农民接受了扫盲识字教育之后能进一步受益,逐渐改变乡村"愚穷弱私"的经济社会文化状况。具体来说,四大类新课程对应的四大教育包括"以文艺教育救愚,以生计教育救穷,以卫生教育救弱,以公民教育救私"(中华平民教育促进会,1933:5),所以四大类新课程便是文艺新课程、生计新课程、卫生新课程及公民或国民新课程。从门类看,定县课程革命似乎和陶行知创办晓庄师范时所想并无太大区别,后者除一般文化课程,也是重点从生计、卫生教育入手发展新课程。而且在一定时期内,晓庄和定县可谓中国乡村课程改革的双子星座。1933年,在定县主持卫生教育的陈志潜甚至说,"近十年来,全国到民间的工作里,可以说只有二大运动,一个的中心在晓庄,一个的中心在定县"。只是"晓庄不幸而中途夭亡,到今日只剩了定县"(陈志潜,1933)。所言也能表明,晓庄与定县在课程教育改革方面具有相似的结构与意义。不过,由于陶行知作为平民教育会领袖之一,也同意1929年秋起将平民教育会总部由京城迁往定县,以及晓庄中途夭折等因素,使得定县实验在经费投入及人才吸引方面更有优势,或者说原本需分散到晓庄的宝贵经费及人才也随平民教育会总部迁移全部集中到了定县,所以定县实验可以取得更大成就。像陈志潜1929年从协和医学院本科毕业时,便先是在晓庄主持卫生教育,等到其1931年在哈佛拿到公共卫生学硕士回国,晓庄却不在了,于是决定前往定县效力,进而可以在县域范围内让更多的农民接受其卫生教育。

陈志潜回国时,中央大学新成立的卫生教育系曾邀其出任系主任,"母校协和医学院也殷切希望他回校任教",但陈志潜接受了晏阳初邀请先去定县参观,结果"一到定县他便被那热火朝天的气氛所感染,除文盲学文化,讲科学学知识,村村有壁报,处处可闻朗朗读书声。……尽管当时定县人民的生活还十分艰苦,但他却在这里看到了希望,看到了新生。于是他赶快和妻子及三个儿女连同他的岳母一起来到定县安了家,一干就是6年。月薪比在大城市少一半,吃的是小米粗面,主要的交通工具是毛驴"(梁占恒,1989)。陈志潜之所以会选择长年扎根定县,原因在于晓庄没有了后,可去地方中,只有定县能实现其医疗及公共卫生教育理想。效力晓庄及留美期间,陈志潜便很清楚,中国因受西方影响重视发展城市医疗,忽视平民尤其是农村公共卫生,导致农村地区不仅缺乏医疗,更看不到疾病预防、健康等公共卫生事业。如1930年"旧京兆区"的北平市有"医生四百人,病床一千五百具,而乡村全部仅有医生三人,病床七具",且"北平市间医药虽多,售价日昂,中人之家已无力就医矣",所以陈志潜希望当局及教育界能明白,"今日吾国急需者,阙为应用现有之医药知识于民众,增加现有医药学校之毕业生人数,为人民保障医药设备之完善,是当务之急也"。陈志潜还劝国人"万不可抄袭欧西社会一切之成法",应依据国情,从"为人民保障医药设备之完善"入手,医疗与公共卫生并重,"以树立万国模范,非不能也,恐不为耳"(陈志潜,1930b)。

农村急缺医疗及公共卫生知识教育,这是陈志潜作为当时"新青年"之一发现的又一中国社会重要需求。当时只有定县可以让陈志潜实现其农村医疗及公共卫生之梦,定县实验也因陈志潜的到来成为中国农村医疗教育及公共卫生开拓先锋,陈志潜则被尊为"中国公共卫生之父"(本刊编辑部,2001)。陈志潜之前,尽管有不少医疗及卫生教育议论,却没有知识精英会真正深入乡村发展医疗卫生事业,这又是定县实验一大革命突破。陈志潜到定县后,开始"探索用最好的方式输送科学的医学到我国农村群众中"。首要行动是调查当地"疾病及死亡的原因",发现腹泻、痢疾、新生儿破伤风、猩红热、结核病、麻疹、天花、结膜炎、沙眼、皮肤病等是当地农民及学生常发疾病,设计"以村为基础""村能够在财政上支持"的医学课程实施、人才培养及医疗卫生体系(陈志潜,1995:81—86)。陈志潜努力在中国农村"创建了国际上都没有的'三级医学卫生保健网',即乡村设保健员,送药送知识到田头;乡镇设卫生站;区设卫生中心。从上到下层层培训、指导,从下到上层层询求解决疑难问题"。效果也"立竿见影,很快显露出防病治病的巨大作用。例如1932年霍乱流行,区中心医院推荐下,定县的领导者组织了一个防治委员会,除散发墙头宣传画,告诉居民如何避免传染、推动预防接种等大力宣传外,还雇佣特别警察来搜寻病人送到中心医院救治。进行改水、改厕等,并监督井水消毒。整个霍乱流行期间,共收治45例病人,无一人死亡。中心站收治的260次手术无一例失误……。定县模式如天上出彩虹,很快引起国际公共卫生学界极大的关注"(郭栫懿等,2003)。

生计教育部主任原为1924年从康奈尔大学毕业回国的乡村教育学博士傅葆琛,但到1928年6月傅葆琛便因事请假,之后生计教育部主任便由负责定县社会概况调查的冯锐兼任。与陈志潜一样,冯锐也认为主流"兴学维新"运动存在明显弊端,即"徒坐袭欧美皮毛,漠视国内情形",以及"一般以改进社会自命者,类皆不审国势,不查国情,图抱舍本逐末之方,妄希事半功倍之效,其无所成就,自不足怪"(冯锐,1929a:2)。正因主张必须弄清国情,所以冯锐会竭力主持定县社会概况调查。冯锐十分理解平民教育会"对于农业课程特别重视",自兼任生计教育部主任,便决定先为实验工作人员及定县农民开发农业科学基本知识教材,使"凡在乡村服务之人,不论所担负者为何事,对于农业应有一最低限度之常识"。由此冯锐还发现当时学校农业教材存在严重缺陷,不是太专业化,就是不切实际的理论,即所谓"坊间各种农业书籍,多为学校课本式之书本,非属于专门,即是偏重理论",找不到"对于农业科学之普通知识,能为有系统而切实之解释者"。冯锐不得不自己另外编写,用以"灌输农业科学常识于一般与农业有关系之人民,及日处田间之农夫"(冯锐,1930:1)。一年后,冯锐如愿在最大的教材出版机构商务印书馆推出中国第一本既适合农村改良工作人员学习,又能满足农民实际需要的农业科学常识教材,各地教师与学生也因此可以切实了解中国农村到底有多少"农业",需要什么农业科学常识。

农业常识课开发完成之后,便是围绕农业常识课提到的农业具体事项,研制各类专门的定县农民发展种植业、养殖业急需的农业科学课程,包括育种及农具改良、排水灌溉、施肥及病虫防治、饲料、兽医等。在农业生计课程实施方面,冯锐作为主持人也有系统架构,设立了"农场""研究""推广""表证"等机制,以使"实验区农民,应能自动利用农业科学,自求进益,并指导其他农民"(冯锐,1929b:61—62)。机制稳定,且不断有新人加入,所以即使冯锐1931年被广东请去,定县农业生计教育也能继续进行,且效果同样显著。到1934年,第一批85户"表证农家"采用棉花"良种"后,"产量较本地种平均增加50%"。"高粱品种改良"方面,"经三年之试验",也"增收30%以上",所以"村民争向该表证农家定换种子,已不推而自广"。"梨树整枝"技术"经五年试验","产量方面,增加27%或25%"。白菜引入"良种"及"栽培管理"后,"平均每亩增加了15.47%"。养猪方面体重"生长百分率"也增加10%,到1935年,"定县共有改良猪种两万五千头,对于农民增加生产,其受益匪浅"。鸡种改良方面,杂交出"力行鸡"后的"试验结果如下:本地鸡平均每年产卵六十个,每卵平均重一两一钱五分,力行鸡每年平均产卵二百五十个,每卵平均重一两七钱"(中华平民教育促进会,1935:69—78),如此等等都能说明,生计课程开发及教育曾切实造福定县农民。

其他两大教育即文艺与公民教育亦是从1929年秋启动,旨在让农民也能过上于己于国均有益的新文化生活,同时培育国民社会公德,如冯锐提出的"发达民众的团结力、公共心","无论讨论何种事务,都有自决、自信、公是公非的主张"(冯锐,1929b:7),所以两类教育往往可以融为一体,同时也曾吸引许多新文化精英积极参与。最初负责人则为哈佛大学教育学博士瞿菊农及留法归国文学家孙伏园,他们对李景汉调查期间发现定县农民喜欢"秧歌"戏十分感兴趣,曾不断挑选秧歌戏词登在《农民》上,等于曾发起"定县歌谣"运动(佚名,1930)。他们还吸取秧歌形式,创造农民喜闻乐见的新文化教育。瞿菊农更曾向京城主流新文学家及新教育家呼吁,希望他们像定县文艺教育实验那样,也"划出一部分事情来做调查研究的工夫,从现在民众的实际享用的平民文学上来研究民众的需要,根据他们的需要改良创作",从而实现"平民文学的五项教育价值",如"使民众得到正当的娱乐,养成民众对于文艺的兴味,对于人类生活得到正当的判断,陶冶民众的道德"等。瞿菊农甚至建议京城新文化教育家不妨"先以北京戏剧做研究的范围",如此"至少可以知道北京市民比较喜欢看哪些戏","做改良的根据"(瞿菊农,1927)。孙伏园同样主张深入调查,并曾依靠吸取秧歌形式创造了许多教育新歌作品,尤其是那首"押韵顺口、颇受欢迎"的20字歌,"吃自己的饭,流自己的汗,依靠人的人,不算是好汉"。此外"实行汉语拼音方案,也是孙伏园先生最早在定县提出"的(梁占恒,1989)。

  调查基础上形成的以地方戏剧为载体的系列新文艺教育活动随之成为定县实验为农民贡献的另一大重要新课程。之后,如瞿菊农所见,地方戏剧课程又在形式上演变升级为现代话剧,到1934年,"定县农民自动组织的话剧团,已经有了四十几处"。瞿菊农进而说"由此我们也可以看出中国农民,并不是不能接受新的东西,实在是他们没有机会"(瞿菊农,1934)。不过瞿菊农没有指出,定县实验之所以能在新文艺及公民教育领域取得显著课程革命成绩,竟使农民自动组织四十几个"话剧团",最关键的推动力量乃是著名戏剧教育先锋熊佛西1932年加盟担任"定县实验区农民剧场主任"(佚名,1933),且一干就是五年。熊佛西1926年从哥伦比亚大学获得戏剧硕士学位后,先是"出任北京国立艺术专门学校戏剧系主任,是中国戏剧教育事业正规教学体制的建立、主持者中第一人"(王少燕,1998)。受救国运动及平民教育影响,就任国立艺专戏剧系主任之初,熊佛西就重视通过演讲、公演等方式,让戏剧与民众建立关系,但之后熊佛西却因长期生活于都市象牙塔无法深入民间,不可避免地和诸多留学文艺精英一样倒向模仿西方。到1931年追问"戏剧究竟是什么"时,熊佛西仍习惯照搬宣传美国戏剧家"韩美尔敦(Clayton Hamilton)"及其导师"马修士(Brander Matthews)"的观点(熊佛西,1931:15—23)。

  直到"九一八事变"爆发,熊佛西才决心从唤起民众救国入手改革话剧教育,发起"戏剧大众化"运动,且认为大众就是农民。但对如何走进农民,熊佛西一时仍没明确路径。恰在此时,晏阳初来邀。得知晏阳初"对于中国的新兴戏剧运动也有十二分的热忱",熊佛西随即欣然前往定县,进而提出"要把戏剧大众化,要致力于大众戏剧的实践,要站在农民当中创造一种新的农民戏剧,必须与农民打成一片,必须深入农村"(熊佛西,1947:2)。1932年初,熊佛西带领一批师生进入定县,开始创办戏剧培训班,按晏阳初的教育理念创作戏剧,《屠户》《哑妻》《卧薪尝胆》等现代农民剧陆续在定县上演。反响"极其热烈",1932年底,"多加了好几个"新戏,也"远远赶不上农民的需要"。于是"1933年2月9日,一件激动人心的事发生了:尧方头村的农民在平教会戏剧工作者指导下成立的农民剧团在自己村里演出了三个戏(熊佛西的《屠户》,还有欧阳予倩的《车夫之家》和无名氏的《穷途》)",且"连演两晚。……一下点燃了全县农民对话剧的兴趣"。之后,各村纷纷成立剧团。"五年的经验令人惊讶地证明,中国的农民——即便是当时那些还刚刚在扫盲的农民——不仅能欣赏与他们所熟悉的旧戏曲截然不同的写实的话剧,而且还会热情地把它拿过来变成自己的艺术形式,并和专业戏剧家一起对它加以改造,创造出一种中国式的现代戏剧"(孙惠柱等,2001)。

定县实验在三年调查基础上形成的系列课程革命及新教育探索一直持续到1937年定县沦陷才被迫终止,所以前后共持续11年。实验期间有哪些重要课程改革行动,以及曾为农民创造了什么样的新教育,均已大体勾勒完毕。现在可以分析其对当时中国课程改革的影响、意义及不足之处。由此就需重回陶行知、晏阳初酝酿平民教育实验时,都有意改革归国知识精英开辟的新文化与新教育主流进路,使之转向可以满足中国社会更大的现实需要。就一般意义的扭转风气而言,陶行知、晏阳初在教育界激起的反响称得上是显著。仅仅1923年成立中华平民教育促进会,就已颇具声势,且能波及中小学一线。像江苏省立四中,就有不少学子因受影响在校刊讨论"平民教育"。其中吕润华甚至还对晏阳初最初在欧洲从事华工教育做了考察,并在此基础上拟定了平民教育计划,连地址、薪水、招生及入学资格等细节都有考虑,如说平民教育"完全是为公益起见,不是图谋私利","所以无薪水之可言,看已实行的地方,只有每月津贴数元的车费罢了"(吕润华,1924)。另一位学子张昌绍也提出中国要想"免于亡国之惨","舍提倡平民教育,增加平民程度外,殆无他法"。同时张昌绍也有具体平民教育课程构想,即"先行提倡孔教,以正人心"(张昌绍,1924)。中学毕业后,张昌绍因认为国家更需要的是医学,逐渐成为平民及国防医学开拓先锋之一,1940年学成归国后曾大力推广"青霉素治疗学",解决当时军民治疗的大难题:"吾人对于种种细菌性疾病,尚无特效药。除于一部分可施外科手术或血清治疗而外,大都眼看着细菌猖獗,无法遏制。医家所能做到者,最多只能减轻病人痛苦,维持其抵抗力而已。"(张昌绍,1944:2)

张昌绍等学子的言论及后续发展都能表明陶行知、晏阳初自成立平民教育会起,就曾给教育界带来一股新风,乃至曾激励众多学子走上为大多数人谋福的求学新路。不过,要论陶行知、晏阳初的平民教育努力尤其是定县实验对于中国课程改革究竟有何影响,更需考察的还是胡适、周作人等最初也曾提倡到民间去的主流新文化及新教育发起者有何反应。定县实验自1929年秋全面启动时,就"很受各界人士的注意"(冯锐,1929b:1)。然而胡适却没有将定县实验当作一回事,更不曾前去考察。到1933年,胡适才开始在其主办的《独立评论》连续点评定县实验。不过,胡适一系核心成员大多不看好定县实验。先是任鸿隽从《世界日报》批判定县实验"不啻一骗人东西,谁从当地经过就请谁去参观"说起,认为定县实验虽不至于有名无实,却不赞成晏阳初、冯锐、李景汉等把乡村建设"这件事当成一个深奥无穷的学理问题,须把各方面的情形一一想到,各种解决的方法——研究出来才起手去做,那便是俗语说的耗子钻牛角,恐怕有此路不通之感了"(叔永,1933)。

一周后,又有"独立评论"派另一主力蒋廷黻发文。相比任鸿隽1931年曾去定县参观过一次,蒋廷黻则"没有到过定县,也没有参观过平民教育",但他从别处了解定县搞了许多"除文盲""作新民""救愚"等"口号"和活动,然后据此认为定县实验"认错了,中国乡村所需要的不是小改革,是大革命"(蒋廷黻,1933)。又过一个多月,主帅胡适出马,手法也高过两位先锋。胡适没有直接发表批评,而是选了一封自称是"平教会平民学校毕业生"的来信,等于让局内人自曝各种乱象,且署名为"李明镜",大意说定县实验初期尚好,后期则劣迹斑斑,如"务虚名不讲实际"、"好的成绩不如坏的影响大"、"平教会员欺骗乡愚","同学会之跋扈骄横",等等(李明镜,1933)。胡适最后加按语说"我也是没有到过定县的人",他"对于平教会的态度和蒋廷黻先生大体一致":"凡是一种社会改革,总免不了'民怨沸腾'。我们替定县的改革家发表一点'民怨',也许可以给他们一个辩证解释或参考的机会。"(胡适,1933)胡适的确会讲话,都是引用别人观点,却既可声援自家朋友,又能让读者觉得他借陌生人之口批判,是为帮助定县实验做得更好。但稍加分析,便不难看出胡适不认可定县实验,且认为正确的新文化及新教育进路仍在他那里。不过,胡适也忽视了自己因长期栖息于都市上层社会,不知道在其从不涉足的中国广阔的乡村社会,早已有众多教育界的人在开辟新的主流进路,反而是与农民做朋友的定县实验在社会立场上能接近历史新主流。当然这是后话,此刻只需点出胡适不认为定县实验可以取代他开辟的主流进路。

值得一提的是,为弥补缺乏现场认识,蒋廷黻1934年"决定亲自到定县考察一次",结果大大颠覆了其去年道听途说得来的成见。蒋廷黻还特地在《大公报》发文,直言"不但我自己以往的印象错了,就是别人批评平教会者及赞扬平教会者似乎都没有找到平教会的真正使命,反为许多枝节问题蒙蔽了"。事实上定县实验绝非"就是平民千字课","平教会的事业太多了"。如挑选"受过千字课的青年农民,在所设的保健所教他们治十种最普遍而最容易治的病,于是给他们十种药,教他们回到村里做一村的保健委员",蒋廷黻就"看见过保健员在村里替农民种牛痘、治皮肤病等。这样,医学一部分的恩赐始能到农民的手里"。农民生计教育方面成绩也显著,蒋廷黻由此归纳道"平教会的实在贡献在把科学和农村连接起来。科学——自然科学及社会科学——好比一个源泉。平教会开了沟渠,接上管子,把源泉的水引到民间去了。换句话说,平教会的试验找到了改造中国农村的技术和方案"(蒋廷黻,1934)。蒋廷黻的现场体验可谓深刻,不仅看到了定县实验的诸多重要新教育贡献,而且能准确揭示定县实验在课程改革方面的革命突破乃是把"自然科学及社会科学"与农村、农民史无前例地连接了起来,并认为这样做可以改造中国乡村社会。

蒋廷黻考察定县期间,独立评论派还有其他成员也曾前往定县参观,且同样产生了新认识。章元善参观完便于 1934 年 4 月在《独立评论》发文,指出定县实验至少有"这一点小小成绩":即"经济虽不景气,人民还能安居,充满新气象",并认为定县实验"照目下的计划做去,自有得到政治力量的一日"。只是章元善临走时,看到"兵马满街","兵车络绎于途",所以觉得定县的小小成绩"经不起大兵们一天的光临"(章元善,1934)。可见,章元善尽管依旧不认为定县实验可以解决中国农村经济不景气及日益严峻的军事危机,但对定县实验终究有所肯定。然而胡适仍未因同仁朋友纷纷去考察也到定县走一趟,而是留在都市里提出一些抽象的问题展开探讨。先是发起"无为政治的讨论"(弘伯等,1934),"登出了两篇拥护建设反对无为的文章,同时也登出了一篇赞成无为反对建设的通信",接着胡适交代,因讨论惹出"许多批评",说"我至今还是有为的歌颂者,但我要指出一个极平常的原则,有为的建设必须有个可以有为的时势,必须先看客观的时势是否许我们有为"。到章元善对定县实验略表肯定时,胡适又开始讨论"今日可做的建设事业",继续强调"有为的建设必须先有可以建设的客观的条件:第一是经济能力,第二是人才"(胡适,1934)。总之尽是抽象概念组成的议论,且依旧不认可定县实验,甚至让人觉得定县实验没有做"建设事业"的"经济能力"及"人才"基础,或不应该在客观条件不具备的情况下去建设乡村。

蒋廷黻、胡适等表达完各自立场,轮到周作人登场。提起定县,周作人也"很想去看一看",但一时没人邀请。保定育德中学来函,邀请其与俞平伯一起去演讲,周作人终于得偿所愿,1934 年 11 月 3 日,上午讲完两个小时的"落伍的旧话",周作人立即赶赴定县,接待者是孙伏园。周作人只在定县转了两天便赶回京城,且未像蒋廷黻那样受过"社会科学"训练,所以看不出定县实验的知识教育运作结构及其革命突破。周作人自己也坦言"对于经济政治种种都是外行",但他也能依据自身的文学经验及现场观察,发现定县实验的非凡之处。如其事后发表的文章所言:"我看了一下之后对于平教会很有一种敬意,觉得他有一绝大特色,以我所知在任何别的机关都难发现的,这便是他的认识的清楚。平教会认识他的对象是什么。这似乎是极平常极容易,可是不然。平教会认清他的工作的对象是农民,不是那一方面的空想中的愚鲁或是英雄的人物,而是眼前生活着行动着的农村的住民。他们想要,也是目下迫切地需要的是什么东西。目下不必要也是他们不想要的又是什么东西。平教会的特色,亦是普天下所不能及的了不得处,即是知道清楚这些事情而动手去做,如谷类的选种,可以每亩多收,不易受病,又赖杭鸡生蛋,数目多,分量大,波支猪长肉多而速,他们都确实的感到受益"(周作人,1935)。

周作人最后还从自己"看了一下农村的情形"出发,提醒教育界反省"许多好话空话都是白说,都是迷信",并以孔子、孟子的相关话语做基础,建议教育界"把上边的空话暂时收起",深入农村把农民的"衣食住药稍稍改进,随后再谈道德讲建设不迟"(周作人,1935)。所言似乎是在针对教育界领袖胡适不久前发起的"建设"大讨论,但周作人自己也仅是敬重定县实验致力于认识农民需要什么,并曾让农民切实受益,而不会改变自己的新文化教育进路,尽管其一番参观与发现已悟出身边的教育界主流知识精英长期生活于都市,根本不可能创造农民需要的新文化与新教育,只能空想农民如何,或从知识道德层面贬低农民。相比周作人或胡适曾提倡走进平民或农民,却始终停留于口头或笔端,顾颉刚作为教育界的主流知识精英之一,倒是自1937年起开始深入民间面向乡村农民或城市平民发展民族团结抗日教育。顾颉刚的调整所代表的其实恰恰是在向教育界兴起的新主流进路上靠,且新主流进路的开拓先锋及主力之一正是陶行知、晏阳初及其领导的平民教育促进会。教育界的许多师生也因他们在定县发起课程革命努力探索农民需要的新教育,得以走上救国救民的新主流进路。更具体的描述则如雷洁琼所说:"一批又一批的留学生、大学生、教授、学者和医务人员由各大城市纷纷奔赴农村,参加'定县实验'工作。他们通过社会实践,走上了知识分子与工农大众相结合的道路。"雷洁琼自己1931年至1937年在燕京大学社会学系任教期间,每年也会带领学生前往定县实习,"很多大学生毕业后留在定县实验区工作"(雷洁琼,1996:2)。

雷洁琼深度参与基础上形成的概括,可谓一语道破陶行知、晏阳初自1923年跳出主流新文化与新教育运动另辟进路以来,究竟给中国课程改革及新教育发展带来什么新变化,答案正是曾让一批又一批的留学生、大学生、教授纷纷离开都市前往定县,走上"与工农大众相结合"的新道路。进而言之,晓庄及定县实验在中国课程改革史上有何意义,也集中体现为让众多师生转到乡村去探索中国社会人数最多的农民需要什么样的新课程与新教育。影响及意义堪称卓著,但再卓著,还是会有不足之处。陶行知、晏阳初、冯锐、李景汉、陈志潜、瞿菊农、熊佛西等平民教育骨干都相信没有什么比改善农村及农民生活更重要。比起满足部分新青年学子的学术、政治及人生诉求,定县实验所要应对的无疑是中国社会更大的现实问题,也找到了可以切实使农民在经济及健康方面受益的教育进路。陶行知、晏阳初及众多定县实验骨干也因无私奉献,与农民同甘共苦,比在都市发表高论的主流知识精英更能彰显中国士人的民本与济世传统。陶行知1946年去世时,张申府就曾向"一切思想自由精神独立的知识分子"发问:"谁能够代替行知先生?"希望教育界的自由主义思想知识精英能像陶行知那样,"争取民主,为人民服务,而且越来越为更广大的人民服务"(张申府,1946)。

张申府的发问也能表明,相比主流自由主义知识精英,陶行知、晏阳初等更符合历史进步方向。就是定县实验的系列课程革命行动仍不足以实现救国救民初衷。进而言之,定县实验仅向农村输入千字课、新文艺、现代农学及医学等新课程,创造可以优化农民经济卫生及文化生活的新教育,还无法解决农民疾苦,使中国社会获得新生,甚至可能因视野缺失,尚未挖掘到中国农村社会的苦难症结。费孝通1948年就曾说,"定县实验最大的缺点就在不从社会制度上去谋求改革"(费孝通,1948)。今人更能指出,晏阳初将20世纪20年代的中国社会危机归结为"人的问题",缘于农民的"愚、穷、弱、私",未能准确认识农民的愚穷弱私是由国内外哪些势力造成,其系列努力是在中国社会的苦难结构之上,悬空采取教育"改良主义",未去对将中国社会及农民拖入苦难的国内外势力发起"革命",所以尽管能努力发明平民主义新教育改善农村经济文化生活,却"只是治标不治本的一时补救之术"(宋恩荣等,1994:381—383),终究无法使中国农村及农民走出苦难。这意味着,只有在社会苦难命运结构消除的情况下,定县实验才可以发挥稳定"补救"功能。

对于中国社会的苦难结构,晏阳初其实有所认识。1937年,晏阳初曾指出"中国今日之所以有问题,可以说完全是由外来势力所激起",外来势力正是"帝国主义的侵略"。但当进一步剖析"中国的社会结构问题"时,晏阳初却只引用梁漱溟的"文化失调"理论,即外来势力入侵导致原有文化失调,进而将国内社会结构危机界定为"因了文化失调的高度而陷社会结构于分崩","中国人"失去活力,"中国人——尤其是大多数的农民——的衰老、腐朽、钝滞、麻木和种种的退化现象,更叫中国整个的社会问题,严重到不可收拾"(晏阳初,1937:408)。不难看出,虽然晏阳初后来意识到外来帝国主义侵略系根本因素,但还是习惯从文化教育视角分析国内社会危机。其言论还可映照出梁漱溟同样把中国社会危机定义为文化危机和"人"的危机,然后以文化教育来解决危机。只不过梁漱溟的核心教育工具是儒家伦理,晏阳初更重视发展现代文化教育,但不足之处一样,两人都将中国社会新生寄托于唤醒再造广大农民,却都因视野局限于文化及人性改造,未能更深入地剖析国内外哪些势力将农村、农民及中国社会推入苦难。其课程革命也只针对文化教育制度展开革新,不涉及经济社会体制。新问题随之来了,何种新思想可以将改革者引向深入认识中国社会的苦难结构,什么样的课程革命可以动员国人尤其广大农民致力于再造中国社会苦难结构,真正让广大农民及整个民族从苦难结构中获得新生。这可以说是近代中国课程改革的最大现实政治难题,中国课程改革最后能走上什么样的新道路,正取决于如何破解这一最大现实政治难题。

第六章 马克思主义与通往新中国的课程改革之路

起点再次回到蔡元培1917年整顿北京大学以来中国课程改革的种种新生可能，其中胡适一系等怎样借助最高学府有利位置，将中国课程改革引向依靠自由主义、科学主义等新思想发展新文化教育，陶行知、晏阳初等如何深入乡村通过发明系列新课程，解答农民需要什么样的新教育，前文均已叙述完毕。此刻可将视野转向1917年以来的另一些知识精英及新青年学子身上，其中有的也是留学精英，有的则是本土中等师范生。他们同样分散在北大及教育中心场域内外的各种边缘地带，但思想与行动却渐渐统一指向陶行知、晏阳初忽视的中国社会苦难结构，革命对象也不仅是当时主流新青年学子痛恶的旧文学、吃人封建礼教，或少数都市精英阶层享用的新文化教育体系，而是将广大工农及整个民族推入苦难的国内外种种军事经济政治势力。他们中有的在1917年之前，就在尝试以社会教育的方式，唤醒青年学子对抗帝国主义、北洋军阀等陷国家于苦难之中无法获得新生与进步的国内外势力，1917年之后仍未放弃探索。其中最先需要留意的便是李大钊、陈独秀及各地受影响的新青年学子。

1914年，25岁的李大钊考入早稻田大学攻读政治经济学本科时，便因袁世凯签订二十一条，参与发起留日学生总会，任总会刊物《民彝》主编，"公开反对袁世凯"，同时研读日本经济学家河上肇翻译的《资本论》，开始接触马克思主义。1916年，李大钊更"毅然决定丢下学业，甚至拿不到大学毕业文凭也毫不顾惜"，回国"做社会革命运动"（高一涵，1979：339—340）。本章的历史考察即是从李大钊回国从事"社会革命"开始，由此将揭示近代中国为寻求民族复兴发起的最后一路也是最为重要的课程改革探索，其开拓先锋及主力更多是来自教育界边缘地带，其探索努力也主要发生在远离大都市的广大农村地区。就最初体制地位与影响而言，相比已考察的课程改革运动，这路课程改革探索可谓最边缘，但正是这路最边缘的课程改革探索自诞生之日起，便依靠马克思主义将使命定为破解中国课程改革的最大现实政治难题,即什么样的课程改革可以使广大工农以及整个民族摆脱鸦片战争以来的苦难命运结构,并通过数十年艰辛探索,在得不到教育及政界主流势力理解,时常遭遇排挤与打压的情况下,仍成功开辟了通往新中国的课程改革正确道路。本章即来揭示其艰辛漫长的探索历程,起点正是李大钊回国后在北大传播马克思主义,努力开拓马克思主义工人革命教育。

一、努力开拓马克思主义工人革命教育

李大钊1916年回国后,先是加入梁启超、汤化龙组织的"宪法研究会",即民初政坛势力之一"研究系"。该系其实是"以研究宪法相标榜,勾结军阀进行投机",李大钊"不久就在政治上与这些人发生分裂,脱离了宪法研究会"(李大钊年谱编写组,1984:26)。1917年1月,梁启超如愿入阁,被段祺瑞任命为财政总长,曾"说服段祺瑞抢先以中国合法政府名义,发布了由他起草的对德奥宣战的布告","替北京政府在外交上争得'法统'地位",使孙中山1917年8月组织的"广州政府难以获得列强承认"。但"北京政府财政空虚,而各路军阀却不断向它要钱"。"梁启超只好违反初衷,向日本银行团借钱济穷,主持签署了'第二次善后大借款',不消说要以主权做抵押。""于是舆论大哗,段总理只好牺牲梁财长以保全执政地位。"(朱维铮,1998:6)军政势力阙如的梁启超自此仕途终结,转入教育界寻求发展。之后十年其心思仍在组织"新党"上,以实现政体改良理想。梁启超曾"有野心控制全国的文科教育",只是"因为没有班底","惟有亲自出马","一面在南开、清华做长期讲授,一面在各地巡回演讲",以"他那'活泼泼的人格'去熏陶年轻的学子,冀望来日成为新党的干部"(张朋园,2007:149)。1926年任教清华国学院时,梁启超就曾尝试"将原来的'儒家哲学'改为'我的政治主张',在课堂上讲了两次,遭到部分学生的反对才停止"(彭玉平,2009)。可见,梁启超始终是在上层政治改良轨道上运行。李大钊早早脱离"研究系",则可以继续探索新路。

1. 走向马克思主义与发展新的中心势力

脱离"研究系"之后,李大钊转入章士钊主办的《甲寅》周刊,从事社会教育。1917年12月,章士钊又向北大推荐李大钊,还让出自己兼任的北大图书馆主任职位,李大钊随即于1918年1月加盟北大。除李大钊外,章士钊还向北大推荐了湖南第一师范教师杨昌济。1918年6月,杨昌济举家北上,任北大伦理学教授。之后,杨昌济又让蔡和森、毛泽东等得意弟子来京寻求深造,还为想找一份工作的毛泽东介绍认识李大

钊。"征得蔡元培同意"后,毛泽东于1918年10月"被安排在图书馆当助理员,负责新到报刊及阅览人姓名的登记工作"(中共中央文献研究室,2002:39)。新鲜血液自李大钊加盟以来不断涌入北大。其时,正逢陈独秀改组《新青年》,李大钊与胡适、钱玄同、刘半农等一起加入编委。不久,鲁迅也加入进来。鲁迅说他不知道李大钊"其时是否已是共产主义者",但对李大钊"印象是很好的:诚实、谦和、不多说话。《新青年》的同人中,虽然也很有喜欢明争暗斗,扶持自己势力的人,但他一直到后来,绝对的不是"(鲁迅,1973:91)。鲁迅所谓"势力",正是胡适领衔的欧美归国知识精英,以及鲁迅所属但很少参与的章门弟子一系。"明争暗斗"则意味着李大钊、杨昌济作为新进人员,在北大会遭遇意想不到的思想及立场冲突。

来北大前,李大钊曾在《甲寅》发文,从政治现实出发认为"军阀势力、以进步党为代表的温和派和以国民党为代表的激进派,都已不能成为国家的中心势力",因此提出"要创造一种新的中心势力,以为国家收统一之效,促进化之机"(李大钊年谱编写组,1984:47)。杨昌济也有类似的中心重建考虑,1918年10月,邓中夏、许德珩等北大学子在李大钊支持下创办《国民》杂志,邀请杨昌济撰文,杨昌济为之写成一篇《告学生》,其中也提出"现在我们最迫切的任务是'要树立一种统一全国之中心思想'"(王兴国,1981:176)。视角虽在思想层面,不像李大钊直接针对政治现实,但杨昌济提出需有新的"中心思想"亦是为消除四分五裂的国家政治。然而正是在杨昌济关注的思想层面,胡适、傅斯年等北大师生领袖已先行一步在传播自由主义,主流新问题也被界定为如何从旧礼教中获得人生解放,而非消除苦难政治社会现实,晚到的李大钊、杨昌济则连传播什么新思想都还没有确定。李大钊曾率先提请注意"人力车夫"的经济苦难,但却没能给出有助于认识解决此问题的新思想,只笼统呼吁"关心社会者图之"(李大钊,1999:267)。毛泽东作为学生辈,也能提出新问题,曾在《新青年》上发表《体育之研究》(二十八画生,1917),其中提出的新问题涉及体育课程改革,即如何改革"近代新式学堂"的"体育形式化"。但其"主要论点来源于中国的思想传统,如采纳士人的'经世'实践的方略","与五四核心圈单独强调'伦理革命'的突出作用和个人觉醒价值的主流话语并不合拍",所以"无法加入核心话题的讨论"(杨念群,2019:28)。

学院的地位等级体系也会阻碍当时仅是"图书馆助理员"的毛泽东融入北大主流新思想运动,他曾"认出了一些有名的新文化运动头面人物的名字,如傅斯年、罗家伦",也"打算和他们攀谈政治和文化问题,可他们都是些大忙人,没有时间听一个图书馆助理员说南方话"(埃德加·斯诺,1979:127)。但无法融入胡适、傅斯年等人的主流圈,也让毛泽东得以另辟新进路,更不会被胡适一系"自由主义"伦理革命卷去。到1919年3月,毛泽东便离开了胡适一系等主导的新思想及新文化场域,返回湖南,重新和湖南一师同学在远离中心的基层教育界探索国家新生之路。留在北大的李大钊、杨昌济也在寻找不一样的新思想。如杨昌济,就曾批判霍布斯的自由主义,同时通过译介"西方伦理学史"著作(吉田静致,1918),为学生提供别样思想资源。只可惜到1919年底,杨昌济便因病住院,于1920年1月去世。病重期间,杨昌济曾写信向章士钊推荐毛泽东和蔡和森,说"二子海内人才,前程远大。君不言救国则已,救国必先重二子"(王兴国,1981:205)。李大钊虽然曾持续批判帝制孔教,但同时一直在关注一战及欧洲革命的前沿进展,从中寻找新思想与新"中心势力"。到俄国"十月革命"取得胜利、一战也结束时,李大钊认为自己找到了,并因此从1918年11月起连续撰写《庶民的胜利》《Bolshevism的胜利》等文章,提出"俄国革命是20世纪中世界革命的先声",从此将有"一个新命的诞生",它便是"劳工主义的战胜,也是庶民的胜利","今后的世界,变成劳工的世界","有工大家做,有饭大家吃"。最后,李大钊呼吁"我们要想在世界上当一个庶民,应该在世界上当一个工人。诸位呀快去工作呵"(李大钊,1959:110—111)。

演讲中,李大钊虽没直接使用马克思主义,而是以劳工主义、庶民、工人等来概括其所找到的能给中国及世界带来"新命"的新思想与新中心势力。呼吁让大家都去做工人,也忽视了中国工业体系远不能让大家都有饭吃。但李大钊已能准确把握当时马克思主义的政治社会革命立场以及世界革命的最新进展,即工人、庶民已成为世界革命及缔造新世界的中心势力。在《Bolshevism的胜利》中,李大钊更进一步指出,"Bolshevism就是俄国Bolsheviki主张的主义",布尔什维克在西欧是"Revolutionary Socialist",译成中文就是"革命的社会主义,他们的党就是革命的社会党",即"共产党"。据此,李大钊认为革命的庶民、工人及群众运动将在"共产党人"领导下"集中而成一种伟大不可抗的社会力"。在共产党人领导的这种"世界的社会力"及"群众运动"面前(李大钊,1959:116):

> 历史上残余的东西——什么皇帝咧,贵族咧,军阀咧,官僚咧,军国主义咧,资本主义咧——凡可以阻断这新运动的进路的,必挟雷霆万钧的力量催拉他们。他们遇见这种不可挡的潮流,都像枯黄的树叶遇见凛冽的秋风一般,一个一个地飞落在地。由今以后,到处所见的,都是Bolshevism战胜的旗。到处所闻的,都是Bolshevism凯歌的声。人道的钟声响了!自由的曙光现了!试看将来的环球,必

是赤旗的世界!

文章发在北大《新青年》上,等于也让中国教育界自1918年10月起,便已正式出现马克思主义新曙光,从而也让中国课程改革开始形成马克思主义新进路。虽然李大钊走向马克思主义时,未去区分马克思主义、浪漫的人道主义与自由主义,而是将它们混在一起,但这并没有妨碍李大钊在马克思主义指引下找到新的政治社会革命中心势力,同时勾勒出了中国课程改革除了以反孔教、伦理革命为中心外,还有另一种可能,即在共产党人及马克思主义领导下,走向将重心定为教育动员工人等庶民,对皇帝、贵族、军阀、官僚、帝国主义、资本主义等致使中国社会陷入苦难结构的国内外势力发起革命。然而指出李大钊走向马克思主义后,率先为中国课程改革指明新进路之余,也需立即留意当时国内政治局势并不利于李大钊向教育界宣传马克思主义,开拓马克思主义课程改革新路。甚至"十月革命"于1917年11月爆发时,国内教育界都很难知道,原因则如吴玉章所言"帝国主义与北洋政府封锁消息",使得包括吴玉章在内的许多人都"不知道俄国已发生了开辟人类历史新纪元的伟大革命"。"但消息是不可能被长期封锁住",吴玉章便通过"约翰·里德写的《震撼寰球的十日》","了解到我们北方邻国已经建立了一个社会主义新国家,建立了一个工农政府,伟大的俄国人民已经摆脱了剥削制度,获得了真正的自由解放"(吴玉章,1978:110)。

吴玉章曾和蔡元培一起在法国组织华法教育会及勤工俭学会,1916年底蔡元培回国执掌北大时,他也跟着一起回国了。直到十月革命爆发,吴玉章一直在国内动员青年学子赴法勤工俭学。杨昌济便因在北大任教,能即时得知蔡元培、吴玉章的行动消息,所以写信叫毛泽东、蔡和森等湖南一师弟子加入勤工俭学,毛泽东、蔡和森进而才有后续的北大之旅。他们到北京后,都从李大钊那里接触到了马克思主义。1920年1月抵达法国后,蔡和森更是在"仅半年的时间里","以'蛮霸'的精神译出了《共产党宣言》、《社会主义从空想到科学的发展》、《共产主义运动中的左派幼稚病》"等重要文献(周一平,1994:11)。这些文献均有利于留在国内的毛泽东及湖南一师学子进一步了解马克思主义。1920年,还有周恩来、陈毅、赵世炎等青年学子也通过勤工俭学来到法国。所以吴玉章组织赴法勤工俭学,曾为中国革命培养了一批马克思主义先锋骨干。其回国组织留学期间其实非常艰难,北洋政府不光封锁"十月革命"消息,还极其腐败,连外交部小科长都会派人上门索贿,认为吴玉章招募华工"至少可以赚几百万","拿出一二百万出来不算什么"。吴玉章严词拒绝,"外交部上上下下的官僚们都想捞一点油水",拖了四个月仍不批准华法教育会为中国工人好不容易从法国政府那争取到的同工同酬新约。吴玉章因此觉得"不铲除军阀统治和官僚制度,中国决无得救的希望",从而也"开始接受马克思主义"(吴玉章,1978:107,114)。

2. 在不利体制处境中继续宣传马克思主义

吴玉章早期的活动经历可以进一步证明,上下腐败的北洋军阀体制不利于李大钊宣传马克思主义。教育界同样是障碍重重,即使在北大内部,李大钊也很难在胡适一系抢先一步的思想领域,使马克思主义取代自由主义、科学主义等远离政治社会现实的新思想,成为教育界主流思想。所以李大钊最初是在政治、教育体制处境均不利的环境中宣传马克思主义,探索马克思主义革命教育。李大钊能否继续坚持随之成为关键。由此将看到温和的李大钊还有极其坚决的一面。即使体制处境不利,甚至会有危险,李大钊仍继续为发展新的社会中心势力,设法推进马克思主义研究与教育。还好蔡元培作为北大校长,支持李大钊以撰文、演讲等教育方式在北大传播马克思主义。撰写《庶民的胜利》等文章时,李大钊便在北大成立了"马克思主义研究会"。1918年12月,李大钊又与陈独秀创办《每周评论》,宣传"公理战胜强权""劳工主义"等马克思主义新思想,动员青年学子反抗国内外军阀统治,壮大劳工为主体的社会变革新力量。蔡元培也在创刊号上发表《劳工神圣》,提醒国人一战之所以能以胜利打败德国帝国主义收尾,其中一份重要贡献便是"在法的十五万华工"曾"直接加入"。蔡元培还像李大钊那样提出"此后的世界全是劳工的世界呵",激励学生"我们都是劳工","不要羡慕那些凭借遗产的纨绔儿,不要羡慕那卖国营私的官吏,不要羡慕那克扣军饷的军官,……我们要认清我们的价值,劳工神圣"(蔡元培,1918)。

创刊号中,也有胡适的贡献,不过不是宣传劳工主义或其他马克思主义相关的思想,而是寄来一首新诗,表达丧母之痛。前文提到顾颉刚曾私下责怪胡适常年不回家看望母亲,所以不难理解胡适新诗中表达的失亲之痛。只是理解胡适悲痛之余,仍需指出尽管胡适作为朋友会寄文支持李大钊、陈独秀另创新刊,但不会改变自己的立场与进路。胡适突遭个人变故,还加深了他与傅斯年、罗家伦等北大学生领袖的感情,弟子们也不希望胡适改弦易辙。傅斯年就曾于1918年12月去信安慰胡适:"作别两个星期,想先生长途奔丧,定然悲伤辛苦的很。十年做客,回来便丁母忧,本是人生最不幸的事,但是事情既已如此,只得以理性制服感情,……回京的时候能维持健康的精神和身体——这是我们最希望的。"傅斯年还特别告诉胡适,《新潮》"杂志社里的同人,一半是从先生受教的"(傅斯年,2003:3)。胡适回京后,确如傅斯年所望迅速恢复理性,

1919年连续推出《杜威的教育哲学》《实验主义》《新思潮的意义》《清代汉学家的科学方法》等系列文章,同时发表《爱情与痛苦》《关不住了》《一点星儿》等爱情、友情白话新诗,翻译小说《他的情人》。胡适可谓全面发力推进自己在教育、传统礼教、文学、国故研究等领域的革新计划,将新教育运动及文科课程改革引向传播其推崇的"自由主义""科学主义"轨道。

分化以及主义、思想争论随之也从1919年起日渐明显。此前,《新青年》曾在胡适主导下做过"易卜生号",整版宣传易卜生的自由主义及个人独立思想,教育青年学子无论"世界"有多"陆沉","最要紧的还是救出自己","这是一种真正纯粹的为我主义,要使你有时觉得天下只有关于我的事最要紧,其余的都不算什么。……你要想有益于社会最好的法子莫如把你自己这块材料铸造成器"(胡适,1918)。正是此类铿锵有力、激动人心的易卜生自由主义思想,迅速在新青年中掀起解决人生问题的伦理革命热潮。包括陈独秀也支持自由主义伦理革命,胡适晚年也曾说"事实上,陈独秀在1919年还没有相信马克思主义"(胡适,1993:195)。不过胡适也忘了从陈独秀1919年的言论看,其中固然仍在支持文学及伦理革命,但也有许多是在践行马克思主义的革命思想,尤其是批判北洋军阀政府统治。现在北大又有李大钊加盟率先提倡马克思主义与社会主义,所以必然会出现思想分化,且分化先是在《新青年》内部形成,接着波及《每周评论》。1919年1月,钱玄同便在日记里写道:"《新青年》为社会主义的问题,已经内部有了赞成和反对两篇的意见,现在《每周评论》上也发生争端了。"(钱玄同,2014:344)但起初似乎并未发生激烈论辩,而是各行其是。1919年5月,《新青年》推出"马克思研究号",李大钊发表《我的马克思主义观》,强调"自俄国革命以来,'马克思主义'几有风靡世界的势子,德奥匈诸国的社会革命相继而起,也都是奉'马克思主义'为正宗"(李大钊,1959:173)。胡适则在同期发表《我为什么要做白话诗》,呼吁"国内的文人"以"实验的精神"创造白话新诗,推进"文学革命"(胡适,1919d)。

同一期,还有鲁迅发表小说《药》,揭示清末以来地方乡镇的文化社会状况及各类民众的辛亥革命反应(鲁迅,1919)。可见,《新青年》及新文化主将们确实是各行其是,且数鲁迅一直在深入了解国内政治社会现实,并以小说揭示革命的地方社会基础与问题。两个月后,胡适终于忍不住,出来纠正日益分裂的思想趋势,在《每周评论》发表了著名的《多研究问题,少谈些主义》,提出"空谈好听的'主义',是极容易的事,是阿猫阿狗都能做的事",而且"偏向纸上的'主义',是很危险的":如"社会主义",大家"都可用这个抽象名词来骗人","过激主义",大谈之后,"用途"不过是惹来内务部、曹锟、卢永祥纷纷对之加以"严禁""查禁"。应该"多研究问题","中国应该赶紧解决的问题真多得很,从人力车夫的生计问题到大总统的权限问题,从卖淫问题到卖官卖国的问题……"胡适还特别指出,"我们不去研究人力车夫的生计问题,却去高谈社会主义"(胡适,1919e)。矛头更堪称是直指李大钊宣传社会主义。李大钊随即撰文回应,认为不应将问题与主义两分,进而厚此薄彼,"问题与主义,有十分不能分离的关系,因为一个社会问题的解决,必须靠社会上多数人的共同运动",所以必须"先有一个共同趋向的理想、主义",而且"必须有一个根本解决,才有把一个一个的具体问题都解决的希望"。在李大钊看来,能使"社会上多数人"共同趋向去解决中国社会"根本问题"的理想、主义正是马克思主义和社会主义。尤其段祺瑞为拉选票指使手下"安福派也来讲社会主义",更不能停止"正义的宣传"(李大钊,1919)。

问题与主义之争,是李大钊宣传马克思主义期间遭遇的来自教育界内部的最大挑战。回应时,李大钊没有提及胡适自己曾大力宣传易卜生"自由主义",但李大钊坚信要从根本上解决包括人力车夫在内的中国社会种种问题,必须依靠且只有依靠宣传马克思主义。胡适的立场也很坚定,辩论因此持续数轮也未能分出胜负,亦可看出李大钊为使教育界能接受马克思主义做过许多研究与宣传努力,甚至曾率先在北大创造马克思主义经济学、马克思主义劳动或劳工教育学等新课程。但胡适一方终究掌握更多学术、教育体制权力,所以马克思主义在中国兴起的最初阶段,虽有李大钊在北大旗帜鲜明地为中国课程改革及新文化教育开辟马克思主义新进路,但马克思主义及李大钊发明的马克思主义经济学、教育学新课程,还无法进入胡适一系主导且在北洋政府眼皮底下的教育界中心场域。到1919年6月,陈独秀因不断批判政界及教育界黑暗,遭到北洋政府逮捕。8月31日,即李大钊发文回应胡适两周后,《每周评论》也被北洋政府查封,马克思主义更难在教育界中心地带传播。不过,北洋政府依靠强权压制马克思主义在各地传播生长,反而让陈独秀、李大钊获得更多更大的社会支持。陈独秀被捕后,孙中山、蔡元培及京沪各界人士均在营救,将陈独秀"从思想明星一步步推向政治明星"(陈思和,2015)。远在长沙的毛泽东也在《湘江评论》创刊号发文,预言"陈君之逮捕,决不能损及其陈君之毫末",只会"使他越发光辉远大"(泽东,1919a)。

陈独秀被捕后,"《每周评论》由胡适主办"(王光远,1987:72)。胡适没有回应北洋军阀政府强权逮人,而是从自家需要出发增设"杜威演讲录"专栏,专栏字体比周刊名称还大(杜威,1919)。著名的《多研究问题,少谈些主义》则是在一个月后的第31期发表。至于为何会发表此文,胡适本人1940年给出的解释是:"承'五四'、'六三'之后,国内正倾向于谈主义。我预料到这个趋势的危险,故发表'多研究问题,少谈些主义'的警告。"说完,胡适还为李大钊、陈独秀等"朋友"不听其"警告",以致"一个已被杀死,一个也颓唐了"感到惋惜,并提醒"少年朋友们","不可再走错了思想的路子"(胡适,1947:4,6—7)。可见,胡适即使事过多年,也不认可"朋友"传播马克思主义,由批判旧文学、旧伦理转向对现实政治发起革命。但他本人也因觉得"危险"或"错了",无缘和昔日携手展开文学、伦理革命的"朋友"继续并肩作战,只能看着"朋友"被捕83天后,北洋军阀政府便因顶不住各界抗议压力,不得不将人释放,看着李大钊兴高采烈地在《新青年》上写白话诗,庆贺陈独秀重获自由,"你今出狱了,我们很欢喜",并深情共勉:"如今'只眼'的光明启复,却不见了你和我手创的报纸!可是你不必感慨,不必叹息,现在我们有了很多的化身,同时奋起,好像花草的种子,被风吹散在地。"(守常,1919)

看到陈独秀出狱,胡适其实依然想留住友谊,所以也发表了一首白话诗《威权》,且排在李大钊之前。但其一番表达终究没有李大钊的"欢喜"及并肩作战的畅快体验,只是在抽象地描绘"威权坐在山顶上,……奴隶们同心合力,一锄一锄的掘到山脚底,山脚底挖空了,权威倒撞下来,活活的跌死"(胡适,1919f)。后续分化更是明显,胡适继续传播不"危险"的新思想,在学术、教育体制中心场域扩大影响,而马克思主义的"种子"也像李大钊所说的那样,正在各处边缘地带生根发芽。如周恩来1919年6月在天津组织"觉悟社",邀请李大钊前来指导南开学子研究马克思主义。1920年1月,游行反抗"日本浪人"殴打学生被捕期间,周恩来还在狱中向同学讲述"唯物史观""阶级斗争史""剩余价值"等"马克思主义学说"(张家康,2019)。长沙则有毛泽东领衔的湖南一师学子通过创办《湘江评论》、组织"健学会"等方式,探索如何消除国内政治社会"黑暗"现实,且也在向马克思主义政治社会视野靠近。如1919年7月提出,"国家坏到了极处,人类苦到了极处,社会黑暗到了极处。补救的方法,改造的方法,教育、兴业、努力、猛进、破坏,固然是不错,有为这几样根本的一个方法,就是民众的大联合"(泽东,1919b)。

四川自1920年起,则有王右木等在成都高师发起"马克思主义读书会",恽代英、吴玉章等陆续在泸州川南师范、成都高师成立"马克思主义研究会""平民教育社",向师范生及民众宣传马克思主义。恽代英还对教育界疾呼"靠政府办教育是没有希望的","靠已成的学校完全实现新教育的理想是不可能的"(恽代英,1921)。在教育界最高学府北大,李大钊创办的马克思主义研究会发展到1919年,也培养了一批马克思主义青年学子,其中瞿秋白1920年毕业后还在上海《时事新报》及北京《晨报》的支持下,以"特约记者身份"前往莫斯科开始为期"两年的考察与学习",得到"更多和更难得的机会接触马克思主义"(刘鹏,2018:46)。所以北大学生在主义及进路选择方面,其实也和胡适、李大钊等老师一样,自"五四运动"以来同样呈现出明显分化,或如鲁迅所说的"有的退隐,有的高升,有的前进"(鲁迅,1934:40)。其中学生方面的"高升"代表当属傅斯年、罗家伦、康白情、周炳琳等,他们"得到胡适和蒋梦麟的赏识,先后被送到欧美留洋去了",被誉为"五大臣出洋"(于吉楠,1982:3),风光一时。鲁迅作为他们的师辈,则选择了继续在"铁屋"中"前进",探索更具革命力量的新文学"呐喊",所以也退出了曾经给予支援的主流新思想及新文化运动,并不时在小说、杂文创作中,批判胡适一系自1922年起,刻意将新思想及新文化运动退步引向远离国内苦难政治社会现实的"整理国故"。

傅斯年、罗家伦等归国后,更是高升到可以和胡适、蒋梦麟联手掌控学术及教育中心场域,从北大清华校长、教育部部长等高位,到经费分配、各类奖励荣誉评选,皆能令其他派系难望项背。但其代价也大,最显著的便是由当初激烈反抗孔教及封建伦理的自由主义,渐变为回避军阀强权压迫的犬儒自由主义,最终又变成汪晖所说的"依附霸权(无论政治的还是经济的)的'自由主义'"(汪晖,2012)。反而是共产党人一直在和各种古今中西强权压迫作斗争,勇敢追求自由与民主。到1947年,傅斯年才因无法坐视所依"霸权"导致国家经济崩溃,工业及金融改革均沦为私人敛财手段,开始公开呼吁,必须"铲除"宋子文、孔祥熙的"豪门资本""官僚资本",瞬间仿佛又回到了昔日学生运动领袖时的元气淋漓,并被许多自由主义知识分子誉为"傅大炮"。然而更需留意的是傅斯年炮轰宋子文、孔祥熙时的理论工具,傅斯年说"古今中外有一个公理,一个朝代,一个政权,要垮台,并不由于革命的势力,而由于他自己的崩溃"(傅孟真,1947:17)。可见,傅斯年即使曾炮轰豪门官僚资本,也依旧选择依附蒋介石"霸权"体制,不认可马克思主义革命之于中国的自由、民主与新生贡献。只是无论傅斯年怎么不认可,都无法改变早已成为中国历史进步主流的马克思主义革命进程,且这一进程的最初开启者正是其三十年前擦肩而过的两位北大教师。

二、中国共产党诞生及最初的革命教育课程行动

道路分化日益明显之际如何抉择,对"五四"以来每一位新文化运动的主持者与参与者来说,都是极为关键的因素。就鲁迅所说的革命者或前进者而言,最值得注意的

仍是李大钊和陈独秀。二人作为开拓者,在遭遇北洋政府封刊乃至逮捕以来,不仅没有放弃继续推动马克思主义研究与传播,还于1920年2月一起"化妆成下乡讨账的商人,坐骡车出朝天门去天津"。就是"在途中,两人商谈了建党等问题。到天津后,陈独秀乘船去上海。后《新青年》编辑部也迁回上海"(王光远,1987:81)。李大钊则留在北京,与邓中夏、罗龙章等秘密组建"马克思学说研究会"(李大钊年谱编写组,1984:105),为在上海建党做准备。至此,在思想及政治立场上,李大钊、陈独秀其实就已和胡适等北大时期的《新青年》同仁分道扬镳了。同时,此前李大钊为寻求新的革命中心势力开启的工人革命教育,也将因为陈独秀南下准备建党迎来新的领导力量,不再仅是依靠个人的马克思主义宣传努力来推动工人革命教育,而是将各地的马克思主义者组织起来,形成革命理想一致的马克思主义政党,由马克思主义政党来统一领导壮大工人革命教育。马克思主义宣传及工人革命教育随之进入新阶段,上海也因陈独秀南下,取代北京成为新的马克思主义宣传及工人革命教育课程运动中心。

1. 组建马克思主义政党发展工人革命教育

陈独秀南下后,随即于1920年5月联合李汉俊、陈望道、沈定一等在上海成立马克思主义研究会及共产主义小组,同时创办《劳动界》,由此都市社会教育领域正式开始诞生由早期共产党组织领导的马克思主义工人革命宣传教育,尽管其最初名为"劳动教育",但实质就是工人教育。1919年2月,李大钊就曾提醒"关心社会教育劳动问题的人"要注意解决"劳动教育问题",还呼吁从"Democracy"出发改革"现代的教育",即所谓"立几个专门学校,拿印版的程序去造一般智识阶级",主张"必须多设辅助教育机关,使一般劳作的人,有了休息的工夫,也能就近得个适当的机会去满足他们的知识需求",这是"劳工生活改善的第一步"(李大钊,1959:139)。呼吁改革当时的学校教育体制,使其为改善工人生活服务,无法获得北洋政府重视,但早期共产党组织创办《劳动界》,正是为了让工人有机会接受教育。创办《劳动界》,随之堪称共产党人的第一大工人革命教育课程开发行动,其目标也如李大钊所说是为改善劳工生活,课程开发核心思想则为"教我们中国工人晓得,他们应该晓得他们的事情"。"工人在世界上已经是最苦的,而我们中国的工人比外国的工人还有苦,这是甚么道理呢?就因为外国的工人略微晓得他们晓得的事情,我们中国工人不晓得他们应该晓得的事情"(汉俊,1920)。

劳动教育第一课由陈独秀亲自主讲,教学策略是以工人主动提问的方式,启发全国工人思考两大"疑问":一是"为什么大家都说做工的人是下等社会,不做工的人反来是上等社会?"二是"有许多出力做工的人做出粮食房屋或者是衣服,却仍然没得吃没得住没得穿,有许多人不劳一点力不做一点工,反来吃得很阔住得很阔,衣服也穿得很阔,这还不算,还要把出力做工的人压在脚底下不当人看待,这又是什么缘故呢"(陈独秀,1920)。很明显,陈独秀、李大钊等开启的劳动教育绝不同于一般意义的让主流学校或所有学生接受工农劳动训练,而是面向包括农民和工人在内的所有做工的人,开展马克思主义革命教育。虽然陈独秀所讲的"下等社会""上等社会"等概念还显得笼统,但其意思却是为启发全国工人一起去认识将工人推入"最苦"命运的不义阶级社会制度,以及这种不义社会制度对于工人的政治经济压迫与反人道践踏,从而动员工人联合起来反抗不义社会制度。而且陈独秀、李大钊最初开发了三类主流教育界没有的工人革命新课程:一是"国内时事"和"国外时事",二是"国内劳动界"和"国外劳动界",三是"调查"。内容方面,三类课程均由工人"应该晓得的事情"构成,如国内外时事介绍各地军阀动向、俄国波兰战争,国内外劳动界报道上海电工联合会选举、上海米贵罢工情形、各国劳工妇女运动大势。从而使各地工人不仅能够认识制度压迫,而且可能成为自觉的革命意识统一的"工人阶级"。

调查类课程更是曾深入车间,了解"申新纺纱厂"的"学徒制""监工制"对于学徒的剥削与伤害(畸,1920)。还有工人现身说法,揭露"工头制度"、下班警察"搜身制"、"资本家"的"罚工制"如何使工人"终年不休","牛马机器还不如"(翼成,1920)。第二期起,陈独秀等还能根据实情了解,在内容门类上不断更新完善最初的三大工人革命教育课程体系。如第二期,增加了"闲谈",由陈独秀教导工人注意饮水卫生,防止"霍乱和痢疾",批判"做官的老爷们"及"警察厅禁止劳苦的人在街路上睡觉,说是有碍卫生。多谢官厅也知道注意穷人底卫生",却不顾"他们若回到那十人同住的小屋里去睡,恐怕更不卫生",然后指出"他们若有做官的老爷们那样宽大的公馆,他们一定不肯在街路上睡觉",最后便是呼吁"觉悟的工人呵!赶快另外自己联合起来,组织真的工人团体"(独秀,1920)。第三期,又特别加开"本埠劳动界",重点报道上海工人生活及运动消息,并增设"小说",首篇作者系沈定一,描写工人家庭小孩悲惨命运(玄庐,1920),等于是在胡适提倡创作新诗,抒发"蝴蝶"式的小资思想情感之外,率先探索发展揭示工人经济社会苦难的马克思主义新文学。

广州那边,也有早期共产党组织于1920年10月创办《劳动者》。一个月后,又有邓中夏、陈德荣等北京共产主义小组成员推出《劳动音》,和上海《劳动界》"并誉为劳工兄弟刊物"。但《劳动者》最初主持者是"无政府主义者",陈独秀1920年12月前去改组后便停刊了(邵维正,1991:142)。邓中夏所办《劳动音》出到第五期,则遭到北洋政府查禁,持续时间也不长。但作为兄弟刊物,其革命教育内容都和《劳动界》相似,如揭露资本家对工人剥削、号召工人学习十月革命,因此也曾为马克思主义工人革命教育最初在各地兴起推广作出了贡献。尤其以长辛店铁路工人为主要教育对象的《劳动音》,"每期销售两千多本",更表明马克思主义工人革命教育其实有相当广泛的地方基础,所以邓中夏等除了办刊,还可以在长辛店开设"劳动补习学校",对外以"完全知识养成(劳动者)和高尚人格(劳动者的子弟)为宗旨"(心美,1921),从事马克思主义工人革命教育。上海《劳动界》作为开拓先锋,也只持续到1921年1月第24期便停刊,但三份刊物陆续诞生,本身就意味着自1920年起,马克思主义其实已由一种新思想,发展成了实实在在的新教育,进而为中国课程改革成功开辟了一条史无前例的以马克思主义工人革命教育为本的新进路。

新进路形成后的教育效果也很显著,最值得一提的正是工人群体中不断有人自觉意识到世界革命新潮及工人的社会变革力量,呼吁工人团结起来创造新中国。《劳动界》办到1920年9月,就有"海军造船厂工人李中"主动来稿,代表工人发表集体"宣言",提出(李中,1920):

> 我可爱可亲的工人啊!到了这个时候,什么黑雾暗霾都要开了,什么地狱监牢都要破了,什么阶级束缚都要除了。这个潮流,比天上流来的黄河水,还要厉害,还要迅速,任他甚么人,不会能撑住这个黄河水,……工人的运动,就是比黄河水还厉害迅速的一种潮流,……我们工人就是这个潮流的主人翁,这个潮流的主人翁,就要产生工人的中国。

文章背后反映的事实正是工人日益觉醒崛起,成为社会及历史进步新动力。"五四运动"前后,各地工人罢工次数及人数明显增多,仅五四那年就发生"罢工六十六次,其中有人数记载的是二十六次,罢工人数总共九万一千余人"(刘立凯等,1953:17)。但对此类社会变革趋势,胡适一系新文化运动领袖尚不如工人李中能够从中把握进步"新潮"。李中发表完宣言,随即在《劳动界》支持下,联络沪上各厂觉醒工人组建工会。一个多月后,李中作为主席召开了上海机器工会成立大会,是为中国马克思主义者组建的第一个工会。除陈独秀外,孙中山也到场庆贺,"演说有两个小时之久",大意说:"欲贯彻民生主义,非在官僚手中夺回民权不可。"陈独秀则强调"工人团体,须完全工人组织。万勿容资本家侧身期间,不然仅一资本家式的假工会而已"(上海机器工会,1920)。

机器工会成立时,《劳动界》同仁也在半个月前推出了另一份工人教育刊物,且直接取名为《共产党》,不仅从马克思主义经济学视角出发,指出社会制度及"生产方法"只有两种,即"除资本主义和社会主义外,别无他途",而且提出"要想把我们的同胞从奴隶境遇中完全救出,非由生产劳动者全体结合起来,用革命的手段打倒本国外国一切资本阶级,跟着俄国的共产党一同试验新的生产方法不可"(佚名,1920)。年初李大钊、陈独秀一同在去天津的路上商议的"组党"计划,成立共产党,使工人革命运动拥有马克思主义领导力量,让中国社会形成崭新核心势力,由此正式成为最重要的革命议题。1921年1月,李大钊、陈独秀和即将回国的苏联共产国际代表魏经斯一致认为时机已成熟,可以联络广东、湖南、湖北、山东、北京及旅欧旅日早期共产党组织代表召开全国大会,组建中国共产党。2月,时任广州国民政府教育委员长的陈独秀拟好党章。6月,共产国际代表马林、尼可夫斯基也顺利抵沪。接着便是毛泽东、何叔衡、陈公博、董必武、王尽美、邓中夏等各地早期共产党组织代表陆续赶往上海。"7月23日晚8时,中国共产党第一次全国代表大会在上海法租界望志路106号(今兴业路76号)正式开幕。"(邵维正,1991:172)李大钊五年前期盼的中国必须有新的"中心势力",至此终于正式开始诞生壮大,中国课程改革也从中国共产党成立起,正式迎来新的领导组织力量。

上海的党中央由陈独秀、张国焘、李达等组成。10月,"共产党第一省支部在湖南组织完成,毛泽东氏就是委员之一"。之后,其他一些省、市地区支部也在组建,如"在北京是李大钊、邓中夏、刘仁静。在湖北由董必武、项英和恽代英等负责。在广州的负责者是属于林伯渠"。法国那边,也在组建党支部,"发起人是周恩来、李立三,和中共唯一的'女创始人'向警予。留德的张申府、朱德二人也在德国组建了中国共产党的支部。至于苏联的中共发起人,则是瞿秋白"(罗乃夫,1949:2—3)。此外还有安排施存统作为"总负责人","在党的外围组织社会主义青年团"(石川祯浩,2006:305)。系列新的马克思主义工人教育刊物也随党建工作推进陆续诞生,指导思想正是《中国共产党宣言》中提出的"任务",即"从资本家手中获得政权——这政权是维持资本家的国家的;并要将这政权放在工人和农民的手里",所以"一定要向工人、农民、士兵、水手和学生宣传"(中国共产党,1980:3)。"一大"还明确提出,先要建立三大工人革命教育机制,即"宣传""工人补习学校"和"研究劳工组织的机构",其中宣传机制建设方案是:

"每一地区,均可视其需要而发行一份工会杂志,一份日报或一份周刊,以及小册子、临时传单等。""学校最重要的方针是唤醒工人们的觉悟,并启发他们组织工会的需要"(中国共产党,1980:15—16)。

方针及计划定好后,中国共产党在上海成立的工人运动领导总机关——中国劳动组合书记部随即于 1920 年 8 月创办了第一份全国工人教育刊物《劳动周刊》,劳动组合书记部北方分部也于 1921 年推出《工人周刊》,负责人是李大钊、邓中夏等。到 1923 年,各地工人周刊便"发展到 10 多种",包括《山东劳动周刊》《长沙劳动周刊》、武汉《劳动周刊》《安源旬刊》等(钱承军,2009:5)。这些刊物均延续了《劳动界》缔造的马克思主义工人革命课程体系,意在落实"一大"提出的工人革命教育任务,课程内容也由国内外时事、工人运动进展、工人来稿揭露苦难构成。宣传教育机制建设方面,还有必须提及的便是《新青年》,1920 年 2 月陈独秀将刊物迁至上海后,曾先后请到陈望道、沈雁冰、李达、李汉俊加入。同时,陈独秀还多次写信请北京同仁继续撰稿,希望能一起批判各种与马克思主义相异的思想。8 月,陈独秀更再次致函胡适,约稿"攻击老子学说"。陈独秀对胡适说"攻击老子学说及形而上学的司令,非请吾兄担任不可",因为"中国人的思想"正在被"印度空观""欧洲形而上学及无政府主义"等"万国虚无主义"主宰(陈独秀,1979:107),老子正是国内"虚无主义"鼻祖。然而直来直去的陈独秀去信前,似乎忘了(或不知)胡适前年曾在《中国哲学史大纲》中表彰老子的无政府主义,同时他也没有体谅胡适不久前已声明少谈与政治革命相关的主义,所以去信力邀其作文,只会将此前因顾及同仁情谊都回避的内部立场冲突与分裂挑明出来。

钱玄同作为主力同仁之一,在刊物南迁之前便已决定沉默以待,谁也不得罪,故而致函胡适说"无论陈独秀、陈望道、胡适之……办,我是一概不做文章的。绝非反对谁某,实在是自己觉得浅陋"(钱玄同,2009)。到 1920 年底,胡适终于忍不住去信,责怪力主转向革命的陈独秀"真是个鲁莽的人",为何给提议停刊的陶孟和发去一封"决绝信",怪陈独秀"难道不知道我们在北京也时时刻刻在敌人包围之中"(胡适,1979a:119)。已赴广东开辟革命阵地的陈独秀则回复胡适,即使"官厅禁寄,吾辈仍有他法寄出与之奋斗(销数并不减少),自己停刊,不知孟和先生主张如此办法的理由何在?"陈独秀同时强调"没有理由宣言可以不谈政治","若以为别办一杂志便无力再为《新青年》做文章,此层亦请诸君自决"。周作人则对李大钊表示,无论谁办,都会继续撰文,还请李大钊"转告适之",另办杂志的话,"可以不必用《新青年》之名",因为《新青年》的分裂虽然已是不可掩的事实,但如发表出去(即正式的分为广东、北京两个《新青年》),未免为旧派所笑"。李大钊也不赞成陈、胡为争夺刊物名称起分裂,但原因不是怕被"旧派笑话",而是争下去会"伤了感情"。至于改刊之后采取何种立场,李大钊则明言"与仲甫的主张相近"(欧阳哲生,2009),即支持陈独秀宣传马克思主义,不会放弃自己发表《庶民的胜利》时便已定下的马克思主义政治革命理想。

分裂挑明以来,未见编辑部另一位同仁鲁迅有何正式表态,但看到《新青年》自1921年起,日益明显地转向以宣传马克思主义为主,鲁迅仍寄来一篇小说《故乡》,思索揭示"少爷"成为求新者离开家乡后,与儿时曾能够一起游戏欢乐的佃户伙伴闰土之间,会产生什么样的"隔阂",以及求新者能否让下一代不再因为阶级差异、时空变幻形成隔阂,尤其能否使人数更多的下一代佃户孩子别再像闰土那样"辛苦麻木"地"生活"。鲁迅等于是在默默提醒前进的革命者,别忘了革命一定要能打破他这一代所经历的阶级藩篱,给闰土这样的无数贫苦孩子切实带来希望与新生。不仅如此,鲁迅还在结尾提示,前进的革命者其实不必为路线不同而争论,一路走下去便是,因为(鲁迅,1921):

> 地上本没有路,走的人多了,也便成了路。

年轻的中国共产党人也确如鲁迅所说的那样,一路坚持走下去,使路上的人越来越多,直至让旧中国和亿万贫苦孩子一起获得新生。由此也可看出鲁迅始终如一的文学革命立场与非凡创作能力,以及为何是鲁迅最终被定为新文化运动的正确方向。当然这些都是后话,此刻需指出《新青年》办到1922年7月还是停刊了。但停刊只意味着其已完成历史使命,应让位于其他更能满足"一大"制定的革命任务需要的新刊物。这一任务便是集中力量向工人宣传马克思主义,教育动员工人组织起来,对"资本家"及其经济压迫制度发起革命。

包括从课程改革角度看,也早已有一批刊物比《新青年》更能发挥马克思主义工人革命教育作用。何况除新刊物外,共产党人还于1921年9月创办了"自己的第一个出版社——人民出版社","一年内"便出版了"十五种"马克思主义著作,包括《共产党宣言》《工钱劳动与资本》等(李其驹等,1980:6)。"一大"提出的另一教育机制建设即开办学校方面,共产党人也取得了许多新的突破,马克思主义革命教育随之成为党内学校课程。如党中央层面,由李达1921年10月在上海创办"平民女校","为无力求学的女子设工作部,替伊们介绍工作","为年长失学的女子设专班教授","为一般不愿接受机械的教育的女子设专班教授"(李达,1980:129),开始培养妇女革命运动干部。地方层面,最值得一提的当属"一大"结束后,毛泽东返回老家,按"一大"指示组建劳动组合书记部湖南分部,教育组织工人运动。1920年11月,时为湖南一师国文教员的毛泽东前往萍乡考察时,就发现当地经常发生农民集体行动,"财主和官府都无可奈何"。毛泽东据此还写过文章呼吁同志们"向田间去"(中共萍乡市党史工作办公室等,1993:149),但"一大"制定的任务是教育组织工人阶级,所以1921年11月毛泽东再次前往萍乡,便将安源铁路煤矿作为调查对象,发现工人对马克思主义反应十分热烈,于是派李立三前往安源路矿,创办工人子弟学校和工人补习学校。课程包括马克思主义革命教育为中心的文化常识课及宣讲,教材只有李立三自己编的"平民教育读本"。"每次上课都宣传一点马列基本知识,主要讲世界上的财富都是我们工人阶级创造的"。此外,李立三还编过"一首歌词(旧谱新词),在工人中间相当流行,歌词的意思是社会上的衣、食、住都是工人创造的"(李立三,1980:696)。

  课程结构及教学看起来十分简单,但其实也要有许多条件,如当地有亲友介绍,容易与工人打成一片,且善于讲话。李立三就很会运用形象易懂的比喻解释让工人理解抽象的马克思主义革命理论,有的安源工人学生到老都记得,"有一次,李立三同志讲工人只有团结起来和资本家斗争才有力量时,拿一根筷子和一把筷子作示范,一根筷子一折就断了,一把筷子捆在一起就不容易断。这个简单的比喻,发人深省"(韩伟,1990:936)。而最主要的是要有坚定的马克思主义革命信仰,和在艰难危险中为工人谋福利的坚强意志。到1922年5月,李立三还在安源路矿先后组建社会主义青年团、党支部、工人俱乐部。之后,毛泽东又派刘少奇来安源加强工人运动领导与组织。7月,汉阳铁厂工人为反抗解散俱乐部开始罢工,并取得了胜利。在毛泽东指示下,李立三、刘少奇也于9月14日在安源路矿发动"铤而走险的大罢工",提出"俱乐部改工会","以后路矿两局开除工人,须得工会之同意",增加工资、改良工时假日及工作条件待遇等17条复工条件。进行到18日便迫使"资本家"签约接受了13项条件,罢工取得大胜利。"一万余人"涌到"俱乐部大操场"庆祝,"掌声雷动",李立三登台演说"我们这一次罢工胜利,全在各位齐心。希望各位将此种精神永远保持着"(刘少奇等,1981:6—16)。

  安源大罢工是中国共产党诞生以来取得的重大革命成就之一。从新教育及课程改革的角度看,毛泽东、李立三、刘少奇等从调研到办学校,再到动员组织工人,前后"不足一年便将人数众多、不守规矩、起初大多数缺乏教育的工人群体动员起来,展开了一次极为成功的抗战运动"(裴宜理,2014:63),也堪称彻底改写了长期以来与工人生活几无关联的中国新教育发展,同时证明共产党人创造的马克思主义工人革命教育确实可以在短期内将工人动员组织起来推翻不合理的经济制度,进而为中国课程改革缔造了马克思主义工人革命教育新传统,可称之为"安源传统"。"一大"提出的工人革命教育课程改革难题,即如何一边深入工厂创办学校,开发以马克思主义革命教育为本的学校课程,一边动员工人携手针对经济压迫制度和资本家直接展开斗争,也随毛泽东、李立三、刘少奇等教育组织安源工人发起罢工获得了清晰解答。当然,安源解答作为新生之物,也有不足之处,它可以教育组织万余工人成功打破少数地方资本家的经济压迫制度,但在当时中国社会的权势结构中,还存在许多比少数地方资本家更为强大的势力,它们更能将工人及整个中国社会推入危难之中。当工人革命教育及工人经济反抗运动成长到最高峰,即发起京汉铁路大罢工时,便遭遇了一万多铁路工人联合在一起也无法消除的吴佩孚军阀势力。

京汉铁路大罢工爆发于1923年2月1日,由项英、陈潭秋、包惠僧、林祥谦等共产党人领导组织实施。罢工一开始,便惊动当时中国社会的国内外各方主要势力,如英美驻华大使为保护各自国家在华铁路建筑及经营特权,要求黎元洪采取措施制止罢工,直系军阀首领吴佩孚准备以武力镇压罢工。共产党人及京汉铁路工人自此真正开始遭遇远比少数地方资本家更强大的国内外势力,且做好了思想准备。为"争自由","争人权",共产党人及铁路工人已"下宁为玉碎,不为瓦全之最大决心"。罢工进行到5日,发展成"一万余人举行了声势浩大的示威游行",提出了打倒军阀和帝国主义的战斗口号。但就在第7天,吴佩孚出动军队,"开始对工人实行血腥的屠杀"。京汉铁路大罢工因此遭遇失败,过去一年来日益高涨的工人运动瞬间转入低谷。但暂时失败也让中国共产党及工人运动内在的革命信仰与意志在从未有过的革命斗争实践中得到了空前增强,甚至清末章太炎未能解决的一大革命教育课程改革难题,即依靠佛教教义来培养大无畏的革命精神却没有成功,也被共产党人通过真正经历生死考验的革命斗争实践解决了。共产党人林祥谦面对军阀逼问"上不上工"和枪杀威胁,毫不畏惧,直言"我们的头可断,工是不上的",以及共产党人施洋"受到第二枪,还在高呼,'劳工万岁'"(刘弄潮,1954),都能表明到发动京汉铁路大罢工时,共产党及工人运动已形成宁死不屈、任何危险都不怕的坚定革命信仰与意志。正因有此意志形成,即使有部分工人运动领袖退出革命乃至投敌叛变,也不会影响中国共产党在血腥屠杀中继续探索马克思主义革命的民族复兴与课程改革进路。

2. 与国民党合作开拓军事革命教育课程

大罢工失败后,共产党缔造者中也有出现思想立场动摇者,其中最著名的便是陈独秀于1923年发文,认为"半殖民地的各社会阶级固然一体幼稚,然而资产阶级的力量究竟比农民集中,比工人雄厚"(独秀,1923),意思是革命必须转向动员依靠"资产阶级"。但这一观点一提出,便遭到长期在一线组织工人运动、了解情况的共产党人的反对。邓中夏便指出"工人的群众,不论在民主革命或社会革命中都占在主力的地位","目前故愿联合各阶级一致的起来作国民革命,然最重要的主力军,不论现在或将来,总当推工人的群众居首位"(中夏,1923)。最关键的是,1923年6月中共"三大"上,除陈独秀外,毛泽东、项英等当选中央委员,以及邓中夏、李汉俊等候补中央委员,都曾在一线从事工人运动,所以"三大"没有采取陈独秀的立场,而是充分吸取大罢工失败教训,在坚持工农运动路线的基础上,决定援助孙中山改组国民党,壮大革命力量。8月,李大钊还前往上海拜会因陈炯明叛变暂居沪上的孙中山,孙中山"很感动",然后和李大钊一起讨论吸收以往教训、改组国民党等问题,"相谈时间长达数小时"(梁柱,1997:187)。1924年1月,国民党"一大"在广州召开,国民党改组正式启动。李大钊、谭平山、毛泽东、李立三、林伯渠等22位中共代表到场出席。

第一次国共合作由此正式建立。至于国共合作在革命教育方面有何新行动,最重要的当属双方均认识到必须建立革命军,于1924年1月决定在珠江口黄埔岛创办陆军军官学校,即著名的黄埔军校,培养革命军事将领。孙中山任命蒋介石为校长,正在上海帮助国民党建立执行支部的毛泽东则是招生委员之一,且"国民党地方党部这时又大都未建立,所以实际招生工作都是各地共产党及社会主义青年团帮助做的"(梁柱,1997:194)。中共中央也曾发文动员各地党员团员报考黄埔军校,曾和李立三一起在安源从事工人教育的蒋先云便被何叔衡选拔到上海毛泽东那去考黄埔军校,李大钊介绍的学生中,更有13位进入黄埔一期(曾庆榴,2011:10—11)。到1924年6月6日正式开学后,有9位共产党人在黄埔军校任职,其中新近归国的周恩来、张申府分别担任政治部主任、副主任(曾庆榴,2004:2)。"黄埔军校建设之目的,简单地说,就是创造革命的武力"(邓文仪,1943:4)。课程方面因此重视两大教育,即政治与军事教育。政治教育是共产党人的强项,从黄埔军校起,又开始进入军事教育领域,积累军事革命政治及军事能力课程发展经验。

黄埔军校开学以来,北洋军阀内讧日益加剧,有利于发动北伐战争,所以课程开发及实施方面必须加快进度,强度及要求随之非常高。如一期学员蒋超雄回忆,"全部课程本来需要三年,而第一期是用六个月来完成的",即每天军事训练十一小时,"每个小时吞下六个小时的功课"。如此一来也导致"课程表上没有政治课这一项目",除每周晚上有一次自习时间可以讨论政治,"政治教育只能在课外时间进行"。蒋超雄说"对这个问题,周恩来是煞费苦心的",最后办法是"成立政治学习小组,每周开小组会一次(自习时间)",同时"扩大和充实了书报室",利用"午饭后的四十分钟"阅读进步报刊。但最重要的课程仍是教师,即周恩来作为马克思主义革命领袖,其日常言行及卓越人格的示范效应。蒋超雄记得,周恩来只有"二十六岁,正在风华正茂、青年有为之时","军队政治工作是新事物,没有借鉴参考的资料,一切均需创新","周主任在工作过程中发挥了他高度的智慧和精湛的学问,并表现了温文诚恳的领导风度,细致周详、事必躬亲的工作作风,遂赢得全校师生的无限爱戴"。至于政治教育效果,蒋超雄也有精练归纳:"军校把我们教育成为军人,周主任把我们教育成为革命军人"(蒋超雄,1982：40,42)。

一期学员毕业后没多久,便遇上陈炯明1925年1月趁孙中山北上,准备进犯广州,推翻广州政府,一期学员随即和二期学员组成黄埔校军,编入许崇志的粤军参与作战。周恩来作为军校政治部主任,随军任黄埔军校政治指导,"这是中国共产党第一次领导军队政治工作"(中共中央文献研究室,1998：78)。到3月,东征陈炯明便取得胜利。可惜就在3月,当时中国最德高望重的革命先驱孙中山因癌症在北京逝世,黄埔军校的革命教育以及国共两党的联合革命均因此顿失可以凝聚各方的中心领导力量,分裂随之难以避免。不过,共产党人及国民党左派均在继承孙中山未竟革命事业,黄埔军校的革命教育同样在日益扩大,到1925年9月便迎来第二期学员毕业,步兵、炮兵、工兵队及辎重队军事人才共计"一千四百名"(立民,1925)。到第四期,又有"步一团""步二团""炮科"等"二九三八人"毕业(黄埔四期同学首都联谊会,1926：1)。可以说,依靠合作创办军校,到北伐前夕,中国共产党由马克思工人革命教育开启的课程行动,又拓展至军事能力、军事政治教育领域,积累了成功教学及实战经验。不仅如此,周恩来还从1926年7月起,将军事训练引入工人革命教育,成立省港罢工工人纠察队,安排"共产党员、黄埔军校第一期毕业生陈赓等担任纠察队的教练"(中共中央文献研究室,1998：78)。

是为国共合作以来共产党人的又一大革命教育课程行动,工人革命运动随之不再仅是罢工,而开始具有军事武装力量。对共产党人及工人革命运动而言,不利的一点就是来自国民党右派的分裂行径也在滋长。先是1925年8月,蒋介石掌握广州政府军事领导权。接着1926年3月,蒋介石又"以国民党右派制造的'中山舰要炮轰黄埔军校'等谣言为借口,擅自下令逮捕海军局代局长、共产党员李之龙和第一军中几十名共产党员,同时下令黄埔戒严,监视各师党代表和苏联顾问","解除省港罢工工人纠察队武装。并且同国民革命军第二军军长谭延闿、第三军军长朱德谈判,提出把共产党员和苏联顾问全部赶出军队的计划"。周恩来、聂荣臻等"主张对蒋介石进行反击",但"中共中央和苏联顾问未予采纳,主张妥协让步,以致蒋介石在军事上的地位更加巩固"(中共中央文献研究室,1998:94)。1926年7月,蒋介石作为国民革命军总司令,正式誓师北伐。先锋部队即共产党人领导的叶挺独立团则在5月就已进入湖南,到8月,便在贺胜桥将吴佩孚主力一举歼灭,"打开了通往武汉的最后一道大门,为北伐战争的胜利奠定了基础"(中山大学《叶挺》编写组,1979:33)。吴佩孚退到武汉,9月北伐军便攻克武汉。10月,广州政府迁往武汉,改组为"中华民国国民政府"。东线那边,到1926年底,北伐军也击溃了孙传芳主力,并从1927年起继续东进,迅速占领上海、南京。

  北伐堪称中国共产党自国共合作以来取得的最大成就,共产党人近十年的马克思主义宣传及革命教育课程行动也随北伐推进,壮大到可以深入当时中国社会的核心势力结构,并以军事手段对封建军阀、西方列强在华帝国主义势力发起革命。然而由于孙中山逝世后没能遏制蒋介石、汪精卫等人,继地方工业资本、封建军阀等旧势力之后,又将遭遇蒋介石、汪精卫等领衔的军事政治新势力。中国共产党曾抗议国民党右翼势力"一则曰纠正共产党,再则曰制裁共产党",指出合作以来共产党人曾为国民革命及北伐作出许多贡献与牺牲,在党务及职位方面也总是帮助礼让国民党(中共中央,1983:26—27)。只是中共为维护革命大局发出的抗议并不能阻止蒋介石加大分裂与排挤,到1927年初北伐即将大功告成时,蒋介石更开始公开背离国共合作革命,转而与西方列强及上海大资本家结成利益共同体。3月攻入上海前,蒋介石、白崇禧便多次表态"没有想过用武力收回上海租界","将设法根本消灭武汉风潮之再现上海",系列表态"为军阀及帝国主义欢迎"。西方列强闻讯也开始"拉拢蒋介石""分化国共"。之后便是蒋介石一面在南京另建国民政府,一面"经由法国租界警察当局和公共租界董事费森登与蒋介石的代表杜月笙,在法租界一间密室中阴谋策划","背离他曾高喊的反帝口号,向中国共产党挥起屠刀,发动了'四一二'政变"(李育民,2015)。中国共产党早期的革命教育课程探索至此再度遭挫,不得不在蒋介石军事专政及"白色恐怖"中继续摸索革命壮大进路。

三、革命根据地的军事政治及文化教育课程发展

政变及大屠杀爆发后,长期领导北方区斗争的李大钊也于 1927 年 4 月 28 日被张作霖"处以绞刑"。李大钊"态度从容,神色不变,三呼'中国共产党万岁',壮烈牺牲"(许毓峰,1988)。之后,昔日北大《新青年》同仁中,仍能看到鲁迅曾为李大钊全集作序,提出李大钊的系列遗文"将永住,因为这是先驱者的遗产,革命史上的丰碑。一切死的活的骗子的一迭迭的集子,不是已在倒塌下来,连商人也'不顾血本'的只收二三折了么?"鲁迅又不忘在结尾处留言,"以过去和现在的铁铸一般的事实来预测将来,洞若观火"(鲁迅,1934:125)。鲁迅再次准确把握到了中国革命演进历程。事实上,共产党人突遭大屠杀以来便开始反击,1927 年 8 月到 12 月,曾连续在南昌、广州等地发动起义。只是由于当时党中央及苏联顾问均犯"冒进主义"错误,忽视敌众我寡,一味强调进攻大城市,并在大城市建立政权,导致不仅无法实现目标,而且使损失更加惨重。甚至即使起义领导人能及时调整战略,也未能获得批准。周恩来就曾提出,南昌起义后"不应把军队拉得太远",继续采取"单纯的军事进攻和到海港去,希望得到苏联的军火接济",而应"在当地进行土地革命",如此"不一定能保住南昌,但湘、鄂、赣三省的形势就会不同,并且能同毛泽东同志领导的秋收起义部分会合"(周恩来,1980:173)。共产党人的中国革命与课程改革探索即在此类反思推动下,能够跳出城市中心找到新路。

1. 上井冈山寻找中国革命与课程改革新路

周恩来的意见表明,中国共产党在成长阶段尽管会因主客观原因遭遇失败与挫折,但共产党人中不乏善于从失败与挫折中辩证探索革命壮大新路之人。和周恩来一样,毛泽东进攻长沙未成后,也能及时放弃"冒进主义",尝试到农村去创建革命根据地。其实,毛泽东 1927 年 1 月就曾深入调查农村革命形势,完成了《湖南农民运动考察报告》,其中指出仅仅 3 个月(1926 年 10 月至 1927 年 1 月),湖南"农会会员"便由"三四十万","激增到二百万,能直接指挥的群众增加到一千万",因此"革命当局对各种对农运的错误处置,都必须迅速变更,这样才于革命前途有所补益"(毛泽东,1927)。调查报告于当年 3 月发表在党的机关报《向导》上,离蒋介石秘密发动政变尚有一个月,但报告并没有引起当时党中央及苏联顾问的重视。甚至毛泽东本人的思想亦没有完全发展到将革命重心转到农村,而是如周恩来所说,"也还是认为要以城市工作为中

心"(周恩来,1980:179)。可见共产党人最初也曾被习惯的城市中心主义视野束缚。不过,当秋收起义攻至浏阳"伤亡重大,损失不少"时,"毛泽东就给省委送来一封信,大意说:我们不准备进攻长沙,长沙暴动的计划停止吧!省委同意了。"尽管"停止长沙暴动的事,受到了中央的批评"(罗龙章,2007:4),但没有妨碍毛泽东于1927年10月,率领工农革命军余部上井冈山寻找革命新路。过于偏重城市的革命路线由此得以切实调整,此前以城市工人为重点对象的马克思主义革命教育课程探索也随之将迎来新的发展阶段与格局。

1928年4月,朱德、陈毅也率领南昌起义余部南下至井冈山,与秋收起义工农革命军合师改组为中国工农红军第四军。5月,井冈山革命根据地召开工农兵代表大会,成立"湘赣边界工农兵苏维埃政府"。既有自己的军队,又有独立政权,意味着毛泽东等共产党人自把革命重心切实转到农村起,便不同于晏阳初、梁漱溟等在军阀体制内探索乡村新课程与新教育,且最大不同正体现在后者忽视的社会体制变革层面,共产党人将在农村根据地发展革命新课程与新教育,动员工农兵对蒋介石及其地方支持势力发起革命,彻底改造农村社会体制,建立史无前例的广大工农兵当家作主的新农村社会。这一新社会体制的最初形态便是1928年10月毛泽东在湘赣边界第二次党代会上提出的"工农武装割据"政权,也称"红色政权"。不仅如此,毛泽东还在大会上指出"红色政权"之所以"能够在白色政权包围的中间发生和坚持下来",首先正是因为有工农红军,而红军能否扩大工农武装割据,扩大红色政权,又得靠对红军实施"民主的政治训练"(毛泽东,1952:49—50)。发展红军政治教育由此成为革命根据地的头等课程改革议题。其时,蒋介石则在加紧收编地方军阀,引发李宗仁、白崇禧、冯玉祥等不满,到1929年便因矛盾日益激烈爆发"蒋桂大战",所以国内军事形势也有利于根据地发展包括军事政治教育在内的各项革命事业。

1929年9月,湖南省委也对湘赣边界政府"目前工作任务"做出了部署,第七块是"教育宣传工作",表明除毛泽东强调的红军政治教育外,根据地还将发展"党内教育"和"党外宣传"教育,所以课程改革方面,根据地既要在红军党内发展革命政治教育课程,又要面向"群众"开发三类革命教育课程:一是在"各种革命纪念日","多开群众大会及游艺大会等";二是"多发传单,如传单、宣言、歌词标语等,可使群众对革命为相当的了解和认识";三是"以工农革命的事实和豪绅阶级的罪恶编成戏曲歌谣来表演"(中共湘委,1984:46)。两个月后,红四军攻下永新县,根据地内部形势大好,毛泽东适时于12月闽西古田召开的红四军第九次代表大会上进一步厘清红军的政治革命本质,提出党领导红军、红军是党的政治革命军事武装力量等基本原则,进而强调"红军党内最迫切的问题,要算是教育的问题"。红军政治教育至此更是成为革命根据地教育的重中之重。为红军干部及士兵开设哪些革命政治课程,毛泽东也有明确规定。先是红军干部需要学习十门政治革命课程,包括"政治分析""上级指导机关的通告讨论""组织常识""红军党内八个错误思想的纠正""群众工作的策略与技术""游击区域社会经济的调查研究""马克思列宁主义的研究""革命的目前阶段和它的前途问题"等。接着便是"士兵政治训练"课程计划设置十九门,除土地革命、政治革命、苏俄红军、共产党与国民党比较等基础政治革命理论教育,还包括武装组织及战术、识字、红军标语解释、三条纪律、革命故事、卫生、革命歌、图报等革命能力、革命文化与健康教育(毛泽东,1981:1—3)。

教学方法更是全面细致,仅士兵政治课程"教授法"就有9种,如"启发式(废止注入式);由远及近;由浅入深;说话要通俗;说话要明白;说话要有趣味;以姿势助说话"。士兵"普通"班、"特别"班、"干部"班怎么分,各班的运作机制、目的与结业出路,同样一一指明。甚至哪些士兵要进行"个别谈话",也很清楚,包括"有偏向的;受了处罚的;伤兵;病兵;新兵;俘虏兵,等等",谈什么、怎么谈亦有规划。此外还有地方"赤卫队""少年先锋队"如何训练,"童子团"及其所就读的"人民学校"或"列宁小学"怎么办理,以及村级"平民夜学校",乃至教员每天的"伙食费""每月零用钱"等细节,同样也都在考虑之内(毛泽东,1981:4—10)。实施方面也很有力,尤其红军政治教育及军事能力方面的课程教学情况,六十多年后,当地人仍能清楚记得红四军"整训的内容有二:一是进行政治教育,整顿军队党的组织,整顿士兵委员会,解决官兵之间,干部之间的关系;二是开展军事训练,从怎样瞄准的基本常识,到怎样与敌人兜圈子,如何打击敌人的战略战术等等。上午学军事,下午学政治,指派有一定军事或政治专长的红军干部讲授"(中共江西省宁冈县委党史工作办公室,1992:45)。可见自转入农村独立发展军事教育,共产党人可以比黄埔军校时更加注重开设政治课,乃至保证一半课时是在学习政治。共产党人的军队之所以会比蒋介石及其他军阀军队具有更高的政治革命觉悟,正源于毛泽东创办农村革命根据地以来不仅优先重视军事教育,而且强调对红军上下进行政治革命教育。

红军政治革命课程主要由合格红军干部具体组织实施,毛泽东作为湘赣边界革命根据地党政军及红军政治教育领袖,则不仅要负责总体规划,更曾在政治教育实施方面起过先锋带头作用。而且毛泽东善于在政治革命实践中发现并解决问题,所以不少重要的红军政治革命课程其实都来自毛泽东的创造。尤其堪称使红军脱胎换骨的组织纪律教育,即"士兵政治训练"课中的"三条纪律",便由毛泽东初到井冈山时设计而成,内容包括"第一,行动听指挥;第二,打土豪抽款子要充公;第三,不拿农民一个红薯",藉此使红军在组织纪律及作风上绝不同于当时封建军阀即白军。到后来攻打遂川又发生"部队将小商小贩的货物统统没收",老百姓也来提意见说"工农红军好是好,可是他们借了我们的门板去睡觉,还回来的不是那一块,……害得我找门板找了好几天,还有啊,战士们睡觉用过的稻草遍地都是,成了牛栏了"。毛泽东了解后立即又"向部队提出了6个要注意",包括"一、上门板;二、捆铺草;三、说话要和气;四、买卖要公平;五、借东西要还;六、损害东西要赔"。到攻打茶陵时,毛泽东又发现新问题,"部队没有做群众工作,不去发动群众打土豪,而是靠商会摊派经费",于是在红军教育中增设"群众工作""土地革命"等政治课程,"要求部队开展群众工作,开展打土豪的斗争,并帮助地方建立工农政权"(郭德宏等,2013:75—76)。由此也可见,红军之所以能逐渐成为与封建军阀或白军不一样的纪律严明深受群众拥戴的工农子弟兵,根据地的工农兵红色政权与革命事业之所以能壮大,均离不开毛泽东为首的红军党政干部及时从发现解决根据地革命实际问题入手,推出系列通俗易懂的革命政治新课程。

古田会议之所以能提出具体且细致入微的红军政治课程及教学方案,其实也是由不断发现解决根据地各类革命实际问题积累而成。除发现解决根据地内部问题外,毛泽东还得和全党内对壮大革命根据地不利的思想路线作斗争。当时党中央仍主张城市革命,不看好在农村建立革命政权,"认为在距离革命高潮尚远的时期做这种建立政权的艰苦工作为徒劳"。为纠正这种思想,毛泽东曾于1930年1月发表著名的《星星之火,可以燎原》,提醒共产党人"军阀混战""帝国主义的商品侵略""政府的赋税加重""中国商业资本的剥蚀""地租和高利贷的剥削更加重",已"使得广大的农民和城市贫民走上求生不得的道路","我们如果认识了以上这些矛盾,就知道中国是处在怎样一种惶惶不可终日的局面之下,……就知道反帝反军阀反地主的革命高潮,是怎样不可避免",所以应该坚持"有根据地的,有计划地建设政权的,深入土地革命的,扩大人民武装的路线"(毛泽东,1952:98,95)。4月,又发生李立三代表党中央要求红四军向中心城市发展,向忠发作为总书记,则在附和李立三。毛泽东的态度由此成为关键。收到信函后,更了解革命实情的毛泽东选择"拒绝执行"。"李立三对此十分不满",曾"严厉点名批评毛泽东"(余伯流等,2001:203)。毛泽东继续顶住压力,并根据寻乌调查写成《反对本本主义》,正式提出"没有调查,没有发言权","到群众中做实际调查去","从斗争中创造新局面"等实事求是的中国马克思主义革命思想路线。毛泽东还提出,"马克思主义的'本本'是需要学习的,但是必须同我国的实际情况相结合"(毛泽东,1964:3—4)。然而李立三的意见还是产生了影响,毛泽东、朱德创建的闽西根据地也因福建省委接受李立三的意见突发变故,闽西红军被引向挺进广东增援广州革命。

几次战役下来,6 000余人的部队"仅剩600余人"。时为1930年10月,此后一年间"闽西苏区一直处于困境之中","广大军民热切地盼望远征而去的朱毛红军能再回闽西"(余伯流等,2001:227—228)。闽西变故足以证明,毛泽东不仅曾为湘赣革命根据地发展红军政治教育课程开拓正确进路,而且曾为中国共产党认识克服教条主义、冒进主义等各类幼稚错误思想,改从中国实际出发耐心先在农村革命斗争实践中扩大人民武装与中国革命,做过许多努力,有时甚至因此在党中央内陷入孤立。但毛泽东总能坚持下来,同时其系列主张还能代表众多正在农村壮大革命力量的共产党人的思想方向。得益于还有毛泽东式的农村革命思想路线在起推动作用,到1930年5月,全国工农红军便发展到"10余万人,建立了大小十几块革命根据地"(杨勤为等,1989:158),包括赣东北、鄂豫皖、湘鄂西、左右江等。但规模影响最大的仍是毛泽东、朱德以湘赣边界为基础、自1929年1月起向南推进创建的赣南革命根据地。包括蒋介石都认为赣南红军势力最强,所以1930年10月结束与冯玉祥、阎锡山的陇海大战后,立即"重新划分区域,分配兵力",命"何应钦代行总司令职权",韩复榘、孙连仲等为"督办",向湘鄂赣三省根据地发起进攻,"特别是对赣南红军主力的进攻"。12月,蒋介石更亲自坐镇南昌,"以张辉瓒为总指挥,率领第十八师、新编第五师、新编第十师向赣南苏区进犯"(佚名,1979)。

反"围剿"斗争以及在反"围剿"斗争中进一步增强壮大共产党人的革命力量由此拉开序幕。在红军总司令朱德、政委毛泽东指挥下,到12月31日,进犯主力便被歼灭,张辉瓒则被活捉,第一次"围剿"迅速被朱毛红军粉碎。第二年3月,到1932年10月,蒋介石又连续发动进攻,两年内对赣南苏区展开了四次"围剿"。第四次调动兵力达"六十多万"(吴云鹏等,1987:252),但到1933年3月,红军便"消灭了蒋介石的嫡系、陈诚靠它起家、素称没有打过败仗的国民党第十一师",第四次反"围剿"再度以大胜结束。甚至蒋介石都曾"向他的中路军总指挥陈诚"发去"手谕",称"此次惨败,凄惨异常,实有生以来唯一之隐痛"(聂荣臻,1984:176,178)。共产党则取得了建党以来从未有过的军事胜利,也说明共产党人自1930年起,通过实事求是的革命斗争实践,不仅在军事政治及军事能力教育方面取得了巨大进步,而且在党政军群等各方面的革命事业都取得了显著发展。其中,最先突破是在1931年9月,赣南、闽西革命根据地连成一片,毛泽东、朱德及中共苏区中央局进驻瑞金,筹备召开"中华苏维埃第一次全国代表大会"。11月9日大会开幕,19日正式宣告成立中华苏维埃共和国。瑞金改名为"瑞京",作为首都。工农共和国最高权力机关是全国苏维埃代表大会,中央执行委员会则是苏维埃代表大会闭会后的最高政权机构,主席为毛泽东。中央革命军事委员会主席则为朱德,副主席为王稼祥、彭德怀,毛泽东、周恩来等是委员。中央执行委员会下设人民委员会则成为工农共和国临时中央政府,主席由毛泽东兼任,分委会包括外交、军事、财政、劳动、土地、司法、教育、内务、工农检察等(蒋伯英等,2009:77)。

2. 在工农共和国进行革命教育课程改革

奋斗十年,共产党人及红军终于开始建立真正由广大工农组成的新中国政权体系,其"民主"程度则如毛泽东1934年所言,"实在是历史上任何政治制度所不曾有的",堪称"最能发挥民众创造力","最能动员民众以适应国内战争适应革命建设"(毛泽东,1982:309)。人民委员会下设教育人民委员会(1933年改为教育部),也意味着共产党人将创立中国历史上不曾有过的民主教育体制,相比近代中国自洋务运动以来的其他新教育运动,都是从自身阶层惯习出发,有意或无意地将工农排除在外,共产党人设立教育人民委员会,以工农及其子弟为对象建立新中国教育体制,则在中国新教育运动史上发起了真正意义的体制革命。既有各路新教育运动中,只有陶行知、晏阳初的平民教育实验曾专门以农民及其子弟为对象,甚至只招农民及其弟子,但即使是他们,也因是在军阀体制内办学,无法达到共产党人的中国教育体制革命水平。简单说,共产党人1931年成立教育人民委员会,等于让广大工农首次有了自己的教育部。从课程改革角度看,成立中央教育委员会同样意义重大,自此共产党人将在自己创立的工农共和国进行革命教育课程改革,同时也使根据地的革命教育课程改革探索由主要是在红军及党内展开,拓展到一面继续重视红军及党内教育,一面在党外大力发展工农及工农子弟革命教育课程。

工农群众教育运作机制上,也将迎来扩张,除一直采用的群众宣传外,更要建立正规的工农教育制度。这些新任务均将由工农共和国人民教育委员会来领导开拓。首任教育人民委员是瞿秋白,但瞿秋白并未到位,而是留在上海临时党中央推进文艺宣传。1934年2月,第二次全国苏维埃代表大会闭幕,中央执委会再度任命"瞿秋白为教育人民委员"(中华苏维埃共和国中央执行委员会,1934)。不过,瞿秋白未到位的两年里,中央教育人民委员会另有徐特立在代理行政领导。1938年徐特立回忆自己的教育行政生涯时,还特别强调自己工作期间"只发出一个训令,是对各县教育的指示",因为他认为自己"是一个实际工作者,不是理论家"(徐特立,1980:134)。苏区各级政府随中央政府成立以来,省、市、县层面也同时建立教育部,还有乡教育委员会,负责在苏区各地领导推进"普通教育"和"社会教育"(徐特立,1980:135)。从毛泽东、朱德、徐特立等中央党政军教育领导,到各省党政军教育领导,都带头推进教育工作;工作风格也相似,不是专靠草拟发布文件,而是乐于根据革命需要亲自去实践,如此更能推进苏区革命教育课程发展。

革命需要是什么,毛泽东作为工农共和国党政军领袖,曾在第一次苏代会报告中做过明确提示。如何落实也有示范,《红色中华》作为中央政府新设的宣传教育机制,就曾在大会结束后迅速示范如何根据革命需要,改革优化革命宣传教育。第一大革命需要便是巩固苏维埃工农政权,所以革命宣传教育便应致力于"组织苏区广大工农劳苦群众积极参加苏维埃政权,这不但要引导工农群众对于自己的政权,尽了批评、监督和维护的责任,还要能热烈的参加苏维埃政权的工作,了解苏维埃国家的政策、法律、命令,及一切决议,能运用自己的政权,……实现自己阶级的利益与要求"。第二大革命需要来自"九一八事变"以来日本军事侵略、国民党"围剿"等造成的国内外军事政治形势。面对日本军事侵略,中华苏维埃共和国自成立起,便立即开始发起反抗。到1932年4月,中华苏维埃共和国更是正式发布"对日战争宣言",将"领导全中国工农红军和广大被压迫民众,以民族革命战争,驱逐日本帝国主义出中国,反对一切帝国主义瓜分中国,以求中华民族彻底的解放和独立"(中华苏维埃共和国临时中央政府,1932)。《红色中华》自创办起,也在从反抗日本侵略出发拓展革命宣传教育,具体部署是"尽量揭破帝国主义与国民党军阀及一切反动政治派别进攻革命欺骗工农的阴谋,与反动统治的内部冲突崩溃,及一切政治内幕,介绍苏区非苏区红军斗争,工农革命运动的消息,使工农劳苦群众,懂得国际国内的政治形势,与必要采取的斗争的方法,而成为扩大苏维埃运动的勇敢的战士"(佚名,1931)。

方继夏作为中央执委会任命的"《红色中华》主笔"(中华苏维埃共和国中央执行委员会,1931),也是毛泽东湖南一师时的同学好友,很善于准确把握中央执委会如何认识工农共和国的政治革命需要,所以能紧扣工农共和国的政治革命需要,迅速拿出革命宣传教育改革与优化方案。对于新生不久的工农共和国而言,除需教育动员广大工农群众维护巩固自己的共和国,最紧迫的正是应对日本帝国主义军事侵略,在帝国主义侵略造成的国内军事政治形势中,扩大工农共和国政权及全国革命运动。彼时,张学良已决定服从蒋介石,蒋介石名义上统一了中国北方,但面对日本军事入侵东北三省,蒋介石不仅不抵抗,还将兵力重点调到南方,攻打已向日本帝国主义宣战的共产党人和工农政权。留守东北的张学良有心抵抗日军侵略,却只能被迫执行蒋介石的不抵抗政策,看着日军迅速占领东北三省。张学良及其手下20万东北军只能照令撤到河北,导致河北一年来"所征收的军事特捐,起码十次以上。这以外的苛捐杂税,更是屈指难数。"到1932年春,仅蠡县便爆发"五千余名农民组织起来反对捐税,包围县政府"。曾与苏区红军作战的国民党徐清泉部退伍士兵,回到河北家乡后,更是开始"到处宣传红军是真正老百姓自己的军队,红军如何的勇敢"。总之,在河北,"沉重压迫下的农民群众想要反抗,很期待共产党和红军来领导"(张永,2020)。

东北军背着不抵抗的恶名失去家乡后,内部也有许多将士因看到共产党人主张抗日,且正在东北发起抗日义勇军运动,所以同样开始期待能加入共产党领导的抗日战线。吕正操作为张学良的亲信秘书,便在共产党人的抗日主张与行动影响下发生立场转变,同时认为共产党抗日主张与行动对整个"东北军有很大震撼"。吕正操更曾指出,"九一八事变"以来,"民族危亡迫在眉睫",蒋介石不仅不让东北军抗日,还"对东北军减发军饷,他的嫡系部队发百分之百","全军将士对蒋介石极为不满",东北军内部"有志之士"更因此"强烈要求抗日,打回老家去"(吕正操,1988:21—22)。冯玉祥西北军及中原军也有类似动向,冯玉祥本人1932年以来甚至曾私下认为"共产党的主义是极高明的,我只能加入共产党";"不论共党何时能成事,只问道理真不真。如此,我为自己不作狗起见,必须起来加入共党,共同奋斗";或至少"共产党的朋友是要交几个的,不怕什么危险"(冯玉祥,1992:729,744—745)。之后,冯玉祥确实开始和共产党建立联系,虽然其最终还是与蒋介石结盟,但也曾于1933年带领吉鸿昌等旧部组织察哈尔抗日同盟军。吉鸿昌则在此前一年便已发动兵变,失败后还曾率部投奔中央苏区,受到"苏区领导沈泽民、郑位三、徐海东等人的热情欢迎"。1932年11月,回到北方的吉鸿昌正式加入共产党,并从1933年5月起,作为察哈尔抗日同盟军第二军军长率部抗击日军及蒋介石军阀(中共天津市委党史研究室,2005:115—116)。

河北、东北、察哈尔等地的军事及农民运动形势表明,"九一八事变"以来蒋介石统治便已开始在中国东北华北失去军心民心,且原因还不仅是把军事政治弄得像办企业,只顾扩大嫡系权力与利益,更因不顾民族存亡及北方老百姓生死之大义,以致北方老百姓及许多国民党将士都盼望共产党能北上。中共北方区对此形势也有认识,河北省委就曾于1932年10月向中央求援,"我们最需要的还是政治委员、军事干部,不只保属要,直南也要,义勇军也要"(河北省委,1997:4)。1933年3月,中央派孔原"以中央驻北方代表名义,到北方主持北方工作,管理河北、天津、北京、山西、河南、绥远、热河、内蒙"(《中共中央北方局》资料丛书编审委员会,2002:43)。孔原到后,和柯庆施等北方局领导采取了诸多行动扩大党的军事政治革命力量。9月,孔原、柯庆施更曾尝试组建共产党独立领导的革命军队。但在军队政治教育方面,北方区领导缺乏经验,以致"军事上的训练非常之坏。同时因为有许多学生同志参加在里面,自由主义的思想发展得非常厉害,部队非常散乱"(柯庆施,1997:117)。军事实战经验,北方区领导同样缺乏。27岁的孔原就曾向中央汇报,坦言"我是深深的觉得我的无能与薄弱,实在不足以担任独当一面的责任"(孔原,2002:151)。北方有巨大革命需要,但孔原等却没有军事作战及军事政治教育经验,无法教育领导有心抗日的将士与广大工农群众,扩大救国救民的革命军队。

还是得靠毛泽东、朱德等政治军事斗争及教育经验均丰富的领袖前去开拓,才可以满足北方及全国工农群众、抗战将士的革命需要。事实上,1932年2月,毛泽东、朱德等苏区党政军领袖代表诞生不久的工农新中国正式对日宣战时,也曾专门针对蒋介石的不抵抗,"号召白色统治区的工人农民兵士学生及一切劳苦民众自己起来,组织民众抗日义勇军,夺取国民党的武装来武装自己,直接对日作战"(中华苏维埃共和国临时中央政府,1932),但因国民党军队正大举进攻工农共和国,众多经验丰富的南方苏区党政军领导还无法前往北方,组织民众义勇军和日本帝国主义作战。南方苏区党政军领导必须先在新生不久的工农共和国,做好革命教育、土地革命、反"围剿"等各项革命工作,藉此为工农共和国及全国革命培养政治军事革命干部,壮大革命力量。在做好革命教育这一点上,南方苏区党政军各级领袖确实堪称是党内榜样,均是从苏区革命需要出发亲自去改革优化革命教育。"项英、陈毅等挺进粤赣边境山区以来,为了加强教育,提高部队素质",就曾"亲自编写了军事、政治、文化教材",包括"《红色指战员必读》、《红色战士必读》、《群众工作者必读》"等"十多种"(董纯才,1991:211)。朱德作为工农共和国中央军事委员会主席,亦在破解"怎样创造铁的红军",为继续强化优化红军政治教育指明方向:"红军的战斗力,不仅是靠军事技术的条件来决定,最主要的是靠红军的阶级政治觉悟、政治影响、发动广大工农群众,瓦解敌人的军队。"(朱德,1983:3—8)

因为有苏区各级党政军领导示范在先,起引领作用,所以工农共和国各级各类教育的课程运作体制及教育内容随之均能不断取得进步。先看中央层面如何根据革命需要完善最重要的军事教育课程运行体制,第三次反"围剿"胜利后,中央军委便创建了"中央军事政治学校",到1932年1月,便迎来第一期学生"约七百人"毕业。军校学生不仅受过红军领袖的政治教育,"军事技术都是学最新的",且"毕业成绩很好","回到原队工作"后,"必定能领导工农红军,消灭国民党军阀的军队"(佚名,1932)。1932年6月,则由中央教育部创办"中央列宁师范学校",徐特立任校长。1933年,中央军委进一步成立"红军大学","从红军部队中,轮番抽调久经战斗锻炼,有实际工作经验,质量优秀,可堪深造的干部(绝大多数是工农出身)"(何长工,1981:189),培养红军高级干部。中央马克思共产主义学校、中央农业学校也在1933年陆续创办。8月,中央政府又开始筹办苏维埃大学,由毛泽东出任校长,"决定招生一千五百余学生"。课程包括"分普遍班与特殊工作班",其中,"特殊工作班"按专业进一步分为"土地、国民经济、财政、工农检察、教育、内务、劳动、司法共八班"(佚名,1933)。1934年4月,为纪念积劳成疾去世的沈泽民,苏大改名为"沈泽民苏维埃大学",校长也改由瞿秋白担任,其课程发展方向是从工农共和国现实建设需要出发,为工农共和国"各个重大工作如查田运动、经济建设、工人斗争、文化建设、财政工作、肃反运动、道路建设、新苏区的发展,以及目前的选集运动",培养"大批干部"(赣南师范学院等,1985:24)。

普通或工农子弟初等教育,虽然是由省市县地方负责,中央不直接参与办学,但中央有共青团组织会去面向学校及社会,为工农子弟组织革命活动课程,其两大革命活动课程组织领导机制的实际运作同样呈现出显著的优化,在朝革命需要迈进。军校首期学生毕业的1932年1月,全国苏区少年先锋队代表大会也在红色中国首都瑞金召开,中央政府主席毛泽东、军委主席朱德、少共中央局书记陆定一、中共中央代表任弼时等出席,强调全国少先队教育的革命课程发展方向是以革命战争为青年谋利益,帮助红军作战,帮助红军及其家属耕田等。中央另一大工农子弟革命课程领导机制,即"共产儿童团",1933年以来也在陈丕显、胡耀邦等中央共产青年团儿童局负责人的主持下,发现过去组织的活动虽然"有了很好的成绩",但在"儿童的文化教育工作,以及争取儿童的权益,争取儿童生活上的改善"等方面存在"不可容许的忽视"(丕显,1933),从而必须加以改革,以增强共产儿童团活动课程组织的革命价值。

国统区大都市则在加大"童子军"教育力度,不过其运作存在明显且难以克服的形式主义化,其领导机构即国民党"中央训练部"都有人出来说,"童子军"教育虽"博得好的名声",但"似没有表现出伟大的力量",也"缺乏中心思想的领导",而能想到的中心思想又仅是"三民主义",而且是早已丧失革命号召力、沦为纯粹意识形态教条或摆设的旧"三民主义"(中国国民党中央执委训练部,1930:169—170),而非孙中山自与共产党合作革命以来提出的更能争取广大工农参与大革命的新三民主义,导致国统区"童子军"教育始终缺乏有号召力的"中心思想"来克服形式主义化。如果从社会阶层看,更可以发现人口最多的工农子弟连"童子军"形式上的"好的名声"都无法分享。进步青年画家张乐平在《三毛流浪记》中就有揭示,像"三毛"那样的广大穷苦儿童即使有能力取得优异学习成绩,也会被中上阶层主宰的国统区大都市小学教育体系排挤出去,只能偶尔靠做梦体验一下"儿童乐园"中那些受到大都市中上阶层好评的文体活动(张乐平,1984)。20世纪30年代,论及广大"三毛"式穷苦儿童何以能实现自己的教育权益,还是得由共产党人在工农共和国里创建的学校教育来解决,因其法定体制追求正是"首先应该保证劳动工农的子弟得受免费的义务教育"(中华苏维埃共和国中央政府,1981:308)。怎样才能让广大穷苦儿童通过受教育"表现出伟大的力量",同样只能交给工农共和国的新教育体系来解决。

学校教育体制建设方面,工农共和国为儿童即3至7岁、8至12岁的工农子弟建立了幼稚园、列宁小学。其中,列宁小学发展最快,到1934年1月,仅工农共和国所辖的"江西、福建及粤赣三省","两千九百三十二个乡中,有列宁小学三千〇五十二所,学生八万九千七百一十人"。有的县如兴国儿童入学率达"百分之六十","而在国民党时代,入学儿童不到百分之十"。"苏区很多地方的儿童们,现在是用了大部分受教育,做游艺。""儿童同时又组织在红色儿童团之内,这种儿童团,同样是学习共产主义的学校。"(毛泽东,1934)列宁小学及儿童团便是中央及地方苏区为工农子弟创办的学校。社会或工农群众教育方面,到1933年底,工农共和国的领导推动体制也相当健全,并通过"识字组""夜校""俱乐部"等办学实施机制,建立了灵活多样且很能调动广大群众积极参与的教育体系。尤其"女工农妇代表会"主持的妇女群众教育,更是发展迅速。"妇女群众要求教育的强烈,实为从来所未有。"如"兴国夜校学生一万五千七百四十人中,男子四千九百八十人,占百分之三十一,女子一万〇七百五十二人,占百分之六十九。兴国识字组组员两万两千五百十九人中,男子九千人,占百分之四十,女子一万三千五百一十九人,占百分之六十。在兴国等地妇女从文盲中得到了初步的解放,因此妇女活动十分积极起来。妇女不但自己受教育,而且已在主持教育,许多妇女是在做小学或夜校的校长,做教育委员会和识字委员会的委员了"(毛泽东,1934)。

儿童及广大群众积极要求接受教育、竞相参与推动教育发展堪称是在普通及社会教育领域发起了火热革命运动。如果有的地方不重视发展教育,便会成为批判对象。

如石城县，就因发展教育不积极，被列为"忽视文化教育"的典型，说其"帝国主义国民党大举进攻"时仍忽视教育，"简直是削弱革命战争动员力量，帮助了敌人"（萧利民，1933）。《红色中华》还曾针对少数人及地区不热心，发起"集中火力向忽视与破坏文化建设者开火"的运动，消灭地方上的文化教育问题，如"乱调教育部干部"（肖峰云，1933），"把文化工作与战争脱离起来"（李维，1933）。与之相对的则是地方上各种火热的教育革命运动受到表彰，被列为学习对象。如上杭才溪区1933年7月被评为发展文化教育"第一个模范区"，两个月后又开始新一轮的"热烈进行文化教育运动"，计划"齐足了九个月的教育经费"，准备再创办"日校四十九处，夜校六十六处"，"并且在各乡村大路旁"，建"七十个看图识字处，每七天更换一次"（李中，1933）。甚至教育经费方面，地方也能响应号召以努力自筹为荣。这方面，瑞金是榜样，被评为"教育经费自给的先锋"。1934年3月，工农共和国教育部号召地方努力实现"教育经费自给"，瑞金县教育部立即"召集了各区教育部长开联席会"，"各区一致赞成自四月份起，教育经费由瑞金自给，不要中央教育部发给，并决定了具体办法，发动募捐（菜、油、谷、钱等），每学期两次至三次，发动教员自备伙食义务教授，租种公共事业田发动种田队耕种，交租所余谷物换作教育经费，教员与学生开荒种粮"（王昌期，1934）。

  哪里的教育改革能做到像共产党人那样，可以号召调动地方教育领导、教师自己出钱出力，为工农及其子弟发展教育？只有共产党人，不仅具有为广大工农谋福的马克思主义政治社会革命理想，而且身体力行在农村为广大工农开展土地革命，为广大工农创建共和国政权，所以能号召调动广大工农主动发展教育，巩固扩大自己的工农政权与革命果实，同时会批判少数"忽视"或"破坏"教育发展的人。可以说，也就三年时间，以毛泽东为代表的共产党人便在新生的工农共和国和广大工农结成了革命共同体，其所产生的伟大教育革命力量在教育体制层面已让各地苏区出现争前恐后的兴办列宁小学、识字班、夜校、半日校、俱乐部及"教育经费自给"运动。如果再进一步从课程或教育内容层面看，更可以发现，自1931年成立工农共和国以来，共产党人曾在瑞金中央及地方苏区带领广大工农及其子弟，依靠自己的工农学校及社会革命教育机制，成功发起了一场热火朝天的农村革命课程改革运动，而且是真正能壮大政治社会变革力量的农村革命课程改革运动。

  苏区农村教育工作者习惯以"文化教育"或"文化建设"来统称他们面向工农群众及工农子弟发起的革命课程改革运动，从而可以在体制、类型上区别于中央重点发展的以培养党政军后备干部为对象、要求甚高的"政治革命"教育。与之相对应，课程结构上,为工农群众及其子弟开发的文化教育也多是由相对容易掌握的常识普及与能力培养的一般文化课构成。如列宁小学的文化教育包括国语、数学、政治、自然、唱歌、图画、运动七门基本文化课。从学段又分为"最初的时期"(8—10岁满),"以做事为学习的中心","所以艺术和作业,就是这时期儿童的中心课程","至于文字和计算,在课程上虽然列入了,但要从艺术和作业的需要来教授文字和计算";"第二时期"(11—12岁满),"由自己的(做事)经验直接获得知识扩大到从别人言语文字中间接获得知识,把直接得来的知识,扩大和加深";"第三时期"至14岁满,开始"更有系统的学习初步的科学方法和一般的科学知识,完成普通生活必需的知识技能,同时准备了将来自己独立学习和学习专门的科学最低限度的基础"(中央教育人民委员部,1981:297—298)。

列宁小学的课程新方案是由"中央教育人民委员部"于1933年正式发布。方案中有吸收陶行知乃至主流新教育运动提倡的"做中学"的儿童教育经验。然而列宁小学的课程新方案是在前期已进行三年实验的基础上形成的,具有别处没有的特色鲜明的经验积累,更能避免道尔顿制实验、"童子军"教育等常见的形式主义弊病,即把教学形式或学习方法革新当作目的,舍本逐末,或流变成没有"中心思想"的儿童自由活动。列宁小学之所以能形成特色鲜明的课程改革传统,其文化课之所以不会流变为在教学方法层面追求翻新,而是很清楚向儿童传授什么"做事"知识,培养什么"做事"能力,皆源于列宁小学的"文化教育"课程改革有十分明确的中心思想,即必须紧扣工农共和国的革命事业需要设计小学文化课程与教学。用1934年颁布的"小学校教育制度暂行条例"来说,这一中心思想便是,列宁小学的"文化教育"课程改革必须符合工农共和国小学教育"总纲":列宁小学是"在工农民主专政下的小学教育,是要训练参加苏维埃革命的新后代",所以"必须运用实际斗争的教训和经验来施行教育,使教育与斗争联系起来","同时要用教育来提高生产劳动的知识与技术,使教育与劳动统一起来"(中华苏维埃共和国中央政府,1981:308)。

做什么事,学什么知识,培养什么能力,都要围绕工农共和国正在进行急需发展壮大的农业生产劳动与革命斗争展开,正是这一中心思想让列宁小学能够形成特色鲜明的文化教育课程改革传统,避免流变成追求形式翻新,或疲于让儿童在五花八门的活动中体验自由学习与快乐,无法产生任何实质的教育效果及社会进步力量。且看1933年工农共和国小学的文化教育课程改革,因为中心思想十分明确,从新教材编写,到具体教学实施,再到劳动及革命斗争活动开展,均堪称既考虑儿童天性兴趣,又能引导儿童兴高采烈地为工农共和国农业生产及革命事业发展努力学习,成为革命接班人。1933年7月,中央教育部推出国语、算数、政治、游戏、唱歌等新教材。《共产儿童读本》第1册便采取儿童喜闻乐见的文字图画结合及日常语言表达,并从人、牛、山等苏区儿童熟悉的生活入手设计通俗易懂的内容,每课就学一句话,引导儿童养成农林业生产劳动及政治革命认识。如第七到第十课教的是,"分田,分了田,自己才有田;作田,作了田,自己才有谷;山上有石,有土,又有木;田中有禾,有豆,又有花生"。十一、十二课描写"哥哥读书,弟弟也读书,哥哥唱歌,弟弟也唱歌;妹妹唱歌唱得好,我也唱得好,哥哥唱得更好(有图)",十三课于是教"《唱歌》",词曲简单,朗朗上口:"弟弟哥哥,妹妹姐姐,快来快来唱个歌(有图)。"(江西省教育厅,1960:197)

弟弟妹妹置前,还可以培养爱幼,徐特立作为新教材编审委员会负责人可谓极用心。到第2册,课文篇幅、内容有拓展与深化,以循序渐进为儿童提供正确的文化革命教育。如"唱歌"变成"姐姐喜欢唱歌,我也喜欢唱,我要姐姐唱送郎哥,姐姐不肯唱;姐姐要唱当红军歌,我就和姐姐,一同唱当红军歌"(江西省教育厅,1960:203)。第3册每篇课文增至百字左右,从而可以引导儿童从生活层面更深入地了解进而自觉支持苏区地方及工农共和国的各项革命事业,如第四课"演讲会",便在鼓励儿童以积极参与学校每周一次演讲会的方式,像课文里的学生那样"轮流讲演,有的讲儿童团工作,有的讲卫生,有的讲红军故事,有的讲儿童菜园种菜的法子,讲的好的,大家拍起手来",引导儿童认识苏区的儿童团教育、卫生教育、拥军及生产劳动教育,进而努力做好这些教育。第六、七课,讲工农家庭参加革命的意义,先是描述"从前我们的家里","家里很穷",爸爸"做长工"如何辛苦,也"不能养活一家人";然后介绍"现在我们的家里",即工农政权建立后,翻身做主人的大变化,"村子里的人都说:做长工的是很革命的,就把爸爸选到乡政府当主席;哥哥选到少先队当队长,我和弟弟,都加入了儿童团,天天到列宁小学读书;妈妈在家里做事,还做了很多草鞋送红军"(江西省教育厅,1960:197)。这些课文不仅可以教育儿童成为革命新后代,而且解释了各地为何会有那么多的工农群众满怀热情地义务参与推动工农共和国的教育、政权与军事建设。

算术也要求能启发儿童参与革命活动,如围绕"慰劳红军,儿童团要给红军做七双布草鞋六双麻草鞋","组织耕田队,帮助红军家属耕田,第一组八人,第二组九人",等等(赣南师范学院等,1985:25),来进行数字教学,不能单教抽象的数字计算。唱歌、游戏等艺术体育类课程作为列宁小学重点文化课,内容结构上同样须做到让儿童容易学会,同时能激发儿童的革命理想,锻炼儿童的身心与革命能力。少年先锋总队党代表周恩来、队长张爱萍与中央教育部联合审定的儿童游戏及体操活动教材,便是由冲锋

杀敌、避飞机、丢炸弹等组成(李国强,2001:184)。唱歌方面,最著名的当属创作儿童十分喜欢的《共产儿童团歌》:

> 准备好了么?时刻准备着,我们都是共产儿童团,将来的主人,必定是我们……

小学文化教育课程实施方面,也已形成广为认可的教学传统。如由"抓、攻、讲、启"等构成的"八字教学法",具体包括:"抓,就是抓重点,即抓课文中有'思想、才华和智慧'的地方;攻,就是攻难关,即攻克课文中难讲、难记、难理解、难运用的地方;讲,就是教师要讲清要义,不七扯八拉;启,就是教师在教学中不包办,不直讲,不硬灌,从事物启发学生;听,就是学生听课要明白,听出头绪中心,听革命故事;勤,就是勤动脑,多思考,勤动手,多练习,勤学好问;读,就是读课文,背诵重点段;写,就是写字笔记,学生每天练大字,写小字,写课文生字。"此外便是更重要的教学传统,即"教师有高度的积极性和责任心,师生团结一心"。这一教学传统能够形成,又源于师生拥有共同的革命理想,而非只是为了考试升级,列宁小学也有考试升级制,但升级考试却是为了壮大工农共和国的各项革命事业。因为师生具有共同革命理想,所以即使各地列宁小学经常是在"敌人进进出出"的恶劣环境中办学,有的学校甚至会"被敌人占据","学校的教学工作也没有停止。学校或者转移到山洞里,或者转移到树林里,并且迅速安定下来,继续坚持教学工作"(董纯才,1991:169)。

成人群众即社会教育领域的课程改革也是以发展工农共和国需要的革命"文化教育"为主。课程结构不如列宁小学成体系,但也涉及识字、政治、文艺、卫生、生产劳动等诸多革命文化教育。此外便是十分重视消灭阻碍革命壮大的封建旧文化,如1931年10月中共湘赣苏区代表大会决议,对各种迷信,必须经过群众路线,实行毁除焚烧;实施机制则有识字班、半日校、夜校、冬学等。其中,"冬学办的最普遍,也最有成绩。当农民冬闲的时候,政府便派干部下乡去发动冬学;规模大的成立各级(市、区、村)冬学委员会,村里以村长为冬学校长,农会长为副校长,小学校长为教导主任,小学教师任政治课文化课教员,模范英雄生产委员主任任生产教员。冬学的对象是农民、妇女和儿童。""刚开始时大多不愿上学",于是村干部先是"保证自己的老婆上学",然后又逐一动员,解决无法抽身上学的实际困难。最初也不强行分班,"又不拒绝旁听,不论老头子老妈子二流子,尽量让他们来旁听,这样可无形中影响群众,教育造谣破坏分子,建立群众的初步优势"(庞翔勋,1949:1)。多数群众来参与后,便可逐步推进冬学或半日校、夜校等其他群众文化教育课程改革计划,建立相对统一正规的社会文化教育课程教学体系,如引入"成人文化教材",先以"工农兵三字经","天地间,人最灵,创造者,工农兵,男和女,总是人,一平等,大家鸣,工人们,劳不停,苦做工,晨到昏,得工钱,数百文,稍不是,棍棒临,好凄惨"(江西省教育厅,1960:307),开展内容一致的识字及革命思想启蒙教育。

工农兵三字经学完,便可学《成人读本》,课文篇幅类似《共产儿童读本》,但偏重从成人经济生活、社会结构入手设计经济发展、政治革命必需的基本知识,如数字、度量衡,工人、贫农、雇农、红军是什么,谁是剥削阶级,等等(江西省教育厅,1960:309—310)。"成人文化教材"方面还有《工农读本》、"革命歌谣"等,内容相当于高小,用来从受过初级文化教育的群众中选拔优秀学员培养工农干部。为进一步优化成人工农文化教育,中央教育部还曾于1934年4月发布"工农剧社简章",在中央及地方建立"工农剧社"及"支社",鼓励"工人、农民、红军、苏维埃职员研究革命戏剧","以发展戏剧战线上的文化革命斗争",从而统一并优化各地苏区的群众戏剧课程(江西省教育厅,1960:201)。当月,中央教育部还发文,为创立中央、省立及县立三级"苏维埃剧团"演出体系,制定组织办法,等于是在掀起新一轮以"革命戏剧"创作及演出为主的群众文化课程改革运动。至于各类群众文化课程的具体实施方法,大体和列宁小学差不多,也是努力结合群众实际需要及兴趣,引导群众逐渐了解支持工农共和国的各项革命事业,且同样形成了一些在苏区广为流传的群众文化教学经验与传统,诸如"从群众的具体需要出发","和群众的业务生活联系起来",重视培养"小先生"和"积极分子","适当的配合文艺活动,来提高学员的情绪"等(庞翔勋,1949:4—6)。

顺便提一下,国统区那边也曾有内政部及江西代表在1928年全国教育会议上率先"提出实施民众补习教育案"(柳报青等,1928)。国民党江西省政府反应最积极,迅速成立委员会,准备自1929年起,从省城开始,五年之内将民众补习学校办到"不满百户之村庄"。实施机制方面,也是创办"夜学校""半日学校""暑期或寒假学校",课程则有三大类:一是"文字教育"课程,"识字""习字""注音字母";二是"公民教育"课程,"党义""常识""唱歌体操及游戏""时事谈话";三是"生计教育"课程,"珠算""写信""记账"。但正所谓雷声大雨点小,就江西省政府所代表的国统区民众教育而言,起推动作用的主要是官僚主义及文案形式主义,多是以"开会""发行民众周报""编制各种宣传品及应用表格"等方式进行,包括"民众读本"教材也开始编了,但其编写原则却由不能触及民众痛痒的空话组成,即所谓"一方面固须合于教育原理,及成人心理;一方面更需适应时代环境,合于民众之要求"(江西教育厅社会科,1929)。诸如此类文字游戏的文案制作看起来是在努力推动民众教育,但功效不过是做给内政部、教育部及蒋介石看,实际并不能且无法赢得民众认可。到1936年,教育部部长陈立夫又重新制定"失学民众补习教育六年计划",各地随之开始新一轮官僚化、文案化的实施运动(马超骏,1936)。

效果可想而知。两年后,陈立夫本人都不得不承认国民党政府发起的新一轮民众教育计划没有收获"发动民众之效果",所以陈立夫决定根据"战时需要",重点从课程改革入手再度发起民众教育改革。具体办法是"特将教育内容及方法酌于变更,一方面将教学时间缩短为两个月,其内容特别注重公民教育之实施,一面运用政治力量之强制性,特在武汉先行办理"。武汉由此暂时取代南昌成为国民党民众教育新中心。有意思的是,陈立夫固然承认民众教育效果不佳,却将原因归结为"卢沟桥事起"(陈立夫,1938)。不过,即使陈立夫及国民党地方政府能尽力去实施民众教育,其以国民党"党义"宣传为重点且以行政强制力量为保障的课程改革行动也无法起到"发动民众"的期望效果。仅从国民党"党义"不涉及民众经济社会困难,陈立夫等国民党政府领导大都没有基层民众教育经验,便知他们不能看出这一点。陈立夫等所能做的终究是在高层通过开会、讲话、发布文件等方式,推动地方落实不切实际的民众教育课程改革。

陈立夫以及国民党政府1928年以来在南昌、武汉、重庆等大城市发起的十年民众教育运动甚至连定县实验的水平都达不到,更无法和共产党人在苏区和广大工农群众共同缔造的革命民众文化教育运动相比。具体到课程改革层面,国民党的三大民众文化教育课程也不能像共产党人的民众文化教育课程那样,可以引导广大工农及其子弟逐渐认识并自觉支持工农共和国的各项革命事业。稍作对比,便不难发现在民众教育战线上共产党人远胜国民党。不过此刻更值得探讨的是,共产党人创造的众多群众革命"文化教育"课程中,哪一类课程最受工农群众欢迎,同时也格外受共产党人重视。由此将看到,正如党政军干部教育领域最重要的课程是"政治革命"教育,地方革命"文化教育"课程中,最受欢迎同时也最受重视的乃是"艺术"课程。中央教育部在课程改革领导机制方面曾建立三大局,其中两局为教材"编审局"、"巡视委员会",剩下一个正是"艺术局",放到整个近代中国的课程改革领导体制建设史上,都堪称是头一次,足以说明众多"文化教育"课程中,中央苏区政府最重视发展艺术新课程。1933年,为优化艺术教育发展,中央还曾创办高尔基戏剧学校,"分地方班和红军班。地方班为苏区各工农剧社培养人才;红军班为火线剧团培养干部"。是为中国共产党在工农共和国创办的第一所国立艺术学校,"艺术课程什么都有:音乐、舞蹈、戏剧、形体训练和艺术理论等"(丁艾,1991)。

校长则派李伯钊担任。李伯钊1931年苏联留学回国后便被安排来到中央苏区工作,是中央苏区早期的女性共产党员之一。艺术教育方面,李伯钊最初是在徐特立主持的列宁师范学校教音乐(王友平,2016)。1932年起,李伯钊又与赵品三、伍修权等红军学校艺术教育领导一起组建"八一剧团",系"革命根据地的第一个剧团"(赵品三,1958:186—187)。到1933年,李伯钊又成为"苏区第一个为党创办剧校的戏剧教育家"(丁艾,1991),是苏区艺术及戏剧课程改革先锋领袖,其他重要先锋领袖还有徐特立、沙可夫,以及1933年底就任校长的瞿秋白等。成立工农剧社及分社、苏维埃剧团,便由赵品三、李伯钊、瞿秋白等负责具体领导推进。此前主要在红军内部进行的艺术教育运动随之扩大至社会教育领域,进而可以改革各地本已蓬勃开展的群众艺术教育活动,使苏区艺术文化课程转向以革命艺术创作及演出为中心。艺术课程改革过程中,学校也很善于借鉴工农喜闻乐见的艺术形式,如瞿秋白就"十分重视搜集和运用民歌",认为民歌"通俗易懂,好唱好听","对群众的教育更大"(庄东晓,1994:449—450)。20世纪30年代苏区群众中传唱的《当兵就要当红军》等系列经典红军民歌就是在这一群众音乐课程改革思路指导下创作出来的。群众戏剧课程改革则善于以话剧来反映工农苦难,歌颂工农革命,《富农婆》《人肉贩子》《阶级》等揭露阶级社会剥削与压迫、描写农民通过革命获得新生的革命话剧作品随之陆续诞生,为军队及苏区各地发展革命戏剧教育提供了新的演出剧本及创作教材,并被"分发到全军、全区去了"(赵品三,1958:190)。

新剧本的形式是现代话剧,但工农兵群众喜欢看戏,且话剧内容贴近群众遭遇,所以同样能在群众身上激发巨大共鸣与革命力量。中华人民共和国成立后担任中央戏剧学院、北京人民艺术剧院领导的李伯钊数十年后仍清楚记得,她改编的《黑奴吁天录》首次演出是在庆祝第一次苏维埃代表大会胜利召开的晚会上。当演出进行到黑奴起来反抗,"将黑奴主和他盛装的女儿按倒在地痛打起来","台下观众被剧中情节所感动,大喊:'打!打!打!……打倒奴隶主,打倒地主'"(李伯钊,1958:202)。地方戏剧课程改革同样热情高涨,广受苏区群众认可。石联星记得他们到各地演出革命新剧,"有时遇到大雨,浑身湿透,但并不觉得冷,那时心中好像有一团火在燃烧似的。到了村子里,只要我们轻轻敲着门叫声同志哥,同志嫂时,老百姓就像迎接亲人似的点着明柴来开门。""孩子大人都起来替我们烧水做饭(用他们自己家的粮食)。""老大爷老大娘看到我们浑身在滴着水,他们像心疼自己孩子似的马上架起柴火来,将我们的衣服拧干,帮助我们烤,替我们打洗脚水,替我们缝鞋带缝衣扣,弄得我们实在过意不去,非常不安。临走时我们给他们的米钱和柴钱他们怎么也不要,当然我们还是偷偷地给他留下。临出门时老大娘还抓了一把红薯干塞到我们的口袋里,口口声声说:'乖乖,你们吃这样的苦都是为了我们哪。'"(石联星,1958:209—210)

老大爷、老大娘、孩子大人都把石联星等共产党人的剧社演员当作亲人,石联星等"心中好像有一团火在燃烧似的",风雨兼程为工农群众创作演出革命话剧,以及到村了"轻轻敲着门叫声同志哥、同志嫂"、最后不拿群众一针一线等苏区一切革命教育成就,都来源于毛泽东、朱德1927年10月转上井冈山以来,从组织纪律教育开始发展根据地革命教育。毛泽东、朱德没有和石联星等一起辗转各地演出革命话剧,但作为根据地革命教育开拓者,也是工农共和国党军政领袖,他们很清楚自1933年创办戏剧学校大力发展工农兵群众喜闻乐见的艺术文化课程时,革命根据地各方面的教育及课程改革到底有何革命教育成就。1934年1月,第二次全国苏维埃代表大会召开,毛泽东作为中央政府主席做报告,其中教育部分这样说:"国民党统治之下一切文化教育机关,是操在地主资产阶级手里的。……将工农群众排除于教育之外。……谁要是跑到我们苏区来看一看,那他就立刻看见这里是一个自由的光明新天地。工农及其子女享有优先的教育权。苏维埃政府用一切办法来提高工农的文化水平,为了这个目的,给予群众政治上与物质条件上的一切可能的帮助。""现在的苏维埃区域,虽然是处在残酷的国内战争环境,并且大都是过去文化很落后的地方,但是已经在加速度的进行着革命文化的建设了。"(毛泽东,1934)

概括完根据地及工农共和国的总体革命教育成就,毛泽东便开始列举数据,对革命教育成就做更详细客观的描述与论证。遗憾的是,不久,王明前往"莫斯科担任驻共产国际中共代表团团长",临行前提拔24岁的团中央书记博古接替其主持临时中央。接着临时中央便因无法在上海展开教条主义及冒险主义革命,于1933年1月迁入毛泽东、朱德领导的中央苏区。之后,博古随即成立由其总负责的"中共中央局",致使中央苏区转向传达执行王明及共产国际脱离实情的革命决议。1933年7月,"中央一级党的活动分子会议上",博古还批评,苏区军事方面没有"在粉碎四次'围剿'中争取几个大城市开始一省数省胜利"。"在政治方面,在其他工作方面,我们错误与弱点更多更大"(博古,1933)。由此,对的反被批评是错的,原因就在于博古"以想象和愿望代替现实"(李志英,1994:110),而最了解实情也最善于作战的毛泽东却被解除了军事决策权。军事完全由博古、李德按照驻上海的共产国际远东局决议来部署。蒋介石那边，倒知道从实情及自身不足出发，制定兵力更多、火力更强的正面作战计划。如根据"红军缺少重武器，难以攻坚"，同时针对国民党政治教育历来薄弱导致"国民党军队战斗精神的不足"，在深入苏区的各处要塞广筑碉堡，以优势兵力及火力持续强攻推进。"到1934年4月，仅在江西就构筑各种碉堡5 300余座，在福建构筑了573座"（黄道炫，2003）。

博古、李德则按照远在上海、不了解战场实情的远东局拟定的作战决议，指挥红军奔赴要塞与国民党火拼。结果"节节失利"，1934年4月败退至广昌。等国民党以十一个师的兵力进攻广昌时，博古、李德仍坚持组织阵势相当的"正规战"，调动红军"九个师兵力以集中对集中，以堡垒对堡垒"。到4月28日，广昌失守，中央苏区北门大开，瑞金告急（中国人民解放军军事科学院，1994：75）。广昌失守前，毛泽东曾提出"现在应把主力抽下来，进行整训，以小部队采取游击战或带游击性的运动战的打法，牵着敌人的鼻子兜圈子，把肥的拖瘦，瘦的拖垮"。但博古并未采纳毛泽东扬长避短的机动周旋建议，广昌失守后，博古、李德便决定放弃共产党人及工农群众辛苦建立的中央苏区，"撤离中央革命根据地，实行战略转移"。"不久共产国际复电同意。"博古随即与"李德、周恩来组成三人团，负责筹划"（中共中央文献研究室，2002：427—428）。10月，长征正式启动前，"非常不愿意放弃中央苏区"的毛泽东仍在做最后的局面挽救努力，致函博古表示想留下"和陈毅一道上山打游击"，"信的结尾还做出保证，说二三年后，中央苏区和留下的红军都将以崭新的面貌迎接中央局回苏区"（罗庆宏，2013），博古依然没同意，1927年以来毛泽东、朱德等在农村革命根据地及工农共和国开启的军事政治及革命文化教育课程发展历程随之再次遭遇挫折。但毛泽东、朱德等缔造的革命力量仍在，同时就是在长征途中，年轻的临时中央也在屡遭挫折之后终于迎来成熟质变。

临时中央在长征途中迎来成熟质变，缘于周恩来、张闻天、王稼祥等中央领导，以及朱德、刘伯承、聂荣臻等红军领袖均认为，不能再按王明、博古、李德的错误路线前进，必须让毛泽东出来领导党的军事政治革命事业，不然革命没有前途。如聂荣臻所言，他在"渡湘江之后"便形成了"坚定认识"，"只要毛泽东同志的主张得势，革命就会大发展，反过来如果王明路线占上风，革命就受挫折，红军和根据地老百姓就遭殃"。王稼祥作为中央政治局候补委员、红军总政治部主任也认为"事实证明，博古、李德等人不行，必须改组领导。""让毛泽东同志出来领导。"最高决策层即"三人团"中，则有周恩来"认识到毛泽东同志的见解是正确的,也赞成毛泽东同志出来领导"(聂荣臻,1983:242—243)。另一位重要人物即留苏精英之一、中央政治局委员张闻天同样形成类似主张。但最重要的还是毛泽东没有因革命遭遇挫折及个人深受打击丧失信心,而是即便身患"恶性症疾",仍在努力以事实及军事实践来说服王稼祥、张闻天等人,携手将党、红军及中国革命从错误路线上挽救下来(张培森,2000:233),合力于1935年1月在遵义"政治局扩大会议"上,"结束了王明'左'倾冒险主义在党中央的统治,开始形成了以毛泽东同志为代表的新的中央的正确领导。"毛泽东当选中央政治局常委,和周恩来、王稼祥组成"三人军事指挥小组",作为"全党全军最重要的领导机构"(中共中央党史资料征集委员会,1985:189),共产党人的马克思主义中国革命事业及革命课程改革探索由此得以再度走出挫折,迎来新一轮发展与壮大。

四、到延安去为创建新中国培养社会主义新人

遵义会议结束后,会议精神"传达到全军全体干部战士","广大指战员从第五次反'围剿'以来产生的疑团和不满情绪立时一扫而光"。"大家满怀无限的喜悦,充满必胜的信念,兴高采烈地说:'党得救了!红军得救了!中国有希望了'"(郭军宁,1990:38)。毛泽东努力争取王稼祥、张闻天、周恩来等一起扭转错误路线,可谓让红军上下迅速重新振作强大政治理想及火热革命精神。毛泽东成为领导核心以来,还不计个人恩怨得失,从革命大局出发优化党的革命事业发展的内外体制关系。如建议由张闻天主持中央政治局,长征胜利到达延安后,仍尊重并耐心等待博古等人转变认识,都有利于加强党内团结,凝聚党内共识。委托王稼祥、任弼时前往苏联,让共产国际了解中国革命实际情况,更使得共产国际也能认识到遵义会议以来中共制定的"政治路线是正确的","中共在复杂的环境和困难的条件下真正运用了马克思列宁主义",所以共产国际于1938年7月中共召开六届六中全会之际发出"意见",强调"中共领导机关要有亲密团结的空气,要以毛泽东为首解决统一领导问题"(中共中央党史研究室,1996:62)。由此,对共产党人的革命路线影响最大的外在关系也得到优化,更有利于共产党人在以毛泽东为核心的党中央领导下,在新的历史时期壮大包括课程改革在内的各项中国革命事业,直至取得胜利。

1. 民族革命与争取形成抗日民族统一战线

新的历史时期始于1935年10月中央红军到达吴起镇陕北苏区,张闻天主持召开

政治局会议,指出"到达苏区根据地,长征的任务最后完成了。这是一个历史时期的完结,一个新的历史时期的开始。现在新的任务是保卫与扩大苏区,要把反帝和土地革命结合起来,将土地革命战争变为民族革命战争"。扩大苏区的第一步军事行动便是中央红军11月2日南下至甘泉县,进而"及时纠正了陕甘晋肃反工作中的极'左'错误,释放了被关押的刘志丹、高岗、习仲勋等领导干部,挽救了陕北的党组织、红军和根据地,为党中央在陕北落脚创造了重要的内部条件"(程中原,2017:2)。彼时,国民党军队正对陕甘根据地发起第三次"围剿"。在毛泽东的指挥下,11月21日,红军将敌军引入直罗镇,一举"歼灭敌109师一个整师和106师一个团,彻底粉碎了敌人的第三次'围剿'。直罗镇战役是中央红军到达陕北后打的第一个大胜仗,巩固了陕甘根据地"。参战的刘懋功记得,"战斗中,毛泽东还在宝塔山上给敌57军军长董英斌写了一封义正词严而又十分风趣的信。信上说:'我拿着望远镜,你也拿着望远镜,可东三省丢了,你不去抗日,却来这里打内战'"(刘懋功,1993:10)。12月,中共中央在瓦窑堡再度召开政治局扩大会议,结合日本帝国主义侵占东北华北,"正准备并吞全中国",指出"目前政治形势已经起了一个基本变化,在中国革命史上划分了一个新的时期,这表现在日本帝国主义变中国为殖民地,中国革命准备进入全国性的大革命",所以"党的策略路线,是在发动、团结与组织全中国全民族一切革命力量去反对当前主要的敌人——日本帝国主义与卖国贼头子蒋介石"(中央政治局,1985:45,50)。

调整革命重心,率先在国内提出创建"抗日民族统一战线",既为新时期共产党人布置了中国革命新任务,又能表明以毛泽东为核心的党中央的确已超越早年幼稚的教条主义,而能从中国政治演变实情出发探索中国革命壮大进路,是在中国革命进程中灵活运用马克思主义,即实事求是根据新时期中国革命的主要对象与任务,科学创造中国马克思主义革命理论与实践。总之,瓦窑堡会议进一步表明,中国共产党已成熟起来,能独立自主在中国革命实践中科学探索正确的马克思主义中国革命进路。之后的系列行动更能证明中国共产党从中国政治形势出发调整革命任务的成熟与正确,其中影响最大的行动正是从1936年起,一面继续从军事上应对来犯国民党军队,一面积极动员想打回老家去的张学良东北军停止内战一致抗日。11月,蒋介石调集包括东北军67军在内的5大军团再度来犯,毛泽东制定了以蒋介石嫡系胡宗南部为主要打击对象的运动战及诱敌深入策略,对王以哲所率东北军则执行统一战线方针,继续宣传"中国人不打中国人"、"一致抗日"。11月21日,红军在山城堡歼灭胡宗南部"一个旅又两个团","迫使胡宗南部全线后退",是为抗战前最后一次反"围剿"战役(王晓光,

2004)。之后蒋介石不再让其嫡系中央军进攻,却命令张学良、杨虎城继续与红军作战,使得张学良和杨虎城发现这是蒋介石想让他们与红军两败俱伤。蒋介石的做法彻底让张、杨感到心寒,他们不愿再被蒋介石当枪使打本国人。

战场及政治高层之外,还有基层地下党组织也在积极推动对于东北军的统一战线动员工作,其中尤其值得关注的推动努力来自文艺教育领域。因前文主要围绕瑞金中央苏区展开考察,没有涉及张学良东北军所在的西安地区,其实西安也有共产党人在发展革命文艺课程,领衔者之一则是地下党员、西安省立二中国文教师张寒晖。张寒晖是河北定县人,1925年加入共产党,1929年从北京大学戏剧系毕业便投身发展平民戏剧教育运动,动员河北为数不多的戏剧青年在"没有观众""没有剧院""没有钱",近似一片空白的社会戏剧教育领域,以"赤诚的心,能吃苦,能牺牲,把全生命献给戏剧"的革命精神,努力掀起救国急需的平民戏剧教育运动(张寒晖,1929)。张寒晖先是在老家参与晏阳初定县实验,以平民教育会会员身份从事革命文艺教育。1933年,因引起定县当局注意,张寒晖经组织同意,接受大学同学、陕西民众教育馆馆长刘尚达邀请,前往西安发展救亡抗日民众戏剧教育,开始接触流落到西安的东北军及东北平民。当年底,张寒晖又返回定县,参与重建当地地下党组织,同时继续在定县实验区发展平民文艺教育。除推出系列戏剧外,张寒晖还曾创作白话文学故事《林则徐》,以禁烟教育的方式一面让民众了解民族英雄林则徐,学习"他的精神","他所说的话,和他的见识",一面引导平民认识西方帝国主义、腐败封建帝制及官僚如何将中国推入经济破产,以及西方列强怎样"自认为文明的国家,瞧不起中国"(张寒晖,1934:32—33)。

1936年,张寒晖再次被组织派往西安,在省立二中担任国文教员。这一次,张寒晖将文艺课程创作重心放在了民歌上,理论方面曾向陕西语文教育界介绍推广定县"歌谣"教学经验,强调歌谣"在文艺教育上与儿童教育上,有着很大的价值",可以"培养我们的同情心,使我们真情流露"(张寒晖,1936)。行动方面,张寒晖开始深入了解校内东北军子弟及校外东北难民的流离失所之痛,创作可以表达东北人民痛苦遭遇的民歌,践行自己的民歌教育理论。著名抗日民歌《松花江上》由此得以诞生。作品问世时,有的学生一开始还"不愿唱",说"太悲观"。但这首歌在表达悲痛的过程中其实可以激发非常大的群体抗日力量,尤其对东北军而言感染力更是强烈。所以《松花江上》自诞生起,便迅速走上党的东北军统战动员一线,被当时"正在奔走东北军自动停止内战援绥抗战的孙志远同志传播在革命朋友中间"(王林,1946)。张寒晖教这首歌,唱到"爹娘啊","竟呜咽得唱不下去,学生们也哭作一团"。张寒晖还带学生到西安城墙上去演唱,"悲怨壮烈的歌声深深打动了东北军官兵,数万名官兵听后无不落泪"。接下来便是1936年12月11日,西安爱国学生在党领导下发起停止内战、一致抗日的请愿运动。张学良闻讯赶来劝阻,数千学生高呼"中国人不打中国人"等口号后,自发唱起"九一八,九一八,从那个悲惨的时候,脱离了我的家乡,抛弃那无尽的宝藏。流浪!流浪……"。张学良听后,"肝肠寸断,含泪向学生表示:'我会用事实来告诉你们,我张学良是抗日的。'次日张学良便同西安绥靖公署主任、第17路军总指挥杨虎城发动了震惊中外的'西安事变',兵谏蒋介石,共同逼蒋联共抗日"(廖春梅,2015)。

上下努力近一年,终于促成东北军以震惊世界的兵谏行动,彻底加入共产党人提出的抗日民族统一战线。张学良、杨虎城还于12月12日兵谏时向南京国民政府、各绥靖主任、各总司令乃至"各报馆、各学校"发出通电。张、杨立场十分坚决,蒋介石必须"反省",接受形成民族统一战线必需的八项政治军事改革主张,包括"改组南京政府容纳各党各派共同负责救国","停止一切内战","立即释放上海被捕之爱国领袖","立即召开救国会议"等(张学良等,1936)。西安事变及张杨通电促使全国上下开始共同考虑,是继续内战,还是通过政治改革,和平整合全民族力量对抗日本侵略。包括国统区各学校及教育界,也被西安事变及张杨通电震动,像杭州各学校学生更认为"西安事变,为近代史上最大事件"(佚名,1937)。虽然国统区众多学生因受"围剿"以来的国民党宣传教育影响,总是误解共产党人,将张杨从民族大义出发的兵谏行动说成是"地方军人的叛离中央"(薇,1937)。但同样有众多学生支持张杨,拥护共产党人提出的抗日民族统一战线。在教育界最高学府之一的清华,自西安事变起,其学生便分为两大派,一派正是支持张学良"通电全国反对任何形式下的内战"(允一,1936)。

清华甚至有许多学生早在西安事变前,在1935年5月蒋介石南京政府与日本签订《塘沽协定》之际,就已认为只有在主张抗日的共产党领导下,中国才能战胜日益在全国蔓延的日本侵略。到12月初,清华学子更在姚依林、彭涛等京津地区中共负责人领导下,召开学生大会,决定"向政府请愿",正式提出"保障领土完整,反对'防共自治',停止内战"等要求,"并决定派代表到各校去联络"(新民主主义青年团哈尔滨市团部,1948:10),进而与东北大学学生联合,将请愿升级为在全国范围内发起游行示威运动,即"一二九运动"。"五四"之后沉寂多年的学生界终于再度集体爆发,同时宣告学生界固然曾被引向伦理革命、整理国故等与国家危机现实无关的新思想文化运动,但自发起"一二九运动"起,"中国学生"已从"政治"上重新"觉醒",藉此"告诉全国人民作长期的斗争,作持久艰难的斗争"(陈卓生,1936)。不仅如此,"一二九运动"还能表明学生界将会有越来越多的人像众多清华及东北学子那样,加入共产党人领导的抗日革命运动。此外值得一提的便是,张学良作为东北大学校长也曾给参与"一二九运动"的学生送去慰问与经济支持,并主动邀请学生代表来西安与之会谈。中共北平市委随之派宋黎、韩永赞等前往西安,代表北平市学联和东北大学学生面请张学良停止内战,"建立广泛的抗日民族统一战线",同时"在东北军和学生中作抗日宣传工作"(宋黎,1982:35—37),进而有了最终促成张学良兵谏停止内战、一致抗日的西安学生请愿运动。

学生界重新爆发,持续进行抗日救国动员,以及学生运动产生的政治影响,都能说明中国共产党将动员一切革命力量创建民族抗日统一战线作为工作重心,符合日军吞并华北以来国内政治形势及新一轮日益高涨的革命救亡需要,也表明长征一结束,中国共产党便开始在全国范围内领导抗日革命运动。包括国统区文化教育界,共产党人也通过准确把握政治形势及需要,得以迅速成为其中一大可以赢得众多爱国抗日学生认可的领导力量。尽管共产党人一时无法改变国统区文化教育界的权力体制结构及其运作,但"一二九运动"以来中国共产党在国统区文化教育界已开始拥有比过去更为广泛坚实的政治与社会基础。尤其1937年2月起,从毛泽东委派周恩来、叶剑英等以政治谈判的方式和平解决西安事变,到7月蒋介石在庐山会议上对日宣战,接受结束内战、合作抗日,承认中国共产党合法政治地位,共产党人更可以在全国范围内从抗战入手,拓展壮大革命根据地时期形成的包括革命课程改革在内的各项革命事业。

2. 在陕甘宁边区发起抗日救国新课程运动

结束内战,赢得合法地位,正式在全国范围内发展抗日民族统一战线,可谓中国共产党到达陕北之后在不到两年的时间里取得的最大军事政治革命成就,从而也为共产党人在国统区及全国范围内继续独立自主探索马克思主义革命课程改革,争取到了比农村革命根据地时期更为有利的体制与政治环境。而且全党上下在为停止内战、创建抗日民族统一战线不懈奋斗之余,还在恢复重建革命根据地原有的党政军领导体制,包括:1935年10月,陕甘宁苏区成为中共中央所在地,11月,"设立中华苏维埃共和国中央政府驻西北办事处,作为陕甘宁苏区的最高政权机关,办事处设主席团,博古任办事处主席"。"办事处下设财政部、土地部、经济部、粮食部、劳动部、教育部、司法内务部、工农监察局"。军事领导方面,则"设立中共中央军委西北办事处,周恩来兼任主席"(雷云峰,1994:8)。1937年9月,党中央根据落实国共新一轮合作需要,将"西北办事处改组为陕甘宁边区政府",由林伯渠出任主席,下设财政、民政、教育、建设等厅,徐特立任教育厅厅长。红军方面,留在南方的红军改编为新四军,陕北红军主力"改编为国民革命军第八路军","朱德为总指挥",叶剑英为参谋长,任弼时为政治部主任(李智勇,2001:22)。至此,共产党人展开新一轮课程改革必需的党政军领导体制均已完成重建。

至于党中央在陕甘宁边区的具体驻地,长征胜利到达吴起镇时,曾设在保安县,但从1937年1月起,党中央进驻延安,此后直到1947年"胡宗南部进攻边区才开始主动撤离",所以"中共中央在陕北领导中国革命13年,其中在延安就度过了十年零两个多月",延安因此成为"中国革命的灯塔,是中华人民共和国诞生的摇篮"(延安市志编纂委员会,1994:2)。自从党中央进驻延安,延安便正式取代瑞金,成为中国抗日及中国革命新的最高领导中心。到延安去,从此成为中国无数渴望进步的青年学子的共同选择。同时,共产党人也乐于向外界"开放着延安的大门,让一切有党派或无党派的人们前去参观和考察"(谢克,1946:2)。到1938年,美、英等西方国家记者在内的外界人士也觉得,延安已成为"中国青年心目中的圣地麦加"和"中国救亡青年的干部养成所——未来新中国的摇篮地"。"不独全国各地的青年都往那里去,即远至海外侨民",也"来到延安受训,他们不辞千里长途的艰难,明知陕北生活的辛苦,而自愿蜂拥而来,他们的愿望只有一个——追求光明的真理"(哲非,1939:1),这些均可证明,自从党中央迁入延安,延安不仅立即变成共产党人的中国军事政治革命新中心,而且开始成为全国文化教育新中心。

延安也因国内外抗日革命青年纷纷前来,必须尽快重建同时尽可能扩大根据地原有革命教育体系。到达陕北时,党中央便开始重建教育体系。先是最重要的军事教育,1936年夏,中央就已令林彪重建红军大学,创办抗日红军大学。1937年1月,抗日红军大学迁入延安,并根据民族抗战需要改名为中国人民抗日军政大学。抗大迁入延安时,还有西北办事处教育部部长徐特立提议创办"鲁迅师范学校",重建列宁师范学校,边区中等教育发展由此拉开序幕。一年下来,鲁迅师范就"毕业了一百八十余名,分发到边区做小学教员"(林伯渠,1981:57)。小学到1937年秋也新建了425所(群众文化教育委员会,1981:1)。工农兵群众文化教育体制也在重建优化之中。1936年3月,教育部艺术局改组为中央艺术教育委员会后,便开始"公开征求苏区内的各种艺术作品"(中央艺术教育委员会,1936)。为推进革命大众文艺创作,中央还于1936年11月成立"中国文艺协会",丁玲为干事会主任,成仿吾为研究部部长。地方及乡村群众文化教育面临什么难题,争取国共合作期间同样有专门研究,计划创办夜校、冬学、巡回训练班等工农群众文化教育机制。总之,长征结束以来,虽然党的工作重心是在努力争取国共合作上,但同时也在重建苏区党政军及革命教育体制。1937年国共合作正式形成、全国抗战爆发之前,共产党人便在陕甘宁边区恢复了原有实施革命课程改革的各级各类教育机制,且还在不断健全,因此可以考察国共合作以来,中央及地方如何通过各级各类教育机制推进边区革命课程改革。

培养目标不难厘清,就是必须尽快培养军事、政治经济建设、文化教育等各项革命工作所需干部。原因则如刘少奇1937年5月在苏区党代会上所言,"过去我们的干部,特别是有经验的干部大批牺牲,我们要在最短期内补救这个缺陷,要训练上万的干部"(刘少奇,1981:78)。陈云在抗大演讲时,也指出"中国共产党在过去十年斗争中,干部损失十几万"(陈云,1984:44)。全面抗战以来更是需要大量干部,所以各级各类教育课程改革,都必须为培养革命干部服务。包括中等学校甚至初中,也得重视培养干部。江隆基1937年10月规划陕西省立第二初级中学课程改革时,就提出"要从中学生里边训练出大批的干部人才"(江隆基,1937)。彼时,"前进的哲学家"艾思奇来陕西省立二中演讲,勉励初中生明确自身时代责任,也强调"学生的任务是非常重大,在四万万人民中是占着领导的地位,过去是这样今后尤其要这样"(艾思奇,1937)。为何会这样,连初中生也要争取成为革命干部?原因正是"百分之九十以上"是"文盲","知识分子缺乏",连识字的人都少,初中生都算是"难得的知识分子"(江隆基,1959:3)。

当时,高级"知识分子"也有不少,但多聚集在北京、上海、南京等国统区中心城市的学院里。地位最高的知识分子,如参加蒋介石庐山会议的胡适,又只愿在国统区大都市学院体制里寻求"教育独立"(中央社,1937a)。地位稍低的学院知识分子相对容易接触学生在国统区发起的"一二九运动",却因阶层限制眼界不宽,认为"一二九运动"必然失败,或因其他私人牵绊,迈不出前进步伐,无法加入实际正日益壮大的民族革命运动。如当初发起"道尔顿制"运动、时任上海暨南大学史地系主任的周予同提及"一二九运动",就对学生说自己"早料到就会失败",原因是学生虽有"艰苦耐劳很勇敢的精神",但"组织"方面"不严密","领导人又缺乏"。此类分析显然对运动缺乏深入了解。而在解释自己为何"不参加你们这一次的运动"时,周予同则说是因为"舍不了我的妻子,我的孩子和我本人"(阿翰,1936)。此言可谓坦诚,要到抗战结束后宋子文、孔祥熙大搞工业金融改革引发经济崩溃,通货膨胀,导致国统区众多学院知识分子连家庭生计都难维持,才纷纷放下各自牵绊决然反抗蒋介石专制。国统区没有学院体制依靠的文艺知识分子也比学院知识分子更早起来集体追求民主,反抗蒋介石专制。共产党人自 1936 年起在延安领导全国抗战及革命,恰好可以为国统区觉醒的新一代学生及各类反抗蒋介石的知识分子提供出路。

觉醒的新一代学生,尤其认为国统区看不到光明与希望的学生,也乐于到延安去接受新教育,延安随之成为新一代觉醒学生汇集中心,从而也为延安解决革命干部短缺、培养大量革命干部提供了生源支持。1945 年黄炎培去延安参观时,也发现仅延安一地人口,便由共产党人初到时的"不过两千多人",增长到"现有人口五万","其中公务员占三万以上"(黄炎培,1945:36)。黄炎培的发现正可表明,延安不仅是觉醒学生汇集中心,而且共产党人也有办法在延安创办新学校,让觉醒尤其抗日意志坚定的学生如愿迅速成为投身民族革命与解放事业的各类干部。从课程改革角度看,延安办学培养革命干部的正式起点乃是 1937 年 8 月党中央在洛川召开政治局扩大会议,制定"抗日救国十大纲领",其中第八大纲领便是课程改革必须遵循的"教育政策",具体包括"改变教育的旧制度旧课程,实行以抗日救国为目标的新制度新课程。实施普及的义务的免费的教育方案,提高人民民族觉悟的程度。实行全国学生的军事训练"。第七大纲领中的"改良工人农民职员教员及抗日军人的待遇",以及第三大纲领中的"全国人民除汉奸外,皆有抗日救国的言论、出版、集会、结社、及武装抗敌之自由"等(中共中央,1937),其实也与课程改革相关,可以为发展抗日救国新课程提供物质激励与政治制度保障。从中也能看出,党中央为改革旧课程,发展抗日救国新课程,培养抗战所需各类革命干部,曾有十分全面的体制思考与准备,除做好教育、经济架构,政治上也从蒋介石那里切实争取到了大力发展抗日救国新课程必需的民主与自由。

洛川会议正式拉开了抗战初期共产党人的革命课程改革序幕,表明党中央过去两年在教育、经济、政治等方面已做好充分的体制机制准备,可以在陕甘宁边区和全国范围内发起抗日救国新课程运动,以培养能够动员一切力量参与抗日必需的各类革命干部。首先需要培养的自然是八路军、新四军和其他民族抗日武装革命干部,所以抗大在抗日救国新课程发展及实施方面必须成为各类学校的先锋表率。事实也是如此,在改革旧课程方面,抗大不仅革除国统区诸多无实际意义的旧课程,还重视改革对有效持久抗日不利的旧学风,抗大"非常反对那种华而不实,爱多不爱精,爱数量不爱质量,形式主义的教育方式,同时也反对学员中好高骛远,自满自足的矜夸主义和不虚心学习的倾向"。新课程发展方面,就是从洛川会议的教育纲领出发,创造有利于有效持久抗日救国的政治教育及军事能力培养的新课程。这两大军事课程是共产党人的军事教育传统,但在光大传统基础上抗大也有创新,加强了革命精神教育,所以抗大的抗日救国新课程由三大类构成,"1. 政治上的抗日民族统一战线;2. 军事上的进攻战法;3. 精神上的革命传统"。实施方面,抗大在继承启发、联系实际、抓重点等根据地教学传统之余,也有创新,如"开教育准备会"制度,根据"每项课程的每一章段,或者每一星期","以大队为单位召集教育准备会一次,由主任教员(军事的或政治的)主持之,训练部派员列席指导",讨论"规定每一课程中学员必须了解的基本要点,并检阅一周教育中的优缺点,指出今后注意与改善的方法",从而整体"提高教员质量与划一教育内容"(抗大动员社,1981:7,16—17)。

发展抗日救国新课程时,抗大受客观条件限制存在不足之处,如讲炮兵、海军、空军作战时,便因缺少武器无法联系实际,但抗大也能结合边区实情及红军看家本领,军事课程方面重点讲游击战、运动战,所以即使条件有限,也能起到显著抗战实战培养效果。在更重要的政治及精神教育方面,抗大的抗日救国新课程实施效果更是非同一般,其效果强大到连非教学人员乃至食堂工作人员,都能形成很高的民族抗战觉悟。1938年,外面的考察团来抗大参观时,有的就曾特意"去探问伙夫同志,结果几乎认为他是个政治家"(颖华,1938a)。伙夫也被视为同志,且有政治觉悟,足以说明抗大1937年初迁入延安以来,很快就成为教育动员全民参与抗战的表率,只要置身其中,便能通过抗大的三类新课程及学校共同抗战的精神氛围,迅速掌握抗战必需的民族革命政治信仰、军事能力及持久抗战精神。抗大学生更是时常激动到写信告诉同学、兄弟姐妹在抗大可以很快学到什么,进而竭力动员同学、兄弟姐妹报考抗大,离开没有出路的黑暗世界,一起走上延安抗大开辟的光明的抗日民族革命与解放道路。

抗大学生无比激动的书信数不胜数,如颖华给远在广东的哥哥写第二封信,写道"熄灯号已吹过了好久,不能再写下去了",仍未说完自己学到了什么,只得收尾并郑重给哥哥"致敬,为民族解放的礼!"第二天,颖华又写第三封信,告诉哥哥军事战法方面学到"八路军作战,是非常灵活的,他不太多与敌人作阵地战,他新采用的战术,都是正规军与游击队的配合运动战,所以他逢战必胜"(颖华,1938b)。抗大女生的书信内容更为详细,如平秋给姐姐去信,不光说自己在抗大,在延安看到"神圣的民族抗战发动了,我们中国唯一的出路已在胜利的曙光之前揭露出来,……我们是多么的高兴呵,投身在这大时代的转变中",而且描绘自己"每天的工作是这样的,早上五时半起床,上早操,唱歌,七时吃饭,自修到九时上课,十二时完课,午饭,下午一时上课至四时完毕,自修一小时,五时吃饭,饭后有课外活动,晚上七时点名,呼口号,接着开小组学习讨论会,直到十时后才能睡觉。每礼拜六还有晚会,是挺热闹挺兴奋的集会。上的课程有:

政治经济学、中国革命史、中国问题、日本研究、战时之政治工作、辩证法、制式教练、班进攻、班防击、排进攻、班侦察、游击战术、射击学、步枪学、实弹射击等。"说完,平秋提起"同来的人都说我瘦了,的确我是瘦了。在这里,物质方面的确是够苦的,……可是我的精神是特别好,在这自由的城里,在这新的世界里,谁还有什么精神上的痛苦"(平秋,1937)。

沪上妇女教育界也有记者曾整体报道抗大女生学习情况,她们中,有的很高兴在小组讨论会上说自己改变了"过去的生活习惯使我养成浓厚的小资产阶级劣根性,自私自利,不负责任,小姐气息太重,学习不努力";有的则鼓励同学改掉"爱打扮,爱吃零食"等"很不好的"习惯,说"我们是女军人,我们应克服这些小姐习惯"(莫耶,1938)。类似这些学生都因为来抗大接受新教育,得以避免陷入20世纪30年代大都市常见的女子教育陷阱,如上海妇女教育界十分关注的"少奶奶的教育"危机,"受过高等教育",却是"为做少奶奶而受",未学到"独立生活技能",婚后还可能"遭男子的遗弃和虐待",连"教育家黄炎培之堂妹",著名"中西女塾之毕业生",也未能幸免,最后只能延请律师诉讼,要男方"给予赡养费及小孩抚养费五千八百元"(琬,1932)。且看投身民族革命与解放事业的抗大女生毕业后的光明去向,她们"从抗日军政大学——这伟大的熔炉的门,出去了一批一批受训完毕的战士,她们到前线和战士们英勇地向敌人斗争,她们到后方动员民众参加抗战,到处发挥着她们的力量。更有一批批从外面来的前进的女性,她们勇敢地跳入这伟大的熔炉中锻炼,预备着作为争取民族解放和妇女解放的后备军"(莫耶,1938)。

众多女生通过半年抗大教育,得以走上抗战前线及后方,发挥在抗大学到的政治、军事领导力量,这在中国女子教育乃至整个妇女解放运动史上都可谓是开天辟地之举,也能证明抗大作为发展抗日救国新课程的先锋表率,除培养抗日革命干部外,还曾为中国社会进步作过许多额外历史贡献。当然,这里需要关注的仍是抗大的新课程发挥表率作用,即怎样围绕抗战救国,改革无效的旧课程,消除对抗战不利的旧学风,发展抗战救国急需的民族抗战政治与军事新课程,为陕甘宁边区及全国抗战输送各类革命干部。到1938年6月,抗大便有三期学生毕业。其规模与质量如何,连国统区媒体都曾配图报道,抗大三期下来培养了"四千多个最优秀的抗日战士,分发到了各个战区"。"现在在校的学生尚有五千人,不久也将带着他们宝贵的理论和经验去担当他们在大时代中最艰苦也最光荣的任务。"报道还特别钦佩抗大由最初"只有三百多学员","一变而突然成为一千多学员的庞大学校,第一个困难是校舍不敷,但是他们师生自己动手,在两个星期内,挖成了一百七十多个窑洞,解决了这个难题"(佚名,1938)。可见,挖窑洞其实也是抗大师生发明的一大抗日救国新课程,曾锤炼抗大学子的艰苦奋斗精神,使抗大出来的革命干部更多一份特殊经验与作风。

作为陕甘宁边区最受党中央重视的学校,抗大一直办到1946年迁往东北,改名为东北军政大学。十年中,"先后建立了十个分校,培养了将近二十万的青年抗日中坚干部,他们在中华民族解放史上,写下了光荣的一页"(抗日军政大学返校校友等,1946),所以今人不该热衷于仅是把西南联大视为中国教育史上的奇迹,忽视在日寇及蒋介石军队双重炮火中为民族解放顽强办学的延安抗大。不过,这里不能对这一点多做展开,因为此刻须指出,全国统一抗战初期,仅靠抗大培养满足不了抗日民族革命的巨大干部需求。"卢沟桥事变"爆发后,全国各地有越来越多的青年学子纷纷赶来延安,抗大更无法安顿各地学子的教育及抗日需求,所以必须另外新办学校。1937年9月,林伯渠、吴玉章、徐特立、成仿吾等中央党政教育领导发起筹备陕北公学。9月15日,成仿吾作为校长便将陕北公学招生简章发布。其时,国民党政府那边已在庐山会议上提出,"文化教育"方面要加强"国防教育","以应国家需要"(中央社,1937b)。为落实国共合作,陕北公学办学目标采用了国统区说法,定为"实施国防教育,培养抗战人才"(成仿吾,1937),但意思仍是洛川会议党中央提出的发展抗日救国教育,培养革命干部。11月1日,陕北公学举行开学典礼,"到会师生及代表五百余人",毛泽东也"莅场报告时局问题"(本报记者,1937)。可见,陕北公学的地位和抗大一样重要,亦是抗战初期中央主办的一所革命干部培养学校。

课程改革方面任务同样类似,陕北公学也得以成为抗日救国或国防教育新课程运动的发展典范。不过,陕北公学增加了"社会科学"。如成仿吾所言,公学初办时"课程暂定以下三门:(甲)民族统一战线与民众运动;(乙)游击战争与军事常识;(丙)社会科学概论"。多以自修、讨论及研讨进行,"上课时间不多,每天少则三点,多则五点"。学校氛围方面也和抗大一样,强调"学员与伙夫勤务都能够以同志的态度相互帮助",使全校成为思想行动一致的抗日共同体。两个月便可毕业,所以半年下来就培养了三批学生,"送了一千两百个民族战士到各方面的战线上去了"(成仿吾,1938)。到1938年底即办学一周年之际,陕北公学更是总共"培养了约六千多个抗战干部,分发在全国的各方面"。"这些干部有的是训练了四个月、三个月甚至一个月",时间虽短,但质量却如成仿吾所言"完全是按照抗战形势的需要","胜利地完成了我们的任务"。"在坚定抗战意志的民族主义教育和统一战线教育","在培养民主精神与学习习惯","在灌输历史科学思想""使青年了解历史进化法则,和应该怎样来改造这个社会"三大方面,"都取得了成功"。这一结果还是通过民主评价方式得来的,即"学校各部门,各个队,各个分队,一直到最小的单位,即各个班,三千多人采用最民主的方式检察了自己的工作,得出了以上所说大致相同的总结"(成仿吾,1939),所以共产党人有何课程评价传统,也被成仿吾清晰揭示,其核心精神正是全体师生从上到下都以民主学习讨论会的方式,坦诚分析自己有没有达到三大类课程预定教育目标。

成仿吾还指出,学校从1939年起已进入"新阶段",协助抗大在华北建立了"两个抗大分校"后,主要任务是办"大学部"及"研究部",时间均为一年,"以培养行政的、民运的及文化工作的较高级的干部"。大学部课程将设"政治经济学、中国革命运动史、哲学、科学的社会主义、三民主义研究、中国革命的基本问题、世界政治、战区政治工作"。研究部是"为再进一步的培养专门的学者",级别相当于"各国的研究院","暂分四系:民主法政系;民生经济系;民族文化系;国防教育系"(成仿吾,1939),是为中国共产党正式提出发展研究生教育,措辞上虽也采用国统区的名词,但仍是为共产党人领导民族革命与解放培养高级干部。不仅如此,陕北公学的抗战救国新课程升格计划还表明,共产党人除了在历史学领域引入马克思历史唯物主义与社会革命思想,还将在哲学、社会科学、教育学领域同样发出马克思主义声音,从而开始在全国范围内改变这些领域的各种与抗日救国无关的课程及教学范式。1939年1月,陕北公学教务负责人邵式平总结改革经验时,便在结尾处专门提到教育学,说"什么道尔顿制、杜威教育哲学……都没有研究过",强调自己过去一年来就是按照党中央的"抗战建国",让学生"在抗战建国中成为更坚强的干部"等精神,努力发展"抗战建国"急需的教学改革理论与实践。之后,邵式平"奉命赴调前线",但其"教学经验"总结足以表明,共产党人在教育学领域已能拿出理论鲜明、事实充分的论文。邵式平最后还声明要以自己写出的"点滴经验","请教于全国热心于国防教育者"(邵式平,1939),更等于是在向全国教育学界宣告,与诸多推崇道尔顿制、杜威教育哲学的教育学者不同,共产党人是从马克思主义及抗战救国实践出发,建构新的中国教育学及课程改革理论。

艾思奇作为陕北公学首批五位教授之一,则在哲学领域发展新课程,即从中国抗战实践及需要出发,建构中国马克思主义"大众哲学",引导学生及工农大众区分"观念论、二元论和唯物论",传播"辩证唯物论的认识论""唯物辩证法"等马克思主义方法,鼓励青年学子及工农大众"在实践中特别是今日的抗日民族统一战线的实践中"(艾思奇,1938:3),养成符合抗战及中国革命需要的马克思主义哲学思想。"短短两年期间,

《大众哲学》已出到第十版,到一九四八年,已出到第三十二版。可见《大众哲学》在广大群众中影响极大。不少青年也的确因为看了这本书,对马克思主义哲学发生了兴趣,走上了革命的道路。"(艾思奇文稿整理小组,1981:54—55)历史学领域,则有陕北公学发起人之一吴玉章发挥"马克思的历史唯物观",改革中国历史研究与教学,从中国经济社会演变入手,揭示中国历史的革命规律及广大群众的历史进步作用,藉此革新中国历史旧课程,使中国历史研究与教学符合抗战救国及革命需要,具有"能动员民众、组织民众的伟大力量"(吴玉章,1949:2)。至此不难看出,从创办之初增设"社会科学",到围绕人文社会科学成立大学及研究部,再到在教育学、哲学、历史学等具体学科领域推出抗战救国急需的马克思主义研究与教学范式,都能证明陕北公学虽然也为培养革命干部而建,但其在课程改革方面承担的使命却有些特殊,具体而言,陕北公学重点是在人文社会科学领域示范如何革除旧课程,发展抗日救国急需的人文社会科学新课程。

陕北公学也因此成为中央及边区最重要的人文社会科学研究与教学中心,最终演变则是中华人民共和国成立后,由中国人民大学接过陕北公学的体制位置及其光辉使命与传统。而就使命与传统来说,陕北公学其实还有一点重要内容必须提及,即陕北公学筹办到1937年10月时,遇到鲁迅"周年忌日",中央曾在陕北公学举行"鲁迅逝世周年纪念大会",毛泽东亲临会场发表讲话,不仅强调"陕北公学主要的任务是培养抗日先锋队",而且勉励陕北公学师生"要认识鲁迅先生,要晓得他在中国革命史中所站的地位"。鲁迅不仅是"伟大的文学家",更是"民族解放的急先锋,给革命以很大的助力"。虽然"他并不是共产党的组织上的懂人,然而他的思想、行动、著作,都是马克思主义化的。尤其在他的晚年,表现了更年轻的力量。他一贯的不屈不挠地与封建势力和帝国主义作坚决的斗争,在敌人压迫他,摧残他的恶劣的环境里,他忍受着,反抗着,正如陕北公学的同志们能够在这样坏的物质生活里勤谨地学习革命理论一样,是充满了艰苦奋斗的精神的。"由此毛泽东进一步指出鲁迅有"三个特点",即"他的政治的远见""他的斗争精神""他的牺牲精神",这三点"形成了一种伟大的'鲁迅精神',……我们纪念鲁迅,就要学习他的精神,把它带到全国各地的抗战队伍中去,使用为解放中华民族而奋斗"(毛泽东,1938)。

学习并践行鲁迅的革命精神因此也是陕北公学的重要传统。同时,还可以从毛泽东纪念表彰鲁迅中看出,领导全国抗战以来,共产党人除了在人文社会科学领域发起革命,还在开辟文化战线,把"五四"以来的新文化运动推上鲁迅及共产党人一直在探索的革命道路。从课程改革角度看,毛泽东发表纪念鲁迅讲话,也意味着中央其实已做好准备要在全国发起另一大课程改革运动,深入鲁迅生前战斗的文学、音乐、戏剧、美术等"文化教育"领域,重建其中由教学、研究、创作、宣传及演出活动构成的文化教育课程生产与影响体系,进而在全国文化教育领域发起抗日救国新文化课程。文化教育方面,共产党人在革命根据地时期便积累了丰富经验,长征中最艰苦的过雪山草地时期,李伯钊、赵品三等仍在负责发展革命文艺教育。亲历者潘自力更记得,"在草地表现最活跃的,还是那些年轻活泼的剧团和宣传队的青年同志们,……不顾自己的疲劳,处处为战士服务,给战士唱歌子、跳舞、演戏,因而也就处处得到广大群众的欢迎与爱护"(潘自力,2016)。到陕北后,中央也迅速成立中国文艺协会,开始发展抗日新文化教育。首次重大活动则在1938年初,延安各界为纪念"一二八"演出话剧"血祭上海","演了三十多天,仍是挤得人山人海,使人感到艺术对于宣传的伟力。"接着,毛泽东"在招待这次演出的演员的宴会席上,就谈到需要培养抗战艺术干部,问题提出后,得到许多人的赞赏与响应"(洪流等,1940)。讨论结果是"'唯武论'者,是很危险的","文学、音乐、戏剧、美术、电影等各部门的尖锐的武器",也能"予敌人以相当的打击"(黎觉奔,1938)。

  沙可夫等随即按毛泽东提议及中央意思,开始筹备鲁迅艺术学院。1938年4月10日举行开学大会,毛泽东、李富春等中央领导出席。"请蔡元培、宋庆龄、许广平、何香凝等为大会名誉主席团"。可见中央要团结上海及全国民主人士通过鲁艺发起新文化运动,成仿吾、沙可夫、周扬等大会主席团则为运动负责人,沙可夫任"副院长"主持鲁艺工作。办学目标则如毛泽东致辞所言,是为"培养抗战艺术的干部","使得艺术这个武器,在抗战中发挥它最大的效能"(寿珉,1938)。初期,鲁艺只设音乐、戏剧、美术三系,但到8月第二期便增设文学系,四系"同学在百五十人以上"。以四大类"抗战文艺"为主的抗日救国新文化课程发展运动至此初见规模,就是因人才物质条件不够,一时未能组建电影系。不过,得益于袁牧之、陈波儿等沪上电影工作者积极响应延安抗日新文化运动,尤其左翼导演、摄影师袁牧之全面抗战爆发后,决定去延安"拍摄中国工农红军的纪录片"(程季华,2003:6),所以中央能另外组建拍摄放映的社会电影教育机制,发展抗战电影教育。如袁牧之所言,到1938年秋,便"在八路军总政治部领导下成立了电影团,下辖一个摄影队和一个放映队"。虽然"当时技术人员很少,摄影队的六、七个干部中,才只有三个电影专业工作者",但在袁牧之带领下,1939年1月摄影队就"从延安出发到华北敌后,拍摄了第一部解放区的历史纪录片——《延安与八路军》"(袁牧之,1984:590)。

拍完第一部八路军抗战纪录片,袁牧之率领摄影队于1940年回到延安,又"在国民党反动派物质封锁下,继续拍摄了《陕甘宁边区第二届参议会》、《十月革命节》、《边区生产展览会》、《生产与战斗结合起来》等影片"(袁牧之,1984:590)。现场拍摄并到各地放映纪录片,让广大群众了解中国共产党领导的各项革命与建设事业,至此成为共产党人一大重要的群众"文化教育"新课程,进而形成一大新的社会文化教育优良传统。到1950年,袁牧之、陈波儿又在文化部领导下成立表演艺术研究所及电影学校,从而弥补了专业的学校电影教育及人才培养机制缺失。同时,长期缺失专业的学校电影教育也没有影响延安电影文化教育事业在艰苦条件下渐渐拓展到拍摄放映其他类型的革命电影教育。如姚仲明、陈波儿等创作电影剧本《同志,你走错了路》,批评"统一战线中"的"阶级投降主义"(姚仲明等,1947:134),还被誉为"是一个优秀的、具有深刻教育意义的政治剧本"(周扬,1947:1)。1946年,袁牧之、陈波儿等更开始编导拍摄延安"第一部有声电影《吴满有翻身》","歌颂劳动英雄"(佚名,1946)。可见,由八路军总政治部以及袁牧之、陈波儿等发起的延安电影运动一直在努力根据中国抗战及革命需要,创造抗日救国新文化课程,发挥期望的群众文化教育与动员力量。

鲁艺的四大类新文化课程发展亦是如此,尽管条件艰苦,最初没有教室宿舍,也要挖窑洞,被外界传为"世界唯一山洞学府"(佚名,1939),但仅仅鲁迅的名字就可以吸引许多青年学子欣然前往,像署名"美子"的沪上女生,当初即被"鲁迅先生伟大的爱和正义的精神所召唤","投进了许多青年孩子日夜憧憬着的园地——鲁迅艺术学院",且事过多年后,美子仍能骄傲地向沪上青年学子介绍(美子,1946):

> 这里没有高楼大厦学院式的建筑,没有洋气十足目空一切的"大艺术家",没有借艺术来美其名曰作装饰炫耀的纨绔子弟,……这里只有一片辽阔无际的农村,只有抱着抗战热情的爱国儿女,只有向工作,向战斗,向群众学习的求智青年,只有用艺术向敌人斗争的革命战士。

美子了解沪上主流文艺学院的西化形式主义及其如何虚空无力,所以十分乐意向沪上学子描述鲁艺学子学什么,如"戏剧组开起盛大的晚会,演出他们用集体力量完成的多幕剧","文学组按期出版他们的创作文选,……你争我夺的研究起鲁迅全集","美术组抓住生活上的一些材料,构成讽刺的漫画,精细的木刻"。美子特别提醒"还有,我们都会拿起几十斤重的枪杆去勇敢地打鬼子"(美子,1946)。美子所言不虚,鲁艺除设置成为"抗战文艺"干部必须学的革命文艺理论及中国历史、政治学、社会学等马克思主义理论新课程,更重视将学生放到群众抗战宣传的一线革命实践中,提高理论基础、抗战文艺动员实际能力与革命政治觉悟。这一点,加上文学系学生竞相学习鲁迅全集,美术系学生重视鲁迅晚年极其喜欢且曾大力发展的木刻,正是鲁艺抗日救国新文化课程的显著特色与传统,鲁艺学子也因此是在继承发扬"鲁迅精神",或像美子所说是在"向工作,向战斗,向群众学习",是在成为鲁迅式的"用艺术向敌人斗争的革命战士"。

沪上其他学子了解鲁艺后,也会被鲁艺的抗日新文化课程深深吸引,有的还特别补充"戏剧系和音乐系由沙可夫指导,选这二门课的人很多,他们现在已经有了一大班演员,他们差不多每夜忙碌地在延安精致的戏院里表演,座上挤满观众。有时在露天表演,观众常达四五千人"。文学系则"正积极着手于写作剧本和作报告文学",美术系"发展甚速,他们不但进行普通的研究,同时还替演员画布景,延安墙上所贴一切招贴和壁报,都是他们的作品。在这一批人中,最有力量的是木刻家"。遥想25年前,鲁迅初到教育部开拓美术教育,却近似无人理会,25年后鲁艺美术学子如此重视鲁迅晚年大力提倡的木刻,既是在光大鲁迅的革命木刻事业,也可以为生前在孤苦寂寞中不懈探索更有力的革命文艺工具的鲁迅送去安慰。当然,此刻还需留意,沪上学子接着说道,课程方面,鲁艺"最有趣的是他们的训练方式,每个学生,在最初三个月中,便在研究中国历史、艺术理论、社会科学,同时还得略微了解一点军事常识。第二个三个月,他便完全花费在前线,或在该特别区各城镇里面,从事实际的工作。从这种实际工作中,不久就能显出了他的缺点,在以后三个月内,他回到学校里,就有了改进与校正他的错误的机会"。这些已能准确揭示鲁艺课程特色,更难得的是,这位学子最后还不忘总结"艺术学院学生所过的生活,也在使他准备着一种为人民服务的生活。……教授们也和学生一样的过着同样的生活"(佚名,1939)。

美子和其他学子所言已能反映鲁艺最初的文艺新课程发展状况及特色,沙可夫作为鲁艺创办者与当家人,更清楚鲁艺办学一年,培养了多少"抗战文艺干部",这些干部为抗战贡献了什么。他说"鲁艺在这一年中渐渐扩大与巩固起来了","首先应指出的是我们分发了两期约两百多个戏剧、音乐、美术和文学的干部到前线的部队里与后方各机关团体中去实习工作。这些干部尚能切实地去做抗战艺术工作,收到各方面的欢迎。他们中间的一部分已经实习期满,回到学校里来了。他们带回了不少工作经验与教训,供我们参考,以改进鲁艺实施教育方针的一切工作。"同前文沪上学子描述的一样,鲁艺的新文化课程就分三期实施,即学习、工作、再回炉改进学习。抗日文艺创作或抗日新文艺课程内容充实方面,一年来"经过多次的演出,比较成功的剧本,个人的或集体的创作数量在三十个以上,例如《大丹河》、《流寇队长》"等,"都是为延安及边区的广大观众所热烈欢迎"。此外"音乐作品"也有"七、八种之多,其中有民歌小调,有救亡新歌,有抗战合唱"等,"这些歌曲已经流行到边区以至全中国各地了"。"至于美术方面,我们曾举行了好几次美术作品展览会,出版木刻壁报与纪念鲁迅木刻集"。所言又与沪上学子说美术中木刻"最有力量"吻合。但不足也有,即"鲁艺在文学创作上的成绩表现比较少,虽然也有个别的文学作品发表在报章杂志上,并在两次下乡中(秋收运动与旧历新年宣传周)文学系同学写了不少东西"(沙可夫,1980:56)。

能在一年中取得上述成绩,千里之外的众多上海学子都向往不已,其实足以说明鲁艺已按毛泽东指示的那样,继承了鲁迅的革命精神,开始在全国范围内引领发起一场以抗日救国为本,乃至如沪上学子所说同时还以"为人民服务"为本的新文化课程运动。所以全国抗战初期,党中央先后直接领导创办的三大教育新机构,抗大、陕北公学及鲁艺,在课程改革方面均已迅速走上1937年8月洛川会议提出的正确的抗战救国轨道,成为全国抗日救国新课程发展的先锋典范。相比之下,更为艰难的乃是另外两大领域的课程改革,即如何在人才、物质基础更薄弱的中小学教育及基层社会教育领域发展抗日救国新文化课程。创办抗大、陕北公学、鲁艺期间,这两大教育领域也在同时发展。如之前提到,全边区小学到1937年秋增加四百多所,中等学校也新办了鲁迅师范学校。全国抗战正式开始以来,边区中等学校发展则如江隆基所言,"三九年成立了陇东中学、三边师范、关中师范,四零年接收了绥中、米中,又成立了鄜县师范,明确提出为边区培养知识分子的任务"(江隆基,1959:3)。基层社会教育领域,边区教育部曾于1937年考虑创建夜校、冬学等群众文化教育机制,当年10月,边区又决定切实发起"冬学运动","今年冬季全边区开办五百个冬学,时间从十一月底开始到明年二月初结束",以俱乐部、宣传队、识字组等方式,"组织广大的失学青年儿童加入冬学"(群起,1937)。

基层社会教育领域还有一大重要领导机制即团中央,也在长征胜利后迅速恢复其在陕甘宁边区的青年教育组织与推动工作,如1936年10月开办鲁迅青年学校,首批"到校的学生共八十余人"(佚名,1936)。同期,西北青年救国联合会也出台"组织法",将在基层重建"青年俱乐部""少年先锋队""共产儿童团"等青少年文化教育组织。"一年多以来",西北青年救国联合会在"陕甘宁""陕甘""晋察冀""冀鲁豫"乃至"云川闽粤皖"等边区,都有开展抗战文化教育活动(吴康,1939),并曾在第二次代表大会上通过了"西北、华北地区儿童组织章程",将儿童组织命名为"抗日儿童团",决定发展抗日救国活动新课程:"宣传大家打日本;侦察敌情捉汉奸;站岗放哨送书信;尊重抗敌官和兵;帮助抗属来做事;学习生产不消停"(武广久等,1983:32),从而继承了革命根据地时期儿童团的优良革命教育课程传统。总之,抗战初期,无论小学、中学、师范等中小学教育(也称国民及中等教育)领域,还是基层儿童青少年及工农群众社会教育领域,都已恢复重建了发展抗日救国新文化课程必需的领导与实施机制。然而重建推动机制是一回事,能否创造出可以有力动员儿童青少年及工农群众参与抗日救国的文化活动新课程却是另一回事,且正是在课程创造及影响环节,遇到了比创办抗大、陕北公学、鲁艺更难解决的困难,达不到抗大等典范学校的创造及影响水平。

江隆基就曾指出,整个"抗战前期"(由抗战爆发到整风运动),中学、师范等中等教育领域的课程改革虽在不断推进,如学制改为"二年到四年","课程中文化科学的比重也加强了",但"由于对边区的社会实际与学生实际了解不够,结果产生了教条主义与旧型正规化的偏向"(江隆基,1959:3)。边区中央层面更曾提请注意"部分学校中存在的若干确定,尚待加以克服。诸如教育内容还是老一套,不能满足群众需要,甚至如华池荔原堡小学,一个二年级学生,不知中国与日本打仗"。其他还有整个课程内容凌乱存在冲突,"如有的学校,一方面鼓励学生帮助家庭生产,另一方面又在训导条文中规定请假缺席扣'品德分',使贫苦儿童感觉苦闷。有些学校鼓励儿童相互间的竞赛,但未注意培养儿童的集体主义精神,以致养成个人主义和锦标主义思想"。此外更有"变相的体罚,尚部分存在;以加重学习负担,代替训导儿童及伤害儿童精神的方式,如斗争会、改造'二流子'及孤立顽皮儿童的办法,都不合教育原则,必须迅速加以纠正"(新华社,1979:152—153)。"冬学"及群众社会教育领域,开始实施时也存在"部分学员的热情不够饱满","没有适当的识字课本和教师缺乏教学经验"等(教育阵地社,1946:49)。甚至同时进行的和群众教育一样重要的"减租减息"运动,也遇到困难。有的地方要工作组"领着佃户到地主家里装租子,强行减租",但"工作人员走之后,佃户又把减了的租子退还给地主,有的甚至还给地主'陪情话'"(山西临县档案馆,2009:60)。让农民受益的经济改革都难进行,一时无法让农民看见收益的教育改革自然会更加艰难。

分析困难原因时,江隆基的看法是"边区的旧的经济社会基础是太落后了",如"交通不便,劳力缺乏,技术落后"等,导致农村"百分之九十以上"是"文盲","知识分子缺乏","封建迷信思想普遍存在"(江隆基,1959:3)。这些分析注意到了很关键的一点即知识分子缺乏。尤其如果和抗大、陕北公学对比,更是容易认为,边区中小学及社会教育领域缺乏得力知识分子主持工作。此外便是教育对象不可能像抗大或陕北公学的学生那样,是从各地学生中挑选出来的,不仅具有一定文化基础,而且充满热情。然而文化基础薄弱或空白,教育改革乃至经济改革参与热情不高,以及教学实践中出现种种偏向与错误,甚至包括缺乏得力知识分子或干部,其实都还不是症结所在,而是客观存在需要努力克服的困难本身。这样说,是立足于革命根据地时期的经验。换言之,如果从革命根据地时期的经验看,便会发现教育、经济等各项改革最初之所以很难在基层进行,或者广大工农群众之所以参与度不高,其实不是因为经济文化基础薄弱或知识分子不够,而是没有在地方为广大工农建立稳固的军队与政权,无法让广大工农觉得支持参与包括教育改革在内的各项改革,是在保卫巩固自己的政权。从革命根据地历练出来的党政军领袖都精通此道,聂荣臻1938年1月率领八路军成功进入晋察冀地区开辟敌后战场,可以着手在当地发起抗日需要的教育及经济改革时,便立即"根据党中央和北方局的指示","着手筹备边区抗日民族统一战线的民主政权","晋察冀边区临时行政委员会",是为共产党创建的"敌后第一个抗日民主政权"。聂荣臻说得很清楚,"必须成立抗战的根据地,好来发动群众,因为光靠几条枪是不够的,还需要有坚强的政权组织"(聂荣臻,1992:35)。

枪杆子与政权缺一不可,有了这两大体制保障,才可以逐一解决中小学及社会教育领域客观存在的种种困难与问题。不然即使可以动员群众参与教育或经济改革,也难以持久。并且中央及聂荣臻建立的政权不是简单重复革命根据地时期的苏维埃政府,而是符合抗日民族统一战线需要的新政府,即仍以工农兵群众为主体,但政治上更广泛,"是各党、各派、各阶级联合组织起来的政府,是广大人民的政府,坚决抗日的政府"(聂荣臻,1992:36)。陕甘宁边区的抗大、陕北公学、鲁艺之所以能在困难中逐渐壮大,其实也得益于陕甘宁边区改从抗日民族统一战线出发率先建立新政权,从而可以接纳各地各阶层来的学子,使之成为壮大民族抗日急需的各类干部。而随着党中央领导的抗日根据地及民主政权在各地建立,各地中小学及基层社会教育领域的抗日救国新课程运动也将逐渐克服种种困难与问题获得发展。因此最关键的仍是党中央的路线指引与领导。全国抗战以来,国内其实存在许多对民族抗战不利的思想,尤其蒋介石、汪精卫等国民党军政领袖都带头认为无力抵抗,导致即使宣战,也节节败退,只有等待美国介入或投降卖国。胡适作为国统区学术教育领袖,也因政治视野有限,只依赖国民党军队,同样认为"对外力量太弱,故不能阻敌人深入"(胡适,1979b:363)。庐山会议之后,胡适还曾和张君劢一起,"几次会见蒋介石,提出关于日华和平的意见"(黄美真等,1984:195),未被已决定宣战的蒋介石理睬。胡适又写信给时任外交部长的好友王世杰,建议向比"国联"更强的"大力量"如"英法苏"求援,以求能"和平解决"(胡适,1979b:382)。

蒋介石、汪精卫、胡适等心思各异,已能说明整个国统区的军事、政治及教育体系分裂显著,无法领头组织凝聚抗日救国力量,中国抗战只能靠共产党人领导壮大抗日民族统一战线。不过,在共产党人内部,也存在对壮大抗日民族统一战线不利的思想,进而会将各地正在兴起的抗日救国新课程运动引上错误道路,即开展了许多活动,却无法壮大甚或会分化民族抗日力量。包括抗大、陕北公学等先锋典范学校都会因学生来源不一,时常出现需要纠正的思想。有的学生甚至以为"农民是反革命的",且"在意识薄弱的同学面前散播"(田嘉谷,1938:67—68)。此外还有江隆基揭示的教条主义、照搬国统区旧教育制度的形式主义,以及陈波儿反映的"阶级投降主义"等,都有悖于从动员一切力量参加抗战出发探索边区课程改革。相比各种客观困难,诸多错误思想才是首先需要解决、事关全局成败的大问题。由此将看到,和上次中央苏区的情况一样,在急需壮大民族抗日力量的新阶段,又是毛泽东出来领导和各种事关全局成败的错误思想做斗争,确保包括抗日救国新课程运动在内的边区各项革命事业是在正确道路上前进。而且与上次在关键时刻遭遇王明、博古等不谙实情的临时党中央负责人排挤不同,这一次毛泽东则是作为党内军内广为认可的党中央核心领袖,所以能直接行动纠正各类错误思想,将民族抗日及各级各类教育领域的抗日救国新文化课程运动引上正确的前进与壮大道路。

3. 最后的正确道路与社会主义新人的形成

纠正错误思想,走上正确前进道路,至此成为陕甘宁边区及各抗日根据地各级各类教育推进课程改革最重要的理论、政策及实践议题。破解这一重大难题的正是毛泽东。1937年7月,全面抗战爆发时,毛泽东就曾在抗大演讲,纠正"教条主义"的马克思主义,即"生吞活剥马克思主义书籍中的只言片语,去吓唬别人",以及"拘守于自身的片段经验"的"经验主义","看不见革命的全局,虽然也是辛苦地——但却是盲目地在工作",提出真正的马克思主义思想与工作方法,即"辩证唯物论的认识论",是"把实践提高到第一的位置,认为人的认识一点也不能离开实践",是在"物质生产""阶级斗争""科学实验"以及"抗日救国"等"实践"中,努力使"自己的思想合于客观外在的规律性,如果不合,就会在实践中失败。人们经过失败之后,也就从失败中取得教训,改正自己的思想使之合于外界的规律性"(毛泽东,1952:159,261)。1938年,国内又盛行速胜论和亡国论。针对这类错误思想,毛泽东于1938年5月在延安抗日研究会发表著名演讲《论持久战》,将抗战分为三阶段,即当时"还未完结"的"第一阶段"、"相持阶段"、"收复失地的反攻阶段",指出只要形成"根据和符合于客观事实的思想"及"行动",持久动员全中国人民抗战,最后一定能胜利(毛泽东,1967a:407—409)。

何时进入相持阶段随之成为关键。对此问题,一般认为"1938年10月武汉失守,标志着抗战相持阶段到来"。但毛泽东判断,武汉失守后有个"过渡时期",日寇仍有优势军力进攻西安。到1939年8月,"苏联与德国签订互不侵犯条约",9月,"英、法对德宣战","日寇更加困难","中国绝不投降妥协",毛泽东才正式提出"相持阶段已到来"(刘益涛,1995)。所以在此之前,不可贸然反攻,依然需要一面进行游击战,一面改进抗日根据地各项工作,为相持阶段到来准备反攻积累更多力量。具体到如何面向广大工农兵群众发展抗日救国新文化课程,毛泽东同样给出了符合抗战实情的新指示。1938年10月,六届六中全会在延安召开,抗日文化教育及课程改革方面,毛泽东从"适应抗战需要"出发,布置了四大"紧急任务":"改订学制,废除不急需与不必要的课程,改变管理制度,以教授抗战所必需之课程及发扬学生的积极性为原则";"创设并扩大各种干部学校,培养大批的革命干部";"广泛发展民众教育,组织各种补习学校,识字运动,戏剧运动,歌咏运动,体育运动,创办敌前敌后各种地方通俗报纸,提高人民的民族文化与民族觉悟";"办理义务的小学教育,以民族精神教育新后代"。各级各类教育新一轮抗日救国新文化课程运动由此吹响号角,以形成"伟大的抗战教育运动"(毛泽东,1939:48)。会上,毛泽东进一步重申三阶段的"持久抗战"思想,同时再次批评各种错误思想,强调"我们一定要学习马克思主义,……但马克思主义必须通过民族形式才能实现,没有抽象的马克思主义","洋八股必须废止,空洞抽象的调头必须少唱,教条主义必须休息,而代之以新鲜活泼的、为中国老百姓所喜闻乐见的中国作风与中国气派"(毛泽东,1939:81—82)。

六中全会的发言不仅为抗日救国新文化课程运动开启了"新阶段",而且明确提出要能将马克思主义新文化课程变成"民族形式"的中国马克思主义新文化课程,既符合"抗战需要",又具有"新鲜活泼的、为中国老百姓所喜闻乐见的中国作风与中国气派"。毛泽东讲话发表之后到相持阶段正式开始的一年里,陕甘宁边区、晋察冀边区和其他抗日根据地各级各类教育领域的抗日救国新文化课程运动便呈现出与讲话精神相符合的发展新气象。典范代表如鲁艺,讲话之前,鲁艺也存在教条主义、盲目西化等倾向,但讲话之后,其下四大类新文化课程均在落实讲话精神,学生纷纷深入乡村了解老百姓喜闻乐见的民族艺术形式。如1939年美术第三期学生古元发现"乡亲们喜欢把画有大公鸡、大犍牛、大肥猪,以及骡马牛羊的识字图片,张贴在墙上",由此,古元"体悟到农民对于家畜的发自内心的喜爱,也了解了他们的审美趣味",于是"以此为题材,创作了《牛群》、《羊群》、《除草》、《家园》等四副木刻,分送给乡亲们。大家接过这些木刻画,高兴地边看边议论:'这不是×××家的大犍牛吗? 真带劲'。一位农民指着《羊群》那副画说:'应该加上一条狗,放羊人不带狗,要吃狼的亏。另一位农民补充道……"(古元,1992:414)。原本属于少数都市艺术学子把玩的西洋文化,就这样变成了中国老百姓喜闻乐见、积极参与的民族新艺术,进而可以通过民族新艺术向老百姓宣传抗日,为相持阶段准备反攻壮大民族抗日力量。

音乐系则在1938年11月请来著名作曲家、指挥冼星海主持改革。当年7月由香港投奔鲁艺音乐系的学子李焕之记得,"音乐大师冼星海"到后,"标志'鲁艺'音乐系进入一个新阶段"。"新"正体现在大力发展"民族形式"浓厚的抗日新音乐,李焕之作为冼星海首批弟子,作曲上也跟着"自然而然地使创作有较为鲜明的民族特色"(李焕之,1999:71)。冼星海本人则把鲁艺所要发展的民族新音乐称作"中国新兴音乐",其开创者不是刘半农或赵元任等"五四"学院知识分子自由表达思想情感的新文学音乐,而是抗战以来中国音乐界"民族呼声的代表者"聂耳,代表作品则是由聂耳和田汉联手贡献的"不论在前线或后方,都有成千成万的群众歌唱着"的《义勇军进行曲》。遗憾的是,1935年7月,聂耳便不幸去世,年仅23岁。但正如冼星海所说,聂耳"已给我们开辟了一条中国新兴音乐的大路"(冼星海,1962:51),继续走下去,便可壮大《义勇军进行曲》发出的民族抗战呼声。冼星海即因此来到延安,并为鲁艺音乐系定下发展民族抗日新音乐的课程改革基调,即必须能"组织着教育着群众去争取独立与自由",能"发出雄亮的歌声来反抗侵略者","歌颂着全国团结的力量",使"群众能受他的激荡更加坚决地抵抗和团结"。冼星海认为,这种"中国新兴音乐","在全国统算下来,或只有鲁艺能建立起来",其他地方没有"延安的政治环境"。至于"中国新兴音乐"有何特征,冼星海的"回答是以'大众化'为第一要紧,音乐要有力量,节奏要明显,通过民族的形式和内容来创作民族的新兴音乐。作风上说我们第一不要抄袭或模仿欧洲的音乐,第二不要趋向从前封建的形式和内容,或颓废的作风。创作者可以利用欧洲曲体来创作中国新兴音乐,但要有新的和声,旋律性和调性方面是要中国的民众的,通俗的"(冼星海,1962：52—54)。

冼星海提出上述政治及创作原则是在1939年4月,不仅解释了为教育动员工农兵群众参与抗日,他将如何改革鲁艺音乐系,发展抗日救国新音乐课程,而且符合毛泽东1938年9月在六中全会上定下的民族新文化要求。在为鲁艺音乐系确立改革原则的同时,冼星海也在带领李焕之等学生努力创作"歌剧""大合唱"等民族抗日新音乐,《军民进行曲》《生产大合唱》《黄河大合唱》等陆续诞生。其中,冼星海与光未然合作,以"黄河"这一广为中华民族认同的文化形式创作大合唱,表达中华民族奔腾不息、任何艰难险阻都不能遏止的巨大前进力量,堪称最能代表冼星海上任之初的抗日民族新音乐课程发展成就。像李焕之便认为"《黄河大合唱》是最为杰出的不朽之作,它是中国人民伟大而坚强的象征"(李焕之,1999：72)。首场试演是在1939年4月13日晚上,担任指挥的邬析零记得,"当舞台上响起,'朋友,你到过黄河吗?……'的宏亮诗句时",本就"十分激动"的"四十来个"合唱演员立即想起,"不久前曾一起渡过黄河",于是"以高昂的激情,演唱完了《黄河船夫曲》,台下发出了狂热持久的掌声"(邬析零,1982：63—64)。到5月11日,冼星海亲自指挥,演员增至100多人,毛泽东也亲临现场。演出非常成功,冼星海在日记里写下："今天是个空前的音乐会,毛主席还叫了三声好。"(严良堃,2009)"风在吼,马在啸,黄河在咆哮"从此成为民族共同的抗日强音,如词作者光未然所见,"连许多乡间中小学都在热烈地演出"(光未然等,1941),还传到了海外,甚至抗战胜利后,还能看到美国普林斯顿大学学生合唱团"演奏黄河大合唱"(佚名,1945)。

鲁艺音乐系学子培养情况也良好,冼星海说,到1940年初,已开始招收第四届,前三届"毕业分配到前后方工作,无论在学习与生活方面,都是一届比一届进步"。冼星海又准备创办新音乐刊物,在"旧历年举行一个民众的音乐会","以全延安的学校团体组成一个五百人的大合唱团,将来还想增加到一千人以上的大合唱",同时"推行边区的歌咏","深入到每个角落",让"士兵和老百姓,甚至小孩和妇女都会唱几句",到时将发出何等强音。此外,冼星海"去年曾动员了两百多艺术干部上前线",今后将继续动员,"这种动员,恐怕是打破了中国艺术界的纪录"(冼星海,1962：115—116)。所以只要有冼星海式的思想正确的文化教育家,就能做好各级各类教育领域的抗日救国新文化课程发展,不断培养可以壮大民族抗战力量的抗日干部。然而延安及全国终究有许多对抗战不利的思想,同时除了教条主义、"洋八股"主义、不懂民族形式等旧的思想问题外,还会因时局变化形成新的思想问题。而且就是在1940年抗战进入关键的相持阶段时,时局又开始发生突变,进而给正在各地发展抗日救国新文化课程的教师与学生,乃至整个民族抗战带来更严重的思想分裂危机。时局突变正是汪精卫为了与蒋介石争夺统治权,投敌卖国,蒋介石则加紧寻求依靠美国介入,派胡适去美国游说,同时准备破坏国共抗日统一战线,将枪口再次转向共产党。

汪精卫、蒋介石等当时国家领袖破坏民族抗战,显然会给全国文化教育界造成巨大思想冲击,使教师、学生迷失乃至丧失原有抗日救国奋斗目标。关键时刻,又是毛泽东出来,以其高瞻远瞩的政治眼光,揭示时局突变可能引发的民族思想危机,为全国教师与学生进一步推进抗日救国新文化课程运动,继续壮大民族统一抗战指明正确进路。具体来说,在关键的必须做好准备以扭转战局的相持阶段,面对汪精卫、蒋介石等制造的统一战线分裂与民族思想危机,毛泽东及时采取行动。1940年1月,延安决定创办新刊《中国文化》,毛泽东在创刊号上发表著名论文《新民主主义的政治与新民主主义的文化》,文章开头所针对的正是时局突变引发的民族命运思想危机,即抗战以来,全国人民本来"以为有了出路","但是近来的妥协空气,反共浪潮,忽又甚嚣尘上,又把全国人民打入闷葫芦里了。特别是文化人和青年学生,感觉敏锐,首当其冲。于是,怎么办,中国向何处去,又成为问题了"(毛泽东,1940)。

时局突变及其引发的民族命运思想危机,被毛泽东以生动语言揭示出来,就是抗战以来原本"有出路"的"全国人民"被汪、蒋妥协与反共再度"打入闷葫芦里",不知道"中国向何处去"。毛泽东特别关注"文化人和青年学生",则表明危急时刻最要紧的是让全国文化教育界不受政治突变影响,能继续沿着共产党人提出的民族抗战大道坚定走下去。不仅如此,毛泽东还郑重告诉全国尤其文化教育界,沿着共产党人的民族抗战道路坚定走下去,中华民族将走向何方,所以更能消除在民族命运问题上的思想迷惘,让文化教育界看到光明的民族前途与希望。如毛泽东所言(毛泽东,1940):

> 我们共产党人,多年以来,不但为中国的政治革命和经济革命而奋斗,而且为中国的文化革命而奋斗;一切这些的目的,在于建设一个中华民族的新社会与新国家。在这个新社会和新国家中,不但有新政治、新经济,而且有新文化。这就是说,我们不但要把一个政治上受压迫、经济上受剥削的中国,变为一个政治上自由、经济上繁荣的中国,而且要把一个被旧文化统治因而愚昧落后的中国,变为一个被新文化统治因而文明先进的中国。一句话,我们要建立一个新中国。建立中

华民族的文化,这就是我们在文化领域中的目的。

所言坦诚,清晰,既可以让共产党人明白过去二十年来在政治、经济及文化教育领域流血牺牲究竟是为了什么,又能让全国文化教育界走出汪、蒋制造的民族命运危机,让所有对"中国向何处去"感到迷惘的"文化人及青年学生"重新明确,到延安去不光可以继续发挥自己的爱国抗日热情,更可以和共产党人一起为"建立一个新中国"而奋斗,创建从未有过的能让全体中华民族在政治上、经济上、文化上获得新生的"新社会与新国家"。

民族命运迷惘之际,正是毛泽东为全国文化教育界指明了建立新中国与新社会的伟大民族革命奋斗目标。毛泽东还从世界革命进程出发,继续强调中国革命是"十月革命"以来的"世界革命的一部分",而且自"十月革命"起,"世界革命"便不再是"旧的资产阶级的世界革命","而是新的世界革命",即"社会主义的世界革命"(毛泽东,1940),中国革命作为世界革命的一部分,也要为在世界范围内建立"社会主义"新世界作出重要贡献。这是中国革命的世界历史使命,但中国尚处在抗日相持阶段,无法跨入"社会主义"革命阶段。相持阶段中国革命所要做的乃是争取建立"新民主主义"的新中国,即建立新民主主义的政治、经济及文化体系,然后过渡到"社会主义"。至于和课程改革最相关的"新民主主义"文化建设如何展开,毛泽东也有清楚界定,就是大力发展"民族的科学的大众的文化,就是人民大众反帝反封建的文化"。其中涉及的与其他非"新民主主义"的古今中西文化之间的复杂关系怎样处理,亦有明确指导。如发展"革命的民族文化"时,"应该大量吸收外国的先进文化",但不能"全盘西化","不能主观地公式地运用它",必须"与中国革命的具体实践完全的适当的统一起来,就是说,取得民族形式,才有用处"。科学的是指"反对一切封建思想与迷信思想,主张实事求是,主张客观真理,主张理论与实践一致"。新民主主义或"中国无产阶级的科学思想能够与中国还有进步性的资产阶级的唯物论和自然科学思想建立反帝反封建反迷信的统一战线,但是绝不能与任何反动的唯心论建立统一战线"(毛泽东,1940)。

清理古代文化时,则需"剔除其封建性的糟粕,吸收其民主性的精华",这是"发展民族新文化提高民族自信心的必要条件";进而言之,"我们必须尊重自己的历史,绝不能隔断历史",但"必须将古代封建统治阶级的一切腐朽的东西和古代优秀的民间文化即多少带有民主性与革命性的东西区别开来"。新民主主义文化最重要的一点即"大众化",是指"应为全民族中百分之九十以上的工农劳苦民众服务","文化人与文化思想,如不接近民众,他就是'空军司令',或'无兵司令',就打不到他的敌人。为达此目的,文字必须在一定条件下加以改革,言语必须接近民众"(毛泽东,1940)。毛泽东还再次特别表彰鲁迅,指出"鲁迅是中国文化革命的主将,他不但是伟大的文学家,而且是伟大的思想家与伟大的革命家,鲁迅的骨头是最硬的,他没有丝毫的奴颜与媚骨,这是殖民地半殖民地人民最可宝贵的性格。鲁迅是在文化战线上,代表全民族的大多数,向着敌人冲锋陷阵的最正确、最勇敢、最坚定、最忠实、最热忱的空前的民族英雄。鲁迅的方向,就是中华民族新文化的方向"(毛泽东,1940)。总之,在关键的急需继续壮大民族抗日力量的相持阶段,毛泽东不仅曾激励文化教育界不必因为时局突变觉得民族命运迷惘,大可以到延安和共产党人一起努力继续抗日、创建新中国的正确进路,而且为全国"文化人及青年学生"指明了通往新中国及社会主义新社会的新民主主义新文化课程改革道路,像鲁迅那样,为抗日民族革命与解放,为创建让"全民族的大多数"获得新生的社会主义新社会与新中国,努力发展新民主主义新文化教育。

陶行知、晏阳初等曾有涉及但未能解答,胡适、蒋梦麟、舒新城等搁置一边的中国课程改革终极政治难题,包括何种新思想可以将改革者引向深入认识中国社会的危难结构,什么样的课程改革可以动员国人尤其大多数的农民致力于革新中国社会危难结构,让中华民族及中国社会从危难结构中获得新生,到毛泽东正式提出新民主主义民族抗战建国理想时,显然都已获得清晰解答。甚至整个近代中国为寻求国家新生、民族复兴形成的各路革命课程改革探索,尤其李大钊起由共产党人开创的马克思主义革命课程改革,以及近代中国革命先驱孙中山提出的"三民主义"课程改革,到毛泽东正式提出新民主主义抗日建国理想时,同样都找到了最后的通往新中国与民族复兴的正确道路。接下来,近代中国课程改革最重要的历史成就及顶峰发展形态就是文化教育界按照毛泽东提出的新民主主义路线,大力发展"民族的科学的大众的"新文化课程与教育,为创建新中国和进入社会主义新社会,培养各类革命干部,动员广大"工农劳苦群众"及"全民族"参与抗日民族革命。

值得一提的是,毛泽东提出新民主主义革命理想之前的两个月,即1939年11月,国民党召开了五届六中全会。会上,蒋介石发表"重要训词",其中虽然也强调国民党要"集中全国心力对准日阀奋斗",但看其整个"训词",在战局形势、民族前途与道路等最重要的方面,蒋介石的解答明显远不如毛泽东。国内外战局形势方面,蒋介石的总体判断仅是说:"这一场战局发展到如何程度,以及怎么样的结果,到今天还不能预测。"毛泽东则在1938年5月就提出抗战将按三阶段发展,最后胜利属于中国,且每个阶段怎么做也有明确部署。关于民族前途与道路，蒋介石更是未有任何可以让"全民族"的大多数看到希望的政治、经济及文化改革规划，其"训词"除说"抗战国策确当坚定不移"外，便是批判国民党内不要去"制造伪中央政权"，或表扬西方"友邦对暴日洞若观火"，到最后仍只是说"抗战成败影响世界安危，希望本届全会期间，聚精会神痛自鞭策"(中央社，1939a)。国民党中央社则以更抽象的儒家伦理即国民党一套新意识形态，来提炼蒋介石"训词"的核心精神，认为"概括地说，总裁的观察，对欧战所凭借的是'智'，对中国是'仁'，对友邦是'诚'"。如此抽象概括，除了可恭维"总裁"是"中华民族的贤明导师"(中央社，1939b)，不具任何实质意义。

都是决定党国命运的领袖人物，全局形势判断、新国家建设规划及革命政治信仰等关键方面却反差甚大，再次证明只有共产党人可以领导中华民族持久抗战直到胜利，进而领导全国"工农劳苦群众"创建社会主义新中国。蒋介石更在意的则是消灭党内外异己势力，以及依附美国为首的西方"友邦"，所以进入相持阶段以来，便开始破坏国共合作建立的抗日民族统一战线，到1940年10月，更强令八路军、新四军北上。为维护抗战大局，1941年1月，叶挺、项英开始率领新四军北移，行进到皖南泾县时遭国民党7个师伏击，是为震惊中外的皖南事变。事后，中共中央发表谈话，谴责国民党亲日派破坏统一战线，同时提出查办皖南事变"罪魁祸首""停止华中数十万之剿共战争""释放一切爱国的政治犯""坚决抗战到底"等九项正义要求(延安新华社，1941)。皖南事变彻底暴露蒋介石所谓抗战国策坚定不移，其实是掩人耳目，其心思是在等待美国支援及反共上。皖南事变后，蒋介石政府虽停止军事进攻，却开始对边区加大经济封锁。日寇也从1941年起，调集兵力对根据地发起疯狂的"扫荡"与"清乡"运动。然而内外经济及军事夹击也使边区军民变成了更加紧密的经济军事共同体，同时延安的系列经济军事应对策略也能有效破解来自蒋介石政府及日寇的双重进攻，并在斗争实践中增强边区经济军事革命实力。

反"扫荡"、反"清乡"方面，广为人知的便是边区军民联合起来，结合地理条件展开机动灵活的游击战，并创造了地雷战、地道战、麻雀战等战术，到1943年，"根据地军民取得了一系列反'扫荡'、反'清乡'斗争的胜利，消耗了日军的有生力量，根据地逐步得到恢复与发展，到1943年底，华北、华中、华南抗日根据地得到了迅速的发展，根据地人口上升到了8000多万人，抗日武装力量上升到50万人左右，为1944年的局部反攻奠定了基础"(王建朗等，2016b：420)。反经济封锁方面，最广为人知的则是"1940年毛主席号召大生产运动，朱德总司令倡导部队屯田政策，三五九旅在王震将军带领下，到南泥湾开荒种地。最初没有房子,就各人挖一小洞过夜",周围则"水草、林梢密布,人烟稀少"。但到1942年,南泥湾便发生了天翻地覆的变化,"鸡鸭成群,稻草无尽,不但自给自足,还可缴纳公粮"(魏东明,1948)。《解放日报》也发表社论,宣布"今天的南泥湾,已成了'陕北江南'",同时表彰朱德司令当初对"有些人曾是不了解","不但苦口婆心,做了许多解释,并且亲自踏看南泥湾"。三五九旅则被誉为"执行朱德司令屯田政策的模范",甚至将三五九旅的经验上升为"南泥湾政策",号召全党全军"积极推行"(佚名,1942)。

边区经济发展由此兴起著名的"自己动手、丰衣足食"的"大生产运动"。一些地方基本生产条件被日寇"扫荡"破坏,边区政府也会先提供条件帮助地方发展生产。如晋察冀边区政府便"举行了贷款贷粮,补充了耕牛农具,以恢复生产的劳动力",进而很快就在整个边区掀起"以农业为主,同时发展手工、运输、运销"的大生产运动,"机关部队也都投入了生产的热潮,……我们的部队,不但以武力保卫人民的耕种与收获,还以劳力帮助人民的耕种与收获,使军民关系更加亲密"(石少华等,1944)。抗日根据地军民在反经济封锁、反"扫荡"过程中结成更加紧密的经济军事共同体,由此可见一斑。不仅如此,从晋察冀边区政府提供贷款支持大生产运动还能看出,党中央在货币金融领域也积累了成功经验。自国民党政府1935年废除银元改以"法币"统一全国货币以来,纸币开始取代银元成为流通货币,但国民党政府并无足够实业实力垫底,使法币在全国赢得信任。相反,国民党政府、地方军阀及华北日伪政权为解决各自军费危机,都会增发纸币,同时利用纸币政策套取边区物资。到相持阶段,各类纸币更是泛滥失控,所以边区还得在法币、伪币和各省"土钞"之间,展开货币战争。边区有独立政权及军事力量,可以创办边区银行发行边币,但也要有正确的金融政策。像第一个敌后根据地晋察冀边区,就如彭真所言,在创立之初吃过金融败仗,敌伪政府"排斥察钞",边区仍继续使用察钞,"引起察钞大量流入";等边区"禁止察钞流通"且"盖章之后",敌伪又宣布"察钞"继续流通,"盖章者作废",边区"数十万察钞成为废纸,最后乃由政府收回","吃亏甚大"(彭真,1946:56)。

货币战看似与课程改革无关,但实际上货币却和军队、政权一样,也是课程改革、经济生产等边区革命事业能否顺利发展的重要基础。针对晋察冀边区的货币战形势,毛泽东曾从市场规律、实业垫底等思想出发,制定有效金融应对政策,包括明确规定"边区的纸币数目,不应超过边区市场上的需要数量";"应该有准备金:第一,货物,特别是工业品;第二,伪币;第三,法币";"应该有适当的对外贸易政策,以作货币政策之后盾"等。不仅如此,毛泽东还依靠其一贯准确的军事、政治走势判断,预言"抗战最后胜利之前,法币一定继续跌价,法币有逐渐在华北灭迹之可能。杂币更会跌落"(中共中央文献研究室,2002:87)。在毛泽东金融应对政策指引下,晋察冀根据地开始建立边区银行,发行边币,到1940年夏,便实现"边区货币完全统一,金融稳定人民称便,敌寇以杂钞掠我物资诡计不售",进而可以有效支撑边区经济、民生、教育等各项新民主主义革命事业。到1942年,边区银行便"为救济水灾,合作开展事业,发展工商业,解决春耕困难,发展运销事业,放款达一千八百万余元"。晋察冀边区政府深信,"边区钞票靠着边区人民的政府作后盾,它会继续壮大,继续在广大人民中树立更高的威信"(晋察冀边区行政委员会,1943:74—75)。

随着"大生产运动"在各地蓬勃开展,边区又有农业及农产品增长为发行边币提供更可信的实业基础。即使国民党政府曾不断"围剿"边币,也无法撼动边区日益良好的金融及经济体系。反倒是国民党政府自身的金融与经济体系因滥发纸币,掠夺工商业资本及广大民众财富,恰如毛泽东预言的那样,逐渐贬值失控,直到崩溃惹来傅斯年炮轰。从不改抗日救国决心,到提出新民主主义新国家建设理想,规划未来社会主义新中国的政治、经济与文化体制,再到采取正确有效的军事、经济乃至货币政策,在相持阶段的双重炮火威胁中不断增强边区军事经济实力,与边区上亿人民结成鱼水难分的抗日建国共同体,无疑都预示着共产党人早晚会领导中华民族取得抗战胜利,推翻国民党统治,建立社会主义新中国。同时,也正因为如之前所述,共产党人一直都在同时进行军事、政治、经济革命,不断扩充增强自己的军队、政权与经济基础,不是像平民教育促进会那样是在没有配套军事、政治及经济体制保障的条件下,单独发起农民新文化教育与课程改革试验,所以共产党人1940年提出的新民主主义新文化课程运动能够获得坚实的军事政治体制保障及经济支撑,从而可以在更关键的相持阶段,在双重炮火中继续迎来壮大。至于相持阶段边区新民主主义新文化课程运动的总体走势,则正是沿着毛泽东指明的正确道路前进,即各级各类教育都在努力发展"民族的科学的大众的"新民主主义新文化课程,自觉根据抗战、经济生产等各项边区革命事业及未来创建社会主义新中国的实际需要,培养各类干部、建设者与下一代接班人。

陈立夫作为国民党政府教育部部长,则曾于1939年提出"战时教育方针",准备重点在全国大学发起新一轮"十年"课程改革运动,强调"无论从抗战或建国来看","今后的教育绝不能再无目的,再浪费","不能无一个十年计划"。具体如何推进课程改革,便是"由教育部约集中央有关经济建设各机关,如财政、经济、交通、内政、军政各部组织中央建教委员会,详密调查各方面所需要专门人才的种类与数量,供给教育部作设置专门以上学校校院科系,选择教材,进行实习研究以及筹划毕业生服务的参考,总期政治建设的需要与人才培养的供给收支相抵,出入平衡",以求能在"最短时期内,大量养成工业人才,以应改进生产事业的急需"(陈立夫,1939:22—24)。调整课程结构,大幅削减文科,统一课程标准,加强党义训育、军训等之前就已实施的课程改革措施随之得以进一步推行。然而受制于官僚主义、形式主义弊病,国民党政府各部之间的合作依然不得力,国统区教育体制内长期存在的自由主义学术教育诉求更让系列课程改革措施不仅难以落实,反而加剧分裂与矛盾。西南联大作为国统区教育界最高学府,便带头抵抗陈立夫的课程改革。梅贻琦就"敬告蒋介石、陈立夫,教育部为了实用而牺牲人文学科是错误的"。对于加强"课程标准化"及"毕业统一会考",联大师生亦持"反对的态度"。至于训育,"西南联大虽然被迫开始三民主义课程,但是选课同学不多"。"军训课程亦然,联大师范学院院长黄子坚对联大军训课的评语为:'一个笑柄'"(王建朗等,2016b:918)。

  体系内部分裂如此严重,系列措施竟被自由主义师生视为笑话,陈立夫及国民党政府又拿不出可以转化自由主义的"抗战或建国"教育新方针,而是采取更严厉的行政手段,乃至动用"中统"势力强制推行,难怪国统区最后一轮课程改革会以失败与激烈对抗收场,从而也进一步证明,近代中国课程改革最后的正确道路及顶峰发展形态是由共产党人开拓的。只要到延安去,便会看到截然不同且火热壮观的新一轮课程改革,即上下齐心为创建新中国努力发展各类新民主主义新文化课程。尤其怎样让蒋介石、陈立夫认为不实用的人文艺术发挥期望的教育效果,更是共产党人的强项,仅鲁艺音乐系一年内便创作出《黄河大合唱》等能够表达民族抗战呐喊的系列力量巨大的新民族艺术作品。进入相持阶段,当陈立夫、蒋介石只知道强令学生背诵早已失去人心的国民党党义教条时,共产党人又提出了更能凝聚振奋人心的新民主主义抗战建国新理想。加上边区教育体系也不同于国统区教育体系,后者总想从政治经济社会体系中独立出来,寻求学术与教育自由,边区教育体系则始终紧扣边区军事、政治、经济、教育等各项事业发展需要,不仅不存在毕业即失业、学非所用、用非所学等体制结构问题,而且学生无论时间长短,一毕业就能成为各项事业急需的革命干部。随着边区各项事业日益扩大,更是需要大量革命干部。

  可以说,仅从教育体制结构来看,就已能进一步解释国统区最后一轮课程改革为何会以分裂始,以激烈冲突终,以及近代中国课程改革的顶峰成就为何必然是共产党人发起的新民主主义新文化课程运动取得胜利。但边区课程改革也不会因体制结构优越，便能自动取得成功，也要靠人来克服体制内部的思想及工作作风问题。在这一关键问题上，以毛泽东为核心的党中央又采取了系列行动，纠正内部各种对抗战建国不利的错误思想。同时，各地边区也在健全教育领导与实施机制，以求可以上下齐心协力，将各类课程改革真正推上创造"民族的科学的大众的"新民主主义新文化教育，满足边区各项事业发展及未来新中国建设需要。具体来说，新民主主义理想提出以来，思想统一努力始于1941年5月毛泽东发表《改造我们的学习》，强调党员干部必须纠正三点"作风"，即"不研究现状，不注重研究历史，不注重马克思列宁主义的应用"（毛泽东，2002:192）。8月，党中央发布决定，不仅重申"没有调查，没有发言权"，而且针对"到延安来报告工作的同志其中的多数，对于他们从事工作区域的内外环境，……均缺乏系统的周密的了解"，指出"粗枝大叶自以为是的主观主义作风，就是党性不纯的第一个表现"（中共中央，1941）。1942年2月，毛泽东又连续发表"整顿党的作风""反对党八股"等演讲，继续巩固统一党内正确思想。

两个月后，党中央在延安举行文艺座谈会，正式开始将文化教育界统一到正确的新民主主义道路上来。毛泽东亲自向文化教育界代表讲解，"使文艺很好地成为整个革命机器的一个组成部分，作为团结人民，教育人民，打击敌人，消灭敌人的有力武器，帮助人民同心同德地和敌人作斗争"，"文艺工作者"在"立场""态度""工作对象"等方面，存在哪些急需克服纠正的思想及作风问题，以及如何克服纠正（毛泽东，2002:227）。比如"工作对象问题，就是文艺作品给谁看的问题"，毛泽东提醒文艺工作者，"上海时期，革命文艺的接受者是以一部分学生、职员、店员为主"，"一本书一版平常只有两千册，三版也才六千册"，但在抗日边区，仅"根据地的干部，单是在延安能看书的就有一万多"。此外还有"部队的战士，工厂的工人，农村的农民，他们识了字，就要看书、看报，不识字的，也要看戏、看画、唱歌、听音乐，他们就是我们文艺作品的接受者"。"对于这些人做好教育工作"，需把"了解人熟悉人"列为"第一位的工作"。以前文艺工作者的问题恰恰是"不熟""不懂"："不熟悉工人，不熟悉农民，不熟悉士兵，也不熟悉他们的干部"；"不懂"是指"语言不懂"，"许多文艺工作者由于自己脱离群众，生活空虚，当然也就不熟悉人民的语言"。"许多同志爱说'大众化'，但是什么叫做大众化呢？就是我们的文艺工作者的思想感情要和工农兵大众的思想感情打成一片。而要打成一片，就应当认真学习群众的语言"（毛泽东，2002:228—229）。

新文艺此前在上海一般能有多少接受者，也能如数家珍，可见毛泽东提出任何观点,都来源于系统深入的调查研究。同时,毛泽东十分熟悉"五四"以来的各种新文化运动是由哪些人发起的,他们在生活方式、语言、思想情感等方面有何不足,所以更知道需要克服多少习惯障碍,才可以走上"民族的科学的大众的"新民主主义新文化道路,创作出能赢得"工农兵大众"认可的各类新文艺作品。毛泽东的文艺讲话在文化教育界引起巨大反响,其间虽有少数文艺工作者无法从原先的自由主义或其他个人的文艺思想中走出来,但阻挡不了新民主主义成为边区文化教育界广为认可的新思想。包括中小学教育以及社会教育领域同样如此,其中陕甘宁边区文化教育界更是奋勇当先,在中小学及社会教育领域沿着毛泽东讲话指出的"正确道路",即"只有做群众的学生才能做群众的先生",努力发展新民主主义新文化课程。晋察冀等其他边区也在积极跟进,为广大工农兵及其子弟创造"民族的科学的大众的"新民主主义新文化课程,大力发展新民主主义新文化教育,因此能于1942年之后迅速"成为一个巨大的群众运动,得到伟大的成绩"(佚名,1944)。

迅速形成"巨大的群众运动"离不开教育领导及实施机制的健全与优化,其中教育领导机制方面的健全优化集中表现为加强党中央领导。地方教育发展仍由教育厅负责,但在课程改革方面,则明显突出了党的领导,变成在党中央宣传部指导下,由地方党委宣传部及边区教育厅共同领导。如陕甘宁边区的"中等学校新课程",便是由"西北局宣传部、边府教育厅拟定"。同时"边区文协"也要参与,形成宣传部与教育厅共同领导、文协积极参与的边区"新课程"发展体制。1944年召开的陕甘宁"边区文化教育会议",就是由"西北局宣传部、边府教育厅、边区文协发表决定"(西北局宣传部等,1944b),等于调动地方最优秀的文化教育领导及文化创作骨干,协力推动地方发展新民主主义新文化课程。实施机制优化方面,首先需要提的便是1941年7月,中共中央决定将陕北公学、中国女子大学、泽东青年干部学校合并成立延安大学,以吴玉章同志为校长。9月22日,开学典礼正式举行,校长吴玉章强调成立延安大学是为落实"党中央及边区政府在延安推行新的教育","培养能做事的了解中国国情的青年",解决"中国学术和教育都很空虚"的老问题。"吴老讲毕,台下高呼'反对公式'、'反对教条'的口号。"接着,中央宣传部副部长徐特立、延大教师代表即社会科学院院长艾思奇讲话,也都强调理论联系实际。最后是学生代表李涛、冯志坚发言,"均愿根据校长院长及来宾的指示,克服学习中的教条主义去学习,会根据原则解决具体实际问题"(佚名,1941)。

延安大学至此诞生,并成为文化教育界统一思想,推动新民主主义新文化课程运动的新引擎。其课程体系最初由4系、11班构成,包括"教育系:暂设中等教育系及国民教育行政二班","文艺系:暂设新闻、文学、戏剧、音乐、美术五班","政法系:暂设行政、司法二班,附设文化班","经济系:暂设农业、工业两班"。各系课程结构除"专修业务课",还有"共同政治课"和"必要时另设文化课"。从办学目标,到课程体系,显然均在紧扣边区教育、文化、经济发展实际需要。不仅如此,吴玉章还尤其希望延大能在课程改革方面发挥带头作用,向边区文化教育界示范,如何"依新民主主义社会之需要,进行各种教育",使学员既"掌握专门业务的知识和技能",又"具有革命观点、群众观点、劳动观点,做为人民服务的忠诚勤务员"(吴玉章,1989:73—74)。吴玉章所言,系毛泽东文艺讲话以来,首次正式代表边区学校文化教育界把培养"为人民服务的忠诚勤务员",列为新民主主义课程改革的根本教育目标,即学生无论从事何种"专门业务",都能"为人民服务"。新民主主义新文化课程运动一直发展下去,最终能为建设新中国培养什么样的社会主义新人,社会主义新人除具备一定的建设社会主义必需的"知识和技能"外,还有何种其他教育培养不出来的独特的社会主义政治"观点"及道德精神,至此开始浮出水面。

成立延安大学以来,中小学及社会教育课程实施机制也在各地逐渐普及,并按新民主主义原则进行优化。有的基层地区如果因政府办学能力有限照顾不到,也会有群众主动根据自身发展需要,创办各类学校,如米脂"高家沟老百姓曾吃了几次不识字的亏,深感睁眼瞎的痛苦",于是决定先办识字班,"由群众选出村干部与积极分子成立理事会,管理学校。并由变工队中抽出全村识字最多的高怀山当教员。他的十二垧地由全村变工代耕"。"学制,教学内容,教学方法等,完全按群众需要而定,没有一定的年限,学到能写会算就毕业。"之后由于"政治上得到了解放,经济上经过去年彻底的减租减息运动,穷人翻了身,迫切要求文化",所以又在"识字班基础上办起学校,教育对象包括儿童、成年男子和妇女"。有的地区如志丹县七区有"四个村庄,相距都在三五里左右",则自发组建"新式的巡回学校","由一个教员轮流到各村教课,学生不离本村,各村选集有威望的热心教育的学董一人,负责学校经常管理。在学生中各村也选有学习组长,协助学董督促领导学生上课和复习。教员一天跑两村,每两天各轮一次。教员轮到某村,即由该村学生家庭管饭。这一类型的特点也是所有学生都不脱离生产。教学上无固定形式,教员在山沟、路上、村庄上遇到学生,随时进行教学,使学校完全适应于分散的农村经济环境"(文教大会教育组,1944)。

群众在政治解放及经济翻身之后形成强烈的文化教育需求,以及由此引发群众自发创建各类小学性质的"民办学校",正是党中央在文化教育界发起思想统一以来,边区小学及社会教育领域迎来的"巨大收获"之一,也为各地推进新民主主义新文化课程运动额外提供了更多的基层实施机制。由此便需留意,边区政府在发展公办教育之余,能否有效引导基层民办小学。就此而言,可以看到,面对基层民办小学日益高涨,边区政府曾于1944年专门制定"民办公助"的体制原则,强调"民办不能和公助分离,不能听其自流,以为这样可以减轻我们的责任,恰恰相反,我们更要加强领导"(陕甘宁边区政府,1944:8)。针对县级政府主管基层教育的第三科如果不重视领导教育,边区政府也出台了相应规定,要求县级政府能"重新调整干部,并对他们进行必要的训练"(林伯渠,1944:8)。边区动员各地组建冬学委员会、文协、剧团等基层文化教育组织,也是在教育内容上切实加强基层教育领导。此外,边区政府还十分重视树立基层办学典型,像米脂高家沟、志丹七区的群众自发办学经验得到边区政府认可后,均被立为典型,作为其他基层地区的学习榜样。至于团中央领导的儿童青少年学校及社会教育体系,更能在地方文化教育发展上起到统一的表率引导作用,所以总体上基层小学及社会教育机制能够朝新民主主义方向不断得以健全优化,为各地发展新民主主义新文化课程提供必不可少的实施机制。

教育方针逐渐统一到新民主主义的正确道路上,教育领导及实施机制也在不断健全优化的同时,新民主主义新文化课程运动在边区各级各类教育领域广泛兴起,不断形成广为认可的新民主主义新文化课程创造经验,取得符合民族抗日及未来新中国建设需要的新文化教育成绩。先看边区文艺教育界主力即各类"文艺工作者",便在毛泽东讲话之后纷纷开始深入民间,了解学习工农兵大众的生活、语言与思想情感,并迅速在文艺教育界掀起新民主主义的新文艺教育及创作热潮,以鲁艺为首的文艺教育领域的师生随之可以学到众多优秀的新民主主义新作品。尤其此前相对滞后、成绩不大的文学领域,终于在讲话之后迎来井喷之势,不断出现优秀的新民主主义新小说。如赵树理1943年发表短篇小说《小二黑结婚》,通过描绘青年农民反抗农村旧势力压迫,争取"自由恋爱","讴歌新社会的胜利",以及之后推出中篇《李有才板话》和长篇《李家庄的变迁》,反映在"有群众作风"的革命干部带领下,农民如何由愚昧分散,逐渐认识贫穷的社会体制根源,进而在体制关系复杂的农村展开艰苦持久的政治经济斗争,直到"走上彻底翻身的道路",便被中央负责发展新民主主义新文艺的周扬誉为"艺术作品上"反映"农村中的伟大的变革过程"的典范,并称赵树理"是一个新人","一位具有新颖独创的大众风格的农民艺术家"(周扬,1946)。

长期在国统区领导革命新文艺发展的茅盾也指出,赵树理的新小说"表示了整风运动对于一个文艺工作者在思想和技巧上的修养会有怎样深厚的影响"。思想上,赵树理"站在人民的立场,他不讳饰农民的落后性,然而他和小资产阶级意识极浓厚的知识分子所不同者,即不因农民之落后性而否定农民之坚强的民族意识及其恩仇分明的斗争精神。在斗争中,农民是不但能够克服了落后性,而且发挥出创造的才能。这一真理,许多作家可以在理智上承受,但很少作家能够从作品中赋予形象"。技巧方面,赵树理也"做到了大众化","是走向民族形式的里程碑,解放区以外的作者们足资借镜"。而赵树理之所以能创作出思想、技巧全新的新小说,原因正在于"他是生活在人民中,工作在人民中,而且是向人民学习,善于吸收人民的生动朴素而富于形象的语言之精华"(茅盾,1946)。另一位新作家代表周立波也曾说,"毛主席在延安文艺座谈会讲话以后,新文艺的方向确定了",他"想写点东西,可是因为对工农兵的生活与语言不熟不懂,想写也写不出来"。1946年,周立波响应东北局"干部下乡去工作"的号召,前往东北,"天天跟农民和工农出身的干部在一块儿生活和工作",得以"学到各种各样的活的知识和语言",并因此创作出了《暴风骤雨》,刻画农村"土地革命","表现我党二十多年领导人民反帝反封建的艰辛雄伟的斗争,以及当代农民的苦乐与喜悲"(周立波,1983:280—281)。

赵树理、周立波,还有孙犁、刘白羽、丁玲、马加等许多作家,都在延安文艺座谈会之后走上了新民主主义新文学创作道路,不仅让文学自进入抗战后期以来变成了教育动员人民支持革命、创建扩大解放区的有力武器,而且为边区发展新民主主义新文学课程乃至为新中国的语文课程改革提供了许多新"课文"资源。戏剧、音乐、美术等传统强项同样在延安文艺座谈会之后不断涌现优秀作品,其中最有影响的新作之一便是《白毛女》。这部经典源于1940年晋察冀边区"某地传出的一个故事",说该地"靠山的某村庄",夜间经常出现"白毛仙姑",以致八路军解放该村以来很难开展工作。后来"区干部"将其捉住,才发现她是一位可怜的佃户孤女,因不堪地主逼婚奸污凌辱,逃出地狱,躲在山洞里,靠"偷奶奶庙里的供献",养育小孩,赖活于世,并因长年"不见阳光,不吃盐,全身发白",故被偶然看见的村民称作"白毛仙姑"。听完其诉说悲惨身世,区干部"流泪了",旋即将人救出山洞。故事传到延安后,音乐家贺敬之为之"深深感动",带领鲁艺师生以秧歌、京剧等民间喜闻乐见的歌舞戏剧形式为基础,创作了"新歌剧"《白毛女》。思想教育内容则是表达升华解放区民众共同心声,即"旧社会把人逼成'鬼',新社会把'鬼'变成人",歌颂"共产党领导下的新民主主义的新中国(解放区)的光明,在这里的农民得到翻身"(贺敬之等,1949:119—120)。首演则在1944年4月,"前后共演出了三十多场",思想教育效果非常显著,"得到许多群众的欢迎",纷纷说"今天有了共产党,穷人真是翻身了。""我们的演员,在街上行走时",也会发生"孩子们包围上来,调皮地指着说:'狗腿子穆仁智来了!黄世仁,大坏蛋'"(贺敬之等,1949:122)。

陕甘宁边区民众剧团编导马健翎是延安文艺座谈会后涌现的另一位优秀歌剧家,擅长以秦腔反映边区人民参加革命及翻身前后的生活思想变化,创作了《血泪仇》《穷人恨》《保卫和平》等许多著名的地方新剧。"1943年秋,毛主席在枣园接见了马健翎",对他说"你们是苏区的文艺先驱","走到哪里就将抗日的种子撒播到哪里"(何玉人,2018)。事实正是如此,和《白毛女》一样,《血泪仇》《穷人恨》等新剧也曾在陕甘宁、晋察冀等边区民众中引发巨大反响。之所以会这样,原因也是作品贴近广大民众的语言、生活与心声。不过,更值得注意的是,贴近并非简单地如实反映,而是能够在深入民众语言、生活及心声的基础上,教育升华民众思想。写《血泪仇》时,马健翎便说,他不仅要反映广大民众在边区新社会的生活状况,即"在共产党的领导下,党政军民亲密团结,积极抗战,努力生产,丰衣足食",而且针对民众喜欢说"坏人天不容",还不明白"其实那个'天'字应作大众解",因此创作新剧时很重视启发教育民众,坏人不是天不容,而是"人民大众不容",从而让民众知道在共产党领导下,"中国的劳苦大众,已经觉醒了,中国的劳苦大众已经有了自己的力量,谁敢欺负中国的劳苦大众。"最后马健翎还特别强调,要能使民众"从这个剧里就可以看出靠谁解放中华民族,靠谁解放中国人民"(马健翎,1943:1—2)。

马健翎、贺敬之、赵树理等,都是抗战后期及解放战争时期边区文化教育界最优秀的新民主主义新文艺工作者,也最善于在文艺及地方社会教育领域依靠创作新文艺,推进新民主主义新文化课程运动,让边区师生及广大民众接受新文艺教育,藉此致力于实现新民主主义新文化课程运动的抗日建国教育目标,即教育动员边区师生与广大民众支持各项抗日建国革命事业,在共产党人领导下一起努力解放中华民族,创建社会主义新中国与新社会。事实上,进入延安文艺座谈会开启的新阶段即抗战后期以来,文艺教育界的新民主主义新文化课程运动所取得的成绩还不仅仅是涌现大批优秀新作家及新文艺教育作品,而是包括更为重要的新变化与新趋势,即边区广大群众的思想政治觉悟明显提高,越来越多的普通民众开始像马健翎期望的那样,在新文艺教育影响下自觉认识到只要跟着共产党走便能实现翻身与解放。新文艺教育在边区广大群众中引发巨大反响,就已透露这一点新变化与新趋势。如果再看除了干部及作家在推动新文艺教育及课程发展,还有"广大的工农兵群众积极参加了文艺活动,并表现出了惊人的创造能力",更可以发现边区广大群众的思想政治觉悟开始明显提高。其中"最有名的歌颂人民领袖毛主席的《东方红》,就是陕北农民李有源的作品"。各地广泛兴起"信天游"民歌运动、"快板运动"、"工人诗歌"运动,亦能表明广大群众的思想政治觉醒,乃至"群众自己学会使用文艺这个武器来教育自己"(王瑶,1982:613—625)。

觉醒的群众自己学会创造新文艺来教育自己,充分说明文艺工作者深入群众之后,不仅在其自身所属的文艺教育领域成功发起了新民主主义新文艺课程运动,而且带动了地方社会教育领域兴起新民主主义新文艺课程运动,使地方社会教育领域也出现新文艺创作、宣传及演出热潮。地方社会教育领域门类众多的新文艺课程中,最受群众欢迎的仍是戏剧,所以有必要格外强调一下戏剧在地方社会教育课程体系中的地位及群众思想教育贡献。1943年11月,中央宣传部制定"文艺政策"落实延安文艺座谈会精神时,也曾提出"文艺工作各部门中以戏剧工作与新闻通讯工作为最有发展的必要与可能","应该在各地方与部队中普遍发展"(中共中央宣传部,1943)。作为新文化课程发展最高领导机构,中央宣传部的判断符合各地实际情况。相比其他文化教育形式,群众确实更喜欢看戏。只要剧团下乡,便能看到"远远村头有成群成队的男女群众和儿童,站在高坡上大路边,笑盈盈地,热情而兴奋地翘首拭目以待"(傅铎,1995:61)。尤其各地大都是文盲,更只能通过戏剧教育动员群众,民众也认为看戏"胜过念十遍文件","开脑筋比冬学还开的快"(佚名,1983:71)。戏剧因此成为许多地方重点发展的新文艺课程,太行地区文化教育负责人1943年汇报工作时就说,"去年一年全边区没有称得上'运动'的文化创作空气","去年一年在文艺运动上最值得着重提出来的,就是本区的戏剧运动是比较最为活跃的","脱离生产与半脱离生产的农村剧团就有一百多个,剧本的创作在一千个以上"(张秀中,1959:102—103)。有的地方群众剧团甚至细化到发展"反对'二流子'的小戏"(卢梦,1959:10),对村里"二流子"进行思想教育。各边区社会教育领域至少能兴起戏剧为主的新文艺课程运动,文化基础贫乏的边区广大群众能普遍提高思想政治觉悟,戏剧可谓功不可没。

解放战争时期,广大群众的觉悟更是提高到了倾尽全力支援解放战争。其中广为人知的例证便是淮海战役期间,华北解放区群众"夜以继日地用扁担挑,小车推,大车拉,毛驴驮等多种办法,把粮食、弹药等及时送到了前线",令指挥作战的陈毅将军曾感慨"淮海战役的胜利,是人民群众用小车推出来的"(季雨,1984:257—258)。人民日益觉醒及其产生的巨大力量缘于政治经济翻身,但也离不开新民主主义新文艺教育的思想引领与提升。总之,切实提高广大群众的思想政治觉悟,乃是新文艺工作者在文艺及地方社会教育领域推进新民主主义新文化课程运动取得的更为重要的新教育成就。此外值得留意的是,在这个过程中,文艺工作者也因积极响应党中央文艺座谈会号召,深入了解群众语言、生活及思想,把自己教育成了"新人",或用吴玉章的话来说,就是变成了"为人民服务"的社会主义新人。惟其如此定位自己,故能取得贴近群众心声、有益提升群众觉悟的新文艺教育成绩。时任太岳军区宣传教育部长的王中青分析"为什么赵树理同志会获得这样良好的艺术成就"时就指出,"第一,赵树理同志是劳动人民的儿子,他是在党的领导下成长以来","他对于党的利益和人民的利益的维护是很积极、很坚决的,但他对于他个人的得失却是从来也不计较。他是那样的谦虚、朴素、平易近人,他更像个劳动者,不像个知识分子"(王中春,1959:46—47)。

  文艺工作者系新时期整个边区文化教育界的排头兵,其在文艺及地方社会教育领域的新文艺课程发展努力及群众教育成绩也为创建新中国作出了重要贡献。接下来将转向中小学及儿童青少年教育领域,由此将看到,进入抗战后期以来,中学领域同样在毛泽东讲话精神及新民主主义教育方针指引下兴起了新一轮课程改革,且由西北局宣传部、陕甘宁教育厅共同发动,起点则是1944年西北局宣传部、陕甘宁教育厅"在中央宣传部协助下",联合发布《拟定中等学校新课程》,"一改过去学生一二十门课程而无一涉及边区的教条主义作风",从满足边区建设及群众实际需要出发,提出了极其精简有效、"三年中只学八门课"的"中等学校新课程"体系。该体系涵盖"边区各中学师范",八门"基本课程项目及时间为:边区建设(第一至第三学期,每周四小时),政治常识(第四至第六学期,每周三小时),国文(第一至第四学期每周五小时,第五至第六学期每周四小时),数学(第一至第四学期每周四小时,第五至第六学期每周三小时),史地(第一至第四学期,每周三小时),自然(第一至第四学期,每周三小时),生产知识(第五至第六学期每周三小时),医药知识(第五至第六学期每周四小时)"。的确是三年仅学八门课,更值得注意的是,该套新课程方案优先强调"以边区建设列为第一项,以生产与医药为最后两项,使学生入学以后养成为边区人民服务的观念始,以掌握为边区人民服务的技能终"(西北局宣传部等,1944a)。

  重视为边区建设服务,但最终是为人民服务,而且要有切实为人民服务的生产与医药知识与技能,如此界定宗旨,这在近代中国课程改革史上又是头一次,也进一步表明进入抗战后期以来,边区各级各类教育领域的领导干部构思课程改革时,都在自觉领会毛泽东延安文艺座谈会的讲话精神,努力消除与新民主主义不一致的旧课程制度,培养为人民服务的社会主义新人。尤其中学、大学等培养各类革命干部的学校,更是强调要为人民服务。一年制为主的师范学校作为中等教育另一大块,其课程改革也是如此,强调要能"培养出胜任愉快的新初级小学师资",其中"愉快"涉及的就是为人民服务。具体来说,一年制师范课程改革先是从制度上"采取了'少而精,学以致用'的原则,即不浪费学生精力,现实化,少讲空洞的理论,当小学教师用的着的,必须彻底弄清楚","如文化课除国文着重提高阅读写作能力及应用文外,算术、史地、自然、常识等均以高小课本内容为蓝本的问题为单元,予以发挥补充。专业课方面,新教育概论、教导方法,均以现行教育行政制度,当地实际问题及经验为主,另外在课外进行现行小学教材的研究"。这些新的师范课程制度均是解决"胜任",之后便是涉及为人民服务的"愉快"精神,主要通过"政治课"来培养,办法是"除一般政治常识外,着重研究现行政策法令,特别是在村级应用的如减租减息、统累税、民主选举、婚姻法令,以加强小学教师协助村干部工作的能力"(教育阵地社,1946:20—21)。可见小学教师除教学外,还是基层干部,所以必须熟悉如何从政策上改善群众生活,和其他基层干部一起为人民服务。这里已能显示,师范课程改革不仅从实际出发优化加强了政治教育,而且优化加强的目的是培养人民教师乃至人民教育家,就像赵树理、贺敬之等成为人民艺术家。

小学教育虽被视为义务普及意义的初等文化教育,不涉及干部培养,同时其体制级别也不高,由县乡村负责,但在课程改革方面,宣传部、边区政府同样从延安文艺座谈会精神出发,对小学课程改革提出了与中学一样高的要求,即要消除小学课程中的教条主义、形式主义、与实际需要脱节等弊病,同时也强调培养为人民服务的意识,从而从制度上确保使整个教育体系都能体现史无前例的新民主主义特色,即边区及解放区的学校"不是为一党一派或某一阶层少数人服务的学校,而真正是为边区全体抗日人民服务的学校"(教育阵地社,1946:33)。小学实际情况正是如此,其办学是为边区广大工农兵群众子弟提供免费教育服务,其课程改革同样强调必须从边区实际出发,在满足边区儿童成长需要的基础上,还能紧密结合全体抗日人民的实际需要,尽力为抗日人民服务。1944年,陕甘宁边区规划小学发展时就指出,小学虽"有了很多的进步,但是还从旧教育制度里面遗留下许多缺点,特别是教育方针还不能适应边区社会及群众的需要。首先,在教育内容方面,它不拿边区人民实际生活中的经验与问题来教育学生,相反是拿了繁杂的非农村所迫切需的课程来教育学生。结果,教学生脱离生产,脱离家庭","完小毕业后,即有轻视劳动,不愿务农",有的小学毕业了更"有对家庭不和,闹离婚等现象",导致"许多地方群众,不愿送子弟入学"。新一轮小学课程改革由此启动,原则是必须"想到群众,为群众打算,适合群众的需要"(陕甘宁边区政府,1944:4—5),也是强调体现新民主主义特色,培养能切实为人民服务的社会主义新儿童。

边区小学随之纷纷开始行动。因许多小学原属敌伪区,所以实施难度甚大,但依靠在小学教师中发起统一思想,反对教条主义、形式主义运动,到1946年,边区政府便指出,小学课程改革通过"与战争结合,与生产劳动结合,与各种政治任务结合",在"小学课本的编辑,教材的活用,及课外活动中的学习"等重要方面取得了显著成就,切实"打破了'两耳不闻窗外事','一心只读案前书','读死书死读书'的传统"。像文化课,如"国语与算术在教学中占着重要的位置",便新编了"统一的小学教材","取材于儿童的实际生活,和提高生活的需要"。为克服"各地情况不一致,不能完全达到因地制宜的目的",中央还"授权各级省县政府编发补充教材,或删去课本上不适合当地情况部分,这样颇为儿童及其家长所欢迎"。可见,中央改革小学课程时,高度重视广大工农群众的需要和为人民服务。小学教师也确实能因地制宜领会落实中央新课改精神。如"阜平史家寨韩教师把教学工作与每个时期的中心工作相结合,当区里布置压绿肥时,校里就举行压肥活动教导周"。"九月间发生了蝗灾,教师就带领学生去捕蝗,一边打,一边和青妇们挑战,看谁打的多,半天内三十八个儿童打了八斤半"。"村里发生流行病时,校里就举行卫生活动教导周,除了在课堂上讲卫生防疫教材,还亲自带学生到驻军卫生机关去检查身体,又通过学生督促家长去看病"。改革效果堪称显著,"许多外边来解放区的人士,当与边区小学生接触时,常因他们的实际知识的丰富,而感到惊讶"(教育阵地社,1946:98—99)。

原属敌伪势力控制的新解放区中,有的村庄到1943年时仍然只有私塾,村民也习惯认为上学就是念"四书五经"。蔚县上陈庄就是如此,1943年冬抗日工作组进驻该村时,只有一所私塾。在工作组动员及指导下,塾师王培元开始在"大庙上"创办小学,先按民主原则开"群众大会,决定今后的学校改成免费入学",男女都收。"因为这里从来没有女孩子上学的事,有的人还没听说过",所以起初很难动员女孩上学。得益于"不花钱"及王培元的耐心解释,村民打消了疑虑,开会当天"下午来了十四个女孩"。课程改革则按识字及实际需要原则,"四书五经被放在一边了,只选了杂字、百家姓和应用文来讲,另外又向区公所找来几本抗战课本"。"后又添设珠算作为写字等课程"。村里有的又不理解,说"从来学房里都讲四书五经,为什么今天不念呢?"王培元继续耐心解释,并"叮嘱学生,回家后向父母报告学习情形,帮助家长开条子算账,村上学生家长才不再提念四书五经了",变成"好多人都说:'学生真有成绩了,还是王二先生的新办法好!'"。看到当地观音庙有位小和尚想上学,"每天到校看到一般学生的快乐生活",王培元还去找其师傅反复劝说,并为其开设"半日班"。在王培元的努力下,"全村一百一十七个学龄儿童,除了一个哑巴,一个羊倌,一个领瞎子算卦的以外,尽数入学"。之后便是王培元根据边区要求使课程正规化。因为"私塾出身,不会算笔算","教学上最感困难的是算术课"。但王培元不光热心,而且肯努力,所以能和学生一起逐渐学会规定文化课,并使文化课服务当地农业生产及群众文化提高(丁力夫,1946)。王培元也因成功书写一段"从私塾到模范的上陈庄小学"的课程改革故事,由旧塾师变成了受到政府表彰的新民主主义新教师。

接管敌伪小学以来,也有类似王培元的热心教师在努力摸索新民主主义课程改革。由此就需提及,中央宣传部、下属宣传部、边区政府组织编审的新教材对于各地各类小学课程改革的指导作用。进而言之,正因有权威可靠的新教材在发挥指导作用,各地众多和王培元一样最初不知道教什么的小学教师,才得以转型走上新民主主义课程改革正轨,成为新民主主义新教师,不仅教好小学生,还"兼办社会教育",与"区乡政府""学生"一起"为人民大众服务"(文教大会教育组,1944)。翻开边区新课本,尤其是国文新课本,实施新课程旨在培养什么样的新儿童,新儿童需要学什么、做什么立即便能明白。如晋察冀高小国语课本第二册,第一课即是以"朱英民"为例,描述"一个模范学生",其中每天做哪些"功课"、课余读什么报、平时如何对待同学,怎么帮助家务,参加抗日及革命宣传等均有生动清晰描述。课文后则提示引导学生思考"本班的学生谁够得上称为模范?你应当怎样向英民学习"(晋察冀边区行政委员会教育处,1946:1—3)。第二、第三课则教"讲求卫生","怎样预防疾病侵入我们身体"。接着学习边区经济、文化及政治发展,了解毛主席关心爱护工农群众、八路军作战,等等。再如东北解放区高小国语第一册,第一单元更直接提问"升到高级了",应该"学什么做什么",要学生明白"别看我们年纪小,新中国要靠我们来建设"(东北政委会编审委员会,1947:3)。之后是了解孙中山、毛泽东的少年时代及东北抗日英雄杨靖宇,边区军事经济生产等,继而通过《吃水不忘挖井人》《劳动英雄大会》等课文,培养热爱党、热爱劳动等思想品德。系列内容都可以为小学教师解答新课程培养什么样的新儿童,新儿童具备哪些知识、能力与品德,怎么逐渐培养。

课外活动作为边区政府重点提到的小学课程改革最后一大领域,同样在朝新民主主义方向转变,培养新儿童,形成了众多影响深远的成功经验与优良传统,其中除前面提到的结合基层政府各时期中心工作,开展压肥、捕蝗、卫生防疫等主题"教导周",更有专门的"新儿童"培养的课外活动探索典范。如为"防止学生缺课,和在路上发生问题",组织"勤学队","每天来回路上的秩序由各组长负责维持","如有原因不能到校,即由组长代为向校方请假。每个同学回家后的表现如帮助家里生产等,组长也要负责了解,汇报给学校"(张铭旗,1949)。小学生上学、放学,均排列整齐走在乡间路上,随之成为边区乃至新中国农村小学一道常见课外教育景观。再如有的小学甚至把自己的课外活动直接命名为"新儿童运动",依靠参与地方秧歌戏剧活动、经济生产活动,营造良好的新儿童集体文化教育氛围,即"好娃娃做'新儿童',调皮娃娃是'旧儿童'";"新儿童在校好好学习,听先生的话,回家尊敬大人,帮助家里做活;'旧儿童'常常缺课,又不好好学习不听先生的话,回到家里,啥也不做,将来一点本领学不下,谁也看不起他。这样就使好儿童更好了,调皮娃娃也慢慢不调皮了"(李素廉,1949)。以"调皮"来界定表现不好的学生,让其在良好集体氛围带动以及老师同学的帮助下逐渐转化,这又是边区小学一大优良课外思想品德教育传统。

优良传统及成功经验还有许多,其中最需提及的便是共青团领导的覆盖全边区中小学的儿童青少年课外活动。虽然1944年小学新一轮课程改革启动前后,各边区儿童青少年组织仍没统一,有的叫儿童团,有的叫少年先锋队,但这一点并未影响各类组织在边区共青团领导下,开展侦察敌情、站岗放哨、送书信、帮助抗属、劳动生产等课外活动,还涌现出了王朴(王二小原型)、李爱民(海娃原型)等"抗日小英雄",以及"刘志丹少先队""抗日铁血队"等模范儿童团。二十年后,人们还能在"陕北老区"找到"数千件儿童团、先锋队旗帜、臂章、标志、传单、红缨枪、鬼头刀、假机枪、榆木炮、鸡毛信"(刘杰诚,1962:173),生动再现儿童青少年课外活动的抗日贡献与优良传统。1944年以来,各地儿童青少年组织又根据解放战争需要,广泛开展"支援前线运动、厉行节约、献金献款献物品、写慰问信","组织通讯组、运输组、保护组、防奸组、慰问团、战斗工作队",以及"拥军优属、下乡宣传"等活动(武广久等,1983:55)。1946年起,随着党中央号召青年"把毛泽东为人民服务的伟大人生观来充实'五四'的民主与科学的口号",共青团也开始提出新的教育呼吁与要求,即"中国青年必须培养这种为人民服务的新人生观"(杨秀峰,1946),与之相对应,小学儿童团及少先队课外活动也跟着重视培养为人民服务的新儿童。到1949年中华人民共和国成立后,各地小学儿童团及少先队更得以融入新组建的全国统一的"中国少年儿童队"(中国新民主主义青年团中央委员会,

1949:1)。

培养社会主义新人,正是边区各小学、中学发展新民主主义课外活动,推出更精简有效的新民主主义新课程体系,编写新民主主义新教材,以及边区各级各类教育领域的新民主主义新文化课程运动的共同育人目标。包括尚未来得及考察的教育领域,如延安大学领衔的教育学、政法学、经济学等哲学社会科学教育领域,以及医学、自然科学等教育领域的新民主主义课程改革,其教育归宿同样是培养社会主义新人。甚至整个边区抗战后期以来的一切革命事业,从教育角度看,亦可以说是在为创建新中国培养各类社会主义新人。各类社会主义新人所从事的岗位与专业虽然各不相同,但却具有一致的新民主主义或社会主义政治思想道德品质,这一相同品质正是为人民服务,而且前文对此已有充分论述,此刻需补充的是,这一相同品质之所以能形成,离不开共产党人一贯坚持民主及群众路线,但更直接起源于全国抗战以来毛泽东在民族革命与解放实践中深刻认识到,相比枪杆子及政权,人民群众才是决定民族革命能否胜利,创建新中国能否成功的根本力量,进而带头开展为人民服务教育。1939年12月,毛泽东便开始号召全党学习白求恩在"对工作""对同志对人民"过程中表现出的"毫无自私自利之心的精神",且明确指出"从这点出发,就可以变为大有利于人民的人"(毛泽东,2002:165)。1944年,毛泽东又面向全军发表《为人民服务》讲话,强调"共产党所领导的八路军、新四军,是革命的队伍。我们这个队伍完全是为着解放人民的,是彻底地为人民的利益工作的"(毛泽东,2002:267)。

抗战即将迎来胜利,即1945年4月,党的第七次全国代表大会召开时,毛泽东发表《论联合政府》报告,其中更进一步指出:"我们共产党人区别于其他任何政党的又一个显著的标志,就是和最广大的人民群众取得最密切的联系。全心全意地为人民服务,一刻也不脱离群众,一切从人民的利益出发,而不是从个人或小集团的利益出发,向人民负责和向党的领导机关负责的一致性,这些就是我们的出发点。"提到发展"具有进步意义的文化事业和教育事业"时,毛泽东强调"为着扫除民族压迫和封建压迫,为着建立新民主主义的国家,需要大批的人民的教育家和教师,人民的科学家、工程师、技师、医师、新闻工作者、著作家、文学家、艺术家和普通文化工作者。他们必须具有为人民服务的精神"(毛泽东,2002:300,291)。"七大"闭幕式上,毛泽东发表《愚公移山》演讲,指出"现在也有两座压在中国人民头上的大山",即"帝国主义"和"封建主义",共产党人像愚公那样一直努力坚持挖下去,"也会感动上帝",但"这个上帝不是别的,就是全中国的人民大众。全国人民大众和我们一齐起来和我们一道挖这两座山,有什么挖不平呢"(毛泽东,1967:1108),这些都表明自抗战相持阶段起,到进入解放战争,毛泽东一直在带头开展为人民服务教育,各级各类新民主主义新文化课程运动也因此能在最后阶段形成共同育人目标,先后走向将培养为人民服务的社会主义新人作为教育归宿。

国民党那边最后几年,则如毛泽东提示的那样,一直是"为着少数人的或狭隘集团的利益",导致军事上日益陷入"人民战争"的汪洋大海。经济层面也是只有少数人获益,甚至其国民党政权赖以维系的核心社会基础,即上海民族资本家领衔的都市精英阶层,都未能从国民党政府获得实惠,反而成为剥削对象。包括美国学者也曾指出,对于"上海资本家"阶层,"国民党政权"所关心的乃是不断"加强经济剥削"(Coble,1980:3)。抗战胜利后,国民党政府官员更以"接收"名义,"贪婪地搜刮金子、车子、房子、女子、票子",俗称"五子登科"。连国民党将领陈诚也在哀叹"可怜八年浴血奋战的结果,最后却带来了一场'胜利灾难'"(金冲及,2014)。文化教育界的情形亦是如此,胜利后,只有胡适一系等少数人能享受体制高位与贵族生活,其他教师与众多学生则陷入政治打压与经济贫困。所以西南联大学子从1947年起纷纷加入共产党人领导发起的"反饥饿、反内战、反迫害"运动,在国统区内部形成反抗国民党统治的"波澜壮阔的第二条战线"(金冲及,2014)。当然,此刻更需要关注的还不是国民党政府最后阶段的全面溃败,而是共产党人领导的各项革命事业领域均开始真正形成甚至可以说是不断涌现为人民服务的社会主义新人,其中最值得留意的是,因长期被旧体制排除,政治、经济及文化教育等各方面发展都无缘触及的广大工农兵劳苦群众依靠共产党人获得翻身之后,又在新民主主义新文化教育及革命事业培养下,得以有机会成为一心建设新中国、全力为人民服务的模范社会主义新人。各边区也因此自1945年起又得以形成一门新文化课程,即学习各类平凡的为人民服务的模范或英雄人物。

晋察冀边区就在1945年推出了一本新的"政治教材",名为《英雄人物》,其中模范人物都是"从群众中创造出来的",并强调"只有与群众密切联系的英雄,才是真正的群众的英雄"(晋察冀边区人民武装部,1945:1)。第一课介绍李殿冰如何"被曲阳县评为'三全其美'的英雄",三全其美是指"荣获战斗英雄、劳动英雄、模范工作者的光荣称号"。李殿冰"抗战以前家里很苦,父亲死后生活更困难","从捡钱出来吃到捡落叶",但后来因为"接受上级领导和自己的努力"成为了"真正的群众的英雄",为抗战和改善群众生活作出了许多贡献。如1944年,"他家乡虽没有战斗,但他备战工作仍做的很好",不仅组织垦荒种麦、种菜,还开展"地雷教育""打枪教育"等,同时重视思想政治教育,"加强游击队员的群众观点,克服其雇佣观念发财思想"。服务人民方面则有组织帮助群众发展农副业生产,使全村"每亩地比去年多打三斗多粮食,平均全村每人一鸡,每户三猪,全村发工节省劳动力三五三个,种瓜一一一七吨,收大麻五石三斗,烧酒现洋七万元,现在全村生活改善了,就是十二户灾民(缺四五个月的粮食)也够吃了,有的还富裕了"(晋察冀边区人民武装部,1945:1—3)。其他还有陕甘宁边区曾于1946年专门编辑反映工农"劳动英雄"接受新民主主义教育的成长过程及贡献的读本,内容也是各种为人民服务的先进事迹,发行远至东北解放区,可见影响之广(赵元明等,1946)。

李殿冰代表的是各边区众多成人工农群众成为模范社会主义新人,各边区下一代即各级各类学生,从鲁迅艺术学院、延安大学等中央直属大学,到散布各地的普通中小学,其中的学生自抗战后期以来,均开始陆续成为建设新中国的社会主义新人,模范代表层出不穷。大学生中,有冼星海的鲁艺高足李焕之,中华人民共和国成立后在中央音乐学院、中央歌舞团、中央民族乐团担任领导,成为著名人民音乐家和人民音乐教育家,且"人格高尚,品行端正,道德纯粹"(蔡梦,2008)。反映新中国人民心声、教育影响几代中国人的《社会主义好》,便由李焕之于1957年创作完成。李焕之还曾于1953年创作了"最受国人喜欢的作品之一"《春节序曲》,以"民族管弦乐"表达新中国人民"新春佳节之际热闹、幸福、欢天喜地的节日氛围"(曹乃月,2019)。中小学生中,成为模范社会主义新人的更是数不胜数,也更能代表新民主主义新文化课程运动的伟大新教育成绩。中小学培养的无数模范社会主义新人中,最著名的当属1940年出生的新中国第一代小学生代表雷锋。雷锋父亲雷明亮生于1907年,1926年曾参加湖南农民运动,大革命失败后成为佃农。雷锋5岁时,父亲"因为伤病去世"。"6岁时,哥哥在工厂当童工,劳累过度患了'童子痨'(肺结核)被解雇,沿途乞讨回家后在贫病交加中死去;不久,弟弟也夭折在母亲的怀抱中。"7岁时,母亲因"不堪地主的凌辱,悬梁自尽"。1949年,孤儿雷锋迎来家乡解放,"新政府分给了雷锋2.4亩土地"。雷锋开始上小学,参加儿童团。1954年,中国少年儿童队正式改名为"中国少年先锋队",雷锋"就是在这一年的'六一'儿童节加入少年先锋队","戴上了红领巾",成为"新中国第一代少先队员"(师永刚等,2006)。

雷锋完整经历了新中国最初的小学教育。1956年高小毕业后,雷锋响应国家号召积极参加社会主义新农村建设。之后,雷锋又响应国家工业建设及征兵号召,在鞍山钢铁厂、部队接受新的锻炼与教育,直到1963年,其一生坚定为人民服务的追求、行动与精神赢得毛泽东、周恩来、朱德等党和国家领导人的高度认可与表扬,在全国掀起"亿万人民学习雷锋的高潮"(杨明伟,1998:5),成为全国学生及社会各界竞相推崇的学习榜样。雷锋之前,整个近代中国课程改革史从未有过普通人尤其贫寒的劳苦大众子弟能成为全国上下一致认可的模范人物,而且正如罗瑞卿所言"雷锋的出现,不是孤立的,偶然的现象",仅仅在"中国人民解放军"中,便有无数"英雄人物""五好战士"等模范新人,"雷锋就是这无数英雄人物和五好战士的杰出的代表之一"(罗瑞卿,1963:3—4),这更能说明共产党人领导的新民主主义新文化课程运动最伟大的新教育成就乃是让边区及新中国无数出身贫寒的中小学生成为社会主义新人,无论将来从事何种职业,其共同推崇的社会主义思想道德观念均和雷锋一样,亦是为人民服务。时至今日,雷锋作为社会主义新人杰出代表仍在发挥其曾经的巨大教育影响,还被民间评为"20世纪中国十大文化偶像之一",评选理由也没变化,依旧认为雷锋代表的是"全心全意为人民服务的精神"(师永刚等,2006:13)。既如此,不妨就以雷锋本人的一句话来进一步感受不朽雷锋精神,同时更生动地再现社会主义新人特有的思想道德力量。这句话是:"人的生命是有限的,可是,为人民服务是无限的,我要把有限的生命,投入到无限的'为人民服务'之中去。"(雷锋,1963:59)

结　语

本书预定历史经验考察与叙事至此均已完成。为呈现课程改革的复杂力量结构，同时尽可能多地揭示重要课程改革事件，本书曾努力将更多的人列为关注对象，如刻画范源廉、夏元瑮、叶企孙等为切实改善国计民生、赶超西方自然科学前沿及增强国防科技实力发起实业与科学课程改革，李伯钊、张寒晖、冼星海等根据中国革命及民族抗战需要，创造表达民族情感、提振民族精神的新民主主义新文艺课程，等等，均可揭示许多曾为民族复兴作出贡献但却长期不为人知的课程改革先锋及其课程改革行动。但仍需承认之前的历史考察终会有很多遗漏。包括提到范源廉曾与黄炎培等成立中华职业教育社，却没有进一步论述黄炎培如何变革中国职业教育课程。描绘晏阳初为改善定县农民生活发展农业、卫生、文艺等新课程时，也未去勾勒梁漱溟山东邹平乡村建设实验在课程改革方面有过哪些探索。此类遗漏尚不难找到理由，如改革所属教育领域与范源廉、晏阳初相似，历史影响也并不比已选研究对象大。但这些人的行动作为课程改革重要史实，其实值得加以考察与论述。

女性中也有许多课程改革先锋，如中国职业妇女俱乐部主席茅丽瑛在上海不畏艰险发展女子职业及大众抗日教育，直到 1939 年遭敌人暗杀，年仅 29 岁。研究茅丽瑛，既可以打捞一段被遗忘的荣耀女性课程集体记忆，又能藉此解释"都市的摩登少女"为何能褪去"一般时髦妇女的骄惰性情"，成为思想、行动皆以民族国家利益为重的现代新女性，乃至可以"为了中华民族整个妇女而死"，"为我整个中华民族的生存而死"（孙传谋，1940）。遗憾的是，因所知有限，即使知道不该遗漏，本书也无法对茅丽瑛展开论述。类似女性先锋人物有很多，都只能从有限所知中，体验她们无比坚定的民族复兴意志与理想。本书的核心视角及宗旨恰恰是从民族复兴出发考察近代中国课程改革，梳理在近代中国诸多重要课程改革努力中起内在支撑作用的思想传统。从这一意义上看,尽管本书会有各种历史遗漏,但已完成的系列研究仍能为解答近代中国课程改革曾经形成什么样的思想传统提供充分历史事实基础,所以现在可以兑现预定研究目标,从众多经验事实中提炼中国课程改革的近代思想传统,并以近代中国课程改革的思想传统及其经验事实表现作为参照,探讨何以优化今日课程学者为寻求民族复兴展开的中国课程改革理论建构。

一、民族复兴与中国课程改革的近代思想传统

导论中曾交代,本书基本假设是近代中国课程改革的力量结构十分复杂,但最普遍的政治理想乃是民族复兴。之后各章历史叙事也能证明民族复兴贯穿于近代中国课程改革的各个阶段,区别仅是民族复兴自觉程度及理解存在差异。在梁启超1902年发展"新民"课程之前,课程改革先锋对于中国历史上早就是多元一体的民族国家缺乏自觉。梁启超一代普遍有自觉认识,但有的会因民族意识过于狭隘或历史了解有限,同样未能充分理解中国是多元一体的民族国家,导致一些课程改革措施不利于民族整体复兴,乃至会制造分裂。如奕䜣最初创办同文馆发展外语教育时,只招八旗子弟;章太炎针对清廷发展革命课程时,不听蔡元培劝告,无视满汉血缘及文化上早已融合,都是显而易见且会带来分裂的例证。不过,这些局部的自觉程度及理解差异改变不了整体历史事实:中国是多元一体的民族国家,各民族无论大小,都是中华民族,近代中国各阶段的重要课程改革运动总体上也是在朝寻求整个中华民族复兴不断演进。

就此而言,民族复兴,其实正是近代中国课程改革最大的政治理想及思想传统。言外之意,如果要问近代中国课程改革有何贯穿始终的总体思想传统,答案便是民族复兴。不像美国课程学者探讨美国课程改革有何思想传统时,往往只能想到赫尔巴特、杜威、泰勒、桑代克或布鲁纳的思想遗产,进而会围绕谁的思想是正统形成争论,像坦纳便将杜威的思想奉为正统,为此还批评后期美国学校课程发展背离了杜威思想(坦纳,2006)。另一些课程学者则一直在批判新自由主义过去四十年来主宰美国课程改革,批判完也未从美国课程改革史中找到各时期都认可的思想传统。直到今天,仍难看到谁曾揭示美国课程改革史上的各个时期都在起引领作用的总体思想传统。相比之下,仅以本书所考察的近代中国课程改革为例,便可看出其中既有许多具体的思想传统,更有民族复兴这一最大的总体思想传统。接下来便围绕这一点对本书的全部历史考察做进一步归纳与提炼,它将显示近代中国课程改革在民族复兴这一最大思想

传统引领下,至少曾形成以下更为具体的思想传统,其历史意义、得失利弊,以及有何精华或糟粕,也可以放在民族复兴这一最大思想传统及共同政治理想之下加以辨析。

1. "大变局"与国家军事经济实力竞争

孔子开启的传统中国课程改革最初曾形成"仁道"主义思想传统,无论开发何种新礼乐课程,都以彰显"仁道"为本。汉武帝时,董仲舒依靠"天人感应""阴阳五行"理论,重新解读《春秋》,把孔子仁道具体化为君臣父子夫妻等纲常伦理,并将其上升为"天地之常经,古今之通谊",藉此统一"师异道,人异论,百家殊方"的杂乱经学课程态势(班固,1962:2523)。之后又有宰相公孙弘和汉武帝一起降低其他经学,抬高今文《春秋》,建成符合大一统政治秩序需要的经学课程体系。加上一般士子看到出身卑微的公孙弘竟靠研习今文《春秋》拜相封侯,故翕然从之。董仲舒今文经学更得以盛极一时,即班固所谓"公孙弘以治《春秋》为丞相封侯,天下学士靡然向风矣"(班固,1962:3593—3594)。自此,经学课程体系固化为最受传统中国重视的教育基础设施,即使其门类、内容及考试会因人事变动发生变化,也都是内部调整。影响大的变动如唐代重视诗歌取士,主流佳作所表达的思想及是非善恶情感亦源自经学推崇的孔孟伦常,再有便是朱熹看到教育内容紊乱,挺立理学,将孔孟之道及三纲五常定为修身治国的"天理",从教义层面凸显强化经学课程的意识形态及道德统一功能。

清朝建立以来,在诸多理学名臣提倡推动下,以程朱理学这一宋代以来的新经学作为最高课程。如梁启超所言,虽然李光地、熊赐履等理学名臣徒有虚名,实际是"乡愿",郑天挺亦曾指出他们是"伪道学","是以朱学为手段希望得到皇帝的恩宠",但理学名臣中也有王懋竑主张"把理学见诸于实践",汤斌、陆陇其等理学名臣更是"当时最有名的所谓清官"(郑天挺,1980:79),所以将程朱理学列为最高课程,不仅可以使政治、文化教育达成意识形态统一,而且也能培养出一些言行一致有利于维护政治、文化教育秩序的官员。民间实际流行的科举课程即八股文及古诗文教学,以及科举体制外各种旨在寻求孔子真义的考据学课程,也有可能为清廷输送信奉践行程朱理学或孔孟之道的官员。由此即使体制内伪道学和腐败不绝,只要不遭遇致命内部政变或农民起义,清朝总还能够依靠程朱理学、孔孟之道及"清官"维持统一且道德的国家政治及文化教育秩序,就像欧洲曾长期依靠"上帝"信仰及基督教维系道德的个人生活与社会秩序。

问题就在于19世纪20年代以来,英国以走私鸦片,套取中国白银,接着又发动军事入侵,致使腐败不绝、内乱不断的清廷又开始遭遇史无前例的强敌冲击。在西方强敌冲击面前,清廷用于维持政治秩序的经学课程体系,包括其最看重的经学课程即程朱理学,都不能提供有效的知识应对。清廷可以依靠经学课程在国内建立统一且道德的国家政治认同,却无力应对西方强势冲击,甚至连强敌的力量结构及诉求都不能辨析,因为后者的内涵根本不是由经学课程宣传的孔孟之道、纲常伦理等"天理"道德构成,而是野蛮且无限的军事市场扩张及资本主义,其母体则如经济史学家罗斯巴德所言,源于"英国17世纪末濒临破产的政府和利欲熏心的金融投机集团达成的瞒天交易(crooked deal)"(Rothbard,1983:179)。由此,再来看改革前期中国旧有课程体系及知识生产状况,便能发现,即便是17世纪经学考据造诣公认最深的顾炎武、王夫之等人,也都是埋头耕耘传统经史典籍,寻找真正原版的孔孟之道,无从了解当时世界正在兴起什么样的新力量。18世纪和19世纪,庄与存、龚自珍、魏源、曾国藩等则或高举董仲舒今文经学,或发展经世实学新课程,但经史典籍涉猎尚不如顾炎武广博,主要是从经学遗产中寻求政治改革及河工、盐制等内政实务应对知识。

最受重视的经学课程,以及诸多经学造诣最杰出的改革先锋,都无法生产可以洞察当时世界格局变动的新知识,这可以说是中国19世纪经学课程体系的总危机,也是19世纪中国课程改革最初面临的客观事实。遗憾各路经学革新先锋均未能找准难题,直到林则徐亲自站到强敌面前,直接应对英国经济军事入侵引发的民族危机,才意识到必须发展世界地理学、外国公法等新课程。但清廷决策层及官僚习惯沉浸在经学教条构筑的传统教育世界,甚至因此产生盲目自信,所以即使有林则徐曾打开一道急需拓宽深入的新学课程发展进路,也无法赢得体制认可。本可早一点启动的近代中国课程改革也因此拖到西方军事经济势力进入腹地,清廷被迫成立总理衙门,才得以由奕䜣、李鸿章等于1862年揭开序幕。此时的西方在地理学方面又有了进步。军事、工业升级急需的物理学也如爱因斯坦所言,自19世纪下半叶以来,"在法拉第、麦克斯韦、赫兹等引领下进入了现代物理学发展阶段",不仅"引入了新的、革命性的观念",而且"形成了新的'实在'图景(new picture of reality)"(Einstein,1938:129),从而可以获得比"机械时代"更广、更快、更强的能源与力量。

越是"睁眼看世界",越是能发现当时清廷课程体系陈旧落后,其知识及意识形态均无法应对西方资本主义及军事市场扩张引发的世界大变局。清廷手握强大科举激励机制,任何新课程只要科举认可,便能迎来大发展,但因缺乏世界眼光,清廷不知道主动变革课程,只认纲常伦理、传统经学及程朱理学。在此体制处境中,奕䜣、李鸿章及稍后涉局的左宗棠等即使被允许在经学、科举之外,从外交入手发展洋务新课程,也只能在经学政治文化的反对势力中艰难推进洋务新课程。从本书之前的论述来看,奕䜣、李鸿章、左宗棠等洋务重臣依靠自身权力及资源,还是取得了许多难能可贵的课程改革成绩。虽然他们未能为洋务新课程争得科举认可,但却建成了新式学堂、留学欧美等系列洋务新课程发展机制,藉此曾引入系列洋务新课程,且所涉领域绝非仅是军事器物,还包括外交、经济,甚至曾尝试在政治文化领域改变当时腐败失灵的官僚体系,以及因为死守传统经学意识形态形成的对发展洋务不利的思想文化,从沿海口岸非正途士子精英及民间士绅中整合凝聚洋务力量,参与发展洋务新课程及其他洋务事业,以增强清廷的国家危机应对能力。

民族复兴方面,洋务重臣不如之后新一代改革先锋自觉。像奕䜣,更是受限于清廷统治者的狭隘民族意识,不明白中国历史上早就是多元一体的民族国家,也看不清英法等西方民族国家19世纪起开始加紧争夺远东世界的资源与市场。不过,洋务重臣系列包括发展洋务新课程在内的"自强"及"中兴"改革努力,客观上是在设法使近代中国在"列强环伺"的大变局中获得新生,所以也是在寻求民族复兴。进而言之,虽然洋务重臣没提出什么具体的民族复兴政治理想,但也曾不自觉地为民族复兴做过诸多努力,尤其到洋务后辈如曾纪泽登场,其实已形成相当自觉的民族复兴理想,所以完全可以从民族复兴的角度提炼他们的系列洋务新课程发展行动蕴含何种值得重视的思想传统。就此而言,不难看到,洋务重臣最初发展洋务新课程,也谈不上有何自觉的具体构想,多是在依靠各自传统惯习,以头疼医头、脚疼医脚的临时发挥方式,应对迫在眉睫的现实问题。但十年下来,洋务重臣也能形成清晰且极具近代(modern)意义的新思想,并因此能提出更为系统的课程改革计划。

思想质变发生于1874年。如第二章所示,这一年,李鸿章首次将鸦片战争以来的中国危机形势称之为"数千年来未有之变局",标志是西方军事、商业及宗教势力已经渗入中国腹地。至于西方各国为什么比中国强,何以能在中国横行,李鸿章也有自己的判断,认为根本原因不在政治或文化体制不如人,而是西方国家有速度更快、威力更大的现代军事及商业手段,中国没有。正是这一大变局认识,以及由此认为最重要的改革乃是增强国家军事经济实力,让李鸿章及洋务重臣在思想上彻底超越清廷统治者与一般官僚,进而为近代中国课程改革留下了从大变局的国家军事经济竞争需要出发,以增强国家军事经济实力为中心的思想传统。对李鸿章而言,这一新思想形成后,也让他随即能提出诸多更系统的洋务课程改革计划,包括变革科举制度,增设"洋务"特科;创办水师学堂,发展海军类新课程;建立专门的"洋学局"教育体系,发展航运、铁路、电报、矿业、金融等现代基础战略产业及民生贸易必需的各类洋务新课程。

围绕增强国家军事经济实力,改良政治及文化体制,李鸿章也有考虑,并曾发展政治法律等类新课程,使清廷体制内的在校士子及在任官员成为能洞察危机变局、增强国家军事经济实力的洋务人才。左宗棠后来也形成类似新思想,他们无暇读书,也未曾留学,而是一直在一线应对西方入侵引发的国家外交、军事及经济危机,且须承担应对不利的责任,所以他们必须逐渐深入了解各方势力及意思,从而可以对近代中国遭遇了什么样的千年未有大变局,大变局中各国究竟在竞争什么,做出冷静务实的战略认识与判断。无奈李鸿章、左宗棠等虽是清廷重臣,依然无法让他们的新思想成为清廷主流意志,他们按新思想提出的洋务新课程改革行动最终也被一次海战失败终止。但不能因此否认或遗忘李鸿章、左宗棠等作为近代中国课程改革的开路先锋,其系列探索努力曾为中国课程改革留下一大具体的近代思想传统,即课程改革要想有益于民族复兴,必须从大变局时代的国家军事经济竞争需要出发,创建新机制发展有利于增强国家军事经济实力的新课程,但李鸿章一代无法从煤炭、矿产、蒸汽机、资本及海外市场入手建立工业经济体系,其洋务新课程发展多着眼于从硬件及基础设施上改善国家军事及商业运作,且习惯以功名利禄作为激励,缺乏政治教育革新,无法提出比帝制纲常伦理更能凝聚人心的民族复兴理想。

2. 向书本上的西方学习:简单的西方中心主义

新一代改革先锋大都能跳出经学视野,甚至曾提出崭新的民族复兴理想。如曾纪泽1887年希望西方理解中国正在发展海军,但中国绝非"侵略种族",即使强大了,也是"热爱和平"的现代国家。1904年,又有民族革命先驱孙中山向世界宣布,中国将通过对腐败的清廷发起政治革命,变成"开放""美丽""光明"且能给世界带来"普遍和平"的新国家。这些都表明新一代改革先锋具有十分自觉的民族复兴理想,且无论相比于以纲常伦理为本的传统中国,还是热衷于军事经济扩张的西方现代资本主义或帝国主义民族国家,曾纪泽、孙中山提出的中国民族复兴理想都明显更为美好。但力量结构复杂的历史总有其迷离之处,并不会立即选中这些先进思想,即如李鸿章一代改革中心舞台退场后,最先被历史选中的就不是曾纪泽或孙中山的民族复兴理想,而是康有为依靠新今文经学发明的一套宏大且激进的政治文化改革构想。原本以增强国家经济实力为中心的近代中国课程改革亦随之发生断裂,转向以政治及文化教育领域的国体重建为本。这套被选中的新构想为重建国体采取的核心课程改革行动乃是重点发展变革国家政治及文化教育体制急需的新课程,尤其政法、教育学类新课程,以及建立基督教式的国家"孔教"体制。

被历史最先选中的新思想不仅在改革重心上不同于李鸿章一代,而且在思想形成方式上也发生了显著变化。它不是在应对民族军事经济危机的改革实践中逐渐摸索出来的,也无需承担应对不利的责任,其最初起源乃是个人的传统经学"帝师梦",然后便是在一次海战失败刺激下形成的夸张"亡国"想象,进而以为必须在最短时间内,按其设想完成国家政治及文化教育制度重建,否则便会"亡国灭种"。尽管实际上直到清廷解体"亡国灭种"也未发生,且根本不可能发生,但康有为仍认为不听其言便会"亡国灭种"。这是一种时人很难理解的超现实主义新思想。但其形成方式不难理解,主要靠重新解读经学及过于强烈的情绪反应。李泽厚也曾指出康有为登台前,曾认为"四书"无法拯救政治危机,"著述"同样"无用",故决定"绝学闭户,静坐养心",直到有一天突然发生王阳明式的传奇顿悟,"忽见天地万物皆我一体,大方光明",于是"自诩为圣人"(李泽厚,1955),进而有了系列大胆的政治及文化教育体制改革构想,包括以他发明的新今文经学及"孔教"来重建政教体系,然后在世界范围内征服西方基督教以及"文明"程度不如"孔教"的整个西方文化。

和康有为认为不听其言便会"亡国"一样,其所发明的新今文经学课程及宏大"孔教"计划也很难被时人理解,但康有为看到了大变局时代被李鸿章一代忽视的一大重要问题,它便是面对西方基督教日益蔓延,以及由此引发的中国传统经学日益丧失政治社会秩序及人心稳定功能,如何重建传统经学文化,使之能在西方基督教冲击下继续发挥政治社会秩序及人心稳定功能。康有为也因此同样为近代中国课程改革留下了一大具体思想传统,时至今日,教育界仍有古典主义者会像康有为那样思考如何"复活"传统经学或其他儒学,为现代教育乃至整个现代社会确立道德秩序或价值追求,进而可能重蹈康有为当年的超现实主义固执,未能像斯宾塞那样看到,现代社会兴起以来,可由现代政治体系取代传统基督教体系的道德及价值功能,无需一味固守传统经学,大可以依靠发展更能凝聚安顿人心的现代政治和有利于形成现代政治的新文化,来解决资本主义崛起、科学发达、工业化等现代社会剧变引发的道德及价值紊乱。民初以来,蔡元培大力提倡美育,便是一种积极的经学替代尝试,同时在美育范畴里其实也能盘活许多具有时代意义且长期被经学贬低忽视的传统文学艺术遗产,尽管蔡元培未及考虑美育固然可以填补经学的道德功能,但只适合现代社会的少数群体。

没有丧失文化自信,也是康有为一大值得留意的思想方式。康有为读过李鸿章一代主持编译的一些西方教科书,并从中学到了公理、平等、民权等政治新概念,然后从这些概念出发重新解读经学。但作为较早涉及古今中西文化关系问题的改革先锋,康有为以西方概念解读经学,最终是为以新骨架激活传统经学,并在世界范围挺立新经学及孔教。章太炎作为康有为的反对者,也有民族文化自信及文化民族主义思想方式。但章太炎并不认可将本国传统文化界定为今文经学,他在发展民族主义的传统文化新课程时,坚决主张史学化,打破经学化的传统文化视野,将历史上的一切"国故"称作传统文化,重点发展以语言文字、制度及人物研究为主要内容的民族主义传统文化新课程。新一代改革先锋中,文化自信方面开始动摇的,乃是梁启超所代表的西学著作阅读更多的正规及非正规留日新秀。梁启超也有明确的民族主义政治文化改革理想,更曾和章太炎一起将中国界定为中华民族,但当他为建构民族国家发展国民新课程时,却是以书本上的西方作为标准,要把传统中国政治体制改造成英美政治体制,培养盎格鲁撒克逊式的新民,进而简单将传统中国政体界定为仅是"专制",由此开启了向另一种极端转化的可能,即由盲目自信到彻底丧失本国政治文化自信。

梁启超的民族主义新课程开拓贡献甚大,除建构专门的"新民"课程,还曾打破以帝王将相为中心的传统史学教科书,大力提倡有利于培养国民形成民族国家认同、爱国的"新史学"课程,提议发展新文艺国民教育课程,其政治思想启蒙影响更是广泛深远。但也需留意正如马相伯、严复曾提醒,钱穆后来也曾指出的那样,梁启超的中国传统政治批判及改革主张是在对中西历史文化缺乏深入了解的情况下武断提出来的。梁启超本人也曾为此检讨,但为能尽快唤醒国人激起更大政治改革,只能按武断个人想象造势。然而武断想象终究无法遮蔽事实,梁启超到美国考察后便发现,美国政治不仅不像其当初想象的那般美好,反而糟糕到令其大跌眼镜。尤其"一战"爆发,更让梁启超近似要回到其师康有为的一贯主张,即以东方文化拯救已经破产的西方文化。严复自清末译介传播西方政治社会思想以来,至晚年认为中国不会亡,只需冷静改革便可,也有类似从个人臆想到推崇客观分析的调整过程。进而言之,梁启超、章太炎这一代曾为近代中国课程改革注入文化民族主义新思想,但这一思想的共有特征却是向书本上的西方学习,导致课程改革受制于简单的西方中心主义,即很容易把书本上的西方当作真实的西方,然后将传播书本上的西方政治文化作为课程改革主要任务,藉此发展新学课程,进而简单否定中国传统政治文化,并以各自推崇的书本上的西方模式来再造中国政治文化。

向书本上的西方学习其实也是康有为登台前的惯习,但他浅尝即止,或如李鸿章所言只学了点概念皮毛,然后以西方新概念改造传统经学,并以之来对抗西方文化。

作战计划形成后,康有为的思想便定型了,之后的重心是建立孔教体制。但无论康有为,还是梁启超,其课程改革中起支撑作用的思想其实都来自书本世界,李鸿章一代的课程改革及思想则来源于一线的国家军事经济危机应对实践。从知识层面看,西方中心主义思想主导的课程改革及其传播的西方书本政治文化远不能揭示19世纪以来西方实际的政治文化演进,对于中国由此遭遇了什么样的大变局,也无法提供比李鸿章一代更为准确的认识。然而清末最后十年,对中国历史变革影响大的恰恰是由简单的西方中心主义思想促成的课程改革,以及由此带来的书本中西方政治概念的广泛传播。所谓影响大,显著表现便是加剧国内政治文化分裂,越来越多的学生倒向对清廷发起革命。与此同时,清廷新政时期的学堂课程方案及后期为统一人心推出的教育宗旨又无法从政治上统整人心。儒家原典其实四处可见更能凝聚人心的中国政治文化优良传统,诸如"国之兴也,视民如伤","其亡也,以民为土芥"(左丘明,1988:390),但清廷能想到的就是继续优先捍卫今文经学、程朱理学提出的忠君、尊孔等帝制纲常伦理教条,即使它们早已失去人心,只会进一步加剧政治文化与意识形态冲突,清廷也不愿弃之不用,另外建构更能凝聚人心的政治新理想。

清廷解体,革命胜利,孙中山提出民族复兴应以民生改善为重心,蔡元培则建构了以美育为本的国民新五育课程,但都无法消除清末以来的政治文化与意识形态分裂,新一轮课程改革随之继续在书本西方政治概念与帝制纲常伦理之间摇摆。当中虽有了解清末民初国家政治实情的范源廉在教育总长位上多次示范从改善国计民生出发,开拓务实课程改革新路,也未能统一人心。之后,便是胡适、蒋梦麟等登台主持课程改革,他们同样多是靠书本形成新思想,且长年在欧美留学。当他们决定从思想、学术层面入手发起新一轮课程改革,亦是以书本上的西方作为学习榜样。他们也是自觉的民族主义者,同时更关注学术文化重建,不愿涉足军事经济改革。就此而言,胡适领衔的留学人文知识精英其实和康有为、梁启超、章太炎一样,也是眼界、能力差不多的现代书生,乃至仍只能在康、梁、章开拓的新传统学术文化教育领域继续发展新课程。胡适甚至和康有为一样有心要做"圣人"级的"国师"(钱理群,2006),且认为自己抓到了更为重要的问题。26岁回国时胡适就曾以舍我其谁的姿态宣布,如果不能改变中国社会的思想结构,不来一场文艺复兴式的思想文化革命,中国便无法进入西方主导的现代文明世界。仅此一点,即把西方视为现代文明典范,并以教科书上的现代西方来规划中国改革,就已显示,胡适作为新一代留学知识精英领袖在改革思想上其实仍属于简单的西方中心主义。

基本思想及领域均未有突破,仍是以学习书本上的西方政治文化为主。不过,胡适偏重引入自由主义、科学主义等西方新思想。得益于赢得蔡元培破格重用,胡适依靠北京大学的中心地位,在康、梁、章开辟的新传统学术文化教育领域成功发起系列课程改革运动,包括打破以儒家经学为主的中国哲学史课程,平等对待先秦诸子,从中挖掘"新青年"学子喜欢的现代思想;传播个人自由主义,发展白话文和白话文学,改革国文课程;将章太炎的国故研究升级为"科学",变成以史料"小心求证"个人的"大胆假设",启发"新青年"学子继续像康有为那样颠覆孔子以来的经学体系,表达个人对于传统学术文化的厌恶与革命思想。甚至教育学及中小学领域,其中的课程改革主流动向也被胡适及同门蒋梦麟输入的杜威教育思想引领。发动系列课程改革让胡适成为教育界一言九鼎的新领袖,但其系列课程改革行动背后的主导思想并没有超越早期的梁启超。1926年,系列课程改革都已成功开拓时,胡适仍和早期的梁启超一样,把书本上的西方文化当作事实上的西方,同时贬低章太炎、梁漱溟等新老竞争对手推举的本国及东方传统文化,如所谓"我们可以大胆地宣言:西洋近代文明绝不轻视人类的精神上的要求。我们还可以进一步大胆地说:西洋近代文明能够满足人类的精神上的要求,远非东洋旧文明所能梦见"(胡适,1926)。

未曾深入研究"西洋近代文明"的历史实情,习惯把想象中的美好都赋予西方,简单否定本国传统文化,都表明胡适思想上总体是在重复早期梁启超,也证明清末至五四以来的很长一段时间里,中国课程改革常被向书本上的西方学习及简单的西方中心主义思想传统所主宰,导致课程改革容易激发盲目崇拜西方文化,肆意批判本国传统文化。吴宓更曾认为,胡适一系选择的西方"新文化"不仅简单,而且"粗浅谬误",乃至是"西洋已视为糟粕毒酖者"(吴宓,1922)。吴宓是在批评胡适一系不懂西方古典文化,只能引入新近流行的西方新思想,但此刻更需关注的是,胡适领导的新文化课程改革虽能让许多新青年学子从旧文化中获得解放,却无法和民族复兴的现实需要形成关联,反而会摧毁民族文化自信,乃至编历史教科书时曾依靠个人所谓"科学"的"大胆假设",颠覆好不容易形成的民族祖先认同。连早已避世而居的民族主义国故研究开创先锋章太炎都看不下去,离世前曾创办新刊,批评"新学之徒,以一切旧籍不足观也",并作最后一搏,试图将国学课程发展从肆意大胆批判,扭向认真研读"群经史传"(章太炎,1935)。1929年,时局再度危机四起,胡适曾分析中国现实,依旧是拿书本上或想象的西方文明作为标准,认为中国社会只有"五鬼"或"五大仇敌",即"贫穷、疾病、愚昧、贪污、扰乱","资本主义""资产阶级"都"不在内","封建势力也不在内,因为封建制度早已在两千年前崩坏了。帝国主义也不在内,因为帝国主义不能侵入五鬼不入之国"。必须"先铲除这五大敌人",才能"建成一个治安的、普遍繁荣的、文明的、现代的统一国家"(胡适,1929)。所言是在转移视线,把帝国主义侵略造成的民族危机现实置换为中国自身的经济、卫生及道德问题,好像西方列强不存在贫穷、疾病、愚昧。然而这套简单的西方中心主义民族危机分析及改革思想却曾博得许多青年学子推崇,尽管其实际只能代表部分西化知识分子的自由想象,与当时整个民族的苦难现实与解放并无实质关联。

现代留学知识精英发起的课程改革中,反倒是发言甚少、默默无闻的边缘探索更能为民族复兴及中国文化新生做出实实在在的贡献,其中最杰出的边缘探索者正是本书特别考察的叶企孙。叶企孙也在向书本上的西方学习,但其学习对象是基础自然科学。其在基础自然科学领域发起课程改革时,也没有采取简单的西方中心主义思路。如果叶企孙为求迅速扩大改革影响,向教育界及中小学宣传其哈佛导师的科学思想,做起来一点也不困难。尤其倘若精通当时的新教育"生意"经(瞿骏,2014),和出版机构、学校携手运作,可能产生比胡适一系把杜威请来还大的影响,但叶企孙以及吴有训、萨本栋、周培源等清华物理系同仁都清楚,概念玄谈式的课程改革固然因吸引人能迅速产生影响,却不可能改变中国基础自然科学相比西方的长期落后乃至荒芜状况,必须努力使中国人也能做出可以赶超世界前沿的基础自然科学研究,所以他们选择了更艰难的、短期内无法产生影响的科学课程改革进路,而且尤其重视发展与新一轮国家军备竞争密切相关的物理学尖端前沿研究,中国也因有他们在默默努力,终于拥有清华大学物理系这一可以赶超世界前沿的科学研究与教育中心,培养了一批能为新中国造出"两弹一星"的品行一流的基础科学人才。

叶企孙的课程改革努力至今仍可以让人深入思考,从民族复兴角度看,留学知识精英向书本上的西方学习时,最应学什么,学成之后回到国内都市学院发起课程改革,如何避免简单的西方中心主义思想及概念玄谈,中国和西方相比真正缺少的现代学术到底是什么。甚至如何对待中国传统文化,怎样从科学角度研究中国传统文化中的科学遗产,叶企孙也有比胡适更为理性的认识与实践,而不是像胡适那样简单地把清代考据学和自己为超越章太炎发明的新国故研究称作"科学"。只是如吴有训所言,叶企孙一贯低调,当时教育界并没有多少人知道叶企孙的思想及其科学课程改革努力,名气影响远不如善于在教育界中心舞台发表简单、漂亮、政治上也安全的改革宣言的胡适一系。甚至舒新城推广生活化的科学课程改革都比叶企孙更有声势。但叶企孙及其同仁终可以提供一道上佳对比参照,由此不仅可以进一步认识现代留学人文知识精英的简单的西方中心主义思想传统,而且有利于深入思考依靠简单的西方中心主义思想,无人问责的现代留学人文知识精英究竟能做出什么样的课程改革,其课程改革最终可以给民族复兴带来什么。在这一问题上,本书曾提到,和梁启超一样,胡适晚年也曾有反省,但与梁启超将早年推崇西方政治视为误入迷途不同,胡适则坚持认为自己当初开辟的西化改革道路是对的,就是后来被其他变革力量冲断了,并因此晚年沉浸于所有努力都像是一场空梦的自我伤感与悲壮中,今人也容易为之动容,乃至误以为他远离中国危机现实的西化独立思考是上佳正途。

3. 另一种新文化教育:从国情出发的平民主义

胡适、蒋梦麟等依靠西方自由主义、科学主义新思想发起新文化教育课程改革运动渐入高潮之际,以陶行知为代表的留学知识精英发现新文化教育不是缘于主观空想,便是从西方搬运过来,与自己的亲切日常国情体验和社会上大多数"平民"的教育需要没有关系。虽然陶行知和胡适一样,对于"五四"前后的世界历史进程及中国时局也无多少深刻认识,但这点发现却让陶行知于1923年决定接受熊希龄夫人朱其慧的委托,与晏阳初成立中华平民教育促进会,还辞去大学教授之职,以腾出更多精力探索与胡适一系不同的课程改革新路,发展更能满足国家现实需要的新文化教育。近代中国课程改革史上的从国情出发的平民主义思想传统由此得以形成。这一思想传统曾积极吸收杜威理论,但更主要还是来源于陶行知所说的亲切日常国情体验,及"五四"以来教育界兴起的平民主义政治社会关切。包括胡适其实也有平民关怀,但其平民关怀释放领域却是身处都市学院容易进入的白话文学史,意在把历史上反映平民喜怒哀乐的白话文学列为中国文学正宗,无需像陶行知那样舍弃学院尊位及贵族化都市精英生活,努力与现实中的平民打成一片。

周作人、顾颉刚等其他具有平民关怀意识的知识精英也是如此,只愿在都市学院发展平民文学研究,到全国抗战前,其最高的平民主义新文化课程发展成就便是推出民俗学。虽然和现实中的平民也没多少实质关联,但至少让民间大众文化进入了精英文化林立的都市学院课程体系及课堂教学,也算是一次不小的课程革命。事实上,陶行知、晏阳初成立中华平民教育促进会之初,亦只能按照习惯想象,在北京、南京等大都市,以创办新刊的方式发展平民新文化教育,尽管其新刊取名为"农民",但并不能深入农民,也不知道农民需要什么样的新文化课程。直到1926年,陶行知才正式提出到乡村去创办师范学校的改革计划。可见主流知识精英不仅要突破简单的西方中心主义思想,更需克服都市惯习,下决心到乡村去,才可能切实了解农民需要什么新文化教育,创造出农民需要的新文化课程。从国情出发的平民主义课程改革思想由此进一步具体化为根据农村及农民的实际需要发展新课程,其实践形态则是和农民一起创办晓庄师范学校。"五四"以来的新文化教育课程改革随之不再仅是依靠自由主义、科学主义等西方新思想,发展部分"新青年"学子喜欢的新传统学术文化及白话文学课程,得以出现另一种新文化教育景观,即根据农民需要,设法发展识字、农业、医疗、民间新文艺等对农民经济及精神生活有益的平民新文化课程。

平民主义课程改革的顶峰实践形态便是 1929 年正式启动的定县实验,从规模、持续时间及影响来看,都是如此。课程开发及宗旨方面,定县实验没有突破因蒋介石介入夭折的晓庄师范,也是创造包括识字、农业、医疗、民间新文艺、国民教育等内容的四大类平民新文化课程,藉此来改善农民的经济及精神生活,但定县实验在运作机构与人员配置方面,明显胜过晓庄师范,四大类课程不仅都有专门的研发、实验与推广机制,而且由教育学、农学、卫生学博士或硕士、戏剧家等知识精英领衔主持。尤其值得留意的是,定县实验正式启动前,冯锐、李景汉等农学家、社会学家领衔的团队还曾对定县"社会概况"及教育需求做过三年深入的调查研究,为定县平民新文化课程改革实验奠定了颇为全面系统的地方社会知识基础。近代中国课程改革史上从未启用如此厚重充分的"社会学"方法工具,廖泰初曾将它概括为"居住调查法",截然不同于当时"闭门造车"出来的"审判式或问罪式""和农民没有感情"的一般问卷抽样调查(廖泰初,1936)。正是方法论上的显著革新,使得定县实验等于是在长年与农民一起生活的过程中发展平民新文化课程。定县实验正式启动以来,各类课程主要负责人同样采取与农民长期在一起生活的方式,有的甚至举家搬来,探索改善农民经济、卫生及文化社会生活需要发展什么样的新课程。

引入社会学的调查方法,而且是长期和农民"居住"在一起,可谓晓庄及定县实验的一大思想突破,也更可以对照出胡适、蒋梦麟、舒新城等都市新文化教育先锋的课程改革在方法上实在太过简单,只在其涉及的学院国学、文学及中小学教学领域传播书本上的西方新思想,即自由主义伦理、科学方法等概念,总之就是简单的西方中心主义。相比之下,依靠长期和农民生活在一起,努力为改善农民经济及身心状况发展四类新文化课程,中华平民教育总会的十一年定县实验不仅曾让自身从国情出发的平民主义课程改革思想获得顶峰实践形态,而且能为时人及后辈深入农村探索有益民族复兴的课程改革提供思想及实践典范。进而言之,定县实验可以让都市知识精英跳出狭小的个人世界,摆脱简单的西方中心主义思想惯习与阶层疏离,真正和中国社会人数最多的农民群体结成关系紧密甚至同舟共济的新文化课程发展共同体,从而彻底改变清末及"五四"以来的知识精英的这些情况:即想去唤醒民众,为民众造福,实际又没有相应的知识与能力实现这一政治理想,仅仅是在都市学院书斋或报馆里,依靠书本上的西方新文化和简单的西方中心主义思想,为想象中的都市或乡村广大平民生产新文化课程,乃至连民俗学这样的尚可接近鲜活平民文化的学院新文化课程都发明不了,往往只能为自己及都市青年学子制造浪漫的乡愁新文学,或抱怨现实中的平民没有足够教育基础接受自己的新思想启蒙,始终无法走进广大平民,赢得广大平民认可。

时人尤其当时的都市知识精英中,曾有许多人都被定县实验不同程度地震撼到了。提倡平民文学和到乡村去的新文化领袖之一周作人去过定县后,还提醒教育界不要讨论如何优化民族道德,都是"好话""空话",甚至"都是迷信",最要紧的乃是要能切实改进农民的"衣食住药"(周作人,1935)。但周作人匆匆参观完,便赶回京城了。胡适一系都市知识精英中,有的认为定县实验虽可"得到政治力量"(章元善,1934),但仅仅国内地方军阀便可将其终结,胡适作为一度大谈民族道德的知识领袖,则在自家刊物上借别人之口表达不看好定县实验,接着组织"无为"还是"建设"的新讨论,甚至认为战乱时期谈不上可以进行乡村教育与社会改造,仍是一贯的避重就轻但却能保住体制尊位的玄谈手法。都市知识精英中,还是雷洁琼、费孝通等社会学家见识最深,不仅肯定定县实验为都市知识精英开辟了"与工农大众相结合"的救国新路,而且准确指出定县实验不足在于仅从文化教育下手,没有去认识、变革造成农民苦难的体制势力结构。事实正是如此,包括定县实验自身也被日本帝国主义势力入侵华北中断了。近代中国课程改革也因定县实验及类似努力显示的结构缺陷,必须直面鸦片战争以来其实就已形成的终极政治难题,即什么样的课程改革可以凝聚足够强大的力量,把广大工农及整个中华民族从国内外势力制造的苦难结构中解放出来,实现民族革命先驱孙中山1904年提出的民族新生与复兴理想。

4. 革命实践中形成的中国马克思主义与新民主主义

必须要有新思想来引领中国课程改革,中国课程改革才可能跳出上述诸多思想传统的视野局限,直面鸦片战争以来就已出现的民族复兴的终极政治难题。这一新思想便是李大钊1918年加入北京大学以来率先传播的马克思主义,具体而言便是可以揭示中国社会苦难结构的马克思主义政治经济学理论。当时课程改革的新主流进路已经形成,即被胡适一系的自由主义新思想引向对传统孔教伦理发起革命,李大钊推出马克思主义政治经济学,可以让课程改革由自由主义伦理革命转向马克思主义政治社会革命,将重心定为教育动员工人等广大庶民,对"皇帝""贵族""军阀""官僚""帝国主义""资本主义"等国内外势力制造的中国社会苦难结构发起革命。对此不同进路,胡适曾以"问题与主义"讨论的方式加以阻止,最终李大钊和陈独秀一起离开胡适一系主导的教育中心场域,于1921年在上海正式成立中国共产党,在社会教育领域以办刊、办校等方式,面向产业工人发展马克思主义革命新课程,近代中国课程改革由此迎来马克思主义及共产党人组成的崭新思想与领导力量。

一年后,共产党人领导的马克思主义课程改革便取得了定县实验不可能有的显著政治社会变革突破,典范正是安源路矿工人在毛泽东、刘少奇等共产党人的系列马克思主义革命课程教导下,发起集体大罢工并取得了胜利,极大改善了工人在地方"资本家"工厂体制中的政治地位与经济待遇。1924年,共产党人通过帮助孙中山改组国民党,达成国共合作,又开始进入现代学校军事教育领域发展革命新课程,开拓先锋则是周恩来在侧重军事能力培养的黄埔军校课程体系中设法加强革命政治教育,将一般只学作战技术的军人,培养成真正为国家寻求政治新生的"革命军人"。但第二年孙中山逝世,蒋介石、汪精卫等国民党右翼势力崛起,国共合作破裂,国民党转向与国内大资本家及英美势力结盟,对共产党人展开疯狂捕杀,共产党人开创的马克思主义课程改革及革命事业开始遭遇巨大挫折。加上留苏归国理论精英主持的临时党中央同样习惯书本教条主义,一味照搬苏联革命,导致即使共产党人曾在南昌、广州等地发起武装起义,反击国民党背叛革命,也因军事实力有限,无法在城市推进革命,乃至无法立足。关键时刻,毛泽东转上井冈山与朱德携手在反革命势力明显薄弱的农村创建革命根据地,共产党人的马克思主义课程改革及革命事业才得以找到正确有效的推进与壮大之路。

革命路线调整不仅将共产党人的课程改革探索带上为创建革命根据地服务的崭新轨道,而且让共产党人的课程改革在指导思想上也发生了质变,即由照搬书本上的马克思主义,进化为任何课程改革行动均要从革命形势及需要出发的中国马克思主义。最初的中国马克思主义成果便是毛泽东提出的组建工农红军,成立苏维埃中央及地方工农政府,开展土地革命,在农村革命根据地建立共产党人领导的独立军事力量及工农政权。马克思主义课程改革也随之由当初在大城市开展工人革命教育为主,变成在农村革命根据地创建党政军干部教育、学校教育及群众社会教育体系,发展能切实满足工农共和国的军事及政治革命壮大需要的系列新课程。到1933年,共产党人的三大革命教育课程体系均已建成,且革命教育效果显著,如把红军教育成听党指挥、深得工农群众认可且善于游击战的革命军队,创造了许多可以有效动员工农群众及其子弟支持革命的社会教育与学校教育新文化课程。但也是在1933年,发生王明、博古等留苏理论精英主持临时党中央,导致农村根据地的中国马克思主义革命事业受到强势干扰,再次被引向急于和国民党直接在城市展开斗争的教条主义和冒险主义错误路线,直到1934年10月遭遇军事惨败,被迫放弃在瑞金建立的工农共和国及形势大好的革命教育课程体系。

  关键时刻,又是毛泽东站出来,以其卓越军事战略眼光及政治大局意识,与周恩来、张闻天、王稼祥等携手将党和红军从王明、博古等人的错误路线挽救下来,胜利抵达陕北将党的中国马克思主义课程改革及革命事业重新推上可以逐渐壮大、直通民族复兴的正确道路。道路起点正是以毛泽东为核心的党中央从中国民族革命实际需要出发,率先提出建立抗日民族统一战线这一能够凝聚全国各界人心的民族革命理想。共产党人的中国马克思主义课程改革随之进入崭新的延安时期,不仅迅速重建并优化了瑞金时期的三大教育体系,而且三大教育体系均转向以发展抗日救国新课程为主,延安则成为全国进步青年学子向往的教育界新的中心圣地。尤其全国抗战以及和国民党达成第二次合作以来,共产党人更正式开始在全国范围内领导课程改革,共产党人缔造的中国马克思主义思想传统随之得以直接和其他流行思想展开竞争,看最后谁能破解近代中国课程改革的终极政治难题,把人数最多的农民及整个民族从国内外势力制造的苦难结构中解放出来,实现新生与复兴。全国抗战爆发以来,毛泽东便在党内巩固中国马克思主义,纠正教条主义马克思主义,强调在抗日救国的经济、政治及军事实践中发展中国马克思主义,并针对国内社会又兴起夸张"亡国论",提出了有利于提振民族信心且更合中日军事实情的三阶段强弱转化的"持久战"思想。

  及至汪精卫、蒋介石再度破坏国共合作,掀起反共浪潮,乃至投敌卖国,毛泽东也能一面在国内反动及日本侵略势力的双重炮火中领导壮大共产党人的抗日救国课程改革及革命事业,一面依靠对于中国革命及世界格局演变的深入观察,同国内各种不顾民族利益的错误思想做斗争,让整个中华民族在命运迷惘之际仍能看到光明的民族前途。这一光明民族前途便是1940年毛泽东代表党中央向全国人民提出的新民主主义抗日建国理论。这一在民族抗日革命实践中形成的更为成熟的中国马克思主义新理论既可以让共产党人明白过去二十年来在政治、经济及文化教育领域流血牺牲从事革命究竟是为了什么,又能让全国文化教育界走出蒋、汪系列政治军事反动行为引发的民族命运危机。尤其是"感觉敏锐,首当其冲"的"文化人和青年学生",看到汪、蒋系列反动行径,更容易对"中国向何处去"感到迷惘,毛泽东对此还曾"特别"留意,因此格外重视让全国文化教育界的爱国教师及青年学生重新焕发抗日热情,和共产党人携手为"建立一个新中国"而奋斗(毛泽东,1940),建成史无前例的能让全体中华民族在政治上、经济上、文化上获得新生的"新社会与新国家"。至于"新民主主义"课程改革如何进行,毛泽东同样有清楚界定,就是每一位课程改革参与者均先确立新民主主义的民族复兴与新中国建设理想,然后从思想、立场、语言、情感等方面入手,对所属领域及自身习惯的文化教育生产方式展开反思与改革,努力发展民族、科学和大众的新文化课程,培养民族抗战及未来创建社会主义新中国所需的各类干部、建设者和接班人。

相比之前系列马克思主义中国化努力是在挽救壮大共产党人的课程改革及革命事业,提出新民主主义不仅可以进一步优化增强共产党人的课程改革及革命事业,更能够在关乎整个中华民族存亡的抗日相持阶段,为国人指明通往社会主义新中国的民族新生及复兴奋斗道路。从课程改革史角度看,引入新民主主义这一在抗日民族革命实践中形成的中国马克思主义思想,也能使近代中国课程改革突破"五四"以来的主流思想,填补其在民族复兴方面的巨大政治空白,即仅能满足少数知识精英的文化教育需求,无法破解近代中国课程改革的终极政治难题。进而言之,到毛泽东代表共产党人提出新民主主义,并以它来引领全国课程改革,近代中国历代课程改革开拓先锋均未能完成的终极政治难题,即什么样的课程改革可以将中华民族从苦难结构中解放出来,实现新生与复兴,终于开始得以切实破解。不仅如此,毛泽东还亲自示范如何处理发展新民主主义新文化课程时必然涉及的具体文化问题。比如新文化课程如何安顿本国历史文化传统,对此问题,从康有为到胡适都没解决好,原因或受制于帝制旧思想惯习,或丧失民族文化自信。与之不同,新民主主义对待本国历史文化传统时,则不仅能自觉立足新的民主精神(即不是只考虑少数精英群体的旧民主,而是代表工农等中国最大多数人的利益),而且善于从抗日民族革命及解放需要出发,发展既可以提高民族文化自信、反映大多数人诉求,又有利于壮大抗日民族革命及民族复兴的新传统文化课程。

西方文化如何处理,同样需按新民主主义原则吸收其中的"先进文化",并与中国民族革命及解放实际需要统一起来,赋予其以"民族形式",而非清末以来经常出现的简单照搬书本上的西方模式。发展新民主主义新文化课程必然涉及的语言表达、思想情感等问题,毛泽东也曾于1942年明确提出要能熟悉工农兵群众的语言,要能和工农兵群众的思想感情打成一片,进而能超越长期以来的个人考虑,切实表达中国最大多数人的心声与诉求。事实上,为创建新中国实现民族复兴提出的新民主主义新文化课程有何特殊政治品质,以及新民主主义新文化之所以不同于清末以来的各类新文化课程,正集中体现在毛泽东强调的"大众化"这一点精神上。"大众"的新文化甚至可以说是发展"民族的""科学的"新民主主义新文化课程的理论落脚点,其实践表现则是"为人民服务"。如本书历史考察部分已揭示的那样,吴玉章作为延安时期的文化教育及课程改革先锋,曾迅速领会毛泽东的指示精神,并率先代表边区文化教育界把培养"为人民服务的忠诚勤务员",列为新民主主义课程改革的根本教育目标,要能使学生学过新民主主义新文化课程后,无论将来从事何种"专门业务",都能"为人民服务"。毛泽东本人也曾通过表彰白求恩、张思德等不同行业的工作者,生动诠释何谓"为人民服务"。新民主主义新文化课程最终能培养什么样的人,具有何种特殊政治品质,随之更加清楚。

为人民服务的特殊政治品质堪称最能代表新民主主义新文化课程在育人效果上的非凡之处。本书曾将具有这一特殊政治品质的人称为"社会主义新人",完全不同于陈立夫、蒋介石设定的背诵三民主义教条和帝制纲常伦理的旧人,也不同于胡适一系自由主义新文化课程培养的反抗儒家传统文化、寻求个体解放的新人,以及康有为通过新经学培养的孔教徒,或梁启超、章太炎依靠新国学培养的新国民与反清革命志士。总之,在本书考察过的重要课程改革运动中,均看不到新民主主义新文化课程培养的社会主义新人,从事不同行业,但具有共同的为人民服务的政治品质。由此形成的巨大政治凝聚力其实就能解释为什么最后是共产党人破解了近代中国课程改革的终极政治难题,成功带领中国大多数人及整个民族从鸦片战争以来的苦难社会结构中解放出来,实现新生与复兴。中华人民共和国成立后,则有雷锋代表的劳苦大众子弟,在新民主主义教育培养下,成为党、国家及全国人民认可的"为人民服务"的模范社会主义新人,而且仅仅人民解放军中就有无数像雷锋那样为国家为人民奉献的模范新人。这更可以说明,能使中国大多数人及整个民族在经济、政治、文化乃至道德方面获得解放与新生的课程改革不是由别的思想传统塑造而成,而是源于共产党人在拯救国家、造福人民的中国马克思主义革命实践中逐渐摸索出来的新民主主义思想。近代中国课程改革也因还有共产党人在不懈探索,才得以找到通往民族复兴的正确道路。中国课程改革的近代终点随之定格为发展新民主主义新文化课程,将各类教育对象培养成建设新中国和为人民服务的社会主义新人。

二、近代思想传统与当代中国课程改革理论建构

近代中国系列因寻求民族复兴促成的重要课程改革内涵与何种具体思想传统也已提炼完毕。同论述中国课程改革的近代历史经验时会有遗漏一样,四大思想传统也无法将近代中国课程改革中起过内在支撑作用的理论构想涵盖于尽。包括蔡元培的美育至上课程改革内涵即超政治或纯道德的思想遗产也未展开。"五四"以来的女子教育课程改革曾受何种现代女性主义思想引领,更是一点都没有涉及。这些都需后续研究加以弥补,此刻要说的是,就本书考察的近代中国课程改革历史经验而言,确实可以从中提炼出四大思想传统,它们都是民族复兴这一总体思想传统的具体展开形式,所反映的是不同主体曾从不同角度将课程改革与近代中国的民族危机及新生关联起来。有的课程改革主体是封疆大吏,其心中所想乃是应对迫在眉睫的国家军事经济危机。课程改革主体换成现代知识精英,则热衷于以新课程传播西方思想文化,革新传统中国政治或思想文化结构,但真正能使中国社会大多数人及整个民族摆脱苦难结构、获得新生的课程改革乃是由共产党人发起,其中的思想传统是共产党人在系列革命实践中探索出来的中国马克思主义及新民主主义。明乎此,便可以从中国课程改革的近代思想传统及其历史经验表现出发,分析今日课程学者在新一轮大变局中,为寻求民族复兴已有何种课程改革探索与理论建构,如何进一步优化。

1. 课程改革理论建构的主流专业方式

任何理论建构都需要以充分的经验事实研究作为基础,从民族复兴入手优化当代中国课程改革理论建构也不例外。但这是一般学术观点,如果考察课程理论研究的实际情况,则会发现,课程改革的理论建构往往不是表现为解释现实或历史上的课程改革事实,而是建构一套原理来规划课程改革,所以讨论如何优化中国课程改革理论建构之前,还需先了解一下优化对象,即课程理论界习惯什么样的课程改革理论建构。一般认为,博比特是"现代课程理论的奠基人",其1918年推出的《课程》一书则是"世界教育史上最早的一部探究课程理论的专著"(刘幸,2018)。这部专著在理论建构上是以当时流行的"科学管理"方法来组织学校课程,认为这样可以更高效地让儿童养成将来过好"成人生活"必需的知识与能力。需要补充的是,既有一般说法谈及现代课程理论史时,显然很随意,未经细查便按教科书常规知识,将博比特立为"现代课程理论"

鼻祖,将其1918年出版的著作列为第一部课程理论专著。事实上,仅以近代中国为例,便不难看到蔡元培早在1900年便曾"搜集国内外参考资料,对各级学校的课程进行研究",并于第二年在杜亚泉主持的上海"普通学书室"出版《学堂教科论》,而且蔡元培是在分析当时科举及私塾有哪些课程,需建立什么样的现代学校课程体系,所以可以提供与博比特不同的课程改革理论建构进路。但被课程理论界选中的却是博比特,导致建构课程改革理论时,习惯将博比特的方式视为专业正宗。

直到今天,本土课程理论界的研究生入门学习课程专业理论时,第一步仍是温习教科书所写的博比特怎样按当时流行的科学管理方法及效率至上原则组织学校课程,进而认为课程改革理论建构正途就是像博比特那样探索学校课程制度变革指导原理。值得一提的是,就博比特而言,他在芝加哥大学开辟课程理论研究之前,曾有相当敏锐的人类学视野及诉求,不满当时美国人类学"重点关注成年白人",即使研究儿童,对象"也是白人儿童",博比特因此看上去很想为自己的"菲律宾儿童成长"研究在美国人类学领域争得一席之地。然而博比特的兴趣点终究是在教育行政上,而非像人类学家那样描述菲律宾儿童在什么样的文化环境中生活。博比特会调查菲律宾儿童生活,但目的不是告诉人类学家菲律宾儿童身处何种特殊的地方文化,而是替中小学解决"非常实际的学校课程组织结构(formulation)"问题,具体而言就是调查"菲律宾儿童的发展周期",然后和欧洲样本做比较,探讨菲律宾学校课程是否需要"缩短",或和欧洲"一样长"(Bobbitt, 1909)。今人也注意到,"博比特自1909年入职芝加哥大学,到1941年退休,终其一生都是一名'教育行政学'的教员"(刘幸等,2019)。其理论兴趣也和供职芝大前一样,即为变革学校课程运作结构提供原理,而不是向学术界解释现实或历史上的课程改革事实。如1922年完成的一项重要课程改革研究,便是为洛杉矶"渴望知道如何按时代进步方向设计课程的一线教育实践工作者"提供"最新的科学方法"(Bobbitt, 1922)。

博比特之后,课程理论研究及课程改革理论建构的主流方式仍是提出原理变革学校课程运作结构。其中,泰勒四大原理更是被课程理论界奉为专业典范,课程专家的分内之事随之定型为提出新理论,重组中小学课程结构、教学运作及学业评价,或者说课程学者的专业工作就是为变革中小学课程结构、教学及评价方式建构新理论与新方法,尽管追随的课程学者很少能像泰勒那样,评价学生学业时,会对大量的学生个体学习行为进行细致分析。此外业界影响大的还有泰勒负责评价、由美国进步教育协会"中学与大学关系委员会"首席指导艾金(Wilford M. Aikin)为提高学生学业兴趣,提高大学入学考试成绩,动员30所中学及300所大学发起的课程改革实验,是为著名的"八年研究"(1933—1941年)。理论建构方面,这项实验研究也是以新原理来变革学校课程制度,包括在课程管理、课程设置、教学实施、学业评价等方面,依照进步主义教育原理进行制度创新,且至少有十大原理,如管理层面鼓励"教师全方位参与,和学校领导一起制定工作、分担责任、评价工作结果",课程设置方面强调为"每一位学生提供更完整更有效的学习",甚至可以由"学生自己提出项目,有时还可以跨班或到别的学校进行项目学习"(Aikin,1936)。类似课程改革实验研究均会调查学校课程及教学实际情况,但目的同样不是向学术界解释课程改革事实,为课程理论研究争取学术界认可,而是为弄清按照新原理变革学校课程运作,需要克服哪些现实困难,所以最重要的仍是能为中小学提出新的课程构想。即如"八年研究"便在博比特提倡"科学管理"的基础上,强调学校课程及教学安排必须以激发学生学业兴趣、满足升学需要为中心。

泰勒原理以及艾金在"八年研究"中提倡的十大原理实验,有否实现预定课程改革目标,这里很难判断,有的认为学生学业质量提高了,有的则说和对照组相比,按新原理组织课程,并没有让学生在大学考试中表现得更优秀。但无论实际效果如何,都不可否认泰勒及"八年研究"在课程理论界的深远理论影响,到21世纪初,古德莱德仍在表彰"八年研究率先为个体,尤其教师个体,推出工作坊(workshop)学习制度",认为此举"开辟了制度变革(institutional renewal)新视野"(Goodlad,2007:xi)。不过,将重心置于为中小学提供课程制度变革指导原理及方法,固然可以延续壮大博比特、泰勒建立的专业命脉,但也会让课程理论研究顾此失彼,忽视争取学术界认可,从而导致课程理论研究难免遭遇学术界的歧视与排斥。1951年,斯坦福大学曾酝酿取消教育学院,1996年,芝加哥大学下令将博比特昔日所在的教育系扫地出门,皆是例证,且理由都是认为包括课程理论研究在内的各类教育研究无法像历史学、社会学、人类学等"社会科学"那样,达到所属大学推崇的学术质量标准(周勇,2010)。这当中有学术偏见乃至学术帝国主义在起作用,但课程理论界习惯博比特、泰勒的专业研究方式,缺乏反思,或不愿做出改变,尝试学术界推崇的理论生产,也是客观事实。不过,学术界的傲慢歧视作用有限,课程理论研究不难在美国大学找到发展空间,继续按专业主流方式为中小学课程改革建构指导理论。

布鲁纳、施瓦布等新一代课程理论家在数学、物理、化学、生物等科学领域按"学科结构主义"原理变革学校课程遭遇失败,课程理论界才开始认真反思习惯的理论建构方式,最广为人知的代表便是施瓦布于1969年宣布课程理论研究已陷入"垂死挣扎"

(moribund)状态,"按其既有方法及原理无法继续工作"(Schwab, 1969)。施瓦布认为,课程理论要想获得新生,必须正视"教育实践活动包括众多个体行为,需要对它们逐一加以分析,再也不能依靠笼而统之的理论观点来理解、组织它们"(DeBoer, 2014:2450)。施瓦布的专业是生物学,透过他可以看到,20世纪60年代曾发生自然科学家取代博比特式的教育管理学家及泰勒式的个体学习行为分析专家,成为美国中学课程改革领导力量。他在失败后说,不能以笼而统之的原理来规划课程改革,其实有欠考虑,忽视了美国中学师资可以理解博比特或泰勒的课程组织原理与评价方法,问题根源乃是美国中学师资无法达到自然科学家的科学水平,导致科学课程改革只能以失败收尾,美国科学进步还是得靠大学。但施瓦布失败后并未放弃继续推进学校课程改革,而是引入集体讨论机制,重构由课程专家一家之言推动课程改革。布鲁纳后来转向了文化心理学,但其关注对象不是课程、质量标准、考试等课程改革活动,而是社会中的文化如何塑造个体心智结构,藉此发展认知心理学为基础的"文化教育"学(Bruner, 1996)。不过,学科结构主义课程改革失败以及施瓦布的理论建构反思在课程理论界的确引发了强烈反响。在这之后美国课程理论界兴起了"概念重建"运动,十年下来便让课程理论界迎来一片繁荣的理论建构景象,如派纳1982年所谓"课程领域不再是垂死的了","现在它充溢着骚动"(派纳等,2003:867)。

具体到课程改革研究,同样迎来巨变,理论建构不再局限于泰勒的典范专业方式,而是纷纷另辟新路。许多理论建构尝试甚至与学校课程改革实践一点关系也没有,就是依靠各种新理论,来表达自己的课程理解或想象。美国课程理论界的"概念重建"演变到今天,更是什么样的理论都可以看到,甚至流变成自由想象,或引发形式主义的任性模仿,如把课程理论改造成文学、美学等,或以小说、电影评论代替课程研究。但20世纪70年代以来,也有许多学者是在耐心考察历史或现实中的课程改革事实,且致力于和学术界进行理论对话,争取赢得学术界认可。如本书导论中提到的克利巴德、阿普尔等,便曾努力发展社会学视角的美国课程改革史研究和政治学视角的当代美国课程改革批判研究,也建构出了课程改革中的"利益集团"及"思想与领导权竞争""官方知识"等可和社会学、政治学进行理论对话的课程改革事实解释框架。此类努力会使课程理论研究失去原有对于学校课程制度变革的理论及方法指导功能,同时无法改变美国新一轮课程改革理论建构主流是以新自由主义市场化理论来重组学校课程运作,但不能否认"概念重建"运动打破了对于课程的传统想象,而且诸多学者致力于解释历史或现实中的课程改革事实,还能为提升课程理论研究及课程改革理论建构的学术水平提供可行进路及理论范式参考。

　　本土课程理论研究自20世纪初形成以来,发展趋势也差不多。其中,首先需要指出的是,与美国课程理论界一样,本土课程理论界的主流理论建构方式亦是提出新原理来改革学校课程运作制度,如本书曾提到的胡适、蒋梦麟、陶行知等归国后,大力提倡以杜威的学生中心、课程生活化等理论来变革中小学课程与教学,以及舒新城实验道尔顿制,重组中学课程及教学组织模式,只是这些探索者的专业意识都不强,无意将课程理论研究发展成大学里的一门专业。胡适、蒋梦麟更是没有半点专业意识,其宣传杜威的课程理论是为扩大自己在教育界的影响。相比之下,钟启泉、施良方等领衔的一批学者自20世纪80年代中后期依靠出版专著,正式开始重建课程研究以来,显然都有强烈的专业意识,不仅曾率先在国内成立课程与教学系,而且认为课程理论研究就是像泰勒那样,把为变革中小学传统的课程组织、教学与学业评价方式提供有效的理论与方法指导视为专业,同时在新课程改革启动之前,就已深入一线和校长、教师一起摸索如何变革中小学的课程组织、教学与学业评价方式。本土课程理论界的主流课程改革理论建构方式随之形成。其次便是学术界的排斥同样存在,胡适、傅斯年均曾从自己的国故学、史学标准出发,贬低打压道尔顿制提倡者。胡适、傅斯年的学问也谈不上有多高深,但因权力影响大,教育学者无法与之周旋,仅看到邱椿曾抗颜反击。张彭春作为本土第一位"中学课程"研究教授,更曾因无力回应胡适一系的学术歧视,改以话剧创作争取地位与影响。当代则有李政涛、刘铁芳、巴战龙等不少学者曾为整个教育理论研究难以在"人文"学科面前挺立"尊严",感到"悲哀"或"尴尬",呼吁开拓更为"成熟独到的问题空间和思想理路"(李政涛,2003;巴战龙,2003;刘铁芳,2006:272—274)。

　　近二十年,确实有许多本土教育学者在努力从视角、问题、理路等层面展开革新,提高教育研究学术水平。或许因为只关注如何把课程专业做强,对于学术界的学术歧视,课程理论界的反应不如教育基本理论界敏锐,也不关注和人文社会学界进行思想或理论对话,但课程理论界自20世纪90年代末起,也通过译介派纳的《理解课程》兴起"概念重建"运动,且到今天仍在继续,使本土课程理论界能够形成许多新的课程理论研究进路。如吴康宁、吴永军开拓"课程社会学",崔允漷译介坦纳的《学校课程史》,吴刚平尝试中国近代及古代"课程思想史"研究,靳玉乐提倡中西"课程哲学"研究,黄忠敬、郝德勇等发展"课程文化"研究,等等。此外还有不少没有学科旗号的游击实验是在运用福柯、布尔迪厄、伯恩斯坦或阿普尔的社会学或政治学分析工具解释当代中国的课程改革事实。不过,这些新的课程理论建构尝试都没有成为专业主流,专业主流依然是泰勒式进路。具体到中国课程改革研究,后者更是主流。甚至最初发起"概念重建",也是意在打破旧的课程认识,为以新的课程理论变革中小学课程运作体系做铺垫。言外之意,就中国课程改革而言,本土课程理论界的理论建构演变至今同样形成双重进路,其中也有不去引领课程改革,而是依靠研究曾经或正在发生的本土课程改革事实,进行社会科学化的理论建构,但它不是专业主流方式,主流方式乃是像业界前辈博比特或泰勒那样,围绕课程、教学、评价等课程本身的组织结构与运行,努力建构新理论,然后"从理论走向实践",以专业的新课程理论及方法推动中小学课程改革"大步前进"(钟启泉,2005),彰显本土课程学者在中小学课程改革领域的专业理论及方法引领能力。厘清这些理论建构基本现状,便可以有的放矢地探讨立足近代中国课程改革历史经验及思想传统,可以如何优化当前中国课程改革理论建构。

2. 在新的大变局中为民族复兴探索课程改革

不难发现,今日本土课程学者探索课程改革时,也有显著民族复兴关切及诉求。在启动 21 世纪最重要的课程改革研究即设计实施国家"基础教育课程改革"时,众多参与课程改革的学者曾自觉从"为了中华民族的复兴"出发,展开课程改革理论建构,明确提出"加快课程改革,优化教学过程,确立面向 21 世纪的适应时代要求和我国国情的基础教育课程体系,是关乎国民素质和民族复兴的大业"(钟启泉等,2001)。由此民族复兴自觉来看,可以认为 21 世纪初的中小学课程改革探索是在续写近代中国为寻求民族复兴而兴起的课程改革。不过,相比此前先锋主要是封疆大吏、现代知识及政治精英,这次领衔的则是专业课程学者。由此自然还可引出诸多场域体制层面的变化,如师范大学、教育出版机构取代"五四"时期的北京大学、东南大学及商务印书馆,成为中小学课程改革的核心推动力量,再如学术界最有影响的知识精英不再像蔡元培、胡适那样乐于进驻基础教育领域,而是从中小学课程改革中心场域撤出,让位于 20 世纪 90 年代中后期崛起的一代专业课程学者。这些都是显而易见的场域体制变化,但政治诉求没有变,登台引领课程改革的专业课程学者同样有自觉的民族复兴理想。

其次必须指出的是,继 19 世纪遭遇千年未有之大变局,中国自 21 世纪以来又开始面临新一轮百年未有之大变局,所以仍要在大变局中为寻求民族复兴发起课程改革,课程学者能有什么样的课程改革理论建构表现也因此变得十分重要。不难看到,登台引领中小学课程改革的课程学者(以下简称引领课程学者)曾把集体应对理路概括为"国际视野,本土行动",且一提出即可赢得各方认可,不像最初的课程改革先锋,即使想去"睁眼看世界",也会被周围反对者否定。除确立"国际视野,本土行动"的应对理路,引领课程学者在构思"本土行动"时还提到"国情",强调基础教育新课程必须适应"我国国情"。引领课程学者甚至还提到要能继承"中华民族的优秀传统与革命传统",将此作为"中国特色"来源。多重考虑合在一起,最终是为了把中小学引上既能自觉回应时代要求,又可延续光大本国传统及特色的课程改革道路,具体表述则是"努力把开放的、民主的、科学的课程交给新世纪的中国儿童"(钟启泉等,2001:3)。可以看出,诸多引领课程学者构思课程改革时,曾尽可能全面地考虑国内外现实及历史传统。问题由此转化为引领课程学者有何具体的"国际视野"以及国情与传统认识,对于所要发展的新课程即"开放的、民主的、科学的课程",又有何建构示范。在这些顶层或基础问题上有何解答,将决定引领课程学者在新的大变局中究竟能做出什么样的有利于民族复兴的新课程改革理论建构贡献。

  历史地看,引领课程学者是在重新面对李鸿章、梁启超、胡适、叶企孙、李大钊、毛泽东等前辈课程改革先锋遭遇的时局判断及新课程发展难题。然而前辈先锋有何国际视野、国情及传统认识,为寻求民族复兴曾开拓出什么样的新课程发展进路,引领课程学者均没有回顾。不过,引领课程学者确实有自己的国际视野、国情及传统认识。如国际视野方面把21世纪的大变局与国家之间的竞争理解为"知识经济""信息化"及"经济全球化"引发的激烈知识创新及应用竞争,"使创新精神和实践能力成为影响整个民族生存状况的基本因素"。国情及传统方面,则特别关注国家的"科教兴国"战略,以及1986年以来的基础教育课程改革积累,即国家与地方两级课程管理体制的建立、课程结构在学科和必修课基础上增加了选修与活动课、教材多样化、教学重视以学生为中心。正是以这些认识为基础,引领课程学者提出新课程改革必须破解六大理论及实践难题,即"改变课程过于注重知识传授的倾向,强调形成积极主动的学习态度","改变课程结构过于强调学科本位、科目过多和缺乏整合的现状","改变课程内容'难繁偏旧'和过于注重书本知识的现状,加强课程内容与学生生活以及现代社会和科技发展的联系","改变课程实施过于强调接受学习、死记硬背、机械学习的现状,倡导学生主动参与、乐于探究、勤于动手,培养学生搜集和处理信息能力、获取新知识的能力、分析和解决问题的能力以及交流与合作的能力","改变课程评价过分强调甄别和选拔的功能,发挥评价促进学生发展、教师发展和改进教学实践的功能",最后是建立"国家、地方、学校三级课程管理,增强课程对于地方、学校及学生的适应性"(钟启泉等,2001:6)。

六大问题显示课程学者涉足课程改革时,尽管也会关注国内外时局及历史,但仅是将它们视为"背景",而不会像李鸿章或胡适那样,直接将自己从时局中看到的问题,如国家军事经济实力不足,或中国社会的思想基础太过陈旧,列为课程改革所要解决的问题,然后发展军事经济或思想文化类新课程。进而言之,引领课程学者看到了信息科技、知识经济及经济全球化等新一轮世界经济竞争,但并没有因此思考中小学阶段需要发展哪些具体的与信息科技、知识经济竞争相关的新课程,仅是从新一轮世界经济竞争中抽象出一般意义或各个领域竞争都需要的"创新精神与实践能力",进而据此提出中小学课程与教学应转向以培养"创新精神与实践能力"为中心,具体包括"乐于探究、勤于动手,培养学生搜集和处理信息能力、获取新知识的能力、分析和解决问题的能力以及交流与合作的能力"等。这些能力同样是各个领域都需要的一般意义的能力,所以也谈不上是在专门应对新一轮大变局的信息科技及知识经济竞争。包括提到"现代社会发展",其内涵是什么,什么样的新课程可以解决当前面临的系列社会发展问题,同样不明确,仅是提一下,以引出能力培养诉求。总之,对比近代中国课程改革的相关历史经验,不难发现,21世纪兴起的课程改革探索中出现了新的时局认识及理论建构方式,这一方式正是博比特以来专业课程学者习惯的课程改革理论建构方式。这种方式会去考虑现实挑战及教育要求,但会按专业习惯把现实挑战及教育要求归纳为一般意义的学生个体能力培养,据此重组学校课程与教学运作模式,通过学校教学让学生养成所列那些能力,而不是分析现实新问题需要什么样的新知识与新课程,让学生去学习它。

不过,将理论重心置于对学校课程与教学运作进行重组,也让引领课程学者能够提出史无前例系统专业的课程及教学运作改革方案。引领课程学者从专业角度将学校教学打包视为"应试教育",然后以新的课程理念与方法,将学校教学改为"能力"或"素质"培育。尽管方案所列六大问题,尤其鼓励学校根据实际需要自主开发课程,在舒新城道尔顿制实验、解放区课程改革实验及艾金的八年研究中,均曾不同程度涉及过。但将六大问题系统列在一起也有创新之处,堪称专业课程学者登台引领课程改革给近代中国课程改革带来的一点突破。就看引领课程学者针对六大问题曾提出什么样的解决新原理与新方法,能否比舒新城、徐特立、艾金等更善于让学生主动学习与探究,打破传统学校课程与现实生活的体制分离。然而新课程改革正式开始实验时,就遭到教学论权威学者王策三的质疑,认为"由'应试教育'向素质教育转轨"的流行"提法","反映了一股'轻视知识'的思潮,干扰教育、课程改革"(王策三,2004)。钟启泉等随即回应,从教育价值观、知识教育观、本国儒家教育思想传统等角度"澄清新课程的基本理念",同时"批驳了'凯洛夫教育学'为代表的教育思想"(钟启泉等,2004)。接着,又有靳玉乐、艾兴等追问新课程改革的"理论基础"存在"含混不清"的问题(靳玉乐等,2005)。引领课程学者不得不继续回应。

吴永军认为,系列质疑与回应让课程理论界呈现出"令人欣喜"的理论生长繁荣景象,堪称"百花齐放,百家争鸣",就是"学者们总是站在各自立场,缺乏必要的沟通与融通"(吴永军等,2008)。确实很难达成相互理解与融通,像批评新课程改革"不问国情",便忽视引领课程学者最初构思六大问题时,曾考虑新课程要能适应"国情"。引领课程学者指责质疑方思想停留于"凯洛夫教育学",同样显得武断。而且双方许多时候其实无法达成"沟通",如课程改革与文化传统的关系问题,质疑方从大的民族历史文化角度认为新课程改革忽视"复兴中华文化",引领方回应时,则仅是从教育思想角度把传统文化理解为古代优秀教育思想。类似视角、概念及所指均对不上的理论争鸣有许多,合在一起让中小学课程改革领域再度上演"五四"以来的教育思想、文化思想纷争。此外,昔日学科专家批评课程改革扰乱正常学科知识教学尤其是理科教学,同样可以在21世纪新课程改革争论中找到对应版本(邢红军,2011)。客观地看,只能说理解与诉求不一乃是课程改革探索不可避免的基本事实。而且即使遭到批评,也不会影响引领课程学者继续按自身专业视野建构新课程理论,指导中小学课程改革。批评反而常会助攻引领课程学者,使其得以应对许多当初未曾考虑的课程理论及教学实践问题。就是问题应对多了后,也会让引领课程学者难以持续探索最初的基本问题。

比如,最初强调适应国情,但对于国情是什么,由此国情出发需要发展什么新课程,至今也未看到引领课程学者曾像陶行知、晏阳初那样,花费多年时间展开探索,并根据自己的国情认识转向平民主义课程改革,发展有益改善农民生活的师范及基础文化教育课程。此外还有最关键的问题即民族复兴,同样没有看到引领课程学者有何具体认识。昔日即使是不怎么懂国情的胡适一系,也曾提出一套以思想文化革新为中心的民族复兴理论,进而将自由主义伦理、一般意义的科学方法及杜威教育哲学等西方新思想,引入大学文科及中小学课程改革。由这些古今对比可进一步看出,引领课程学者确实更关注解决课程本身的问题,即以新的课程(教育教学)理论及方法来革新中小学课程与教学运作模式,所以仍得围绕这一点来探讨引领课程学者有何课程改革理论建构贡献,尤其相比蒋梦麟、舒新城、博比特、泰勒等路数相似的中外前辈,在变革知识、学科、考试为主的传统课程与教学运作,创建活动、能力为主的课程与教学运作方面,有无提出新的课程及教学组织原理与方法。但在这一问题上又会看到许多争论,有的认为新课程改革探索在新课程理念建构及启蒙方面成绩显著,如"建构主义"、"后现代主义"课程理论、"研究性学习"理论等广为人知,不再是教教材。有的则认为不过是新瓶装旧酒,还是那套以学生为中心、以活动为中心的教育话语。至于多年探索下来,有无兑现当初根本承诺,即为"新世纪的中国儿童"建构"开放的、民主的和科学的课程",以及有何具体新课程范例来显示何谓"开放的、民主的和科学的课程",更是褒贬不一,或同样只能客观认为新课程改革探索仍在继续,尚无法判断结果。事实也是如此,2014年起,引领课程学者又开始发起新一轮课程改革理论建构,如研制"学生发展素养""学科核心素养""绿色学业质量评价"体系及工具。

最新的理论建构尝试则是响应国家的文化自信号召,探讨如何增强"我国课程与教学理论自信",让世界认识分享"中国经验"。如阚维以英国引进中国数学教学为基础,指出"我国的课程与教学理论要走出去,必须提供更加丰富的实证研究"(阚维,2019)。再如崔允漷依靠梳理20世纪90年代末一些课程改革先锋学校的探索经验,尝试"建构具有中国特色的学校课程发展模式"(崔允漷,2019)。尽管这些前沿课程改革探索尚处于萌芽阶段,但能显示引领课程学者已开始反思优化最初的"国际视野,本土行动"思路,开始强调对本土课程改革经验事实进行准确且深入的研究。尤其在文化自信框架下研究本土课程改革经验事实,更可能在课程理论界掀起"文化转向",使课程改革理论建构与文化层面的民族复兴形成关联。只是引领课程学者仍不大愿意突破课程专业分内之事,依旧习惯既定专业方式,围绕课程组织、教学与评价运作方式等课程本身的变革,对过去二十年的中小学课程改革经验事实进行梳理,从而提炼学校课程改革的"中国模式"。这样做,可以让世界了解当代中国中小学课程与教学运作模式,乃至让中国基础教育教学制度在世界范围内实现崛起,但与文化意义的民族复兴尚有很大理论距离。不过,从历史经验来看,即使引领课程学者能像康有为、章太炎、梁启超、钱穆等非专业的课程改革前辈那样,跳出习惯的泰勒式课程专业视野,从大变局时代的国家文化复兴出发开辟中国课程改革进路,也需要很长时间的探索才可以看到有何理论进展及建构成绩。

当前中国政治上早已恢复统一与自信。军事经济方面同样走上了强盛轨道,而且如何进一步巩固军事经济实力,对于引领课程学者来说则比文化复兴还难承担。近代中国各路课程改革先锋中,只有共产党人和洋务重臣曾涉足军事经济发展,康有为、梁启超、蔡元培、胡适等即使知道军事经济对于民族复兴至关重要,也不知道增强国家军事经济实力需要建构何种新课程。现代知识精英中,只有科学课程改革领袖叶企孙精通国防升级急需哪些尖端基础自然科学新课程。进而言之,从国家需要、近代中国课程改革历史经验及课程学者自身诉求来看,均能发现,在民族复兴方面,课程学者可以努力为之的或许是文化复兴,而且对于课程改革如何助力文化复兴,课程学界也已经有杨启亮曾尝试开辟进路(杨启亮,2007)。在关乎国家军事经济实力的基础自然科学教育领域,课程学者则需保持自知之明,不能仅以课程专业的新课程理念及教学模式来引领数学、物理、化学等基础自然科学的课程与教学改革,从而避免重蹈近代中国科学课程改革的惨重教训,耗费许多人力物力,为中小学生创造众多科学探究活动,但学生高中毕业了,连考入清华物理系的学生都没掌握自然科学本身的基础知识及实验能力,不知道像叶企孙那样想,人力物力不该一味用于追求教学内容及组织形式革新,而应投到科学师资培养上,造就科学水平一流且乐于善于教学的科学教师,这才是科学课程改革及中国科技水平提高的根本所在。

就科学课程改革而言,专业课程学者所能提供的引领价值至今也未超越胡适、任鸿隽或舒新城等昔日科学课程改革先锋,仍是向中小学传播一般意义的科学思想或探究方法,可以培养学生的科学兴趣,但终究不能让学生知道通往世界科学前沿的道路在哪,新的大变局中进一步增强国家军事经济实力急需发展哪些具体的科学研究。仅能传播一般的科学思想、方法等科学文化,也从一个侧面说明引领课程学者尚可在文化复兴方面做些探索,从文化层面履行当初发起新课程改革时提出的民族复兴责任。同样,诸多未去引领课程改革的课程学者在解释课程改革事实时,也可以从国家文化复兴的角度深入考察21世纪以来的课程改革,分析新课程改革在国家文化复兴方面有何作用,有助于复兴何种国家文化,基础教育领域又有哪些古今中西文化正在较量等国家复兴文化相关问题。这样说,虽等于近似呼吁课程学者主动承认理论能力有限,无法像昔日诸多课程改革先锋那样,解答增强国家军事经济复兴需要发展什么样的新课程,但正如杨启亮所言,如果能在文化层面使课程改革有益于国家文化复兴,也算是尽了"每个中国人"应尽的"文化责任"(杨启亮,2007)。何况文化复兴还是早期课程改革前辈康有为提出但却未能承担好的责任,所以致力于文化复兴,还是在继往开来,弥补前辈课程改革先锋的不足之处。

目前能看到,反而是人文学界已有学者早在2009年就曾从国家与资本的双重文化分析视角出发,对地方新课程改革展开深入的田野研究,结果发现,第一轮新课程改革侧重"从课程形式入手大力推行",可称之为"形式的独奏",缺乏清晰的政治文化理论视野,"没有将资本视为对手",也未去估量在全球范围内自由活动的资本可以携带多少与"国家主流意识形态"相冲突的意识形态。尤其是历史课程改革,一度出现自由主义意识形态替代"国家主流意识形态"。"在这种情况下,资本也就成了课程改革的最大受益者"(罗小茗,2012:237—239)。将各类"资本"一刀切地视为国家的"对手",显然有些绝对,但这项课程改革文化研究所揭示的国家主流意识形态文化受到"全球资本"及其附属意识形态文化的强力冲击,确实可以反映引领课程学者在设计课程改革方案时,未曾深入考察新一轮大变局中的复杂文化关系,尤其是资本意志可能渗入教学乃至教材侵蚀国家意志。事实上,2003年,德育理论界权威学者鲁洁就曾提醒本国教育学者,21世纪急需关注"全球化"对于国家及学生个体的文化影响,重视研究"在全球化的冲击下,出现了民族文化危机",尤其是"当代西方的消费主义文化",作为一种可以在全球自由传播的"意识形态",正在教育领域"以非政治化为表象,并以其特有的感性化、生活化在不知不觉中深入人心。这种来自发达国家的消费主义意识形态,在全球化的推动下已成为控制全球人思想与行为的霸权文化。这种文化霸权也是为经济、政治的扩张而开道的"(鲁洁,2003)。2004年,丁钢也呼吁要考虑"课程改革的文化处境",并从历史角度指出"当代中国的课程改革依然无法回避本土知识与全球文化之间的矛盾"(丁钢,2004)。但类似全球文化观察并未被纳入新课程改革最初的理论建构与顶层设计,仅看到鲁洁的全球文化分析曾对小学道德与法治这一门课程发挥国家文化捍卫引领功能。

由此可见,国家文化复兴不仅是课程学者尚有能力承担的责任,而且是应该努力践行的使命。尤其诸多代表国家引领中小学课程改革的课程学者更有义务在国家文化复兴方面自觉展开理论探索。为此,引领课程学者就需再次启动"概念重建",且是针对自身习惯的课程专业理论建构方式。具体而言就是,不能仅对课程结构、教学及评价方式等课程内部之事进行病理诊断,开出理论、方法及工具等变革药方,而应突破这一习惯的专业理论建构方式,引入跨学科视角对传统的专业课程理论研究进行再造,进而可以像鲁洁、丁钢或昔日课程改革先锋那样,心里想的是课程改革,却能努力从更广阔的文化观察与问题出发,分析新一轮大变局中,国家正在面临哪些文化危机与挑战,什么样的课程改革有利于在危机与挑战中实现国家文化复兴。况且历经一百多年的古今中西文化冲突,对于当代中国需要复兴什么样的国家文化,国家层面早已给出答案,引领课程学者因此可以避免重复康有为或胡适因为不清楚中国究竟需要发展什么样的国家文化陷入迷途。与此同时,引领课程学者都有强烈的民族复兴理想与国家文化认同,也能迅速领会国家提出的文化复兴计划,所缺的就是在既有专业课程理论建构功能的基础上,提升历史及现实文化研究能力,以能准确揭示新一轮大变局中落实国家文化复兴计划,需要应对哪些具体的历史及现实文化问题。

在提升历史及现实文化研究能力,应对具体文化问题这一点上,近代中国课程改革历史经验及思想传统同样可以提供诸多参照。先来看最重要的国家政治文化自信问题。如美国汉学家包华石(Martin Powers)所见,17、18世纪,欧洲曾十分羡慕中国传统政治及科举教育制度,认为其中蕴含平等主义的任贤选能政治文化,远比欧洲世袭贵族体制先进(包华石,2020)。昔日欧洲的这些认识主要是靠书本得来,无法深入了解传统中国复杂政治文化内涵,但也能表明中国传统政治文化并非绝对逊于西方,更不必轻易认为中国一定要以西方现代政治文化作为范本。相反,西方现代政治文化自身其实也一直处在问题中,而非解决中国政治文化问题的良方。李鸿章、左宗棠及之后登台的康有为虽然没有今日汉学家的中西历史知识,但均未因为接触西方简单否定中国政治文化。李鸿章一代在保持大一统政治制度自信的基础上,认为中国与西方比就差在军事经济实力上,他们曾引入现代政治课程,但目的是优化清廷官僚及士子的世界视野及军事经济改革能力。康有为则执于超历史的政治文化自信,要以新经学与孔教征服世界,重塑世界政教与全球人心。从梁启超到胡适这一代,政治文化自信发生了巨变。这些现代知识精英作为新一代课程改革先锋,推崇书本上的自由、平等、代议等西方现代政治思想,并把书本上的西方政治思想当作真实的西方政治,进而以书本上的西方政治思想乃至概念作为标准,简单否定中国传统政治,不仅丧失政治文化自信,还使课程改革乃至整个学堂体系陷入激烈的中西新旧政治思想及意识形态冲突。等亲眼看到西方政治实况尤其"一战"惨状时,又觉得还是中国传统政治道德能导出善政。

视野再放宽,更可以看到,梁启超、胡适等大力表彰西方政治文化时,西方则有许多先锋思想家一直在批判18世纪以来的西方现代文明,认为其本质是自由资本主义及野蛮帝国主义,所以必须继法国大革命推翻贵族世袭统治之后,再度发起革命,因为法国大革命真正获益的是自由资本主义,让自由资本主义粉碎了西方传统政治压制,取代后者成为了西方政治、经济及文化秩序统治者。正是这种认识促成世界历史兴起新一轮马克思主义及社会主义革命运动,重建被自由资本主义、帝国主义主宰的国家与世界。西方先锋思想家的革命认识以及世界历史兴起马克思主义革命新潮更能说明,梁启超、胡适等看待中西政治文化时实在太过简单。包括梁启超晚年提倡回归中国及东方传统政治文化同样过于简单,仅是以传统道德解决"一战"以来的国内及世界危机。胡适政治上坚守西方中心主义,贬低梁启超或其他人表彰东方传统文化,更是简单的一己之见。无论梁启超从推崇西方转向回归自家传统,还是胡适始终坚持简单的西方中心主义,背后所反映的其实都是对中西历史及现实缺乏研究。其系列缺乏研究基础的简单言论仅能满足部分现代知识精英的政治诉求,即在科举通道消失的情况下,在清末民初混乱教育及政治场域中寻求地位上升,以实现各自的政治改革抱负,与如何让清末以来中国社会大多数人以及整个民族从苦难现实中获得新生并无直接关联,即使知道中国社会大多数人以及整个民族正在遭遇什么样的苦难命运结构,也未去正视,仍栖息于简单的远离实情的西化或传统政治道德理想。

传统政治文化自信丧失了,各种简单的西方中心主义改革言论又无法形成广为认可的现代政治文化认同,清廷及之后的北洋军阀政府更没有办法凝聚统一各种自由言论,清末民初及"五四"前后的课程改革随之一直陷于中西新旧政治思想及意识形态纷争。但一片乱象中,还有共产党人从世界历史的新一轮革命进程中,看到了可以让中国社会大多数人获得新生的马克思主义新思想,并依靠在中国马克思主义工农革命及民族革命实践中不懈探索,形成了可以从政治、经济及文化上全面超越国内各类纷争及西方资本主义、帝国主义的新民主主义国家建设理想,为中国成功建立现代政治文化认同,进而开辟了能让中国社会大多数人以及整个民族从苦难命运结构中真正获得解放与新生,顺利通往新中国的新民主主义课程改革道路。新民主主义政治文化认同的形成,不仅让中国在西方面前恢复了丧失已久的政治文化独立与自信,而且把传统中国最初的优良民本政治文化传统从西化言论及经学纲常伦理的遮蔽与扭曲中拯救出来,使其重新焕发"周邦虽旧、其名维新"的本有生机。今日引领课程学者也因为有共产党人开拓在先,任何时候都能保持政治文化自信。不过,在建构课程改革时,引领课程学者仍需警惕昔日简单的西方中心主义,避免在不了解西方实情的情况下,盲目照搬西方概念及模式,扰乱或迷失新中国70多年积累起来的现代教育传统。

如引进美国大规模质量评价工具时,便不能忽视美国联邦政府因为没有质量监测工具,无法知晓自己依靠法案、经费投资在各地发起的质量标准化课程改革是否能切实提高学生学业成绩,所以必须按照其质量标准制定大规模评价工具,而中国早已有成熟的中考和高考保证基本学业质量。不考虑国情,盲目引进美国及其他西方国家的大规模考试,或模仿西方推出的质量概念及标准改革长期被学生及社会接受的中考及高考,不仅会打乱学校正常教学,而且会加重学生负担,乃至弱化国家政治文化。教育家于漪就曾指出,国内有些地方看到西方搞"标准化""量化"评价,也跟着"一下子推行标准化试题,对几乎所有学科全覆盖,无视不同学科的不同性质、特点"。于漪更是看到"在日常教学工作中,在听报告、进修、开展教学科研时,洋概念、洋语言无处不在",将教育改革"面向世界"简化为"照搬""移植"乃至"贩卖"(于漪,2014:67—73)。从国家文化复兴及近代中国课程改革历史经验来看,值得注意的还不只是迷失自己的教育传统及话语,而是盲目照搬会从教学、考试等层面,冲击消解中国教育内在的国家政治文化。于漪所见课程改革实践出现的情况更可以提醒课程改革专家,必须重视引导教师考察流行西方教育话语背后的政治文化诉求及影响,同时深入研究中国教育的历史传统及国家政治文化内涵,以便使课程改革从理论到实践均有利于切实增强教师及学生的国家政治文化自信。

切实增强国家政治文化自信需要引领课程学者具备相应的历史及现实文化研究能力,另一大与国家文化复兴相关的问题,即如何传承发展中华优秀传统文化,并将其融入学校课程改革,同样需要引领课程学者反思习惯已久的专业理论建构方式,提升历史及现实文化研究能力。引领课程学者能自觉将课程改革与优秀传统文化关联起来,强调"继承和发扬中华民族的优秀传统",但对于课程改革应传承发展什么民族优秀传统文化,引领课程学者并没有清晰认识,所以也无法为中小学教师提供广为认可的优秀传统文化理论框架。从近代中国课程改革历史经验及思想传统来看,对于课程改革应传承发展什么优秀传统文化,康有为、章太炎、梁启超、胡适的回答也是分歧甚多,莫衷一是,但今日引领课程学者不难从昔日先锋遗留的思想传统及方式中看到,康有为等处理传承发展优秀传统文化时,视野局限于儒家经学,且不是孔子最初的六艺,而是汉代今文经学,其他则推崇程朱理学或考据经学。今日一些地方传承发展优秀传统文化时,同样容易陷入类似的经学中心视野,且因功底不如康有为,连经学类型都不懂区分,乃至认为传承优秀传统文化就是让学生学习四书五经,甚至随意将四书五经冠以"国学"之名,从形式上扰乱国家文化。民间教育市场更流行明清时为科举考试做八股文打基础的童蒙经学,其中不少内容均是帝制时代的三纲五常。这些乱象均需要引领课程学者反思康有为以来的传统文化视野及其政治思想文化教育内涵与影响,不然把课程改革与优秀传统文化关联起来仅是一句正确但抽象的口号。

与今日需要更相符的乃是梁启超、章太炎等开辟的史学化的民族主义"国故"视野,主张打破经学中心视野,向一切"国故"敞开,从中寻找能激发爱国情感、增强民族国家认同的优秀传统文化。章太炎还曾提议发展以"人物事迹"为中心的传统文化教育,更可以为超越当前流行传统文化课程常见的经学伦理说教提供课程开发典范,使学生不仅可以学到更多感人的传统历史文化,而且能因此巩固爱国情感及民族国家认同。当然,也要留意避免梁启超式的局限,即简单以西方政治概念否定中国历史文化。如将司马迁以来的传统史学简单定性为"帝王"史学,"二十四姓家谱",没有"国家思想",所言虽然能震撼人,但终究没有深查司马迁耗尽全力"究天地之际,通古今之变",是在像孔子那样传承夏商周优良史学文化传统,继续为家国天下指明恒久太平安康正道。章太炎那,也有局限,民族主义过于激进,对中国自古就是多元一体的民族国家缺乏足够自觉。至于胡适,则和梁启超类似,也喜欢以抽象西方概念为标准,简单否定本国历史文化传统,其"大胆假设",甚至会直接摧毁民族历史文化认同与自信。包括其特别挖掘出来的白话小说,涉及里面的内涵时,也习惯以西方概念作标准。如研究《红楼梦》,仅将它视为近似手术台上的史料物质,从中剖析曹雪芹生平信息,认为不要解读其中的文学美学思想,无论有多少高深美好的思想,都是不值一提的不"科学"的胡说。

事实上,即使仅就如何对待本国传统文化而言,也是共产党人的新民主主义思想传统在古今之间考虑得更周全,既可以打破被经学封闭的传统文化视野,将许多被忽视的优秀传统文化解放出来,又能从语言表达、思想等层面让民族优秀传统文化获得新生,成为对民族复兴及广大人民群众有益的新文化。如民间男女老少喜欢的传统中国戏剧,便在新民主主义思想浇注下迎来新生,成为民间男女老少依旧喜欢的现代中国戏剧,其社会进步及民族复兴贡献也非学院知识精英发明的西化现代戏剧可以比拟。所以今日引领课程学者破解课程改革如何传承发展优秀传统文化时,不仅需要重温康有为、梁启超、章太炎、胡适等人的经验及思想,更得了解共产党人如何超越他们,在拯救国家、造福人民的革命实践中开辟新民主主义的中国历史文化新生之路,然后继往开来,在今天新一轮大变局中像延安时期的众多课程改革前辈那样,自觉沿着民主的、科学的、大众的新民主主义新文化道路,继续探索如何在课程改革中切实传承发展中华优秀传统文化,而不是谨守专业课程理论建构,即使看到各类版本不一的经学教条传统文化课程及干扰国家文化的市场化"国学"课程在基础教育领域流行,也不知道怎样引领教师根据国家要求及历史经验,对诸多流行传统文化课程加以辨析,并从选材范围、思想及语言形式等方面改进优化中小学传统文化课程。

以上是从国家政治文化认同、优秀传统文化传承出发,分析中国近代课程改革历史经验及思想传统能为今日引领课程学者承担国家文化复兴责任,优化理论建构提供哪些启示。接下来需探讨另一重要问题,即如何应对在新一轮大变局中进行课程改革无法回避的现实文化问题,其所考验的是引领课程学者具体有何国际视野和国情认识。国际视野方面,之前提到鲁洁曾提醒,中小学及课程改革领域已渗入"西方消费主义"等"经济全球化"带来的对国家文化不利的意识形态文化,但引领课程学者对此并无多少察觉,其理论建构关注的是针对中小学课程运作体系之内的六大问题研制解决原理与方法。与之相对应,其国际视野也是围绕课程运作体系内部六大问题而展开,看看美国、欧洲、日本或澳大利亚等国对六大问题有何解决措施。言外之意,引领课程学者习惯的国际视野也是课程专业的国际视野,所以不会跨专业关注"全球资本"之类的巨大超国家力量进入课程改革会引发什么样的文化危机与挑战。近代中国课程改革史上,文化危机与挑战曾是康有为以来许多改革先锋的共同关注焦点,但到引领课程学者登台,昔日这一常见国际视野及文化问题关切却近似中断了。引领课程学者显然需要恢复并优化课程改革曾有的文化国际视野与关切,因为仅仅鲁洁注意到的西方文化冲击就已让引领课程学者无法回避,一直忽视下去,很可能再度发生清末时有过的结果,即课程运作体系升级改造好了,但在其中唱戏的却是始料不及的其他文化。等到正视时,其他文化早已成气候,想去应对也鞭长莫及。

还是那句话,引领课程学者需要对自身习惯的专业理论建构方式发起进一步的"概念重建",提升历史及现实文化研究能力。表现在国际视野方面,便是在课程专业的国际视野基础上,引入文化研究的国际视野,如此才会关注"全球资本"可以将何种意识形态文化渗入中小学课程改革。其实,引领课程学者只需像昔日前辈那样增强国家文化忧患意识,便不难优化习惯的专业化的课程改革理论建构,因为自 20 世纪 80 年代初里根、撒切尔上台执政以来,对世界历史演变影响最大的意识形态文化就是新自由主义。21 世纪以来,美国各届总统按市场化自由竞争思路,在基础教育领域推行质量标准化课程改革,也是在落实新自由主义。新自由主义前身是自由资本主义,它在 20 世纪 60 年代尚受限于西方国家的福利与公平政策干预,无法将世界彻底市场化。但西方体制本身会使国家无法持续调动足够资源维系社会福利与公平,70 年代起,西方国家便迫于资本势力不支持国家干预,倒向自由资本主义,使自由资本主义升级为连国家政治都在其掌控之下的新自由主义。80 年代中后期,新自由主义影响之大,曾引来日裔美国学者福山于 1989 年发文宣布"历史终结"。即使"不受约束"的新自由主义惹出世界金融危机,福山也认为历史终点乃是新自由主义的胜利。2012 年,福山仍在说即使出现新的宏大历史叙事,也无法取代西方发达国家几代中产阶级信奉的自由主义传统(Fukuyama, 2012)。直到特朗普上台及西方兴起民粹主义,福山才承认新自由主义无以遏制自身华尔街式的无限贪婪,只会不断加剧经济分配不公与政治社会分裂。

作为近四十年影响最大的西方意识形态文化,新自由主义看似远离课程改革,但实际上在世界各地的课程改革中都可以看到其影响。最初是在大学,20世纪60年代,西方大学曾爆发针对资本主义制度的激烈文化政治革命。但到70年代,加州大学、哈佛大学等带头转向和市场、资本结盟,发起市场化、专业化课程改革,压缩文科,增设新自由主义推崇的金融及高科技类专业,优化学分制,转移学生的文化政治兴趣,将学生引向新自由主义期望的追求经济成功。与此同时,西方国家政府也在一面镇压学生,一面支持新自由主义发展金融及高科技,帮助新自由主义推进世界市场化,所以西方大学改革可以取得显著效果。"学生们从学文科转而学习谋生糊口的课程,并不顾一切地挣学分"(迪克斯坦,1985:270)。学生偶像也由马克思、马尔库塞,变为比尔·盖茨、巴菲特等高科技与金融商业领袖。新自由主义完成对大学的征服与改造,之后便是进驻基础教育领域,使基础教育课程体系运作朝市场化的学业质量竞争方向演进。教师按新自由主义全球经济竞争需要的教学质量标准进行教学,并接受绩效考核,学生及家庭按新自由主义推出的质量排行榜选择好学校,自由选择及个人收益计算成为学校课程运作主流文化,目标也是成为华尔街、硅谷等全球经济中心的佼佼者。学校运行中出现纷争,也是以市场化方式加以解决。总之,新自由主义改变了世界历史进程,不仅支配国家及世界政治,还要统一国家及世界教育质量标准。

美国课程理论界已有许多学者在批判新自由主义主宰课程改革,使学校丧失民主主义或其他非市场化的政治社会进步理想与功能。国内教育理论界近些年也有学者在研究新自由主义,如从社会"排斥"角度指出,新自由主义"通过教育市场化和制度控制两大杠杆,将学校原有的排斥性环境进一步恶化","面对考试设计、备考、择校等过程,边缘群体学生和家长被严重排斥在外",所以"新时期加强对西方新自由主义教育的批判尤为重要"(佘林茂等,2018)。再如分析 PISA 考试背后的"新自由主义"体制及意识形态扩张诉求,提醒 PISA 考试在各国推行所反映的"当前教育全球化背景下的评价之风与20世纪中后期的新自由主义思潮对于教育领域的渗透有着密切的联系"(高原,2014)。但正如鲁洁、丁钢的全球文化观察未能引起课程理论界重视,这些新自由主义研究同样没有赢得引领课程学者的回应,引领课程学者所关注的仍是课程体系内部问题,且最新焦点是从课程标准、课堂教学及评价等层面入手,将中小学课程运作由以一般意义的"素质"或"能力"为本,升级为以"学科核心素养"为本,不曾跳出来考察20世纪70年代以来的世界历史演变,以及新自由主义在基础教育领域的课程改革套路。尤其从国家文化复兴角度对新自由主义展开考察与批判,更是没有提上议事日程。

新自由主义终会死于自身的太过自私与贪婪,被新的意识形态取代。但谁也不知道新自由主义何时会灭亡。在灭亡之前,新自由主义仍可凭借其强大跨国全球流通机制,如国际货币基金组织、世界银行、OECD等机构,自由进出世界各地课程改革,侵蚀课程改革领域的其他意识形态。拉丁美洲教育被新自由主义的市场化、标准化征服,引发政治社会分裂,便充分说明了新自由主义对于世界教育的强大改造与破坏力。西方新自由主义对于本土基础教育课程改革有何影响,对国家文化有何冲击,目前尚没有专门研究,但可以看到教育经济学者王蓉已从总体层面提醒注意"'教育的拉丁美洲化'问题在我国不少城市的基础教育领域已经非常突出",基本表现是"民办学校与公办初中的质量差距越拉越大,公办学校的劣势越来越明显"。像"'初中不读民办,高中、大学就进民办',就是老百姓口中的'教育拉丁美洲化'问题的形象表达"(王蓉,2017)。王蓉所提的这些"突出"现象证明新自由主义已在影响中国基础教育,其所弱化的不仅是"公办初中",还可能促使公众更加看重资本,降低公众对于政府及国家的信任与依赖,这些正是西方新自由主义乐于见到的结果。面对新自由主义已在影响基础教育,引领课程学者如果想从文化层面承担民族复兴责任,就必须对习惯的课程专业国际视野进行重建,改变当初即使触及世界经济,也只是看到表面的"知识经济"及"信息化"竞争,没能将知识经济、信息化背后的新自由主义列为关注对象。包括PISA也是如此,重视纸面标准及技术,忽视背后新自由主义体制及其世界教育统一诉求。但只要稍稍调整国际视野,便不难分析新自由主义在世界教育领域的扩张机制,考察其在本土基础教育领域的活动情况及对国家文化的可能冲击。引领课程学者的国际视野及理论重建努力虽不足以对抗新自由主义,但能激励引导基础教育界重视新自由主义,进而使各地课程体系内部的制度变革避免无形中是在推动基础教育朝新自由主义期望的市场化及标准化方向演进。

清末民初以来就有诸多课程改革先锋因为不了解西方18世纪以来的历史演变,找不到正确的国家文化复兴进路,乃至系列课程改革努力其实是在帮助传播西方意识形态。此类历史经验更可以启示引领课程学者必须重建习惯的课程专业国际视野,探索课程改革如何应对当前影响最大的新自由主义。如此不仅有利于中国课程改革理论建构形成新自由主义批判的新进路,而且能为中国课程改革及各地中小学在新自由主义强势影响下自觉捍卫国家文化提供有效理论工具及实践方案。是为国际视野方面需要何种重建与优化。国情认识方面情况也类似,其中最值得一提的是,引领课程学者熟悉且认同国家对于新时期国内"社会主要矛盾"的战略判断,即"人民日益增长的美好生活需要和不平衡不充分的发展之间的矛盾",但对课程改革怎样为解决新时期国内社会主要矛盾作出积极贡献,同样尚未能看到引领课程学者有何具体理论行动。近代各路课程改革先锋中,也只有蔡元培极其重视在基础教育领域发展美育新课程,把美育渗入各科课程。从蔡元培的经验看,引领课程学者也可以从美育入手,尝试破解基础教育课程改革怎样积极服务于解决国内社会主要矛盾,使中小学教师及学生在发展仍不够平衡充分的社会环境中,形成适宜的有利于化解社会矛盾的"美好生活"认识与观念,而不是仅被社会或网络上诸多流行价值观包围。

同时,从美育入手尝试建构课程改革理论还可以和国家政治文化认同、优秀传统文化传承整合起来。蔡元培发展美育优化国民价值观时,就曾一面吸取西方人文艺术,一面重视挖掘中国传统人文艺术,尽管其视野过于知识精英化,对中国优秀大众传统文化关照不够。但这一视野及文化形态缺失可通过借鉴共产党人延安时期的新民主主义大众文化发展经验加以克服。当然,对今日的引领课程学者来说,还涉及如何引导中小学教师及学生正确认识当前社会主要矛盾,然后才谈得上借鉴近代相关历史经验及思想传统,发展解决社会主要矛盾所需的美育新课程。双重理论探索合在一起,意味着引领课程学者需要激励引导中小学教师及学生在正确了解社会主要矛盾的基础上,思考可以采取何种课程变革措施发展有效美育,优化中小学教师及学生的"美好生活"认识,依靠"美好生活"认识自觉处理发展不够平衡充分可能带来的社会矛盾。只是这一从国情出发的课程改革理论建构尝试同样需要引领课程学者带头调整优化习惯的课程专业视野,引入有效的美学及社会学工具。最后需要指出的是,除社会主要矛盾外,当前社会发展还有其他矛盾也值得重视,如环境危机与保护,而且环境危机与保护也是近代各路课程改革先锋均未涉及的社会发展新问题。引领课程学者如能积极调整优化专业视野,连昔日前辈不曾涉及的难题都考虑在内,则更能展示今日"课程人"在新一轮大变局中登台引领中国课程改革可能有的视野及理论创新能力,为近代以来寻求民族复兴的中国课程改革续写新的历史篇章。但这是愿景,目前引领课程学者急需要做的乃是在认识大变局的基础上,围绕国家文化复兴进行理论重建,以达成集体共识,携手应对新自由主义渗透对于国家文化可能造成的不利冲击,使课程改革有益于巩固基础教育领域的国家地位与影响,增强广大教师、学生及家长的国家认同。

参考文献

中文部分(按姓氏笔画排序)

著作类

[1] 丁文江,等,1983.梁启超年谱长编[M].上海:上海人民出版社.
[2] 丁名楠,等,1958.帝国主义侵华史(第1卷)[M].北京:科学出版社.
[3] 丁韪良,2004.花甲记忆:一位美国传教士眼中的晚清帝国[M].沈弘,等,译.桂林:广西师范大学出版社.
[4] 于吉楠,1982.张国焘和《我的回忆》[M].成都:四川人民出版社.
[5] 于凌辰,2000.同治六年三月二十七日通政使司通政使于凌辰折[M]//中国史学会.洋务运动(第2册).上海:上海人民出版社.
[6] 于漪,2014.教育的姿态[M].太原:山西教育出版社.
[7] 山西临县档案馆,2009.临县安业基本情况[M]//郭夏云.教育的革命与革命的教育——冬学视野中的根据地社会变迁.太原:山西人民出版社.
[8] 义律,1993a.备忘录[M]//胡滨.英国档案有关鸦片战争资料选译(上册).北京:中华书局.
[9] 义律,1993b.致巴麦尊子爵函[M]//胡滨.英国档案有关鸦片战争资料选译(上册).北京:中华书局.
[10] 马士,1963.中华帝国对外关系史(第1卷):1834—1860年冲突时期[M].张汇文,等,译.北京:商务印书馆.
[11] 马克思,1961.中国革命和欧洲革命[M]//马克思,恩格斯.马克思恩格斯全集(第九卷).北京:人民出版社.
[12] 马克思,1972.新的对华战争[M]//马克思,恩格斯.马克思恩格斯选集(第二卷).北京:人民出版社.
[13] 马建忠,1946.东行三录[M].上海:神州国光社.
[14] 马胜云,等,1999.李四光年谱[M].北京:地质出版社.
[15] 马健翎,1943.血泪仇[M].延安:西北新华书店.
[16] 王士倬,2007.我的自传[M]//师元兴,等.中国航空事业先驱王士倬.北京:航空工业出版社.

[17] 王中青,1959.谈赵树理的《三里湾》[M].上海:上海文艺出版社.
[18] 王文兵,2008.丁韪良与中国[M].北京:外语教学与研究出版社.
[19] 王世杰,1933.序一[M]//国立编译馆.教育部天文数学物理讨论会专刊.南京:教育部.
[20] 王东杰,2016.国中的"异乡":近代四川的文化、社会与地方认同[M].北京:北京师范大学出版社.
[21] 王扬宗,2000.傅兰雅与近代中国的科学启蒙[M].北京:科学出版社.
[22] 王光远,1987.陈独秀年谱:1879—1942[M].重庆:重庆出版社.
[23] 王兴国,1981.杨昌济的生平及思想[M].长沙:湖南人民出版社.
[24] 王芸生,1980.六十年来中国与日本(第六卷)[M].北京:生活·读书·新知三联书店.
[25] 王国维,2010.王国维全集(第 15 卷)[M].谢维扬,房鑫亮,主编.杭州:浙江教育出版社.
[26] 王国维,1993.哲学辨惑[M]//王国维哲学美学论文辑佚.上海:华东师范大学出版社.
[27] 王鸣盛,2005.十七史商榷[M].上海:上海书店出版社.
[28] 王学珍,等,2000.北京大学史料(第二卷上册)[M].北京:北京大学出版社.
[29] 王建朗,等,2016.两岸新编中国近代史(民国卷)下[M].北京:社会科学文献出版社.
[30] 王建朗,等,2016.两岸新编中国近代史(民国卷)上[M].北京:社会科学文献出版社.
[31] 王星拱,1920.科学方法论[M].北京:北京大学出版部.
[32] 王独清,1946.序言[M]//罗惇曧,等.庚子国变记·拳变余闻·西巡回銮始末记.上海:神州国光社.
[33] 王家俭,1967.魏源年谱[M].台北:中研院近代史料研究所.
[34] 王家壁,2000.光绪元年二月二十七日大理寺少卿王家壁奏折附片[M]//中国史学会.洋务运动(一).上海:上海人民出版社.
[35] 王淦昌,1995.见物理系之筚路蓝缕,思叶老师之春风化雨[M]//钱伟长.一代师表叶企孙.上海:上海科学技术出版社.
[36] 王鼎杰,2013.李鸿章时代:1870—1895[M].北京:当代中国出版社.
[37] 王弼,2008.老子道德经注校释[M].北京:中华书局.
[38] 王照,1969.小航文存[M].台北:文海出版社.
[39] 王瑶,1982.中国新文学史稿(下)[M].上海:上海文艺出版社.
[40] 天忏生,1985.复辟之黑幕[M]//荣孟源,章伯锋.近代稗海(第 4 辑).成都:四川人民出版社.
[41] 瓦德西,2000.瓦德西拳乱笔记[M].王光祈,译.上海:上海书店出版社.
[42] 中山大学《叶挺》编写组,1979.叶挺[M].广州:广东人民出版社.
[43] 中央政治局,1985.中央关于目前政治形势与党的任务决议[M]//中央统战部,中央档案馆.中共中央抗日民族统一战线文件选编(中).北京:档案出版社.
[44] 中央音乐学院中国音乐研究所,1962.冼星海专辑(一)[M].北京:中央音乐学院中国音乐研究所.
[45] 中央教育人民委员部,1981.小学课程与教则草案[M]//中央教育科学研究所,等.老解放区教育资料(一).北京:教育科学出版社.
[46] 中央教育人民委员部,1960.共产儿童读本第 1、2 册[M]//江西省教育厅.江西苏区教育资料选编.南昌:江西教育出版社.
[47] 中央教育人民委员部,1985.列宁小学算术教学法(第一册)[M]//江西苏区教育资料汇编

(八).赣州,南昌:赣南师范学院、江西省教育科学研究所.
[48] 中共天津市委党史研究室,2005.民族英雄吉鸿昌[M].北京:中共党史出版社.
[49] 中共中央,1983.中国共产党为肃清军阀势力及团结革命势力问题致中国国民党书[M]//中央档案馆.中共中央文件选集(第3册).北京:中共中央党校出版社.
[50] 中共中央文献研究室,2002.毛泽东年谱:1893—1949(上卷)[M].北京:中央文献出版社.
[51] 中共中央文献研究室,1998.周恩来年谱:1898—1949[M].北京:中央文献出版社.
[52] 《中共中央北方局》资料丛书编审委员会,2002.中共中央北方局(综合卷)[M].北京:中共党史出版社.
[53] 中共中央党史研究室,等,1996.王稼祥[M].北京:中共党史出版社.
[54] 中共中央党史资料征集委员会,1985.关于遵义政治局扩大会议若干情况的调查报告[M]//遵义会议资料选编.贵州:贵阳民族学院印刷厂.
[55] 中共江西省宁冈县委党史工作办公室,1992.红军大本营:井冈山根据地宁冈革命斗争史略[M].宁冈:宁岗县印刷厂.
[56] 中共萍乡市委党史工作办公室,等,1993.毛泽东在萍乡[M].萍乡:萍乡工人报社.
[57] 中共湘委,1984.湘赣边界目前工作决议案[M]//江西省档案馆.湘赣革命根据地史料选编上册.南昌:江西人民出版社.
[58] 中华平民教育促进会,1936.二十五年度平教工作概览[M].定县:中华平民教育促进会.
[59] 中华平民教育促进会,1933.定县的实验[M].定县:中华平民教育促进会.
[60] 中华平民教育促进会,1935.定县的实验(平民教育)[M].定县:中华平民教育促进会.
[61] 中华平民教育促进会,1934.定县实验工作提要[M].定县:中华平民教育促进会.
[62] 中华苏维埃共和国中央政府,1981.中华苏维埃共和国小学制度暂行条例[M]//中央教育科学研究所,等.老解放区教育资料(一):土地革命战争时期.北京:教育科学出版社.
[63] 中国人民政治协商会议湖北省公安县委员会,2000.王竹溪传[M].北京:华文出版社.
[64] 中国人民解放军军事科学院,1994.毛泽东军事年谱:1926~1958[M].南宁:广西人民出版社.
[65] 中国史学会,1957.戊戌变法(二)[M].上海:上海人民出版社.
[66] 中国史学会,1961.洋务运动(二)[M].上海:上海人民出版社.
[67] 中国共产党,1980.中国共产党关于(奋斗)目标的第一个决议[M]//中国社会科学院现代史研究室等."一大"前后:中国共产党第一次代表大会前后资料选编(一).北京:人民出版社.
[68] 中国共产党,1980.中国共产党宣言[M]//中国社会科学院现代史研究室,等."一大"前后:中国共产党第一次代表大会前后资料选编(一).北京:人民出版社.
[69] 中国国民党中央执委训练部,1930.中国童子军司令部月刊第一卷汇刊[M].南京:中山印书馆.
[70] 中国第二历史档案馆,1991.南京锻丝工人为争取原料捣毁省议会有关电文[M]//中华民国史档案资料汇编(第三辑):民众运动.南京:江苏古籍出版社.
[71] 中国新民主主义青年团中央委员会,1949.关于建立中国少年儿童队的决议[M]//教育资料丛刊社.小学校的少年儿童队.北京:新华书店.
[72] 贝寿同,等,1986.南洋公学学生出学始末汇记、退学详记[M]//《交通大学》撰写组.交通大学校史资料选编(第一卷):1896—1927.西安:西安交通大学出版社.

［73］内藤顺太郎,1914.袁世凯[M].张振秋,译.上海:广益书局.
［74］毛子水,1967.师友记[M].台北:传记文学出版社.
［75］毛泽东,1967a.论持久战[M]//毛泽东选集:第二卷.北京:人民出版社.
［76］毛泽东,1967b.愚公移山[M]//毛泽东选集:第四卷.北京:人民出版社.
［77］毛泽东,1981.毛泽东同志论苏维埃时期教育工作[M]//中央教育科学研究所,等.老解放区教育资料(一):土地革命战争时期.北京:教育科学出版社.
［78］毛泽东,1952.毛泽东选集·第一卷[M].北京:人民出版社.
［79］毛泽东,2002.毛泽东著作选编[M].中共中央党校教务部,编.北京:中共中央党校出版社.
［80］毛泽东,1964.反对本本主义[M].北京:人民出版社.
［81］毛泽东,1982.在第二次全国苏维埃代表大会上的报告[M]//江西省档案馆,等.中央革命根据地史料选编下册.南昌:江西人民出版社.
［82］毛泽东,1939.论新阶段[M].重庆:新华日报馆.
［83］升味准之辅,1997.日本政治史第二册[M].董果良,等,译.北京:商务印书馆.
［84］文化部党史资料征集工作委员会,等,1992.延安鲁艺回忆录[M].北京:光明日报出版社.
［85］方东树,1978.汉学商兑[M].台北:台湾商务印书馆有限股份公司.
［86］方闻,1982.清徐松龛先生继畲年谱[M].台北:台湾商务印书馆有限股份公司.
［87］邓文仪,1943.黄埔军校[M].重庆:真实出版社.
［88］邓廷桢,1997.壬寅伊江中秋[M]//邱远猷.林则徐邓廷桢黄爵滋诗文选译.成都:巴蜀书社.
［89］邓亦兵,1988.丁日昌评传[M].广州:广东人民出版社.
［90］孔原,1992.中共驻北方代表田夫致中央信[M]//中央档案馆.中共中央文件选集.北京:中共中央党校出版社.
［91］孔祥吉,2001.晚清史探微[M].成都:巴蜀书社.
［92］孔祥吉,等,2004.罕为人知的中日结盟及其他——晚清中日关系史新探[M].成都:巴蜀书社.
［93］艾尔曼,1995.从理学到朴学:中华帝国晚清思想与社会变化面面观[M].赵刚,译.南京:江苏人民出版社.
［94］艾尔曼,1998.经学、政治和宗族——中华帝国晚期常州今文学派研究[M].赵刚,译.南京:江苏人民出版社.
［95］艾思奇,1938.大众哲学[M].上海:读书生活出版社.
［96］艾思奇文稿整理小组,1981.一个哲学家的道路——回忆艾思奇同志[M].昆明:云南人民出版社.
［97］艾恺,1996.最后的儒家:梁漱溟与中国现代化的两难[M].王宗昱,等,译.南京:江苏人民出版社.
［98］左丘明,1988.左传[M].长沙:岳麓书社.
［99］左宗棠,1987a.左宗棠全集(第13册)[M].上海:上海书店.
［100］左宗棠,1986a.发给勒伯勒东札凭片[M]//左宗棠全集(第1册).上海:上海书店.
［101］左宗棠,1961a.同治五年十一月初五日左宗棠折[M]//中国史学会.洋务运动(五).上

[102] 左宗棠,1992a.船政事宜十条[M]//高时良.中国近代教育史资料汇编·洋务运动时期教育.上海:上海教育出版社.

[103] 左宗棠,1992b.艺局章程[M]//高时良.中国近代教育史资料汇编·洋务运动时期教育.上海:上海教育出版社.

[104] 左宗棠,1987b.左宗棠全集:诗文·家书[M].长沙:岳麓书社.

[105] 左宗棠,1986b.议政王军机大臣字寄同治二年二月十二日奉[M]//左宗棠全集(第2册).上海:上海书店.

[106] 左宗棠,1961b.合同规约十四条[M]//中国史学会.洋务运动(五).上海:上海人民出版社.

[107] 左宗棠,1961c.同治十一年三月二十五日折[M]//中国史学会.洋务运动(五).上海:上海人民出版社.

[108] 左宗棠,1986c.拟购机器雇洋匠试造轮船先陈大概情形折[M]//左宗棠全集(第4册).上海:上海书店.

[109] 左宗棠,1986d.复陈筹议洋务事宜折[M]//左宗棠全集(第4册).上海:上海书店.

[110] 左宗棠,1982.两江总督左宗棠奏造兵轮预筹驾驶人才派员教习片[M]//张侠,等.清末海军史料(上册).北京:海洋出版社.

[111] 左宗棠,1977.陕甘总督左宗棠复总算说贴[M]//宓汝成.近代中国铁路史资料(上册).台北:文海出版社.

[112] 左舜生,1983.中国近百年史资料续编[M].台北:台湾中华书局.

[113] 左舜生,1968.黄兴评传[M].台北:传记文学出版社.

[114] 石川祯浩,2006.中国共产党成立史[M].北京:中国社会科学出版社.

[115] 石联星,1958.难忘的日子[M]//中国话剧运动五十年史料集(第1辑).北京:中国戏剧出版社.

[116] 石霓,2000.观念与悲剧:晚清留美幼童命运剖析[M].上海:上海人民出版社.

[117] 东北政委会编审委员会,1947.高小国语(第1册)[M].哈尔滨:东北书店.

[118] 东南大学,1923.缘起[M]//国立东南大学一览.南京:东南大学出版社.

[119] 卢梦,1959.抗日战争和解放战争期间晋西北地区文艺活动的回忆[M]//山西省文学艺术工作者联合会.山西文艺史料(晋西北抗日根据地部分)(第二辑).太原:山西人民出版社.

[120] 卢虞,1995.对一代师表叶企孙的认识[M]//钱伟长.一代师表叶企孙.上海:上海科学技术出版社.

[121] 叶企孙,2013.日记[M]//叶铭汉,等.叶企孙文存.北京:首都师范大学出版社.

[122] 叶企孙,等,1933.初等物理实验[M].北京:国立清华大学物理系.

[123] 叶企孙,等,1933.编者自序[M]//初等物理实验.北京:国立清华大学物理系.

[124] 叶显祺,1949.人民教育家陈鹤琴[M].上海:生活导报社.

[125] 叶梦珠,1981.阅世编[M].上海:上海古籍出版社.

[126] 叶铭汉,2013.叶企孙年谱[M]//叶铭汉,等.叶企孙文存.北京:首都师范大学出版社.

[127] 叶铭汉,等,2013.叶企孙文存[M].北京:首都师范大学出版社.

[128] 叶赫那拉·根正,等,2008.我所知道的慈禧太后:慈禧曾孙口述实录[M].北京:金城出

[129] 田彩凤,1995.叶企孙与清华[M]//钱伟长.一代师表叶企孙.上海:上海科学技术出版社.
[130] 田嘉谷,1938.抗战教育在陕北[M].汉口:明日出版社.
[131] 史致谔,1983.史氏家藏左宗棠手札[M]//南京大学历史系.江浙豫皖太平天国史料选编.南京:江苏人民出版社.
[132] 白韬,1949.陶行知先生的生平及其学说[M].天津:冀东新华书店.
[133] 包华石,2020.西中有东:前工业化时代的中英政治与视觉[M].上海:上海人民出版社.
[134] 包遵彭,1970.中国海军史[M].台北:中华丛书编审委员会.
[135] 冯玉祥,1992.冯玉祥日记[M].中国第二历史档案馆,编.南京:江苏古籍出版社.
[136] 冯自由,1981.中国教育会与爱国学社[M]//革命逸史(初集).北京:中华书局.
[137] 冯桂芬,等,1994.采西学议——冯桂芬马建忠集[M].沈阳:辽宁人民出版社.
[138] 冯焌光,等,1992.计呈酌拟广方言馆课程十条[M]//高时良.中国近代教育史资料汇编·洋务运动时期教育.上海:上海教育出版社.
[139] 冯锐,1934.广东复兴糖业之经过述略[M].广州:广东省政府广州区第一蔗糖营造场.
[140] 冯锐,1929.乡村社会调查大纲[M].北平:中华平民教育促进总会.
[141] 冯锐,1929.华北实验区工作实况[M].定县:中华平民教育促进会.
[142] 冯锐,1930.农业常识[M].上海:商务印书馆.
[143] 吉田良太郎,等,1973.西巡回銮始末记[M].台北:学生书局.
[144] 吉田静致,1918.西方伦理学史[M].杨昌济,译.北京:北京大学出版部.
[145] 毕乃德,1993.洋务学堂[M].曾钜生,译.浙江:杭州大学出版社.
[146] 师永刚,等,2006.雷锋[M]北京:生活·读书·新知三联书店.
[147] 光绪,1996.上谕[M]//中国第一历史档案馆.光绪宣统两朝上谕档(第27册).桂林:广西师范大学出版社.
[148] 光绪,1959.上谕[M]//故宫博物院明清档案部.义和团档案史料(下册).北京:中华书局.
[149] 吕正操,1988.吕正操回忆录[M].北京:解放军出版社.
[150] 吕思勉,1997.吕思勉遗文集(上)[M].上海:华东师范大学出版社.
[151] 朱石生,2017.话说晏阳初[M]//张立宪.读库(1701).北京:新星出版社.
[152] 朱寿朋,1958.光绪朝东华录[M].北京:中华书局.
[153] 朱泽甫,1985.陶行知年谱[M].合肥:安徽教育出版社.
[154] 朱宗震,2009.孙中山发动二次革命的曲折过程[M]//中国社会科学院近代史研究所.纪念孙中山诞辰140周年国际学术研讨会论文集(上卷).北京:社会科学文献出版社.
[155] 朱维铮,2008.走出中世纪二集[M].上海:复旦大学出版社.
[156] 朱维铮,1996.求索真文明——晚清学术史论[M].上海:上海古籍出版社.
[157] 朱维铮,2011.音调未定的传统[M].杭州:浙江大学出版社.
[158] 朱维铮,1998.《清代学术概论》导读[M]//梁启超.清代学术概论.上海:上海古籍出版社.
[159] 朱德,1983.朱德选集[M].北京:人民出版社.
[160] 乔纳森·斯潘塞,1990.改变中国[M].曹德骏,等,译.北京:生活·读书·新知三联

书店.
[161] 延安市志编纂委员会,1994.延安市志[M].西安:陕西人民出版社.
[162] 任之恭,1992.一位华裔物理学家的回忆录[M].范岱年,等,译.太原:山西高校联合出版社.
[163] 任复兴,1993.徐继畬与东西方文化交流[M].北京:中国社会科学出版社.
[164] 任鸿隽,1979.致胡适[M]//胡适.胡适来往书信选(上).北京:中华书局.
[165] 华廷杰,1978.触藩始末[M]//齐思和,等.第二次鸦片战争(一).上海:上海人民出版社.
[166] 全根先,2016.夏曾佑年谱简编[M].北京:国家图书馆出版社.
[167] 邬析零,1982.《黄河大合唱》是怎样诞生的[M]//中国艺术研究院音乐研究所,等.冼星海专辑(四).广州:广东高等教育出版社.
[168] 庄士敦,2009.我在溥仪身边十三年——末代皇帝师傅的回忆[M].淡泊,等,译.北京:九州出版社.
[169] 庄东晓,1994.瞿秋白同志在中央苏区[M]//江西省文化厅革命文化史料征集办公室,等.中央苏区革命文化史料汇编.南昌:江西人民出版社.
[170] 刘大鹏,1990.退想斋日记[M].太原:山西人民出版社.
[171] 刘少奇,1981.刘少奇选集(上卷)[M].中共中央文献编辑委员会,编.北京:人民出版社.
[172] 刘少奇,等,1981.安源路矿工人俱乐部略史[M]//中国社会科学院近代史研究所,等.刘少奇与安源工人运动.北京:中国社会科学出版社.
[173] 刘立凯,等,1953.一九一九至一九二七年的中国工人运动[M].北京:工人出版社.
[174] 刘永明,1990.国民党人与五四运动[M].北京:中国社会科学出版社.
[175] 刘寿林,等,1995.民国职官年表[M].北京:中华书局.
[176] 刘体智,1988.异辞录[M].北京:中华书局.
[177] 刘坤一,1989.两江总督部堂刘批[M]//杨逸,等.海上墨林广方言馆全案粉墨丛谈.上海:上海古籍出版社.
[178] 刘杰诚,1962.刘志丹少先队[M].北京:中国少年儿童出版社.
[179] 刘厚生,1985.张謇传记[M].上海:上海书店出版社.
[180] 刘铁芳,2006.走在教育的边缘[M].上海:华东师范大学出版社.
[181] 刘海粟,1923.海粟之画[M].上海:上海美术用品社.
[182] 刘崇丰,等,1960.义和团歌谣[M].上海:上海文艺出版社.
[183] 刘揆一,2008.刘揆一集[M].饶怀民,编.长沙:湖南人民出版社.
[184] 刘鹏,2018.瞿秋白与马克思主义在中国的早期传播[M]//江西省瞿秋白研究会.瞿秋白研究文丛(第11辑).北京:中国文联出版社.
[185] 齐如山,1998.齐如山回忆录[M].北京:中国戏剧出版社.
[186] 齐思和,等,1978.第二次鸦片战争(五)[M].上海:上海人民出版社.
[187] 关晓红,2000.晚清学部研究[M].广州:广东教育出版社.
[188] 江西省教育厅,1960.江西苏区教育资料选编[M].南昌:江西教育出版社.
[189] 江西教育厅社会科,1929.江西民众补习教育规程汇编[M].南昌:江西实施民众补习教育委员会.
[190] 江海关道,1992.上海议立学习外国语言文字同文馆约需经费银数[M]//高时良.中国近代教育史资料汇编·洋务运动时期教育.上海:上海教育出版社.

[191] 江隆基,1959.边区教育的回顾与前瞻[M]//陕西省教育厅.陕甘宁边区教育工作经验汇集之一·陕甘宁边区的普通教育.西安:陕西人民出版社.
[192] 汤志钧,1961.戊戌变法人物传稿[M].台北:文海出版社.
[193] 汤志钧,1979.章太炎年谱长编(上册):1868—1918年[M].北京:中华书局.
[194] 军机处,1978a.军机大臣寄钦差大臣黄宗汉为告知在津与四国交涉大略并粤城用兵与否着候旨遵行上谕[M]//齐思和,等.第二次鸦片战争(三).上海:上海人民出版社.
[195] 军机处,1978b.军机大臣寄钦差大臣僧格林沁应顾念大局退守津郡不必亲自死守炮台朱谕[M]//齐思和,等.第二次鸦片战争(四).上海:上海人民出版社.
[196] 祁兆熙,1985.游美洲日记[M].长沙:岳麓书社.
[197] 许世瑛,2003.许寿裳年谱[M]//倪墨炎,等.许寿裳文集下卷.上海:百家出版社.
[198] 许师慎,1948.国父选任临时大总统实录[M].上海:中国文化服务社.
[199] 许同莘,1944.张文襄公年谱[M].上海:商务印书馆.
[200] 许乔蓁,1995.著名科学家萨本栋传略[M]//许乔蓁,等.萨本栋文集.厦门:厦门大学出版社.
[201] 许寿裳,1949.亡友鲁迅印象记[M].北京:生活·读书·新知三联书店.
[202] 许德珩,1979.五四运动六十周年[M]//中国社会科学院近代史研究所.五四运动回忆录(续).北京:中国社会科学出版社.
[203] 孙中山,1981.孙中山全集(第1卷)[M].中国社会科学院近代史研究所中华民国史研究室等,合编.北京:中华书局.
[204] 孙中山,1985.孙中山全集(第4卷)[M].中国社会科学院近代史研究所中华民国史研究室等,合编.北京:中华书局.
[205] 孙中山,1982.孙中山全集(第2卷)[M].中国社会科学院近代史研究所中华民国史研究室等,合编.北京:中华书局.
[206] 孙文,1926.建国方略[M].上海:民智书局.
[207] 孙占元,2011.左宗棠评传(上)[M].南京:南京大学出版社.
[208] 孙应祥,等,2004.《严复集》补编[M].福州:福建人民出版社.
[209] 孙宝瑄,1957.日益斋日记[M]//中国史学会.戊戌变法(一).上海:上海人民出版社.
[210] 孙宝瑄,2015.孙宝瑄日记(上册)[M].中华书局编辑部,编.北京:中华书局.
[211] 孙彦民,1971.张伯苓先生传(全一册)[M].台北:台湾中华书局.
[212] 孙家鼐,2001a.工部尚书孙家鼐议复陈遵筹京师建立学堂情形折[M]//北京大学.京师大学堂档案选编.北京:北京大学出版社
[213] 孙家鼐,2001b.协办大学士孙家鼐奏为译书局编纂各书宜进呈御览钦定折[M]//北京大学,等.京师大学堂档案选集.北京:北京大学出版社.
[214] 孙瑛,1979.鲁迅在教育部[M].天津:天津人民出版社.
[215] 麦克·F.D.扬,2002.知识与控制:教育社会学新探[M].谢维和,等,译.上海:华东师范大学出版社.
[216] 芮玛丽,2002.同治中兴:中国保守主义的最后抵抗(1862—1874)[M].房德邻,等,译.北京:中国社会科学出版社.
[217] 严复,1986a.政治讲义[M]//严复集(第5册).北京:中华书局.
[218] 严复,1986b.与熊纯如书[M]//严复集(第3册).北京:中华书局.

[219] 严复,1994.论世变之亟——严复集[M].沈阳:辽宁人民出版社.
[220] 严修,1990.严修年谱[M].济南:齐鲁书社。
[221] 严耕望,2005.国史新探[M].北京:新星出版社.
[222] 严璩,1986.严侯官先生年谱[M]//严复集(第5册).北京:中华书局.
[223] 苏云峰,2001.从清华学堂到清华大学(1911—1929)[M].北京:生活·读书·新知三联书店.
[224] 苏舆,2002.翼教丛编[M].上海:上海书店出版社.
[225] 杜亚泉,等,1924.中等学校教科书有机化学[M].上海:商务印书馆.
[226] 杨元华,2006.中法关系史[M].上海:上海人民出版社.
[227] 杨东梁,1985.左宗棠评传[M].长沙:湖南人民出版社.
[228] 杨先国,等,1991.清中期·川东北白莲教起义始末[M].成都:四川民族出版社.
[229] 杨明伟,1998.周恩来对雷锋精神的思考[M]//云飞.雷锋现象.北京:解放军出版社.
[230] 杨念群,2019.五四的另一面:"社会"观念的形成与新型组织的诞生[M].上海:上海人民出版社.
[231] 杨崇伊,1959.掌广西道监察御史杨崇伊折[M]//国家档案局明清档案馆.戊戌变法档案史料.北京:中华书局.
[232] 杨勤为,等,1989.简编中国革命史[M].北京:中共党史资料出版社.
[233] 李大钊年谱编写组,1984.李大钊年谱[M].兰州:甘肃人民出版社.
[234] 李大钊,1999.李大钊文集(第1册)[M].中国李大钊研究会,编注.北京:人民出版社.
[235] 李大钊,1959.李大钊选集[M].北京:人民出版社.
[236] 李元度,1991.林文忠公事略[M]//国朝先正事略下册.长沙:岳麓书社.
[237] 李少军,2000.迎来近代剧变的经世学人:魏源与冯桂芬[M].武汉:湖北教育出版社.
[238] 李立三,1980.李立三同志谈安源工运[M]//长沙市革命纪念地办公室,等.安源路矿工人运动史料.长沙:湖南人民出版社.
[239] 李圭,1985.环游地球新录[M].长沙:岳麓书社.
[240] 李达,1980.李达文集(第一卷)[M].《李达文集》编辑组,编.北京:人民出版社.
[241] 李志英,1994.博古传[M].北京:当代中国出版社.
[242] 李时岳,等,1988.从闭关到开放——晚清"洋务热"透视[M].北京:人民出版社.
[243] 李伯钊,1958.为第一届工农兵代表会演出的剧目[M]//田汉,等.中国话剧运动五十年史料集(第1辑).北京:中国戏剧出版社.
[244] 李其驹,等,1980.李达同志生平事略[M]//《李达文集》编辑组.李达文集(第一卷).北京:人民出版社.
[245] 李国强,2001.中央苏区教育史[M].南昌:江西教育出版社.
[246] 李佩,2011.钱学森生平简介[M]//李佩.钱学森文集:1938～1956海外学术文献(中文版).上海:上海交通大学出版社.
[247] 李学通,2005.翁文灏年谱[M].济南:山东教育出版社.
[248] 李宝嘉,2013.官场现形记[M].北京:人民文学出版社.
[249] 李建勋,1926.引言[M]//直隶省教育行政组织之改革案.北京:文化学社.
[250] 李细珠,2003.张之洞与清末新政研究[M].上海:上海书店出版社.
[251] 李焕之,1999.我的六十年创作生涯[M]//李焕之,等.李焕之的创作生涯.北京:中国青

年出版社.
[252] 李鸿章,2008a. 李鸿章全集(第6册)[M]. 合肥:安徽教育出版社.
[253] 李鸿章,2008b. 李鸿章全集(第2册)[M]. 合肥:安徽教育出版社.
[254] 李鸿章,2008c. 李鸿章全集(第5册)[M]. 合肥:安徽教育出版社.
[255] 李鸿章,2008d. 李鸿章全集(第9册)[M]. 合肥:安徽教育出版社.
[256] 李鸿章,2008e. 李鸿章全集(第10册)[M]. 合肥:安徽教育出版社.
[257] 李鸿章,2008f. 李鸿章全集(第11册)[M]. 合肥:安徽教育出版社.
[258] 李鸿章,2008g. 李鸿章全集(第12册)[M]. 合肥:安徽教育出版社.
[259] 李鸿章,2008h. 李鸿章全集(第16册)[M]. 合肥:安徽教育出版社.
[260] 李鸿章,2008i. 李鸿章全集(第29册)[M]. 合肥:安徽教育出版社.
[261] 李鸿章,2008j. 李鸿章全集(第30册)[M]. 合肥:安徽教育出版社.
[262] 李鸿章,2008k. 李鸿章全集(第36册)[M]. 合肥:安徽教育出版社.
[263] 李鸿章,1961. 光绪六年八月十二日直隶总督李鸿章片[M]//中国史学会. 洋务运动(六). 上海:上海人民出版社.
[264] 李鸿章,1966. 江苏巡抚李鸿章原函[M]//沈云龙. 筹办夷务始末(同治朝). 台北:文海出版社.
[265] 李鸿章,1982. 李鸿章等奏闽厂出洋学生学习折[M]//张侠,等. 清末海军史料. 北京:海洋出版社.
[266] 李鸿章,1992. 请设外国语言文字学馆折[M]//高时良. 中国近代教育史资料汇编·洋务运动时期教育. 上海:上海教育出版社.
[267] 李鸿章,1977. 湖广总督李鸿章奏折[M]//宓汝成. 近代中国铁路史资料(上册). 台北:文海出版社.
[268] 李景汉,1933. 序言[M]//李景汉. 定县社会概况调查. 定县:中华平民教育促进会.
[269] 李智勇,2001. 陕甘宁边区政权形态与社会发展:1937—1945[M]. 北京:中国社会科学出版社.
[270] 李慈铭,1963. 越缦堂读书记[M]. 北京:中华书局.
[271] 来新夏,1997. 林则徐年谱新编[M]. 天津:南开大学出版社.
[272] 抗大动员社,1981. 抗大的教育方法[M]//陕西师范大学教育研究所. 陕甘宁边区教育资料(高等教育和干部学校部分)上册. 北京:教育科学出版社.
[273] 吴云鹏,等,1987. 中国革命史[M]. 上海:上海社会科学院出版社.
[274] 吴长翼,1983. 八十三天皇帝梦[M]. 北京:文史资料出版社.
[275] 吴玉章,1949. 中国历史教程绪论[M]. 上海:新华书店.
[276] 吴玉章,1978. 吴玉章回忆录[M]. 北京:中国青年出版社.
[277] 吴玉章,1989. 吴玉章教育文集[M]. 成都:四川教育出版社.
[278] 吴永军,1999. 课程社会学[M]. 南京:南京师范大学出版社.
[279] 吴永,1985. 庚子西狩丛谈[M]. 长沙:岳麓书社.
[280] 吴刚,2002. 知识演化与社会控制:中国教育知识史的比较社会学分析[M]. 北京:教育科学出版社.
[281] 吴仲翔,等,1961. 北洋海军章程[M]//中国史学会. 洋务运动(三). 上海:上海人民出版社.

[282] 吴汝纶,1937.吴挚甫文[M].上海:中华书局.
[283] 吴阶平,等,2005.赵九章[M].贵阳:贵州人民出版社.
[284] 吴宗濂,1992.上海广方言馆始末记[M]//高时良.中国近代教育史资料汇编·洋务运动时期教育.上海:上海教育出版社.
[285] 吴宓,1998a.吴宓日记(第7册)[M].北京:生活·读书·新知三联书店.
[286] 吴宓,1998b.吴宓日记(第2册)[M].北京:生活·读书·新知三联书店.
[287] 吴宓,1995.吴宓自编年谱[M].北京:生活·读书·新知三联书店.
[288] 吴承明,2001.18与19世纪上叶的中国市场[M]//中国的现代化:市场与社会.北京:生活·读书·新知三联书店.
[289] 吴相湘,1993.中国现代兵学开山祖蒋方镇[M]//中国人民政治协商会议,等.蒋百里先生纪念册:海宁人物资料第6辑.海宁:浙江省海宁市政协文史资料委员会.
[290] 吴剑杰,2009.张之洞年谱长编(上卷)[M].上海:上海交通大学出版社.
[291] 吴洪成,2004.生斯长斯吾爱吾庐:清华大学校长梅贻琦[M].济南:山东教育出版社.
[292] 吴海勇,2005.时为公务员的鲁迅[M].桂林:广西师范大学出版社.
[293] 吴康宁,2004.课程社会学研究[M].南京:江苏教育出版社.
[294] 吴虞,1984.吴虞日记(上)[M].成都:四川人民出版社.
[295] 吴虞,1921.吴虞文录[M].上海:亚东图书馆.
[296] 岑春煊,2007.乐斋漫笔[M].北京:中华书局.
[297] 岑春煊,1985.乐斋漫笔[M]//荣孟源,章伯锋.近代稗海第1辑.成都:四川人民出版社.
[298] 何长工,1981.回忆红军大学[M]//中央教育科学研究所,等.老解放区教育资料(一):土地革命战争时期.北京:教育科学出版社.
[299] 何桂清,1983.何桂清奏事势紧迫请求外援折[M]//太平天国历史博物馆.吴煦档案选编(第一辑).南京:江苏人民出版社.
[300] 何廉,1988.何廉回忆录[M].朱佑慈,等,译.北京:中国文史出版社.
[301] 佐原笃介,1950.拳乱纪闻[M]//中国史学会.义和团(第1册).上海:神州出版社.
[302] 佐藤铁治郎,2005.一个日本记者笔下的袁世凯[M].天津:天津古籍出版社.
[303] 佚名,1960.工农兵三字经[M]//江西省教育厅.江西苏区教育资料选编.南昌:江西教育出版社.
[304] 佚名,1992.中美续增条约(蒲安臣条约)第七条[M]//高时良.中国近代教育史资料汇编·洋务运动时期教育.上海:上海教育出版社.
[305] 佚名,1983.1945年太行区教育工作概况[M]//革命根据地文艺运动史料选编(一).太原:山西省文化厅文化志编纂办公室.
[306] 佚名,1980.访问钱稻孙记录[M]//北京博物馆鲁迅研究室.鲁迅研究资料(第4辑).天津:天津人民出版社.
[307] 佚名,1985.红灯照贴[M]//陈振江,等.义和团文献辑注与研究.天津:天津人民出版社.
[308] 佚名,1986.《海国图志》——对海外世界的汇编式介绍,图文并貌的五十卷大作[M]//广东省文史研究馆.鸦片战争与林则徐史料选译.广州:广东人民出版社.
[309] 佚名,1979.第一次反"围剿"敌情资料[M]//复旦大学历史系中国现代史教研组.中央红军五次反"围剿"资料选编.上海:复旦学报(社会科学版)编辑部.
[310] 余伯流,等,2001.中央苏区史[M].南昌:江西人民出版社.

[311] 余英时,2006.余英时文集(第九卷):历史人物考辨[M].桂林:广西师范大学出版社.
[312] 余研因,1935.蔡元培文选[M].上海:民声书店.
[313] 希尔,1984.代理国务卿致德国驻美代办函[M]//天津社会科学院历史研究所.1901年美国对华外交档案——有关义和团运动暨辛丑约谈判的文件.济南:齐鲁书社.
[314] 辛元欧,2009.中外船史图说[M].上海:上海书店出版社.
[315] 汪叔子,等,2003.陈宝箴集(上)[M].北京:中华书局.
[316] 汪康年,1986.汪康年师友书札(二)[M].上海图书馆,编.上海:上海古籍出版社.
[317] 汪康年,1997.汪穰卿笔记[M].上海:上海书店出版社.
[318] 沙可夫,1990.沙可夫诗文选[M].刘运辉,等,主编.北京:文化艺术出版社.
[319] 沈尹默,2009.我和北大[M]//陈平原,等.北大旧事.北京:北京大学出版社.
[320] 沈传经,1987.福州船政局[M].成都:四川人民出版社.
[321] 沈葆桢,1961a.同治六年六月十七日总理船政沈葆桢折[M]//中国史学会.洋务运动(五).上海:上海人民出版社.
[322] 沈葆桢,1961b.同治十二年正月二十七日沈葆桢折[M]//中国史学会.洋务运动(五).上海:上海人民出版社.
[323] 沈葆桢,1961c.船政教导功成恳奖励折[M]//中国史学会.洋务运动(五).上海:上海人民出版社.
[324] 沈葆桢,1961d.船工将竣谨筹善后事宜折[M]//中国史学会.洋务运动(五).上海:上海人民出版社.
[325] 沈葆桢,1977.总理船政沈葆桢条说[M]//宓汝成.近代中国铁路史资料上册.台北:文海出版社.
[326] 宋晋,1961.同治十年十二月十四日内阁学士宋晋折[M]//中国史学会.洋务运动(五).上海:上海人民出版社.
[327] 宋恩荣,等,1994.晏阳初教育思想研究[M].沈阳:辽宁教育出版社.
[328] 宋教仁,1981.宋教仁集(下册)[M].陈旭麓,主编.北京:中华书局.
[329] 宋黎,1982.中国学生革命运动的来潮——回忆"一二九"运动[M]//一二九运动回忆录(第1辑).北京:人民出版社.
[330] 张之洞,1998.张之洞全集第10册电牍[M].苑书义,等,主编.石家庄:河北人民出版社.
[331] 张之洞,等,1991.奏定大学堂章程[M]//璩鑫圭,等.中国近代教育史资料汇编·学制演变.上海:上海教育出版社.
[332] 张乐平,1984.三毛流浪记全集[M].北京:人民美术出版社.
[333] 张立真,1997.曾纪泽本传[M].沈阳:辽宁古籍出版社.
[334] 张百熙,2008.张百熙集[M].长沙:岳麓书社.
[335] 张百熙,等,1991.奏请递减科举注重学堂折[M]//璩鑫圭,等.中国近代教育史资料汇编·学制演变.上海:上海教育出版社.
[336] 张仲礼,1991.中国绅士:关于其在19世纪中国社会中作用的研究[M].李荣昌,译.上海:上海社会科学院出版社.
[337] 张秀中,1959.一年来本区文艺运动的回顾与前瞻[M]//山西省文学艺术工作者联合会.山西文艺史料(晋东南抗日根据地部分)(第一辑).太原:山西人民出版社.
[338] 张体勇,2012.我们不是人生的败者——幕末风云中的坂本龙马[M]//陈金钊,等.黄海

学术论坛(第18辑).上海:上海三联书店.
[339] 张国焘,1980.我的回忆(第1册)[M].北京:现代史料编刊社.
[340] 张国淦,1981.北洋军阀的起源[M]//杜春和,等.北洋军阀史料选辑.北京:中国社会科学出版社.
[341] 张昌绍,1944.青霉菌素治疗学:理论与临床[M].重庆:中华医学会.
[342] 张佩纶,1967.涧于集[M].台北:文海出版社.
[343] 张朋园,2007.梁启超与民国政治[M].长春:吉林出版集团有限责任公司.
[344] 张树声,1961.同治十一年十二月十三日暑两江总督张树声等片[M]//中国史学会.洋务运动(六).上海:上海人民出版社.
[345] 张焘,1884.水师学堂[M]//津门杂记卷中.上海:进步书局.
[346] 张培森,2000.张闻天年谱(上卷):1900—1941[M].北京:中共党史出版社.
[347] 张惟赤,1911.退思轩诗集[M].上海:商务印书馆.
[348] 张集馨,1981.道咸宦海见闻录[M].北京:中华书局.
[349] 张寒晖,1934.林则徐[M].定县:中华平民教育会定县实验区.
[350] 张謇,1994.张謇全集(第六卷):日记[M].南京:江苏古籍出版社.
[351] 陆发春,1996.胡适家书[M].合肥:安徽人民出版社.
[352] 陆费执,2002.陆费伯鸿先生传略[M]//俞筱尧,等.陆费逵与中华书局.北京:中华书局.
[353] 陈天华,1958.陈天华集[M].长沙:湖南人民出版社.
[354] 陈云,1984.陈云文选(一)[M].北京:人民出版社.
[355] 陈以爱,2002.中国现代学术研究机构的兴起:以北大研究所国学门为中心的探讨[M].南昌:江西教育出版社.
[356] 陈立夫,1939.战时教育方针[M].重庆:中央训练团.
[357] 陈兰彬,1961.光绪二年十月二十四日太常寺卿陈兰彬奏[M]//中国史学会.洋务运动(六).上海:上海人民出版社.
[358] 陈邦贤,1997.自勉斋随笔[M].上海:上海书店出版社.
[359] 陈贞寿,1981.萨镇冰生平及轶事[M]//中国人民政治协商会议福建省委员会文史资料编辑室.福建文史资料第五辑.福州:福建人民出版社.
[360] 陈向阳,2004.晚清京师同文馆组织研究[M].广州:广东高等教育出版社.
[361] 陈志潜,1998.中国农村的医学——我的回忆[M].成都:四川人民出版社.
[362] 陈其璋,1983.御史陈其璋请整顿同文馆疏[M]//朱有瓛.中国近代学制史料第1辑上册.上海:华东师范大学出版社.
[363] 陈松溪,2003.日意格与福建船政[M]//张作兴.船舶文化研究.北京:中国社会出版社.
[364] 陈叔通,1957.谭嗣同就义与梁启超出亡[M]//中国史学会.戊戌变法(四).上海:上海人民出版社.
[365] 陈金陵,1990.从嘉庆朝学政密奏看清代学政[M]//中国人民大学清史研究所.清史研究集第7辑.北京:光明日报出版社.
[366] 陈学恂,1986.中国近代教育史教学参考资料(上册)[M].北京:人民教育出版社.
[367] 陈宝琛,等,1987.宣统政纪[M]//清实录(第60册).北京:中华书局.
[368] 陈宝箴,2003.陈宝箴集(上)[M].汪叔子,等,编.北京:中华书局.
[369] 陈独秀,1979.致胡适[M]//胡适.胡适来往书信选(上册).北京:中华书局.

[370] 陈洪捷,2019.弦歌百代:陈贵和先生纪念文集[M].太原:山西教育出版社.
[371] 陈原,1998.陈原书话[M].北京:北京出版社.
[372] 陈捷,1930.义和团运动史[M].上海:商务印书馆.
[373] 陈寅恪,2001.陈寅恪集·诗集[M].北京:生活·读书·新知三联书店.
[374] 陈寅恪,1980.金明馆丛稿二编[M].上海:上海古籍出版社.
[375] 陈景芗,1984.旧中国海军的教育与训练[M]//中国人民政治协商会议福建省委员会文史资料研究委员会.福建文史资料(第八辑):海军史料专辑.福州:福建人民出版社.
[376] 陈锡祺,1985.林则徐奏稿·公牍·日记补编[M].广州:中山大学出版社.
[377] 陈潮,2007.晚清招商局新考:外资航运业与晚清招商局[M].上海:上海辞书出版社.
[378] 陈鹤琴,1925.儿童心理之研究(下卷)[M].北京:商务印书馆.
[379] 陈夔龙,1985.梦蕉亭杂记[M].北京:北京古籍出版社.
[380] 邵维正,1991.中国共产党创建史[M].北京:解放军出版社.
[381] 武广久,等,1983.少先队队史讲话[M].成都:四川少年儿童出版社.
[382] 青谷,等,1963.袁世凯[M].北京:生活·读书·新知三联书店.
[383] 范源廉,2010.范源廉集[M].长沙:湖南教育出版社.
[384] 范源廉,等,1915.新制单级国文教科书(第1册)[M].上海:中华书局.
[385] 茅海建,2005.天朝的崩溃:鸦片战争再研究[M].北京:生活·读书·新知三联书店.
[386] 茅家琦,等,1987.詹天佑传[M].南京:江苏古籍出版社.
[387] 林则徐,1988.林氏家藏林则徐使粤两广奏稿[M].南京:南京大学出版社.
[388] 林则徐,2002.林则徐全集(第3册)[M].林则徐全集编辑委员会,编.福州:海峡文艺出版社.
[389] 林则徐,1985.林则徐奏稿、公牍、日记补编[M].陈锡祺,主编.广州:中山大学出版社.
[390] 林则徐,1962.林则徐集·日记[M].中山大学历史系,等,编.北京:中华书局.
[391] 林则徐,1984.林则徐集·日记[M].中山大学历史系,等,编.北京:中华书局.
[392] 林则徐,1963.林则徐集·公牍[M].中山大学历史系,等,编.北京:中华书局.
[393] 林则徐,1996.赴戍登程口占示家人[M]//周轩.林则徐诗选注.乌鲁木齐:新疆大学出版社.
[394] 林则徐,等,1997.林则徐邓廷桢黄爵滋诗文选译[M].邱远猷,译注.成都:巴蜀书社.
[395] 林庆元,等,1992.沈葆桢[M].福州:福建教育出版社.
[396] 林伯渠,1944.关于改善教育工作[M]//陕甘宁边区教育方针.延安:陕甘宁边区政府办公厅.
[397] 林伯渠,1981.陕甘宁边区政府对第一届参议会的工作报告[M]//陕西师范大学教育研究所.陕甘宁边区教育资料(高等教育和干部学校部分)(上册).北京:教育科学出版社.
[398] 林纾,2006.林纾文选[M].许桂亭,选注.天津:百花文艺出版社.
[399] 林纾,2002.铁笔金针:林纾文选[M].许桂亭,选注.天津:百花文艺出版社.
[400] 欧阳予倩,1948.谭嗣同书简序[M]//谭嗣同书简.上海:文化供应社.
[401] 拉夫尔·尔·鲍威尔,1978.1895—1912年中国军事力量的兴起[M].陈泽宪,等,译.北京:中华书局.
[402] 拉尔夫·布朗,1973.美国历史地理(上、下册)[M].秦士勉,译.北京:商务印书馆.
[403] 肯德,1958.中国铁路发展史[M].李抱宏,等,译.北京:生活·读书·新知三联书店.

[404] 尚明轩,1977.孙中山[M]//中国科学院近代史研究所中华民国史组.中华民国史资料丛稿人物传记(第四辑).北京:中华书局.
[405] 尚明轩,2008.孙中山传[M].北京:文化艺术出版社.
[406] 国立编译馆,1933.教育部天文数学物理讨论会专刊[M].南京:教育部.
[407] 罗乃夫,1949.中国共产党三十年来革命史实[M].上海:前进出版社.
[408] 罗小茗,2012.形式的独奏——以上海"二期课改"为个案的课程改革研究[M].上海:上海书店出版社.
[409] 罗正钧,1983.左宗棠年谱[M].长沙:岳麓书社.
[410] 罗志田,1995a.再造文明之梦——胡适传[M].成都:四川人民出版社.
[411] 罗家伦,1967.逝者如斯集[M].台北:传记文学出版社.
[412] 罗章龙,2007.回忆湖南省委领导秋收起义[M]//罗章龙,等.亲历秋收起义.南昌:江西人民出版社.
[413] 罗惇曧,1946.拳变余闻[M]//罗惇曧,等.庚子国变记拳变余闻·西巡回銮始末记.上海:神州国光社.
[414] 罗瑞卿,1963.学习雷锋[M]//论雷锋.北京:中国青年出版社.
[415] 制造局总办,1989.总办机器制造局李、蔡禀复南洋通商大臣刘[M]//杨逸,等.海上墨林广方言馆全案粉墨丛谈.上海:上海古籍出版社.
[416] 季雨,1984.陈毅[M].济南:山东人民出版社.
[417] 佳木,1964.梁启超故乡述闻[M]//中国人民政治协商会议广东省委员会文史资料研究委员会.广东文史资料(第十二辑).广州:广东人民印刷厂.
[418] 金冲及,1991.辛亥革命的前前后后[M].北京:中国文史出版社.
[419] 周一平,1994.中共党史研究的开创者——蔡和森[M].上海:上海社会科学院出版社.
[420] 周立波,1983.《暴风骤雨》是怎样写的[M]//李华盛,胡光凡.周立波研究资料.长沙:湖南人民出版社.
[421] 周扬,1947.序言[M]//姚仲明,等.同志,你走错了路.大连:光华书店.
[422] 周光召,1995.纪念叶企孙先生[M]//钱伟长.一代师表叶企孙.上海:上海科学技术出版社.
[423] 周轩,1996.林则徐诗选注[M].乌鲁木齐:新疆大学出版社.
[424] 周作人,1982.周作人回忆录[M].长沙:湖南人民出版社.
[425] 周恩来,1980.周恩来选集(上卷)[M].北京:人民出版社.
[426] 周锡瑞,1982.改良与革命:辛亥革命在两湖[M].杨慎之,译.北京:中华书局.
[427] 周源,1993.春帆楼的迷梦:马关条约[M].北京:中国人民大学.
[428] 京师同文馆,1961.同文馆提名录·历年科第[M]//中国史学会.洋务运动(二).上海:上海人民出版社.
[429] 庞翔勋,1949.老解放区怎样办冬学[M]//徐特立,等.小学教育的理论与老区示范实践.北京:大众书店.
[430] 郑天挺,1980.清史简述[M].北京:中华书局.
[431] 郑永年,2016.国家复兴道路上的中国模式[M]//张蕴岭.黄海学术论坛(2016年第1辑).北京:社会科学文献出版社.
[432] 郑师渠,1997.晚清国粹派:文化思想研究[M].北京:北京师范大学出版社.

[433] 郑孝胥,1993.郑孝胥日记第二册[M].中国历史博物馆,编.劳祖德,整理.北京:中华书局.
[434] 冼星海,1962.聂耳,中国新兴音乐的创造者[M]//冼星海专辑(一).北京:中央音乐学院中国音乐研究所.
[435] 河北省委,1997.河北省委关于高蠡平汉线游击斗争情形及省委人员工作分配情况致中央的信[M]//河北革命历史文件汇集(甲10).北京、石家庄:中央档案馆、河北省档案馆.
[436] 宝成关,1980.奕䜣慈禧政争记[M].长春:吉林文史出版社.
[437] 陕甘宁边区政府,1944.边区政府关于提倡研究范例及试行民办小学的指示信[M]//陕甘宁边区政府办公厅.陕甘宁边区教育方针.延安:陕甘宁边区政府办公厅.
[438] 参议院,1912.中华民国临时约法[M].南京:南京临时政府参议院.
[439] 经元善,1988.经元善集[M].武汉:华中师范大学出版社.
[440] 赵元明,等,1946.陕甘宁边区的劳动英雄[M].大连:大众书店.
[441] 赵尔巽,等,1976.清史稿[M].北京:中华书局.
[442] 赵匡华,2003.中国化学史(近现代卷)[M].南宁:广西教育出版社.
[443] 赵廷为,1948.小学教材及教学法(第一册)[M].上海:商务印书馆.
[444] 赵忠尧,1995.企孙先生的典范应该永存[M]//钱伟长.一代师表叶企孙.上海:上海科学技术出版社.
[445] 赵春晨,2007.晚清洋务活动家——丁日昌[M].广州:广东人民出版社.
[446] 赵荣,等,1998.中国地理学史(清代)[M].北京:商务印书馆.
[447] 赵品三,1958.关于中央革命根据地话剧工作的回忆[M]//田汉,等.中国话剧运动五十年史料集(第一辑).北京:中国戏剧出版社.
[448] 赵祐志,2010.跃上国际舞台:清季中国参加万国博览会之研究[M]//马敏.博览会与近代中国.武汉:华中师范大学出版社.
[449] 赵翼,1982.檐曝杂记[M].北京:中华书局.
[450] 荣庆,1986.荣庆日记:一个晚清重臣的生活实录[M].谢兴尧,整理点校注释.西安:西北大学出版社.
[451] 故宫博物院明清档案部,1959.义和团档案史料下册[M].北京:中华书局.
[452] 故宫博物院明清档案部,1979.清末筹备立宪档案史料[M].北京:中华书局.
[453] 胡劲草,2008.纪录片《幼童》解说词[M]//珠海容闳与留美幼童研究会,珠海博物馆.影像里的容闳与留美幼童.珠海:珠海出版社.
[454] 胡林翼,1936.胡林翼全集[M].上海:大东书局.
[455] 胡思敬,1957.戊戌履霜录[M]//中国史学会.戊戌变法(一).上海:上海人民出版社.
[456] 胡思敬,2007.国闻备乘[M].北京:中华书局.
[457] 胡适,1921a.中国哲学史大纲卷上[M].上海:商务印书馆.
[458] 胡适,1919a.再版自序[M]//中国哲学史大纲卷(上).上海:商务印书馆.
[459] 胡适,1996.胡适书信集上册[M].耿云志,等,编.北京:北京大学出版社.
[460] 胡适,1979a.胡适来往书信选(上)[M].中国社会科学院近代史研究所中华民国史组,编.北京:中华书局.
[461] 胡适,1979a.致陈独秀[M]//胡适来往书信选(上).北京:中华书局.
[462] 胡适,1979a.致高一涵、陶孟和等[M]//胡适来往书信选(上).北京:中华书局.

[463] 胡适,1979b.胡适来往书信选(中)[M].中国社会科学院近代史研究所中华民国史组编.北京:中华书局.

[464] 胡适,1920b.尝试集[M].上海:亚东图书馆.

[465] 胡适.1979b.致王世杰[M]//胡适来往书信选(中).北京:中华书局.

[466] 胡适,1928.白话文学史(上卷)[M].上海:新月书店.

[467] 胡适,1993.胡适口述自传[M].唐德刚,译注.上海:华东师范大学出版社.

[468] 胡适,2001.胡适日记全编.3[M].曹伯言,整理.合肥:安徽教育出版社.

[469] 胡适,1947.胡适文选[M].上海:亚东图书馆.

[470] 胡适,1999.胡适留学日记(下)[M].合肥:安徽教育出版社.

[471] 胡适,1984.致张佛泉[M]//胡颂平.胡适之先生年谱长编初稿(第9册).新北:联经出版事业有限公司.

[472] 胡颂平,1984.胡适之先生年谱长编初稿(第1册)[M].新北:联经出版事业有限公司.

[473] 胡颂平,1979.胡适先生年谱简编[M].台北:大陆出版社.

[474] 柯庆施,1997.河北前线负责人关于察哈尔革命运动情况的报告[M]//河北革命历史文件汇集(甲13).北京、石家庄:中央档案馆、河北省档案馆.

[475] 柯政,2011.理解困境:课程改革实施行为的新制度主义分析[M].北京:教育科学出版社.

[476] 哈慈菲尔德,1960.驻伦敦大使哈慈菲尔德伯爵致外部电[M]//孙瑞芹.德国外交文件有关中国交涉史料选译(第二卷).北京:商务印书馆.

[477] 钟启泉,等,2001.为了中华民族的复兴为了每位学生的发展:《基础课程改革纲要(试行)》解读[M].上海:华东师范大学出版社.

[478] 俄理范,1978.额尔金伯爵中国与日本之行记事[M]//齐思和,等.第二次鸦片战争(五).上海:上海人民出版社.

[479] 信夫清三郎,1982.日本政治史(第1卷)[M].周启乾,等,译.上海:上海译文出版社.

[480] 信夫清三郎,1988.日本政治史(第2卷)[M].周启乾,等,译.上海:上海译文出版社.

[481] 侯宜杰,2003.袁世凯传[M].天津:百花文艺出版社.

[482] 俞樾,1894.曲园课孙草[M].杭州:浙江书局.

[483] 奕䜣,1961a.同治十一年六月二十八日总理各国事务奕䜣等折[M]//中国史学会.洋务运动(五).上海:上海人民出版社.

[484] 奕䜣,1961b.同治十二年十一月十八日奕䜣等折[M]//中国史学会.洋务运动(五).上海:上海人民出版社.

[485] 奕䜣,1961c.同治十一年四月十一日总理各国事务奕䜣等折[M]//中国史学会.洋务运动(二).上海:上海人民出版社.

[486] 奕䜣,1961d.光绪七年五月十二日总理各国事务奕䜣等折[M]//中国史学会.洋务运动(二).上海:上海人民出版社.

[487] 奕䜣,1961e.光绪元年正月二十三日总理各国事务奕䜣等奏[M]//中国史学会.洋务运动(六).上海:上海人民出版社.

[488] 奕䜣,1992.沥陈开设天文算学馆情由折[M]//高时良.中国近代教育史资料汇编·洋务运动时期教育.上海:上海教育出版社.

[489] 奕䜣,等,2000.同治六年六月初二日总理各国事务奕䜣等折[M]//中国史学会.洋务运

动(二).上海:上海人民出版社.

[490] 奕䜣,等,1983.核查同文馆办理情形折[M]//朱有瓛.中国近代学制史料(第1辑上册).上海:华东师范大学出版社.

[491] 奕譞,1961.光绪十五年一月十一日总理海军事务奕譞奏[M]//中国史学会.洋务运动(六).上海:上海人民出版社.

[492] 恽代英,1981.恽代英日记[M].北京:中共中央党校出版社.

[493] 恽毓鼎,2004.恽毓鼎澄斋日记(第1册)[M].杭州:浙江古籍出版社.

[494] 姜鸣,2002.龙旗飘扬的舰队:近代中国海军兴衰史[M].北京:生活·读书·新知三联书店.

[495] 总理衙门,1989.又移制造总局[M]//杨逸,等.海上墨林广方言馆全案粉墨丛谈.上海:上海古籍出版社.

[496] 派纳,等 2003.理解课程(下)——历史与当代课程话语研究导论[M].张华,等,译.北京:教育科学出版社.

[497] 姚仲明,等,1947.同志,你走错了路[M].大连:光华书店.

[498] 姚奠中,等,2001.章太炎学术年谱[M].太原:山西古籍出版社.

[499] 姚锡光,2010.东方兵事纪略[M].北京:中华书局.

[500] 贺岳僧,1929.孙中山年谱(第3版)[M].上海:世界书局.

[501] 贺敬之,等,1949.白毛女[M].上海:华东新华书店.

[502] 骆惠敏,1986.清末民初政情内幕(上):《泰晤士报》驻北京记者、袁世凯政治顾问乔·厄·莫理循书信集:1895—1912[M].刘桂梁,等,译.上海:知识出版社.

[503] 秦瀚才,1984.左文襄公在西北[M].长沙:岳麓书社.

[504] 珠海容闳与留美幼童研究会,等,2008.共同的容闳(二)——媒体刊载容闳与留美幼童文章选集[M].珠海:珠海出版社.

[505] 班固,1962.汉书[M].北京:中华书局

[506] 袁世凯,1987.袁世凯奏议(上、中、下三册)[M].天津图书馆,等,编.天津:天津古籍出版社.

[507] 袁世凯,1964.致正定镇电[M]//北京大学历史系中国近现代史教研室.义和团运动史料丛编(第二辑).北京:中华书局.

[508] 袁世凯,1991.颁定教育要旨[M]//璩鑫圭,唐良炎.中国近代教育史资料汇编·学制演变.上海:上海教育出版社.

[509] 袁世凯,等,1991.奏请递减科举折[M]//璩鑫圭,唐良炎.中国近代教育史资料汇编·学制演变.上海:上海教育出版社.

[510] 袁世凯,1959.署理山东巡抚袁世凯折[M]//故宫博物院明清档案馆.义和团档案史料.北京:中华书局.

[511] 袁枚,1982.随园诗话卷2[M].北京:人民文学出版社.

[512] 袁牧之,1984.袁牧之文集[M].北京:中国电影出版社.

[513] 袁静雪,1983.我的父亲袁世凯[M]//吴长翼.八十三天皇帝梦.北京:中国文史出版社.

[514] 埃德加·斯诺,1979.西行漫记[M].董乐山,译.北京:生活·读书·新知三联书店.

[515] 耿云志,1989.胡适年谱[M].成都:四川人民出版社.

[516] 耿云志,等,1996.胡适书信集(上册)[M].北京:北京大学出版社.

[517] 聂荣臻,1990.在晋察冀边区军政民代表大会开幕典礼时的演讲[M]//聂荣臻军事文选.北京:解放军出版社.
[518] 聂荣臻,1984.聂荣臻回忆录[M].北京:解放军出版社.
[519] 聂荣臻,1983.聂荣臻回忆录(上)[M].北京:战士出版社.
[520] 聂荣臻,1992.聂荣臻军事文选[M].北京:解放军出版社.
[521] 晋察冀边区人民武装部,1945.英雄人物[M].张家口:晋察冀边区人民武装部.
[522] 晋察冀边区行政委员会,1943.晋察冀边区行政委员会工作报告(1938—1942)[M].晋察冀边区行政委员会.
[523] 晋察冀边区行政委员会教育处,1946.高小国语(第2册)[M].张家口:新华书店晋察冀分店.
[524] 桂良,等,1978.钦差大臣桂良等奏者英到津英法不与相见请准其回京以免意外片[M]//齐思和,等.第二次鸦片战争(三).上海:上海人民出版社.
[525] 格林堡,1961.鸦片战争前中英通商史[M].康成,译.北京:商务印书馆.
[526] 贾丰臻,1936.中国理学史[M].北京:商务印书馆.
[527] 贾丰臻,1937.明日黄花集[M].上海:出版社不详.
[528] 夏东元,1992.洋务运动史[M].上海:华东师范大学出版社.
[529] 夏笠,2007.第二次鸦片战争史[M].上海:上海书店出版社.
[530] 夏曾佑,1905.最新中学历史教科书中国历史(第2册)[M].上海:商务印书馆.
[531] 夏锡祺,1914.师范新哲学[M].上海:中国图书公司.
[532] 夏福礼,1954.报告太平军攻战杭州及进攻舟山[M]//王崇武,等.太平天国史料译丛(第一辑).上海:神州国光社.
[533] 顾廷龙,1992.清代硃卷集成(第3册)[M].台北:成文出版社.
[534] 顾炎武,1983.顾亭林诗文集[M].北京:中华书局.
[535] 顾颉刚,1926.古史辨第1册[M].北京:朴社.
[536] 顾颉刚,2002.西北考察日记[M].兰州:甘肃人民出版社.
[537] 顾颉刚,2007.顾颉刚日记(第1卷)[M].台北:联经出版事业股份有限公司.
[538] 顾颉刚,1995.蔡元培先生与五四运动[M]//梁柱,等.蔡元培与北京大学.太原:山西教育出版社.
[539] 顾潮,1997.历劫终教志不灰:我的父亲顾颉刚[M].上海:华东师范大学出版社.
[540] 哲非,1939.译者的话[M]//彼得·弗来敏,等.红色的延安.上海:言行出版社.
[541] 晏阳初,1937.十年来的中国乡村建设[M]//十年来的中国.上海:商务印书馆.
[542] 晏阳初,1931.到定县实验工作一年(民十九年)的经历[M]//时事年刊(第1期),上海:大东书局.
[543] 晏阳初,1992.晏阳初全集(第1卷)[M].宋恩荣,主编.长沙:湖南教育出版社.
[544] 晏阳初,1933.晏序[M]//李景汉.定县社会概况调查(上册).定县:中华平民教育促进会.
[545] 晏瑞书,1983.尊旨筹办广东同文馆折[M]//朱有瓛.中国近代学制史料(第1辑上册).上海:华东师范大学出版社.
[546] 钱玄同,2014.钱玄同日记(整理本)(上)[M].杨天石,主编.北京:北京大学出版社.
[547] 钱伟长,1995.怀念我的老师叶企孙教授[M]//钱伟长.一代师表叶企孙.上海:上海科学

技术出版社.

[548] 钱承军,2009.建国前中国共产党报刊研究[M].北京:中国文联出版社.
[549] 钱穆,1998.八十忆双亲师友杂忆[M].北京:生活·读书·新知三联书店.
[550] 钱穆,1940.国史大纲[M].重庆:国立编译馆.
[551] 钱穆,2018.国史新论[M].北京:生活·读书·新知三联书店.
[552] 钱穆,2006.国学概论[M].北京:商务印书馆.
[553] 倭仁,1992.密陈同文馆招考天文算学请罢前仪折[M]//高时良.中国近代教育史资料汇编·洋务运动时期教育.上海:上海教育出版社.
[554] 徐一士,1985.一士谭荟[M]//荣孟源,章伯锋.近代稗海(第2辑).成都:四川人民出版社.
[555] 徐中约,2018.中国进入国际大家庭:1858—1880年间的外交[M].屈文生,译.北京:商务印书馆.
[556] 徐寿,1961.徐愚斋自叙年谱[M]//中国史学会.洋务运动(八).上海:上海人民出版社.
[557] 徐启恒,等,1957.詹天佑和中国铁路[M].上海:上海人民出版社.
[558] 徐珂,1984.清稗类钞(第4册)[M].北京:中华书局.
[559] 徐特立,1980.自序——抗战给我的机会[M]//湖南省长沙师范学校.徐特立文集.长沙:湖南人民出版社.
[560] 徐海,2010.段祺瑞传[M].长春:吉林大学出版社.
[561] 徐继畬,2007.凡例[M]//瀛寰志略校注.北京:文物出版社.
[562] 徐继畬,2007.瀛寰志略校注[M].北京:文物出版社.
[563] 徐雁平,2007.清代东南书院与学术及文学(上)[M].合肥:安徽教育出版社.
[564] 爱因斯坦,1924.相对论浅释[M].夏元瑮,译.北京:商务印书馆.
[565] 翁同龢,1997.翁同龢日记(第5册)[M].北京:中华书局.
[566] 翁同龢,1998.翁同龢日记(第6册)[M].北京:中华书局.
[567] 高一涵,1979.回忆五四时期的李大钊同志[M]//中国社会科学院近代史研究所.五四运动回忆录(上).北京:中国社会科学出版社.
[568] 高力克,1998.调适的智慧:杜亚泉思想研究[M].杭州:浙江人民出版社.
[569] 高平叔,1999.蔡元培年谱长编(第1卷)[M].北京:人民教育出版社.
[570] 高时良,1992.中国近代教育史资料汇编·洋务运动时期教育[M].上海:上海教育出版社.
[571] 高宗鲁,1986.前言[M]//中国留美幼童书信集.台北:传记文学出版社.
[572] 郭延礼,1987.龚自珍年谱[M].济南:齐鲁书社.
[573] 郭军宁,1990.遵义会议[M].北京:新华出版社.
[574] 郭奕玲,等,2007.吴有训的科学生涯[M]//吴有训.吴有训文集.南昌:江西科技出版社.
[575] 郭嵩焘,1984.郭嵩焘诗文集[M].长沙:岳麓书社.
[576] 郭德宏,等,2013.红军史(1927—1937)(上卷)[M].青岛:青岛出版社.
[577] 唐振常,1998.半拙斋古今谈[M].太原:山西教育出版社.
[578] 唐德刚,1990.胡适杂忆[M].北京:华文出版社.
[579] 凌鸿勋,1971.中华铁路史[M].台北:台湾商务印书馆.
[580] 宾汉,1954.英军在华作战记[M]//中国史学会.鸦片战争(五).寿纪瑜,等,译.上海:神

州国光社.
- [581] 容闳,1981.西学东渐记[M].长沙:湖南人民出版社.
- [582] 容闳,1992.经理留学事务所[M]//高时良.中国近代教育史资料汇编·洋务运动时期教育.上海:上海教育出版社.
- [583] 陶行知,1981.行知书信集[M].合肥:安徽人民出版社.
- [584] 陶英慧,1976.蔡元培年谱(上)[M].台北:中研院近代史研究所.
- [585] 桑兵,2001.晚清民国的国学研究[M].上海:上海古籍出版社.
- [586] 桑兵,1995.晚清学堂:学生与社会变迁[M].上海:学林出版社.
- [587] 教育阵地社,1946.抗战时期边区教育建设(上册)[M].张家口:新华书店晋察冀分店.
- [588] 黄开甲,1986.给巴特拉夫人的信[M]//高宗鲁.中国留美幼童书信集.台北:传记文学出版社.
- [589] 黄月波,等,1935.中外条约汇编一册[M].上海:商务印书馆.
- [590] 黄丽镛,1985.魏源年谱[M].长沙:湖南人民出版社.
- [591] 黄侃,1962.文心雕龙札记[M].北京:中华书局.
- [592] 黄侃,1962.出版说明[M]//文心雕龙札记.北京:中华书局.
- [593] 黄炎培,1982.八十年来[M].北京:文史资料出版社.
- [594] 黄炎培,1945.延安归来[M].重庆:国讯书店.
- [595] 黄美真,等,1984.汪精卫集团投敌[M].上海:上海人民出版社.
- [596] 黄埔四期同学首都联谊会,1926.黄埔军校第四期同学通讯录[M].广州:黄埔军校.
- [597] 萧超然,等,1981.北京大学校史(1898—1949年)[M].上海:上海教育出版社.
- [598] 萨本仁,1994.萨镇冰传——一生跨越四个历史时期的近代爱国海军宿将[M].北京:海潮出版社.
- [599] 曹雪芹,2008.红楼梦(上)[M].北京:人民文学出版社.
- [600] 曹操,1974.曹操集[M].北京:中华书局.
- [601] 龚自珍,1975.龚自珍全集[M].上海:上海人民出版社.
- [602] 盛宣怀,1959.会办商务大臣盛宣怀电报[M]//故宫博物院明清档案部.义和团档案史料(下册).北京:中华书局.
- [603] 盛宣怀,1979.致陶湘函[M]//陈旭麓,等.辛亥革命前后——盛宣怀档案资料选辑之一.上海:上海人民出版社.
- [604] 盛巽昌,等,1997.学林散叶[M].上海:上海人民出版社.
- [605] 盛毓度,1996.我祖父创办南洋公学的经过[M]//陈先元,等.盛宣怀与上海交通大学.太原:山西教育出版社.
- [606] 盛懿,等,2006.三个世纪的跨越——从南洋公学到上海交通大学[M].上海:上海交通大学出版社.
- [607] 野史氏,1916.袁世凯轶事续录[M].上海:上海文艺编译社.
- [608] 崔运武,1994.舒新城教育思想研究[M].沈阳:辽宁教育出版社.
- [609] 康有为,2007a.康有为全集(第6集)[M].北京:中国人民大学出版社.
- [610] 康有为,2007b.康有为全集(第8集)[M].北京:中国人民大学出版社.
- [611] 康有为,1987.不幸而言中不听则国亡序[M]//蒋贵麟.康南海先生遗著汇刊第16册.台北:宏业书局.

[612] 康有为,1981. 康有为政论集[M]. 北京:中华书局.
[613] 康有为,1992. 康南海自编年谱(外二种)[M]. 楼宇烈,整理. 北京:中华书局.
[614] 康有为,1931. 新学伪经考(上册)[M]. 北京:文化学社.
[615] 章开沅,等,2001. 辛亥革命时期的张謇与近代社会[M]. 武汉:华中师范大学出版社.
[616] 章太炎,2003. 与胡适[M]//章太炎书信集. 石家庄:河北人民出版社.
[617] 章太炎,1982. 章太炎全集(一)[M]. 上海:上海人民出版社.
[618] 章太炎,1984. 章太炎全集(三)[M]. 上海:上海人民出版社.
[619] 章太炎,1985. 章太炎全集(四)[M]. 上海:上海人民出版社.
[620] 章太炎,2004. 章太炎讲演集[M]. 马勇,编. 石家庄:河北人民出版社.
[621] 章太炎,1946. 黎公碑[M]//张难先. 湖北革命知之录. 上海:商务印书馆.
[622] 章炳麟,1970. 民国章太炎先生炳麟自定年谱[M]. 台北:台湾商务印书馆.
[623] 商衍鎏,2004. 清代科举考试述录及有关著作[M]. 天津:百花文艺出版社.
[624] 梁廷枏,1959. 夷氛闻记[M]. 北京:中华书局.
[625] 梁启超,1957. 与康有为等书[M]//中国史学会. 戊戌变法(二). 上海:上海人民出版社.
[626] 梁启超,1998. 中国历史研究法[M]. 上海:上海古籍出版社.
[627] 梁启超,2004. 中国近三百年学术史[M]. 北京:东方出版社.
[628] 梁启超,1954. 戊戌政变记[M]. 北京:中华书局.
[629] 梁启超,2001. 论中国学术思想变迁之大势[M]. 上海:上海古籍出版社.
[630] 梁启超,2015. 李鸿章传[M]. 上海:华东师范大学出版社.
[631] 梁启超,1989. 饮冰室合集·文集之十一[M]. 北京:中华书局.
[632] 梁启超,1959. 饮冰室诗话[M]. 北京:人民文学出版社.
[633] 梁启超,1936. 欧游心影录节录[M]. 上海:中华书局.
[634] 梁启超,1901. 爱国论[M]//清议报论说(第1集卷1). 横滨:通化社.
[635] 梁启超,1929. 康南海传[M]. 上海:广智书局.
[636] 梁启超,1921. 清代学术概论[M]. 上海:商务印书馆.
[637] 梁启超,1985. 梁启超史学论著四种[M]. 长沙:岳麓书社.
[638] 梁启超,2000. 梁启超家书[M]. 北京:中国文联出版社.
[639] 梁启超,1981. 新大陆游记[M]. 长沙:湖南人民出版社.
[640] 梁和钧,1999. 记北大[M]//朱斐. 东南大学史(第1卷). 南京:东南大学出版社.
[641] 梁诚,1986. 梁诚写给萧(Shaw)的信[M]//高宗鲁. 中国留美幼童书信集. 台北:传记文学出版社.
[642] 梁柱,1997. 插图本中国共产党史上卷:1919—1949.9[M]. 北京:改革出版社.
[643] 梁碧莹,2011. 陈兰彬与晚清外交[M]. 广州:广东人民出版社.
[644] 梁漱溟,1987. 中国文化要义[M]. 上海:学林出版社.
[645] 彭泽平,2014. 嬗变与超越——新中国基础教育课程改革史[M]. 成都:电子科技大学出版社.
[646] 彭真,1946. 中共"晋察冀"边区之各种政策[M]. 延安:晋察冀边区.
[647] 彭慕兰,2003. 大分流:欧洲、中国及现代世界经济的发展[M]. 史建云,译. 南京:江苏人民出版社.
[648] 斯蒂芬·哈尔西,2018. 追寻富强——中国现代国家的建构[M]. 赵莹,译. 北京:中信出

版社.
[649] 董丛林,2017.曾国藩年谱长编[M].上海:上海交通大学出版社.
[650] 董守义,1989.中国第一次近代化运动的倡导者——恭亲王奕䜣大传[M].沈阳:辽宁人民出版社.
[651] 董纯才,1991.中国革命根据地教育史(第一卷)[M].北京:教育科学出版社.
[652] 蒋廷黻,2016.中国近代史[M].北京:中华书局.
[653] 蒋伯英,等,2009.中央苏区政权建设[M].北京:中央文献出版社.
[654] 蒋伯潜,1983.十三经概论[M].上海:上海古籍出版社.
[655] 蒋梦麟,2000.西潮·新潮[M].长沙:岳麓书社.
[656] 蒋超雄,1982.我在黄埔军校学习的回忆[M]//中国人民政治协商会议广东省委员会,等.广东文史资料(第三十七辑):黄埔军校回忆录专辑.广州:广东人民出版社.
[657] 韩伟,1990.忆安源工人的苦难生活与英勇斗争[M]//中共萍乡市委《安源路矿工人运动》编纂组.安源路矿工人运动(下册).北京:中共党史资料出版社.
[658] 韩国钧,1966.永忆录[M]//沈云龙.近代中国史料丛刊(第1辑).台北:文海出版社.
[659] 韩琦,2003.康熙时代数学教育及其社会背景[M]//《法国汉学》丛书编辑委员会.法国汉学第八辑(教育史专号).北京:中华书局.
[660] 黑格尔,2001.历史哲学[M].王造时,译.上海:上海书店出版社.
[661] 程天君,2008."接班人"的诞生——学校中的政治仪式考察[M].南京:南京师范大学出版社.
[662] 程中原,2017.中共高层与西安事变[M].北京:中国民主法制出版社.
[663] 程季华,2003.袁牧之与新闻记录电影[M]//中央新闻纪录电影制片厂.我们的足迹.北京:中央文献出版社.
[664] 傅正,2018.古今之变:蜀学今文学与近代革命[M].上海:华东师范大学出版社.
[665] 傅铎,1995.往事沧桑[M].北京:解放军出版社.
[666] 傅斯年,2003.致胡适[M]//傅斯年全集(第7卷).长沙:湖南教育出版社.
[667] 储祎,1935.辛亥革命[M].上海:大众书局.
[668] 舒新城,1945.我和教育——三十五年教育生活史(1893—1928)[M].上海:中华书局.
[669] 舒新城,2011.近代中国留学史[M].上海:上海书店出版社.
[670] 舒新城,1925.舒新城教育丛稿(第一集)[M].上海:中华书局.
[671] 舒新城,1929.蜀游心影[M].上海:开明书店.
[672] 鲁迅,2000.且介亭杂文[M].北京:人民文学出版社.
[673] 鲁迅,1973.《守常全集》题序[M]//南腔北调集.北京:人民文学出版社.
[674] 鲁迅,1934.南腔北调集[M].上海:同文书店.
[675] 鲁迅,2005.鲁迅日记[M].北京:人民文学出版社.
[676] 普特南·威尔,2000.庚子使馆被围记[M].冷汰,陈贻先,译.上海:上海书店出版社.
[677] 曾朴,1991.孽海花[M].上海:上海古籍出版社.
[678] 曾庆榴,2004.共产党人与黄埔军校[M].广州:广州出版社.
[679] 曾庆榴,2011.黄埔军校[M].北京:中国民主法制出版社.
[680] 曾纪泽,1983.曾纪泽遗集[M].长沙:岳麓书社.
[681] 曾纪泽,2008.曾纪泽集[M].长沙:岳麓书社.

[682] 曾作忠,等,1924.译序[M]//司特厚.柏克赫司特道尔顿制教育.上海:商务印书馆.

[683] 曾国藩,1994a.曾国藩全集·日记一[M].长沙:岳麓书社.

[684] 曾国藩,1994b.曾国藩全集·诗文[M].长沙:岳麓书社.

[685] 曾国藩,1961.同治十年七月十九日大学士两江总督曾国藩等奏[M]//中国史学会.洋务运动(二).上海:上海人民出版社.

[686] 曾国藩,1987.曾国藩全集·奏稿二[M].长沙:岳麓书社.

[687] 曾德昭,1998.大中国志[M].何高济,译.上海:上海古籍出版社.

[688] 曾燕,等,2012.撬动中国向近代转型的坚实支点:徐继畬"大变局"认识与涉外实务研究[M].成都:四川大学出版社.

[689] 温秉忠,1986.一个留美幼童的回忆[M]//高宗鲁.中国留美幼童书信集.台北:传记文学出版社.

[690] 裕禄,1964.致东抚电[M]//北京大学历史系,等.义和团运动史料丛编(第2辑).北京:中华书局.

[691] 谢克,1946.延安十年[M].上海:青年出版社.

[692] 谢俊美,1998.翁同龢评传[M].南京:南京大学出版社.

[693] 赖彦于,1935.古今人物志略[M]//广西一览.南宁:广西印刷厂.

[694] 雷云峰,1994.陕甘宁边区史[M].西安:西安地图出版社.

[695] 雷洁琼,1996.晏阳初——平民教育运动的开拓者(代序)[M]//晏阳初纪念文集编辑委员会.晏阳初纪念文集.重庆:重庆出版社.

[696] 雷锋,1963.雷锋日记[M].北京:解放军文艺社.

[697] 雷禄庆,1977.李鸿章年谱[M].台北:台湾商务印书馆.

[698] 詹嘉玲,2003.清代初期与中期的数学教育[M]//《法国汉学》丛书编辑委员会.法国汉学第八辑(教育史专号).北京:中华书局.

[699] 新民主主义青年团哈尔滨市团部,1948.一二九的经过[M]//一二九、一二一学生运动资料特辑.哈尔滨:东北书店.

[700] 新华社,1979.陕甘宁新教育方针收获巨大成绩[M]//《人民教育》社.老解放区教育工作经验片断.上海:上海教育出版社.

[701] 慈禧,1996.懿训[M]//中国第一历史档案馆.光绪宣统两朝上谕档(第26册).桂林:广西师范大学出版社.

[702] 溥伟,1957.让国御前会议日记[M]//中国史学会.辛亥革命(八).上海:上海人民出版社.

[703] 窦纳乐,1980.致索尔斯伯理侯爵电[M]//胡滨.英国蓝皮书有关义和团运动资料选译.北京:中华书局.

[704] 福泽谕吉,1980.福泽谕吉自传[M].马斌,译.北京:商务印书馆.

[705] 群众文化教育委员会,1981.关于群众的文化教育草案[M]//陕西师范大学教育研究所.陕甘宁边区教育资料(社会教育部分)上册.北京:教育科学出版社.

[706] 蔡元培,1919.中国古代哲学史大纲序[M]//胡适.中国哲学史大纲(卷上).上海:商务印书馆.

[707] 蔡元培,1926.石头记索隐[M].上海:商务印书馆.

[708] 蔡元培,1984.爱国学社章程[M]//高平叔.蔡元培全集第1卷.北京:中华书局.

[709] 蔡元培,1920.蔡子民先生言行录[M].北京:北京大学出版部.
[710] 蔡元培,2010.蔡元培日记(上)[M].北京:北京大学出版社.
[711] 蔡元培,2004.蔡元培自述[M].崔志海,编.郑州:河南人民出版社.
[712] 蔡元培,1998.蔡元培全集(第3卷)[M].杭州:浙江教育出版社.
[713] 蔡元培,1931.蔡元培言行录[M].上海:广益书局.
[714] 蔡元培,1959.蔡元培选集[M].北京:中华书局.
[715] 蔡尔康,等,1986.李鸿章历聘欧美记[M].长沙:岳麓书社.
[716] 蔡尚思,1950.蔡元培学术思想传记[M].上海:棠棣出版社.
[717] 蔡冠洛,1984.张百熙[M]//清代七百名人传(上册).北京:中国书店.
[718] 蔡梦,2008.李焕之的音乐生涯及其历史贡献[M].北京:人民音乐出版社.
[719] 裴宜理,2014.安源:发掘中国革命之传统[M].香港:香港大学出版社.
[720] 廖世承,1925.东大附中道尔顿制实验报告[M].上海:商务印书馆.
[721] 廖世承,1924.教育心理学[M].上海:中华书局.
[722] 廖平,1989.廖平学术论著选集(一)[M].李耀仙,主编.成都:巴蜀书社.
[723] 廖泰初,1940.中国教育研究的回顾与前瞻提要初稿[M].北京:燕京大学教育学会.
[724] 谭嗣同,1981.谭嗣同全集[M].北京:中华书局.
[725] 熊佛西,1947.戏剧大众化之实验[M].上海:正中书局.
[726] 熊佛西,1931.佛西论剧[M].上海:新月书店.
[727] 熊希龄,1957.上陈右铭中丞书[M]//中国史学会.戊戌变法(二).上海:上海人民出版社.
[728] 缪荃孙,1980.艺风堂友朋书札(上)[M].上海:上海古籍出版社.
[729] 黎庶昌,1986.曾国藩年谱·附年略 荣哀录[M].长沙:岳麓书社.
[730] 德雷克,1990.徐继畬及瀛寰志略[M].任复兴,译.北京:文津出版社.
[731] 薛福成,1978.书科尔沁忠亲王大沽之败[M]//齐思和,等.第二次鸦片战争(一).上海:上海人民出版社.
[732] 璩鑫圭,等,1991.中国近代教育史资料汇编·学制演变[M].上海:上海教育出版社.
[733] 戴念祖,等,2013.叶企孙及其对科学和教育的贡献[M]//叶企孙,等.叶企孙文存.北京:首都师范大学出版社.
[734] 戴维·考特莱特,2005.上瘾五百年:瘾品与现代世界的形成[M].薛绚,译.上海:上海人民出版社.
[735] 魏允恭,1969.江南制造局记[M].台北:文海出版社.
[736] 魏定熙,1998.北京大学与中国政治文化(1898—1920)[M].金安平,等,译.北京:北京大学出版社.
[737] 魏斐德,2017.中华帝国的衰弱[M].梅静,译.北京:民主与建设出版社.
[738] 魏源,2004.圣武记[M]//魏源全集(第三册).长沙:岳麓书社.
[739] 魏源,1976.邵阳魏府君事略[M]//魏源集(下册).北京:中华书局.
[740] 魏源,1998.海国图志[M].长沙:岳麓书社.
[741] 魏源,2004.魏源全集(第十三册)[M].长沙:岳麓书社.
[742] 濮兰德,等,2010.慈禧外纪[M].陈冷汰,译.北京:紫禁城出版社.
[743] 瞿骏,2017.天下为学说裂:清末民初的思想革命与文化运动[M].北京:社会科学文献出

［744］瞿鸿禨,1993.复核官制说帖[M]//中国社会科学院近代史研究所近代史资料编辑部.近代史资料总第八十三号.北京:中国社会科学出版社.
［745］赣南师范学院,等,1985.江西苏区教育资料汇编(四)[M].赣州、南昌:赣南师范学院、江西教育科学研究所.
［746］Morris Dickstein,1985.伊甸园之门:六十年代美国文化[M].方晓光,译.上海:上海外语教育出版社.
［747］R. K. I.奎斯特德,1979.1857—1860年俄国在远东的扩张[M].陈霞飞,译.北京:商务印书馆.
［748］T. L.康念德,1992.李鸿章与中国军事工业近代化[M].杨天宏,等,译.成都:四川大学出版社.

期刊论文类

［1］K. Y,1922.评"新文化运动"[J].南侨月报(1):1-2.
［2］二十八画生,1917.体育之研究[J].新青年(2):1-11.
［3］丁力夫,1946.从私塾到模范的上陈庄小学[J].教育阵地(1):11-14.
［4］丁艾,1991.李伯钊戏剧生涯二三事[J].四川戏剧(4):45-47.
［5］丁钢,2004.课程改革的文化处境[J].全球教育展望(1):16-19.
［6］丁钢,2003.教育经验的理论方式[J].教育研究(2):22-27.
［7］丁韪良,1957.中西见闻录[D]//孙毓棠.中国近代工业史资料第1辑上册.北京:科学出版社.
［8］丁韪良,1983.同文馆记[D]//朱有瓛.中国近代学制史料第1辑上册.上海:华东师范大学出版社.
［9］马忠文,2012.张荫桓、翁同龢与戊戌年康有为进用之关系[J].近代史研究(1):4-28.
［10］马勇,2017.关于我的晚清史研究[J].社会科学论坛(4):156-162.
［11］马勇,2006.近代中国知识分子的悲剧——试论时务报内讧[J].安徽史学(1):15-24.
［12］马超骏,1936.制定实施失学民众补习教育六年计划大纲[J].南京市政府公报(169):38-41.
［13］马鑑,1940.纪念蔡子民先生[J].东方杂志(8):65.
［14］王大曼,1940.罗振玉先生评传[J].新东方(8):71-87.
［15］王凡,1984.戊戌变法时期的李鸿章[J].安徽史学(6):9-19.
［16］王开玺,1995.黄爵滋禁烟奏疏平议[J].近代史研究(1):1-13.
［17］王友平,2016.红色戏剧家李伯钊与长征文艺宣传[J].四川戏剧(11):23-28.
［18］王少燕,1998.熊佛西的定县农村戏剧实验[J].中国现代文学研究丛刊(1):189-202.
［19］王凤青,2018.对毛泽东"抗战相持阶段到来"说的再认识[J].中共党史研究(12):116-119.
［20］王文智,2014.走向"后概念重建"的课程研究——以后结构女性主义课程史为例[J].全球教育展望(10):21-29.
［21］王双庆,2017.新见李鸿章撰书河南巡抚钱鼎铭墓志述略[J].济源职业技术学院学报(2):50-54.
［22］王礼锡,1932.中国社会史论战序幕[J].读书杂志(4-5):1-23.

[23] 王扬宗,1996.《格致汇编》与西方近代科技知识在清末的传播[J].中国科技史料(1):36-47.
[24] 王林,1946.忆人民的音乐家张寒晖[J].北方文化(4):28-29.
[25] 王枬,2006.教育叙事研究的兴起、推广与争辩[J].教育研究(10):13-17.
[26] 王奇生,2007.新文化是如何"运动"起来的——以《新青年》为视点[J].近代史研究(1):21-40,158.
[27] 王治浩,等,1984.格致书院与《格致汇编》——纪念徐寿逝世一百周年[J].中国科技史杂志(2):59-64.
[28] 王建军,2005.盲目趋新与教学改革:舒新城对道尔顿制教学实验的忧虑[J].课程·教材·教法(5):89-91.
[29] 王承仁,等,1990.略论洋务派民用企业的性质和作用[J].武汉大学学报(人文科学版)(4):76-82.
[30] 王荣德,1988.中国近代物理教育的先驱者——何育杰,夏元瑮[J].湖州师范学院学报(6):115-120.
[31] 王美平,2013.日本对列强掀起瓜分中国狂潮的三种论调[J].历史档案(1):111-118.
[32] 王晓光,2004.长征的最后一战——山城堡战役[J].福建党史月刊(3):30-31.
[33] 王晓秋,2007.三次集体出洋之比较:晚清官员走向世界的轨迹[J].学术月刊(6):140-145.
[34] 王晓秋,1990.鸦片战争对日本的影响[J].世界历史(5):92-100.
[35] 王笑龙,1987.陈汉章[J].浙江档案(8):22-23.
[36] 王家范,2008.吕思勉与"新史学"[J].史林(1):1-21.
[37] 王淦昌,1982.记吴有训老师培育我二三事[J].物理(8):41-42.
[38] 王淦昌,1992.我在早期的一项研究工作[J].科学(1):45-46.
[39] 王维俭,1985.普丹大沽口船舶事件和西方国际法传入中国[J].学术研究(5):84-90.
[40] 王敬轩,等,1918.文学革命之反响:王敬轩君来信[J].新青年(3):265-285.
[41] 王森然,1941.傅增湘先生评传[J].新东方(7):41-65.
[42] 王策三,2004.认真对待"轻视知识"的教育思潮——再评由"应试教育"向素质教育转轨提法的讨论[J].北京大学教育评论(3):5-23.
[43] 王韬,1890.格致汇编序[J].格致汇编(5):1.
[44] 王澧华,1996.论曾国藩与左宗棠的交往及其关系[J].安徽史学(2):38-43.
[45] 井上清,等,1985.中国的洋务运动与日本的明治维新[J].近代史研究(1):218-244.
[46] 元青,等,2016.过渡时代的译才:江南制造局翻译馆的中国译员群体探析[J].安徽史学(2):32-43.
[47] 云山,1906.论说:论自筑铁路为强国的要图(未完)[J].竞业旬报(1):18-20.
[48] 中共中央,1941.中共中央关于调查研究的决定[J].共产党人(19):4-6.
[49] 中共中央,1937.中国共产党抗日救国十大纲领[J].解放(16):1.
[50] 中华平民教育促进会,1923.中华平民教育促进会宣言[J].新教育(1):479-480.
[51] 中华平民教育促进会,1925.本报的宗旨与目的[J].农民(1):1.
[52] 中华苏维埃共和国中央执行委员会,1934.中华苏维埃共和国中央执行委员会布告第一号[J].红色中华(148):1.

[53] 中国教育会,1902.中国教育会章程[J].选报(21):25-27.
[54] 中夏,1923.论工人运动[J].中国青年(9):6-8.
[55] 毛泽东,1938.论鲁迅[J].新语周刊(5):85-86.
[56] 毛泽东,1927.湖南农民运动考察报告[J].向导(191):2061-2066.
[57] 毛泽东,1940.新民主主义的政治与新民主主义的文化[J].中国文化(创刊号):2-24.
[58] 卞鸿儒,1917.述张伯苓先生演说词[J].学生杂志(3):11-16.
[59] 方维规,2013."夷""洋""西""外"及其相关概念——论19世纪汉语涉外词汇和概念的演变[J].北京师范大学学报(社会科学版)(4):57-70.
[60] 方毓宁,2011.清末民初的韩国钧[C]//中国近现代史史料学学会.南昌、烟台:中国近现代史史料学学会第二十一、二十二次学术年会.
[61] 心美,1921.长辛店旅行一日记[J].铁路协会会报(105):189-192.
[62] 巴战龙,2003.教育学的尴尬[J].读书杂志(10):90-93.
[63] 允一,1936.西安事变[J].清华副刊(10):2-4.
[64] 邓云乡,1996.八股文与清代教育[J].寻根(1):16-17.
[65] 邓瑞,1998.鸦片战争与邓廷桢[J].南京高师学报(2):32-37.
[66] 孔祥吉,等,2005.大火焚烧后遗留的珍贵史料——评佐藤铁治郎的《袁世凯》[J].福建论坛(7):29-35.
[67] 孔繁银,等,1984.孔庆镕两次赴京为嘉庆祝寿记实[J].历史档案(1):25-28.
[68] 玉英真人,1918.玉英真人中华书局判词[J].灵学丛志(1):7-8.
[69] 艾尔曼,2006.学海堂与今文经学在广州的兴起[J].湖南大学学报(社会科学版)(2):13-20.
[70] 艾思奇,1937.抗战与学生责任[J].二中校刊(8):1-2.
[71] 本刊编辑部,2001.陈志潜教授逝世[J].中华预防医学杂志(1):66.
[72] 石少华,等,1944.边区大生产运动蓬勃展开[J].晋察冀画报(6):21-23.
[73] 平秋,1937."抗日大学"女学员的一封信[J].抗战大学(2):28-31.
[74] 北洋政府,1913.京师高等审判厅长林棨任职日期通告[J].政府公报(503):19-20.
[75] 卢经,2002.尹壮图上疏停罚"议罪银"述论[J].黑龙江社会科学(1):58-60.
[76] 叶企孙,1927a.清华物理学系发展之计划[J].清华周刊(11):537-540.
[77] 叶企孙,1927b.清华学校大礼堂之听音困难及其改正[J].清华大学学报(自然科学版)(2):1423-1433.
[78] 叶企孙,1934.物理学系概况[J].清华周刊(13-14):34.
[79] 白波,1925.田园思想[J].莽原(8):7-8.
[80] 司法部,1913.公牍:呈文:呈请任命林棨为大理院推事文(元年十二月二十一日)[J].司法公报(5):33.
[81] 民报社,1906.告白[J].民报(4):1.
[82] 弘伯,等,1934.无为政治的讨论[J].独立评论(93):11-22.
[83] 邢红军,2011.中国基础教育课程改革:方向迷失的危险之旅[J].教育科学研究(4):5-21.
[84] 邢蓝田,1949.国史拟传:严修传[J].国史馆馆刊(1):71.
[85] 吉田薰,2008.梁启超对日本近代志士精神的探究与消化[J].中国现代文学研究丛刊(2):79-89.

[86] 成仿吾,1938.半年来的陕北公学[J].解放(38):23-24.
[87] 成仿吾,1939.陕北公学的新阶段[J].解放(72):17-18.
[88] 光未然,等,1941."黄河大合唱演出"座谈会摘录[J].新音乐月刊(1):1-2.
[89] 吕润华,1924.平民教育谈[J].江苏省立第四中学校校友会月刊(15):5.
[90] 朱至刚,2017.跨出口岸:基于"士林"的《时务报》全国覆盖[J].新闻与传播研究(10):89-102.
[91] 朱君允,1923.中华平民教育促进会筹备之经过[J].新教育(2-3):481-482.
[92] 乔兆红,2011."智力之交易":近代日本与世界博览会——以1873年维也纳世博会为中心[J].广东社会科学(3):151-159.
[93] 延安新华社,1941.中共中央发言人对皖南事变发表谈话[J].解放(124):1-2.
[94] 仲伟民,2016.19世纪中国茶叶与鸦片经济之比较[J].中国人民大学学报(1):119-130.
[95] 任剑涛,2017.国家复兴的政治学话语[J].中国投资(1):49-51.
[96] 任鸿隽,1935.中国科学社二十年之回顾[J].科学(10):1483-1486.
[97] 任鸿隽,1927.科学研究问题[J].现代评论(132):18-20.
[98] 任鸿隽,1915.说中国无科学之原因[J].科学(1):8-13.
[99] 任鸿隽,1927.悼胡明复[J].现代评论(144):11-14.
[100] 任鸿隽,等,1927.科学研究问题[J].现代评论(132):18-20.
[101] 任鸿隽,等,1927.通信:科学研究问题[J].现代评论(132):18-20.
[102] 行龙,2012.克服"碎片化"回归总体史[J].近代史研究(4):18-22.
[103] 全国教育会联合会,1915.全国教育会联合会简章[J].教育研究(26):5.
[104] 刘广京,1982.一八六七年同文馆的争议——洋务运动专题研究之一[J].复旦学报(社会科学版)(5):97-101.
[105] 刘云杉,2001.课堂教学的"麦当劳化"——一个社会学视角的检讨[J].教育研究与实验(2):40-46.
[106] 刘云杉,2000.教科书中的童话世界:一个社会学视角的解读[J].教育研究与实验(5):24-32.
[107] 刘弄潮,1954.悲壮的二七流血斗争记[J].历史教学(2):38-42.
[108] 刘良华,2007.教育叙事研究:是什么与怎么做[J].教育研究(7):84-88.
[109] 刘幸,2018.博比特课程理论发展过程研究[J].教育学报(6):65-70.
[110] 刘幸,等,2019.课程理论的教育行政学源头:以博比特为中心[J].全球教育展望(12):22-30.
[111] 刘益涛,1995.毛泽东认为抗战相持阶段前有个"过渡时期"[J].中共党史研究(4):96.
[112] 刘懋功,1993.毛主席指挥我们打直罗镇战役[J].理论导刊(10):9-10.
[113] 齐耀琳,1916.训令:江苏省公署训令第六百六十一号(中华民国五年九月二十日):令各道尹、县知事、南京高等师范学校等:准教育部咨教育要旨废止摘默办法一体知照[J].江苏省公报(1004):12-13.
[114] 闫引堂,2011.超越社会建构主义——评当前课程社会学中的两种后社会建构主义论述[J].教育学报(4):54-63.
[115] 关晓红,2000.张之洞与晚清学部[J].历史研究(3):80-91,190.
[116] 关晓红,2007.晚清议改科举新探[J].史学月刊(10):39-48.

[117] 米迪刚,1930.米迪刚先生演讲词[J].河北省立民众教育人员养成所工作报告(1):5-7.
[118] 江中孝,2009.关于康有为和戊戌维新的指导思想问题[J].社会科学战线(6):119-127.
[119] 江苏省教育厅,1922.令第二工业学校校长[J].江苏教育公报(11):38.
[120] 江隆基,1937.专载:陕西省立第二初级中学校战时教育工作计划[J].二中校刊(8):13-16.
[121] 汤志钧,2007.从庄、刘到龚、魏:晚清启蒙思想生发之轨迹[J].学术月刊(2):141-145.
[122] 守常,1919.欢迎独秀出狱[J].新青年(6):588-589.
[123] 安东强,2017.清政府查禁《民报》问题探析[J].新闻与传播研究(4):81-97.
[124] 军国民教育会,1903.军国民教育会公约[J].江苏(2):152-157.
[125] 许寿裳,1940.鲁迅先生年谱[J].宇宙风(乙刊)(27):535-538.
[126] 许毓峰,1988.李大钊与鲁迅[J].天中学刊(2):1-4.
[127] 孙惠柱,等,2001.熊佛西的定县农民戏剧实验及其现实意义[J].戏剧艺术(1):5-24.
[128] 寿珉,1938.陕北的鲁迅艺术学院[J].新语周刊(5):86-87.
[129] 麦克拉伦,等,2015.学者对于正义的追寻——彼得·麦克拉伦(Peter McLaren)访谈录[J].外国教育研究(6):3-13.
[130] 严中平,1952.一八六一年北京政变前后中英反革命的勾结[J].历史教学(4):15-18.
[131] 严修,1898.奏疏选录:贵州学政严修请开西学专科折[J].岭学报(3):16-18.
[132] 严济慈,1935.二十年来中国物理学之进展[J].科学(11):1705-1716.
[133] 严济慈,1935.近数年来国内之物理学研究[J].东方杂志(1):15-20.
[134] 严銛钰,1987.试论日本倒幕运动成功的主要原因在于下级武士改革派的领导[J].广西民族学院学报(哲学社会科学版)(4):138-144,100.
[135] 杜亚泉,1900.亚泉杂志序[J].亚泉杂志(1):1.
[136] 杨天石,等,2018.戊戌变法失败的原因[J].社会科学论坛(6):149-159.
[137] 杨秀峰,1946.寄语边区青年知识份子[J].北方杂志(2):1.
[138] 杨启亮,2007.守护家园:课程与教学变革的本土化[J].教育研究(9):23-28.
[139] 杨度,1907.金铁主义说[J].中国新报(1):9-60.
[140] 杨度,1933.湖南少年歌[J].中道(1):62-64.
[141] 杨鸿烈,1943.曾纪泽在海外的活动[J].中国与东亚(2):53-61.
[142] 杨幕天,1928.送本校教授余青松博士赴荷兰出席国际天文学大会[J].厦大周刊(188):9.
[143] 李大钊,1919.再论问题与主义[J].每周评论(35):1-2.
[144] 李才垚,1985.林则徐与关天培的友谊——兼论两人对广东海防的部署[J].岭南文史(1):50-53.
[145] 李文杰,2013.新发现的陈兰彬信函释读——留美幼童撤回事件之补证[J].史林(1):107-114,189-190.
[146] 李华伟,2018.儒教的国教化和窄化——康有为的"逆宗教改革"与梁启超的批判[J].探索与争鸣(9):124-131.
[147] 李伯祥,等,1980.关于十九世纪三十年代鸦片进口和白银外流的数量[J].历史研究(5):79-87.
[148] 李尚英,1988.白莲教起义和天理教起义的比较研究[J].中国社会科学院研究生院学报

(3):65-74.

[149] 李明镜,1933.平教会与定县[J].独立评论(79):3-8.

[150] 李迪,1982.十九世纪中国数学家李善兰[J].中国科技史料(3):15-21.

[151] 李育民,2015.第一次国共合作时期中国共产党反帝主张的变化及其影响[J].近代史研究(4):32-51.

[152] 李泽厚,1955.论康有为的"大同书"[J].文史哲(2):10-15.

[153] 李建勋,1922.请改全国国立高等师范为师范大学案[J].新教育(5):1043-1045.

[154] 李政涛,2003.教育学的悲哀和尊严[J].教育科学论坛(8):65-66.

[155] 李洪修,等,2010.西方课程社会学研究的三种范式[J].外国教育研究(4):60-64.

[156] 李素廉,1949.新儿童运动[J].教育通讯(4):35-36.

[157] 李振声,2001.作为新文学思想资源的章太炎[J].书屋(7):20-45.

[158] 李景汉,1930.住在农村从事社会调查所得的印象[J].社会学界(4):1-14.

[159] 李景汉,1932.社会调查在今日中国之需要[J].清华周刊(7-8):1-8.

[160] 抗日军政大学返校校友,等,1946.致电四位国际校友[J].军政大学(4):35.

[161] 吴大猷,2005.早期中国物理发展的回忆[J].物理(3):165-170.

[162] 吴义雄,2008.邓廷桢与广东禁烟问题[J].近代史研究(5):37-55.

[163] 吴义雄,2007.权力与体制:义律与1834—1839年的中英关系[J].历史研究(1):63-87.

[164] 吴义雄,2009.鸦片战争前在华西人与对华战争舆论的形成[J].近代史研究(2):23-43.

[165] 吴小玮,2009.前教育现代化时期的落差——以《海国图志》在中日两国的传播为例[J].华东师范大学学报(教育科学版)(2):90-96.

[166] 吴小鸥,2015.应时而上的"教科书革命":以陆费逵为例[J].教育学术月刊(11):90-96.

[167] 吴仁安,等,1983.清末改革和废除科举制度的斗争[J].历史教学问题(3):17-20.

[168] 吴永军,1992.当代西方课程社会学概览[J].国外社会科学(10):52-57.

[169] 吴永军,1994.课程的社会学研究[D].南京:南京师范大学.

[170] 吴永军,等,2008.我国基础教育新课程改革理论基础研究述评[J].教育理论与实践(12):25-27.

[171] 吴有训,1930.书评[J].科学(5):750.

[172] 吴泽,等,1963.魏源《海国图志》研究[J].历史研究(4):117-140.

[173] 吴宓,1922.论新文化运动[J].学衡(4):1-23.

[174] 吴宣易,1933.京师同文馆略史[J].国立北平图书馆读书月刊(4):1-15.

[175] 吴康,1939.中国青年的进行——西北青年救国联合会的总结[J].综合(3):57-59.

[176] 吴康宁,等,1997.课堂教学的社会学研究[J].教育研究(2):64-71.

[177] 岑春煊,2013.山西武备学堂章程清单[J]//哈恩忠.光绪朝各省设立武备学堂档案(上).历史档案(2):27-30.

[178] 何珊云,2010.课程史研究的经典范式与学术意义——试析《1893～1958年的美国课程斗争》[J].北京大学教育评论(1):164-171.

[179] 何草,1994.漫说清道光年间的盐政改革[J].文史知识(12):106-111.

[180] 佚名,1913a.中华通俗教育会发起人逝世[J].教育杂志(9):77-78.

[181] 佚名,1912b.大学校开学志闻[J].教育杂志(4):26.

[182] 佚名,1912e.临时教育会日记[J].教育杂志(6):1.

[183] 佚名,1912f.民国元年七月十日行开幕式[J].教育杂志(6):37.
[184] 佚名,1912h.分科大学近情:分科大学校[J].教育杂志(7):42.
[185] 佚名,1914.内务[J].公言(2):1.
[186] 佚名,1939.在陕北延安的鲁迅艺术学院[J].电声周刊(1):100.
[187] 佚名,1938.延安抗日军政大学[J].中华(71):23-24.
[188] 佚名,1929.范静生[J].静生生物调查所第一次年报(1):1-2.
[189] 佚名,1930.定县秧歌[J].农民(19):9-10.
[190] 佚名,1928.馆讯(七月)静生生物研究所之成立[J].北京图书馆月刊(3):183.
[191] 佚名,1910.普通教育上之生物学[J].江宁学务杂志(10):1-8.
[192] 佚名,1925.新闻[J].清华周刊(8):18-19.
[193] 佚名,1946.歌颂劳动英雄,延安拍有声片[J].时代电影(20):3.
[194] 佘林茂,等,2018.西方新自由主义教育及其排斥性略论[J].湖南师范大学教育科学学报(2):31-36.
[195] 邹振环,1986.傅兰雅与江南制造局的译书[J].历史教学(10):10-14.
[196] 汪大燮,1913.教育部委任令第二十三号[J].政府公报(561):549-550.
[197] 汪晖,2012.鲁迅文学的诞生:读《〈呐喊〉自序》[J].现代中文学刊(6):20-41.
[198] 汪霞,2005.概念重建课程研究的后现代本质与评价[J].比较教育研究(10):68-72.
[199] 沈心工,1903.游春[J].江苏(7):63-64.
[200] 沈传经,1983.论福州船政局[J].近代史研究(2):242-257.
[201] 沈仲九,1922.国文科试行道尔顿制的说明(附表)[J].教育杂志(11):1-35.
[202] 沈涤生,1933.小学校的科学教育[J].江苏省小学教师半月刊(1):4-8.
[203] 启明,1927.上海气[J].语丝(112):14-15.
[204] 灵犀,1915.论日本总选举政府党胜利之真因[J].东方杂志(5):14-16.
[205] 张之洞,1909.张相国之遗言[J].教育杂志(10):74.
[206] 张申府,1946.这打击得了民主运动么?怀念韬奋先生·痛悼陶行知先生[J].群众文摘(3):25.
[207] 张永,2020.1932年北方会议与中共的华北建军尝试[J].近代史研究(1):82-99.
[208] 张志明,1995.紫金山天文台的创建者余青松[J].南京史志(C1):55-58.
[209] 张丽,2008.维特与义和团运动时期俄国对华政策[J].中俄关系的历史与现实(第二辑).
[210] 张其昀,1935.源远流长之南京国学[J].国风(2):34-53.
[211] 张昌绍,1924.平民教育与平民生计在今日孰为重要[J].江苏省立第四中学校校友会月刊(15):4-5.
[212] 张学良,等,1936.张杨对于时局的宣言[J].文化周报(6):1.
[213] 张闻天,1923.生命的跳跃——对于中国现文坛的感想[J].少年中国(7):1-9.
[214] 张洪萍,2009.教育改革与政治制约——张百熙与京师大学堂的重建[J].北京大学教育评论(3):153-161.
[215] 张勇,2005.康有为的"作伪"及其限度——以康氏戊子乡试自述为例[J].历史研究(6):174-176.
[216] 张海鹏,2018.孙中山民生主义理论体系的内在矛盾——兼议孙中山阶级观点问题[J].历史研究(1):102-112.

［217］张家康,2019.周恩来在五四运动前后的政治信仰[J].党史纵览(5):14-18.
［218］张铭旗,1949.勤学队[J].教育通讯(4):35.
［219］张庸,1912.章太炎先生答问[J].南通师范校友会杂志(2):39-52.
［220］张彭春,1923.清华新课程的编制[J].清华周刊(295):22-25.
［221］张翔,2012.康有为的释经与共和革命[A]//中国近代文学研究三十年回顾与前瞻学术研讨会暨中国近代文学学会第十六届年会论文集.长沙:湖南大学.
［222］张翔,2014.康有为经学思想调整刍议[J].中国哲学史(7):85-95.
［223］张寒晖,1929.真情的流露:我们今后的工作[J].戏剧与文艺(6):7-14.
［224］张寒晖,1936.歌谣概观[J].民教学报(2):15-44.
［225］陆诒,1946.漫谈袁世凯:张一麐谈袁追记[J].民主(34):854-857.
［226］陆费逵,1931.中华书局二十年之回顾[J].中华书局图书月刊(1):1-2.
［227］陆费逵,1940.我青年时代的自修[J].时代精神(2):125-127.
［228］陆费逵,1918.灵学丛志缘起[J].灵学丛志(1):1-3.
［229］阿翰,1936.学府之话:周予同论一二九运动失败之原因[J].十日杂志(21):附1.
［230］陈大白,1935.定县实验事业考察记[J].大上海教育(7):107-116.
［231］陈文彬,2006.五四时期知识界的"挟洋自重"[J].书屋(7):65-67.
［232］陈平原,1998.不被承认的校长——老北大的故事之六[J].读书(4):114-123.
［233］陈立夫,1938.陈部长对实施战时失学民众补习教育之谈话[J].江西地方教育(120):11.
［234］陈先松,2018.海军衙门经费析论[J].清史研究(2):124-137.
［235］陈志潜,1930a.晓庄卫生初步实行方针[J].医学周刊集(3):48-51.
［236］陈志潜,1930b.建设保障社会之医药组织[J].医学周刊集(3):44-47.
［237］陈志潜,1933.定县的乡村健康教育实验[J].中华医学杂志(上海)(2):149-174.
［238］陈其鹿,1917.听蔡子民先生演辞感言[J].新青年(6):1-2.
［239］陈卓生,1936.一二九运动的意义[J].清华周刊(7):6-7.
［240］陈明远,2010.康有为、罗振玉的"瞒和骗"[J].同舟共济(3):31-32.
［241］陈忠平,2015.保皇会在加拿大的创立、发展及跨国活动(1899—1905)——基于北美新见史料的考证[J].近代史研究(2):141-148.
［242］陈宝泉,1916.范总长之谈话[J].教育公报(12):1-2.
［243］陈思和,2015.重读有关《新青年》阵营分化的信件(上)[J].上海文化(2):36-47.
［244］陈洪鹗,1992.中国当代地球物理学的开拓者——傅承义[J].国际地震动态(6):17-20.
［245］陈振先,1913.兼署教育总长陈振先呈大总统报明交卸兼署教育部事务等情请鉴核文并批(中华民国二年五月五日)[J].政府公报(359):1.
［246］陈焕章,1913.孔教会杂志序例[J].孔教会杂志(1):9-15.
［247］邵式平,1939.陕北公学一年来教学的点滴经验[J].解放(63-64):31-35.
［248］坦父,1927.中国的科学研究问题[J].现代评论(130):11-15.
［249］茆诗珍,2009.留美幼童对近代中国外交事业的贡献[J].合肥工业大学学报(社会科学版)(1):133-138.
［250］范源廉,1916a.范总长招集全国商会联合会代表到部茶话演说词[J].教育公报(10):1-3.
［251］范源廉,1917a.范总长莅全国教育会联合会演说词(十月十三日)[J].教育公报(1):1-

3.

[252] 范源廉,1917b.范总长勉励北京师范学校学生演习野战训词[J].教育公报(3):10.

[253] 范源廉,1916b.教育总长提倡军国民教育[J].教育杂志(9):54.

[254] 范源廉,1917c.呈大总统因病恳请免职文[J].政府公报(471):16.

[255] 范源廉,1916c.教育总长对于教育之意见[J].教育杂志(9):53-54.

[256] 范源廉,1914.今日世界大战中之我国教育[J].中华教育界(23):1-7.

[257] 范源廉,1913.论义务教育当规定于宪法[J].中华教育界(7):75-80.

[258] 范源廉,1912.学事一束范总长整顿学务谈[J].教育杂志(6):34.

[259] 茅盾,1938."五四"的精神[J].文艺阵地(2):52.

[260] 茅盾,1946.论赵树理的小说[J].文萃(10):18.

[261] 茅海健,1990.1841年虎门之战研究[J].近代史研究(4):1-28.

[262] 茅海健,2013.张之洞、康有为的初识与上海强学会、《强学报》[J].华东师范大学学报(哲学社会科学版)(1):1-10.

[263] 茅海健,1986.第二次鸦片战争中清军指挥人员刍论[J].历史教学(11):12-18.

[264] 欧七斤,2007.略述中国第一位物理学博士李复几[J].中国科技史杂志(2):105-113.

[265] 欧阳哲生,1997.胡适与北京大学[J].北京大学学报(哲学社会科学版)(3):48-55.

[266] 欧阳哲生,2009.新发现的一组关于《新青年》的同人来往书信[J].北京大学学报(哲学社会科学版)(4):34-39.

[267] 叔永,1933.定县平教事业平议[J].独立评论(73):7-10.

[268] 国学讲习会发起人,1906.国学讲习会序[J].民报(7):24-30.

[269] 罗庆宏,2013.毛泽东的红军第五次反"围剿"突围计划考[J].军事历史研究(4):7-10.

[270] 罗志田,1995b.林纾的认同危机与民初的新旧之争[J].历史研究(5):117-132.

[271] 罗志田,2007.天下与世界:清末士人关于人类社会认知的转变——侧重梁启超的观念[J].中国社会科学(5):191-204.

[272] 罗志田,2008.近三十年中国近代史研究的变与不变[J].社会科学研究(6):134-145.

[273] 罗志田,2009.近代中国思想史研究的两点反思[J].社会科学研究(2):150-158.

[274] 罗志田,2012.非碎无以立通:简论以碎片为基础的史学[J].近代史研究(4):10-18.

[275] 罗惇曧,1913.京师大学堂成记[J].庸言(13):1-5.

[276] 金冲及,2014.论解放战争时期的第二条战线[J].南京大学学报(哲学·人文科学·社会科学版)(1):5-27.

[277] 周予同,1981.周予同自传[J].晋阳学刊(1):88-91.

[278] 周扬,1946.论赵树理的创作[J].新华文摘(1):23-27.

[279] 周作人,1935.保定定县之游[J].国闻周报(1):1-4.

[280] 周质平,2011.胡适论辛亥革命与孙中山[J].现代中文学刊(6):11-22.

[281] 周育民,2000.己亥建储与义和团运动[J].清史研究(4):8-17.

[282] 周树人,1913.拟播布美术意见书[J].教育部编纂处月刊(1):1-5.

[283] 周洪宇,等,2010.哥伦比亚大学师范学院与现代中国教育[J].比较教育研究(11):42-47.

[284] 周勇,2010.芝加哥大学教育系的悲剧命运[J].读书(3):80-89.

[285] 周勇,2005.西方新教育社会学的理论使命与政治困境[J].全球教育展望(8):24-27.

[286] 周勇,2007. 激进的教育[J]. 读书(3):50-57.
[287] 周振鹤,1992. 书同文与广方言[J]. 读书(10):147-150.
[288] 周程,2017. 中日现代化进程中观念冲突之一斑——以李鸿章与森有礼在直隶总督府的论战为中心[J]. 安徽史学(1):112-120.
[289] 周新国,等,2010. 祁韵士与西北边疆史地研究[J]. 江海学刊(南京)(5):177-181.
[290] 於梅舫,2016. 汉学名义与惠栋学统——《汉学师承记》撰述旨趣再析[J]. 南京大学学报(哲学·人文科学·社会科学版)(2):94-109.
[291] 郑东辉,2005. 新中国课程改革的历史回顾[J]. 教育与职业(13):49-51.
[292] 郑国良,1994. 安庆内军械所的产品及与安庆子弹、火药、枪炮三局的关系[J]. 安徽史学(3):44-46.
[293] 郑逸梅,1941. 陆徽祥追念许景澄[J]. 永安月刊(28):40-41.
[294] 学部,1910. 学部咨行各省李煜瀛等禀在法创设远东生物学研究会并拟在京津沪设立分会应量予补助文[J]. 浙江教育官报(27):114-115.
[295] 泽东,1919a. 陈独秀之被捕及营救[J]. 湘江评论(创刊号):1-2.
[296] 宝熙,1906. 山西学政宝熙请设学部折[J]. 学部官报(1):11-12.
[297] 房德邻,2007. 康有为与公车上书——读《"公车上书"考证补》献疑(一)[J]. 近代史研究(1):116-132.
[298] 参谋部,1912. 参谋部为保定陆军大学堂开学事致袁大总统电文[J]. 临时政府公报(50):11.
[299] 孟岘,1981. 蔡元培与军国民教育会及光复会[J]. 复旦学报(社会科学版)(6):69-72.
[300] 经盛鸿,等,2002. 詹天佑与辛亥革命[J]. 江苏社会科学(6):126-129.
[301] 项义华,2010. 蔡元培与绍兴中西学堂——一个超越"新旧冲突"的分析视角[J]. 浙江学刊(6):59-68.
[302] 赵刚,2015. 权宜之计:康熙五十一年朱熹升配孔庙十哲之次的政治史发覆——兼论钱穆、葛兆光先生有关康熙时代思想专制的诠释[J]. 华东师范大学学报(哲学社会科学版)(1):14-25.
[303] 赵洒传,1925. 科学的态度与新教育[J]. 新教育评论(1):7-13.
[304] 荣庆,1906. 奏请宣示教育宗旨折[J]. 学部官报(1):4-9.
[305] 荣庆,等,1906. 政务处会奏议请裁撤学政直省提学使司折[J]. 学部官报(1):9-10.
[306] 胡升华,1988. 叶企孙先生传略[J]. 科学(3):213-219.
[307] 胡先骕,1932. 与汪敬熙先生论中国今日之生物学界[J]. 独立评论(15):15-22.
[308] 胡先骕,1921. 评尝试集[J]. 学衡(1):1-23.
[309] 胡适,1920a. 中学国文的教授[J]. 新青年(1):1-12.
[310] 胡适,1919b. 新思潮的意义[J]. 新青年(1):5-12.
[311] 胡适,1919c. 杜威的教育哲学[J]. 新教育(3):298-308.
[312] 胡适,1920c. 清代汉学家的科学方法[J]. 科学(2):125-136.
[313] 胡适,1919d. 我为什么要做白话诗[J]. 新青年(6):488-499.
[314] 胡适,1919e. 多研究些问题,少谈些"主义"[J]. 每周评论(31):1.
[315] 胡适,1919f. 威权[J]. 新青年(6):588.
[316] 胡适,1917. 文学改良刍议[J]. 新青年(5):1-11.

[317] 胡适,1924.书院制史略[J].东方杂志(3):142-146.
[318] 胡适,1934.我们可做的建设事业[J].独立评论(95):1-3.
[319] 胡适,1926.我们对于西洋近代文明的态度[J].现代评论(83):3-11.
[320] 胡适,1929.我们走那条路?[J].新月(10):1-16.
[321] 胡适,1914.非留学篇(一)[J].留美学生年报(3):4-29.
[322] 胡适,1918."易卜生主义"[J].新青年(6):489-507.
[323] 胡适,1935.南游杂忆[J].独立评论(142):16-23.
[324] 胡适,1933.编者附记[J].独立评论(79).
[325] 胡滨,等,1982.李鸿章和轮船招商局[J].历史研究(4):44-60.
[326] 南京临时政府,1912.修正中华民国临时政府组织大纲[J].临时政府公报(2):7-9.
[327] 柯政,2016.课程改革与农村学生的学业成功机会——基于A市八年中考数据的分析[J].教育研究(10):95-105.
[328] 柳报青,等,1928.全国教育会议实行民众补习教育案[J].江西省政府公报(45):139-143.
[329] 柳诒徵,1924.学者之术[J].学衡(33):1-6.
[330] 轶尘(赵廷为),1933.教育的学问为什么给人家瞧不起[J].东方杂志(2):3-9.
[331] 显尧,1937.谈谈我国最初创办的大学——京师大学堂[J].中国学生(上海1935)(2):12-14.
[332] 钟启泉,1994.课程社会学的形成与发展[J].全球教育展望(4):27-34.
[333] 钟启泉,等,2004.发霉的奶酪——《认真对待"轻视知识"的教育思潮》读后感[J].全球教育展望(10):3-7.
[334] 钟启泉,2005.概念重建与我国课程创新——与《认真对待"轻视知识"的教育思潮》作者商榷[J].北京大学教育评论(1):48-57.
[335] 钟贤培,1996.梁启超对中国近代小说革新的贡献——梁启超与晚清"小说界革命"[J].广东社会科学(2):115-119.
[336] 狭间直树,1997.梁启超《戊戌政变记》成书考[J].近代史研究(4):233-242.
[337] 独秀,1923.中国国民革命与社会各阶级[J].前锋(2):1-9.
[338] 施爱东,2020.故事概念的转变与中国故事学的建立[J].民族艺术(1):14-22.
[339] 施爱东,2014.顾颉刚、钟敬文与"猥亵歌谣"[J].读书(7):3-11.
[340] 恽代英,1921.拟发起新教育建设社意见书[J].中华教育界(4):1-17.
[341] 美子,1946.回忆鲁迅艺术学院[J].读者(4):9-13.
[342] 姜鸣,2008.严复任职天津水师学堂史实再证[J].历史研究(3):164-179.
[343] 洪流,1940.茁壮中的鲁迅艺术学院[J].青年知识(7):8-10.
[344] 费孝通,1948.评晏阳初"开发民力建设乡村"[J].观察(1):4-7.
[345] 姚立澄,2017.我愿以身许国——纪念王淦昌先生诞辰110周年[J].民主与科学(3):62-66.
[346] 姚蓉,2012.论清代文士的塾师生活与底层写作——以蒲松龄为例[J].上海大学学报(社会科学版)(2):110-120.
[347] 姚薇元,1963.论鸦片战争的直接原因——驳斥西方资产阶级反动学者的谬说[J].武汉大学学报(人文科学版)(4):104-115.

[348] 袁世凯,1915.国民学校令[J].教育公报(4):1-9.
[349] 莫耶,1938.抗日军政大学的女友人[J].妇女生活(上海1935)(3):18-19.
[350] 贾丰臻,1912.今后之教育界[J].教育杂志(6):1-8.
[351] 顾实,1912.对于新教育方针之意见[J].江苏第三师范学校校友会杂志(1):23-28.
[352] 顾诚吾,1919.对于旧家庭的感想[J].新潮(5):157-169.
[353] 顾颉刚,1937b.西北回民应有的觉悟及其责任(上)[J].抗敌旬刊(2):2-5.
[354] 顾颉刚,1928.苏州的歌谣[J].民俗(11-12):9-31.
[355] 顾颉刚,1924.孟姜女故事的转变[J].歌谣(69):1-8.
[356] 晏阳初,1927.平民教育概论[J].教育杂志(6):1-10.
[357] 钱玄同,2009.致胡适[J]//欧阳哲生.新发现的一组关于《新青年》的同人来往书信.北京大学学报(哲学社会科学版)(4):34-39.
[358] 钱理群,2006.二十世纪三十年代有关传统文化的几次思想交锋——以鲁迅为中心(一)[J].鲁迅研究月刊(1):4-20.
[359] 倪玉平,2011.有量变而无质变:清朝道光时期的财政收支[J].学术月刊(5):130-138.
[360] 倪玉平,等,2014.清朝道光"癸未大水"的财政损失[J].清华大学学报(哲学社会科学版)(4):99-109.
[361] 徐明德,1995.论十四至十九世纪中国的闭关锁国政策[J].海交史研究(1):19-37.
[362] 徐保安,2008.清末地方官员学堂教育述论——以课吏馆和法政学堂为中心[J].近代史研究(1):84-103.
[363] 徐铸成,1930.定县平教村治参观记:生产增加与全民识字(附照片)[J].国闻周报(4):1-10.
[364] 爱读革命军者,1940.读革命军[J].党史史料丛刊(创刊号):47-48.
[365] 翁文灏,1941.丁文江先生传[J].地质论评(1-2):181-192.
[366] 高水红,2007."法定知识"变革中的行动者视野——课程社会学的一种研究路向[J].南京师大学报(社会科学版)(5):74-79.
[367] 高原,2014.冷静对待PISA二连冠——基于新自由主义视角的思考[J].外国中小学教育(4):9-14.
[368] 高翔宇,2018.梁启超归国与民初政争[J].清华大学学报(哲学社会科学版)(1):137-148.
[369] 郭卫东,1988.论岑春煊[J].近代史研究(2):52-73.
[370] 郭卫东,2014.两次鸦片战争期间中国外交体制的变迁[J].北京社会科学(2):58-64.
[371] 郭卫东,1989.载漪与慈禧关系考——兼与廖一中先生商榷[J].天津师大学报(社会科学版)(6):50-53.
[372] 郭卫东,2011.棉花与鸦片:19世纪初叶广州中英贸易的货品易位[J].学术研究(5):100-108.
[373] 郭栴懿,等,2003.农村三级医疗保健网的先驱——陈志潜教授[J].现代预防医学(5):605-607.
[374] 郭琪,2018.同文馆"天文算学"招生事件[J].中国档案(4):86-87.
[375] 凌霄一士,1937.随笔[J].国闻周报(16):69-72.
[376] 容肇祖,1928.北大歌谣研究会及风俗调查会的经过[J].民俗(15-16):1-10.

[377] 陶行知,1926a.中国师范教育建设论[J].新教育评论(1):4-8.

[378] 陶行知,1926b.中华教育改进社设立试验乡村师范学校第一院简章草案(专件)[J].新教育评论(3):14-16.

[379] 陶行知,1926.师范教育下乡运动[J].新教育评论(6):3-4.

[380] 桑兵,1999.近代中国学术的地缘与流派[J].历史研究(3):24-41.

[381] 桑兵,2018.梁启超与共和观念的初兴[J].史学月刊(1):53-69.

[382] 教育部,1912b.教育部告各都督临时宣讲办法电文[J].临时政府公报(5):9-10.

[383] 教育部,1912c.公布教育宗旨令[J].教育杂志(7):5.

[384] 教育部,1916.选派留学外国学生规程(附表)[J].教育公报(12):1-6.

[385] 教育部,1915.谕颁发教育要旨文[J].教育公报(5):31-32.

[386] 黄忠敬,2003.女性主义与课程中的性别问题[J].教育科学(3):26-29.

[387] 黄炎培,1940.奉悼我师蔡子民先生[J].东方杂志(8):65-66.

[388] 黄炎培,1930.清季各省兴学史(续)[J].人文(上海 1930)(10):37-43.

[389] 黄秋硕,2017.丁韪良论"中国的文艺复兴"[J].福建论坛(人文社会科学版)(2):131-138.

[390] 黄道炫,2003.第五次反"围剿"失败原因探析——不以中共军事政策为主线[J].近代史研究(5):80-113.

[391] 黄薇,2015.张百熙、瞿鸿禨往来书札(上)[J].历史文献(1):83-117.

[392] 萨镇冰,1945.闻日本乞降感赋[J].中国新闻(1):7.

[393] 梅光迪,1922.评今人提倡学术之方法[J].学衡(2):1-9.

[394] 曹乃月,2019.李焕之《春节序曲》作品分析及民族性阐释[J].北方音乐(10):83-84.

[395] 曹日昌,等,1935.对平教会定县实验工作述评[J].教育短波(17):94-97.

[396] 曹南屏,2013.坊肆、名家与士子:晚清出版社市场上的科举畅销书[J].史林(5):89-101.

[397] 戚学民,2001.《戊戌政变记》的主题及其与时事的关系[J].近代史研究(6):87-126.

[398] 崔允漷,2019.学校课程发展"中国模式"的建构与实践[J].全球教育展望(10):73-84.

[399] 康有为,1913.文苑:覆袁大总统电文[J].孔教杂志(10):1.

[400] 康静,等,2012.中国第一位女化学博士——王季茝[J].中国科技史杂志(2):167-175.

[401] 章元善,1934.从定县回来[J].独立评论(95):7-9.

[402] 章太炎,1907.人无我论[J].民报(11):1-17.

[403] 章太炎,1935.发刊宣言[J].制言(1):1-2.

[404] 章太炎,1940.革命军序[J].党史史料丛刊(创刊号):47.

[405] 章太炎,1906.演说录[J].民报(6):1-15.

[406] 章楷,1985.务农会、《农学报》、《农学丛书》及罗振玉其人[J].中国农史(1):82-88.

[407] 清华大学救国会,1936.告全国民众书[J].怒吼吧(1):1.

[408] 清华学校研究院同学会,1926.否认清华改组委员会破坏研究院宣言[J].清华周刊(4):221-222.

[409] 梁占恒,1989.跨越半个世纪的一个句号——访陈志潜教授[J].中国健康教育(3):39-41.

[410] 梁启超,1924.亡友夏惠卿先生[J].东方杂志(9):1-5.

[411] 梁启超,1903.论私德[J].新民丛报(46-48):1-11.
[412] 梁启超,1899.论学日本文之益[J].清议报全编(10):3-4.
[413] 梁启超,1902.论新民为今日中国第一急务[J].新民丛报(1):2-6.
[414] 梁启超,1902.保教非所以尊孔论[J].新民丛报(2):547-552.
[415] 梁侃,1988.马沙利与上海海关[J].近代史研究(3):5-14.
[416] 琬,1932.少奶奶的教育[J].妇女生活(21):523.
[417] 彭玉平,2009.王国维与梁启超[J].中山大学学报(社会科学版)(2):39-51.
[418] 彭春凌,2019.何为进步:章太炎译介斯宾塞的主旨变焦及其投影[J].近代史研究(1):23-43.
[419] 董晓萍,2010.民俗"实力化"的现代思想[J].民族文学研究(3):46-48.
[420] 董凌锋,2006.略论慈禧太后与中国近代化[J].天府新论(5):125-129.
[421] 董鸿祎,1913.教育次长董鸿祎呈大总统请准予辞职文并批[J].政府公报(260):69.
[422] 蒋百川,2015.两位中国近代物理学家的不同遭遇和命运[J].民主与科学(6):60-64.
[423] 蒋百里,1902.军国民之教育[J].新民丛报(22):33-52.
[424] 蒋廷黻,1933.跋燕先生的论文[J].独立评论(74):8-11.
[425] 蒋梦麟,1919.本月刊倡设之用意[J].新教育杂志(1):1.
[426] 蒋寅,2014.科举试诗对清代诗学的影响[J].中国社会科学(10):143-163.
[427] 蒋维乔,1936.中国教育会之回忆[J].东方杂志(1):7-15.
[428] 蒋维乔,1940.我的生平:与蔡孑民先生筹划开国时教育的始末[J].宇宙风(乙刊)(24):316-320.
[429] 程嫩生,等,2015.清真雅正与清代书院八股文教育[J].湖南大学学报(社会科学版)(2):29-33.
[430] 傅东光,2000.御笔林下戏题卷与乾隆晚年的"林下人"心境[J].故宫博物院院刊(4):27-33.
[431] 傅兰雅,1880.江南制造总局翻译西书事略[J].格致汇编(3):10-12.
[432] 傅任敢,1936.努力义务教育的袁希涛先生,近代中国教育人物像传之一[J].中华教育界(12):1.
[433] 傅孟真,1947.这个样子的宋子文非走开不可[J].世纪评论(7):17-18.
[434] 傅斯年,等,1919.新潮发刊旨趣书[J].新潮(1-5):1-4.
[435] 傅谨,2020."剧运"之外的欧阳予倩[J].读书(2):144-151.
[436] 舒新城,1923.道尔顿制可有的弊端[J].中华教育界(2):1-18.
[437] 舒新城,1922.编制混合心理学教科书的意见[J].教育杂志(3):1-9.
[438] 鲁迅,1923.《呐喊》自序[J].晨报副刊·文学旬刊(9):1-2.
[439] 鲁迅,1918.狂人日记[J].新青年(5):414-424.
[440] 鲁迅,1921.故乡[J].新青年(1):1-8.
[441] 鲁迅,1919.药[J].新青年(5):479-484.
[442] 鲁迅,1925.高老夫子[J].语丝(26):1-4.
[443] 鲁迅,1928.谈所谓"大内档案"[J].语丝(7):269-276.
[444] 鲁洁,2003.应对全球化:提升文化自觉[J].北京大学教育评论(1):27-30.
[445] 谢翌,等,2013.新中国真的发生了八次课程改革吗[J].教育研究(2):125-132.

[446] 雷颐,1987.李鸿章与《中法和约》[J].史学月刊(1):44-49.
[447] 鲍宗豪,2009.论民族复兴的中国模式[J].上海师范大学学报(哲学社会科学版)(4):1-10.
[448] 鲍德澂,1922.道尔顿实验室计划[J].教育杂志(6):1-7.
[449] 颖华.1938a.抗日军政大学是怎样的[J].抗战大学(7):161-162.
[450] 颖华,1938b.第三封信[J].抗战大学(7):162.
[451] 蔡元培,1937.文化运动不要忘了美育[J].广播周报(125):53.
[452] 蔡元培,1918.劳工神圣[J].每周评论(1):4.
[453] 蔡元培,1938.我在教育界的经验[J].宇宙风(56):285-288.
[454] 蔡元培,1917.特别类:中国教育界的恐慌同救济办法[J].吉林通俗教育讲演稿范本(16):1-7.
[455] 蔡元培,1912.新教育意见[J].教育杂志(11):18-27.
[456] 管惟炎,1982.吴有训教授事略[J].物理(8):457-461.
[457] 廖春梅,2015.张寒晖和他的《松花江上》[J].湖北档案(12):34-36.
[458] 廖泰初,1935.从定县的经验说到农村社会调查的缺欠和补救的方法[J].社会研究(103):419-422.
[459] 阚维,2019.不断探索适合中国国情的课程教学改革之路[J].人民教育(19):58-61.
[460] 熊希龄,等,1923.欢迎词[J].新教育(2-3):20-22.
[461] 熊秉坤,1947.武昌起义谈[J].革命文献丛刊(7):9-14.
[462] 黎元洪,1917.大总统指令第六十一号[J].政府公报(363):9.
[463] 黎元洪,1916.大总统策令[J].政府公报(188):283-285.
[464] 潘光旦,1926.今后之季报与留美学生[J].留美学生季报(1):1-14.
[465] 潘自力,2016.我们怎样过的雪山和草地[J].延安文学(4):225
[466] 潘振平,1988.《瀛环志略》研究[J].近代史研究(4):65-87.
[467] 薇,1937.西安事变以后[J].前进(3):3-5.
[468] 魏元旷,1936.光宣金载(一)[J].青鹤(2):1-5.
[469] 魏华政,1994.魏源经世实学思想刍议[J].船山学刊(2):57-66.
[470] 瞿骏,2014.教科书的启蒙与生意[J].读书(7):49-56.
[471] 瞿菊农,1934.平民教育[J].海王(24):371-372.
[472] 瞿菊农,1927.平民教育与平民文学[J].教育杂志(9):1-5.
[473] 瞿葆奎,2008.两个第一:王国维译、编的《教育学》——编辑后记[J].教育学报(2):3-9.

报纸类

[1] 丁钢,2012.20世纪上半叶哥大师范学院的中国留学生(附照片)[N].文汇报,2012-11-26.
[2] 上海机器工会,1920.上海机器工会成立纪[N].民国日报,1920-11-22.
[3] 上海道,1911.沪道札公廨文[N].新闻报,1911-6-7.
[4] 卫戍部,1930.京卫戍部布告解散晓庄师范[N].申报,1930-4-14.
[5] 小兵,1946.揭露中国新军内幕[N].新闻周报,1946-5-29.
[6] 王昌期,1934.教育经费自给的先锋[N].红色中华,1934-3-31.
[7] 中央艺术教育委员会,1936.中央艺术教育委员会启事[N].新中华报,1936-3-13.

[8] 中央社,1939a.社论:六中全会开幕[N].中央日报,1939-11-13.
[9] 中央社,1937a.胡适等发表国防教育意见[N].中央日报,1937-7-21.
[10] 中央社,1937b.庐山谈话会昨举行教育组谈话会[N].中央日报,1937-7-21.
[11] 中央社,1939b.总裁开幕词全文[N].中央日报,1939-11-13.
[12] 中外通讯社,1924.齐燮元下野之电讯[N].申报,1924-12-12.
[13] 中共中央宣传部,1943.关于执行党的文艺政策的决定[N].解放日报,1943-11-8.
[14] 中华苏维埃共和国中央执行委员会,1934.中华苏维埃共和国中央执行委员会布告第一号[N].红色中华,1934-2-12.
[15] 中华苏维埃共和国中央执行委员会,1931.中华苏维埃共和国中央执行委员会委任政府人员[N].红色中华,1931-12-18.
[16] 中华苏维埃共和国临时中央政府,1932.对日战争宣言[N].红色中华,1932-4-21.
[17] 毛泽东,1934.中华苏维埃共和国中央执行委员会与人民委员会对第二次全国苏维埃代表大会的报告[N].红色中华,1934-1-26.
[18] 文教大会教育组,1944.新教育方针获获巨大成绩[N].解放日报,1944-11-14.
[19] 本报记者,1937.陕北公学于本月一日举行开学典礼[N].新中华报,1937-11-4.
[20] 厉绥之,1936.第一流之国家与卫生[N].上海报,1936-7-4.
[21] 丕显,1933.共产儿童团红五月工作的总结[N].红色中华,1933-7-5.
[22] 叶企孙,1929.中国科学界之过去现在及将来[N].国立清华大学校刊.1929-11-22.
[23] 立民,1925.粤黄埔军校行毕业礼[N].民国日报,1925-9-16.
[24] 玄庐,1920.阿二的儿子[N].劳动界,1920-8-29.
[25] 汉俊,1920.为甚么要印这个报?[N].劳动界,1920-8-15.
[26] 西北局宣传部,等,1944a.拟定中等学校新课程[N].解放日报,1944-5-27.
[27] 西北局宣传部,等,1944b.边区文化教育会议将于10月在延安举行[N].解放日报,1944-5-27.
[28] 成仿吾,1937.陕北公学招生简章[N].新中华报,1937-9-15.
[29] 许德珩,1940.吊吾师蔡孑民先生[N].中央日报,1940-3-24.
[30] 孙传谋,1940.茅丽瑛女士之死[N].前线日报.1940-2-2.
[31] 严良堃,2009.《黄河大合唱》70载记忆[N].北京日报,2009-9-18.
[32] 杜威,1919.现代教育的趋势[N].北京大学日刊,1919-6-27.
[33] 李中,1920.一个工人的宣言[N].劳动界,1920-9-26.
[34] 李中,1933.热烈进行文化教育运动[N].红色中华,1933-9-6.
[35] 李维,1933.把文化工作与战争脱离起来[N].红色中华,1933-12-17.
[36] 肖峰云,1933.乱调教育部干部[N].红色中华,1933-12-17.
[37] 何玉人,2018.从延安走出的戏剧家——马健翎对戏曲现代戏的贡献[N].文艺报,2018-2-23.
[38] 佚名,1912a.越铎日报劫后纪[N].新闻报,1912-10-22.
[39] 佚名,1913b.教育部反对陈振先[N].时报,1913-3-25.
[40] 佚名,1912c.专电[N].时报,1912-7-4.
[41] 佚名,1913c.教育部读音统一会之冲突[N].时报,1913-3-10.
[42] 佚名,1912d.临时教育会议议员名单[N].新闻报,1912-7-16.

[43] 佚名,1912g.临时教育会议之议事成绩[N].时报,1912-8-17.
[44] 佚名,1932.中央军事政治学校第一期学生毕业[N].红色中华,1932-1-27.
[45] 佚名,1910.公电[N].新闻报,1910-9-18.
[46] 佚名,1923.北京大学风俗调查会征集材料[N].时报,1923-8-14.
[47] 佚名,1917.北京大学文科之争议[N].申报,1917-10-17.
[48] 佚名,1907.召见张中堂述闻[N].时报,1907-10-4.
[49] 佚名,1931.发刊词[N].红色中华,1931-12-11.
[50] 佚名,1937.西安事变专辑[N].学校新闻,1937-3-20.
[51] 佚名,1941.延大举行开学典礼[N].解放日报,1941-9-23.
[52] 佚名,1916.孙中山对于时局之言论[N].时报,1916-7-17.
[53] 佚名,1927.克伯屈抵京后之参观与演讲[N].新闻报,1927-5-4.
[54] 佚名,1933.苏维埃大学的创立[N].红色中华,1933-8-31.
[55] 佚名,1944.社论:根据地普通教育的问题[N].解放日报,1944-4-7.
[56] 佚名,1942.社论:积极推行"南泥湾政策"[N].解放日报,1942-12-12.
[57] 佚名,1908.张相国拟统一各省方言[N].时报,1908-2-8.
[58] 佚名,1903.京师大学堂近闻[N].同文沪报,1903-1-15.
[59] 佚名,1919.学生欢迎蔡校长回校之词[N].北京大学日刊,1919-9-20.
[60] 佚名,1906.学务刍议[N].申报,1906-10-25.
[61] 佚名,1904.奏定小学堂章程平议[N].时报,1904-7-5.
[62] 佚名,1921.顺直省议会最近情况[N].民国日报,1921-10-20.
[63] 佚名,1945.美学生演奏黄河大合唱[N].民国日报,1945-10-15.
[64] 佚名,1948.海军上将大材小用萨镇冰做小学教员[N].上海滩,1948-10-16.
[65] 佚名,1915.教育部咨送教育要旨[N].时报,1915-9-2.
[66] 佚名,1920.短言[N].共产党,1920-11-7.
[67] 佚名,1918.傅增湘位置不稳[N].民国日报,1918-4-3.
[68] 佚名,1936.鲁迅青年学校开学[N].红色中华,1936-11-9.
[69] 佚名,1909.筹办海军之最近闻[N].申报,1909-3-3.
[70] 佚名,1905.毁学骇闻[N].时报,1905-2-20.
[71] 张之洞,1907.鄂督奏称创立存古学堂折(续)[N].时报,1907-8-5.
[72] 张百熙,1907.张百熙宫保遗折[N].时报,1907-4-10.
[73] 陆费逵,1912.中华书局宣言书[N].申报,1912-2-23.
[74] 陈政,1920.胡适之先生演说词[N].北京大学日刊,1920-9-18.
[75] 陈独秀,1920.两个工人的疑问[N].劳动界,1920-8-15.
[76] 佩韦,1907.敬告张相国[N].时报,1907-8-28.
[77] 学部,1909.按年筹备事宜缮单[N].民报,1909-5-27.
[78] 泽东,1919b.民众的大联合[N].时事新报,1919-8-13.
[79] 赵承嘏,1920.通信:赵承嘏博士自巴黎致蔡校长书[N].北京大学日刊,1920-5-3.
[80] 胡适,1921b.杜威先生与中国[N].民国日报.1921-7-13.
[81] 南京快信,1921.义务教育期成会[N].时报,1921-7-30.
[82] 南京快信,1916.齐耀琳有昨晚被炸之谣言[N].民国日报,1916-4-13.

[83] 南京快信,1922.江苏省义务教育期成会会长袁希涛[N].时报,1922-1-15.
[84] 南京临时政府,1911.中华民国临时政府组织大纲[N].时报,1911-12-11.
[85] 钟观光,1917.大学校派遣全国生物调查员略说[N].北京大学日刊,1917-2-3.
[86] 独秀,1920.闲谈[N].劳动界,1920-8-22.
[87] 挈瓶,1915.告伦敦泰晤士报[N].时报,1915-3-6.
[88] 夏元瑮,1917a.改定理科课程案报告[N].北京大学日刊,1917-1-18.
[89] 夏元瑮,1917b.理科研究所第二次报告[N].北京大学日刊,1917-11-22.
[90] 夏元瑮,1917c.理科各门研究所报告[N].北京大学日刊,1917-11-29.
[91] 顾颉刚,1937a.中华民族的团结[N].申报,1937-1-10.
[92] 顾颉刚,1939a.中华民族是一个[N].前线日报,1939-3-15.
[93] 顾颉刚,1939b.中华民族是一个(四)[N].前线日报,1939-3-18.
[94] 铁生,1918.张作霖气走袁希涛[N].时报,1918-5-22.
[95] 郭秉文,1925.东大校长郭秉文请部迅聘接替[N].申报,1925-1-8.
[96] 教育部,1912a.临时政府教育部普通教育暂行办法[N].申报,1912-1-21.
[97] 黄浩瀚,2014.黄开甲,晚清潮汕最早的留美幼童[N].中国档案报,2014-1-23.
[98] 萧利民,1933.忽视文化教育的主席团[N].红色中华,1933-8-13.
[99] 萧轶,2019.羽戈 VS 马勇:知识精英的恐慌想象酿成了近代史悲剧?[N].新京报,2019-01-30.
[100] 推士,1923.科学教育与中国[N].民国日报,1923-4-15.
[101] 象五,1919.记南通伶工社[N].时报,1919-9-5.
[102] 博古,1933.为粉碎敌人的五次"围剿"与争取独立自由的苏维埃中国而斗争[N].红色中华,1933-8-4.
[103] 彭靖,2018.费正清与中国鸦片战争研究——纪念费正清诞辰111周年[N].中华读书报,2018-3-2.
[104] 蒋廷黻,1934.定县实验的实在贡献[N].大公报,1934-5-13.
[105] 蒋梦麟,1920.致陈宝泉书[N].民国日报,1920-12-6.
[106] 舒大桢,等,1923.我对于研究歌谣的一点小小意见[N].北京大学日刊,1923-12-23.
[107] 鲁莽,1947.记蒋维乔[N].真报,1947-8-25.
[108] 靳玉乐,等,2005.新课程改革的理论基础是什么[N].中国教育报,2005-5-28.
[109] 畸,1920.上海申新纺纱厂一瞥[N].劳动界,1920-8-15.
[110] 群起,1937.冬学运动[N].新中华报,1937-10-19.
[111] 缪荃孙,1908.江苏绅民请开国会公呈[N].新闻报,1908-7-31.
[112] 黎觉奔,1938.从"扩大鲁迅艺术学院运动"说起[N].新中华报,1938-9-5.
[113] 颜任光,1924.启示[N].北京大学日刊,1924-6-26.
[114] 藏园居士,1931.海源阁藏书记略[N].中央日报,1931-5-27.
[115] 霞菲,1930.筹安会六君子近况[N].礼拜六,1930-11-29.
[116] 魏东明,1948.南泥湾杂咏追忆[N].生活报,1948-7-11.
[117] 翼成,1920.一个工人的报告[N].劳动界,1920-8-15.

网址类

[1] MIT. *Wong Tsoo* [EB/OL]. (2017-3-9)[2020-2-19]. http://earlychinesemit.

edu/wong-tsoo.

[2] 王蓉,2017.直面中国的"教育拉丁美洲化"挑战[EB/OL].(2017-3-9)[2020-5-12]. https://www.sohu.com/a/128308021_550946.

英文部分(按字母顺序)

[1] Aikin, W. M. 1936. Our Thirty Unshackled Schools [J]. *The Clearing House*, 11(2): 78-83.

[2] Ali, M. 2002. History, Ideology and Curriculum [J]. *Economic and Political Weekly*, 37(44-45):4530-4531.

[3] Anonym, 1876. The Centennial International Exhibition [J]. *Scientific American*, 34 (22):338-339.

[4] Apple, M.W. 1986. Curriculum, Capitalism, and Democracy [J]. *British Journal of Sociology of Education*, 7(3):319-327.

[5] Apple, M.W. 1990. *Ideology and Curriculum* [M]. New York: Routledge.

[6] Apple, M.W. 1993. *Official Knowledge: Democratic Education in Conservative Age* [M]. New York: Routledge.

[7] Apple, M. W. 2004. *Ideology and Curriculum* [M]. 3rd Edition. New York: Routledge.

[8] Ball, J. ed. 1990. *Foucault and education: Disciplines and Knowledge* [M]. New York: Routledge.

[9] Barrow, J. 1831. Prospectus of the Royal Geographical Society [J]. *The Journal of the Royal Geographical Society of London*, 1:vii-xii.

[10] Bobbitt, F. 1909. The Growth of Philippine Children [J]. *The Pedagogical Seminary*, XVI(2):137-168.

[11] Bobbitt, F. 1922. *Curriculum Making in Los Angeles* [M]. Chicago: University of Chicago Press.

[12] Brien, M. J. O. 1870. Correspondence: The Peking College [N]. *The North-China Herald*, Jan.25,1870.

[13] Brint, S. 2013. The "Collective Mind" at Work: A Decade in the Life of U.S. Sociology of Education [J]. *Sociology of Education*, 86(4):273-279.

[14] Bruner, J. 1996. *The Culture of Education* [M]. Cambridge: Harvard University Press.

[15] Coble, M.P. 1980. *The Shanghai Capitalists and the Nationalist Government* [M]. Cambridge: Harvard University Press.

[16] Costin, W. C. 1968. *Great Britain and China, 1833-1860* [M]. Oxford: The Clarendon Press.

[17] DeBoer, G.E. 2014. *Joseph J. Schwab: His Work and His Legacy* [M]//Michael R. Matthews. ed. *International Handbook of Research in History, Philosophy and Science Teaching*. New York: Springer.

[18] Fan, F. 2004. *British Naturalists in Qing China: Science, Empire and Cultural Encounter* [M]. Cambridge: Harvard University Press.

[19] Foster, H.J.W. 1913. *Introduction* [M]//Mannix, M.F. ed. *Memoirs of Li Hung Chang*. Boston and New York: Houghton Mifflin Company.

[20] Frank, A.G. 1998. *ReORIENT: Global Economy in the Asian Age* [M]. Berkeley: University of California Press.

[21] Fukuyama, F. 2012. The Future of History [J]. *Foreign Affairs*, 91(1):53–61.

[22] Goodlad, J.I. 2007. *Forward: A Tale of Lost Horizons* [M]//Kridel, C. et al. *Stories of the Eight-Year Study: Reexamining Secondary Education in America*. Albany: State University of New York Press.

[23] Grimm, T. 1977. *Academies and Urban System in Kwangtung* [M]//William, S. ed. *The City in Late Imperial China*. Stanford: Stanford University Press.

[24] Hasley, S.R. 2015. *Quest for Power: European Imperialism and the Making of Chinese Statecraft* [M]. Cambridge: Harvard University Press.

[25] Kliebard, H.M. 1986. *The Struggle for the American Curriculum, 1893–1958* [M]. New York: Routledge.

[26] Kwong, L.S.K. 1984. *A Mosaic of the Hundred Days: Personalities, Politics, and Ideas of 1898* [M]. Cambridge: Council on East Asian Studies, Harvard University.

[27] Lee, Y.P. 1887. *When I was a Boy in China* [M]. Boston: D. Lothrop & Company.

[28] Martin, W.P.F. 1870. Competitive Examinations in China [J]. *The North American Review*, 111(228):62–77.

[29] McCabe, J.D. 1877. *The Illustrated History of the Centennial Exhibition* [M]. Philadelphia: National Publishing Company.

[30] McLaren, P. 2011. Revolutionary Critical Pedagogy for a Socialist society: A Manifesto [J]. *The Capilano Review*, 3(13):61–66.

[31] McLaren, P. et al. 2005. *Teaching Against Global Capitalism and the New Imperialism: A Critical Pedagogy* [M]. Oxford: Rowman & Littlefield Publishing Group, Inc.

[32] Pinar, W.F. 1999. The Reconceptualization of Curriculum Studies [J] *Counterpoints*, 70(3):483–497.

[33] Pizor, F.K. 1970. Preparations for the Centennial Exhibition of 1876 [J]. *The Pennsylvania Magazine of History and Biography*, 94(2):213–232.

[34] Pomeranz, K. 2000. *Great Divergence: China, Europe, and the Making of the Modern World Economy* [M]. Princeton: Princeton University Press.

[35] Popkewitz, T.S. 1997. The Production of Reason and Power: Curriculum History and Intellectual [J]. *Journal of Curriculum Studies*, 29(2):131–164.

[36] Popkewitz, T.S. et al. eds. 2001. *Cultural History and Critical Studies of Education* [M]. New York: Routledge Falmer.

[37] Post, R.C. 1983. Reflections of American Science and Technology at the New York Crystal Palace Exhibition of 1853 [J]. *Journal of American Studies*, 17(3):337–356.

[38] Right, S. F. 1950. *Hert and the Chinese Customs* [M]. Belfast: Wm. Mullan and Son.
[39] Rothbard, 1983 Rothbard, M. N. 1983. *The Mystery of Banking*. New York: Richardson & Snyder. Einstein, A. 1938. *The Evolution of Physics* [M]. London: Cambridge University Press.
[40] Schwab, J. J. 1969. The Practical: A Language for Curriculum [J]. *The School Review*, 78(1):1–23.
[41] Spencer, H. 1873. *The Study of Sociology* [M]. London: Henry S. King & Co.
[42] Spencer, H. 2009. *Religion and Science* [M]//*First Principles*. New York: Cambridge University Press.
[43] Tseng, M. 1887. China: The Sleep and The Awakening [N]. *Chinese Recorder and Missionary Journal*, April, 1, 1887.
[44] Wakeman, F. 1966. *Strangers at the Gate: Social Disorder in South China, 1839–1861* [M]. Berkeley: The University of California Press.
[45] Wall, J. F. 1989. *A Basket of Iron, 1865–1872* [M]//Andrew Carnegie. Pittsburgh: The University of Pittsburgh Press.
[46] Weston, T. B. 2004. *The Power of Position: Beijing University, Intellectuals, and Chinese Political Culture, 1898–1929* [M]. Berkeley: The University of California Press.
[47] Wise, M. J. 1986. The Scott Keltie Report 1885 and the Teaching of Geography in Great Britain [J]. *The Geographical Journal*, 152(3):367–382.
[48] Wright, D. 1996. John Fryer and the Shanghai Polytechnic: Making Space for Science in Nineteenth-Century China [J]. *The British Journal for the History of Science*, 29(1):1–16.